LE RÉGIME DE VICHY ET LES FRANÇAIS

Sous la direction de
Jean-Pierre Azéma et François Bédarida

Institut d'histoire du temps présent

LE RÉGIME DE VICHY ET LES FRANÇAIS

Avec la collaboration de Denis Peschanski et Henry Rousso

Avant-propos d'Hubert Curien

Ouvrage publié avec le concours
du Centre national des lettres

Fayard

AVERTISSEMENT

Le présent ouvrage est le fruit d'un colloque international du CNRS organisé par l'Institut d'histoire du temps présent les 11, 12 et 13 juin 1990 sous le titre « Le régime de Vichy et les Français ». Les travaux de ce colloque, au cours duquel des historiens de seize nationalités différentes ont présenté un ensemble de soixante-douze communications, ont été sensiblement recomposés, remaniés et adaptés pour la publication, tandis que le plan était pour une large part refondu. D'où une architecture du livre en neuf parties afin de donner au travail une plus grande lisibilité. Il n'a pas été possible, malheureusement, d'inclure les discussions, pourtant nourries et neuves, auxquelles le colloque a donné lieu.

Nous tenons à remercier tout spécialement

M. Hubert Curien, ministre de la Recherche et de la Technologie, qui a bien voulu clôturer le colloque (l'essentiel de son allocution figure en avant-propos) ;

Jacques Lautman, alors directeur scientifique au CNRS, qui a ouvert le colloque, et François Kourilsky, directeur général du CNRS, venu tout spécialement assister à la clôture ;

les présidents de séance : René Rémond, président pendant dix ans du Conseil scientifique de l'IHTP, Jean Vanwelkenhuysen, Jean-Noël Jeanneney, Antoine Prost, Pierre Nora.

Notre reconnaissance va aussi à Marianne Ranson, Gabrielle Drigeard, Maryvonne Le Puloch, ainsi qu'à toute l'équipe de l'IHTP ; sans leur dévouement, sans leur acharnement au travail, le colloque n'aurait pu avoir le retentissement qu'il a connu, ni les actes la qualité de présentation dont nous laissons le lecteur juge.

Jean-Pierre Azéma
François Bédarida

Ont collaboré à cet ouvrage

Charles Robert AGERON, Université de Parix XII
Jean-Pierre AZÉMA, Institut d'études politiques de Paris
Christian BACHELIER, correspondant départemental pour Paris
Karel BARTOSEK, IHTP-CNRS
François BÉDARIDA, IHTP-CNRS
Renée BÉDARIDA, historienne
François BLOCH-LAINÉ, inspecteur général des Finances honoraire
Christian BOUGEARD, IUT de Rennes, correspondant pour les Côtes-d'Armor
Philippe BURRIN, Institut universitaire de hautes études internationales, Genève
Michèle COINTET-LABROUSSE, Université de Tours
Bernard COMTE, Institut d'études politiques de Lyon
Armand COSSON, Lycée Alphonse-Daudet (Nîmes), correspondant pour le Gard
Antonio COSTA PINTO, Université de Lisbonne
Hubert CURIEN, ministre de la Recherche et de la Technologie
Jacques DELARUE, historien
Yves DURAND, Université d'Orléans
Marc FERRO, École des hautes études en sciences sociales
Jean-Marie FLONNEAU, Lycée Pothier (Orléans), correspondant pour le Loiret
Étienne FOUILLOUX, Université de Lyon II
Robert FRANK, IHTP-CNRS
Patrick FRIDENSON, École des hautes études en sciences sociales
Michel GOUBET, Lycée Pierre-de-Fermat (Toulouse), correspondant pour la Haute-Garonne
Jean-Marie GUILLON, Université de Provence, correspondant pour le Var
Stanley HOFFMANN, Université de Harvard
Jean-Pierre HUSSON, Collège Clemenceau (Reims), correspondant pour la Marne
Roderick KEDWARD, Université de Sussex
Bogdan KRIZMAN, Université de Zagreb
Richard KUISEL, Université de New York à Stony Brook
Pierre LABORIE, Université de Toulouse Le Mirail, correspondant pour la Haute-Garonne
Bernard LAGUERRE, historien
Jean-Pierre LE CROM, Centre de documentation du mouvement ouvrier et du travail, Nantes
Catherine LEFRANÇOIS, Lycée Jean-Baptiste Corot (Savigny-sur-Orge)
Claude LÉVY, IHTP-CNRS
François MARCOT, Université de Besançon, correspondant pour le Doubs
Michel MARGAIRAZ, Université de Paris VIII
Jean MASSOT, Conseil d'État
Sonia MAZEY, Nuffield College, Oxford
Robert MENCHERINI, Lycée Latécoère (Istres), correspondant pour les Bouches-du-Rhône
Philippe MIOCHE, Université de Provence
Mikhaïl NARINSKI, Institut d'histoire mondiale, Moscou
Jean-Louis PANICACCI, Lycée Thierry-Maulnier (Nice), correspondant pour les Alpes-Maritimes
Claudio PAVONE, Université de Pise
Robert PAXTON, Université de Columbia, New York
Denis PESCHANSKI, IHTP-CNRS
Miranda POLLARD, Université de Georgie, Athens
Henning POULSEN, Université d'Aarhus
Renée POZNANSKI, Université Ben-Gourion, Beer Sheva
René RÉMOND, Fondation nationale des sciences politiques
Jean-Pierre RIOUX, IHTP-CNRS
Henry ROUSSO, IHTP-CNRS
Jacqueline SAINCLIVIER, Université de Rennes II, correspondante pour l'Ile-et-Vilaine
Carlos SERRANO, Université de Paris IV
Magne SKODVIN, Université d'Oslo
John-F. SWEETS, Université du Kansas
Wichert TEN HAVE, Université d'Amsterdam
Jean VANWELKENHUYZEN, Centre de recherches et d'études historiques de la Seconde Guerre mondiale, Bruxelles
Dominique VEILLON, IHTP-CNRS
Marie-Thérèse VIAUD, Lycée Arnaud-Daniel (Ribérac), correspondante pour la Dordogne
Danièle VOLDMAN, IHTP-CNRS
Olivier WIEVIORKA, Fondation Thiers
Vincent WRIGHT, Nuffield College, Oxford

AVANT-PROPOS

Au ministre de la Recherche, les avancées scientifiques réalisées sur la nature du régime de Vichy apparaissent essentielles non seulement pour la compréhension de ce moment crucial de notre histoire, mais aussi pour notre présent. Il nous fallait sortir d'une trop longue période durant laquelle on considérait les années 1940-1944 comme un objet d'opprobre, sinon de scandale, mais pas comme un objet d'étude. Nous avons vécu longtemps, en effet, sur des non-dits — ou des « trop-dits » — à propos de cette époque. Peu à peu, un éclairage sain et serein s'est imposé. Maintenant que nous avons une perspective plus distanciée, nous pouvons échapper aux visions sommaires qui ont eu cours si longtemps. Sans doute, dans les années qui ont suivi la Libération, de telles visions bipolaires étaient-elles inévitables. Mais aujourd'hui il est devenu possible d'écrire cette histoire en couleur, si j'ose dire, au lieu de l'écrire en noir et blanc.

Deux problèmes me paraissent essentiels. D'abord, celui de la recherche d'identité dans un pays qui vient de subir une catastrophe. On voit tout de suite le risque d'une quête d'identité entièrement orientée vers les valeurs du passé, parce que le présent laisse complètement flottant. Car on sait plus ou moins comment se rattacher au passé, alors même qu'on est si traumatisé par l'actualité qu'on n'a pas le courage d'imaginer et d'affronter l'avenir. J'ai vécu comme cela le régime du maréchal Pétain, un régime toujours raccroché aux traditions, au passé, aux racines. Cette permanente référence aux valeurs passées — dont nous avons certes tous besoin — ne peut pas donner satisfaction à la jeunesse, qui doit se référer à ce qui est en avant. Aucun être vivant, aucun système ne peut vivre par ses seules racines.

Autre élément de réflexion : l'articulation entre la démocratie et la technocratie. Là aussi, on voit les abus, les dérives inévitables d'une technocratie qui n'a pas de bases démocratiques, qui ne peut s'appuyer ni sur de véritables consultations ni sur une participation libre des citoyens.

En pensant aux travaux sur l'histoire du temps présent, une image m'est venue à l'esprit : une image qui n'est le fait ni d'un ministre ni d'un historien, mais du cristallographe que je suis resté. Les cristallographes connaissent bien un phénomène qu'ils appellent l'épitaxie : un cristal en voie de croissance s'oriente sur le support cristallin sur lequel il se forme. L'histoire du temps présent, c'est un peu cela : chaque citoyen qui a vécu les événements se met en épitaxie sur le support logique que lui apportent les historiens. Lui-même a ses propres souvenirs, sa propre structure, sa propre configuration, mais trouve tout naturellement son orientation dans le champ des forces, analysées par l'historien, qui lui assure une solide assise et un épanouissement harmonieux.

Hubert CURIEN,
ministre de la Recherche
et de la Technologie

INTRODUCTION

En mars 1970, s'ouvrait à la Fondation nationale des sciences politiques un colloque, le premier du genre à se saisir du régime de Vichy comme d'un objet d'histoire pour en entreprendre une étude objective. En juin 1990, s'est tenu, à l'initiative de l'Institut d'histoire du temps présent et sous les auspices du Centre national de la recherche scientifique, un autre colloque portant également sur Vichy. Les sujets ne se recouvrent pas tout à fait : le colloque de 1970 s'arrêtait à la frontière que trace dans l'histoire de la France occupée l'année 1942 ; le colloque le plus récent embrasse la totalité de la période. Le premier, dont les actes ont été publiés sous le titre *Le Gouvernement de Vichy et la Révolution nationale,* s'intéressait principalement à l'inspiration et à la politique de l'État français ; le second portait sur *Le Régime de Vichy et les Français.* Si le premier ne négligeait pas complètement les réactions de l'opinion, le second a fait une place beaucoup plus ample aux préoccupations des Français et à la société. De l'un à l'autre, le centre de gravité s'est décalé, des institutions aux comportements et des initiatives officielles à leurs effets. Cependant, la comparaison de ces deux rencontres, de ces deux expressions de la recherche historique, permet de mesurer le chemin parcouru en vingt ans et d'esquisser un bilan des progrès accomplis dans l'intervalle pour la connaissance de ces années dramatiques.

Les historiens ont beaucoup travaillé, même si l'on peut regretter que certains des ouvrages récemment publiés sur la période continuent d'ignorer superbement le résultat de leurs investigations. Vichy est toujours présent dans le champ de conscience des historiens comme de l'ensemble des Français : peut-être y occupe-t-il une place plus éminente qu'il y a vingt ans. Bien des obscurités ont été élucidées, des confusions dissipées. Comme c'est la règle pour tout travail scrupuleux et soucieux d'objectivité, la recherche a plutôt abouti à écarter les simplifications, héritage du temps des polémiques et des oppositions frontales, et les analyses réductrices. On perçoit plus nettement aujourd'hui la complexité de la période, l'ambivalence des situations, l'ambiguïté des choix.

Le colloque a apporté des éléments neufs dans le débat qui est comme le pendant français de la controverse traversant depuis quelques années l'historiographie allemande à propos du IIIe Reich entre les deux écoles de l'intentionnalisme et du fonctionnalisme : la politique du gouvernement de Vichy a-t-elle été l'application systématique d'un programme délibéré, lui-même expression d'une idéologie qui resterait à définir, ou n'a-t-elle été le plus souvent que le résultat fortuit de circonstances sur lesquelles la volonté politique n'avait guère de prise et qui cherchait à apporter tant bien que mal une solution pragmatique aux nécessités du moment ? La réponse à pareille interrogation varie vraisemblablement selon les temps et surtout en fonction des secteurs considérés de l'action gouvernementale. Ainsi, s'il s'agit d'assurer la subsistance des populations, les pouvoirs publics naviguent à l'estime, et se règlent sur les possibilités ou les contraintes d'une situation de pénurie. Sur d'autres chapitres, le souci de répondre à une urgence n'exclut pas l'intervention dans un second temps d'une préoccupation plus politique et même proprement idéologique : par exemple, la création des Chantiers de la jeunesse, aux premiers jours de juillet 1940, n'est d'abord que la réponse à une question pressante : que faire de la fraction de la classe 1940 qui vient d'être incorporée et à qui l'on n'a même pas eu le temps de dispenser un début d'instruction militaire ? La démobiliser, ce serait l'exposer au chômage qui frappe déjà un million et demi de travailleurs adultes. On décide de la garder huit mois et de l'employer à des tâches d'utilité nationale. Mais presque aussitôt les dirigeants voient dans cette formule une possibilité d'instruction civique et un moyen de régénérer la France.

Que, sur de nombreux points, les autorités de Vichy n'aient pas eu d'autre motivation que ce qu'elles pensaient être le bien du pays, ou que plusieurs des dispositions qu'elles ont prises l'eussent été aussi bien par n'importe quel autre gouvernement, ne vaut pas absolution pour certaines initiatives discutables ou franchement condamnables. Entre 1970 et 1990, un déplacement de l'attention s'est opéré qui a ramené au cœur du sujet des aspects dont le colloque de 1970 n'avait presque rien dit ; en particulier tout ce qui se rattache à l'aspect policier du régime et à ses pratiques répressives : mesures discriminatoires, politiques d'exclusion, retraits de nationalité, révision des naturalisations d'avant 1940, dissolution des sociétés secrètes, éviction de leurs initiés de la fonction publique, et surtout politique antisémite et concours apporté à la politique allemande d'extermination. Ce n'est pas que le premier colloque fût inspiré par un souci quelconque d'amoindrir la culpabilité du régime ou de lui trouver des circonstances atténuantes, mais à l'époque ces aspects n'avaient pas, au regard de la conscience collective, pris toute l'importance qu'elle leur accorde aujourd'hui. Vingt-cinq ans après la fin du régime, ces aspects étaient encore tenus pour relativement secondaires. Depuis, les recherches et les campagnes d'opinion les ont progressivement portés au centre du phénomène Vichy, au point d'en faire parfois le critère principal pour son interprétation, le déchiffrement des intentions et la nature du régime. Le déplacement de perspective est tel qu'il ne me paraît pas illégitime de se demander, indépendamment du jugement d'ordre éthique que les faits requièrent et qui ne sera jamais trop catégorique pour des pratiques honteuses, si l'importance que nous leur conférons présentement n'apparaîtra pas demain comme excessive : ne risque-t-elle pas de fausser la compréhension des intentions et des attitudes des contemporains ?

La variété des aperçus sur les régions françaises a fortement mis en évidence la diversité des conditions et aussi des comportements sur le territoire national. La défaite a créé à cet égard une situation que la France n'avait pas connue depuis des siècles et qui la ramène aux temps douloureux du petit royaume de Bourges. Certes, la communauté nationale avait souffert en 1871 de la perte des provinces que la défaite lui avait arrachées, mais l'épreuve qu'impose l'armistice de 1940 est autrement grave : non seulement la France perd une deuxième fois l'Alsace et la Moselle, mais le reste du territoire, dont la cohésion n'avait pas été entamée depuis un temps immémorial, est écartelé entre sept ou huit morceaux mis dans l'impossibilité de communiquer entre eux par des lignes de séparation que l'occupant surveille étroitement. Ces tronçons d'une France désunie réagissent différemment aux événements, en fonction de leur position particulière, de leur plus ou moins grand éloignement du centre : les zones occupées ne sont guère portées à croire à la Révolution nationale engagée par un gouvernement lointain, et que dire du Nord ou du Pas-de-Calais rattachés à Bruxelles, ou encore des Ardennes séparées de Vichy par toute l'épaisseur de deux lignes de démarcation ? Pareille situation recelait un risque de déchirement du tissu de la conscience nationale à un moment où l'unité était plus indispensable que jamais. De fait, des divergences se dessinent, les rapports des préfets en relèvent des signes. Cette menace n'est du reste pas étrangère au discours de Vichy sur l'unité nécessaire. Un des paradoxes de ce régime est que sa passion de l'unité l'a conduit à pratiquer une politique d'exclusion à l'encontre de tous les groupes suspects de ne pas adhérer à une notion singulièrement restrictive de l'identité nationale. Si, de juillet 1940 à l'été 1942, les écarts se sont sans doute creusés entre des zones de statut militaire et administratif dissemblable, les Allemands, en étendant l'occupation à la France entière, le 11 novembre 1942, ont anéanti les ferments de dissociation : à partir de l'automne 1942 et jusqu'au débarquement, la similitude croissante des conditions de vie efface les dissentiments qui pouvaient naître de la différence des situations géographiques et rapproche les Français. S'il y a ensuite des risques de fracture, ils sont moins entre les régions qu'entre citadins et paysans, ou entre les classes d'âge assujetties au Service du travail obligatoire et les autres.

C'est probablement pour la connaissance des relations entre le régime et l'esprit public que se sont accomplis depuis vingt ans les plus grands progrès. En particulier, ils conduisent à réviser la chronologie et à modifier la périodisation généralement admise, qui plaçait la césure décisive en 1942, entre le retour de Pierre Laval au pouvoir en avril et le débarquement anglo-américain en Afrique du Nord, qui entraîne l'occupation de la totalité du territoire ; après quoi le gouvernement de Vichy n'a plus ni armée, ni marine, ni empire, ni légitimité aux yeux du plus grand nombre. Or tous les documents d'archives, les rapports des préfets comme d'autres sortes de témoignages, concourent aujourd'hui à imposer la conviction qu'il faut remonter d'une bonne année le moment où l'opinion a commencé de se détacher du régime et est passée d'une adhésion reconnaissante ou d'une acceptation résignée à une critique diffuse et à une opposition sourde. Si, pendant quelques mois — l'été et l'automne 1940 —, l'ensemble des Français, à l'exception de quelques individualités plus lucides ou qui refusèrent de désespérer, demeura comme abasourdi et hébété par la défaite, la tenant pour irréversible, beaucoup commencèrent à se reprendre dans le premier semestre de 1941 et à retrouver sinon l'espoir, du moins quelque esprit critique.

Au reste, que, dès le milieu d'août 1941, le maréchal Pétain ait fait allusion au « vent mauvais » qu'il sentait se lever et cru devoir frapper un grand coup n'est-il pas un indice auquel on aurait dû prêter plus d'attention, comme à une présomption que la situation psychologique avait commencé de se dégrader ? Il semble bien que c'est dès le premier semestre de 1941 que se dissipa ce qu'on pourrait appeler l' « état de grâce » du régime, s'il n'était pas indécent d'appliquer cette expression, devenue banale pour désigner le temps où un crédit est ouvert par l'opinion à tout nouveau gouvernement, à une période aussi douloureuse. Cette rectification du découpage chronologique est d'une portée qui dépasse l'activité professionnelle des historiens : elle modifie la perspective et infléchit le jugement sur les sentiments de la masse des Français brusquement confrontés à l'épreuve de l'occupation.

Le colloque a aussi éclairé la pluralité des motivations qui ont inspiré l'adhésion ou le ralliement au gouvernement de Vichy, et surtout montré que leur signification n'était pas univoque. La plupart des Français ont su distinguer assez tôt entre la personne du Maréchal, qui continuera d'inspirer longtemps des sentiments de vénération et de gratitude, lesquels se transformeront en apitoiement à partir du moment où ils prendront conscience de son isolement et de son impuissance, et son gouvernement, auquel ils auront tendance, conformément à une pente habituelle, à imputer la responsabilité de tous les actes contestés. A plus forte raison n'ont-ils jamais confondu l'adhésion au régime, ni même à la Révolution nationale, avec la sympathie pour le national-socialisme ou avec le souhait d'une victoire de l'Allemagne, même si nous savons aujourd'hui que Vichy a plus d'une fois fait le jeu de l'occupant ou recherché sa collaboration.

La réflexion suscitée par la recherche, éclairée par la critique, suggère aussi quelques considérations sur la relation du régime de Vichy avec le temps. Nul thème n'est plus essentiel pour l'intelligence historique. Et d'abord le temps vécu par les individus, la référence au temps, mesurée par leur âge. S'il est vrai que tout individu appartient à une génération qui se définit en partie par son expérience et que sa mémoire est largement constituée par les événements historiques qu'elle a connus, l'événement frappe en 1940 des générations différentes, qu'il trouve de ce fait dans des dispositions d'esprit également différentes et qui expliquent partiellement les différences de réaction. A la génération des anciens combattants Pétain inspire des sentiments d'affection déférente et de gratitude : il fait partie de leur histoire personnelle, il est le symbole de leurs souffrances, de leur héroïsme et de leur victoire. Ils sont en revanche enclins à juger sévèrement leurs cadets de la guerre 1939-1940, et c'est l'un des objectifs assignés à la Légion des combattants que de réunir les combattants des deux guerres dans la communion du souvenir de leurs camarades qui ont donné leur vie à la France. Quant à la Résistance, elle a été dans une large mesure le fait d'une génération plus jeune, celle qui, entre vingt et trente ans, est parvenue à l'âge d'homme quelques années seulement avant la grande épreuve. Ce décalage des générations se reproduira dans la relation à la mémoire des événements : si la génération de Verdun ne compte plus aujourd'hui qu'une poignée de survivants qu'on honore le 11 novembre, la génération de la Résistance détient encore des positions de pouvoir et d'influence : le chef de l'État sort de ses rangs ainsi que nombre de responsables, mais elle arrive au déclin de l'existence. Les deux générations qui prennent la relève, ou s'apprêtent à le faire, n'ont plus de relations avec les années 1940-1944 que par des intermédiaires : la tradition orale, l'enseignement, les livres ou les médias.

Toute l'histoire de Vichy tourne autour d'un paradoxe sur ses relations avec le temps. Son existence et son projet se fondent sur le postulat d'un temps immobile : l'armistice en a suspendu le cours. Il entreprend de réformer la société, de transformer le pays, comme si la France était seule au monde et le temps arrêté. Il y a même, au sein du gouvernement, une famille d'esprits qui cultive l'utopie intemporelle jusqu'à vouloir remonter le temps pour effacer un siècle et demi d'histoire et, pour reprendre la belle expression du préambule de la Charte constitutionnelle de 1814, « renouer la chaîne des temps » : programme typiquement réactionnaire dont s'inspireront quelques-unes des réformes mises en chantier par l'Etat français. Mais, dans le même temps, d'autres vichyssois et qui n'ont pas moins d'influence ni de pouvoir font une analyse bien différente et tiennent un tout autre raisonnement : les modernistes, convaincus que la France s'est laissé devancer par d'autres pays et qui ne sont pas loin de penser que son retard est pour quelque chose dans la défaite. Ils se sont juré d'y remédier et entendent mettre à profit une situation insolite qui les soustrait à la délibération parlementaire et même au contrôle de l'opinion pour accomplir la mutation qui rattrapera le temps perdu. Trois attitudes, trois relations dissemblables à la durée. Au même moment, le temps travaille, inexorable, contre Vichy : la guerre se poursuit, frappant de précarité toute l'œuvre du régime. Le paradoxe de ce gouvernement est d'avoir cru à la fin imminente du conflit, alors que la guerre continuait, et d'avoir eu l'ambition de bâtir un régime qui durerait, alors que tout restait suspendu à l'issue du conflit qui emportera tout l'édifice.

René RÉMOND

Première partie

L'HISTORIOGRAPHIE DE VICHY D'HIER À AUJOURD'HUI

1.

Vichy et la mémoire savante : quarante-cinq ans d'historiographie

Cinquante ans après la signature de l'armistice et vingt ans après la tenue du premier colloque sur le gouvernement de Vichy, la communauté historienne a rechaussé ses lunettes pour scruter à la fois la France de Vichy et la France sous Vichy. Il convenait évidemment de faire toute sa place à l'évolution de la mémoire savante, d'en évoquer les différentes étapes, avant de faire le point sur les enjeux historiographiques en ce début des années 1990. Pour mener à bien cette étude, j'ai pris en compte les travaux des historiens patentés, mais aussi les ouvrages de ceux que je nommerais volontiers, pour reprendre le distinguo créé par Roland Barthes entre écrivains et écrivants, des « historiants » : ceux qui ne sont pas des historiens professionnels, mais qui ont appuyé leurs travaux sur des archives, au sens large du terme ; c'est ainsi qu'avec ce critère j'ai pu me référer à Serge Klarsfeld et fort peu à Henri Amouroux (dont pourtant l'importance ne serait pas négligeable pour une historiographie qui ne s'en tiendrait pas à la seule mémoire savante).

Cette analyse ne se prétend pas exhaustive, et il y a des lacunes que je ne suis pas parvenu à combler. Par exemple, certains éditeurs n'ont pas répondu à mes demandes, alors que les renseignements sur les tirages auraient permis d'apprécier les retombées des ouvrages cités, et l'étude systématique de certains vecteurs de cette mémoire savante (par exemple les travaux du Comité d'histoire de la Deuxième Guerre mondiale) reste encore à mener.

C'est en France que les études sur Vichy ont été les plus nombreuses. Mais on se gardera de tout gallocentrisme, et on soulignera même le rôle fondamental des travaux et recherches menés par certains de nos amis étrangers.

L'approche diachronique est la plus opératoire, car il est relativement aisé de repérer cinq séquences chronologiques, d'importance, il est vrai, inégale : l'immédiat après-guerre, les années 1950, le début des années 1970, les années 1980, enfin la période très contemporaine.

Trois facteurs déterminent cette évolution. D'abord, le contexte politico-idéologique : les historiens sont, eux aussi, prisonniers de cette mémoire qu'a cherché à définir Pierre Nora dans son introduction aux *Lieux de mémoire;* et Vichy, précisément, est un de ces lieux franco-français, comme l'a bien mis en valeur Henry Rousso dans un livre pionnier[1]. Et même si ces enjeux ne pèsent pas de la même manière sur les chercheurs étrangers, certains ont pu être tributaires des interrogations gallocentriques sur l'histoire de ces années noires.

Il faut tenir compte ensuite des politiques éditoriales, avec leurs effets de mode et plus précisément leurs mouvements de balancier qui font que, à un moment donné, il paraît rentable de publier un ouvrage prenant largement le contrepied de ce qui a été écrit jusque-là.

Dernier facteur, fondamental, car il permet de ne pas se laisser enfermer dans une approche trop hexagonale : les variations du rythme d'exploitation des gisements d'archives, rythme lié au contexte évoqué plus haut, fait d'avancées — mais aussi de blocages par exemple le choix des gouvernements français, du moins jusqu'à la fin des années 1970, de tenir les archives de ces années pour secrets d'État.

Premier volet : l'immédiat après-guerre, baignant matériellement et mentalement dans les séquelles des années noires et dans les retombées de l'épuration. Les questions débattues alors, notamment dans les procès des responsables de Vichy, concernent surtout les circonstances dans lesquelles, sur fond de complots largement fantasmatiques, a été signé l'armistice et bradée la IIIe République. Deuxième thème majeur : la collaboration, étudiée, elle, sur fond de trahison, avec un amalgame fréquent des vichyssois patentés et des collaborationnistes parisiens. L'analyse du régime lui-même, encore très proche, intéresse peu, comme si l'argumentaire polémique suffisait, comme si les années avaient été assez noires pour être connues de tous, comme si l'on s'accordait sur l'inutilité d'étudier ce qu'on rejetait aux poubelles de l'histoire : ainsi, la *Revue d'histoire de la Deuxième Guerre mondiale* — qui publie des articles relativement nombreux sur la Résistance, la Libération, la campagne de France ou l'armistice —, si l'on excepte le compte rendu très détaillé de *L'Histoire de Vichy* de Robert Aron, attend avril 1964 (soit le numéro 54) pour consacrer un numéro à l'occupation proprement dite.

Pour cette période, un seul ouvrage, à notre sens, mérite d'être signalé, celui que publie en 1945, Raymond Aron, sous le titre *De l'armistice à l'insurrection nationale*[2] ; reprenant ses « Chroniques de France », publiées à Londres de novembre 1940 à mai 1944 dans la revue *La France libre,* il s'efforçait dans une postface de répondre aux questions que se posait l'opinion à propos de l'épuration. Sans doute sacrifiait-il un peu à l'air du temps en n'excluant pas que l'armistice ait été déterminé, « dans une mesure qui reste à préciser[3] », par la trahison, mais il établissait un découpage chronologique intéressant qui soulignait la portée de la coupure de novembre 1942 et l'attitude globalement indéfendable de tous les responsables de Vichy. Car, tout en réservant une place à part à l'État milicien, il considérait Vichy comme une sorte de bloc, le retour de Laval aux affaires ayant peut-être, pour lui, modifié le ton mais non le fond des choses. Il ajoutait que la France — heureusement — n'avait pas connu de « schisme », puisque la très grande majorité des Français, contrainte à donner des gages « parfois nécessaires », s'était comportée honorablement.

Les années 1950, elles, sont marquées par les influences conjointes d'André Siegfried et de Robert Aron, dont les ouvrages feront autorité pendant une bonne décennie, et au-delà pour le second. Remarquons que la guerre froide a permis aux défenseurs de Vichy de relever la tête ; ils ne se contentent plus de plaider, comme en 1945, les circonstances atténuantes : ils défendent sinon la totalité de Vichy, du moins le « bon Vichy », celui qui a fonctionné jusqu'au retour de Pierre Laval. À noter — et c'est important — que l'argumentation s'appuie exclusivement sur des sources françaises, avant tout constituées par les archives de certains procès de la Haute Cour.

Dans le même temps, paraît un article au retentissement beaucoup plus modeste, mais qui posait un certain nombre de bonnes questions, publié par Stanley Hoffmann dans la *Revue française de science politique*[4]. Réfléchissant en politologue sur les modes d'accès au pouvoir, il analyse le fonctionnement même du régime de Vichy. Pour lui, jusqu'en 1943 (et, à ses yeux, le retour de Laval n'est pas à cet égard capital), Vichy est une « dictature pluraliste » qui obtient, à droite, des appuis qui vont bien au-delà des seules forces traditionalistes ou réactionnaires, tout en repoussant des « tentations totalitaires ». C'est ce qui explique nombre de contradictions, et notamment ce projet de créer un État dépolitisé, à la fois fort et limité. Au total, sans nier l'évolution, il soulignait qu'entre le « Vichy nationaliste et traditionaliste de l'été 40 et le Vichy fasciste et collaborateur du printemps 44 », il existe bien « un enchaînement, un déterminisme impitoyable ».

La même année, André Siegfried, un homme de renom, membre de l'Académie française et président de la Fondation nationale des sciences politiques, publie un nouvel ouvrage, *De la IIIe à la IVe République*[5], dans lequel il consacre lui aussi un chapitre important au fonctionnement interne du régime. Et il a une formule qui deviendra classique : « Il y a donc un Vichy de Pétain et un Vichy de Laval. » Sans doute le jugement porté sur Laval est-il relativement nuancé (« un aventurier de grande classe ») alors qu'il dénonce dans le Vichy de Pétain la remontée pernicieuse de tendances autoritaires de la société française. Mais, à la thèse qu'il existe bien deux Vichy, totalement différents, se superposera aisément l'idée que le premier est le bon, et le second le mauvais.

L'impact de l'*Histoire de Vichy 1940-1944*[6], écrite par Robert Aron, sera plus grand encore, touchant largement le public cultivé. Plusieurs raisons peuvent expliquer ce succès, prolongé par le passage en livre de poche. D'abord, le livre se veut « un récit ». Ensuite, il affiche le parti pris de ne défendre aucune thèse et de formuler des critiques tous azimuts (et il est vrai que Pétain est blâmé pour avoir manqué l'occasion de se dégager de l'emprise allemande en février 1941, et encore plus pour avoir transformé, en novembre 1943, l'État français en une « principauté de Gerolstein »). Ajoutons que Robert Aron entend tout étudier : le régime de Vichy et — surtout — les relations franco-allemandes. Il se réclame enfin d'une objectivité scientifique et ne manque pas de se référer à des « documents inédits », qui étaient avant tout les sténographies non publiées de procès de Haute Cour, que complétaient des témoignages écrits ou oraux. Il convient, à cet égard, de remarquer que l'auteur se contente presque toujours, au mieux, de citer sa source, sans fournir de référence précise. Ce qui fait que son récit s'apparente souvent au devoir d'un mauvais khâgneux qui juxtaposerait des citations sorties de leur contexte à l'appui d'un discours préétabli. Car les thèses, sans être explicitement formulées, sont bien sous-jacentes. Première affirmation : les responsables de Vichy se sont conduits honorablement contre Hitler, et Vichy a donc bien fonctionné comme un « bouclier ». Et tout un argumentaire se met en place : Pétain sait esquiver une collaboration recherchée par Hitler, il ne rompt jamais avec la Grande-Bretagne, envoie Rougier à Londres, approuve la sécession de Darlan en novembre 1942, etc. Darlan reçoit sa part de compliments, mais beaucoup plus rarement Laval (qui est tout de même comparé à Pénélope dans la partie de bras de fer qui l'oppose à Sauckel)[7]. Et le lecteur repère aisément la deuxième thèse implicite, celle qui oppose au Vichy de Laval un bon Vichy dont, il est vrai, rien n'est dit, ou presque, de la politique d'exclusion et de répression. Cet ouvrage, écrit par un non-conformiste des années 1930 qui avait manifesté une sensibilité giraudiste[8], venait à son heure et rencontra l'adhésion de tous ceux qui ne s'étaient pas engagés dans la Résistance et avaient besoin de thèses rassurantes.

Les thèses aroniennes dominèrent jusqu'à la fin des années 1960 et au début des années 1970. Ce qui ébranla puis mit à mal leur crédibilité dans le milieu universitaire fut l'exploitation — capitale — des archives allemandes et américaines, qui obligeait à récrire l'histoire des années noires, notamment les avatars de la collaboration d'État.

Dans cette troisième période, qui va se révéler décisive, les enjeux politico-culturels restent déterminants. Ce sont eux qui poussent les communistes à publier, même si leurs analyses sont à la fois classiques et circonstanciées : des luttes de tendance et le projet délibéré de contrer les prétentions hégémoniques de la mémoire gaulliste font sortir le PCF d'un long silence ; jusque-là, si l'on met à part la publication de témoignages, tout se passe en effet comme s'il verrouillait ses secrets de parti[9]. Les trois ouvrages que j'ai retenus — l'*Histoire du Parti communiste français,* publiée en 1964, *De la guerre à la Libération* et les actes du colloque tenu à l'Institut Maurice-Thorez en 1969[10] — consacrent à Vichy des analyses brèves et très stéréotypées : l'accent est mis à la fois sur la trahison — celle de la grande bourgeoisie et celle des élites — et sur la nature de classe du régime, puisque, « pour la première fois, l'oligarchie financière dispose d'un régime entièrement à sa convenance[11] ». Il faut ajouter l'article que publie en 1973 Roger Bourderon sur un mode interrogatif : « Le régime de Vichy était-il fasciste[12] ? » ; récusant la singularité apparente du discours vichyssois, il souligne la profonde dépendance du régime à l'égard du Reich, la mise en place d'un système totalitaire (encadrement de la vie privée, instauration d'un régime policier, etc.), et conclut que Vichy était une « variante du fascisme ».

Dans le même temps, en 1966, et sur un tout autre registre, Henri Michel, qui jusqu'alors s'était surtout consacré à l'histoire de la Résistance, publiait *Vichy année 40*[13]. En s'appuyant sur les papiers de la commission de Wiesbaden et sur des fragments d'archives de la Wilhelmstrasse, il renversait la perspective aronienne : c'était bien Vichy, parce qu'il voulait assouplir les contraintes de l'armistice et qu'il tablait sur la victoire du Reich, qui avait recherché une collaboration d'État, un choix politique fait par Pétain en personne[14] ; Rougier n'avait fait que prendre ses désirs pour une réalité, et le 13 décembre n'était guère plus qu'une révolution de palais. Cela dit, Henri Michel ne se contentait pas de donner une version très neuve du fonctionnement de la collaboration d'État en 1940, il soulignait — et la corrélation établie est importante — que, « dans une certaine mesure, la Révolution nationale s'inspire de la collaboration[15] » ; c'est ce qui l'amenait à nier — sauf en matière de répression — toute spécificité au régime de Vichy, parfaitement stérile, y compris en matière économique, domaine où les très relatives innovations se seraient effectuées *malgré* Vichy.

Robert O. Paxton, que les spécialistes avaient déjà lu pour son étude précise et sans complaisance sur l'armée d'armistice[16], allait, six ans plus tard, élargir le débat lancé par Henri Michel en publiant, avec une préface incisive de Stanley Hoffmann, *Vichy France Old Guard and New Order, 1940-1944*[17]. S'inspirant des archives allemandes et américaines et prenant en compte les conclusions de l'ouvrage capital d'Eberhard Jäckel[18] sur la politique du Reich à l'égard de la France vaincue, il pouvait affirmer que Vichy n'avait cessé de courir après la collaboration d'État sans pratiquer le moindre double jeu ni, *a fortiori,* faciliter la tâche des Alliés. Il aboutissait à la même conclusion qu'Henri Michel : collaboration et Révolution nationale sont, dans la logique de l'armistice, deux volets d'une même politique. Mais il soulignait, lui, la spécificité de Vichy et notamment ses responsabilités propres ; il consacrait une place de choix au fonctionnement du régime, au point qu'il pourra lui être reproché d'avoir sous-estimé les contraintes de l'occupation. Reprenant l'idée de la dictature pluraliste, il faisait un sort particulier aux « libéraux éclairés » et surtout aux technocrates, dont la plupart franchiront sans encombres la Libération. Parler de spécificité du régime ne revenait pas à le considérer comme une parenthèse : Paxton relevait tout ce qui avait constitué la continuité dans la rupture. L'ouvrage se terminait sur une esquisse de bilan comparatif avec les autres pays occupés d'Europe occidentale ; un bilan, à quelques très rares exceptions près, parfaitement négatif, notamment pour la déportation des Juifs de France comme pour le déclenchement de la guerre civile en 1944. C'est ce qui provoqua le plus d'irritation et de controverses, car on soupçonnait Robert Paxton non seulement de s'en prendre à la France de Vichy mais aussi d'être très critique à l'encontre des Français sous Vichy.

Les polémiques suscitées par l'ouvrage de Robert Paxton ont relativement laissé dans l'ombre les nouveautés qu'apportait un petit livre d'Yves Durand, *Vichy 1940-1944*[19], paru à la fin de 1972. Son originalité tient moins à une approche volontiers marxiste qu'à son projet d'analyser les pratiques d'un Vichy « vu d'en bas », en s'appuyant sur des archives départementales (en l'occurrence celles du Loiret). On y soulignait le poids des notables, y compris des hommes de la gauche pacifiste et anticommuniste, qui prônaient volontiers, de surcroît, un retour à l'élitisme républicain du temps de Ferry. Yves Durand était enfin l'un des premiers à insister, sachant le besoin vital qu'a pareil régime d'établir des « circuits de confiance », sur l'enjeu primordial qu'est l'opinion et à dresser une chronologie fine de son évolution.

Dernier événement à prendre en compte pour cette période : le colloque tenu, en mars 1970, sous l'égide de la Fondation nationale des sciences politiques, sur *Le Gouvernement de Vichy et la révolution nationale (1940-1942)*[20], réunissant — selon une organisation fort prisée à l'époque — historiens et témoins ou acteurs (120 d'entre eux y participèrent). La singularité de l'entreprise tenait au projet délibéré de débattre de Vichy sans rappeler (car ils étaient supposés connus) les choix opérés en matière de collaboration d'État. Signe des temps, René Rémond, qui en était le maître d'œuvre, dut s'en expliquer longuement, bien souligner que « Montoire commandait la politique sociale aussi bien que la politique de la jeunesse », avant de conclure que l'entreprise était parfaitement saine. Il répondait à un article[21] d'Henri Michel répétant avec force que « la Révolution nationale est inséparable de la politique de collaboration » et soupçonnant, dans le fond, René Rémond de vouloir, sinon réhabiliter Vichy, du moins privilégier le « bon Vichy ». L'objet du colloque — et c'est pourquoi avait été mise en valeur la coupure d'avril 1942, le retour de Laval aux affaires et l'installation d'une sorte de dyarchie — était d'analyser les institutions du régime et les politiques mises en œuvre (en matière de famille, de mouvements de jeunesse, de réorganisation des rapports sociaux, etc.). Et en servant de révélateur à certaines tendances de la vie politique française, Vichy devait être étudié comme une crise, comme un cas limite, mais certainement pas comme un accident aberrant. Malgré des lacunes (la politique économique et, surtout, les politiques d'exclusion, notamment l'antisémitisme d'État), ce colloque avait montré que l'on pouvait sereinement analyser Vichy, vu cette fois d'en haut.

On peut estimer qu'au début des années 1970 le champ historiographique était bien délimité. Des chercheurs et des thésards de plus en plus nombreux allaient désormais approfondir, illustrer, nuancer les recherches précédentes, et parfois innover en interrogeant la période de manière autre. J'avais, pour ma part, tenté, en 1979, de faire une synthèse des travaux qui avaient renouvelé l'étude de la France des années 1940, en publiant, aux Éditions du Seuil, *De Munich à la Libération, 1938-1944*[22]. La France des années noires a continué d'attirer d'autant plus historiens et historiants que la consultation des archives françaises est devenue nettement libérale. La production est telle que j'ai dû faire des choix, inévitablement arbitraires, et ne retenir que les ouvrages les plus significatifs pour mon propos.

On était déjà bien informé sur la collaboration d'État[23], mais il manquait la contre-épreuve des archives françaises. C'est ce qu'apporte *L'Abîme 1939-1945*[24], écrit par Jean-Baptiste Duroselle, qui a eu, entre autres charges, à présider la Commission pour la publication des documents diplomatiques français. Si l'ouvrage est trop rapide en ce qui concerne la Résistance, c'est un modèle du genre pour ce qui touche au régime de Vichy. Il confirme globalement les analyses de Jäckel, de Paxton et d'Henri Michel, et lève les ambiguïtés qui pouvaient subsister sur ces points de passage obligés qu'étaient, entre autres, la mission Rougier ou les « télégrammes secrets » de novembre 1942.

Nombre d'ouvrages ont étudié la France de Vichy proprement dite. Commençons par ceux qui portent à nouveau sur la nature du régime. Michèle Cointet, dans sa thèse, a privilégié l'angle de l'évolution institutionnelle (en partant du fonctionnement du

Conseil national) et constitutionnelle[25]; elle insiste sur la complexité de Vichy, établit une nette séparation entre le Vichy des débuts[26], dans lequel sont très prégnantes les influences catholiques et néolibérales, et l' « État milicien » copiant le nazisme. Denis Peschanski, quant à lui, dans une introduction substantielle à l'édition critique du Journal d'Angelo Tasca[27], peut conclure son étude des services de la propagande en rangeant Vichy parmi les régimes « autoritaires modernes »; il refuse de le qualifier de totalitaire, tout en ayant conscience qu'il serait erroné de sous-estimer l'influence de tendances ultra.

Passons aux forces qu'on décrivait comme des soutiens inconditionnels du régime, au premier rang desquels les maurrassiens de stricte obédience et les catholiques. Dans sa thèse, Frédéric Ogé[28] souligne que l'influence du chef de l'Action française n'est qu'indirecte; reste que sa fidélité totale à la personne de Pétain et à ce qu'il représente amène Maurras à approuver, par obsession de l'ordre, toutes les mesures répressives prises par l'État français. Quant à l'attitude des catholiques[29], elle a été pour partie renouvelée par les trois colloques réunissant historiens et acteurs, qui se sont tenus à Grenoble, à Lille et à Lyon en 1976, 1977 et 1978, sur le thème *Églises et chrétiens dans la Deuxième Guerre mondiale*[30]. Ils aboutissent à des conclusions nuancées : les catholiques ont réagi à l'endroit du régime d'une manière souvent identique aux non-catholiques; sans doute la très grande masse des catholiques pratiquants a-t-elle, dans un premier temps, affirmé plus que d'autres un maréchalisme voyant, doublé d'un pétainisme fortement intériorisé[31], mais on perçoit une relative désaffection dès 1941 et en tout cas à compter de 1942. Notons toutefois que ces catholiques éprouvèrent alors bien des difficultés à sauter le pas pour entrer en résistance; la raison majeure en est à chercher sans doute dans la forte réticence de la hiérarchie, qui, dans l'ensemble, prônera, quasiment jusqu'au bout, le loyalisme à l'égard de l'État français; ajoutons encore que le rapport rigoureux et sans complaisance rédigé par François Delpech[32] sur l'attitude des évêques face à la politique du régime menée à l'encontre des Juifs en donne une image qui n'est ni infamante ni admirable.

Laissons là les soutiens du régime pour dire quelques mots des collaborationnistes, puisqu'ils ont été très étudiés dans ces années 1970. Leurs attitudes à l'égard des « réactionnaires » de Vichy ont été mises en valeur notamment par Pascal Ory et Pierre-Marie Dioudonnat[33]; mais, à l'encontre de thèses qui établissaient des cloisons étanches entre Parisiens et Vichyssois[34], les ouvrages de Jean-Paul Brunet sur Doriot[35], de Philippe Burrin[36] ou de Bertram Gordon[37] tendent à démontrer que Vichy était relativement perméable aux influences collaborationnistes.

L'étude de la politique économique menée par les responsables de Vichy a été, elle, profondément renouvelée. Pour la politique agrarienne, Isabel Boussard[38] a décrit les mécanismes relativement complexes de la Corporation paysanne (« la création la moins critiquable et même la meilleure de l'État français ») ; on notera que ses responsables continueront, après un bref intermède, à contrôler le syndicalisme agricole d'après la Libération. Mais c'est surtout à propos de la politique industrielle que se lance en quelques années le débat très neuf sur la « modernité » de Vichy. Le livre de Richard F. Kuisel, *Le Capitalisme et l'État en France*[39], distingue, à côté d'un Vichy réactionnaire, corporatiste, prônant le retour à une économie préindustrielle, un Vichy étatiste, militant pour une économie organisée ; de « jeunes cyclistes », agressifs et élitistes par tempérament, dirigistes et modernistes par conviction, occupent le champ laissé libre par l'éviction de la classe parlementaire ; en utilisant les organismes mis en place pour faire face aux contraintes de l'occupation et en s'orientant vers la planification, ils frayaient la voie à la révolution économique et culturelle de l'après-Libération, au point que Kuisel établit un parallèle entre modernisateurs vichyssois et résistants. Cette thèse suscita un certain nombre de réactions : Henry Rousso, dans une contribution[40] au sous-titre explicite, « Contraintes, archaïsme et modernité », souligne à son tour que Vichy se situe au cœur des contradictions de la société française ; il tend à privilégier la modernité, dès lors que le dirigisme de ces technocrates est sans nul doute tourné vers l'entreprise. Michel Margairaz, dont je suis contraint de résumer la thèse de façon schématique[41], est plus nuancé ; il insiste, lui aussi, sur la continuité des élites technocratiques, montre que se côtoyaient hauts fonctionnaires et responsables d'entreprises privées ou publiques, et admet que se met en place, à partir de 1941 surtout, une forme durable d'économie dirigée devant déboucher sur une rénovation de l'industrie française ; mais cet « austéro-dirigisme », comme il le nomme, est pratiqué dans des conditions « équivoques » : sans qu'on perçoive aucune avancée théorique, il est avant tout imposé par les contraintes très réelles de l'occupation, et le véritable projet de ces modernisateurs est de rendre l'industrie française plus opérationnelle dans une Europe continentale à dominante allemande ; Michel Margairaz ajoute que ces experts acceptent cette évolution, parce qu'ils estiment qu'ont été levées les hypothèques politico-sociales du Front populaire.

L'autre volet bien approfondi de la politique vichyssoise a trait à la jeunesse. Wilfred D. Halls[42] décrit un Vichy tiraillé, tenté, comme tous les régimes autoritaires, par le dessein d'enrégimenter les jeunes ; mais il s'agit là des chasses gardées des catholiques, et il ne parvient pas à se les attacher de façon durable. Pour encadrer la jeunesse, il fallait former des chefs dans des écoles de cadres ; la plus connue, celle d'Uriage, symbolise à elle seule les batailles de mémoire qui peuvent être livrées sur la France de Vichy : elle a pu en effet être décrite à la fois comme l'antre d'un fascisme aux couleurs de la France et comme un vivier produisant des résistants dès l'année 1940. La thèse de Bernard Comte[43] permet d'y voir plus clair. S'appuyant fermement sur la chronologie, il montre que cette institution d'État, dans un premier temps, s'accommode du régime, notamment parce que ses responsables ont subi l'influence des non-conformistes des années 1930 et que son chef prône un loyalisme absolu envers la personne du Maréchal (auquel il prête les vertus du double jeu) ; mais Uriage continue de cultiver le non-conformisme, notamment à travers une pédagogie civique exaltant un « esprit » et un style de vie qui n'avaient rien à voir avec des pratiques autoritaires ; au fil des mois, s'installe une dissidence intérieure qui amènera un certain nombre de responsables et de stagiaires (mais pas tous) au combat clandestin.

Jusqu'alors, on manquait nettement d'instruments de mesure et de travaux fiables pour évaluer les attitudes des Français[44]. Les exclus et les parias du régime nous serviront de transition entre les études de la France de Vichy et celles, encore plus nombreuses, de la France sous Vichy. Dominique Rossignol a démonté les mécanismes de la répression menée contre les francs-maçons[45] ; Denis Peschanski étudie le sort des internés dans les camps de la zone sud[46]. Les recherches les plus nombreuses concernent les Juifs et présentent un grand intérêt pour notre sujet : l'exclusion et la persécution des Juifs, d'abord marginalisées dans l'historiographie, servent désormais à nombre d'auteurs de critère interprétatif du régime[47]. Mais si les responsabilités de l'État français sont généralement réévaluées à la hausse, le débat reste entier — et je renvoie à ce qu'en dit

Renée Poznanski — concernant l'attitude globale du Français moyen à l'égard des Juifs[48].

De leur côté, ces déracinés que furent les prisonniers ont été étudiés de façon exhaustive et rigoureuse par Yves Durand[49].

Ce qui avait notoirement manqué jusqu'à la fin des années 1970, c'était une analyse précise de l'évolution de l'opinion publique. Jusqu'alors, en effet, il fallait se contenter d'approximations sur les attitudes supposées des Françaises et des Français, ce qui permettait d'alimenter des thèses parfaitement antinomiques. Le grand mérite de Pierre Laborie fut d'avoir repéré des sources enfin fiables tout en établissant une typologie opératoire[50]. Retenons de son travail que l'opinion ne fonctionne pas suivant le principe des vases communicants : moins de maréchalistes ne produit pas plus de résistants ; l'évolution se fait avec des va-et-vient, des avancées et des reculs, sans oublier que peut jouer, dans un sens comme dans un autre, tout un imaginaire social. Soulignons que l'opinion de la grande majorité des Français est marquée par une profonde ambivalence, puisque coexistent le plus souvent, et parfois de bout en bout, chez le même individu, des sentiments divers qui peuvent se contrecarrer ; et on ne s'étonnera pas que Pierre Laborie ait montré que les Français étaient devenus, dès 1941, mais avec bien des variantes, majoritairement attentistes.

L'analyse de cette France sous Vichy a été affinée grâce au recours plus systématique aux archives départementales, qui permettent d'étudier la France « d'en bas ». Ce qui a été fait pour les régions annexées ou rattachées : les réactions des habitants des départements du Nord et du Pas-de-Calais comme de ceux de Moselle, du Haut et du Bas-Rhin nous sont désormais bien connues[51]. Des études locales ont aussi concerné la zone sud : en étudiant l'arrondissement de Montbrison, le département du Lot et, très récemment, celui du Puy-de-Dôme, Monique Luirard, Pierre Laborie et John F. Sweets[52] nous ont permis d'appréhender comment s'est enracinée sur le terrain — et le résultat global est plutôt négatif — la Révolution nationale. On perçoit également, dans le Lot comme dans le Puy-de-Dôme, que, si le maréchalisme peut demeurer vivace, le décrochage d'avec le pétainisme se fait de manière relativement précoce.

L'étude des comportements du Français moyen sont bien au centre des recherches les plus récentes. Ce Français était décrit dans le chapeau de l'article « Survivre » d'un numéro spécial de *L'Histoire :* « Trente-huit millions de Français n'ont été ni résistants ni collaborateurs. Amorphes ou veules, débrouillards ou sordides, héros ou salauds, quarante ans plus tard ces hommes et ces femmes n'ont toujours pas de statut historique très net. À tout le moins méritent-ils un regard sans préjugé et sans fanfare[53]. » Ce regard s'est largement focalisé sur les politiques et les pratiques culturelles, comprises au sens très large des termes : ainsi en est-il du folklore[54], mais aussi de la mode[55]; la production et la consommation culturelles, l'une et l'autre, comme on le sait, fortement développées entre 1940 et 1944, ont été étudiées dans une table ronde[56] organisée par l'IHTP en novembre 1987 : il ne s'agissait pas de décerner des prix d'honneur ou d'infamie[57], mais de comprendre comment les producteurs ont pu utiliser des « espaces de liberté » où les consommateurs ont trouvé refuge et consolation, et, peut-être, prise de conscience pour des temps meilleurs. Jean-Pierre Rioux et Henry Rousso en tiraient la conclusion qu'en matière de pratiques culturelles les continuités, par rapport à l'amont comme à l'aval, étaient patentes. Une approche que partage Laurence Bertrand-Dorléac étudiant les milieux de la peinture[58]. La thèse de Jean-Pierre Bertin-Maghit consacrée au cinéma sous l'Occupation[59] est, elle, plus nuancée : sans doute l'industrie cinématographique a-t-elle été réorganisée de façon relativement durable, mais, précise-t-il, dans le sens des intérêts économiques allemands; et d'autre part, il est pour le moins contestable de parler, comme on le fait à l'envi, d'un âge d'or du cinéma français : si les cinéastes ont eu le sentiment de faire ce qu'ils voulaient, ce fut à condition de s'accommoder, dans la pénurie, des circonstances politiques et des censures.

L'un des tout derniers champs de recherches concerne, enfin, l'évolution des représentations de Vichy, et l'actualité la plus récente démontre, s'il en était besoin, la validité et l'intérêt de la démarche : Vichy et la France sous Vichy demeurent bien, pour les Français, un enjeu de mémoire fondamental. Henry Rousso a brillamment ouvert la voie en repérant quatre phases de refoulement et de réactivation de ce qu'il a nommé « le syndrome de Vichy ».

Il m'est apparu, sans que je puisse me prononcer avec la certitude souhaitée, que les toutes dernières années ont vu se profiler une nouvelle tendance, qui relève de ce que j'ai appelé l'effet de balancier[60]. Elle est contemporaine d'un renouveau de la biographie puisque viennent d'être publiées en un tir relativement groupé celles de Pétain (on se reportera à la contribution de Bernard Laguerre), Laval, Darlan, Weygand et celle d'un second couteau, Jean Jardin[61]. La plupart d'entre elles tentent de revenir sur des points qui semblaient largement acquis. Le biographe, il est vrai, peut facilement devenir prisonnier de son héros et le défendre sans nuance aucune, comme le font aussi bien Bernard Destremau que Hervé Coutau-Bégarie et Claude Huan ; au point d'utiliser parfois des arguments peu convaincants (on fait volontiers appel, en cas de difficulté, au témoignage bien postérieur d'un proche ou d'un inconditionnel). De surcroît, le biographe, pour cette période très controversée, peut se laisser piéger par des sources savamment distillées, ce qui m'apparaît avoir été le travers dans lequel sont tombés Pierre Assouline et Fred Kupferman dans le second ouvrage que ce dernier a consacré à Pierre Laval[62]. Marc Ferro pour sa part, est bien moins prisonnier de son personnage et porte un regard à la fois critique et distancié à l'égard de Pétain, mais il lui arrive, parfois, de mêler, pour les besoins de sa démonstration, sources incontestables et témoignages plus vulnérables.

Pour conclure cette rétrospective nécessairement subjective et sans doute discutable, on peut d'abord affirmer que quarante années de recherches ont, au moins progressivement, réduit les fourchettes d'interprétation, même si on continue, pour des raisons qui désormais tiennent moins à l'exploitation des archives qu'à l'idée globale que l'historien s'est fait de la France sous Vichy, de privilégier le verre à demi plein sur le verre à demi vide ou *vice versa.* Il y a eu, en tout cas, un déplacement très net des centres d'intérêt. Ainsi, ce qui retient l'attention, c'est de moins en moins l'armistice (et, *a fortiori,* les notions de complot ou de trahison délibérée, qui ont cessé de passer pour opératoires), et de plus en plus les modalités et les finalités des politiques répressives menées par l'État français dans le cadre de l'occupation.

Revenons sur la collaboration d'État, qui avait fait couler tellement d'encre. Si l'on croise les analyses de Jäckel, Paxton et Duroselle, il n'y a plus guère à attendre de révolutionnaire, et les thèmes aroniens (le Verdun diplomatique, le double jeu et la semi-résistance des excellences vichyssoises) sont à ranger au placard des accessoires désormais inutiles de l'Histoire[63]. Les divergences d'interprétation qui demeurent concernent la distinction Vichy-Pétain/Vichy-Laval, qui, pour certains, opposerait deux stratégies, alors que d'autres n'y voient guère qu'une opposition de style et de méthodes. On mettrait aussi en valeur, plus que naguère, une tendance proprement collaborationniste, qui a eu une carte à jouer sous Darlan. Élargissons le propos : d'aucuns soulignent qu'il y a, au total une « solidarité historique » (l'expression est de Stanley Hoffmann) entre toutes les formes de collaboration, alors que d'autres insistent sur les ruptures internes à Vichy, faisant par exemple du dernier Vichy une déviation quasi aberrante de la politique de l'État français.

Une autre interrogation concerne les avantages que les hommes de Vichy attendaient de la collaboration d'État : était-ce d'abord l'amélioration concrète des clauses de l'armistice, ou plutôt le moyen d'enraciner la Révolution nationale (thèse argumentée naguère par Henri Michel) ? Et il convient, alors, de jauger la latitude d'action de l'État français : de façon un peu schématique, on peut dire que ceux qui sont les plus sévères ont tendance à la trouver non négligeable, à la différence de ceux qui se sentent portés à plus d'indulgence.

Reste, enfin, à répondre de façon argumentée à la question que posait *in fine* Robert Paxton : Vichy, par le biais de la collaboration d'État, a-t-il évité le pire ? Seule une approche comparative permettra de trancher ; et, si l'analyse devra être encore approfondie, ce livre apporte, à cet égard, quelques éléments de réflexion.

La nature du régime reste au centre de nombre d'analyses. Vichy est-il fasciste ? La question reste posée[64]. Roger Bourderon et Germaine Willard[65] donnent une réponse globalement positive (« véritable expérience de type fasciste dans ses moyens comme dans sa finalité[66] »), en se fondant sur une analyse en termes de classes (ils voient en Vichy « l'adaptation structurelle recherchée depuis plus d'une décennie par le grand capital ») ; dans son dernier ouvrage, Yves Durand est tenté de répondre, lui aussi, positivement, si du moins, comme il le précise, « le fascisme se définit essentiellement par ses rapports avec la société[67] ». La plupart des auteurs, en se référant aux institutions, aux pratiques politiques, aux contradictions internes, tout comme à la politique extérieure (qui récuse bellicisme et expansionnisme), préfèrent parler, avec bien des variantes, d'un État autoritaire. Reste encore à interpréter le Vichy policier des derniers mois. Ou bien on explique cette fascisation comme une « déviation » (le terme est de René Rémond), voire par le seul poids des circonstances (« il y a substitution, sous le choc des relations internationales, d'un régime à un autre[68] », affirme Michèle Cointet) ; ou bien, au contraire, on considère l'obsession de l'ordre et la répression comme un trait fondamental du régime, tendance qui s'accentue dès l'été 1941, et on affirme que — pour faire bref — il existe une différence de degré et non pas de nature entre le « premier Vichy » et celui de 1944.

Il y a là deux lectures de la guerre franco-française, plutôt minorée si l'on met en évidence l'importance numérique des attentistes, plutôt majorée si l'on souligne « la multiplication des fractures internes » (Henry Rousso) ou l'utilisation de l'appareil d'État répressif[69] ; deux lectures différentes, par conséquent, de l'année 1944, qui accordent ou non de l'importance aux risques de guerre civile. Et l'on retrouve le problème qui se pose à propos de la Grande Révolution : même si Vichy ne saurait s'écrire au singulier, faut-il continuer à le considérer comme un bloc, en soulignant la solidarité de tous les Vichy et en établissant une cloison quasi étanche qui interdirait tout passage à la Résistance, ou le voir comme un tronc commun à partir duquel ont pu se développer quelques rameaux qui ont pris, avec le temps, des directions divergentes ?

La majorité des auteurs pourraient reprendre à leur compte l'expression, formulée avec bonheur par Stanley Hoffmann, de « dictature pluraliste ». Il faut toujours faire le détour classique par la place tenue par la gauche à Vichy[70] ; les auteurs qui dénient tout caractère opératoire au clivage droite-gauche durant les années noires, et en tout cas en 1940, accordent une place non négligeable aux hommes de gauche (Belin, Chasseigne, Bergery) dans les allées du pouvoir ; plus neuve me semble la remarque qu'un certain type de pétainisme a pu se développer dans des milieux pacifistes, anticommunistes et volontiers moralisateurs. Tout le monde — ou presque — souligne que l'une des singularités de Vichy est bien que toutes les droites, sans exception, sont représentées ; chacun, il est vrai, tend à privilégier telle ou telle sensibilité ; mais il y a une tendance globale à réévaluer à la baisse la place du maurrassisme, tandis que celle des néolibéraux serait plutôt en hausse ; on accorde également plus de place aux non-conformistes des années 1930, le plus souvent fort confusionnistes, ainsi qu'à une ultra-droite qui prend toutes ses aises en 1944, mais qui est présente dès le début. Notons, enfin, que divers auteurs soulignent les composantes religieuses du mythe Pétain et font la part plus belle non tant au cléricalisme de Vichy qu'à l'influence diffuse de sensibilités imprégnées de catholicisme.

Alors que, de ce pluralisme, on avait pu conclure à l'impuissance du régime, on tend au contraire à donner plus d'importance à l'héritage de Vichy : on préfère dans ce cas parler d'ambivalence plutôt que de contradictions ou d'ambiguïtés. Cela peut conduire à insister à la fois sur la modernité de la France de Vichy et sur la continuité — réelle à bien des égards — entre la France de la fin des années 1930 et celle de l'immédiat après-Libération. On en tire deux séries d'interrogations ; les premières portent sur le poids des circonstances et débouchent sur une question qu'on peut formuler ainsi : projets de Vichy ou projets entrepris sous Vichy, poids respectifs du projet volontariste et des circonstances ? Les secondes insistent sur le fait que souligner à l'envi les continuités amène souvent à gommer la singularité de Vichy, et notamment sa spécificité en matière de politique répressive[71].

Quant aux attitudes des Françaises et des Français sous Vichy, elles sont matière à réévaluation. Depuis quelques années, on étudie moins les minorités agissantes et beaucoup plus celui que l'on a appelé par convention le Français moyen. Et le discours qui s'est étalé à la belle époque de la mode rétro, tenu par des auteurs venus d'horizons divers, faisant du Français moyen un zombie veule, obsédé par le ravitaillement, est contrebattu par la tendance inverse : on montre que, même s'il a refusé de s'engager ouvertement, il ne s'est pas résigné et n'a pas accepté l'inacceptable. Reste à apprécier comment et pourquoi ces Français ont pu osciller — et je reprends là une formulation de Jean-Pierre Rioux[72] analysant la consommation culturelle — entre le « faute de mieux » (attitude refuge) et le « mine de rien » (début de prise de conscience). Cette ambivalence, on la retrouve dans les fluctuations de l'opinion, et notamment dans les variantes de l'attentisme, dont on perçoit de plus en plus l'importance.

Ce qui nous amène à faire un constat trivial pour des historiens : ce qui compte, c'est la chronologie. Des coupures, au fil des ans, ont perdu de leur importance : celle du 13 décembre 1940 (et *a fortiori* celle du 9 février 1941, chère à Robert Aron) ; d'autres, en revanche, ont pris du galon : celle de l'été 1941, avec le discours du « vent mauvais ». La majorité des auteurs pourraient, me semble-t-il, adopter le découpage proposé depuis près de vingt ans par Yves Durand[73], qui distingue six séquences : Vichy à la recherche de lui-même pendant l'été 1940 ; Vichy à la recherche de l'unanimité nationale (les beaux jours de la Révolution nationale, malgré Montoire) ; autoritarisme croissant du régime à compter de l'automne 1941 à cause de l'impossibilité de monnayer efficacement la collaboration d'État et du décrochage d'une partie de l'opinion ; la politique de rechange de Laval bute sur les échéances de novembre (coupure — comme on le sait — fondamentale) ; Vichy empêtré dans la guerre totale ; Vichy policier, jouant sur l'anticommunisme pour maintenir l'ordre coûte que coûte.

Cette étude n'appelle pas de conclusion en bonne et due forme : les travaux continuent. Son auteur tient à souligner à nouveau ce qu'ont nécessairement de subjectifs les choix qui ont été faits et les jugements qui ont pu être formulés. On ne s'en étonnera pas : René Rémond a écrit, à juste titre, que « le débat ne sera jamais définitivement tranché, pas plus que sur la Révolution, la Commune ou 1936. Le jugement sur Vichy et sa politique départagera longtemps les esprits[74] ». Reste que les termes du débat, eux, peuvent encore être approfondis. Nul doute qu'ils le seront et affineront ce bilan de quarante-cinq ans d'historiographie.

Jean-Pierre AZÉMA

NOTES

1. *Le Syndrome de Vichy 1944-198...*, Le Seuil, 1987 (édition revue et corrigée : *Le Syndrome de Vichy de 1944 à nos jours,* Paris, Seuil, 1990, coll. « Points Histoire »).
2. Gallimard, 1945.
3. *Id.*, p. 357.
4. « La droite à Vichy », *Revue française de science politique,* janvier-mars 1956.
5. Les pages consacrées à Vichy seront également publiées pour l'essentiel dans la livraison de la *Revue française de science politique* de décembre 1956.
6. Publié d'abord chez Fayard en 1954, il avait été rédigé en collaboration avec Georgette Elgey.
7. La description la plus étonnante qui ait été faite de la Résistance à Vichy est celle du docteur Ménétrel, représenté comme toujours prêt, en 1944, à boucler son sac tyrolien pour rejoindre le maquis (voir p. 606).
8. Ayant gagné Alger en 1943, il exécrera les gaullistes, qu'il jugeait « sectaires » (voir *Fragments d'une vie,* Paris, Plon, 1981).
9. Consulter Georges Lavau, *À quoi sert le Parti communiste français ?,* Paris, Fayard, 1981, pp. 204-215, et l'article de Stéphane Courtois, « Luttes politiques et élaboration d'une histoire : le PCF historien du PCF dans la Deuxième Guerre mondiale », *Communisme,* 4, 1983, pp. 5-26.
10. Le premier volume a été « élaboré par la commission d'historiens auprès du comité central du Parti communiste français, sous la direction de Jacques Duclos et de François Billoux » ; dans le second, paru en 1972 aux Éditions sociales, c'est

Victor Joannès qui traite du sujet qui nous importe ; les actes du colloque ont été publiés aux Éditions sociales en 1970 sous le titre *Des victoires de Hitler au triomphe de la démocratie et du socialisme.*

11. *De la guerre à la Libération, op. cit.*, p. 78.

12. *Revue d'histoire de la Deuxième Guerre mondiale,* 91, juillet 1973, pp. 23-45.

13. Paris, Robert Laffont, 1966.

14. Si Henri Michel admet des variantes dans la pratique de la collaboration d'État (voir *Pétain, Laval, Darlan, trois politiques ?,* Paris, Flammarion 1972), ce sont tout au plus des variantes.

15. *Vichy année 40, op. cit.*, p. 434.

16. *Parades and Politics at Vichy. The French Officer Corps under Marshal Pétain,* Princeton, Princeton University Press, 1966.

17. Il était traduit et publié en France, l'année suivante, en 1973, par les Éditions du Seuil, sous le titre *La France de Vichy 1940-1944.*

18. Eberhard Jäckel, *La France dans L'Europe de Hitler,* paru à Stuttgart en 1966 et traduit chez Fayard en 1968 ; noter que dès 1958 Adrienne Doris Hytier, *Two Years of French Foreign Policy, Vichy 1940-1942* (Droz-Minard, Genève-Paris), 402 p., contredisait l'interprétation aronienne.

19. Paris, Bordas, 1972, 175 p.

20. Les actes sont publiés en 1972 par Armand Colin et les Presses de la Fondation nationale des sciences politiques, sous le titre *Le Gouvernement de Vichy 1940-1942,* avec une introduction et une longue conclusion de René Rémond.

21. *Revue d'histoire de la Deuxième Guerre mondiale,* 81, janvier 1971, pp. 60-74 ; Henri Michel précise que l'article est la communication « non présentée » au colloque.

22. Il sera publié, en 1984, aux Cambridge University Press sous le titre *From Munich to the Liberation 1938-1944.*

23. Le distinguo entre collaboration d'État et collaborationnisme a été formalisé par Stanley Hoffmann dans l'article « Vichy et la collaboration », *Preuves,* 219-220, juillet-septembre 1969, pp. 60-74.

24. Paris, Imprimerie nationale, 1982.

25. Michèle Cointet-Labrousse a repris l'essentiel des conclusions de sa thèse (soutenue en 1984), centrée sur le Conseil national, dans un ouvrage publié en 1987 aux Éditions Complexe et intitulé *Vichy et le fascisme.*

26. Noter que Michèle Cointet reprend pour partie les thèses aroniennes, en accordant une relative importance au renvoi de Laval le 13 décembre ou en passant sous silence les politiques d'exclusion des débuts de Vichy.

27. *Vichy 1940-1944,* Paris-Milan, Éditions du CNRS-Feltrinelli, 1986.

28. Frédéric Ogé, *Le journal* L'Action française *et la politique intérieure du gouvernement de Vichy,* Toulouse, Institut d'études politiques, 1984.

29. On se devait de vérifier les hypothèses stimulantes de Jacques Duquesne, *Les Catholiques français sous l'Occupation,* Paris, Grasset, 1966.

30. Les actes de ces trois colloques nourris de contributions neuves ont été publiés dans la *Revue du Nord* (livraison d'avril-juin 1978) et par les Presses universitaires de Lyon, sous le titre *Églises et chrétiens dans la Deuxième Guerre mondiale* (la région Rhône-Alpes en 1978, la France en 1982) ; lire notamment, pour notre propos, les rapports généraux de Monique Luirard et le rapport de René Rémond, « De la Résistance spirituelle à la lutte armée ».

31. Bon nombre d'études plus ponctuelles recoupent cette chronologie ; ainsi celle d'Alain-René Michel, *La JEC 1938-1944 face au nazisme et à Vichy,* Lille, Presses universitaires de Lille, 1988.

32. François Delpech, « La persécution des Juifs et l'Amitié chrétienne », *Églises et chrétiens dans la Deuxième Guerre mondiale, op. cit.*, 1978.

33. Pascal Ory, *Les Collaborateurs, 1940-1945,* Paris, Le Seuil, 1977 ; Pierre-Marie Dioudonnat, *Je suis partout, 1930-1944. Les Maurrassiens devant la tentation fasciste,* Paris, La Table ronde, 1973.

34. C'est patent dans la problématique de la thèse de Michèle Cotta, *Les Idéologies de la collaboration à travers la presse parisienne,* soutenue en 1963.

35. Jean-Paul Brunet, *Jacques Doriot,* Paris, Balland, 1986.

36. Philippe Burrin, *La Dérive fasciste, Doriot, Déat, Bergery (1933-1945),* Paris, Le Seuil, 1986 ; on retiendra la trajectoire de Bergery et également la problématique posée, notamment la corrélation nécessaire entre le fascisme et l'expansionnisme guerrier.

37. Bertram M. Gordon, *Collaborationism in France during the Second World War,* Ithaca et Londres, Cornell University Press, 1980.

38. Isabel Boussard, élargissant les conclusions de sa thèse, a publié *Vichy et la Corporation paysanne,* Paris, Presses de la Fondation nationale des sciences politiques, 1980.

39. L'édition anglaise paraît en 1981 aux Cambridge University Press, la traduction française chez Gallimard en 1984.

40. La contribution intitulée « Les paradoxes de Vichy et de l'Occupation » paraît dans l'ouvrage collectif de Patrick Fridenson et André Straus, *Le Capitalisme français* XIX*e*-XX*e* *siècle,* Paris, Fayard, 1987.

41. Les conclusions de la thèse de Michel Margairaz sont reprises dans l'ouvrage collectif, *Histoire économique et financière de la France,* ministère de l'Économie, des Finances et du Budget, Paris, Imprimerie nationale, 1989.

42. Ouvrage publié en 1981 par Oxford University Press ; traduit, avec une préface de Jean-Pierre Rioux, aux Éditions Syros, en 1988.

43. La thèse de Bernard Comte est intitulée *L'École nationale des cadres d'Uriage ; une communauté éducative non conformiste à l'époque de la Révolution nationale, 1940-1942 ;* elle a été publiée pour l'essentiel chez Fayard (1991) ; on peut lire une problématique très ramassée dans *Les Cahiers de l'Animation,* livraison d'avril 1985 consacrée à l'éducation populaire dans la France de Vichy.

44. Henri Amouroux avait analysé de manière pointilliste la vie quotidienne des Français (*La Vie des Français sous l'Occupation,* Paris, Fayard, 1961). J'ajoute que, à mes yeux, sa *Grande Histoire des Français sous l'Occupation,* 7 vol., Paris, Robert Laffont, 1976-1985, est trop inégale et assez souvent contestable ; un jugement plus nuancé est formulé par Philippe Burrin (« Le phénomène Amouroux », *L'Histoire,* 123, juin 1989, pp. 68-69).

45. Dominique Rossignol, *Vichy et les francs-maçons. La liquidation des sociétés secrètes 1940-1944,* Paris, J.-C. Lattès, 1981.

46. Se référer à la bibliographie donnée dans son article « Les camps français d'internement », *L'Histoire,* 129, janvier 1990, pp. 104-109 ; consulter également Denis Peschanski, « Du régime d'exception à " l'Assainissement national " », *in* Jean-Pierre Rioux, Antoine Prost, Jean-Pierre Azéma (dir.), *Les Communistes français de Munich à Châteaubriant (1938-1941),* Paris, Presses de la Fondation nationale des sciences politiques, 1987, pp. 145-166.

47. Se reporter notamment à *La France et la question juive 1940-1944,* Paris, Sylvie Messinger, 1981 ; à Michael R. Marrus et Robert O. Paxton, *Vichy et les Juifs,* Paris, Calmann-Lévy, 1981, et à Serge Klarsfeld, *Vichy-Auschwitz,* Paris, Fayard, 2 vol., 1983 et 1985.

48. La thèse de la responsabilité globale des Français sous Vichy est particulièrement accentuée dans Michael M. Marrus et Robert O. Paxton, *op. cit.*

49. Yves Durand, *La Captivité, Histoire des prisonniers de guerre français, 1939-1945,* Paris, FNCPG-CATM, 1980.

50. Lire nécessairement *L'Opinion française sous Vichy,* Paris, Le Seuil, 1990 : c'est la synthèse des recherches que mène Pierre Laborie sur les représentations de l'opinion durant l'Occupation.

51. Consulter les articles d'Étienne Dejonghe, notamment « Le Nord et le Pas-de-Calais pendant la première année d'occupation (juin 1940-juin 1941) », *Revue du Nord,* octobre-décembre 1969, et « L'Occupation en France et en Belgique, 1940-1944 », *Revue du Nord,* 2 vol., 1988 ; se reporter à Lothar Kettenacker « La politique de nazification en Alsace », *in Saisons d'Alsace,* Istra, 2 vol., 1978.

52. Respectivement *Le Forez et la Révolution nationale,* Centre d'études foreziennes, Saint-Étienne, 1972 ; *Résistants, vichyssois et autres, l'évolution de l'opinion et des comportements dans le Lot de 1939 à 1944,* Paris, Éditions du CNRS, 1980 ; *Choices in Vichy France, the French under Nazi Occupation,* Oxford University Press, 1986.

53. *L'Histoire,* 80, juillet 1985, p. 84.

54. Consulter la thèse soutenue à Lyon en 1986 par Christian Faure, *Folklore et Révolution nationale. Doctrine et action sous Vichy, 1940-1944.*

55. Dominique Veillon, *La Mode sous l'Occupation,* Paris, Payot, 1990 ; elle pose avec pertinence la question : se parer, était-ce une manière de faire face à l'occupant ?

56. Les actes, d'abord parus sous le titre *Politiques et pratiques culturelles dans la France de Vichy* (*Les Cahiers de l'IHTP,* 8 juin 1988), ont été publiés, sous la direction de Jean-Pierre Rioux, aux Éditions Complexe, en 1990, et intitulés *La Vie culturelle sous Vichy.*

57. C'est ce qui limite un peu l'intérêt du livre de Gilles et Jean-Robert Ragache, *La Vie quotidienne des écrivains et des artistes sous l'Occupation,* Paris, Hachette, 1988.

58. Laurence Bertrand-Dorléac, *Histoire de l'art, Paris 1940-1944,* Paris, Publications de la Sorbonne, 1986.

59. Jean-Pierre Bertin-Maghit, *Le Cinéma sous l'Occupation,* Paris, Olivier Orban, 1989 ; dans un autre domaine, celui de l'édition, Pascal Fouché montre bien les limites des espaces de liberté ; consulter *L'Édition française sous l'Occupation (1940-1944),* Paris, BLFCU de Paris VII, 2 vol., 1987.

60. Caractéristique est la sortie de l'ouvrage de François-Georges Dreyfus, *Histoire de Vichy,* Paris, Perrin, 1990, un *remake* légèrement épousseté du livre de Robert Aron, et dont le seul intérêt réside dans le coup éditorial monté par Perrin.

61. Respectivement Marc Ferro, *Pétain,* Paris, Fayard, 1987 ; Fred Kupferman, *Laval 1883-1945,* Paris, Balland, 1987 ; Hervé Coutau-Bégarie et Claude Huan, *Darlan,* Paris, Fayard, 1989 ; Bernard Destremau, *Weygand,* Paris, Perrin, 1989 ; Pierre Assouline, *Jean Jardin une éminence grise,* Paris, Balland, 1986.

62. Fred Kupferman a ainsi réévalué nettement à la hausse la politique menée par Pierre Laval à l'égard des Juifs (se reporter à son premier essai, *Pierre Laval,* Paris, Masson, 1976, et à sa communication au colloque « La France et la question juive », *op. cit.*).

63. Ces thèses viennent d'être, il est vrai, largement reprises par François-Georges Dreyfus *(op. cit.),* mais elles n'ont pas fini de surprendre les bons connaisseurs de la France des années 1940.

64. Un bon état de la question dans Pierre Milza, *Fascisme français, passé et présent,* Paris, Flammarion, 1987.

65. Se reporter à *La France dans la tourmente, 1939-1944,* Paris, Éditions sociales, 1980, et au tome VI de l'*Histoire de la France contemporaine,* Paris, Éditions sociales, 1980.

66. *La France dans la tourmente, op. cit.,* p. 146.

67. *La France dans la Deuxième Guerre mondiale, 1939-1945,* Paris, Armand Colin, 1989, p. 33.

68. Michèle Cointet-Labrousse, *op. cit.*, p. 244.

69. Je renvoie à mon étude « La Milice », *Vingtième Siècle. Revue d'histoire,* 28, octobre-décembre 1990, pp. 83-105.

70. Une illustration de cette thématique : Rémy Handourtzel, Cyril Buffet, *La Collaboration... à gauche aussi,* Paris, Perrin, 1989, avec une longue préface de René Rémond.

71. À la lecture du livre de Michael M. Marrus et Robert O. Paxton, on peut se demander si le gouvernement Daladier n'est pas aussi répressif que celui de Vichy.

72. *Politiques et pratiques culturelles dans la France de Vichy, op. cit.*, p. 5.

73. *Vichy 1940-1944, op. cit.*

74. *Notre siècle 1918-1988,* Paris, Fayard, 1988, p. 338.

2.

Les biographies de Pétain

Le personnage de Philippe Pétain a suscité de nombreux ouvrages. Certains ont été publiés avant la Seconde Guerre mondiale pour rendre hommage au général en chef vainqueur de la bataille de Verdun ; beaucoup l'ont été au cours des années 1940-1944 pour exalter le maréchal devenu chef de l'État français ; plus encore au lendemain de la Libération et dans les années qui ont suivi pour juger, raconter, fustiger ou glorifier le condamné à mort prisonnier de l'île d'Yeu. C'est à cette dernière catégorie d'ouvrages, rédigés alors qu'était déjà scellé puis achevé le destin de Philippe Pétain, que ces lignes seront consacrées.

Vaste sujet ! Depuis la Libération, le personnage de Philippe Pétain est l'objet de nombreux débats qui participent au premier chef de ce qu'Henry Rousso a appelé le *Syndrome de Vichy*. Sauveur pour les uns, traître pour les autres, Pétain est devenu, dès 1944, l'un des enjeux de notre mémoire nationale, l'une des figures vis-à-vis desquelles se définit et se redéfinit sans cesse la conscience française. Il n'est donc pas étonnant qu'une abondante littérature lui ait été et continue à lui être consacrée — signe, s'il en était besoin, de la vivacité d'un débat que nous sommes loin d'avoir épuisé.

Ce débat a cependant ceci d'étrange qu'alors même que son nom était largement invoqué, la figure de Pétain demeura longtemps mal connue. Car si, dès 1944, les ouvrages nommément consacrés à Pétain se multiplient, les biographies proprement dites sont en revanche peu nombreuses et tardives. Il faudra attendre 1964 pour que soit publiée — et encore est-elle succincte — la première biographie de Philippe Pétain digne de ce nom, et, lorsque paraît, en 1987, l'ouvrage de Marc Ferro, il apporte une large moisson d'informations nouvelles. C'est de cette articulation paradoxale entre l'invocation et la méconnaissance que je voudrais parler ici.

La littérature consacrée à Philippe Pétain est abondante, et avant d'en analyser — brièvement — le contenu, il ne me paraît pas inutile de donner un aperçu quantitatif de l'historiographie du personnage.

En quarante-cinq ans, de 1944 à 1989, Philippe Pétain a inspiré une bonne centaine d'ouvrages. Le rythme de cette production et son évolution au fil des années qui nous séparent de la Libération sont significatifs. Six phases peuvent en effet être distinguées :

— la première est constituée par la fin de l'année 1944 et l'année 1945, durant laquelle se tient le procès de Pétain. Dix livres consacrés à celui-ci sont publiés cette année-là, parmi lesquels une bonne part d'ouvrages rédigés pendant la guerre et déjà parus, pour certains d'entre eux, aux États-Unis ;

— la deuxième phase va de la condamnation de Pétain à sa mort, et couvre les années 1946 à 1950. La production de cette période est en net retrait sur celle de 1945, mais, bon an mal an, ce sont tout de même trois ou quatre livres qui sont publiés chaque année sur le sujet ;

— la mort du prisonnier de l'île d'Yeu est l'occasion d'une nouvelle flambée d'ouvrages : quatre livres sont publiés dans la deuxième moitié de 1951, sept en 1952, six encore en 1953 ;

— s'ouvre ensuite une période de calme historiographique qui va durer de 1954 à 1963, années durant lesquelles la bibliographie de Pétain ne s'enrichit que d'un ou deux livres par an ;

— nouveau regain à partir de 1964, sous l'effet d'une double commémoration, celle du vingtième anniversaire de la Libération et celle du cent dixième anniversaire de la naissance de Philippe Pétain : six livres consacrés à ce personnage sont publiés en 1964, deux seulement en 1965 mais neuf en 1966 ;

— à partir de 1967, enfin, on entre dans la dernière période, qui est caractérisée par un net déclin de la production historiographique : aucun livre sur Pétain en 1968 et 1969, un par an de 1970 à 1973, deux par an — on note alors un léger frémissement — de 1974 à 1978, puis un par an, voire aucun, depuis 1979.

La majorité des ouvrages ainsi recensés — on en trouvera la liste en annexe — ne relèvent pas du genre biographique. On trouve des souvenirs et des témoignages rédigés par des proches de Philippe Pétain comme le général Serrigny (*Trente ans avec Pétain,* 1959), des ouvrages consacrés au procès de 1945 comme les notes d'audiences de Jean Schlumberger, publiées en 1949, des documents inédits portés à la connaissance du public (*Le Véritable Procès du maréchal Pétain,* de Louis Noguères, 1955), des livres portant sur tel ou tel aspect particulier de la vie de Philippe Pétain. Mais la grande majorité d'entre eux est constituée d'essais plus ambitieux, soit qu'ils prétendent analyser l'ensemble de l'action de Pétain durant la guerre, soit qu'ils portent un jugement, qui se veut définitif, sur l'homme lui-même. La question qui domine alors n'est pas celle de l'homme Pétain mais celle de sa culpabilité, question posée d'abord lors du procès de 1945, question qui, à peine jugée, resurgit à l'occasion des multiples demandes de révision de ce procès déposées par Me Isorni, question qui se perpétue, sous une forme différente, à partir de 1951, dans le débat sur le transfert des cendres de Pétain de l'île d'Yeu à Douaumont.

Les essais publiés durant cette période, qui ont été étudiés en 1972 par un historien américain, Jacques Szaluta, relèvent pour la plupart de ce qu'il faut bien appeler la caricature. Deux modèles s'imposent en effet.

Pour les uns, dont l'archétype est le *Pétain et la cinquième colonne,* d'Albert Bayet, paru aux États-Unis pendant la guerre puis publié en France en 1944, Pétain est un traître qui a toujours voulu trahir la France. Il n'a pas gagné Verdun — Verdun est une victoire de Nivelle et de Mangin ; il aurait voulu, en 1918, abandonner Paris et y laisser, comme en 1940, la place libre aux Allemands ; il a, dans l'entre-deux-guerres, fréquenté les fascistes français, dirigé la cinquième colonne et volontairement organisé la défaite de 1940. On retrouve les mêmes thèmes, avec quelques variantes mineures, chez Charlereine (*Le Maréchal Défaite,* 1945), chez Jean Galtier-Boissière (*Tradition de la trahison chez les maréchaux,* 1945), chez Albert Vallet (*La Mise en accusation du maréchal Pétain,* 1945).

De l'autre côté, mais avec un certain décalage dans le temps — les zélateurs du Maréchal ne relèvent pas immédiatement la tête —, l'outrance n'est pas moindre. Deux courants coexistent ici qui, sans être nécessairement exclusifs l'un de l'autre, mettent en lumière une certaine ambivalence du pétainisme.

Le premier courant a pour modèle le petit livre que publie en 1958 le colonel André Billard, sous le titre : *Philippe Pétain, chef de guerre, chef d'État, martyr et saint de France.* L'auteur, qui ne fait mystère ni de son anticommunisme, ni de son antisémitisme, ni de son attachement aux préceptes moraux et idéologiques de la Révolution nationale, y décrit la vie de Pétain comme un long sacrifice que la France, dans son indignité, n'a pas su reconnaître. Ce thème du martyr est, de façon moins caricaturale, largement repris par des hommes comme le général Héring (*La Vie exemplaire de Philippe Pétain,* 1956) ou Étienne de Ressouches (*Le Chemin de Douaumont,* 1951).

Il existe cependant un autre courant qui, plutôt que de présenter Pétain comme un martyr, le présente comme un héros, le champion du double jeu. Pétain n'est plus ici le vieillard accablé du don qu'il a fait de sa personne à la France, il est le malicieux, le « vieux renard » — pour reprendre le surnom largement invoqué à l'appui de cette thèse —, le Machiavel des temps modernes dont la politique, toute de finesse et d'habileté — entendons les missions Rougier et Chevalier —, a permis à la France de garder la tête haute et aux Alliés de vaincre les Allemands. C'est ce genre de développements qu'on trouve dans *Mission secrète à Londres, les accords Pétain-Churchill,* de Louis Rougier (1946), dans *Montoire, Verdun diplomatique,* de Louis-Dominique Girard (1948), ou dans *Pétain contre Hitler,* de Gabriel Jeantet (1966). C'est également à ce courant que doivent être rattachés, sans s'y confondre, les divers ouvrages traitant de la thématique de l'épée et du bouclier ou, pour reprendre la terminologie de Rémy (*La Justice et l'Opprobre,* 1950), des « deux cordes ».

Dès les années 1950 pourtant, un certain nombre d'auteurs essaient de donner de Pétain et de ce qu'on appelle alors — par souci des belles sonorités — le *pétinisme* une image un peu plus nuancée. C'est de ce courant, illustré par le *Pétain et le pétinisme* du marquis d'Argenson (1953), que vont naître, dans les années 1960, les premières biographies.

La toute première est publiée en 1964 par Jean Plumyène dans la collection « Microcosmes » des Éditions du Seuil. C'est un petit ouvrage — 190 pages —, peu documenté — les archives n'ont pas été utilisées — et qui peut, rétrospectivement, nous apparaître comme très pauvre. Le livre avait toutefois le double mérite d'être le premier à parler de Pétain sans prétendre en réinstruire le procès et de replacer les années 1940-1945 dans la continuité d'une longue existence. Sans doute bien des points demeuraient-ils obscurs, sans doute bien des aspects étaient-ils traités de façon évasive, mais, pour la première fois, était mis à la disposition du grand public une synthèse relativement dépassionnée.

Deux nouvelles biographies paraissent en 1966, l'une sous la plume de Georges Blond (*Pétain*), l'autre sous celle de Pierre Bourget *(Un certain Philippe Pétain)*. L'une et l'autre prétendent à l'objectivité critique ; l'une et l'autre constituent en fait des plaidoyers pour le pardon.

La thèse de Pierre Bourget est que Pétain a toujours été un médiocre, et que, depuis son accession au grade de général, c'est un vieil homme fondamentalement marqué par le pessimisme et enclin à préférer l'attente à l'action. Son attitude dans les années 1940-1945 constitue, dans cette perspective, une répétition de la bataille de Verdun, Pétain ayant voulu attendre.

Georges Blond, ancien journaliste à *Candide* et à *Je suis partout,* va nettement plus loin dans la complaisance, en tentant de justifier certains des aspects les plus inadmissibles de la politique pétainiste. C'est ainsi que le statut des Juifs et, de façon plus générale, les mesures antisémites décrétées par le gouvernement de l'État français font l'objet du curieux syllogisme suivant : les Juifs avaient toutes raisons de s'opposer à l'Allemagne ; la France était alors mi-soumise mi-alliée à l'Allemagne ; le gouvernement français était donc fondé à considérer les Juifs comme suspects et à prendre contre eux des mesures préventives.

En 1972 paraît le *Philippe Pétain* de Jacques Isorni. C'est un gros ouvrage en deux volumes, qui bénéficie de l'importante documentation rassemblée par l'un des avocats de Philippe Pétain. Jacques Isorni met évidemment l'accent sur les aspects les plus favorables à la défense de son ancien client, mais son livre est intéressant par l'importance qui y est accordée aux relations entre Pétain et de Gaulle. La manœuvre est claire : il s'agit, en insistant sur le rôle joué par Philippe Pétain dans la carrière du général de Gaulle, de laisser croire à l'existence d'une complicité entre les deux hommes et de faire du général de Gaulle un ingrat sinon un parricide. Quant au statut des Juifs et aux interdictions faites à ceux-ci de pratiquer certaines professions, Jacques Isorni les justifie par le souci qu'avait Pétain d'éviter que des personnes suspectes aux Allemands soient inutilement exposées dans des « fonctions publiques aussi voyantes que la justice et l'enseignement ».

La biographie de Richard Griffiths, *Pétain et les Français, 1914-1951,* qui paraît en France en 1974, est d'une tout autre veine. Son auteur dresse un portrait relativement impartial de son personnage, et son ouvrage constitue un instrument de travail sûr.

Il y a peu à dire sur le *Philippe Pétain* de Pierre Pellissier, paru en 1980. Sept ans après la parution de *La France de Vichy* de Robert

Paxton, cet ouvrage n'en tient pas vraiment compte et il n'apporte ni nouvelles interrogations ni nouvelles réponses.

En 1984, Herbert Lottman publie en France son *Pétain.* L'auteur a eu accès à des archives jusqu'alors inexploitées, et son livre est riche de documents nouveaux. Pourtant, comme le remarquera Jean-Pierre Azéma dans la critique qu'il donne alors à *Vingtième Siècle* (n° 3, juillet 1984), le résultat n'est pas à la hauteur des espoirs suscités. Lottman fait une grande place aux aspects personnels de la vie de Philippe Pétain, mais les années 1940-1944 sont moins expliquées qu'elles ne sont décrites, et parfois noyées et obscurcies sous l'accumulation de détails.

En 1987, enfin, Marc Ferro fait paraître son *Pétain.* Livre superbe, volontairement centré sur le chef de l'État français, dans lequel Marc Ferro essaie de dresser de Pétain un portrait à la fois passionné et impartial. Il y réussit.

En rendant compte de cet ouvrage (*Vingtième Siècle,* n° 16, octobre 1987), Claude Lévy en reconnaissait les grandes qualités, mais s'interrogeait sur le point de savoir si la biographie était le meilleur moyen de parler du régime de Vichy. C'est l'une des questions que l'on peut se poser. Mais il y en a d'autres. Depuis 1944, une centaine d'ouvrages explicitement consacrés à Pétain ont paru, et il n'y en a guère que huit qui puissent être considérés comme des biographies. Il fallut par ailleurs attendre 1987 pour que des aspects aussi importants que les divers complots qui se tramèrent durant l'année 1943 entre Pétain, l'Allemagne et Laval soient mis en lumière. La question qui se pose dès lors est de savoir pourquoi est resté si longtemps mal connu un homme dont le nom a été si souvent invoqué. Ou, pour dire les choses d'une autre manière, pourquoi a-t-on si longtemps utilisé le nom de Pétain dans des titres d'ouvrages qui traitaient bien moins de Pétain que de la politique de l'État français ?

Si l'historiographie de Pétain n'était composée que des huit biographies ici rencensées, il serait possible de dire que notre méconnaissance de l'homme résulte de notre désintérêt à son endroit. Mais telle n'est évidemment pas la situation, car on ne peut pas parler de désintérêt s'agissant d'un personnage qui, en quarante-cinq ans, a suscité des dizaines d'ouvrages. Il faut donc trouver une autre raison.

Mon hypothèse est que, si sa figure est mal connue alors que son historiographie est importante, c'est que, d'une certaine façon,

Pétain a longtemps joué le rôle de prête-nom. Le Pétain dont parle la grande majorité des ouvrages dont il a ici été question n'a en effet de Pétain que le nom, et, derrière celui-ci, c'est l'État français qu'il faut entendre.

Or, s'il est juste et légitime de faire de Pétain le responsable de la politique suivie pendant qu'il était chef de l'État, l'insistance de l'historiographie à mettre en avant ce personnage a quelque chose d'étrange. Car de deux choses l'une : on peut choisir, s'agissant de cette période, de consacrer un livre au régime lui-même. Dans ce cas, on peut parler de Pétain, mais il est clair qu'on ne peut en parler que comme d'un des rouages, certes important, de l'État français. On peut également — c'est l'autre solution — choisir de privilégier la figure de Pétain, mais il faut alors bien connaître son personnage et avoir l'honnêteté d'évoquer l'ensemble de ses prises de position. Or l'historiographie de Pétain est ainsi faite que, tout en prétendant parler de l'homme, elle l'ignore et parle en fait du régime dont il fut le chef.

Il y a dans ce glissement du sujet une sorte de délégation de responsabilité qui ne tend à rien de moins qu'à circonscrire à Pétain et à son entourage immédiat le poids de tout ce qui fut fait entre 1940 et 1944. Comme s'il n'y avait pas eu de fonction publique, de police ou de gendarmerie pour exécuter les ordres reçus, comme si, face à Pétain, la France entière s'était trouvée debout. J'incline à penser que cette mise en avant du personnage, ce statut de *diabolicus ex machina* donné à Pétain est l'indice de notre extraordinaire incapacité à accepter cette période comme partie intégrante, que nous le voulions ou non, de notre histoire. De même que nous parlons de régime de Vichy lorsque nous devrions parler d'État français, nous parlons de Pétain lorsque nous devrions parler de régime de Vichy. Pétain joue ainsi le rôle non de bouc émissaire — car le bouc émissaire est innocent, et Pétain ne l'est certes pas —, mais de victime expiatoire dont le sacrifice épuise les autres responsabilités.

En faisant de Pétain non seulement le responsable politique — ce qu'il fut et ce pour quoi il fut condamné —, mais aussi le responsable presque unique de tous les crimes commis de 1940 à 1944, nous avons transformé en accident de l'histoire, en œuvres d'un individu des comportements dont l'actualité la plus récente nous incite malheureusement à penser qu'ils sont plus ancrés dans nos mentalités que nous ne le voudrions. C'est le rôle de l'histoire, dit-on, que de tirer les leçons du passé. Encore faut-il que cette histoire attribue à chacun ce qu'il mérite et qu'elle veuille préserver la mémoire au lieu d'inciter à l'oubli.

Bernard LAGUERRE

ANNEXE

La bibliographie de Philippe Pétain depuis 1945

1944

BAYET (Albert), *Pétain et la cinquième colonne,* Paris, Éditions du « Franc-tireur », 1944, 45 p.

BRIAND (Charles), *Un document écrasant, la trahison de Pétain,* Paris, France-Éditions, 1944, 15 p.

CHADEBEC DE LAVALADE (général), *Pétain,* Paris, Librairie des sciences et des arts, 1945, 148 p. [*réédition d'un ouvrage paru en 1942 à Rio de Janeiro*]

1945

BERGÉ(François), *Le Pétinisme, étrange vertu,* Lyon, Éditions du livre français, 1945, 104 p.

CASSIUS, *La Vérité sur l'affaire Pétain,* Genève, Éditions du Milieu du monde, 1945, 223 p.

CHARLEREINE, *Le Maréchal Défaite,* Paris, Gallimard, 1945, 257 p.

DUMAS (Charles), *La France trahie et livrée,* Paris, Gallimard, 1945, 307 p.

FABRE-LUCE (Alfred), *Le Mystère du maréchal, le procès Pétain,* Genève, E. Bourquin, 1945, 199 p.

GALTIER-BOISSIÈRE (Jean), *Tradition de la trahison chez les maréchaux,* Paris, P. Trémois, 1945, 95 p.

MICHEL (Paul-Louis), *Le Procès Pétain,* Paris, Éditions Médicis, 1945, 375 p.

SCHWOB (André), *L'Affaire Pétain,* Paris, Éditions des Deux-Rives, 1945, 168 p.

TERNAND (François), *L'Ascension politique du maréchal Pétain,* Paris, Éditions du livre français, 1945, 79 p.

VALLET (Albert), *La Mise en accusation du maréchal Pétain,* Paris, E. Chiron, 1945, 32 p.

1946

LONDON (Géo), *Le Procès Pétain,* Lyon, R. Bonnefon, 1946, 1 084 p.

ROUGIER (Louis), *Mission secrète à Londres, les accords Pétain-Churchill,* Paris, La diffusion du livre, 1946, 353 p.

1948

GALLIMAND (Lucien), *Vive Pétain, vive de Gaulle,* Paris, Éditions de la Couronne, 1948, 262 p.

GIRARD (Louis-Dominique), *Montoire, Verdun diplomatique,* Paris, A. Bonne, 1948, 573 p.

HUDDLESTON (Sisley), *Avec le Maréchal,* Paris, Éditions de la Couronne, 1948, 181 p.
D'ISAURIE (Candidus), *Vie de Phocion,* Paris, La Clé d'or, 1948, 190 p.

1949

HÉRING (général), Commandant LE ROCH'S, *Révision,* Paris, Éditions Self, 1949, 216 p.
PÉTAIN (Philippe), *Quatre années au pouvoir,* Paris, La Couronne littéraire, 1949, 178 p.
SCHLUMBERGER (Jean), *Le Procès Pétain, notes d'audiences, Blessures et séquelles de la guerre,* Paris, Gallimard, 1949, 255 p.
TRACOU (Jean), *Le Maréchal aux liens, le temps du sacrifice,* Paris, A. Bone, 1949, 453 p.

1950

ISORNI (Jacques), LEMAIRE (Jean), *Requête en révision pour Philippe Pétain,* Paris, Flammarion, 1950, 251 p.
RÉMY, *La Justice et l'Opprobre,* Monaco, Éditions du Rocher, 1950.
SERRIGNY (Bernard, général), *Les Trahisons du maréchal et de quelques autres,* Paris, Éditions de la Couronne, 1950, 191 p.

1951

ISORNI (Jacques), *Souffrance et mort du maréchal Pétain,* Paris, Flammarion, 1951, 342 p.
RESSOUCHES (Étienne de), *Le Chemin de Douaumont,* Paris, chez l'auteur, 1951, 155 p.
TRACOU (Jean, dir.), *Philippe Pétain, maréchal de France, 1856-1951,* Paris, A. Bonne, 1951, 5 p.
TRACOU (Jean, dir.), *La Vie illustrée du maréchal Pétain,* Paris, A. Bonne, 1951.

1952

En attendant Douaumont, Paris, P. Lanauve de Tartas, 1952, 147 p.
Pétain, de Gaulle, n° 17 du *Crapouillot,* 1952, 64 p.
BELLEVAL (Charles de), *Le Cri de la France,* Paris, Éditions du Conquistador, 1952, 317 p.
CARRÉ (Henri, lieutenant-colonel), *Les Grandes Heures du général Pétain, 1917 et la crise du moral,* Paris, Éditions du Conquistador, 1952, 249 p.
PARDÉE (Marie-Antoinette), *Le Maréchal que j'ai connu,* Paris, A. Bonne, 1952, 120 p.
TIS, *Dialogue des morts,* Toulouse, 1952, 48 p.
VANINO (Maurice), *Le Temps de la honte. De Rethondes à l'île d'Yeu,* Paris, Éditions Créator, 1952, 359 p.

1953

ARGENSON (Marc-Pierre D'), *Pétain et le pétinisme,* Paris, Éditions Créator, 1953, 183 p.
ARMAND (Clovis-Marie), *La Dure Épreuve du royalisme français, 1940-1946,* Saint-Étienne, IGC, 1953, 320 p.
FERNET (Jean-Léon-Marie, vice-amiral), *Aux côtés du maréchal Pétain, souvenirs,* Paris, Plon, 1953, 311 p.
FLAHAULT (Étienne), *De Verdun à Douaumont en passant par l'île d'Yeu,* Nantes, « Semailles », 1953, 18 p.
FRANÇOIS-PONCET (André), *Discours de réception à l'Académie française,* Paris, Firmin-Didot, 1953, 55 p.

1954

HÉRING (général), LOUSTANAU-LACAU (commandant), ISORNI (Jacques) : *Réponse à Charles de Gaulle,* Paris, ADMP, 1954, 16 p.

NOLLEAU-SEYRAT (Gontran), *Ile d'Yeu, terre de pèlerinage,* Fontenay-le-Comte, 1954, 48 p.

1955

NOGUÈRES (Louis), *Le Véritable Procès du maréchal Pétain,* Paris, Fayard, 1955, 664 p.

PHILIP (Rémy), *Que t'ai-je fait, ô mon peuple,* Paris, ADMP, 1955, 10 p.

1956

ADMP, *Centenaire du maréchal Pétain, 1856-1956, livre d'or,* Casablanca, R. Lacour, 1956, 463 p.

HÉRING (général), *La Vie exemplaire de Philippe Pétain,* Paris, Paris-livres, 1956, 190 p.

1958

BILLARD (André, colonel), *Philippe Pétain, chef de guerre, chef d'État, martyr et saint de France,* Orléans, Imprimerie industrielle, 1958, 32 p.

1959

ADMP, *Témoignages,* Paris, ADMP, 1959, 33 p.

SERRIGNY (Bernard, général), *Trente ans avec Pétain,* Paris, Plon, 1959, 245 p.

1960

BOURGET (Pierre), *Témoignages inédits sur le maréchal Pétain,* Paris, Fayard, 1960, 199 p.

1962

ISORNI (Jacques), *C'est un péché de la France,* Paris, Flammarion, 1962, 221 p.

1963

CONQUET (Alfred), *Autour du maréchal Pétain, lumières sur l'histoire,* Paris, Nouvelles Éditions latines, 1963, 191 p.

1964

BOURGET (Pierre), *Fantassins de 14, de Pétain au Poilu,* Paris, Presses de la Cité, 1964, 283 p.

COSTON (Henry, dir.), *Pétain, toujours présent,* Paris, Lectures françaises, 1964, 158 p.

HENRY (Pierre), *Le Mémorial du maréchal Pétain,* Paris, « Le monde et la vie », 1965, 110 p.

ISORNI (Jacques), *Pétain a sauvé la France,* Paris, Flammarion, 1964, 141 p.

PLUMYÈNE (Jean), *Pétain,* Le Seuil, 1964, 192 p.

TOURNOUX (Jean-René), *Secrets d'État, Pétain et de Gaulle,* Paris, Plon, 1964, 543 p.

1965

SÉBASTIEN (Andrée), PHILIPPE (Jean), *Pétain, de Gaulle, pourquoi amis? Pourquoi ennemis? Étude psychologique,* Paris, L'Union du livre, 1965, 111 p.

SCHILLEMANS (Gérard-Trinité), *Philippe Pétain, le prisonnier de Sigmaringen,* Paris, Éditions M. P., 1965, 161 p.

1966

BLOND (Georges), *Pétain, 1856-1951,* Paris, Presses de la Cité, 1966, 591 p.
BOURGET (Pierre), *Un certain Philippe Pétain,* Paris, Casterman, 1966, 319 p.
BRISSAUD (André), *Pétain à Sigmaringen (1944-1955),* Paris, Perrin, 1966, 605 p.
COMBALUZIER (Marie-Antoinette), *J'ai vu mourir Philippe Pétain,* Paris, Flammarion, 1966, 203 p.
GILLOUIN (René), *J'étais l'ami du maréchal Pétain,* Paris, Plon, 1966, 317 p.
HENRY (Pierre), BARIAL (Jean), *Les Héros de la grande guerre 1914-1918 et leur chef,* Paris, GLD, 1966, 32 p.
JEANTET (Gabriel), *Pétain contre Hitler,* Paris, La Table ronde, 1966, 339 p.
RAÏSSAC (Guy), *Un combat sans merci, l'affaire Pétain-de Gaulle,* Paris, Albin Michel, 1966, 528 p.
SPEARS (Edward), *Deux hommes qui sauvèrent la France, le général Pétain en 1917, le général de Gaulle en 1940,* Paris, Presses de la Cité, 1966, 255 p.

1967

AMOUROUX (Henri), *Pétain avant Vichy,* Paris, Fayard, 1967, 365 p.
HISARD (Claude), *Condensé du rôle et de l'action de Pétain, fils de l'Artois, pendant la guerre 1914-1918,* Montpellier, 1967, 127 p.

1970

CONQUET (Alfred), *Auprès du maréchal Pétain, apports à l'histoire,* Paris, Éditions France-Empire, 1970, 397 p.

1971

RÉMY, *Dans l'ombre du Maréchal,* Paris, Presses de la Cité, 1971, 285 p.

1972

ISORNI (Jacques), *Philippe Pétain,* Paris, La Table ronde, 1972, 480 p.

1973

FAURE (Pétrus), *Un procès inique,* Paris, Flammarion, 1973, 284 p.

1974

GRIFFITHS (Richard), *Pétain et les Français, 1914-1951,* Paris, Calmann-Lévy, 1974, 446 p.
PÉDRONCINI (Guy), *Pétain, général en chef : 1917-1918,* Paris, PUF, 1974, 463 p.

1975

ANACR (Association nationale des anciens combattants de la Résistance), *Pétain, contribution à un dossier,* Paris, Daviel, 1975, 75 p.
MILLER (Gérard), *Les pousse-au-jouir du maréchal Pétain,* Paris, Le Seuil, 1975, 237 p.

1976

ADMP, *Mensonges et vérité sur le maréchal Pétain et le gouvernement de Vichy,* Paris, ADMP, 1976.
QUEILLE (Pierre-François), *Histoire diplomatique de Vichy : Pétain diplomate,* Paris, Albatros, 1976, 330 p.

1977

HAEDRICH (Marcel), *Le Maréchal et la dactylo,* Paris, Robert Laffont, 1977, 195 p.

JEAUNAUD (Jean-Henri), *J'accuse le maréchal Pétain,* Paris, Pygmalion, 1977, 246 p.

1978

ISORNI (Jacques), *Nouvelle Requête en révision pour Philippe Pétain,* Paris, Flammarion, 1978, 105 p.
SIMON (Joseph), *Pétain, mon prisonnier,* Paris, Plon, 1978, 428 p.

1979

ISORNI (Jacques), *La Flétrissure,* Paris, Flammarion, 1979, 120 p.

1980

PELLISSIER (Pierre), *Philippe Pétain,* Paris, Hachette, 1980, 359 p.

1982

ISORNI (Jacques), *Le Condamné de la citadelle,* Paris, Flammarion, 1982, 441 p.

1983

HEZARD (Marcel), *Le Jugement de la postérité sur Philippe Pétain,* Paris, Albatros, 1983, 196 p.
LAFFARGUE (André), *La Victoire du vieux renard,* Paris, La Table ronde, 1983, 282 p.

1984

LOTTMAN (Herbert), *Pétain,* Paris, Le Seuil, 1984, 727 p.

1985

FIGUERRAS (André), *Philippe Pétain devant l'histoire et la patrie,* Fontenay-sous-Bois, Éditions de l'orme rond, 1985, 148 p.

1987

FERRO (Marc), *Pétain,* Paris, Fayard, 1987, 790 p.

1989

PÉDRONCINI (Guy), *Pétain, le soldat et la gloire,* Paris, Perrin, 1989, 438 p.

3.

Vichy et les Juifs. Des marges de l'histoire au cœur de son écriture

L'étude savante du régime de Vichy a suivi des méandres dépendant des enjeux liés à son interprétation. L'identité nationale française se trouvait interpellée, mais aussi le schéma émancipateur remis en cause par la législation antisémite de cette période. La rencontre de ces deux sensibilités, française et juive, ou leur confrontation, fournit le cadre général à l'intérieur duquel s'est développée l'historiographie sur Vichy et les Juifs. Les questions clés du sujet, la place de la législation antisémite dans la dynamique interne du régime, la contribution de Vichy à la « solution finale » et l'attitude de l'opinion publique française, touchent au cœur même de ces deux sensibilités.

Rencontre ou confrontation, car l'histoire des Juifs dans la diaspora est étroitement imbriquée dans celle de la société d'accueil ; reflet d'une dépendance dans l'histoire, l'analyse du sort réservé aux Juifs par le régime de Vichy s'est elle aussi ajustée à l'historiographie générale du régime. Les interprétations globales ont imposé les thèmes de recherche et fourni le cadre des explications spécifiques. Mais, en outre, c'est le statut même du sujet qui a changé au fil des ans : d'une marginalité institutionnelle à une centralité interprétative, à mesure que les éléments de la politique antisémite de Vichy s'ordonnaient sous la plume des historiens.

La marginalité de l'après-guerre

Sensibles aux « appels incessants à l'oubli » dans cette période de « refoulement de Vichy », les Juifs, oubliés dans les commémorations[1], ont, dans l'immédiat après-guerre, participé activement à la « glorification d'une résistance mythifiée[2] ». Comme pour Raymond Aron, qui croyait alors que le statut des Juifs avait été imposé par les Allemands, décréter que « Vichy constituait une parenthèse dans l'histoire de France, un épisode de la guerre[3] », permettait de renouer avec un vécu antérieur. Et, selon un processus parallèle à celui qui consistait dans le passé à recenser la participation des Juifs aux grandes guerres[4] menées par la France, les premiers écrits sur les Juifs dans la Résistance ont fait leur apparition.

Une autre approche n'aurait d'ailleurs pas été entendue. Les nombreux récits des survivants des camps parus dès la Libération n'ont pas rencontré d'écho — Annette Wieviorka en a fait récemment la démonstration[5]. Le statut confessionnel des Juifs dans la société française empêchait de singulariser leur destin, à moins de verser dans des définitions adoptées par les nazis et récusées par la « vraie » France. Les Juifs étaient fondus dans l'ensemble, leur histoire, institutionnellement marginalisée.

C'est le Centre de documentation juive contemporaine, créé en avril 1943 à Grenoble, qui entreprit de regrouper les archives disponibles et publia les premiers volumes sur la période de la guerre. Parus dès 1945, ils recensent les textes de loi et les analysent minutieusement, publient les archives allemandes et tiennent la chronique des camps d'internement en France. La coopération entre les autorités allemandes et françaises ne manque pas d'y être soulignée. Vichy est reconnu coupable de s'être plié aux pressions allemandes et d'avoir servilement imité les vainqueurs : la loi du 3 octobre 1940 portant statut des Juifs apparaît comme la réponse à l'ordonnance allemande du 27 septembre. Ainsi en est-il des autres actes législatifs. La xénophobie plutôt que le racisme des hommes de Vichy, issus des milieux antidreyfusards, servit donc bien les objectifs allemands, qui souhaitaient faire passer pour françaises les mesures contre les Juifs. Telle est la trame de l'ensemble de ces ouvrages, bâtis pour la plupart autour des archives allemandes.

À la barbarie allemande on oppose les peuples italien et français qui ont su, « malgré leurs dirigeants du moment et la corruption qui était leur moyen de gouvernement, résister à l'antisémitisme[6] ». En effet, « la protestation de l'opinion française authentique revêtant les formes les plus inattendues imprimait un frein puissant aux relâchements successifs des lâches de Vichy[7] » ; la réaction des Français à l'imposition de l'étoile jaune, cette « guérilla des étoiles où l'esprit français et l'esprit juif, si prompts à se pénétrer et à s'allier, se gaussèrent de la formidable stratégie allemande[8] », est emblématique de leur attitude générale ; et les « sentiments humanitaires du Français moyen[9] » ont joué, en dernier ressort, sur l'infléchissement de la politique de Vichy; puis « la tempête de la Résistance a balayé ce cauchemar[10] ».

Mais, nous dit Léon Poliakov, l'un des premiers rassembleurs d'archives et chercheurs du CDJC, ces ouvrages « ne parvenaient qu'entre les mains de deux cents à trois cents souscripteurs, presque tous des Juifs dûment engagés. Aucune librairie ne pouvait les vendre, aucun critique ne pouvait en parler[11] ». C'est dire que, si l'on trouve dans ces publications des mises au point utiles — et ce, très tôt —, elles étaient confinées à un public réduit, marginal.

Une décennie plus tard, la somme de Joseph Billig sur le commissariat général aux Questions juives[12] réunit pourtant des ingrédients qui alimenteront certaines des interprétations ultérieures : le CGQJ, loin d'être une excroissance de l'administration, s'est conformé aux instructions de Vichy; les mesures prises par les Allemands en zone occupée ont exercé un effet d'entraînement qui s'est conjugué aux forces propres du régime vichyssois, dont la politique mêlait la servilité à la fière affirmation de l'originalité de l'antijudaïsme français; la collaboration n'a jamais couvert une politique de sauvetage, et les mini-résistances apparues dans la phase ultime de la guerre n'ont eu qu'un rôle subsidiaire. Tout cela était étayé par de nombreux documents. Joseph Billig précisera par ailleurs[13] le phénomène d'émulation entre les deux politiques antisémites, française et allemande, alternativement concurrentes ou complémentaires. Mais ces conclusions ne dépassent pas le cénacle des intéressés; l'histoire juive est alors regardée comme exogène.

L'historiographie générale du régime de Vichy suit sa propre dynamique. La relation par Robert Aron de la politique antijuive vient étayer sa ligne argumentaire centrale; la « solution finale » n'apparaît qu'indirectement. La spécificité de la législation antisémite est noyée dans un ensemble de dispositions répressives[14]. L'enchaînement des mesures est présenté comme l'un des effets de l'accentuation de tendances dictatoriales, un alignement sur les ordonnances allemandes dont Laval est le grand maître d'œuvre[15]. Un sujet somme toute marginal, une description qui reproduit certaines des représentations du temps de guerre : les Allemands n'étaient-ils pas alors considérés comme les instigateurs directs des différents moments de cette politique[16] ?

La marginalité du sujet est telle que le colloque de la Fondation nationale des sciences politiques en 1970, consacré au premier Vichy et dont toute la problématique est interne [17], ne mentionne à aucun moment la politique antisémite du régime. Dans cet exemple parmi d'autres, implicitement et par défaut, l'antisémitisme français, dans cette période, se trouve confiné aux cercles collaborationnistes de Paris.

Les ouvrages pionniers sur la *Shoah* ne jettent pas une lumière très différente sur l'intégration de la politique de Vichy dans les objectifs allemands. S'il décrit le Vichy de la première période comme un exécutant particulièrement zélé de la politique allemande, Gerald Reitlinger [18] explique l'échec relatif de la déportation des Juifs de France par une stratégie de protection des Juifs français appliquée par Laval. Léon Poliakov était moins indulgent, qui soulignait l'impulsion donnée parfois par Vichy, dont les lois pouvaient être plus rigoureuses que les ordonnances allemandes [19].

La perspective de Raul Hilberg [20] est aussi celle de la « solution finale » dans son ensemble. Tenu ainsi d'interpréter les résultats — « incomplets » au regard de leurs objectifs — obtenus par les Allemands en France, il se rallie à l'explication donnée par Gerald Reitlinger : « Le gouvernement de Vichy tenta de maintenir le processus de destruction à l'intérieur de certaines limites », écrit-il. « Celles-ci eurent essentiellement pour objet de retarder l'évolution du processus dans son ensemble. [...] Quand la pression allemande s'est intensifiée en 1942, les Juifs étrangers et les immigrants furent abandonnés à leur sort, et l'on s'efforça de protéger les Juifs nationaux. Dans une certaine mesure, cette stratégie réussit [21]. » À l'exception de la politique d'internement des Juifs étrangers, aucune des mesures françaises n'est présentée comme autonome.

Le tournant historiographique sera amorcé par Henri Michel, en accord avec son interprétation des débuts du régime. Il suggère, dans *Vichy, année 40,* l'autonomie de la décision de Vichy, résultat d'un antisémitisme spécifique et autochtone, et expression d'une volonté politique de souveraineté, liée à une certaine idée de la collaboration, dont les Juifs ont été victimes. La politique antijuive du régime quitte le statut d'appendice ; elle se trouve désormais intégrée dans une analyse globale [22].

Vichy, l'opinion publique : un antisémitisme bien partagé ?

C'est dans le livre de Robert Paxton[23] que s'est trouvée soulignée pour la première fois la spécificité de la législation antisémite de Vichy, liée à la dynamique interne du régime ainsi qu'aux transformations de l'État et de la société que Vichy a eu l'ambition de façonner, indépendamment des pressions allemandes, apparues dans un second temps. En outre, et ce tournant est primordial, *Vichy et les Juifs* quitte la périphérie historiographique. Pour réfuter la théorie du « bouclier », Paxton choisit de reprendre, dans sa conclusion, le problème du sort des Juifs en France, qui prend ainsi valeur emblématique.

L'ouvrage central de Michael R. Marrus et Robert O. Paxton s'inscrit dans cette veine et précise la politique menée par Vichy à l'égard des Juifs, en combinant les apports des deux perspectives, celle de la dynamique propre du régime et celle de la « solution finale ».

L'origine française de la législation antisémite du premier Vichy est cette fois bien étayée. Elle s'inscrit dans la logique de la Révolution nationale, dans le projet politique global de la collaboration, les Juifs faisant office de monnaie d'échange, et dans la continuité d'un antisémitisme français ancré dans la société. La collaboration entre Allemands et Français dans la persécution des Juifs a été particulièrement poussée, les rafles de 1942 et les déportations apparaissant comme la suite d'une série de mesures qui servaient l'intérêt national.

S'appuyant sur les rapports des préfets, Marrus et Paxton ouvrent la voie à une sociologie de l'antisémitisme en France à cette époque, dont ils soulignent l'ampleur et précisent les contours. Ils relativisent le tournant de l'opinion à l'été 1942, soulignant que seule une minorité de l'épiscopat français, qui s'est ensuite hâtée de rappeler son adhésion au régime, a protesté, et que les mouvements d'opinion favorables aux Juifs ont disparu aussi rapidement qu'ils étaient apparus. En outre, l'appareil bureaucratique français a bien fonctionné, indépendamment des enjeux de ce fonctionnement. L'aryanisation des biens juifs a été appliquée sans tiédeur. Le CGQJ, dont le nombre de fonctionnaires s'est constamment accru, et ce jusqu'à la Libération, a bénéficié de la collaboration des autres administrations. Si des frictions l'ont opposé à certains services ministériels, elles concernaient non pas le principe de telle ou telle mesure, mais un problème de compétence voire une simple protestation contre l'excès de travail impliqué par l'application des mesures projetées[24].

Marrus et Paxton introduisent également dans leur analyse une dimension comparative qu'ils préciseront ensuite[25]. Si, expliquent-ils, pas plus que les autres États d'Europe occidentale à l'exception du Danemark et de l'Italie, les Français n'ont résisté aux Allemands, la France est en revanche le seul pays avec la Norvège où s'est manifestée, dès les débuts de l'Occupation, une tendance antijuive caractérisée et puissante. Encore, soulignent les auteurs, la législation antisémite s'inscrivait-elle en France dans le cadre d'une Révolution nationale favorablement accueillie et soutenue par l'ensemble de la population, tandis qu'en Norvège elle était le fait du gouvernement Quisling imposé par les nazis et impopulaire[26]. Quant au chiffre relativement bas du nombre de victimes déportées de France, Michael Marrus et Robert Paxton l'imputent non pas à une hypothétique stratégie de protection qui aurait atteint son but, mais à la fin de la guerre ; les Allemands, qui fixaient les priorités dans l'application de la « solution finale », restant les maîtres du rythme des déportations.

La description du cheminement législatif antisémite et de son intégration dans la politique de Vichy, l'engrenage de la collaboration et ses effets sur la « solution finale » devinrent la référence pour la plupart des ouvrages ultérieurs[27]. Mais c'est la société tout entière qui se fait complice de cette politique dans la thèse de Marrus et Paxton, écho de la remarque formulée par Zosa Szajkowski en 1966 : « Dans la mesure où soixante-dix mille familles françaises ont profité sciemment de la confiscation de biens juifs, le peuple français ne peut pas être complètement dissocié du régime de Pétain et Laval[28]. »

Le premier à s'inscrire en faux contre cette description de l'opinion publique en France fut Serge Klarsfeld[29]. On lui devait déjà le décompte méticuleux et la description des différents convois de déportés juifs de France[30]. Dans cet effort pour cerner la contribution de Vichy à la « solution finale », il revalorise le retournement de l'opinion publique à l'été 1942, dont l'influence a déterminé l'évolution ultérieure de la politique du régime à l'égard des Juifs[31]. « Vichy a contribué efficacement à la perte d'un quart des Juifs de France, les Français, quant à eux, ont contribué efficacement au sauvetage des trois autres quarts », écrit-il.

Depuis lors, la description par Marrus et Paxton d'une société impliquée dans son ensemble continue d'être contestée[32]. Les marques de solidarité manifestées par une partie de la population à partir de l'été 1942 sont, à juste titre, soulignées[33]. L'indifférence générale dans les deux premières années du régime continue de poser problème[34]. Le défi ainsi lancé par les deux historiens d'outre-atlantique a contribué à placer Vichy et les Juifs au centre d'études à l'ambition plus globale.

De l'intégration du sujet à sa nouvelle centralité

Plus question, en effet, d'étudier les fondements idéologiques de la Révolution nationale sans aborder l'antisémisme d'État[35]. La volonté d'exclusion devient l'un des traits constitutifs du régime : les Juifs, aux côtés des francs-maçons, des républicains espagnols, des communistes ou des étrangers[36], en sont les principales victimes. L'étude de l'imaginaire politique sous Vichy ne se conçoit plus sans référence au mythe de la conspiration juive[37].

La politique de Vichy à l'égard des Juifs constitue l'un des aspects de « la politique des gages et du lest[38] » qui définit les modalités de la collaboration avec l'occupant allemand. L'entreprise d'aryanisation des biens juifs s'insère dans les objectifs économiques de rationalisation industrielle[39]. Plus question non plus d'écrire la biographie de Pétain ou Laval sans questionner leur rôle spécifique dans la politique antijuive du régime. Sous la plume de Marc Ferro, Pétain apparaît comme un antisémite modéré, insensible au sort des Juifs, qui fut directement responsable de la législation adoptée, mais soucieux, à l'été 1942, de sauver les Juifs français en sacrifiant les Juifs étrangers ou apatrides[40]. La responsabilité de Laval, directe elle aussi selon l'interprétation de Fred Kupferman[41], procède plutôt d'un froid calcul politique.

Reconnue comme une dimension constitutive du régime, la question des Juifs en France pendant la guerre occupe maintenant le cœur de certaines études. Cette centralité inattendue est largement tributaire des développements du statut de la Shoah dans la mémoire occidentale et des débats sur la spécificité du nazisme[42]. Elle s'appuie de toute évidence sur une nouvelle prise en compte de l'ampleur de l'extermination des Juifs, qui interpelle avec insistance la conscience occidentale.

Elle s'alimente aussi en France des exigences d'une mémoire

juive fondée sur une identité désormais moins frileuse. Elle est également l'une des manifestations de ce qu'Henry Rousso a appelé la phase obsessionnelle du syndrome de Vichy. Elle est encouragée par une actualité judiciaire turbulente[43] fondée sur l'imprescriptibilité des seuls crimes contre l'humanité.

Elle se nourrit enfin des directions récentes suivies par l'historiographie générale du régime. La diversification des archives, les efforts tentés pour dépasser les descriptions manichéennes d'antan et cerner les contours subtils de l'opinion publique durant cette période concourent à réhabiliter une ambivalence[44] dont il faut bien trouver les limites. L'examen de l'attitude adoptée à l'égard de la législation antisémite prend alors valeur de test pour apprécier la distance entre tel ou tel secteur de la population et le régime.

« La politique d'exclusion systématique et raciale » devient ainsi, sous la plume de Pierre Milza, le signe du « saut qualitatif » que représente Vichy par rapport aux régimes précédents[45]. Pierre Birnbaum[46] lie, pour sa part, le destin des Juifs en France à celui du régime républicain : Vichy, coupable d'avoir « aboli tant la forme républicaine de l'État que son corollaire plus spécifique, à savoir l'émancipation des Juifs et leur intégration à l'État[47] », incarne la forme aboutie de ce qu'il appelle l'antisémitisme politique.

Dans sa toute récente étude, Pierre Laborie[48] élève la question des relations entre l'opinion française et les Juifs au rang de « situation modèle », au même titre que celle de son attitude à l'égard de la Résistance. S'opposant à Marrus et Paxton, il récuse l'existence d'un lien de causalité entre l'antisémitisme, majoritaire, qui relevait alors de la normalité, et les choix politiques du gouvernement. Il constate, et en cela la question juive n'est pas spécifique, l'inertie de l'opinion publique, un « attentisme de distance », et non pas une adhésion complice. Laborie rejoint là une intuition de Yehuda Bauer, qui, en 1978, s'interrogeait sur ce paradoxe : une population française antisémite qui, lorsque sollicitée, s'était volontiers portée au secours des Juifs[49] ; il y voyait une manifestation des courants contradictoires dont était traversée l'opinion.

« Les historiens de la Révolution ont tout intérêt à prêter l'oreille aux interpellations irrévérencieuses du peuple à la nuque raide », écrivait François Delpech, ajoutant : « Le statut des minorités a toujours été un bon révélateur de la dynamique sociale et de la vérité des peuples[50]. »

Mais quelle revanche de l'historiographie sur l'Histoire ! Les

Juifs ont été frappés de marginalité par Vichy ; leur sort perçu comme secondaire par une opinion publique centrée sur ses difficultés de ravitaillement, par les autorités catholiques séduites par l'instauration d'un nouvel ordre moral, secondaire même, il faut en convenir, par la plupart des mouvements de résistance au regard de l'objectif global de libération de la France ; secondaire d'ailleurs aussi par les puissances alliées occupées à gagner la guerre. C'est le résultat tragique de cette marginalité consacrée qui place maintenant, sous les coups de boutoir d'une mémoire exigeante, l'étude du sort réservé aux Juifs pendant la guerre au cœur même de l'historiographie de la période.

Renée POZNANSKI

NOTES

1. Henry Rousso, « Cet obscur objet du désir », in *La Mémoire des Français,* Paris, Éditions du CNRS, 1986, pp. 47-61.
2. Selon la terminologie utilisée par Henry Rousso dans *Le Syndrome de Vichy, 1944-198...,* Paris, Le Seuil, 1987.
3. *Mémoires,* Paris, Julliard, 1983, p. 191.
4. Parallèle dont Annie Kriegel fait la remarque dans « De la résistance juive », *Pardès,* 2, 1985, p. 193.
5. « Indicible ou inaudible ? La déportation, premiers récits (1944/1947) », *Pardès,* 9-10, 1989, pp. 23-59.
6. Préface de Justin Godart à Léon Poliakov, *La Condition des Juifs en France sous l'occupation italienne,* Paris, CDJC, 1946, p. 15. La protection accordée par les Italiens aux Juifs se trouvant dans les départements qu'ils occupaient est opposée par Léon Poliakov à l'attitude des Allemands. Si les textes mettent les autorités françaises en vedette, c'est, nous explique l'auteur, parce que ces dernières étaient les exécutantes de la politique allemande.
7. Joseph Weill, *Contribution à l'histoire des camps d'internement dans l'anti-France,* Paris, Éditions du Centre, 1946, p. 12.
8. Isaac Schneersohn, préface à Léon Poliakov, *L'Étoile jaune,* Paris, Éditions du Centre, 1949, p. 6.
9. René Cassin, *La Persécution des Juifs en France et dans les autres pays de l'Ouest,* Paris, Éditions du Centre, 1947, p. 74.
10. R. Sarraute et P. Tager, *Les Juifs sous l'Occupation,* Paris, Éditions du Centre, 1945, réédité en 1982, p. 12.
11. *L'Auberge des Musiciens,* Paris, Mazarine, 1981, p. 177.
12. *Le Commissariat général aux Questions juives,* Paris, Éditions du Centre, 3 tomes, 1955, 1957, 1960.
13. « La question juive », in *La France sous l'Occupation,* Paris, PUF, 1959.
14. « Désormais, il n'est personne en France, quelle que soit son appartenance ou sa condition personnelle, qui ne puisse être l'objet d'une sanction administra-

tive », écrit-il après avoir énuméré le premier train de mesures à l'automne 1940, *Histoire de Vichy,* Paris, Fayard, 1954, p. 224.

15. *Id.*, pp. 510, 528, etc.

16. Aux yeux de l'opinion publique — voir Michael R. Marrus et Robert O. Paxton, *Vichy et les Juifs,* Paris, Calmann-Lévy, 1981, p. 18, et Pierre Limagne, *Éphémérides de quatre années tragiques,* 1948, p. 678 —, mais aussi aux yeux de l'establishment juif.

17. *Le Gouvernement de Vichy 1940-1942,* Paris, Presses de la FNSP, 1972.

18. *The Final Solution — The Attempt to exterminate the Jews of Europe, 1939-1945,* 1953.

19. *Le Bréviaire de la haine,* Paris, Calmann-Lévy, 1951.

20. *La Destruction des Juifs d'Europe,* trad. fr., Paris, Fayard, 1988 (1re édition, 1961).

21. *Id.*, p. 523, cette phrase citée à partir de l'édition française de 1988 est intégralement reprise de la première édition de 1961.

22. Paris, Laffont, 1966. Dans *La France dans l'Europe de Hitler,* Paris, Fayard, 1968, paru en allemand en 1966, Eberhard Jäckel interprète également les premières mesures comme un alignement d'initiative française sur le régime allemand pour se gagner les sympathies de l'Allemagne. Le tournant dans l'opinion publique en 1942 y est souligné.

23. Robert O. Paxton, *La France de Vichy, 1940-1944,* Paris, Le Seuil, 1973, (éd. anglaise, 1972).

24. Ainsi la police officielle est-elle mécontente de la concurrence de la police aux questions juives, créée en octobre 1941 ; des problèmes du même type sont perceptibles au ministère des Finances à propos de l'aryanisation économique, etc.

25. « Nazis et Juifs en Europe occidentale occupée, 1940-1944 », *in L'Allemagne nazie et le génocide juif,* colloque de l'EHESS, Paris, Gallimard-Le Seuil, 1985.

26. *Id.*, p. 295.

27. Jean-Pierre Azéma avait déjà largement intégré les conclusions de Paxton sur ce sujet dans *De Munich à la Libération, 1938-1944,* Paris, Le Seuil, 1979.

28. *Analytical Franco-Jewish Gazetteer, 1939-1945,* New York, 1966, p. 32.

29. *Vichy-Auschwitz,* Paris, Fayard, deux volumes, 1983 et 1985.

30. *Mémorial de la déportation des Juifs de France,* Paris, 1978, et *Additif au Mémorial,* Paris, 1980 ; à la Libération, on parlait de 120 000 Juifs déportés, les historiens de la Shoah évoquaient soit 65 000 victimes, — ainsi Gerald Reitlinger, *op. cit.*, p. 328 —, soit 90 000 — ainsi de Lucy Dawidowicz, *The War against the Jews, 1933-1945,* New York, 1975, p. 363. Serge Klarsfeld dénombre un total de 75 721 déportés, auxquels s'ajoutent près de 3 000 victimes dans les camps en France.

31. Reprenant ainsi une conclusion qui avait déjà été celle de Georges Wellers, *L'Étoile jaune à l'heure de Vichy,* Paris, Fayard, 1973, pp. 260 sqq.

32. Michel Abitbol confirme leurs conclusions dans *Les Juifs d'Afrique du Nord sous Vichy,* Paris, Maisonneuve et Larose, 1983. Les Juifs dans ces pays, écrit l'auteur, ont dû leur salut à l'intervention de l'Italie de Mussolini et à l'Espagne de Franco. John Sweets décrit en revanche une opinion publique en Auvergne muette au moment du statut, indifférente quand les Juifs ont été expulsés de telle ou telle ville, mais désapprobatrice et même solidaire des Juifs au moment des déportations, *Choices in Vichy France, The French under the Nazi Occupation,* Oxford, Oxford University Press, 1986.

33. François Bédarida, *Le Nazisme et le génocide, histoire et enjeux,* Paris, Nathan, 1989, p. 32.

34. « Sur le moment, il ne semble pas que l'on se soit beaucoup ému ; cette indifférence scandalise aujourd'hui une opinion qui attache au sort des Juifs une

grande attention, au point de faire des dispositions qui les frappaient la pierre de touche et le critère déterminant de la nature du régime », écrit René Rémond dans *Notre Siècle, 1918-1948,* Paris, Fayard, 1988.

35. Henry Rousso, « Révolution nationale ? », *L'Histoire,* 129, janvier 1990, p. 99.

36. Denis Peschanski, « Les camps français d'internement », *Ibid.,* pp. 104-109. L'interprétation de la politique antisémite de Vichy comme « un simple alignement sur les normes du vainqueur fasciste » n'a pas disparu pour autant : voir Michèle Cointet-Labrousse, *Vichy et le fascisme,* Bruxelles, Complexe, 1987, p. 208.

37. Raoul Girardet, *Mythes et mythologies politiques,* Paris, Le Seuil, 1986, p. 180.

38. Philippe Burrin, *La Dérive fasciste,* Paris, 1986, p. 352.

39. Henry Rousso, « L'aryanisation économique — Vichy, l'occupant et la spoliation des Juifs », *Yod,* 1982, pp. 41-80.

40. *Pétain,* Paris, Fayard, 1987.

41. *Laval, 1883-1945,* Paris, Flammarion, 1988.

42. « La caractéristique fondamentale du nazisme, son trait *sui generis* réside dans cette planification industrielle de l'élimination de catégories particulières de populations civiles, principalement juives », écrit Jacques Semelin, *Sans armes face à Hitler,* Paris, Payot, 1989, p. 23.

43. Les poursuites engagées contre Papon, l'affaire Leguay, le procès Barbie, l'arrestation de Touvier, la procédure en cours contre Bousquet.

44. Ou l'ambiguïté, voir Roderick Kedward et Roger Austin (éds.), *Vichy France and The Resistance, Culture and Ideology,* Londres, Croom Helm, 1985.

45. *Fascisme français, passé et présent,* Paris, Flammarion, 1987, pp. 245-246.

46. *Un mythe politique : la République juive,* Paris, Fayard, 1988.

47. *Ibid.,* p. 34.

48. *L'Opinion française sous Vichy,* Paris, Le Seuil, 1990.

49. *The Holocaust in Historical Perspective,* University of Washington Press, 1978, pp. 73-74. C'est l'aide apportée aux Juifs par les catholiques et les protestants qu'il souligne dans un ouvrage ultérieur, *A History of the Holocaust,* New York, 1982, pp. 237-238. En revanche, dans *Les Camps de la honte,* Paris, La Découverte, 1991, Anne Grynberg confirme que dans cette période la politique de Vichy, notamment à l'égard des Juifs étrangers, était fort bien accueillie par la population, pp. 166 sqq.

50. « L'histoire et les Juifs de France de 1780 à 1840 », *in* Bernhard Blumenkranz et Albert Soboul (dir.), *Les Juifs et la Révolution française,* Toulouse, 1976, p. 46.

4.

La mémoire des résistants face à Vichy

La mémoire de Vichy telle qu'elle s'exprime dans les souvenirs rédigés par les résistants après 1945 [1] se caractérise par sa diversité. Mais cette pluralité traduit-elle seulement la variété des expériences vécues opposant le « non ! » du Général à la pratique d'un Georges Groussard utilisant sans vergogne l'État vichyssois ? Cette question met en jeu la fonction assignée à Vichy dans le souvenir. Ce dernier s'intègre-t-il à une vision globale des années sombres ou s'en émancipe-t-il ? Doit-on saisir le discours comme un témoignage neutre ou comme un élément qui interfère dans le débat politique issu de la Libération ?

La mémoire résistante délivre sur Vichy quatre discours

Le souvenir communiste, mis en œuvre par les membres ou les proches du PCF, d'un jour ou de toujours (Emmanuel d'Astier, Lucie Aubrac, Jacques Duclos, Yves Farge, Auguste et Simone Gillot, Fernand Grenier, Pierre Hervé, Charles Tillon, Pierre Villon), analyse Vichy comme une trahison. Le capital, décidé à prendre sa revanche sur le peuple français, a bradé sur l'autel de l'argent les intérêts nationaux. Cette traîtrise conduit à une servilité indigne dans le domaine diplomatique et à une politique intérieure réactionnaire, voire fascisante. En ce sens, Vichy marque le retour des franges les plus droitières aux affaires. Divine surprise ? Non. Le 10 juillet constitue un crime prémédité, encouragé dès avant 1940 par la cinquième colonne. D'où le refus de dissocier Pétain de Laval, coresponsables de ce régime d'infamie. Ce pouvoir corrompu, peuplé de filles légères et d'affairistes louches, ne bénéficie pour autant d'aucune légitimité. Il ne se maintient que par la présence d'un Reich dont il gère au mieux les intérêts. Mais son influence sur le peuple est nulle et non avenue.

La mémoire gaulliste, qu'elle s'exprime par la voix du Général ou par ses représentants (Francis Closon, le colonel Passy, Rémy, Jacques Soustelle, Pierre Sonneville) fonctionne différemment. Bien sûr, elle insiste sur la non-représentativité du régime, son allure réactionnaire, sa pratique collaboratrice. Elle dénonce la revanche des notables et la trahison des élites. Mais ce discours condamne avant tout l'armistice. Crime, parce qu'il abdique la souveraineté française, il constitue aussi une erreur stratégique. Vichy conduit à une impasse militaire puisque l'empire, la flotte et la zone libre, tous les atouts dont le régime disposait, ont été stupidement gaspillés. Enfin, la pratique réactionnaire de Vichy, conséquence directe du 22 juin, est grosse de périls. Revanchard, le pouvoir active les divisions nationales et peut jeter le peuple français dans les bras du Parti communiste. Échec militaire, réaction, péril bolchevique se conjuguent dans la mémoire gaulliste pour rejeter un régime honni.

La mémoire nationaliste ne tire pas les mêmes leçons des années 1940. Ses représentants (Groussard, Georges Loustanau-Lacau, Paul Paillole) insistent sur l'âge du Maréchal, la corruption et les louches trafics de son entourage. Mais le discours emprunte des sentiers inédits en soulignant la filiation de Vichy, fruit de la corruption parlementaire, et de la IIIe République. La mémoire opère par ailleurs une triple dissociation : entre les bons (le général Huntziger...) et les méchants (l'amiral Darlan...) ; entre un Pétain velléitaire et un Laval décidé ; entre l'avant-1942 où tout est possible, et l'après, où rien ne l'est plus. Vichy est donc saisi dans une perspective instrumentale : tiraillé entre les antiboches et les collabos, le régime offre des moyens de lutte que l'on doit saisir. Alors que mémoires gaulliste et communiste obéissent à un rejet de principe, le souvenir nationaliste se fonde sur l'efficacité : les vichyssois se jugent à l'aune de leur mérite dans la lutte clandestine.

La mémoire de tonalité démocrate-chrétienne (au sens strict du terme) développe un discours qui s'exprime dans une masse conséquente d'écrits (Charles d'Aragon, Georges Bidault, Claude Bourdet, Henri Frenay, Pierre-Henri Teitgen, Philippe Viannay, Alban Vistel). Le souvenir, classique, dénonce la revanche des possédants, une revanche facilitée par la décomposition de la République. De même, l'évolution du conflit dément les piètres calculs stratégiques de Vichy. Enfin, « la cour du roi Pétaud » (Pierre de Bénouville) fait sourire. Mais des arguments inédits ponctuent la démonstration. Tous les auteurs insistent sur la popularité du régime, ce qui les amène à dénoncer une politique nocive qui a trompé les Français. Nocive puisque le prestige de Pétain a dissuadé les Français de rejoindre la Résistance. Surtout, les auteurs flétrissent les valeurs qui sous-tendent le régime. Plus que la collaboration sont dénoncées la lâcheté, la délation, les manquements à l'honneur. On rapprochera de cette mémoire le discours humaniste (Jean Cassou), fort proche par son argumentation des options chrétiennes-démocrates.

La Résistance produit donc quatre mémoires de Vichy. Certes, les discours décrits sont paradigmatiques, et certains auteurs se situent en marge de ce souvenir. Mais la diversité l'emporte sur l'unité. Tous dénoncent la corruption du régime, l'ignominie de ses valeurs, la trahison des élites, le grotesque d'une ville d'opérette, mais les analyses divergent quant à l'unité du régime, sa représentativité, son utilité stratégique. La mémoire fonctionne comme une construction. Mais suivant quelles variables s'édifie-t-elle ? En fait, la théorie et l'empirisme expliquent la constitution du souvenir.

La théorisation, fruit d'une formation politique antérieure ou postérieure à la guerre, informe le souvenir en intégrant Vichy dans une perspective d'ensemble. Le marxisme analyse Vichy en termes de classes. La droite nationale forge une filiation Vichy-IIIe République qui dérive de l'analyse sévère portée avant 1940 sur la décadence de la IIIe République. Mais, pour les chrétiens-démocrates, le discours est moins tranché. Tous produisent un souvenir moral qui rejette le régime parce qu'il contredit les valeurs chrétiennes et démocrates. Mais les uns, engagés avant guerre (d'Aragon, Teitgen...), insistent sur l'immédiateté d'un refus éthique, tandis que les autres, sans formation politique avant 1940, décrivent leur itinéraire. Le souvenir se mue en un *Bildungsroman* où le héros, égaré par Pétain (Frenay, Viannay...), finit par découvrir l'atroce réalité. Cruelle désillution que l'accession à la lucidité politique compense *in fine.* La mémoire gaulliste, enfin, ne procède pas à une analyse théorique. Vichy est saisi par le crible institutionnel (le bradage de l'État), péché originel dont tout découle. En d'autres termes, la diversité politique explique la pluralité des mémoires, mais ne l'épuise pas. L'expérience vécue durant la guerre forge aussi la mémoire.

L'engagement, donc l'expérience vécue, construit la mémoire de Vichy et l'intègre à une vision globale des années 1940. Mais cette lecture véhiculée par les Mémoires est aussi un acte public, une prise de position. Dès lors, elle échappe à la neutralité et s'insère dans un contexte plus large.

L'opposition mouvement-réseau provoque l'émergence de mémoires distinctes. Le réseau associe un nombre réduit d'individus absorbés par des objectifs militaires dont l'efficacité dépend d'un rendement. Cet engagement produit une mémoire qui juge Vichy à son efficacité dans la lutte armée. Le souvenir de la droite nationale correspond ainsi à la nature de son action. Hasard ? En aucun cas. L'entrée dans un réseau conforte souvent une idéologie nationaliste qui célèbre le sol, l'union nationale (l'armée au-dessus des partis), l'apolitisme (la guerre n'est pas politique). Mais cette mémoire n'est pas neutre. En dépolitisant Vichy, elle construit la Résistance comme une aventure militaire réservée à des professionnels défendant un terrain. Et, au nom de ces principes, la mémoire évolue. Entre 1948 et 1964, Georges Groussard maintient sa condamnation des mouvements (qui ont politisé la résistance), mais il attaque de Gaulle, bradeur de l'Algérie (une terre française), ce qui, par contrecoup, l'amène à altérer sa critique initiale de Vichy. La mémoire de Vichy, partie d'une vision globale de la guerre, a donc aussi pour mission d'intervenir dans le débat politique contemporain (ici la guerre d'Algérie).

La mémoire gaulliste résulte aussi de l'expérience vécue. La condamnation de l'armistice ne surprend guère, cet acte marquant simultanément la naissance du régime vichyssois et l'entrée dans la lutte des Londoniens. Mais ce rejet n'est pas innocent. Il construit la Résistance comme une action militaire avant tout. Cette présentation n'est pas neutre. Elle aide à présenter de Gaulle sous le double signe de la continuité de la France (ramenée à celle de son État) et d'un rassemblement national que Vichy, sans légitimité, ne saurait entreprendre. Le caractère minoritaire du régime justifie *ex post* la faiblesse de l'épuration (peu de traîtres, donc peu de condamnés) et prépare le retour dans le giron national des égarés de 1940. Le souvenir de Vichy, ici encore, s'intègre à une vision globale de l'Occupation. Mais cette lecture conforte un projet idéologique postérieur à la Libération. D'où le revirement d'un Rémy. Dès lors que sa condamnation de Vichy réactive la division nationale, il la sacrifie froidement et adopte la thèse du Vichy bouclier[2]. De même, Soustelle, de 1947 à 1950, et Passy, de 1947 à 1951, construisent Vichy comme le fourrier du communisme afin de présenter de Gaulle et le RPF comme un rempart face au bolchevisme. Le souvenir entend ici peser sur le contexte de la guerre froide et des premiers pas du RPF. La mémoire gaulliste, fruit d'un vécu qui intègre 1939-1945 à « la guerre de trente ans » et résume la Résistance à un combat militaire, utilise aussi Vichy à des fins politiques.

La mémoire des mouvements fonctionne différemment. Elle dérive de leur pratique clandestine. Ils sont engagés le plus souvent sur une base éthique et non stratégique, et la querelle de l'armistice les laisse froids. En revanche, Vichy ayant compliqué l'entrée dans la Résistance et donc entravé son recrutement, on l'accuse d'avoir aveuglé les Français. De même, l'abjection morale du régime est condamnée parce que ces mouvements se sont situés par leurs idées et leur pratique (presse, manifestations...) sur un plan politique, le militaire se surimposant *a posteriori.* En ce sens, la mémoire des mouvements est bel et bien un tribut payé à l'empirisme. Mais le souvenir a aussi un but politique. Il construit la Résistance comme une contre-administration qui supplée un régime défaillant (le terme est explicitement utilisé par Bourdet, par exemple). Il la présente surtout comme la seule instance légitime, parce qu'elle unit dans ses rangs des Français de toute origine (Vichy, lui, exclut) ; parce qu'elle dégage une élite minoritaire mais pure (Vichy, au contraire, corrompt). D'où un fonctionnement triangulaire du souvenir. Les mouvements opposent la popularité de Pétain au mythe gaulliste d'une résistance majoritaire (une réalité que les « émigrés » de Londres ne perçoivent pas). Et ils renvoient à la popularité du pétainisme son immoralité. La mémoire de Vichy revêt donc une fonction idéologique qui conforte une Résistance soudée dans une opposition duelle au pétainisme et au gaullisme. Il n'est donc pas étonnant que ce souvenir s'exprime surtout après 1971. *Le Chagrin et la Pitié* tue le mythe gaulliste. À gauche, Mai 1968, le poids croissant du PS, le choc provoqué par la publication de *L'Archipel du goulag* brisent le monopole culturel du PCF. Libérée de la faucille et de la croix de Lorraine, la mémoire des mouvements se déploie. Sur neuf auteurs, six, et les plus importants, se manifestent après 1970.

La mémoire communiste, enfin, oppose au régime son allure antinationale et son caractère de classe. Cette vision exprime la réalité d'un combat placé sous le double sceau de la lutte sociale (du lait pour nos gosses...) et de la lutte armée (l'action immédiate). La négation du pétainisme, phénomène minoritaire, conforte le Parti, pivot d'une union nationale qu'il entraîne et d'une lutte sociale qu'il anime. Lecture éminemment idéologique. En faisant de la Résistance un phénomène majoritaire dont le PCF est l'aile marchante, elle exclut et les gaullistes, rétifs à la défense des humbles, et les mouvements, qui se présentent comme l'élite d'un pays globalement pétainiste. Le Yalta de la mémoire opéré après 1945 entre les gaullistes et le PCF s'explique : ils partent d'un même constat — la Résistance comme phénomène majoritaire —, quitte à proposer des lectures opposées. Ainsi de l'épuration. Vichy étant minoritaire, le PCF veut frapper fort le petit nombre de coupables... La mémoire communiste s'exprime alors en contrepoint d'un gaullisme triomphant. Sur neuf auteurs, deux écrivent entre 1945 et 1947, cinq entre 1958 et 1970.

L'analyse menée revêt peut-être un caractère trop tranché. Or l'étude des mémoires duelles révèle que, si le discours délivré s'écarte parfois de la norme par son contenu, son mode de formation obéit toujours au schéma décrit. Or certains individus brassent des engagements clandestins et politiques divers. Comment bâtissent-ils leur souvenir de Vichy en fonction de ces données contrastées ? Michel Debré, par exemple, est à la fois de la Délégation par le CGE et des mouvements par CDLR. Une sensibilité proche de la Résistance intérieure l'anime pendant la guerre, mais il deviendra gaulliste. Sa lecture de Vichy s'en ressent. Le gaulliste qu'il est devenu souligne l'illégitimité d'un régime qui fait le lit du communisme. L'homme des mouvements insiste sur les valeurs qui opposent Vichy aux clandestins, sur l'isolement de la Résistance dans le pays. Vision hérétique qui contredit le mythe gaulliste d'une Résistance majoritaire et occulte le débat sur l'armistice. De même, Christian Pineau est un homme des mouvements par l'action qu'il mène dans la Résistance. Il est aussi marqué par une culture de gauche par ses origines syndicales. Son discours se désolidarise du souvenir chrétien qui imprègne les mouvements en insistant sur la nature de classe du régime, en majorant le poids de la Résistance dans le pays. Le cas de Pierre de Bénouville, enfin, est plus complexe. Issu de l'extrême droite avant de devenir plus tard gaulliste, il s'engage dans un réseau (Carte) avant de rejoindre Combat. Sa mémoire contradictoire témoigne de cet itinéraire. Sa formation cagoularde le porte à lire Vichy comme le produit de la décomposition républicaine. Son engagement dans un mouvement le pousse à dépeindre la Résistance comme un phénomène minoritaire dû à la passivité d'un troupeau égaré par Pétain. Mais son gaullisme lui fait décrire la Résistance comme une action militaire de masse. Cette lecture plurielle du régime vichyssois traduit bien la diversité même de ses engagements.

La mémoire résistante de Vichy se caractérise donc par une pluralité due aux formations politiques et surtout aux engagements contractés durant la guerre. Mais les Mémoires, actes subjectifs se posent aussi comme une prise de position dans le débat public. Et les différentes mémoires tendent à se déployer en fonction des enjeux politiques postérieurs à la Libération : guerre froide, drame algérien... Certes, le rythme propre du « syndrome » favorise parfois l'émergence du souvenir. Cassou publie *La Mémoire courte*[3] quand deux lois d'amnistie sont votées. Mais le souvenir résistant de Vichy apparaît déterminé par la marche du siècle plus que par une chronologie propre à la mémoire des années sombres. En permettant à Vichy de fonctionner métaphoriquement dans le débat politique contemporain, cette mémoire est avant tout idéologique. Qui en aurait douté ?

Olivier WIEVIORKA

NOTES

1. Les Souvenirs des résistants publiés après 1945 offrent un corpus homogène, construit et intentionnel, plus facile à décoder que les mémoires provoquées (entretiens...).
2. Rémy se rétracte dans *Carrefour* en avril 1950 ; *cf.* Henry Rousso, *Le Syndrome de Vichy,* Paris, Le Seuil, 1987 p. 43. Un exemple de volte-face *in* Rémy, *Mémoires d'un agent secret de la France libre,* Monte-Carlo, Solar 1946, p. 43, p. 165, et *ibid,* Paris, Presses-Pocket, 1966, p. 60.
3. Jean Cassou, *La Mémoire courte,* Paris, Éditions de Minuit, 1953.

Deuxième partie

LES SINGULARITÉS DE VICHY DANS LE TEMPS

Vichy et la crise de la conscience française

Conscience, identité, mémoire

Des trois grandes crises de la conscience française depuis un siècle — l'affaire Dreyfus, Vichy, la guerre d'Algérie —, le drame qui continue de fouailler le plus durement et le plus durablement la mémoire nationale, c'est sans conteste le drame de la défaite et de l'Occupation. Car, à la différence de l'affaire Dreyfus, qui n'avait mobilisé qu'une fraction de l'opinion, et de la guerre d'Algérie, dont le souvenir s'est trouvé plus ou moins refoulé par le rythme des événements ultérieurs, les années Vichy ont atteint en profondeur l'ensemble des Français, dans leurs engagements et dans leurs choix éthiques comme dans leur vie quotidienne, tandis que se perpétuaient les clivages et les divisions entre pétainistes, collaborateurs, attentistes et résistants. De ces quatre années ne nous ont quitté ni le long cortège des souffrances et des humiliations, des lâches soumissions et des fiers refus, ni la mémoire des aspirations toujours déçues à l'union nationale, ni l'ombre de la guerre civile — larvée ou ouverte. L'actualité se charge d'ailleurs de nous rappeler cette empreinte indélébile, puisque à chaque instant les références à Vichy infiltrent et taraudent l'espace public, resurgissant à l'improviste, jetant du sel sur nos plaies mal refermées.

Certes, il serait tentant de traquer, d'une crise à l'autre, les lignes de continuité, et aussi de dessiner les fractures. Hannah Arendt n'a-t-elle pas soutenu par exemple qu'en 1940 l'effondrement de la France était dû au fait que celle-ci « n'avait plus de vrais dreyfusards », entendant par là la défaillance des défenseurs de la justice, de la liberté et de la démocratie[1] ? Néanmoins, nous limiterons notre propos à la crise de la nation et de l'État entre 1940 et 1944, dans la mesure où il y a là une clé privilégiée pour appréhender la singularité de Vichy dans le temps.

Seule en effet l'ampleur de la déchirure donne la mesure de l'ébranlement des années 1940, tout en faisant la part de ce qui jalonne le terrain en amont (puisque la crise française doit être rattachée à la crise générale des sociétés européennes au cours des années 1930) et de ce qui a suivi en aval (les choix de société effectués par les Français après la guerre). Quels ont donc été les enjeux nationaux spécifiques de la France de Vichy ? C'est ce qu'il s'agit de déterminer, afin de comprendre pourquoi, loin de sombrer peu à peu dans l'oubli, cette tragédie civile hante toujours d'une présence lancinante la conscience française. « Quatre ans à rayer de notre histoire », est-on allé jusqu'à écrire au lendemain de la Libération[2]. C'est que la tragédie n'a pas été seulement teintée de sang et de violences à un degré inconnu dans l'histoire nationale au cours des cent vingt années qui nous séparent de la Commune[3]. Elle n'a cessé d'être relayée, parfois réactualisée, par d'actives mythologies — noires ou roses —, génératrices de controverses et de polémiques, où se mêlent, de manière récurrente et en proportions variables apologétique et mauvaise conscience. Bref, Vichy demeure un référent incontournable.

Pourtant, depuis un demi-siècle, à l'encontre de la mémoire diffuse, la mémoire savante, suivant un cheminement inverse, a considérablement renouvelé les approches et les interprétations. Le temps n'est plus, Dieu merci, aux tranchantes visions bipolaires. Grâce au patient travail de déstructuration-restructuration effectué par les historiens — étrangers ou français —, l'image s'est enrichie, diversifiée, nuancée, mettant en lumière les complexités et les ambivalences, sans pour autant affadir les antagonismes ni les affrontements. Dans l'épaisse forêt des années noires, au lieu de privilégier comme jadis les coupes claires, les futaies bien ordonnées, voire les hautes cimes, on s'est mis à défricher les sous-bois et les fourrés, à étudier les sols et les essences, tout en s'attachant aux vues d'ensemble afin que les arbres ne cachent point la forêt.

À cet égard, il est capital de replacer d'emblée la crise de la nation et de l'État dans son contexte géopolitique, en rappelant la donnée centrale qui commande toute lecture de Vichy. A savoir le grand conflit idéologique, à l'échelle de l'Europe et du monde, où s'affrontent depuis les années 1930 la démocratie libérale, le fascisme et le communisme, et qui atteint son paroxysme entre 1939 et 1945. Un conflit dans lequel la France, partagée entre le rôle d'acteur et celui de spectateur, apparaît selon le cas comme un foyer ou comme un miroir. N'est-ce point là au demeurant ce qui donne à Vichy une coloration à la fois dérisoire et tragique, tant le contraste apparaît saisissant entre le drame planétaire en train de se jouer et les agitations stériles et médiocres d'une ville d'eaux plutôt lugubre érigée en ersatz de capitale ?

En vue d'introduire quelque intelligibilité au milieu de ce dédale et de faciliter le travail de déchiffrement des historiens, la littérature consacrée à Vichy a eu recours à trois paradigmes : la conscience, l'identité, la mémoire. Trois données aux confluences manifestes, et que par conséquent on aurait tendance à confondre, alors qu'il convient au contraire de les situer chacune dans sa logique propre. Entre les déchirements de la conscience française, la quête de l'identité nationale et les méandres de la mémoire, l'interface est là, qui s'impose comme un défi. Une interface réunissant des objets historiques à la fois proches et distincts, même si pour une part leurs contenus se recouvrent, même si s'opèrent entre eux ici ou là des synergies.

Premier élément de cette trinité : la conscience. Liée à l'univers des valeurs, elle relève, quant à elle, de l'éthique. Sa fonction est de juger d'une situation historique donnée au nom d'une loi morale. D'ordre normatif, elle induit des impératifs catégoriques. De là découlent *tunc et nunc* des interrogations et des débats passionnés sur des notions telles que le devoir, l'honneur ou la mission de la France.

Avec l'identité nationale, on s'inscrit dans un registre tout différent. On est ici dans le domaine psychologique, celui du vécu et de l'existentiel. Système de références destiné à situer la personne ou le groupe dans un ensemble, le besoin d'identité commande le sentiment d'appartenance à la collectivité, mais il ne peut être satisfait qu'à deux conditions : *primo,* la continuité, la persévérance de l'être, la pérennité malgré les cataclysmes destructeurs ; *secundo,* la garantie que le sujet — individuel ou collectif — est bien celui qu'il affirme être. Permanence et fidélité à soi-même, voilà les deux piliers de l'identité nationale. On est donc là dans un processus de création continue et de résistance à l'épreuve du temps. Mais qui ne voit comment, à partir de cette démarche positive, d'ordre psychologique, des glissements peuvent aisément s'opérer vers une démarche normative, infiltrant par là le champ de la conscience — et *vice versa ?*

Quant à la mémoire, chacun sait qu'il s'agit d'un artefact. Une construction où se mêlent la réalité historique et l'imaginaire, la remémoration et le mythe, les jugements et les croyances. Prisme aux mille facettes, elle reflète, véhicule, déforme, reforme, transforme les ombres de la conscience aussi bien que les certitudes ou les doutes de la quête d'identité. Ici, on se trouve plongé dans l'univers de la représentation. L'événement s'y dédouble. Le passé s'y démultiplie.

D'où la difficulté qu'éprouve l'historien lorsqu'il tente d'utiliser ces outils conceptuels. Conscience, identité, mémoire : chacun des paradigmes est à employer dans son ordre. Mais, en raison du jeu dialectique qui les réunit, on est obligé de les combiner tout en les distinguant, avec l'espoir d'aboutir *in fine* à une grille de lecture probante et raisonnée.

Crise de la nation

Au point de départ, il y a la défaite. L'année terrible. La grande fracture de 1940 dans la vie nationale. Sans doute est-il vrai que le cataclysme, si soudain et si brutal qu'il soit, frappe un pays en proie depuis des années aux divisions et au doute. « J'ai vécu les années 1930, se rappelle Raymond Aron, dans le désespoir de la décadence française, avec le sentiment que la France s'enfonçait dans le néant[4]. » Mais la secousse tellurique de 1940 est d'un ordre différent. Dans la mesure où, jusqu'au mois de mai, l'opinion était restée confiante dans la victoire finale, la rapidité de l'effondrement stupéfie, confond, déstabilise la nation tout entière.

Pour les Français déboussolés et meurtris, il ne s'agit pas seulement d'expliquer comment cette guerre foudroyante a vu un caporal autrichien réussir en six semaines là où quatre années durant les généraux du Kaiser avaient échoué. Il faut surtout comprendre : comprendre ces phénomènes renversants qui s'appellent la désagrégation du tissu national, l'écroulement de l'État, la menace de mort pesant sur l'avenir de la France. Évoquant le sentiment alors général d'appartenance à un grand peuple, « grand par l'idéal qu'il se faisait du monde et de lui, et de lui dans le monde », François Mitterrand peut écrire sobrement : « J'ai vécu 1940 : inutile d'en dire davantage[5] ».

Déréliction dans les âmes, confusion dans les esprits, beaucoup dans ces jours sombres atteignent le fond du désespoir : « Ma patrie est comme une barque / Qu'abandonnèrent ses haleurs. » De New York, Raïssa Maritain, au lendemain de l'armistice, exhale en termes poignants son patriotisme blessé : « Il n'y a plus pour moi d'avenir en ce monde. La vie est achevée pour moi, terminée par la catastrophe qui plonge la France dans le deuil, et le monde avec elle, du moins tout ce qui en France et dans le monde est attaché aux valeurs humaines et divines de l'intelligence libre, de la liberté sage, de l'universelle charité. De longtemps — peut-être jamais plus —, nos yeux ne retrouveront notre France bien-aimée. [...] Nous avons perdu l'espérance[6]. »

Quel défi pour l'identité nationale ! Tout au long de l'année 1940, l'interrogation revient, lancinante : la France humiliée, en lambeaux, soumise à la loi sans pitié d'un vainqueur tout-puissant, va-t-elle survivre ? Existe-t-il pour elle un avenir ? « Pendant trente-huit ans, se souvient Vercors (né en 1902), pas une seule fois l'idée ne m'était venue que la France n'était pas forcément éternelle, qu'elle pourrait un jour disparaître dans les cimetières de l'Histoire. » Après tout n'avait-on pas vu au fil des siècles périr bien des patries ? Et Hitler ne pouvait-il « faire son Europe en effaçant la France et le français[7] ? » Mais, la question à peine posée, un sursaut de dignité l'emporte. Même réaction chez un obscur officier qui note dans son journal à la date du 18 juin 1940 avant de rejoindre la France libre : « Je ne puis croire que la France, qui a mis un millier d'années à grandir [...], meure au bout d'un mois entre les mains d'un boucher[8] ». Remarquons que, dans ces deux cas, l'affirmation de l'identité française résulte d'un acte de volonté, mais derrière cet acte de volonté il y a plus encore un acte de foi en la pérennité de la nation. Dorénavant, dans ce camp, la voix qui parle, c'est la voix de la résistance.

Dans le camp opposé — celui qui détient le pouvoir et qui a le soutien de la majorité des notables et de l'opinion —, on est persuadé de mieux défendre l'identité française par une attitude de « réalisme », en pratiquant le compromis, sinon les compromissions. Une position que l'on trouve aussi bien chez Teilhard de Chardin, à qui l'évolutionnisme poussé à ses extrêmes limites inspire d'étranges réflexions sur le triomphe des forts dans le *struggle for life* exacerbé que constitue la guerre, jusqu'à Gide notant dans son journal au cours de l'été 1940 : « Composer avec l'ennemi d'hier, ce n'est pas lâcheté, c'est sagesse ; et d'accepter l'inévitable. [...] À quoi bon se meurtrir contre les barreaux de sa cage[9] ? »

On mesure par là l'étendue du fossé séparant Vichy de ses adversaires. Non que les dirigeants de l'État français récusent la référence patriotique. Bien au contraire, ils s'en réclament sans arrêt, à temps et à contretemps. Mais, pour eux, la protection de l'identité nationale passe par les transactions et les concessions, à l'abri desquelles, en évitant la « polonisation », on pourra entreprendre le « redressement intellectuel et moral » auquel le Maréchal convie ses compatriotes.

Or, au lieu de renforcer les solidarités, cette conception de l'identité se fonde sur des exclusives et aboutit aux exclusions. N'est-ce point précisément le sens de certains textes de combat comme celui où Pétain, dans un cliquetis antithétique, dénonce l'anti-France, à rejeter de la communauté nationale. « Il n'y a pas de neutralité possible, explique-t-il, entre le vrai et le faux, entre le bien et le mal, entre la santé et la maladie, entre l'ordre et le désordre, entre la France et l'anti-France [10]. » Dans la pratique, à vrai dire, l'anti-France se répartit en deux catégories. Il existe d'abord une anti-France par nature ou par état. Elle comprend les Juifs, les francs-maçons, les communistes « moscoutaires ». En second lieu, il y a une anti-France par choix — ou par égarement. Ses tenants, ce sont les dissidents, les gaullistes et tous ceux qu'on va appeler les résistants, bref, les Français qui combattent la politique du Maréchal.

Comme le montre le langage utilisé — des deux côtés —, la crise d'identité dérive vite vers le terrain des valeurs. De part et d'autre, on en appelle à un jugement moral, aux principes de l'éthique. Non seulement dans le feu de l'action, chez les acteurs du drame franco-français, mais il en va de même après l'événement, à écouter le discours véhiculé depuis un demi-siècle par la mémoire savante comme par la mémoire commune. Ainsi, quand Stanley Hoffmann parle de « la dégradation, à certains égards même la perversion [...] du sens national [11] », n'est-ce pas le signe que l'analyste se trouve lui-même plongé au cœur de la crise de la conscience française ?

Au fond du débat, qui prend, tantôt dès 1940, tantôt progressivement, l'allure d'un formidable combat pour l'âme de la nation, il y a le code de valeurs traditionnellement attaché à la figure de la France. Ce que Mauriac a exprimé d'un mot terrible : « Si je n'ai jamais douté de la victoire alliée, il m'est arrivé parfois de croire au déshonneur de mon pays. »

De fait, dans le vaste examen de conscience auquel se livrent les Français de tous bords, face à « l'appel du vide [12] », trois enjeux majeurs sont à mettre en évidence, qui commandent tant le diagnostic à porter sur la crise que les comportements qui en découlent.

Premier enjeu : le dilemme réalisme/idéalisme. Au centre, une question cruciale : la victoire allemande a-t-elle changé le sens de la guerre ? À Vichy, à Paris, beaucoup se rallient à ce point de vue, adoptant sans hésitation ni scrupule l'axiome hégélien selon lequel l'histoire du monde est le tribunal du monde. Si l'on suit cette logique, le destin de l'Europe a bel et bien basculé durant les semaines de la *Blitzkrieg* de mai-juin 1940. Dans l'air flotte l'idée que la roue de l'histoire a tourné, qu'une nouvelle ère commence pour le monde. Tandis que le passé a été englouti à jamais par la débâcle, la marche triomphale des légions germaniques, annonciatrices du futur, apporterait les prémices du « nouvel ordre européen », auquel Pétain se rallie explicitement dans son discours du 30 octobre 1940 où il justifie la politique de collaboration. Au milieu des ruines des régimes démocratiques démodés et incapables, la France régénérée doit jouer le rôle de « brillant second » auprès d'une Allemagne devenue chef d'orchestre du concert européen.

Bref, la confusion des esprits est à son comble, prolongeant, mais en bien pis, celle de l'avant-guerre et de la drôle de guerre qu'avait naguère dénoncée Georges Friedmann[13]. Voilà que maintenant, au nom de la *Realpolitik*, on en vient à inverser la relation entre le droit et la force... Dès lors, une véritable bataille s'engage. Contre le « faux réalisme », il s'agit de sauver les principes fondateurs de la civilisation française, de redresser les jugements pervertis et, en fin de compte, d'éviter que la France ne perde son âme. « L'histoire s'arrête-t-elle en juin 1940 ? interroge par exemple le père Fessard, en riposte à un livre de Bertrand de Jouvenel tout acquis au nouvel ordre. Le monde se réduit-il à l'Europe et celle-ci à l'opposition de la France et de l'Allemagne ? » Peut-on passer sous silence « tout ce qui a trait aux valeurs morales et spirituelles entraînées dans cette lutte » et laisser croire qu' « une victoire décide en dernier ressort du camp où la conscience peut trouver l'esprit[14] » ?

Dans la célébration du culte des panzers, la palme revient toutefois à Montherlant, qui, des bords de la Méditerranée, donne au triomphe nazi le sens cosmique d'une revanche du paganisme sur le christianisme. Symbole du retournement du destin : la signature de l'armistice le jour du solstice d'été, preuve que « la croix gammée, qui est la Roue solaire, triomphe en une des fêtes du Soleil ». Jadis, au temps de Julien l'Apostat, une voix proclamait *Le grand Pan est mort,* c'est-à-dire *Tu as vaincu, Galiléen.* « J'entends ce soir une voix qui passe : *Tu es vaincu, Galiléen* ! » Et

Montherlant de se réjouir du déferlement de la « païennie » devant lequel rien ne résiste, en rêvant qu'un jour il verra « flotter l'étendard de la Roue solaire sur les tours de Notre-Dame de Paris[15] ».

À côté de ce premier enjeu historico-philosophique, le deuxième enjeu, d'ordre éthique, concerne la mission de la France. Car si, dans la crise morale et spirituelle que traverse le pays, tous s'accordent pour considérer que la France, c'est à la fois un héritage et un message, autrement dit un passé et un avenir, le fossé se creuse dès qu'il est question de déterminer la nature de l'un et de l'autre.

Deux France s'opposent, chacune avec son paradigme : la régénération à Vichy, l'honneur chez de Gaulle et les premiers résistants. Pour ceux-ci, ce qui compte avant tout, c'est le respect de la France pour elle-même, au nom de l'intégrité morale de la nation. De là le refus de la soumission, de type vichyssois. C'est « la France qu'on n'envahit pas », selon la fière formule de Jean Guéhenno[16]. Alban Vistel, pour sa part, discerne le fondement de la résistance dans « une réaction de l'Honneur individuel », en même temps que dans la foi en une France incarnant les principes de liberté et de dignité humaine[17].

Pour les tenants de Vichy, en sens inverse, la vertu première et essentielle de l'armistice, c'est d'avoir donné au pays une chance de régénération. Un redressement — habillé en « Révolution nationale » — lui permettant de se refaire un corps et une âme. Là réside le véritable patriotisme. L'objectif primordial de la construction de l'État nouveau, déclare Moysset, c'est de « rendre à la France ce qu'on appelle une mission », condition essentielle de la renaissance nationale[18]. Mais cette conception patriotique, congénitalement viciée par la résignation à la défaite (Moysset, par exemple, a beau prôner la renaissance, il est toujours à rappeler « la France battue »), conduira, à travers une stratégie opportuniste, aux pires abandons, et finalement le régime sombrera dans la honte et le déshonneur.

La conséquence, c'est que ce drame de la conscience française dure toujours. Parce que l'enjeu était d'ordre spirituel, parce que l'adversaire était jugé coupable du double péché de reniement et de trahison, le combat sans merci qui s'est déroulé pendant quatre années entre deux France n'a pu que laisser un goût de cendre chez les vaincus, tandis que la mémoire collective, traumatisée par ses défaillances, tentait, sans vraiment y parvenir, de rallier le camp victorieux en s'identifiant aux défenseurs de la bonne cause.

On arrive ainsi très logiquement au troisième enjeu et au troisième vecteur de la crise franco-française. Cette crise est si chargée d'absolu, si investie par le sacré, qu'elle a tout d'un phénomène religieux. Non seulement les protagonistes à chaque instant s'expriment en termes de salut (salut de la patrie, salut de la civilisation, salut de l'homme, etc.), non seulement l'appel à la tradition et aux valeurs chrétiennes y est constant, mais on voit s'y entrechoquer en une lutte impitoyable les grandes religions temporelles que sont les idéologies du xxe siècle. D'où une double dynamique : celle de la guerre nationale et celle de la guerre civile, en action en France comme dans toute l'Europe. En d'autres termes, se combinent et interfèrent continuellement conflit externe — le combat inter-étatique — et conflit interne — au sein de l'État-nation. Vue sous cet angle, la crise prend l'allure d'une crise gigogne, où les paramètres s'emboîtent les uns dans les autres en configurations multiples — nationales, idéologiques et sacrales.

Déjà, à un niveau élémentaire, à propos du mythe Pétain, on peut observer un étonnant processus religieux à l'œuvre. Dans une première étape il s'agit d'un mouvement spontané, né d'une conjoncture de détresse. C'est le recours éperdu, quoique classique, au sauveur providentiel : « L'officiant d'une formidable messe des désespérés[19]. » De là on arrive très vite à faire d'une figure humaine l'objet d'une entreprise de divinisation. Pétain, ce n'est pas seulement le Chef, c'est aussi le Messie, envoyé pour remédier au malheur de la patrie, expier ses fautes, apporter le salut : « Le seul signe visible que Dieu protège encore la France » (René Gillouin *dixit*). À ce stade, la propagande s'en empare, structurant et orchestrant le processus, mettant à profit la vague de religiosité suscitée par les malheurs de la guerre. À partir d'un charisme de circonstance, elle fabrique un être charismatique, digne de la dévotion et de la vénération de tout un peuple, « l'émule de Bayard le chevalier et de Jeanne la sainte ». Dès lors, l'idolâtrie devient sans limite (ainsi que l'abrutissement dans la canonisation), depuis l'exaltation de l'image du maréchal-Christ (ne s'est-il pas immolé pour le salut de la communauté ?) ou des sept étoiles de son bâton brillant « comme sept vertus[20] » jusqu'à la formulation très dogmatique d'un précepte à suivre avec la foi du charbonnier : « Pense Pétain et tu vivras Français. » Mais ce qui mérite tout autant d'être souligné, c'est la perpétuation, bien au-delà de 1944, d'une fidélité tenace dans certains cercles à la figure de Pétain et l'indulgence dont bénéficie jusqu'à aujourd'hui le Maréchal auprès d'une fraction importante de l'opinion (un tiers environ des Français).

Cependant, le cas Pétain se révèle mineur par rapport à l'ampleur du phénomène. Celui-ci va infiniment plus loin et plus profond dans la mesure où le destin de la France se trouve inscrit, depuis le 3 septembre 1939 et en dépit de l'armistice, dans un gigantesque défi planétaire. « Cette guerre est une guerre de religions », diagnostiquait de Londres en 1942 l'esprit aigu de Simone Weil[21]. Signifiant par là une lutte à mort entre des religions temporelles, un combat contre les idoles (parti, État, idéologies) dont l'Europe, placée au centre du drame, devait coûte que coûte se libérer. Vision pleinement partagée par une haute figure de l'Église anglicane, George Bell, évêque de Chichester, lequel, dès 1940, avait qualifié le conflit de « guerre de religions où les nations elles-mêmes sont divisées[22] ».

C'est cette dimension de bataille de l'absolu qui donne aux affrontements, même si les acteurs n'en ont pas une claire conscience, un caractère impitoyable, inexpiable. De partout affleure le sacré. Dans le langage, on y recourt sans cesse. Est-ce par exemple le pur effet du hasard si l'on a choisi le terme de « dissidents » pour désigner les Français libres ? Celui de « non-conformistes » pour caractériser les premiers résistants ? Des termes à prendre en vérité au sens tout à la fois religieux et politique qui était le leur dans l'Angleterre du XVIIe siècle.

En ce domaine, un parallèle s'impose : le parallèle avec l'affaire Dreyfus. Ici il faut relire Péguy. Car nul n'a mieux expliqué que lui les racines profondes et les enjeux essentiels de ce drame franco-français où, dit-il, « nous avons laissé les cadavres défigurés de quelques-unes des amitiés qui nous étaient les plus chères » : simplement parce que ces amis s'étaient engagés « dans la voie qui était selon nous la voie de la tentation ; et par la tentation, la voie de la perdition éternelle[23] ».

Le premier, Péguy a discerné dans le dreyfusisme l'archétype d' « un mouvement religieux dans les temps modernes ». Au cœur de l'affrontement, il y avait, explique-t-il — et la démonstration s'applique à 1940 aussi bien qu'à 1898 —, un débat fondamental de conscience. Pour les adversaires de Dreyfus, ce qu'il s'agissait de défendre, c'était la vie et le salut d'un peuple, en sous-entendant par là « le salut *temporel* ». Dans l'autre camp, au contraire, la mystique dreyfusiste faisait, écrit Péguy, que « nous ne nous placions pas moins qu'au point de vue du *salut éternel de la France* ». Ainsi, par rapport aux calculs et aux conformismes de l'*establishment* officiel, qui tenait « le langage de la raison », ce que nous défendions, et qui était « de l'ordre de la folie ou de la sainteté », « ce n'est pas seulement notre honneur. Ce n'est pas seulement l'honneur de tout notre peuple, dans le présent. C'est l'honneur historique de notre peuple [...], l'honneur historique de toute notre race, l'honneur de nos aïeux, l'honneur de nos enfants. [...] L'honneur d'un peuple est d'un seul tenant[24] ». Même si Charles Péguy s'est trouvé, entre 1940 et 1944, disputé entre les partisans de la Révolution nationale et les « dissidents gaullistes », on comprend avec quelle ferveur, dans les ténèbres où les plongeait la crise de la nation, les résistants se sont reconnus dans ce credo en la vocation de la France et cette fidélité mystique à l'identité française.

Crise de l'État et de la société

On s'est beaucoup interrogé, depuis la Libération, sur la place du régime de Vichy dans l'histoire de la France au XXe siècle. Ce quadriennat transitoire, stigmatisé pour son illégitimité, et dont on a voulu aussitôt — sans y parvenir — effacer la législation, faut-il le considérer comme un accident, un entracte, un phénomène essentiellement conjoncturel ? Durant longtemps, toute une littérature a soutenu cette thèse, en s'efforçant de présenter Vichy de manière systématique (et souvent peu convaincante, à dire vrai) sous les espèces d'une anomalie, voire d'une aberration dans le champ politique et idéologique français. Après tout, Gordon Wright, éminente autorité d'outre-Atlantique, n'est-il pas allé jusqu'à minimiser l'épisode vichyssois, en affirmant que, « de tous les régimes sous lesquels a vécu la France contemporaine », ce fut « le plus éphémère et peut-être le moins significatif[25] » ? À coup sûr, on se garderait aujourd'hui de trancher aussi net, tant l'historiographic récente, probablement par un effet de *boomerang,* a mis en évidence et la prégnance des années Vichy et la présence de certaines lignes de continuité — antécédents et héritage conjugués —, en se gardant d'ailleurs de les surestimer.

Ce qui, dans le débat rupture/continuité, complique le diagnostic, ce sont les ambivalences si caractéristiques du projet de société de Vichy. Dans l'état d'apesanteur où se trouve la France après la défaite s'installe un régime volatile bourré de contradictions, dont le cheminement tortueux n'est ni simple ni univoque. Vichy-Janus, Vichy *bifrons,* l'État français ne cesse d'être tiraillé entre l'archaïsme et la modernité. En une formule célèbre et pittoresque, on a opposé au sein du système « vieux Romains » et « jeunes cyclistes ». C'est une évidence, en effet, que s'affrontent constamment dans les allées du pouvoir, sous forme de couples antinomiques, les traditionalistes moralisateurs et les modernisateurs sans scrupules, les nostalgies bien-pensantes et la technocratie rationalisatrice, les tenants du gouvernement des âmes et ceux de la conduite des choses, les uns voulant gérer le présent à la lumière du passé, les autres en perspective de l'avenir. Sans parler de la composante droite-gauche — sur le plan des personnes plus que sur celui de l'idéologie —, composante dont la pondération varie, selon les auteurs, *ad libitum.* Entre les deux courants, où passe au juste la sécante ? Et quelle césure fixer quand on ajoute, pour brouiller le jeu, la présence à la tête de l'État d'opportunistes tels que Laval et Darlan ?

Malgré tout, face à la crise de l'État et de la société qui atteint son point culminant entre 1940 et 1944, d'une part, on peut dégager dans les principes et les pratiques de Vichy trois spécificités qui constituent autant de ruptures dans la continuité française, aussi bien vers l'amont que vers l'aval ; d'autre part, on assiste dans la conscience nationale à deux mutations capitales par suite de l'émergence de deux courants mobilisateurs qui, en se dressant contre le régime et en voulant préparer l'avenir de la France libérée, vont jouer un rôle déterminant dans le destin français de la seconde moitié du XXe siècle.

Première spécificité : le projet politique vichyssois. Ses lignes de force se dessinent assez clairement dans leur logique profonde à travers l'action, la rhétorique et la symbolique du nouveau pouvoir — même si, comme le remarque perfidement de Monzie à propos de la Révolution nationale, « la constante ambition des réactionnaires, c'est de paraître révolutionnaire[26] ». D'abord, un régime autoritaire, hiérarchique, élitiste, en rupture avec les valeurs de base de la démocratie républicaine, à savoir la prise en charge par les citoyens de leur propre destinée. Ensuite une société civile aux rapports sociaux paternalistes et à la mythologie ruraliste et anti-urbaine (Pétain ne se félicite-t-il pas qu'aux Chantiers de la jeunesse « nos jeunes gens apprennent à oublier la laideur des villes » ![27]). Bref, un projet politique fondamentalement réactionnaire, élaboré par des hommes nourris d'une culture historique à base de Barrès et de Bainville, enfermant l'État et la société dans une sorte de « musée d'antiquailles[28] », quels qu'aient pu être par ailleurs les efforts, réels et parfois effectifs, pour moderniser les structures économiques et certaines institutions sociales.

À cette première spécificité, évidemment génératrice de solution de continuité, s'en ajoutent deux autres, sur lesquelles il n'est point nécessaire de s'appesantir tant elles tranchent et avec le passé et avec l'avenir. D'abord, la dépendance extérieure. Comment imaginer de rebâtir l'État sans indépendance nationale ? Or Vichy, du premier au dernier jour, de l'armistice à Montoire, de Darlan à Laval, de l'occupation de la zone libre à la fuite à Sigmaringen, loin de représenter un pays souverain, n'est qu'un vassal dans une Europe en guerre dominée par l'Allemagne.

D'autre part, le nationalisme vichyssois a beau se prétendre communautaire, en réalité, en rupture avec toute la tradition française d'accueil, de générosité et d'intégration, il définit et pratique une politique de la communauté réduite aux rejets. En sont victimes à la fois ceux que Maurras appelait « les étrangers de l'intérieur » et les étrangers proprement dits. On est là aux antipodes du nationalisme du général de Gaulle, qui s'est toujours voulu de rassemblement et d'union sans exclusive. Le résultat, c'est que jamais au XXe siècle la France n'a été en proie à d'aussi sanglants déchirements internes que durant les quatre années de ce gouvernement prônant l'union à tous vents. Que dire en particulier de la sombre période 1943-1944, lorsque Vichy se lance dans une véritable logique de guerre civile dont la Milice apparaît comme l'incarnation emblématique[29] ?

Venons-en maintenant aux deux mutations majeures de la France de 1944 : la mutation démocratique et la mutation reconstructrice. Deux phénomènes à ranger du côté des discontinuités, ce qui décidément fait pencher très fort le plateau de la balance dans cette direction-là. Deux phénomènes aussi qui, en réaction contre les remèdes avancés par Vichy pour répondre à la crise de la nation et de l'État, ont imprimé une nouvelle et durable dynamique au devenir français.

Première mutation : le renouveau de l'esprit démocratique. En effet, ce qui avait largement contribué à l'instauration du régime de Vichy et à son succès dans l'opinion, c'étaient la désaffection et le discrédit dans lesquels étaient tombées les institutions et les pratiques de la démocratie républicaine. Et ce d'autant plus qu'on identifiait la plupart du temps la République avec le régime parlementaire. Le *trend,* d'ailleurs, dépassait de beaucoup la France. Tout au long des années 1930, dans l'Europe entière, on avait assisté au reflux général du modèle libéral. Non seulement la foi dans les grands principes s'était anémiée, mais, même chez des militants convaincus, on éprouvait comme un complexe d'infériorité envers les régimes forts des États fascistes étalant insolemment leurs réussites. C'était une sorte de mal intérieur qui rongeait les démocraties libérales et leur enlevait tout ressort. Décriées et injuriées, elles paraissaient condamnées dans l'immédiat à l'impuissance, et à terme à la décadence.

Après la défaite, ce fut bien pis. Il faut dire qu'avec le cadavre de la IIIe République on disposait d'un bouc émissaire idéal. Dégénérescence politique, divisions sociales, faillite morale, l'acte d'accusation était vite dressé. Au surplus, ne venait-on pas durant l'exode de faire l'expérience aussi démoralisante que traumatisante d'une société atomisée où il n'y avait de place que pour le triomphe de l'égoïsme sacré, le « sauve qui peut » aboutissant au « chacun pour soi » ? Contre cet individualisme « effréné » et « dissolvant », contre un régime parlementaire et des partis politiques chargés de tous les péchés, la Révolution nationale proposait à titre d'antidote une société organique, communautaire, moralisée, une reconstruction de la nation fondée sur les articulations naturelles que sont la famille, le métier, la région, un État où l'autorité incarnée en la personne du Chef viendrait d'en haut au lieu d'émaner du suffrage populaire.

Or, sur ce choix de société, se produit entre 1940 et 1944 une réaction de rejet qui entraîne un tournant d'une immense portée. Car tous ceux qui refusent le nouvel État français, lui reprochant son caractère dictatorial, servile et bientôt policier, redécouvrent les vertus de la démocratie. Sur cette route, Résistance extérieure et Résistance intérieure avancent du même pas. Chez les uns et chez les autres, le processus est identique : réhabilitation du modèle démocratique, restauration de sa légitimité, reviviscence de l'idéal républicain.

Du côté du général de Gaulle, le ralliement s'opère très tôt. S'il semble que, dans les premiers mois à Londres, le chef de la France libre ait été réticent devant l'emploi des mots « république » et « démocratie », dès le 27 octobre 1940, au lendemain de Montoire, le manifeste de Brazzaville innove en faisant officiellement appel au suffrage universel : « Je prends l'engagement solennel de rendre compte de mes actes aux représentants du peuple français dès qu'il lui aura été possible d'en désigner librement », tandis que la Déclaration organique du 16 novembre, complétant le manifeste, affirme formellement la continuité de la République et se réfère explicitement aux droits de l'homme et du citoyen. Une nouvelle étape, décisive celle-là, est franchie en 1941, lorsque, dans un discours prononcé le 15 novembre devant les Français libres à l'Albert Hall, non seulement de Gaulle reconnaît à la guerre un caractère idéologique (« Si l'on a pu dire que cette guerre est une révolution, cela est vrai pour la France plus que pour tout autre peuple »), mais surtout il reprend le langage de la tradition révolutionnaire et républicaine avec ses trois mots clés : « Nous disons *Liberté, Égalité, Fraternité,* parce que notre volonté est de demeurer fidèles aux principes démocratiques que nos ancêtres ont tirés du génie de notre race et qui sont l'enjeu de cette guerre pour la vie ou la mort[30].»

Chez les résistants, l'évolution n'est pas moins significative. Pour analyser ce cheminement, on peut prendre appui sur les textes très révélateurs publiés en 1943 dans les *Cahiers politiques,* organe du Comité général d'études, sous le titre « Pourquoi je suis républicain ». Le premier d'entre eux, qui émane d'un responsable de la Résistance, retrace fort bien l'itinéraire suivi par beaucoup. « Rapidement, écrit-il, l'idée de la résistance à l'ennemi s'est trouvée associée à l'idée de la République. » Certes, il est vrai qu'au début bien des résistants ne croyaient plus guère au régime républicain, et que certains étaient même attirés par les solutions autoritaires. Quoi d'étonnant là-dedans, puisque presque tout le monde rejetait alors sur la IIIe République la responsabilité de l'effondrement ? Mais, justement, l'idée de la République a resurgi d'elle-même, « purifiée et renouvelée », à travers les souffrances et les sacrifices endurés en commun. Du coup, « la France renouvelait dans le combat ses traditions républicaines, sa vocation démocratique, ses aspirations révolutionnaires [...]. La politique de Vichy, la prétendue Révolution nationale, se chargèrent d'ailleurs de rendre républicains ceux qui auraient encore hésité. Ainsi, comme sous la Première République, " patriotes " et " républicains " sont redevenus dans notre langue deux vocables synonymes[31] ». Le résultat capital — et qui dure encore — de cet enracinement de la Résistance dans la culture politique républicaine et démocratique, c'est que la Libération, en discréditant et en balayant les solutions autoritaires de type totalitaire ou fasciste, a réinstallé en France la démocratie comme seul modèle possible de société.

L'autre mutation de la France de 1944, la mutation reconstructrice ou modernisatrice, puise, quant à elle, ses racines d'une part dans l'avant-guerre, d'autre part dans certains courants rationalisateurs de Vichy. Par là, elle s'inscrit indubitablement dans une certaine continuité. Déjà, au temps de la drôle de guerre, des voix s'étaient élevées pour préconiser une réflexion approfondie en vue de préparer un après-guerre novateur et rénovateur. « Nous n'avons pas seulement, écrit par exemple Pierre-Henri Simon, à sauver la France aujourd'hui, nous aurons demain à la reconstruire. » Car, sans un nouveau style politique, moral et social, il n'y aura pas de victoire véritable [32].

À la Libération, l'impératif est devenu absolu : reconstruire l'économie, reconquérir la puissance, restaurer l'État. Planification, nationalisations, politique démographique et familiale, protection sociale, modernisation des techniques, productivité, voilà les maîtres mots. Dans la foulée, on intègre à la marche en avant les élites techniciennes ayant naguère œuvré dans les organismes de Vichy.

Cependant, ce qui donne sa marque propre à la conscience reconstructrice et modernisatrice qui entraîne alors la France dans un grand élan pour des années, ce n'est pas seulement une dynamique faite de soif d'action et de soif d'avenir — une sorte de nouveau roman de l'énergie nationale —, c'est plus encore la double légitimité dont elle est revêtue. D'abord, la légitimité démocratique, assise sur la volonté populaire exprimée par le suffrage universel, au lieu de la modernisation autoritaire décrétée et imposée par les grands commis de Vichy. Ensuite, la légitimité nationale, puisque la décision appartient à un pays libre et indépendant choisissant lui-même son destin. Quels qu'aient été les échecs, les occasions manquées, les déceptions — et ils ont été nombreux, car il convient de ne pas peindre le tableau avec des couleurs trop roses —, il en est résulté un élan collectif, une forme de mystique nationale, fort éloignée de l'esprit ayant présidé à l'entreprise conduite à Vichy, même si bien souvent, au niveau des cadres et des responsables, ce sont les mêmes hommes qui sont restés en place. Au total, autre a été la philosophie inspirant les décideurs, autre le projet de société, autre l'ambition nationale.

Concluons rapidement. Si ces quatre années hantent à ce point la conscience française, ce n'est pas seulement en raison des failles qu'elles révèlent et des enjeux qu'elles recèlent. Au carrefour de l'événement et de sa représentation, de la réalité historique et de l'imaginaire collectif, on voit s'y croiser des temporalités différentes, faites tantôt de chronologies courtes — quatre ans d'histoire —, tantôt de chronologies longues — celles de la mémoire —, les unes et les autres se rencontrant, s'esquivant, parfois se télescopant.

Reste à déterminer si Vichy, à l'instar de la Révolution française, peut être traité comme un bloc. Vichy singulier ? Vichy pluriel ? Certes, tout converge vers un lieu symbolique — une ville — et vers un homme symbolique — Philippe Pétain. Mais ce n'est là qu'un constat banal. À mon sens, à l'intérieur du phénomène global, on doit distinguer quatre Vichy, chacun avec son caractère propre et sa périodisation, bien qu'il existe de multiples recouvrements de l'un à l'autre, ce qui complique le tableau.

Le premier Vichy, corps et âme du régime, c'est ce qu'on peut appeler le *tronc commun*, ou encore *Vichy-État.* Construction centrale et miroir principal, ce Vichy a pour lui la durée et la continuité, puisqu'il fonctionne — de moins en moins bien, il est vrai — de 1940 à 1944 et qu'il intègre toutes les composantes du système : l'armistice et la création de l'État français, la Révolution nationale et la collaboration, le processus de vassalisation et la réduction du pouvoir à une peau de chagrin, jusqu'au départ forcé d'août 1944 pour l'Allemagne. Des trois figures tutélaires qui gouvernent ce Vichy, Pétain, Darlan, Laval, chacune symbolise un choix moral et politique, mais ni l'opportunisme ni les contradictions au sommet de l'État ne doivent masquer l'existence d'un projet politique global servant de boussole au milieu des méandres et des tempêtes.

Deuxième Vichy : le *Vichy des illusions.* Patriotique, rénovateur, éphémère, il est composé d'hommes croyant à une authentique Révolution nationale. Ici, le paradigme, c'est Uriage et sa tentative de redressement national et communautaire. Une fois les yeux ouverts et les œillères tombées, on retrouvera ces maréchalistes désabusés en nombre dans la Résistance après 1942 ou 1943 et en force parmi les acteurs de la reconstruction et de la modernisation.

Un troisième Vichy peut être baptisé — sans paradoxe — le *Vichy giraudiste.* C'est le Vichy des bien-pensants, conservateurs bon teint, mais patriotes sincères et souvent courageux, qui, après avoir soutenu la Révolution nationale, se rallient en 1943 à la solution Giraud et en 1944 à l'alliance américaine.

Enfin, le *Vichy satellite et collaborationniste* correspond à la dernière étape du régime. Enfermé dans la logique ultime et implacable de la collaboration d'État, incarné par Philippe Henriot et Joseph Darnand, ce Vichy de 1944 ne présente plus que le visage répressif et sanglant d'un gouvernement fantoche. Entre ses mains, les commandes ne répondent plus, mais la fuite éperdue en avant le jette dans une politique de guerre civile, où il rejoint les collaborationnistes parisiens.

Arrivé à ce point, on mesure sans peine pourquoi l'historiographie de Vichy a tant balancé dans ses interprétations entre l'unité et la diversité. Mais, même si pour la postérité l'image de ces quatre années se dessine sur le mode pluriel, la réalité du régime se révèle moins malléable, et l'unité du « tronc commun » indéniable. En d'autres termes, avant d'être diffractée par la mémoire, la crise de la conscience française a d'abord été un événement historique vécu — et vécu comme un drame national.

François Bédarida

NOTES

1. Hannah Arendt, *The Origins of Totalitarianism,* New York, Harcourt, Brace & Co, 1951, 1re partie, p. 93.
2. C'est le titre du livre publié en 1949 par le procureur général de la Haute Cour, André Mornet.
3. *Cf.* les statistiques dressées par Henry Rousso sur les bouleversements humains (de tous ordres) des années 1940-1944 : « Vichy, le grand fossé », *Vingtième Siècle,* 5, janvier-mars 1985, pp. 64-65 ; *Le Syndrome de Vichy,* Paris, Le Seuil, 1987, pp. 17-18.
4. Raymond Aron, *Le Spectateur engagé,* Paris, Julliard, 1981, p. 74.
5. François Mitterrand, *L'Abeille et l'Architecte,* Paris, Flammarion, 1978, p. 281 (notation du 7 février 1977).
6. Raïssa Maritain, *Les Grandes Amitiés,* New York, 1941, préface (datée du 6 juillet 1940) ; éd. fr., Paris, Desclée de Brouwer, 1949. En sens inverse, Vera Oumançoff, sœur de Raïssa, adresse au ménage Maritain des messages remplis d'espérance. Ainsi le 27 septembre 1940 : « Plus ta nuit sera noire, plus ta confiance doit être inébranlable. » *Cf.* Jacques Maritain, *Carnet de notes,* Paris, Desclée de Brouwer, 1965, p. 289.
7. Vercors, *La Bataille du Silence,* Paris, Presses de la Cité, 1967, pp. 110-111.
8. Daniel Barlone, *A French Officer's Diary (1939-1940),* Cambridge, Cambridge University Press, 1942, p. 78.
9. Pierre Teilhard de Chardin, *Accomplir l'homme : lettres inédites 1926-1952,* Paris, Grasset, 1968, p. 176 (lettre du 3 août 1940) ; André Gide, *Journal (1939-1949)*, Paris, Gallimard, 1954 (5 septembre 1940), p. 53.

10. *La Revue des Deux Mondes,* 15 août 1940.
11. Stanley Hoffmann, « Le désastre de 1940 », *L'Histoire,* 10, mars 1979, p. 50 ; *cf.* aussi le chapitre XI des *Essais sur la France,* Paris, Le Seuil, 1974.
12. L'expression est d'Henri Moysset, dans un texte écrit en octobre 1942. *Cf.* Denis Peschanski (dir.), *Vichy, 1940-1944. Archives de guerre d'Angelo Tasca,* Paris-Milan, Éditions du CNRS-Feltrinelli, 1986, p. 263.
13. En décembre 1939, Georges Friedmann parlait de « la confusion inouïe de la période que nous traversons » : *Journal de guerre, 1939-1940,* Paris, Gallimard, 1987, p. 113.
14. Gaston Fessard, *Cité Nouvelle,* 2e semestre 1941 (compte rendu du livre de Bertrand de Jouvenel, *Après la défaite,* Paris, Plon, 1941) ; rééd. *in* G. Fessard, *Au temps du prince esclave,* Paris, Critérion, 1989, p. 25.
15. Henri de Montherlant, *Le Solstice de juin,* Paris, Grasset, 1941, pp. 293 et 303.
16. Jean Guéhenno, *Journal des années noires (1940-1944),* Paris, Gallimard, 1947, p. 17 (la formule, datée du 5 juillet 1940, correspond au titre projeté d'un article dans *Marianne*).
17. Alban Vistel, *Héritage spirituel de la Résistance,* Lyon, Lug, 1955, pp. 70 et 80.
18. Henri Moysset, « Les conditions d'une renaissance française (conférence d'octobre 1941) », *in Vichy 1940-1944..., op. cit.,* p. 254.
19. Anatone de Monzie, *Ci-devant,* Paris, Flammarion, 1941, p. 253 (notation du 21 juin 1940).
20. René Benjamin, *Les Sept Étoiles de France,* Paris, Plon, 1942, pp. 92-94.
21. Simone Weil, *Écrits de Londres et dernières lettres,* Paris, Gallimard, 1957, p. 98. Un peu plus loin, p. 105, S. Weil précise : cette guerre est « un drame religieux ».
22. Cité par John Lukacs, *La Dernière Guerre européenne,* Paris, Fayard, 1977, p. 236.
23. *Cahiers de la Quinzaine,* 23 janvier 1906.
24. Charles Péguy, *Notre Jeunesse,* Paris, Gallimard, 1933, pp. 113 et 204-206.
25. Gordon Wright, « Vichy Revisited », *Virginia Quarterly Review,* XXXIV, 1958, p. 501.
26. Anatole de Monzie, *op. cit.,* p. 287.
27. Joseph de La Porte du Theil, *Les Chantiers de la jeunesse ont deux ans,* Paris, Sequana, 1942, p. 7 (lettre du Maréchal de France, chef de l'État, au général de La Porte du Theil).
28. *Cf.* Marc Bloch, *L'Étrange Défaite,* Paris, Éditions Franc-Tireur, 1946, pp. 165-167.
29. À cet égard, on s'étonne, pour la perpétuation de la mémoire nationale, qu'un président de la République, usant d'une formule étrangement niveleuse, ait pu appeler cette période « le temps où les Français ne s'aimaient pas » (conférence de presse de Georges Pompidou, 21 septembre 1972, à l'occasion de l'affaire Touvier). Coïncidence curieuse : on trouve textuellement la même expression en 1942 sous la plume d'Alfred Fabre-Luce, alors thuriféraire de Pétain et de la collaboration : « L'Histoire dira plus tard : En ce temps-là, les Français étaient vaincus et ne s'aimaient pas. » A. Fabre-Luce, *Journal de la France,* tome II, 1940-1942, Paris, JEP, 1942, p. 310.
30. Charles de Gaulle, *Mémoires de guerre,* tome I, *L'Appel,* Paris, Plon, 1954, pp. 303, 315-316 et 632-633. Noter qu'en novembre 1940 Laval déclare lui aussi : « Cette guerre n'est pas comme les autres, c'est une révolution. » Sur les réticences du général de Gaulle au cours de l'été 1940 à propos de la devise « *Liberté, Égalité, Fraternité* », *cf.* André Gillois, *Histoire secrète des Français à Londres de 1940 à 1944,* Paris, Hachette, 1973, pp. 298-299. En revanche, dans un

télégramme au général de Larminat du 2 mars 1941, de Gaulle justifie l'usage de la devise : Charles de Gaulle, *Lettres, notes et carnets, juin 1940-juillet 1941,* Paris, Plon, 1981, p. 272.

31. *Cahiers politiques,* 1, avril 1943.

32. Pierre-Henri Simon, *Préparer l'après-guerre,* Paris, Bloud et Gay, 1940, p. 17.

Troisième partie

LES CONTRAINTES GÉOPOLITIQUES

1.

Vichy et le monde, le monde et Vichy : perceptions géopolitiques et idéologiques

Pour appréhender Vichy, la nature de son régime, l'orientation de sa politique, il ne suffit pas de l'étudier de l'intérieur. D'autres chapitres du présent ouvrage abordent la comparaison avec d'autres expériences politiques de l'époque et analysent les phénomènes *transnationaux* qui parcourent l'Europe occupée. Il est une autre approche nécessaire : l'étude de Vichy dans une perspective *internationale,* c'est-à-dire dans ses rapports avec l'étranger. Comment, dans ses relations avec les autres pays, le royaume du Maréchal se situe dans le contexte géopolitique de la guerre mondiale, comment il perçoit le monde, et comment le monde le perçoit. Dans le droit fil d'une des problématiques retenues par ce livre, la question est aussi de savoir comment s'articulent à ce propos les liens entre Vichy et les Français. Le monde est-il vu de la même façon par la France et par Vichy ? Et l'univers, lorsqu'il regarde les Français de l'époque, identifie-t-il le pays avec le régime (la France de Vichy), ou opère-t-il une distinction entre l'État français et la société qu'il régit (la France sous Vichy) ? Dis-moi comment tu vois le monde, comment le monde te voit, et je pourrai mieux te dire qui tu es.

Contraintes, atouts et marge de manœuvre de Vichy à l'extérieur

La situation internationale de Vichy est trop connue pour que nous nous attardions sur ce sujet. Sur le poids de l'occupation, quelques rappels suffiront. En revanche, il convient de porter quelques éclairages nouveaux sur les autres contraintes extérieures.

Les contraintes de la défaite, de l'armistice et de l'occupation

L'armistice peut paraître relativement doux, par rapport à l'ampleur de la défaite. À Munich, Hitler s'en est expliqué à Mussolini, le 18 juin 1940 : il souhaite éviter l'installation du gouvernement français à Londres, d'où il continuerait la guerre, et le transfert de la flotte française en Angleterre. Il n'en reste pas moins vrai que les clauses de l'armistice constituent de lourdes hypothèques. La cessation des hostilités est ordonnée par le gouvernement français non seulement en métropole, mais dans les territoires d'outre-mer (article premier). L'occupation allemande s'exerce sur les trois cinquièmes du territoire, dont tout le littoral atlantique, ce qui isole le pays du monde extérieur, et le gouvernement français doit inviter ses services administratifs à « collaborer » avec les autorités occupantes « d'une manière correcte » (articles 2 et 3). La France est désarmée, n'ayant plus droit qu'aux troupes qui sont nécessaires au maintien de l'ordre intérieur (articles 4, 5 et 7). Le vainqueur s'octroie un droit de regard sur sa politique extérieure, puisque la France « s'engage à n'entretenir à l'avenir aucune action hostile contre le Reich allemand avec aucune partie des forces armées qui lui restent ni d'aucune autre manière » (article 10). La dernière partie de la phrase exclut en principe tout contact avec un pays adversaire de l'Allemagne. Les communications et les transports sont réglementés, les aérodromes contrôlés (articles 11 à 14). Un tribut est imposé, sous forme de la prise en charge des frais des troupes d'occupation (article 18). Quant aux prisonniers de guerre, ils doivent le rester « jusqu'à la conclusion de la paix » (article 20). Voilà donc près de deux millions d'otages qui représentent pour les Allemands une extraordinaire monnaie d'échange auprès de Vichy.

Il convient de distinguer, parmi ces contraintes hypothéquant le présent, celles qui pèsent sur la société et la vie quotidienne des Français (frais d'occupation, prisonniers) de celles qui remettent singulièrement en question la souveraineté de l'État français et le rang de la France. Mais les clauses ne sont pas seules en cause. Le principe même de l'armistice (préféré à la capitulation) engage l'avenir du pays et lui lie les mains. Un armistice engage le gouvernement et non pas seulement l'armée. Le texte dit explicitement dans son article premier qu'est ordonnée la « cessation des hostilités », c'est-à-dire la fin de l'état de guerre, et non une simple suspension d'armes, comme aurait pu le suggérer l'étymologie du mot « armistice ». À cause de certains précédents, en particulier celui du 11 novembre 1918, cet armistice est considéré comme un prélude au traité de paix : là encore, le vainqueur détient un gage considérable, s'il laisse croire au vaincu que des concessions sur le présent peuvent adoucir le sort futur.

Les contraintes du blocus britannique

De plus, la France est coupée du monde. Elle est même privée d'une grande partie de ses approvisionnements, y compris ceux qui viennent de ses colonies. En effet, l'Angleterre, seule dans la lutte, prend des mesures extrêmes pour assurer sa sécurité, et, peu de temps après la tragédie de Mers el-Kébir, elle décide, fin juillet 1940, de mettre en état de blocus le continent, tenu par les Allemands. Elle considère comme « territoires sous contrôle ennemi » toutes les côtes françaises, celles de la zone occupée, mais aussi celles de la zone sud et celles d'Afrique du Nord (contrairement au littoral portugais, par exemple, qui n'est pas soumis au même contrôle)[1]. Ce point de vue est défendu avec acharnement par Hugh Dalton, le ministre de l'Économie de guerre, alors que l'Amirauté et le Foreign Office sont favorables à une politique plus souple à cet égard[2]. Selon Dalton, c'est à l'Allemagne qu'incombe la responsabilité de ravitailler ses conquêtes, et toute brèche dans le blocus au profit d'une région administrée par un gouvernement à la merci du Reich, même si elle n'est pas directement occupée par la Wehrmacht, est un cadeau à l'ennemi, qui risque d'allonger la durée du conflit. En principe donc, le gouvernement de Vichy est doublement dépendant pour le ravitaillement du pays : de l'occupant, l'Allemand, et du bon vouloir des Britanniques.

Les atouts de Vichy

Les cartes principales dont dispose Vichy sont, on le sait, au nombre de deux : l'Empire et la marine.

Charles-Robert Ageron montre bien (voir p. 122) comment l'Empire constitue à la fois un atout politique que le gouvernement peut agiter devant les puissances de l'Axe ou les Anglo-Saxons, et un mythe compensateur qui peut donner une illusion d'indépendance et de grandeur. Après tout, les Allemands sont dépourvus de colonies, et Mussolini est en passe de perdre les siennes. Face aux Anglais qui pénètrent en Cyrénaïque, s'emparent de la Somalie italienne et entrent en Érythrée et en Éthiopie, le Duce pousse ce cri de désespoir, le 6 février 1941 : « Nous avons perdu notre empire, alors que les Français conservent le leur[3] ! »

Quant à la flotte de guerre, que le gouvernement de Vichy est fier de pouvoir conserver en vertu de l'article 8 de l'armistice, elle représente, même amoindrie, une force. Elle est au centre des cauchemars de Churchill qui redoute qu'elle ne tombe finalement entre les mains de Hitler, et des obsessions de Roosevelt. Les liens diplomatiques que celui-ci noue avec Vichy se justifient essentiellement par la pression qu'il y exerce, par l'intermédiaire d'un ambassadeur-amiral, Leahy, pour que les navires ne soient pas livrés et que soit assurée la maîtrise britannique des mers, garante de la sécurité des États-Unis.

La marine de Darlan a d'ailleurs, sans le savoir, et sans combats, remporté des victoires. En effet, par sa simple force de dissuasion (plus que par sa force intrinsèque), elle a rendu le blocus britannique partiellement inefficace. L'*Admiralty,* hantée par le drame de Mers el-Kébir, s'oppose à la politique de dureté prônée par Hugh Dalton. Elle redoute un nouvel incident naval qui risquerait de provoquer l'entrée de la flotte française dans la guerre aux côtés des Allemands. Une telle éventualité constituerait à ses yeux « *a major disaster*[4] ». À partir de l'automne 1940, la marine britannique, explique l'Amirauté, n'a pas les moyens d'organiser en Méditerranée à la fois la chasse aux convois français, escortés par des vaisseaux de guerre, et les transports nécessaires à la campagne de Libye[5].

Une marge de manœuvre à l'extérieur rétrécie par des choix de politique intérieure

Ces deux atouts, dont ne dispose aucun autre gouvernement dépendant de l'occupant, auraient pu donner une marge de manœuvre à Vichy, lui fournissant le moyen de tenter une politique d'équilibre entre les Allemands et les Anglo-Saxons. En fait, non seulement les contraintes et les hypothèques extérieures réduisent cette marge, mais ces cartes maîtresses peuvent même être sources de faiblesse. L'Empire et la flotte, fierté de Vichy, sont conservés et choyés comme les derniers jouets qui restent d'une splendeur passée. Jouets inutiles, car ces instruments de la puissance ne servent pas à son exercice. Ces moyens sont déifiés, considérés comme des fins adorables en soi et donc défendus pour eux-mêmes, sans autre objectif que de reconstituer un miroir où puisse se refléter une illusion d'indépendance et de puissance gardées. La sauvegarde à tout prix de ces atouts sans objet se solde par des compromissions auxquelles une grande puissance totalement vaincue est davantage tentée de se livrer qu'une petite, privée de tout moyen.

La France de Vichy est en effet unique dans la constellation internationale des pays vaincus par l'Allemagne nazie. Elle est la seule *grande* puissance dans ce cas : son gouvernement n'est ni exilé (à la différence du polonais, du norvégien, du néerlandais et du belge), ni composé d'hommes imposés par l'ennemi, comme Quisling en Norvège. Elle n'est pas administrée par un gouverneur ou un commissaire allemand, comme Hans Frank en Pologne ou Seyss-Inquart en Hollande, mais elle a au contraire à sa tête un maréchal prestigieux. D'autre part, le pays n'est pas occupé totalement et il est le seul à avoir signé un armistice, c'est-à-dire à s'être enfermé par avance dans une spirale de concessions non seulement pour atténuer les malheurs du présent, mais pour s'assurer un rang dans l'avenir, dans le cadre du futur traité de paix. Cette logique de grande puissance à genoux rend paradoxalement ceux qui la défendent plus dociles à l'égard de l'occupant que les autres gouvernements soumis. Le général de Gaulle a la même logique de grande puissance. Mais, parce que entre ses mains il ne dispose d'aucun de ces atouts, il est au contraire l'allié le plus ombrageux des Anglo-Saxons. Surtout, le pari n'est pas le même. De Gaulle table sur une guerre mondiale dans laquelle l'Allemagne sera à son tour submergée, alors que les hommes de Vichy ne peuvent imaginer en 1940 autre chose que la défaite de l'Angleterre.

C'est là qu'interfèrent politique intérieure et politique extérieure, la première se transformant en hypothèque pour la seconde, ce qui n'a pas non plus été le cas des autres pays vaincus et occupés.

Certes, il existe des points communs dans la situation de ces derniers. Le traumatisme de la défaite a suscité dans les territoires concernés un véritable tremblement de terre, une remise en question politique, voire une colère contre les dirigeants, réputés responsables du désastre. Ce désarroi a créé un vide, un « vide national », écrit Wichert Ten Have à propos des Pays-Bas[6].

D'où d'ailleurs, dans un premier temps, des sentiments négatifs à l'égard des gouvernants qui choisissent l'exil : déception des Néerlandais après le départ de la reine et des ministres pour Londres[7] ; colère des Belges contre le gouvernement Pierlot[8]. La popularité est d'abord pour ceux qui restent : Léopold III en Belgique et Pétain en France. Ils abandonnent la lutte, mais non leur peuple. Ces attitudes n'ont pas duré dans les deux petits pays au nord de la France. Mais, à l'été 1940, le sentiment de vide, le complexe d'abandon, la reconnaissance envers ceux qui choisissent le rôle de protecteur ont pesé sur toutes les opinions publiques.

Cependant, là encore, le cas de Vichy est spécifique. Les mots écrits par Emmanuel Berl et prononcés par Pétain dans son discours du 17 juin 1940 — « Je fais à la France le don de ma personne pour atténuer son malheur » — sont terribles de conséquences pour la politique extérieure du régime qui s'installe quelques jours plus tard à Vichy. Un an après, l'amiral Leahy en fait une analyse remarquable. Cette phrase, inscrite sur les photographies du Maréchal affichées partout dans le pays, constitue une prison dont il ne voudra plus sortir. L'ambassadeur des États-Unis, dont les sentiments sont pourtant favorables à Pétain, prophétise qu'il ira de concession en concession à l'égard de l'Allemagne plutôt que de démissionner, de quitter le sol français[9] et d'abandonner cette fonction tutélaire. Ce choix originel de 1940 pèse plus lourd chez un maréchal qui a tous les pouvoirs, y compris celui de céder, que dans le cas de Léopold III, qui règne mais ne gouverne pas, le gouvernement légitime se trouvant à Londres.

Il y a plus important encore. Le régime de Vichy a un vrai projet politique, à la différence des autres pays occupés, Slovaquie mise à part[10] : il s'agit de la « Révolution nationale », commencée sans délai, dès l'été 1940. Cette ambition, à la différence des objectifs des régimes de Salazar ou de Franco, pays en dehors de la guerre, ne peut se développer d'une façon « autonome ». La défaite en a été l'occasion, et l'occupation est le seul cadre possible où elle peut se dérouler. Bref, la politique intérieure, seul domaine où Vichy détient une certaine marge de manœuvre, conditionne grandement la politique extérieure, au moins autant que les contraintes propres imposées par l'occupant. C'est ce primat de la politique intérieure qui motive en grande partie la collaboration avec le Reich et qui fait accepter la défaite durablement, même lorsque l'Allemagne finit par se trouver en mauvaise posture.

Ce qui caractérise les hommes de Vichy et ce qui en fait l'originalité dans l'Europe allemande, c'est leur effort pour défendre à la fois leurs quelques atouts internationaux et leur régime. On ne peut comprendre l'originalité de la collaboration d'État pratiquée par Vichy si on n'a pas en tête ce combat à la fois pour une relative puissance à l'extérieur et pour un pouvoir réel à l'intérieur. Aucun autre gouvernement du continent occupé ne poursuit ces deux objectifs, dont les implications sont parfois contradictoires.

Unité et diversité des politiques extérieures de Vichy

Les formes de la collaboration d'État

Il existe bien plusieurs formes de collaboration gouvernementale, avec des motivations différentes[11].

La collaboration administrative entre autorités nationales et autorités occupantes est le lot de tous les pays occupés. L'objectif est d'obtenir la marche des services et de l'économie du pays, ce qui nécessite des concessions de part et d'autre, à l'exclusion de celles qui pourraient faciliter la victoire finale de l'occupant. C'est le cas de la « politique des négociations » du gouvernement danois *(Forhandlings politik),* qui, en principe du moins, n'engage ni l'État ni la nation, ne se lance dans aucune révolution idéologique, ni ne change de régime, ni (critère décisif) ne considère les résistants comme des ennemis.

La collaboration gouvernementale française va plus loin : elle est une véritable collaboration d'État, avec des motivations idéologiques et politiques, des motivations de politique intérieure et extérieure, plus ou moins importantes selon la conjoncture.

La collaboration à fonction tutélaire (collaborer pour protéger la population, pour obtenir en échange l'adoucissement de son sort) est patronnée par le Maréchal. Elle dérive de sa fonction et du rôle qu'il s'est choisi dès le départ. Il a souligné lui-même le lien entre le « don de sa personne pour atténuer le malheur » du pays (discours du 17 juin) et son entrée « dans la voie de la collaboration » (discours du 30 octobre 1940). En effet, dans cette dernière allocution, six jours après l'entrevue de Montoire, il déclare : « Ainsi, dans un proche avenir, pourrait être allégé le poids des souffrances de notre pays, amélioré le sort de nos prisonniers, atténuée la charge des frais d'occupation. Ainsi pourraient être assouplie la ligne de démarcation, et facilités l'administration et le ravitaillement du territoire. » Chaque clause « favorable » de l'armistice semble se refermer comme un piège.

Autre motivation spécifique : la collaboration de grande puissance, c'est-à-dire *la collaboration pour le rang,* qui implique une participation au moins indirecte à la victoire de l'Allemagne, afin que la France ait une place digne d'elle dans la future Europe hitlérienne. Il y a aussi *la collaboration pour le régime,* qui consiste à obtenir toutes les facilités pour favoriser les changements qu'implique la Révolution nationale (mesures antisémites comprises), et protéger celle-ci contre ses ennemis, en particulier les résistants. Cette collaboration relève de l'idéologie, mais elle se distingue de celle des collaborationnistes, dans la mesure où elle vise à un autoritarisme à la française et non à l'instauration d'un ordre nazi. Cette dernière forme se mue en *collaboration du désespoir,* lorsque tous les paris de 1940 sont perdus, ainsi que tous les atouts initiaux (la flotte sabordée et l'empire rallié aux Anglo-Saxons) : la collaboration pour le rang n'a plus de sens, et le camp allemand semble dès lors le seul refuge pour la sécurité du régime, voire la sécurité personnelle de ses dirigeants.

L'évolution

Même si les choix politiques de 1940 sont décisifs (l'armistice, le don de la personne, la Révolution nationale) pour les mois et les années qui suivent, même s'ils ont en grande partie déterminé et nourri la collaboration de Vichy, tout n'a pas été irréversible. Plusieurs périodes sont à distinguer.

Pendant le second semestre 1940 s'offrent un certain nombre d'ouvertures. Si tous les hommes de Vichy parient sur la défaite britannique, ils doivent adapter leur politique au fur et à mesure du déroulement de la bataille d'Angleterre. Deux politiques s'opposent, celles de Charles-Roux, de Weygand, et peut-être de Baudouin, d'un côté, celle de Laval de l'autre [12]. Au milieu, Pétain donne l'apparence de jouer un double jeu : d'un côté, il se rend à Montoire et inaugure officiellement la collaboration ; de l'autre, il paraît encourager les réelles négociations qui se sont déroulées avec la Grande-Bretagne [13].

Les ingrédients de l'éventuelle coopération avec Londres ont des points communs avec ceux qui nourissent la collaboration avec l'Allemagne : atténuer le blocus et améliorer l'ordinaire (fonction « tutélaire » du Maréchal) ; obtenir la neutralisation de De Gaulle (pour que Vichy conserve l'essentiel du « rang » impérial) ; faire comprendre aux Anglais qu'il ne faudrait pas que leur victoire aboutisse au retour du régime précédent et du Front populaire (défense de la Révolution nationale). Sur ce dernier point, les suggestions de Rougier aux Britanniques et les rapports de Dupuy sont très précis[14].

Ces contacts avec Londres sont contrecarrés par Laval. Aussi, après son renvoi, le 13 décembre, aurait-on pu penser que la ligne de l'équilibre entre les deux belligérants, sinon la ligne britannique, allait l'emporter sur la ligne allemande. Il n'en a rien été. C'est en janvier 1941 que les négociations avec l'Angleterre échouent, par la faute de Flandin, qui a cru bon d'en avertir les Allemands. Du point de vue de la politique extérieure, il n'y a donc pas, entre deux périodes de collaboration active, celle de Laval et celle de Darlan, d' « intermède Flandin ». L'explication officielle donnée par Pétain à Hitler sur le renvoi de Laval est globalement vraie : pour l'essentiel, la décision a été prise pour des raisons de politique intérieure. Il est vrai que les interférences de celle-ci avec la politique extérieure sont loin d'être négligeables. En particulier, le revirement spectaculaire de l'opinion publique française en faveur de l'Angleterre au cours de l'automne 1940, connu des autorités de Vichy (et des Anglais aussi, très bien renseignés à ce sujet), a poussé le Maréchal à se débarrasser de l'homme le plus impopulaire du gouvernement, à refuser la collaboration militaire ouverte et la reconquête du Tchad dissident voulue par l'Auvergnat. La collaboration devait changer de style; d'ouverte, elle devait devenir « subtile », pour reprendre l'expression de Jean-Baptiste Duroselle. La collaboration plus discrète, mais non moins réelle, pourrait à la rigueur s'accommoder de contacts fructueux avec l'Angleterre. Non pour qu'ils favorisent la victoire britannique, mais pour qu'ils facilitent le ravitaillement français, à condition que les Allemands ne soient pas offensés et qu'ils soient tenus au courant. Il n'y a donc pas double jeu de Vichy en faveur de la Grande-Bretagne, mais double langage pour mieux l'endormir. Les Britanniques s'en sont rendu compte et ont refusé de se laisser entraîner dans ce qu'ils jugent être un piège. Pétain a sans doute tenté le compromis entre la ligne Weygand (rien que l'armistice) et la ligne Laval (la collaboration ouverte). Mais comme l'équilibre est impossible, et comme la priorité est donnée à son maintien au pouvoir (pour protéger le pays et promouvoir la Révolution nationale), il laisse la balance pencher du côté de l'occupant. Pour rester, il faut collaborer réellement ; pour gagner la confiance des Français, de plus en plus antigermaniques, pour tenter de les rallier au projet de politique intérieure, il faut paraître biaiser et éviter tout risque d'entrer en guerre contre l'Angleterre. Là réside la plus grande différence, et c'est une différence notable, entre Laval et Pétain, entre Laval et ses successeurs. Mais la collaboration d'État n'en continue pas moins ; elle est même intensifiée.

C'est bien ce jeu de balance inégale que joue aussi Darlan, maître de la situation politique à partir de février 1941. À bien des égards, la collaboration qu'il pratique avec l'Allemagne va très loin : collaboration industrielle, en particulier dans le domaine de la production d'avions de guerre pour le Reich ; accord de troc entre les deux zones qui permet un moins mauvais ravitaillement de la zone sud et rend moins nécessaires les contacts avec l'Angleterre ; livraison d'essence et de matériels à l'armée italienne en Libye à partir de la Tunisie (ce qui lui valut de la part des Britanniques une haine durable) ; entretiens avec Hitler en mai et facilités données aux Allemands en Syrie, protocoles de Paris en juin, que le général Weygand réussit partiellement à vider de leur contenu, et défense de la Syrie contre les Anglais et les Français libres[15]. Sur l'autre plateau de la balance, les accords Weygand-Murphy en février-mars 1941 pour le ravitaillement de l'Afrique du Nord sont acceptés par Darlan, d'autant qu'ils sont tolérés par les Allemands.

Il est un document inédit et essentiel, malheureusement non daté, mais probablement écrit au début de 1941, adressé aux responsables des ministères à Vichy et dont les Britanniques ont pu se procurer une copie[16]. Ce texte montre les conceptions de Darlan sur l'attitude à adopter face à Albion et au Reich. La France, « prise entre l'Allemagne et l'Angleterre », doit suivre une « ligne [...] à la fois simple et compliquée ». Elle doit se rapprocher de l'Allemagne, le vainqueur, parce qu'elle représente « la menace immédiate et permanente », l'autre menace, la Grande-Bretagne, avec laquelle la France risque d'entrer en conflit, « en raison de l'existence en Afrique des armées de Gaulle [*sic*] », étant « moins pesant[e] et moins immédiate ». « Il s'ensuit que nous devons adopter à l'égard de l'Allemagne une attitude plus souple que vis-à-vis de l'Angleterre. » Dans cette « adresse », Darlan reproche à Laval d'avoir voulu pratiquer « une politique unilatérale orientée vers l'Allemagne » dont les conséquences auraient été un conflit sur mer avec l'Angleterre, qui eût été perdu, et une « scission » en France.

« Pour la neutraliser [cette politique], on a employé la manière forte : on a arrêté M. Laval et un certain nombre de ses partisans, ce qui était du point de vue tactique une faute. Il ne faut pas qu'elle se renouvelle. Pour neutraliser l'action de M. Laval et de ses partisans à Paris, il faut au contraire faire semblant d'entrer dans leur voie ; il faut faire le rapprochement ouvert et manifeste et le proclamer hautement ; il faut que le vainqueur ait l'impression que ceux qui ont succédé à M. Laval sont des partisans au moins aussi résolus du rapprochement que le fut M. Laval, et que ceux-ci ont la force et tiennent le pouvoir, alors que M. Laval était un isolé, combattu et discuté de tous les côtés. L'Allemagne doit se demander si, tout compte fait, elle n'a pas plus d'intérêt de travailler avec ses successeurs qu'avec M. Laval. Je me résume : il faut battre l'opposition de Paris et M. Laval avec ses propres armes, lui enlever l'argument facile de pouvoir nous reprocher de saboter le rapprochement sur une vaste échelle, mais sans aller aussi loin que M. Laval. »

Il y a une grande ambiguïté dans ce texte. D'un côté, il est question de « faire semblant » d'entrer dans la même voie que Laval, et de l'autre de pratiquer cette politique de rapprochement avec l'Allemagne « sur une vaste échelle », de convaincre les maîtres du Reich qu'ils ont intérêt à travailler avec lui, Darlan, ce qui suppose des gages tout à fait réels et sérieux de sa part. La principale différence réside dans la fin du développement : « sans aller aussi loin que M. Laval ». En effet, après les déboires de l'Axe dans le ciel d'Angleterre, en Grèce et en Libye, Darlan est moins sûr de la victoire de Hitler. La guerre anglo-allemande peut devenir une guerre d'usure, et, si elle se prolonge, les deux adversaires s'épuiseront l'un l'autre : « Il est donc possible et même probable que l'heure de la France viendra au moment du règlement final. Elle pourra jouer un véritable rôle d'arbitre dans ce règlement final et imposer une solution française du conflit, laquelle ne sera ni le “ nouvel ordre allemand ” ni synonyme d'une hégémonie anglo-saxonne [17]. »

Il y a beaucoup d'illusions dans ces phrases, et un peu de défoulement, puisque l'amiral espère un avenir qui ne soit ni germanique ni britannique. En tout cas, les Anglais, en possession de ce document, ne se sont pas trompés sur l'inégal jeu de la balance de Darlan, qui risquait de favoriser le Reich à leurs dépens. Aussi ont-ils rompu définitivement les négociations commerciales avec Vichy en ce début de 1941 [18].

Pour tenter de comprendre l'énigme Darlan, il faut garder en tête son extraordinaire propension à l'opportunisme. Cette prudence apparente qu'il observe au début de 1941, après les succès britanniques de l'automne précédent, il la perd tout à fait au printemps quand surviennent les victoires allemandes. Il est alors persuadé à nouveau, comme en 1940, que l'issue de la guerre sera favorable au Reich. Sa communication au Conseil des ministres, le 14 mai 1941, quelques jours après ses entretiens avec Hitler, révèle un ton différent par rapport au document précédent. Dans ce texte, cité par Hervé Coutau-Bégarie et Claude Huan, on voit que l'amiral ne songe même plus à établir un faux équilibre entre l'Allemagne et la Grande-Bretagne. Désormais, il voit les inconvénients d'une « politique de bascule », qui vaudrait à la France « mille difficultés » de la part de l'occupant. Son choix, dit-il, est fait : celui de la collaboration avec l'Allemagne (mais toujours sans se ranger à ses côtés et sans risquer la guerre avec l'Angleterre). Ainsi, trois objectifs pourraient être atteints : « Sauver la nation française, réduire au minimum nos pertes territoriales métropolitaines et coloniales, jouer un rôle honorable — sinon important — dans l'Europe future [19]. » Après l'attaque allemande contre l'URSS, le gouvernement prend l'initiative, le 30 juin, de rompre les relations diplomatiques avec Moscou, puis autorise les collaborationnistes de Paris à créer la LVF. Longtemps, Darlan croit à la victoire du Reich. En novembre, nouvelle concession : Weygand, sur la demande des Allemands, est rappelé d'Afrique du Nord.

Mais, en décembre, l'attitude de l'amiral recommence à évoluer, sans doute avec l'échec des Allemands devant Moscou et après l'entrée en guerre des États-Unis. On connaît l'information donnée par Roosevelt à Churchill à la conférence d'Arcadie le 12 janvier 1942 : Darlan aurait pris contact et demandé s'il serait admis à une conférence [20]. Un document inédit montre que Darlan avait fait déjà poser la question, par un intermédiaire (naval) non cité, au Premier ministre britannique : « Essayez de savoir les sentiments des Britanniques à mon endroit. Si la guerre arrivait à une fin, refuseraient-ils de traiter avec un gouvernement français dont j'étais membre [21] ? » La réponse de Churchill fut la suivante : pas de rencontre avec un gouvernement français qui aurait activement tenté d'empêcher la victoire britannique, mais quiconque prendrait la tête de la flotte de Toulon pour rejoindre les ports d'Afrique du Nord ou de l'Ouest et se préparerait à résister aux attaques allemandes trouverait « une place honorable dans les rangs alliés ». On sait que l'amiral ne donna pas suite[22]... Mais son initiative était significative de son changement de perception dans le rapport des forces mondiales.

Avec le retour de Laval au pouvoir en avril 1942, il n'est plus question, même mentalement, même pour donner le change, de politique de bascule. Après le débarquement allié en Afrique du Nord, la perte de l'empire, l'invasion de la zone sud en novembre 1942, Vichy perd tous ses atouts initiaux. Si Darlan, présent en Algérie au moment de l'opération Torch, finit par traiter avec les Américains, Pétain refuse de se rallier, et Laval continue sa politique proallemande. Des trois motivations de la collaboration d'État, l'une disparaît, une autre décline et la dernière devient prépondérante : en effet, la collaboration « pour le rang » n'a plus de sens ; la collaboration pour la protection des Français, incarnée par la présence du Maréchal, est de moins en moins convaincante aux yeux de l'opinion ; reste, en 1943-1944, la collaboration « pour sauver le régime », où l'idéologie trouve un dérivatif de choix dans la croisade antibolchevique. Coupée du monde, la France de Vichy ne conduit plus sa politique extérieure qu'en fonction des intérêts de la politique intérieure du régime.

Vichy et sa perception du monde

Pendant toutes ces années 1940-1944, les hommes de Vichy ont une conception très morcelée de l'espace et du temps. En 1940, c'est bien connu, ils n'ont en aucune manière, à la différence de De Gaulle, la perception d'une guerre mondiale. Ils ne voient que la fin d'un conflit franco-allemand auquel succède un conflit anglo-allemand dont ils sont sûrs de l'issue prochaine. Bien que la guerre dure, la vision reste longtemps étriquée : à Vichy, on ne distingue qu'une suite d'affrontements (dont il faut rester le plus loin possible) et non un conflit général. Voilà pourquoi les différentes puissances, belligérantes ou non, sont perçues isolément. L'Allemagne est évidemment au centre des perceptions géopolitiques de Vichy. L'Italie est considérée à part, comme un « non-vainqueur », celui qui a assené le « coup de poignard dans le dos » du 10 juin 1940 ; il est moins nécessaire de collaborer avec ce pays, qui est même considéré comme un concurrent dans l'Europe future de Hitler[23]. On se réjouit d'ailleurs, au gouvernement et dans l'opinion, des déboires italiens en Afrique ou en Grèce. Marc Ferro rappelle comment on pouvait lire, à Menton, des panneaux tournés vers l'Italie : « Grecs, arrêtez-vous. Ici, c'est la France[24] ! »

Par rapport à la Grande-Bretagne, le fossé se creuse entre les hommes de Vichy et l'opinion publique : anglophobie d'un côté et probritannisme grandissant de l'autre, dès la bataille d'Angleterre[25]. Les Français ne voient le salut et l'indépendance de leur pays que dans une victoire britannique. Ceux qui font confiance au Maréchal pensent de même, persuadés d'ailleurs qu'il joue un double jeu entre Londres et Berlin. Prenant leurs désirs pour la réalité, ils se construisent, à la fin de 1940, tout un système de représentations qui reflète leurs vœux profonds et leur aspiration à la sécurité : celle-ci semble assurée dans le présent par l'ombre tutélaire de Pétain, et celle de l'avenir, on l'attend des Anglais. Maréchalisme et probritannisme[26] font alors bon ménage, parce que ces sentiments rassurent. Pétain semble touché par ce mouvement de l'opinion. La prise en compte de cette évolution explique en grande partie sa décision de renvoyer Laval. Le Maréchal va même jusqu'à dire à Rougier et à Dupuy qu'il souhaite la victoire anglaise. Mais l'expression opportuniste de ce sentiment, au moment où se nouent les négociations entre Vichy et Londres, n'est plus à l'ordre du jour quelques semaines plus tard, après l'échec de ces conversations.

Dans le contexte de cette guerre non mondiale, de cette guerre anglo-italo-allemande, deux pays prennent de l'importance dans la vision géopolitique de Vichy : les États-Unis et l'URSS. Ces grandes puissances non belligérantes peuvent servir de recours pour la France, coincée entre l'Allemagne et l'Angleterre. Elles peuvent aider sur le plan du ravitaillement, préoccupation essentielle au cœur de la politique extérieure de Vichy entre août 1940 et juin 1941.

Même avec l'URSS, s'amorce en avril 1941 une ébauche de négociations commerciales. Sur le plan politique, les rapports entre Vichy et Moscou se normalisent, et les deux régimes font silence sur leurs différences idéologiques. La France « prend acte » de l'annexion des pays baltes (elle ne reconnaît ni ne condamne l'acte), car elle veut « ménager l'avenir en persévérant dans la voie du rapprochement avec la seule grande puissance européenne qui soit restée jusqu'ici en dehors du conflit[27] ». Tout change, évidemment, après l'attaque allemande du 22 juin 1941.

Les États-Unis constituent encore davantage la puissance du recours, surtout après l'installation de Leahy comme ambassadeur à Vichy, en janvier 1941. Ils peuvent faire pression sur l'Angleterre pour qu'elle atténue son blocus, ce qu'ils ne manquent pas de faire. Ils pourraient aussi adoucir les exigences du vainqueur à l'égard de la France, à l'issue du conflit entre la Grande-Bretagne et l'Allemagne. Cependant, en mai 1941, Darlan, à la différence de Pétain, a une piètre opinion d'eux : leur état social « ne leur permettra pas de soutenir la guerre. Ils sont dans un état de décomposition plus avancé peut-être que celui dans lequel nous étions en 1939[28] ». C'est pourquoi, avant l'entrée en guerre des États-Unis, Darlan persiste à ne pas concevoir la guerre comme mondiale.

Ce n'est pas du tout l'opinion du général Doyen, qui, dans sa lettre de démission de la commission d'armistice à Wiesbaden, rompt le 16 juillet 1941 avec la politique de collaboration et attire l'attention sur le fait que « l'Amérique reste le grand arbitre d'aujourd'hui et de demain ». Leur puissance et leur influence croissante feront que, « quoi qu'il arrive, le monde devra, dans les prochaines décades, se soumettre à la volonté des États-Unis... Seule l'Amérique peut nous rétablir demain dans notre intégrité métropolitaine dont dépend l'avenir de notre peuple et la survivance d'une France qui soit véritablement européenne et non pas uniquement méditerranéenne ou africaine[29] ».

L'opinion de Darlan commence à changer timidement, on l'a vu, quelques mois plus tard. Néanmoins, Doyen a bien mis l'accent sur la vision géopolitique tronquée de l'amiral, centrée sur la Méditerranée et l'Afrique seulement, sans véritable perception globale du monde. Même l'empire, fleuron de la politique de Vichy, est victime d'une amputation mentale dans les perceptions vichyssoises : l'Indochine est loin, et l'amiral Decoux est quelque peu livré à lui-même face aux pressions japonaises.

Après la perte de l'Afrique en novembre 1942, les calculs géopolitiques s'effacent devant les impératifs idéologiques.

Vichy vu par les autres

Plus Vichy se déconnecte de la réalité géopolitique, plus son image se détériore à l'étranger, suscitant mépris ou haine.

La dissymétrie dans la vision germano-italienne

Le gouvernement italien est, face à Vichy, confronté à un dilemme : ou bien il accepte la politique de collaboration, mais il risque de voir la France de Vichy prendre une bonne place dans l' « Europe nouvelle », aux dépens des intérêts de l'Italie, ou bien il se montre intransigeant, mais, faute de moyens, il s'expose à ne faire aboutir aucune de ses revendications auprès des Français. C'est pourtant cette solution que Mussolini préfère. Il est particulièrement méfiant à l'égard de toute avance de la France à l'égard de l'Allemagne, demandant par exemple à Hitler après la signature des protocoles de Paris : « Qui sont vos vrais amis[30] ? » Il existe, dans les sentiments italiens à l'égard de la France, un contraste entre la francophobie gouvernementale et la francophilie dans l'opinion.

Rome n'a pas non plus la même attitude que Berlin face à la politique antisémite de Vichy. Les Italiens organisent en 1943 un véritable système d'accueil dans leur zone d'occupation pour les Juifs qui fuient les autorités vichyssoises, allant jusqu'à arrêter des policiers français venus pour effectuer des rafles[31].

La dissymétrie dans la vision anglo-américaine

Les Anglo-Saxons n'ont pas une vue univoque de Vichy. Ils perçoivent bien des différences entre Pétain, Weygand, Laval, Darlan et les autres, et espèrent tirer parti des plus modérés d'entre eux. Pendant les négociations secrètes de la fin 1940, les Britanniques acceptent un moment de ne plus employer les expressions réductrices, telles que *Vichy France* ou « gouvernement de Vichy », mais acceptent de dire : « le gouvernement français ». Très tôt, cependant, ils changent d'avis. Dès le début 1941, ils renoncent à voir des différences entre les hommes au pouvoir en France, préférant les envelopper dans le même mépris. Ils sont vite déçus par Weygand, trop pusillanime à leurs yeux, et par Pétain, qu'ils trouvent enfermé dans une obstination sénile. Anthony Eden est le plus hostile et le plus méfiant à l'égard de Vichy. Il pense avoir déjoué un piège en mettant fin aux négociations du début 1941, d'autant qu'il a des informations sur la collaboration en matière d'armements entre la France et l'Allemagne. Voici ce qu'il écrit à son prédécesseur, Halifax, devenu ambassadeur aux États-Unis en mars 1941 : « Ni le gouvernement de Vichy ni leurs agents en Afrique du Nord ne montrent aucune étincelle de noblesse et de courage, aucune volonté de résistance. Ils peuvent espérer notre victoire, mais ils ne feront rien pour nous aider, puisque, si nous perdons, ils peuvent ainsi, le croient-ils, avoir acquis du mérite aux yeux des Allemands, tandis que, si nous gagnons, ils supposent qu'en tous les cas nous restaurerons la France. En attendant, ils attendent de nous d'être amplement ravitaillés d'outre-mer... [Or] nous ne voulons pas nourrir les travailleurs qui fabriquent les bombes qui tombent sur nos cités[32]. »

Les Américains, on le sait, n'ont pas la même attitude. Roosevelt, plus impressionné que son secrétaire d'État Cordell Hull par le « mythe Pétain », reste longtemps persuadé qu'il peut influencer le Maréchal par l'intermédiaire de Leahy, pour l'empêcher de s'engager dans la collaboration. Lorsqu'il s'adresse à la France, il fait comme si aucun changement politique n'avait eu lieu et continue de parler de « *French Republic*[33] ». C'est le rappel de Weygand, en novembre 1941, qui fait comprendre aux Américains qu'ils ne peuvent rien obtenir de la France de Vichy, et ils en ont la confirmation en avril 1942, avec le retour de Laval : Leahy est aussitôt rappelé à Washington. Dès lors s'opère un transfert. Recherchant un troisième camp entre Laval et de Gaulle, ils ne le cherchent plus dans la France métropolitaine de Vichy, mais fondent leurs espoirs sur l'Afrique du Nord, même privée de Weygand. À ce propos, Churchill, convaincu par Roosevelt, entre en conflit avec Eden[34]. Les Anglo-Saxons s'acheminent ainsi vers la solution Giraud ou Darlan. Pour obtenir le ralliement de l'empire français, avec le moins de pertes humaines, ils préfèrent négocier avec les ou plutôt des autorités vichyssoises. Là aussi existe un fossé entre gouvernants et opinions publiques aux États-Unis et en Angleterre.

Celles-ci sont bien plus antivichyssoises que leurs dirigeants.

D'après un sondage Gallup en novembre 1941, une proportion appréciable de Britanniques est disposée à faire la guerre contre « *Vichy France* » : 38 %, contre 37 % qui ne sont pas prêts à cette éventualité. Aux États-Unis, d'après une enquête en 1941 faite par Alfred Max dans le journal *Pour la victoire* (on peut évidemment se poser des questions sur l'impartialité de l'enquête), 13 % seulement des Américains considéraient Vichy comme neutre, 58 % pensaient que ce gouvernement favorisait l'Axe. Par ailleurs, 75 % estimaient qu'il était un « mauvais gouvernement », contre 25 % qui pensaient qu'il faisait tout ce qu'il pouvait dans une situation difficile[35]. Le *Darlan deal,* en novembre 1942, suscite colère et critiques acerbes dans les deux pays.

Le point de vue soviétique

Avant juin 1941, les autorités soviétiques se montrent prudentes à l'égard de Vichy. Si les diplomates, dont Mikhaïl Narinski nous révèle les notes et les rapports adressés à Moscou[36], sont critiques à l'égard du gouvernement, la presse, elle, n'attaque pas le régime. Montoire passe presque inaperçu dans les journaux[37]. La plupart des articles consacrés à la France portent sur les difficultés, les pénuries et les souffrances de la vie quotidienne. Mais, à partir d'avril, avant même l'invasion de l'URSS, apparaissent les premiers infléchissements. Il est alors ouvertement question de « régime de la réaction », et *Crocodile* fait paraître une caricature sur l'antirépublicanisme de Vichy.

Après l'attaque allemande et la rupture des relations diplomatiques, le ton change encore plus franchement. La polémique prend un tour idéologique, et la presse choisit évidemment de glorifier la Résistance française. Pas seulement celle des communistes, mais aussi, et ce dès l'automne 1941, celle des « progressistes », celle des « patriotes » et celle des « partisans de De Gaulle ». Il y a Ehrenbourg, à propos de la question de la LVF qui combat sur le front russe aux côtés des Allemands, s'en prend directement au Maréchal, dont il donne l'image suivante : « Pétain fournit de la chair à canon à ses vainqueurs... L'ex-maréchal est noyé dans le sang français... Il faudra beaucoup d'arbres à branches solides, mais celui auquel sera pendu le méprisable vieillard se desséchera d'horreur[38]. »

Une mauvaise image même chez les « neutres » : l'exemple de la Suède

Chez les Suédois, le régime de Vichy n'apparaît pas non plus sous un jour favorable. Bien que l'ambassadeur français, Ch. Carron de Vaux de Saint-Cyr, fasse tout ce qui est en son pouvoir pour donner de la France l'image d'un État « neutre » à l'instar de la Suède, la presse du pays classe très tôt Vichy dans le camp allemand. L'invasion de la zone sud par la Wehrmacht en novembre 1942, qui fait suite au débarquement allié en Afrique du Nord, et le refus de Pétain de changer de politique font comprendre au diplomate ses illusions. Au fond, l'image qu'il avait de Vichy était plus éloignée de la réalité que l'idée que s'en faisaient les Suédois. De Vaux se rallie à Alger, et la légation française se scinde en deux fractions. Après de nombreuses péripéties, le gouvernement de la Suède, prudent, accepte, au printemps 1943, d'avoir deux représentants de la France : de Vaux d'une part, et Conty, délégué par Vichy. Les deux diplomates se livrent une guerre picrocholine, se disputant la délivrance des passeports et le ralliement de la colonie française, en particulier celui des 200 prisonniers de guerre évadés d'Allemagne et réfugiés en Suède. En septembre, Stockholm reconnaît le Comité français de la libération nationale d'Alger, tout en se forçant à maintenir ses relations avec Vichy, tant est forte la pression allemande. Comme dans les pays anglo-saxons, mais dans un contexte entièrement différent, il existe un décalage entre le gouvernement et l'opinion. Le premier reste logique avec sa politique de neutralité, et se trouve ainsi critiqué par la presse, acquise à la cause de la France combattante, et encline à comparer le régime du maréchal Pétain avec la Norvège de Quisling[39].

Le conflit de 1939-1945 est, entre autres choses, à la fois une guerre internationale (entre États) à l'échelle mondiale et une guerre idéologique qui, déchirant nombre de nations, se transforme ici ou là en guerres civiles, larvées ou ouvertes. De Gaulle a parfaitement bien perçu la première dimension, faisant tout pour placer la France dans le club des puissances victorieuses, mais il a fait semblant d'ignorer la seconde, au nom de l'unité nationale : à ses yeux, le rassemblement des Français commence par l'oubli de leurs divisions et le refus de voir dans le conflit autre chose qu'une guerre entre nations. À l'inverse, Pétain a une sensibilité plus idéologique que géopolitique. Il a une conscience aiguë des combats civils nationaux et transnationaux[40] (la lutte dans chaque pays de l'Europe continentale entre démocrates et autoritaires), et il se sert de ces divisions en France pour asseoir son autorité et son régime. Il se refuse cependant à voir les réalités internationales et le caractère véritablement mondial du conflit. Pétain a choisi ses alliances idéologiques (non avec le fascisme en tant que tel, mais avec le camp antidémocratique et antibolchevique), sans pour autant s'aligner sur un camp militaire, car il ne veut ni entrer dans la guerre internationale, ni même en regarder le déroulement. Il a opté pour l'Allemagne, mais il a tout fait pour éviter les hostilités avec les Anglo-Saxons, avec qui il garde quelques contacts afin de s'assurer le maintien de la France hors de la guerre. Si, à la différence de Franco, il ne pratique pas de véritable politique de bascule, ce n'est pas seulement à cause des contraintes de l'occupation, c'est aussi parce que le régime de Vichy a davantage besoin des Allemands que le régime franquiste. Ce repli sur les positions hexagonales, ce primat relatif de l'idéologie et de la politique intérieure aboutissent à un véritablement enfermement, à une déconnexion par rapport aux réalités du monde et à l'évolution des véritables rapports de forces.

Cette schizophrénie de Vichy finit par être perçue. C'est en 1941 que l'image de l'État français commence à devenir franchement négative à l'étranger : dès janvier pour les Britanniques, après une petite période d'illusions, juin pour les Soviétiques, novembre pour les États-Unis. Décidément, 1941 est un tournant méconnu sur lequel il faut désormais insister. À partir de cette date, il est visible, hors de France, que Vichy ne joue pas le double jeu. Puis, avec le temps qui passe, l'obstination de Vichy à jouer la carte allemande est de moins en moins comprise à l'étranger. Certains gouvernements continuent de nouer des relations avec l'État français, mais ils le font par simple raison d'État, et de moins en moins par appréciation positive du régime et de sa politique.

Le mépris pour Vichy se mue-t-il en mépris pour la France ? Non, car très tôt à l'étranger la distinction est faite, implicitement au moins, entre la France de Vichy et la France sous Vichy. Si beaucoup de Britanniques sont prêts à faire la guerre contre « *Vichy France* » en 1942, 57 % considèrent en même temps les Français comme des amis, 32 % comme des neutres, 3 % comme des ennemis[41]. Dans son livre *Guilty Frenchmen,* écrit en 1940 juste après Montoire, Cecil F. Melville, très francophile, s'en prend à Laval « le Quisling français » et à « Pétain le sénile ». À ses yeux, cependant, les « coupables français » sont très peu nombreux, et non représentatifs du peuple. Dans un grand élan romantique, il ne doute pas que celui-ci balaie le nouveau régime et entre dans la guerre du côté britannique. Ainsi conclut-il son ouvrage en faisant appel à son image préférée de la France : « *To arms citizens, the day of glory has arrived!* »

Comment mieux confondre dans son mépris, par antiphrase et par *Marseillaise* interposée, la politique intérieure et la politique extérieure des hommes de Vichy, l'attitude de ceux qui ont *à la fois* refusé de reprendre les « armes », récusé la notion de « citoyenneté », et considéré d'emblée que tout « jour de gloire » pour la France était nécessairement un jour fatal pour le régime ?

Robert FRANK

NOTES

1. Foreign Office (FO) 371, 24361, C12490/G, pp. 296-298.
2. R. T. Thomas, *Britain and Vichy. The Dilemma of Anglo-French Relations 1940-1942,* Londres, 1979, pp. 94-96.
3. Sir Ivone Kirkpatrick, *Mussolini, portrait d'un démagogue,* Éditions de Trévise, 1967, p. 534, cité par Rodolphe Rieder, *Les Relations entre le gouvernement de Vichy et le gouvernement italien,* mémoire de maîtrise, université de Paris X-Nanterre, juin 1990, p. 75.
4. Voir dans PREM 3, 186/A/1, un document essentiel, la note de l'Amirauté du 13 octobre 1940 : « The Naval Aspect of our Policy towards the Vichy Government ».
5. Sur ce point, Robert Paxton a raison (il attribue la relative tolérance des Anglais à l'égard des navires marchands français à « l'insuffisance numérique » de leur marine), et la critique qu'en font Hervé Coutau-Bégarie et Claude Huan (dans un livre par ailleurs très intéressant, *Darlan,* Paris, Fayard, 1989, p. 330) est en contradiction avec les éléments que l'on peut trouver dans les archives britanniques.
6. Voir dans le présent ouvrage la contribution de Wichert Ten Have.
7. Voir dans le présent ouvrage la contribution de Wichert Ten Have.
8. Voir dans le présent ouvrage la contribution de Jean Vanwelkenhuyzen.
9. Foreign Relations of the United States (FRUS), 1941, vol. 2, pp. 167-169, Leahy à Hull, 13 mai 1941.
10. Voir dans le présent ouvrage la contribution de Karel Bartosek.
11. Nous laissons de côté les collaborations non gouvernementales : celle des « collaborationnistes », qui partagent les idéaux fascistes ou nazis, qui rêvent d'une Europe purement hitlérienne ; celle des opportunistes qui, individuellement, voient dans l'entente avec l'ennemi une source d'enrichissement ou de

promotion sociale. Pour la collaboration économique, voir une esquisse de typologie dans Robert Frank, Henry Rousso, Alain Beltran (dir.), *La Vie des entreprises sous l'Occupation. Une enquête à l'échelle locale,* IHTP, à paraître.

12. Jean-Baptiste Duroselle, *L'Abîme 1939-1945,* Paris, Imprimerie nationale, 1982, pp. 260-265.

13. Voir dans le présent ouvrage Robert Frank : « Vichy et les Britanniques, 1940-1941 : double jeu ou double langage ? ».

14. FO 371, 24361, p. 244 et suiv., lettre de Rougier à Churchill et Halifax, 5 décembre 1940, notes annexes sur la radio britannique : « Il ne faut en aucun cas donner aux Français l'impression que la victoire britannique ramènera au pouvoir les hommes tarés du Front populaire » ; voir aussi FO 371, 28234, 144590, p. 169, rapport de Dupuy à Mackenzie King, 7 janvier 1941, p. 39.

15. Voir Jean-Baptiste Duroselle, *op. cit.,* pp. 281-301.

16. Adresse de Darlan à plusieurs officiels, non datée, PREM. 3/186 A/7, p. 345.

17. Adresse de Darlan aux responsables des ministères, non datée, déjà citée, PREM. 3/186 A/7, p. 345.

18. Voir Robert Frank, pp. 154-155.

19. Cité par Hervé Coutau-Bégarie et Claude Huan, *Darlan,* Paris, Fayard, 1989, pp. 406-407 (communication de Darlan au Conseil des ministres, 14 mai 1941).

20. Robert E. Sherwood, *Le Mémorial de Roosevelt d'après les papiers de Harry Hopkins,* II, *Roosevelt chef de guerre,* Paris, Plon, 1950, p. 23, cité par Hervé Coutau-Bégarie et Claude Huan, *op. cit.,* p. 522.

21. PREM 3/186 A/7, p. 226, TAUT n° 73 (NOCOP), 19 décembre 1941.

22. PREM 3/186 A/7, p. 224-225, Prime Minister to Sargent, Foreign Office, 20 décembre 1941. Une note manuscrite indique : « Il n'est pas certain que le message ait jamais atteint Darlan. »

23. Rodolphe Rieder, *Les Relations entre le gouvernement de Vichy et le gouvernement italien,* mémoire de maîtrise, université de Paris X-Nanterre, juin 1990.

24. Marc Ferro, *op. cit.,* p. 310.

25. Caroline Coudrat, *Les Britanniques vus par les Français (juin 1940-juin 1944),* mémoire de maîtrise sous la direction de René Girault, université de Paris I, juin 1988.

26. Le probritannisme doit être distingué de l'anglophilie (voir p. 157).

27. Voir note du 11 avril 1941 de la sous-direction Europe, ministère des Affaires étrangères, Guerre 1939-1945, Vichy, série Zv, carton 312-6, citée par Perrine Coulter, *Les Relations franco-soviétiques sous Vichy,* mémoire de maîtrise, université de Paris X-Nanterre, juin 1989, pp. 217 et suiv.

28. Texte cité par Hervé Coutau-Bégarie et Claude Huan, *Darlan, op. cit.,* pp. 406-407 (communication de Darlan au Conseil des ministres, 14 mai 1941).

29. Lettre du général Doyen à l'amiral Darlan, 16 juillet 1941, dont une copie est parvenue entre les mains des Britanniques : FO 371, 28235, 147074, pp. 228 et suiv. Voir aussi J.-B. Duroselle, *op. cit.,* p. 289, qui cite la version similaire envoyée au général Huntziger le 14 juillet.

30. Rodolphe Rieder, *Les Relations entre le gouvernement de Vichy et le gouvernement italien,* mémoire de maîtrise, université de Paris X-Nanterre, juin 1990.

31. *Ibid.,* p. 145.

32. FO 371, 28312, Z 1258, télégramme à Halifax, 3 mars 1941, n° 1170.

33. FRUS, 1941, vol. 2, p. 171.

34. R. T. Thomas, *op. cit.*, pp. 134-136.
35. Dominique Fouchard, *Le Gouvernement de Vichy et les Américains, 1940-1942,* mémoire de maîtrise, université de Paris X-Nanterre, 1986, p. 90.
36. Voir dans le présent ouvrage p. 135.
37. Mélanie Struve, *Image de la France en URSS, 1940-1941,* mémoire de maîtrise, université de Paris X-Nanterre, octobre 1985.
38. *Pravda,* 3 septembre 1942, citée par Perrine Coulter, *op. cit.*, p. 146.
39. Pascal Ferdinand, *Diplomates français en Suède, 1940-1944,* mémoire de maîtrise, université de Paris X-Nanterre, 1987.
40. Voir aussi dans le présent ouvrage, les réflexions de Philippe Burrin, p. 645.
41. Sondage Gallup en mai 1942. *The Gallup International Public Opinion Polls, Great-Britain, 1937-1975,* Random House, New York, tome 1, pp. 60-61.

2.

Vichy, les Français et l'Empire

Pour l'historien préoccupé de mieux connaître le régime de Vichy et son audience auprès des Français, il ne paraît pas possible d'ignorer l'importance de la question impériale. Chacun sait que l'État vichyssois n'a pu exister, un temps, aux yeux de l'occupant et de l'étranger, que dans la mesure où il conservait son Empire et pouvait éventuellement le faire basculer du côté des puissances de l'Axe ou de celui des Alliés. Mais cet empire, que le « parti colonial » présentait depuis la fin de la Première Guerre mondiale comme le plus sûr garant de l'avenir national, était-il perçu comme tel par le gouvernement de Vichy et par les Français ? *A priori,* on pourrait le supposer, si l'on rappelle les résultats d'un sondage d'opinion de février 1939 : pour la première fois, semble-t-il, une légère majorité de Français (53 %, contre cependant 43 % d'avis opposés) avaient exprimé le sentiment que l'Empire c'était la France, puisqu'ils estimaient « aussi pénible de devoir céder un morceau de notre empire colonial qu'un morceau de territoire de la France ».

Mais le mouvement d'opinion vers une conscience impériale n'avait pas été durable : en juin 1939, l'idée d'une résistance dans l'Empire n'avait pas même effleuré la pensée de la plupart des dirigeants, ni touché les masses [1]. Qu'en fut-il de 1940 à 1942, au temps où l' « État français » croyait pouvoir disposer d'une quasi-souveraineté sur une partie de l'Empire ? On n'oubliera pas, en effet, que le territoire de l'Empire, au temps de Vichy, fut semblable à une peau de chagrin rétrécissant sans cesse jusqu'au jour où le secrétaire d'État aux Colonies, Jules Brévié, présenta sa démission en disant : « Mon rôle est terminé, puisque nous n'avons plus d'Empire [2]. »

Y EUT-IL UNE POLITIQUE D'EMPIRE SOUS VICHY ?

Peut-on parler d'une politique ou d'une doctrine coloniale ou impériale de Vichy ? À se reporter aux discours du maréchal Pétain, celle-ci paraît inexistante ou fort inconsistante. On y trouve certes de rares allusions à la « mission de la France d'outre-mer », parfois associée par réflexe aux notions de prestige et de grandeur[3]. Mais l'essentiel des références peut se définir comme un constant appel à la fidélité et à l'unité de l'Empire colonial. « L'orgueil de la France, affirmait Pétain dans un discours du 7 avril 1941, c'est non seulement l'intégrité de son territoire, c'est aussi la cohésion de son Empire. [...] On ne peut pas servir la France contre l'unité de la mère patrie et de l'Empire[4]. » Le 1er janvier 1942, Pétain croyait devoir rendre hommage à « l'Empire fouetté de tous les coups du destin et qui m'a manifesté son éclatante fidélité », et il n'oubliait même pas les îles « restées loyales de notre Océanie » *(sic)*. Tâchant à rassurer les Français, il affirmait que « l'honneur nous commande de ne rien entreprendre contre d'anciens alliés. Mais l'intégrité du pays exige que soient réservées les sources de notre ravitaillement vital, que soient sauvegardés les postes essentiels de notre empire ». Quant à définir une doctrine, il ne s'y hasarda jamais, sauf peut-être dans une « préface » qui n'était qu'un accusé de réception, où il hasardait cette formule : « La meilleure colonisation est celle qui tend, grâce à l'ordre corporatif, à faire participer nos colonies à la justice sociale dont cet ordre s'inspire[5] ! »

Pourtant, les « Messieurs de Vichy » se montrèrent plus prolixes. Ce qui ressort de leur discours commun, c'est d'abord une sorte d'adjuration pathétique : l'Empire était la dernière carte de la France ; tout devait être fait pour le faire vivre. C'est ce que l'amiral Platon avait dit, à partir du 20 juillet 1940, aux gouverneurs qui voulaient continuer la guerre : « Le Maréchal n'a plus qu'une carte, l'Empire. Il veut la jouer le moment venu. Je vous en supplie, ne [la] lui arrachez pas ! » Que l'Empire ait été épargné provisoirement par les Allemands et les Italiens apparut comme la justification de l'armistice et du nouveau régime, qui se vanta d'avoir « sauvé l'Empire ». Il pouvait être, expliquait-on en coulisse, la sauvegarde ultime de la nation en cas d'occupation totale du territoire métropolitain. Encore fallait-il le maintenir à tout prix contre les convoitises prétendues de l' « impérialisme britannique » et « les tentatives criminelles de la dissidence ». Ce fut au nom de ces impératifs que Vichy fit ouvrir le feu sur les unités navales gaullistes qui tentèrent de rallier Dakar et l'AOF à la France libre, et qu'il engagea l'armée de Syrie contre les « envahisseurs anglo-gaullistes ».

Cet Empire menacé constituait une proie tentante, expliquaient les « Messieurs de Paris » ralliés à la collaboration. La France devait reconquérir les territoires africains passés à la dissidence « en s'emparant au passage de certaines colonies anglaises[6] ». Elle « n'avait pas le droit d'abandonner aux Anglo-Saxons ce qui reste le poumon sans lequel elle ne saurait vivre », clamait le 29 mars 1942 le chef du bureau impérial du PPF, Jean Fossati ; ce qui ne l'empêchait pas d'ajouter que « l'Afrique rentrera *[sic]* un jour dans la large reconstruction qui s'élabore aux côtés de l'Europe réconciliée ». Cet apport de l'Empire à l'Europe nouvelle était devenu, en 1941-1942, le lieu commun des publicistes collaborationnistes, qui parlaient de « dot impériale » dans le mariage franco-allemand. C'était, semble-t-il, tout ce que la pauvre Marianne pouvait mettre dans la corbeille de noces de Siegfried[7].

Le gouvernement de Vichy s'employait cependant à donner à l'opinion des preuves de son engagement impérial. On ne peut expliquer autrement des gestes aussi spectaculaires que vains, tels la construction annoncée du chemin de fer transsaharien[8] ou l'octroi à l'Office du Niger de 600 millions de francs pour l'aménagement de 150 000 à 200 000 hectares de terres irriguées qui seraient mises en cultures par 65 000 colons africains recrutés d'office[9]. Ces mesures, que le gouvernement était bien incapable de traduire dans la réalité, relevaient sans doute de la symbolique impériale.

Les projets constitutionnels mis au point par des personnalités officielles n'étaient pas plus sérieux, encore que Pétain eût offert sans rire au général Weygand de le charger de la préparation de la future Constitution de l'Empire. On négligera de présenter ici ces lois constitutionnelles qui restèrent inconnues des contemporains, mais au passage on peut signaler que toutes institutionnalisaient l'Empire comme une entité englobant la nation française, et que plusieurs envisageaient la création d'une citoyenneté impériale et d'un Parlement impérial[10]. On a également scrupule à évoquer ce que furent de 1940 à 1942 les caractéristiques de la politique et de l'administration coloniales de Vichy dès lors qu'il s'agit d'apprécier les attitudes ou les réactions des métropolitains face à des mesures qu'ils ignorèrent pour la plupart.

La France entendit cependant parler de la suppression, là où il en existait, des conseils généraux ou des commissions coloniales élues ; des commissions administratives nommées devaient les remplacer. De même, les conseils municipaux en fonction disparaissaient ; désormais, les maires étaient nommés et les conseillers municipaux désignés par les maires en accord avec les gouverneurs. Ceux-ci signifièrent un peu partout que « l'heure n'était plus aux discussions byzantines » et tancèrent les fonctionnaires qui osèrent critiquer l'action des maires. Quant aux commissions nommées, elles avaient pour but de donner seulement des « conseils éclairés au chef qui commande ».

L'autoritarisme de l'administration coloniale se renforça tout naturellement, mais le rétablissement du travail forcé, le durcissement et l'extension du régime de l'indigénat ne furent pas perçus en métropole, où s'édifiait peu à peu un État policier, aussi peu enviable. En revanche, la presse évoqua non sans complaisance la dissolution des loges de la franc-maçonnerie dès août 1940 comme frappant particulièrement les colonies, où les fonctionnaires affiliés étaient nombreux et les réunions annoncées souvent publiquement. En fait, suivant les territoires, les radiations de fonctionnaires furent soit nombreuses (Algérie, Antilles-Guyanne, Indochine), soit fort réduites.

Ce que les métropolitains constatèrent avec étonnement dès 1940, ce furent des mesures racistes frappant « les indigènes de nos colonies ». Tout accès dans les trains partant vers la zone nord était « interdit aux gens de couleur et aux Arabes ». Le président Gaston Monnerville attestait même s'être heurté à des affiches apposées dans les gares et précisant que l'interdiction s'étendait « aux Noirs, aux Martiniquais, aux Indochinois et en règle générale à tous les hommes bronzés y compris les parlementaires ». Ceux-ci protestèrent, mais en vain, à Vichy[11].

À la colonie, le racisme se donna libre cours. L'idéologie vichyste vint officialiser des tendances parfois contenues et inavouées. Les féodalités de colons qui dominaient le Maghreb s'offrirent le luxe d'être plus racistes que les autorités coloniales et la législation vichyssoise. « L'Afrique du Nord aurait-elle été prédestinée à la Révolution nationale ? » s'interrogeait Gabriel Esquer dans un livre paru à Alger en 1946[12]. Jacques Soustelle devait répondre affirmativement en 1947 : « Pour bien des Français d'Afrique du Nord, si la Révolution nationale n'avait pas existé, il eût fallu l'inventer[13]. » Les lois d'exception promulguées en France furent souvent aggravées, surtout en Algérie, où le statut scolaire des enfants juifs fut rendu plus restrictif. Au Sénégal, un apartheid officiel fut instauré : désormais, il était interdit aux Noirs de voyager dans les mêmes compartiments que les Blancs, et certaines denrées alimentaires délivrées contre tickets étaient réservées aux Européens. Enfin, les Noirs ne devaient pas se trouver dans les mêmes files d'attente que les Blancs ni s'adresser aux mêmes guichets[14].

La propagande impériale de Vichy

Mais ce que les Français de la métropole et les populations des colonies subirent à l'unisson, ce fut un véritable déchaînement de la propagande impériale, composante essentielle de la Révolution nationale.

Le ministère de l'Information disposa désormais d'un important service dit de propagande d'Empire. Il avait pour tâche de sensibiliser la population française aux thèmes traditionnels développés par le « parti colonial », mais surtout aux slogans impériaux du régime de Vichy. La propagande commençait à l'école élémentaire. Les maîtres reçurent l'ordre d'évoquer l' « épopée coloniale de la France », car l'histoire coloniale avait, paraît-il, « le mérite de magnifier les vertus qui font les peuples forts » et d'illustrer à la perfection « la continuité de l'effort français à travers tous les régimes ». Le 16 août 1941, de nouveaux programmes d'enseignement de l'histoire et de la géographie pour le secondaire insistaient sur la nécessité de développer « la connaissance de nos possessions impériales, de leur importance, de leur valeur économique [...]. On insistera sur le respect dont notre compréhension humaine entoure les institutions, les croyances et l'âme même des indigènes, et l'on montrera les conséquences qui en résultent pour la fidélité à la métropole des peuples de son Empire[15] ». Cette propagande touchait aussi, en principe, l'enseignement supérieur, les mouvements de jeunesse et les écoles de cadres[16]. Il s'agissait en effet « de susciter des vocations coloniales, non dans la masse, mais dans l'élite de la nation[17] ». Les écoles supérieures de commerce entendirent spécialement la bonne parole des conférenciers du Comité de l'Empire français, le grand public celle des orateurs du Comité France-Empire[18]. La Ligue maritime et coloniale agissait partout, jusque dans les camps de prisonniers de guerre en Allemagne, diffusant notamment sa petite revue *Mer et Colonies* et les brochures d'actualité préparées par le ministère de l'Information. Les titres seuls suffisent à en donner la clé : *Pour maintenir l'empire, Dakar, Djibouti vous parle, La Vérité sur les événements de Syrie.* Eu égard précisément à ce qui fut présenté comme « la défaite française en Syrie », la Semaine de la France d'outre-mer (15-21 juillet 1941), héritière des semaines coloniales d'avant guerre, dut être célébrée « dans un pieux recueillement » et mettre en valeur l'unité de l'Empire. En mai 1942 fut organisée une Quinzaine impériale dont les thèmes, fixés par le service de propagande, étaient les suivants : « 1. Importance actuelle de l'Empire (force de la position politique, réservoir de richesses économiques, espoirs offerts aux jeunes) ; 2. Orientation des élites, de la jeunesse, particulièrement vers l'AOF, etc. » De fait, cette Quinzaine fut l'occasion d'un bref débordement de propagande. La Ligue maritime et coloniale distribua dans les écoles des insignes, des broches, des rubans de béret. On projeta, au moins dans la zone sud, quelques-uns des cent quarante films documentaires tournés avant la guerre par le ministère des Colonies[19] et quelques films récents de propagande impériale qui visaient surtout à célébrer l'unité de l'empire. Certains étaient des pamphlets antibritanniques, comme *Mers el-Kébir, Dakar* ou *Fidélité de l'empire,* d'autres, produits par le service cinématographique de la Légion, vantaient les réalisations du régime, tel *Rail impérial,* qui magnifiait la construction du Transsaharien (officiellement le Méditerranée-Niger).

Mais, en dehors de ces festivités, il va sans dire que le service de propagande d'Empire agissait avec continuité sur le grand public par l'intermédiaire de la presse : quatre journaux disposaient alors d'une page coloniale hebdomadaire[20], et six quotidiens présentaient une rubrique coloniale de périodicité irrégulière[21]. Par ailleurs, le service intercolonial d'information rédigeait communiqués et notices sur les problèmes coloniaux d'actualité : par exemple, de mars à décembre 1941, ce service avait diffusé soixante-quinze communiqués, dont huit avec insertion obligatoire, et cent quarante-trois notices de documentation auprès des cent quarante-neuf organes de presse de la zone sud. Enfin, le ministère de l'Information disposait d'armes efficaces pour développer son action : les « consignes » (généralement fort absolues) et les « notes d'orientation et d'information ». Bon nombre d'entre elles concernaient les questions politiques liées à l'empire[22].

Il n'est pas possible de recenser ici tous les thèmes de la propagande impériale ; on peut seulement en citer quelques-uns à travers les slogans les plus répétés : « L'Empire garant de l'avenir français », « L'Empire sauvegarde de la France », « La France peut compter sur l'Empire », « L'Empire ne décevra pas la métropole », « L'Empire secret de la survivance de la nation ». S'y ajoutaient de discrètes références aux « richesses de l'Empire », aux « contributions de notre empire à notre ravitaillement national » : l'Empire devenait une « bouée de secours » pour une économie en train de sombrer faute de matières premières. Grâce à l'Empire, écrivaient les meilleures plumes, « la France n'est ni un peuple sans espace, ni une nation sans hommes, ni un État sans ressources. Elle demeure présente dans le monde et conserve son rang parmi les puissances qui décideront un jour de son organisation » (René Viard).

Cette propagande se tourna aussi pour la première fois vers les 40 000 travailleurs et tirailleurs coloniaux demeurés en France, et surtout peut-être vers les travailleurs indochinois (20 000 environ), tous encadrés et encasernés dans les camps de la Main-d'œuvre indigène (MOI). Une revue mensuelle, *L'Écho d'outre-mer,* leur était destinée, rédigée en deux éditions bilingues, français-vietnamien et français-malgache. L'endoctrinement se poursuivait jusque dans les camps. L'échec fut total, du fait surtout des épouvantables conditions matérielles qui y régnaient et qui provoquèrent la fuite des travailleurs.

Bien entendu, la propagande vichyssoise se développa aussi dans l'Empire, où elle atteignit une intensité jamais atteinte. Elle entendait instaurer un véritable culte du Maréchal : des affiches, des tracts, des films célébrant « l'homme aux sept étoiles d'or » étaient censés « soulever l'enthousiasme des populations ». Partout, assuraient les gouverneurs, « le Maréchal est l'objet du respect et de la vénération des masses indigènes ». « Notables, chefs religieux, tribus malgaches *[sic]* ou musulmanes rivalisent de zèle par l'envoi de messages de reconnaissance et de dévouement au chef de l'État. »

De gigantesques portraits de Pétain trônaient dans tous les lieux publics ; sur tous les monuments et jusque dans les salles de classe ou dans les vitrines des magasins européens[23]. Coloniaux et colonisés étaient fermement invités à entonner le seul cri officiel possible : « Vive le Maréchal ! » La presse coloniale développa sur ordre la mystique de Pétain, sauveur de la France, sauveur de l'Empire. En Indochine, Pétain devenait une sorte de réincarnation de Confucius, et un autel fut édifié à Hanoi, « surmonté de l'image vénérée du Maréchal ». Les autorités assuraient que « tous les Indochinois avaient adopté le Maréchal comme l'un des leurs » et célébraient dans le même temps Jeanne d'Arc, « la sainte patronne de la France[24] ».

En Afrique noire comme en Indochine, les enfants des écoles durent chanter en français et en langues vernaculaires les vertus du « vainqueur de Verdun », le remercier « pour l'immense travail que tu as réalisé en notre faveur, en ce monde » *(sic)*. Il leur fallait surtout assurer :

Quel que soit l'avenir, confiants et tranquilles
Nous resterons Français, toujours Français.
Salut France ! Gloire à ton nom
Nous t'aimons comme notre mère
C'est à toi que nous devons
La fin de nos vieilles misères[25].

Les Français et la propagande impériale de Vichy

Sur ce que fut l'efficacité de cette propagande auprès des Français de la métropole et des populations coloniales, on ne dispose que de peu d'indications. Que l'idée d'Empire ait connu un développement notable chez les publicistes et dans le langage politique de ces années[26] n'autorise pas à dire que les Français aient adhéré en masse à la propagande impériale de Vichy.

La Ligue maritime et coloniale avait beau affirmer en 1943 que le nombre de ses adhérents avait été multiplié par trois depuis 1939, il est impossible de la croire, surtout si l'on retient le chiffre qu'elle proposait pour 1939, soit 700 000. Tout indique au contraire, à commencer par la présentation très appauvrie de sa petite revue *Mer et Colonies,* qu'elle avait perdu beaucoup de ses « ligueurs », encore qu'elle fût autorisée par les autorités allemandes à fonctionner en zone occupée.

Cependant, l'Empire était à la mode. On en verrait une preuve dans les noms des nouveaux mouvements de jeunesse : en zone occupée, la Ligue des jeunes de France et de l'Empire, les Jeunes du centre intellectuel d'expansion française ; en zone sud, la Jeunesse de France et d'outre-mer. Et le mouvement Compagnons de France adopta en 1941 la devise : « Tous unis autour du Maréchal pour défendre l'Empire français. »

Pour mesurer la popularité de l'Empire auprès de la jeunesse, on peut songer à un indice apparemment plus sûr : le nombre des candidats à l'École nationale de la France d'outre-mer. Or les archives de l'école montrent que si l'on comptait 290 candidats en moyenne annuelle dans les années 1930 à 1934 et 360 dans les années 1935 à 1939, leur nombre atteignit 355 en 1940, 383 en 1941 et 485 en 1942, en attendant les chiffres record des années d'après guerre, 495 en 1945 et 900 en 1946. Certes, cet engouement de la jeunesse universitaire pour une grande école qui n'admettait en moyenne que 10 % des candidats (37 places en 1940-1941) peut s'expliquer aussi par la volonté de quitter une France occupée et appauvrie[27], mais il est avéré que la carrière coloniale avait acquis un prestige nouveau et que beaucoup de jeunes étudiants rêvaient de devenir de ces administrateurs que Robert Delavignette appelait « les vrais chefs de l'Empire ».

On possède même une indication assez inattendue sur le succès de la propagande coloniale auprès des jeunes : les rapports d'écoute des émissions de Radio-Paris[28] appelées « La France coloniale ». Celles-ci furent d'abord assurées en 1941 par un ancien rédacteur en chef de *La Presse coloniale,* Georges Joutel. Membre du RNP de Marcel Déat, celui-ci devint en 1942 le rédacteur en chef de l'hebdomadaire *L'Empire,* organe d'une association du même nom présentée par le RNP comme Institut français pour l'étude des problèmes africains. C'est alors que les émissions coloniales de Radio-Paris, bihebdomadaires à partir du 24 mars 1942, puis trihebdomadaires après le 14 juillet 1942, furent confiées à un rédacteur... allemand, Jakob Mar. À raison d'un quart d'heure par chronique, celui-ci faisait lire par un speaker français des « causeries » où il parlait avec assurance de *notre* Empire, de *notre* domaine d'outre-mer, pour souligner que celui-ci devait être défendu contre « les convoitises impérialistes des Anglo-Saxons » et associé un jour à l'Europe nouvelle. L'analyse de ces chroniques, vivantes et bien rédigées, dont l'exposé était entrecoupé de musique de folklore africain, était surtout révélatrice des obsessions germaniques sur l'*Eurafrika*, mais on y décèle aussi tous les poncifs de Vichy : vocation impériale de la France, richesse de l'empire, nécessité de son industrialisation. Or ces émissions avaient, paraît-il, du succès. Des milliers de lettres, écrites surtout par de jeunes hommes, affluaient à Radio-Paris, et l'animateur allemand expliquait dans ses rapports à ses supérieurs de l'Abwehr qu'il « devait calmer dans les circonstances présentes les juvéniles impatiences de ses innombrables interlocuteurs pressés de faire leur avenir, d'épanouir leurs activités au soleil des tropiques, de participer enfin outre-mer à la nécessaire relève de leurs grands aînés ». Peut-être ce trop habile propagandiste, qui appréciait sans doute de fabriquer des émissions dans le gai *Gross Paris,* exagérait-il son succès ? Il ne pouvait cependant inventer les lettres de ses correspondants abusés[29]. Il est pourtant des sujets sur lesquels la propagande allemande ou vichyssoise ne put tromper longtemps les Français. Alors que presse et radios asservies assuraient que l'Empire ravitaillait la métropole en produits coloniaux, les Français constatèrent vite la raréfaction ou la disparition de ceux-ci. Le blocus allié en fut rendu seul responsable, mais l'opinion sut ou devina que dès le second semestre de 1940 l'empire fournissait en priorité l'occupant allemand. L'AOF et le Maghreb gardèrent certes le contact maritime avec la métropole jusqu'en novembre 1942, mais les quantités de denrées alimentaires ou de matières premières indispensables demeurées à la disposition des Français étaient devenues très minimes[30].

Certains Français en tirèrent, dit-on, la conclusion cocasse qu'étant donné « son déficit en matières grasses la France ne pouvait vivre sans colonies ». Plus sérieusement, dans le climat de pénurie générale, le public jugea que l'Empire n'avait pas été assez mis en valeur et qu'il le faudrait mieux exploiter. Les gens plus informés, tout en croyant que « la conservation de notre Empire serait l'une des conditions essentielles du relèvement de la France », s'inquiétaient de l'évolution possible des revendications indigènes. Ils n'ignoraient pas que le décalage s'accentuait entre la politique autoritaire et réactionnaire imposée dans les colonies et la prise de conscience des élites autochtones. Celles-ci, insensibles à la propagande maréchaliste, attendaient de la guerre sinon la fin du régime colonial, au moins sa transformation. Or de cette évolution des esprits, les Français dans leur ensemble n'étaient pas conscients : en 1942, l'opinion en métropole ou dans les colonies demeurait au mieux paternaliste et le plus souvent égoïste ; d'où ses étonnements postérieurs.

Pour Vichy, l'Empire fut tout à la fois une carte diplomatique et politique et un mythe compensateur. Il permit de montrer aux Français et au monde que la France pouvait être encore un État indépendant et que la restauration de sa puissance serait possible dès lors qu'elle était axée sur les ressources d'un empire mondial et sur la force de travail d'une centaine de millions d'êtres. L'Empire était notre meilleure chance de recouvrer un jour notre rôle dans le monde.

Cette propagande ne fut pas sans effet en métropole. Dans la nuit de l'occupation, la mystique impériale apporta aux Français une consolation et un espoir. Pour les jeunes hommes surtout et pour les prisonniers de guerre assommés par la défaite, l'Empire apparut, semble-t-il, comme la seule porte ouverte sur l'avenir : la France, engloutie en Europe, pouvait encore émerger outre-mer. Mais, consciemment ou non, les Français espéraient un sursaut patriotique venu de l'Empire contre l'occupant. Du jour où ils comprirent, en novembre 1942, que Pétain et son gouvernement s'y refusaient date la fin du régime de Vichy comme gouvernement national. La légitimité appartenait dès lors à la seule France combattante et à celui qui avait dit, dès le 29 août 1940 : « Le crime de l'armistice c'est d'avoir capitulé comme si la France n'avait pas d'Empire [...]. Ce soi-disant armistice est pour elle nul et non avenu. La guerre continue par l'Empire français. »

Charles-Robert AGERON

NOTES

1. Je me permets de renvoyer à mon étude : « Les colonies devant l'opinion publique française (1919-1939) », reprise *in Revue française d'histoire d'outre-mer*, 286, 1er trimestre 1990, pp. 31-73.

2. L'Empire fidèle à Pétain avait perdu dès 1940 l'AEF puis au début de 1941 un fragment du Laos et le quart environ du Cambodge. À partir de juillet 1941, la Syrie et le Liban échappèrent à la souveraineté de Vichy. Puis, en 1942, ce fut le

tour de Madagascar ; enfin, après novembre 1942, l'Afrique du Nord puis l'AOF et les Antilles-Guyane (mars 1943) ne reconnurent plus l'autorité du gouvernement de Vichy.

3. « Cet avenir, le peuple français ne le découvrira que par l'application résolue et réfléchie qu'il mettra à retrouver le sens de sa grandeur et celui de sa mission impériale » (8 juillet 1941).

4. Le 5 octobre 1940, Pétain donnait pour instructions au général Weygand, nommé délégué général en Afrique, « de fixer la marche à suivre pour ramener à la France nos possessions dissidentes [...]. La conduite à tenir doit être dirigée en liaison intime avec la politique générale de l'Empire français ».

5. Préface datée du 21 février 1943 à l'ouvrage de Jean Paillard, *L'Empire français de demain* (octobre 1943). On peut douter qu'elle soit de la plume de Pétain, qui se borna sans doute à la signer.

6. Tel était notamment le plan de Victor Arrighi, que Benoist-Méchin a exposé avec complaisance dans son livre *De la défaite au désastre.* Lui-même considérait en 1941 « l'Empire comme le foyer de convergence de toutes les nécessités françaises. Il n'était pas seulement un atout capital sur le plan de la négociation franco-allemande et un complément indispensable pour le ravitaillement de la métropole. Il était le seul cadre dans lequel pouvait naître et se développer la nouvelle Révolution française ». Il espérait faire « de son maintien sous notre souveraineté la contrepartie de notre intégration à l'Europe ».

7. On pourrait relever beaucoup de propos aussi regrettables sur l'Eurafrique, le « fuseau eurafricain », « l'Afrique espace vital de l'Europe », tous thèmes chers à la géopolitique allemande. Quelques livres de coloniaux connus y succombèrent, tels ceux de René Viard, *L'Eurafrique. Pour une nouvelle économie européenne* (1942), ou de R. Maunier, *Visions d'une Eurafrique* (1943).

8. La loi du 29 mars 1941 prévoyait la construction d'un chemin de fer reliant la Méditerranée au Niger, dont il était question dans les milieux coloniaux depuis 1919. Il était dit dans le rapport préalable : « L'Europe doit pour garder son rang dans le monde se relier directement au continent africain tout proche. »

9. *Cf.* Emil Schreyger : *L'Office du Niger au Mali (1932-1982),* Wiesbaden, Steiner, 1984.

10. Le projet de Constitution impériale préparé par le garde des Sceaux, Joseph Barthélemy imaginait dans son article 175 un Conseil d'Empire et prévoyait aussi un Sénat où siégeraient même des sénateurs algériens musulmans.

11. Gaston Monnerville, *Témoignages. De la France équinoxiale au palais du Luxembourg,* 1975, pp. 272 et 275.

12. Gabriel Esquer, *8 novembre 1942.*

13. Jacques Soustelle : *Envers et contre tout, De Londres à Alger,* p. 419.

14. Lamine Gueye, *Itinéraire africain,* p. 110. À Paris, la RATP interdisait, sur l'ordre des Allemands, l'accès des voitures de 1re classe aux « Nègres ».

15. Programmes du 16 août 1941 pour l'enseignement primaire et Instructions du 5 mars 1942.

16. Certains ouvrages écrits par des spécialistes de la vulgarisation coloniale étaient à la limite de la propagande, par exemple René Maunier, *L'Empire et nos destins* (1942), *De Charlemagne à Pétain : mille ans de vocation maritime et coloniale française* (1943) ; J. Laurent Gheerbrandt : *Notre Empire, un univers, un idéal* (1943) ; Marius et Ary Leblond : *L'Empire de la France* (1943).

17. *Bulletin des Chantiers de jeunesse,* nº 31, 8 avril 1942.

18. Si le Comité de l'Empire français, né de la fusion de l'Union coloniale, du Comité d'Indochine et de l'Institut colonial, se montra discret dans sa

propagande et opposé à la politique de collaboration, le Comité France-Empire, né à Lyon fin 1940, suivit Vichy dans sa dérive politique. Il publiait un hebdomadaire, *La Renaissance nationale,* et des brochures comme *Les Empires en marche, Réussirons-nous à perdre notre Empire?*

19. Quelques-uns seulement car la plupart étaient déposés dans une cinémathèque (on disait alors filmathèque) de Paris, et Vichy ne put les récupérer. Telle fut du moins l'explication officielle. Faute de moyens, très peu de documentaires avaient pu être produits.

20. *Lyon-Soir, L'Effort, Le Petit Journal* et *La Légion.*

21. *Le Temps, Le Jour-Écho de Paris, Le Petit Var, Le Soleil* (de Marseille), *Le Petit Provençal, La République du Sud-Est.* Le service collaborait aussi occasionnellement avec des périodiques comme *Patrie, Compagnons, Jeunesse de France, Sept Jours, Gringoire, L'Illustration.*

22. Par exemple : note d'orientation du 24 juin 1941 concernant « L'agression anglaise contre la Syrie »; consigne 509 du 10 juillet 1942 : « La fidélité de Madagascar à la France »; note d'orientation du 25 novembre 1942 : « Tous les Français doivent comprendre qu'il leur faut se ressaisir, rassembler leurs forces, comprendre que leur destin est en Europe et qu'ils ne pourront reprendre leur place dans le monde de demain que s'ils ont un Empire. »

23. Le gouvernement général de l'Algérie assura que pour la seule ville d'Alger 63 000 portraits du Maréchal de format 21 × 30 cm avaient été vendus ou distribués en 1941.

24. Les Vietnamiens avaient en effet associé la célébration de Jeanne d'Arc au culte des sœurs Trung, héroïnes nationales de la lutte contre les Chinois au Ier siècle ap. J.-C.

25. Albert Tévoedjré, *L'Afrique révoltée,* p. 35.

26. Dans une étude écrite en 1943 mais publiée seulement en janvier 1945, Léopold Sédar Senghor constatait : « Depuis 1940, le mot Empire a acquis un prestige quasi magique. Il a été un des pôles de la pensée politique française. Et l'on n'a pas manqué de parler de la fidélité de l'Empire. Plus d'un s'en est étonné, s'en est émerveillé, s'en est félicité » *(Vues sur l'Afrique noire).*

27. Le stage obligatoire en cours d'études permit aux élèves de passer en Afrique et à partir de 1942 d'échapper au STO.

28. Concernant Radio-Vichy, on peut seulement signaler que le nouveau directeur général, André Demaison, écrivain connu comme zélateur de l'idée coloniale, y accrut considérablement les chroniques et les informations consacrées à l'Empire.

29. On voit par parenthèse combien la comptine de la BBC : « Radio-Paris ment *(bis)*, Radio-Paris est allemand ! » se révèle juste. Jusque dans des émissions appelées « La France coloniale », c'était bien un Allemand qui rédigeait à l'usage des Français les mensonges de la propagande nazie. Il est vrai que dans des studios voisins des speakers nord-africains enrôlés par les Allemands prêchaient la haine de la France et promettaient l'appui du IIIe Reich au nationalisme arabe.

30. Les importations de graines et fruits oléagineux d'AOF, qui atteignaient 6 084 000 q en 1938, tombèrent à 3 980 000 q en 1941 et 1 627 000 en 1942; celles des huiles pures de 480 744 q en 1938 à 300 939 en 1941. Les quantités de laines importées du Maghreb et d'AOF atteignaient 165 461 q en 1938 et 88 014 en 1941. L'AOF exportait 45 500 q de café en 1941 et 18 000 en 1942; 53 000 q de cacao en 1941 et 30 000 en 1942. La part des prélèvements allemands, qui était de l'ordre de 50 % en 1940, varia, semble-t-il, considérablement selon les produits.

3.

Vichy vu d'URSS

Pour comprendre la position des milieux officiels soviétiques vis-à-vis du régime de Vichy en 1940-1941, il faut tenir compte des tendances régnant à l'époque dans ces milieux. Rappelons tout d'abord leur attitude critique, voire hostile, envers la politique de la IIIe République des années 1938-1940 : d'un côté, une politique intérieure anticommuniste et dirigée contre les intérêts des travailleurs, de l'autre une politique extérieure antisoviétique. Par ailleurs, selon une conception dogmatique de la notion de classe profondément enracinée dans ces milieux, la guerre impérialiste ne pouvait qu'accroître les malheurs des masses populaires et rapprocher l'échéance de la révolution prolétarienne.

Dans la logique de cette analyse, le régime de Vichy fut considéré très largement comme le porte-parole de la grande bourgeoisie française, et l'instrument de la lutte contre le mouvement révolutionnaire en France et de la collaboration avec l'Allemagne. Dans une note sur la situation en France datant du 5 décembre 1940, A. Bogomolov, chargé d'affaires soviétique en France, écrivait : « Par peur de la révolution, les dirigeants de la bourgeoisie sont prêts à suivre Hitler. Avec Hitler à sa tête, la bourgeoisie perdra les trois quarts de ses valeurs, mais en gardera un quart et son indépendance imaginaire. Au cas où les communistes seraient victorieux, elle perdrait tout. [...] Laval, représentant de ce groupe social, est peu populaire dans les masses, mais il détient le pouvoir avec l'appui de l'armée allemande. Il est utile aux Allemands et ceux-ci le soutiennent[1]. » En février 1941, dans un rapport sur la situation de la France vers 1940, Alexander Bogomolov écrivait : « La soi-disant " Révolution nationale " a développé toute une série d'actions contre-révolutionnaires. Pétain et surtout Laval enrageaient contre les communistes et contre toutes les organisations ouvrières même très peu révolumistes[2]. » En mars 1941, dans une note adressée à Lozovski, commissaire du peuple adjoint aux Affaires étrangères, Bogomolov soulignait une fois de plus : « L'objectif majeur de Pétain est d'affaiblir l'influence du Parti communiste dans les masses et d'instituer un nouveau système corporatif pour les ouvriers et les paysans[3]. »

Ainsi, les diplomates soviétiques ont mis l'accent par priorité sur l'orientation anti-ouvrière et anticommuniste du régime. En décembre 1940, Bogomolov écrivait : « Les syndicats ont été dissous. On lutte fermement contre les communistes, qui jouissent d'une grande popularité dans les masses. Les ouvriers étrangers sont persécutés[4]. » Puis il décrivait la situation extrêmement difficile dans laquelle se trouvait la classe ouvrière. Dans la même ligne, la presse soviétique, dans les articles consacrés à la France, développait comme thème favori la détérioration des conditions de vie des travailleurs, la pénurie alimentaire, l'accroissement du chômage. Dans la *Pravda,* par exemple, on pouvait lire des titres caractéristiques tels que : « Situation désastreuse des réfugiés français » ; « Le chômage en France » ; « La famine en France » ; « Difficultés économiques » ; « Développement de la spéculation »[5]. En mai 1941, se référant à un journal hongrois, la *Pravda* revenait à la charge : « Le peuple français [...] traverse actuellement une période terrible. Les femmes sont obligées de ramasser des déchets de légumes pour préparer les repas. Certaines semaines, on ne peut acheter ni viande ni pommes de terre. Le peuple souffre de la faim[6]. »

Souffrances des travailleurs et montée du mécontentement dans les masses : telles étaient, du point de vue des diplomates soviétiques, les causes principales de l'instabilité du régime, qui n'avait l'appui d'aucun parti politique influent. C'était Laval qui était considéré comme la figure principale du gouvernement alors que Pétain ne représentait qu'un instrument de camouflage et de duperie des masses : « Le pouvoir authentique c'est Laval, et Pétain n'est qu'un paravent[7] », soulignait Bogomolov en décembre 1940. Dans cette même note, il écrivait : « Le gouvernement français actuel représente la “ France totalitaire ”, c'est ce que m'a dit Laval. Or le totalitarisme, dans l'esprit germanique, ne réussit pas à Laval. Tout d'abord, ici, il n'y a aucun parti fasciste tant soit peu influent [...] Laval n'a pas de parti, il a Pétain et les Allemands. [...] Le vieux maréchal est érigé en icône, en publicité pour le peuple. [...] Pétain jouit des sympathies de nombreux Français de différentes couches sociales, mais ce n'est pas ce soutien qui suffira à renforcer le gouvernement[8]. »

La politique extérieure de Vichy, axée sur le développement de la collaboration avec le Reich au profit de ce dernier, était jugée progermanique. Bogomolov câblait à Moscou en février 1941 : « L'opinion publique en France a très vite démasqué la nature du projet de collaboration entre Hitler et Laval. C'est l'ancienne idée de Laval d'entente solide avec l'Allemagne ravivée par le projet hitlérien de création d'une " nouvelle Europe ", sous la suprématie de l'Allemagne. La pratique de la collaboration a abouti à l'expansion économique du capital allemand[9]. » Dans ce rapport, le chargé d'affaires évaluait l'état des relations entre l'URSS et Vichy de manière assez pessimiste : « On ne peut rien dire de réconfortant sur les relations franco-soviétiques. Pétain est un réactionnaire, un catholique farouche et un politicien vacillant. Bien qu'il ait besoin de nos marchandises, il craint le rapprochement avec l'URSS[10]. »

La position proallemande du régime de Vichy se manifesta clairement après l'agression de l'Allemagne contre l'URSS. Au début de juillet 1941, Kouznetsov, chef du premier département de l'ouest du ministère des Affaires étrangères de l'URSS, notait : « Immédiatement après l'agression infâme et traîtresse de l'Allemagne nazie contre l'Union soviétique, la presse fasciste de France, en territoire non occupé, a pris une position antisoviétique et prohitlérienne. Les milieux officiels français ont adopté la même attitude[11]. » Le 29 juin, l'ambassadeur de France à Moscou, Gaston Bergery, avait reçu pour instructions (des instructions auxquelles il ne s'attendait pas) de rompre les relations diplomatiques : le soir même il effectuait la démarche auprès du gouvernement soviétique.

Le ton de la presse soviétique devint alors de plus en plus hostile. On soulignait deux aspects : la trahison des intérêts nationaux de la France et la politique ouvertement prohitlérienne. En juillet 1941, les *Izvestia* écrivaient : « Un abîme s'ouvre entre le peuple français épris de liberté et son actuel gouvernement — une poignée de traîtres qui sont au pouvoir grâce aux baïonnettes allemandes[12]. » Quelques jours plus tard, le journal reprit le même thème : « La politique infâme du gouvernement de Vichy, qui trahit les intérêts nationaux de la France, provoque l'indignation croissante de toutes les couches du peuple français[13]. »

Cependant, quelques publications notaient que certaines couches de la population française n'étaient pas opposées au régime et qu'une partie de la société le soutenait et fondait sur lui des espoirs illusoires. Ainsi, en avril 1943, la revue *Bolchevik* écrivait que l'occupation de tout le territoire français signifiait l'échec de la politique de « collaboration » avec l'Allemagne hitlérienne menée par Vichy. Cette intervention, poursuivait-elle, a dissipé « les illusions des groupes sociaux estimant que la politique de " collaboration " épargnerait à une partie de la France les horreurs de l'occupation et permettait d'attendre la fin de l'orage [14] ».

Dans l'avalanche des articles de propagande, on remarque celui de L. Borovoï, publié au printemps 1945 [15]. Il est consacré à l'analyse des relations économiques entre Vichy et l'Allemagne. L'auteur montre que l'occupant a essayé d'entraîner dans sa politique de collaboration non seulement la grande bourgeoisie mais de larges couches de la population. Borovoï note la situation privilégiée des ouvriers des entreprises travaillant pour l'industrie de guerre allemande (« usines priorités »), les efforts de l'occupant et des autorités de Vichy pour engager dans la collaboration les intellectuels, et les profits tirés par certains Français de la spoliation des biens des Juifs.

Malheureusement, l'analyse de la politique de Vichy s'arrête là. Car, après la guerre, l'atmosphère idéologique régnant en URSS a imposé aux historiens soviétiques une approche à la fois simpliste et dogmatique des événements. Clichés et analyses non scientifiques sont devenus monnaie courante. Bref, toute l'historiographie soviétique porte l'empreinte de la guerre froide.

En ce qui concerne Vichy, on souligne alors trois aspects : la nature fasciste du régime, ses liens avec les grands monopoles, la politique de collaboration ouvertement prohitlérienne. Par exemple, l'article consacré à Vichy dans *La Grande Encyclopédie soviétique* est très révélateur : « Vichy était un régime prohitlérien établi en France de 1940 à 1944, imposé dans les conditions de l'occupation fasciste. [...] Le " gouvernement de Vichy ", s'appuyant sur l'occupant, sur les grands monopoles, surtout ceux liés au capital allemand, sur l'Église catholique et sur la paysannerie aisée, a mené une politique visant la fascisation de la France et son insertion dans le " nouvel ordre " hitlérien en Europe [16]. »

Ainsi l'analyse de la nature et des particularités du régime de Vichy est-elle remplacée par les notions rigides de fascisme et de collaboration. Le terme « fascisme », d'ailleurs, au lieu d'être abordé de façon scientifique, fait seulement l'objet d'une critique sévère procédant du seul critère idéologique. C'est pourquoi le régime est qualifié de fasciste en vertu de la définition bien connue donnée par le Komintern : la dictature ouvertement terroriste des milieux les plus réactionnaires du capital financier.

Là où cette approche simpliste se manifeste peut-être le plus pleinement, c'est dans l'exécrable ouvrage de N. I. Godounov, *La Lutte du peuple français contre les occupants allemands et leurs acolytes,* publié en 1953 et quelque temps après objet de critiques dans la presse soviétique. Le livre contient des expressions caractéristiques telles que « la clique de Pétain », « les traîtres au peuple français », « la politique fasciste antipopulaire », « les slogans démagogiques mensongers »[17].

De telles appréciations ont continué d'avoir cours dans l'historiographie soviétique jusque dans les années 1960. Dans une œuvre consacrée à la Résistance en France, I. A. Koloskov et N. G. Tsyroulnikov affirment catégoriquement : « Grâce aux efforts des hitlériens et de leurs acolytes de Vichy, fut instauré en France un régime fasciste et policier, le régime de la domination des occupants et des forces les plus réactionnaires de la bourgeoisie monopoliste française[18]. »

Par la suite, certains auteurs ont continué de suivre les sentiers battus. Y. V. Borissov, dans son livre *L'Histoire contemporaine de la France,* après avoir défini le régime de Vichy comme la « domination du grand capital et des monopoles français visant à collaborer avec les impérialistes allemands », poursuit sans se donner la peine de fournir des preuves : « La France de Pétain était un État fasciste où régnait la dictature et dont le système de gouvernement était fondé sur la terreur et la répression. Le capital monopoliste [...] y a créé le système de la terreur sanglante et de l'obscurantisme[19]. » En revanche, sous l'influence du XXe congrès du PCUS et du renouveau idéologique, sont apparues au cours des années 1960, de nouvelles approches plus réfléchies de la période et du régime. Ces nouvelles tendances pointent dans le livre de V. P. Smirnov, professeur à l'université de Moscou et spécialiste renommé de l'histoire française, *La France pendant la Seconde Guerre mondiale.* Tout en continuant de qualifier le régime de dictature réactionnaire fasciste de l'oligarchie financière française et de la clique militaire, et de voir en lui l'instrument de l'Allemagne, l'auteur fait remarquer que, « dans les premiers temps, le gouvernement de Vichy jouissait aussi du soutien d'une certaine partie de la petite et de la moyenne bourgeoisie et de la paysannerie aisée[20] ». V. P. Smirnov est peut-être le premier à parler clairement des mesures prises par le régime dans le domaine politique et social. Ultérieurement, il a modifié et précisé son analyse, notant que « les principes officiels de la “ Révolution nationale ” de Pétain étaient en réalité une synthèse originale des idées les plus répandues du fascisme français adaptées aux conditions de l'occupation[21] ». Selon lui, si le régime de Vichy s'appuyait sur la grande bourgeoisie et sur l'aristocratie, en même temps, il a bénéficié au début d'une assez large base sociale, surtout parmi les paysans et la moyenne bourgeoisie. Car, outre les illusions nourries par de nombreux Français, on doit tenir compte de diverses mesures démagogiques prises par le régime, notamment dans le domaine social : soutien aux familles nombreuses, allocations de chômage, facilités fiscales pour les paysans.

De son côté, Y. I. Roubinski, historien et diplomate, a porté dans ses écrits une appréciation plus mesurée et plus moderne. Dans un chapitre consacré à Vichy de l'ouvrage collectif *Problèmes économiques et politiques de la France après la Seconde Guerre mondiale,* réalisé par l'Institut de l'économie mondiale et des relations internationales, il ne se borne pas à affirmer que le régime de Vichy était une dictature terroriste non dissimulée du capital financier, mais ajoute qu'il constituait « une réalisation accomplie des conceptions de l'extrême droite en ce qui concerne la structure de l'État[22] ». Roubinski a repris et développé l'interprétation de Vichy dans son livre *Derrière les colonnes du Palais-Bourbon.* Estimant que les vrais dirigeants du régime étaient les représentants des milieux les plus réactionnaires du capital monopoliste, l'auteur étudie, le premier dans la littérature soviétique, les différents groupes à l'intérieur du régime : les partisans de Pétain, ceux de Laval et la « clique parisienne ». Selon Roubinski, la base sociale sur laquelle s'appuyait l'entourage de Pétain était une coalition des grands propriétaires terriens, de l'Église et de l'armée[23].

L'étude la plus détaillée de l'histoire de Vichy a été faite par I. S. Kisselgof, professeur à Oufa[24]. Le livre, publié après la mort de l'auteur, expose en détail la formation du régime de Vichy, son action dans le domaine socio-économique et son rôle en politique intérieure et en politique extérieure[25]. Sans rejeter l'approche traditionnelle des historiens soviétiques, Kisselgof s'efforce de la préciser et de l'assouplir. De son point de vue, « en politique intérieure, le gouvernement de Vichy s'est efforcé de créer un système d'État autoritaire à tendance fasciste[26] ». En effet, les principales idées des vichystes étaient empruntées à l'arsenal idéologique des organisations fascisantes de la France d'avant guerre et d'autres pays. Aussi Pétain a-t-il essayé de créer une société fondée sur la hiérarchie et le corporatisme. Kisselgof souligne que l'activité du gouvernement de Vichy était empreinte d'une démagogie sociale, dont la Charte du travail constituait un exemple éloquent.

Toutefois, même si le travail de Kisselgof s'appuie sur une vaste documentation, montrant bien la base de l'action de Vichy — à savoir la politique de collaboration —, l'auteur ne sait pas toujours éviter le langage de la propagande. « Dans la politique de collaboration, écrit-il par exemple, se manifesta pleinement la trahison des monopoles et de leurs créatures de Vichy[27]. »

On trouvera un bilan de l'historiographie de Vichy dans un chapitre de l'ouvrage collectif de l'Institut d'histoire universelle, « Histoire du fascisme en Europe occidentale », rédigé par P. Y Rakhchmir, professeur à Perm. Renonçant aux considérations dogmatiques et faisant usage de nombreux ouvrages étrangers consacrés au sujet, Rakhchmir arrive à la conclusion que, jusqu'en novembre 1942, le régime de Vichy a été un « régime de type autoritaire et fasciste, ressemblant aux dictatures d'outre-Pyrénées[28] ». La ressemblance avec ces dernières était encore accentuée par le rôle imparti à l'Église dans la France de Vichy. Or, selon Rakhchmir, ce qui était naturel sur la base socio-économique archaïque du Portugal et de l'Espagne ne pouvait s'enraciner dans le sol de l'un des pays les plus développés de l'Europe occidentale. C'est pourquoi la façade traditionaliste et conservatrice du régime de Vichy dissimulait une variante du capitalisme monopoliste d'État, ressemblant beaucoup au modèle allemand ou italien. Rakhchmir souligne aussi que « le trait caractéristique du régime de Vichy a été l'évolution de l'autoritarisme vers le totalitarisme[29] ».

On peut donc dire que les historiens soviétiques ont fait un long chemin pour surmonter les appréciations simplistes et dogmatiques d'antan. Cependant, la science historique soviétique n'a pas encore fourni d'étude approfondie sur les traits caractéristiques et les particularités du régime de Vichy, ni sur sa place dans l'ensemble des mouvements fascistes et d'extrême droite.

Mikhaïl Narinski

NOTES

1. Archives de la politique extérieure de l'URSS, fonds 136, inventaire 25, dossier 984, chemise 180, pp. 6-7. — Tous les ouvrages cités ont paru en russe.
2. *Ibid.*, p. 45.
3. *Ibid.*, p. 72.
4. *Ibid.*, p. 10.
5. *Pravda*, 2, 15, 17 septembre, 13, 22, 31 octobre 1940.
6. *Pravda*, 24 mai 1941.
7. Archives de la politique extérieure de l'URSS, fonds 136, inventaire 25, dossier 984, chemise 180, p. 13.
8. *Ibid.*, pp. 11-12.
9. *Ibid.*, p. 57.
10. *Ibid.*, p. 63.
11. Archives de la politique extérieure de l'URSS, fonds 136, inventaire 25, dossier 1002, chemise 182, p. 169.
12. *Izvestia*, 15 juillet 1941.
13. *Izvestia*, 20 juillet 1941.
14. *Bolchevik*, n°s 7-8, 1943, p. 55.
15. « La collaboration en France dans les années 1940-1944 », *L'Économie mondiale et la politique mondiale*, n°s 2-3, février-mars 1945.
16. *La Grande Encyclopédie soviétique*, 2e édition, vol. 8, Moscou, 1951, p. 214.
17. N. I. Godounov, *La Lutte du peuple français contre les occupants allemands et leurs acolytes (1940-1944)*, Moscou, 1953.
18. I. A. Koloskov, N. G. Tsyroulnikov, *Le Peuple français dans la lutte contre le fascisme*, Moscou, 1960, p. 69.
19. Y. V. Borissov, *L'Histoire contemporaine de la France, 1917-1964*, Moscou, 1966, pp. 144-147 et p. 151.
20. V. P. Smirnov, *La France pendant la Seconde Guerre mondiale*, Moscou, 1961, pp. 35-36.
21. V. P. Smirnov, *L'Histoire contemporaine de la France, 1918-1975*, Moscou, 1979, p. 196.
22. *Problèmes économiques et politiques de la France après la Seconde Guerre mondiale*, Moscou, 1962, p. 433.
23. Y. I. Roubinski, *Derrière les colonnes du Palais-Bourbon (La Crise du parlementarisme bourgeois en France après la Seconde Guerre mondiale)*, Moscou, 1967, p. 15.
24. I. S. Kisselgof, « La capitulation de la France et le régime de Vichy en 1940-1941 », *De l'histoire de France*, Oufa, 1961 ; « Le régime fasciste de Vichy en France après l'agression de l'Allemagne nazie contre l'URSS », *Problèmes du mouvement ouvrier et démocratique dans les pays de l'Europe occidentale*, Oufa, 1963 ; « Le gouvernement de Vichy et la guerre de l'Allemagne hitlérienne contre l'URSS », *Annuaire français 1965*, Moscou, 1966 ; « Collaboration — l'élément de base de la politique du gouvernement de Vichy », *De l'histoire de France*, 3e fascicule, Oufa, 1969.

25. I. S. Kisselgof, *L'Histoire de France pendant les années de la Seconde Guerre mondiale,* Moscou, 1975.
26. Id., *ibid.,* p. 43.
27. Id., *ibid.,* p. 142.
28. *Histoire du fascisme en Europe occidentale,* Moscou, 1978.
29. *Ibid.,* p. 376.

4.

Vichy et les Britanniques 1940-1941 : double jeu ou double langage ?

Il est un chemin détourné pour étudier « Vichy et les Français », et ce chemin passe par l'analyse des rapports entre Vichy et les Britanniques. L'étude des jeux de miroir entre la France et l'Angleterre à cette époque est en effet intéressante à plus d'un titre. L'image de la Grande-Bretagne, l'ancienne alliée de 1939-1940, est multiforme. Elle n'est pas la même au sein du cercle étroit des dirigeants et varie d'un responsable politique à l'autre ; mais elle est encore plus différente dans l'opinion publique, et ce décalage est significatif, car il reflète bien les relations complexes entre la société et le régime.

Quant au regard des Britanniques sur la France de Vichy, il varie au fil des mois et des années, au gré des variations apparentes de la politique extérieure des hommes du Maréchal. Parce qu'il est distancié, il nous apprend beaucoup sinon sur la nature du régime, du moins sur deux éléments importants : d'une part sur l'enjeu que représente Vichy, en dehors de l'Hexagone, grâce aux atouts stratégiques qu'il possède, au temps où il les possède ; d'autre part sur une certaine idée de la France qui, dans les représentations mentales britanniques, se reflète dans un miroir désormais brisé, avec certes des morceaux d'une France qui reste éternelle, mais aussi des débris qui réfractent l'image cassée d'une France qui n'est plus ce qu'elle était.

Les contacts entre Vichy et la Grande-Bretagne de l'été 1940 au début de 1941 sont révélateurs de toutes ces représentations entrecroisées. Ces conversations sont maintenant connues [1] ; l'ouverture des archives a permis de mieux en mesurer la portée, considérablement exagérée par les défenseurs de Pétain en 1945. On doit la meilleure synthèse de ces contacts franco-britanniques à Jean-Baptiste Duroselle [2], qui parle à leur propos de « relations résiduelles ». Cette expression, comme on va le voir, est sans doute trop faible pour désigner les sondages, les échanges d'informations, les entretiens, qui ont pu un court moment se transformer en négociations réelles. Plus récemment, le livre de François-Georges Dreyfus[3] adopte la position contraire : s'appuyant sur la lecture des archives, mais indirectement et par auteurs interposés, il relance la polémique et reprend la vieille problématique du double jeu de Pétain entre l'Allemagne et l'Angleterre. Face à cette diversité d'interprétations, une mise au point précise reste nécessaire. En fait, il ne faut ni surestimer ni sous-estimer le poids de tous ces contacts entre la Grande-Bretagne et la France de Vichy pendant ces quelques mois cruciaux de fin 1940-début 1941. La lecture conjointe des archives britanniques et françaises permet d'ajouter des précisions et des éclairages nouveaux sur ces négociations à plusieurs voix, qui s'imbriquent les unes dans les autres. Il convient de reconstituer scrupuleusement la chronologie et de distinguer plusieurs phases.

Les premières conversations de Madrid : Hoare-La Baume (30 août-19 octobre 1940)

Il n'y a rien à ajouter à l'analyse que Duroselle fait de cette première étape. Paul Baudouin et François Charles-Roux, respectivement ministre des Affaires étrangères et secrétaire général du Quai d'Orsay, entendent maintenir des relations avec l'Angleterre, malgré la rupture diplomatique de juillet qui a suivi le drame de Mers el-Kébir. L'initiative est française, et Baudouin souhaite obtenir l'atténuation du blocus britannique qui, établi en juillet, frappe le littoral de la France, comme territoire ennemi. Le 30 août 1940, l'ambassadeur français à Madrid, Georges de La Baume, est chargé de prendre contact avec son collègue britannique, Sir Samuel Hoare.

C'est après l'échec de Dakar, en septembre, que Londres semble changer d'attitude et attacher de l'importance à la négociation. Le 5 octobre, les Britanniques proposent, par la voie des deux ambassadeurs à Madrid, le marché suivant : si le gouvernement de Vichy s'engage à n'attaquer aucun de leurs navires, aucun de leurs ports, s'il accepte le principe de l'appui anglais à de Gaulle, s'il donne la garantie que ni les colonies ni la flotte française ne tomberont entre les mains de l'Axe, la Grande-Bretagne, en échange, promet de restaurer la France dans son indépendance et sa grandeur après la guerre (le même engagement avait été formulé à l'adresse de De Gaulle) et accepte d'examiner les échanges qui pourraient être faits entre la métropole et l'Afrique du Nord. Pétain, à qui Baudouin soumet le texte, refuse, car il veut garder les mains libres en matière de représailles contre l'Angleterre ou contre le général de Gaulle[4]. Les réserves françaises sont formulées le 12, et la réponse britannique, ferme, intervient le 19 octobre. La porte n'est cependant pas close.

Le premier intermède Rougier (octobre-novembre 1940)

Lorsque intervient Louis Rougier, professeur à l'université de Besançon, les contacts Vichy - Grande-Bretagne ont déjà commencé à être noués — ce qu'il feint d'ignorer lorsqu'il relate sa mission[5], et ce qui lui permet d'affirmer la primauté de son rôle qu'il magnifie à l'excès. Il convient cependant d'ajouter qu'à ce moment précis les négociations sont au point mort et que, dans une certaine mesure, il réussit à les relancer : là, et là seulement, réside son succès, un succès éphémère. La difficulté avec Rougier, c'est qu'il mêle avec grand art le vrai et le faux, la sincérité et la supercherie, la bonne foi et l'escroquerie.

Après avoir persuadé Baudouin (le 17 septembre) puis Pétain (le 20 septembre) de l'utilité qu'il y aurait à favoriser son voyage, Rougier se rend à Londres, par la Suisse, Madrid et Lisbonne. Dans la capitale portugaise, il est reçu le 17 octobre à l'ambassade britannique par Sir Noel Charles, qui écrit aussitôt à W. H. B. Mack, l'un des grands responsables du Foreign Office, pour annoncer sa venue. L'ambassadeur se déclare « plutôt impressionné » par tout ce que lui a dit le professeur : la conviction des Français, y compris au sein du gouvernement de Vichy (« à l'exclusion de Laval »), que la victoire britannique est le seul espoir de salut pour la France ; la volonté de Weygand de réorganiser les forces en Afrique du Nord contre toute éventuelle attaque, italienne, voire allemande, même s'il ne peut être question pour lui, par fierté, d'agir de concert avec de Gaulle ; la nécessité d'établir des contacts entre Londres et Vichy à Berne plutôt qu'à

Madrid (où les Allemands sont trop présents). Au Foreign Office, le texte de Sir Noel Charles attire l'attention de Speaight, qui note en marge que le « professeur Rougier semble intéressant » et qu'il convient de lui « arranger une visite ici [6] ».

Rougier arrive à Londres le 22 octobre, voit le lendemain Sir Alexander Cadogan, le sous-secrétaire permanent au Foreign Office, et s'entretient une première fois avec Churchill le 24 [7], en présence de Lord Halifax, secrétaire d'État aux Affaires étrangères. Selon le témoignage de Rougier, le Premier ministre et lui auraient procédé à un échange de vues et amorcé une négociation sur des points dont il ne donne d'ailleurs pas la même version dans ses deux livres [8]. Mais, le soir même, les Anglais apprennent, stupéfaits, la rencontre entre Pétain et Hitler à Montoire. Ce jour et les jours suivants, les nouvelles les plus alarmistes affluent à Londres à propos des pressions que l'Allemagne exercerait sur la France pour qu'elle signe une paix séparée, qu'elle accepte des amputations de territoire en métropole et outre-mer, qu'elle rejoigne, avec sa flotte et son empire, un bloc paneuropéen contre l'Angleterre [9]. Churchill, furieux, convoque Rougier le 25 octobre et menace de bombarder Vichy si la France entre en guerre aux côtés de l'Allemagne. Cependant, d'après le compte rendu effectué par le Foreign Office lui-même, il propose un marché : si les Français résistent aux menaces allemandes et s'ils organisent une sphère de résistance en Afrique du Nord, les Anglais pourraient envisager un relâchement du blocus.

Le 28 octobre, Rougier se rend au Foreign Office. Il dit avoir été invité par William Strang à rédiger un compte rendu des entretiens, qui serait ensuite corrigé de la main de Churchill ; « et ce protocole servirait de base à un *gentlemens' agreement* provisoire, en attendant un *modus vivendi* définitif entre les deux gouvernements [10] ». Il y serait question, pour le gouvernement français, de remettre l'empire dans la guerre « le jour où les Anglais et leurs alliés éventuels auront fait la preuve de leur force ». En 1945, Rougier publie son livre, dans lequel il produit ce qu'il appelle le « protocole », ainsi que le photostat de la première des deux pages de ce texte. La parution de ce document fait alors grand bruit, et les avocats de Pétain se fondent sur lui pour défendre la thèse du « double jeu » du Maréchal entre Allemands et Britanniques. Malheureusement pour Rougier, il ne montre pas en photostat la seconde page qui mentionnerait ce fameux engagement français de remettre l'Empire dans la guerre. Sur le photostat qu'il produit de la première page, on peut lire les annotations manuscrites en anglais, qu'il attribue au Premier ministre britannique (en fait, il s'agit de l'écriture de Strang) : là réside la seule allusion à une éventuelle entrée de l'Empire dans la guerre ; et il s'agit non d'un engagement de Vichy, mais de l'engagement des Britanniques à aider le général Weygand au cas où il accepterait de soulever l'empire... Ce qui n'est évidemment pas la même chose ! D'autre part, le titre du document produit par Rougier en photostat dans son ouvrage présente une anomalie. Il est écrit : « Entretien avec... » ; suit un nom de sept lettres, rayé à l'encre épaisse, qui, selon l'auteur, est « Premier », c'est-à-dire Churchill, nom qu'il aurait biffé pour le cacher au photographe de Lyon chargé de reproduire le document pendant la guerre. Selon Rougier, ce sont ces *Conversations avec le Premier ministre* qu'il aurait fait approuver par Pétain.

Dès la publication du livre, en 1945, les Anglais ont d'abord nié les contacts avec Vichy, puis ont fini par les admettre. Toutefois, ils ont précisé avec force que les notes rédigées par Rougier sur la demande de Strang ne constituaient pas un protocole sur la base des conversations avec Churchill, mais étaient destinées à alimenter la conversation qu'il devait avoir avec Weygand lors de son passage à Alger. Ainsi, la phrase manuscrite par Strang trouve son sens. D'ailleurs, le titre de document est, selon les Anglais, *Entretien avec Weygand*. Ils publient le texte de leur version du mémoire Rougier, dont ils ont un exemplaire dans leurs archives, sans pourtant fournir de photostat. Le titre mis à part, le texte de la première page coïncide avec le texte produit par Rougier, mais celui de la seconde est tout à fait différent : aucune allusion à un quelconque accord ou engagement, ni du côté français ni du côté britannique, mais seulement un argumentaire destiné au général Weygand. Selon la version des Britanniques, ce mémorandum Rougier, corrigé par eux, devait seulement servir à convaincre Weygand de l'inéluctabilité de la victoire anglaise et de la nécessité pour lui de soulever l'Empire.

Rougier avait aussitôt crié au « faux ». Il est vrai que certains documents du Public Record Office concernant l'affaire ne sont toujours pas accessibles aujourd'hui. Comment trancher entre ces deux versions développées en 1945 ?

En 1957, par la méthode de la critique interne des textes, le général Schmitt a essayé de montrer que le mémoire s'intitulait bien *Entretien avec Weygand* et que c'était Rougier le mystificateur. Pour sa part, Duroselle atteste qu'il est impossible d'appeler

« protocole » « ce torchon de papier raturé », à moins d' « ignorer totalement les plus élémentaires règles de la diplomatie ». Mais, prudent, il ne met pas en doute « la bonne volonté du professeur [11] ».

Pourtant, une lecture attentive des documents du Foreign Office au Public Record Office de Londres confirme que Rougier se rend coupable d'une véritable escroquerie en 1945. On trouve bien, dans ces archives, le texte de son mémorandum, avec en première page les mêmes phrases manuscrites en anglais (sur cette copie elles sont écrites un peu différemment, avec des abréviations, et avec deux écritures, celles de Strang et de Halifax). Le titre apparaît en clair et montre bien le nom que Rougier avait voulu caviarder : *Entretien avec Weygand !* Voilà donc l'intuition du général Schmitt et la version britannique confirmées. L'historien a évidemment le devoir de se demander si les autorités britanniques n'ont pas glissé dans leurs archives une pièce forgée après coup. Pour ce, il aurait fallu qu'ils changent aussi un grand nombre de leurs documents, en particulier les télégrammes informant leurs diplomates de la visite du professeur à Weygand et de la teneur de l'entretien qu'il devait avoir avec lui [12]. Il est une preuve supplémentaire, accablante pour Rougier. Il prétend que dans leur version les Britanniques ont supprimé des phrases à la fin du paragraphe I (précisions sur l'atténuation du blocus britannique, accord sur les colonies, abstention de critiquer Pétain à la radio anglaise...), phrases que lui-même situe en seconde page (la page qu'il ne montre pas) et qui pourraient étayer sa version des faits sur l'élaboration d'un véritable protocole d'accord. Or, *au bas de son propre photostat* (la première page), apparaît discrètement mais nettement (et c'est conforme à la copie détenue au Foreign Office) le signe « II », suivi de points de suspension. Cela signifie que le second paragraphe commence bien dès le début de la page 2 (il en est ainsi sur l'exemplaire britannique). En effet, dans les documents officiels, le dernier mot ou signe d'une page est répété au début de la page suivante : le lecteur est ainsi assuré qu'il n'y a pas de solution de continuité dans le texte. Les phrases supplémentaires que Rougier attribue à la fin de la première partie n'ont donc tout simplement jamais été écrites ! Cela enlève beaucoup de crédibilité à la version qu'il donne de l'ensemble de la seconde page, et à son affirmation selon laquelle il aurait obtenu de Pétain qu'il remette le moment venu l'Empire dans la guerre aux côtés de la Grande-Bretagne.

La supercherie de Rougier ne doit cependant pas nous conduire à amoindrir complètement son rôle, qui a été pris très au sérieux par les Anglais. Certes, à Alger, il n'a pas réussi à convaincre Weygand ; certes, quand il a vu Pétain, le 11 novembre, il n'a pu lui montrer qu'un brouillon de projet de conversation avec une tierce personne, Weygand, et non un protocole d'accord avec le gouvernement français. Il n'en reste pas moins vrai que les Britanniques savaient qu'il était venu à Londres avec l'assentiment du Maréchal [13] et qu'il irait présenter « nos vues et ses réflexions » non seulement à Weygand, mais, « à Vichy [14] », au Maréchal en personne. Bien plus, ses services sont un moment reconnus. Le Foreign Office, en décembre 1940, pour faciliter son voyage aux États-Unis, le recommande à l'ambassadeur britannique à Washington en ces termes : « Le professeur Rougier a agi comme un intermédiaire officieux [*unofficial*] entre le gouvernement de Sa Majesté et le maréchal Pétain et le général Weygand [15]. » Ce que les Britanniques ont d'abord nié en 1945. D'autre part, ils avaient bien reçu un rapport de lui après sa conversation avec Pétain, un rapport daté du 24 novembre 1940 (preuve que Rougier ne ment pas sur tout), avec beaucoup d'informations et de suggestions intéressantes mais rien sur le contenu d'un accord secret (preuve que Rougier ment sur l'essentiel). Quant à Weygand, Rougier dit lui-même, dans ce même rapport, qu'il est à l'heure présente dans l'incapacité psychologique et militaire de soulever l'Empire [16]. Bref, rien de concret, mais un contact important et direct a été établi, qui a rassuré les Britanniques après Montoire. Car Pétain aurait dit à Rougier qu'il avait seulement accepté le « principe de la collaboration », lors de son entrevue avec Hitler, et non la cession de bases navales ou aériennes. Le résultat est qu'en novembre-décembre 1940 les Britanniques sont plus que jamais à la recherche d'un *modus vivendi* avec Vichy. Ainsi sont relancées les négociations de Madrid, dans lesquelles s'imbriquent d'autres contacts noués par Rougier et par un autre émissaire, Dupuy.

La deuxième phase des négociations de Madrid : Hoare-Piétri (7 novembre-5 décembre 1940)

Cette étape est jusqu'à maintenant la moins connue. Avant même que Rougier ait regagné Vichy, avant de recevoir des nouvelles de lui, les Anglais prennent l'initiative et font un pas en avant par rapport aux propositions faites à Madrid quelques semaines plus tôt. Le 7 novembre, Hoare est autorisé à dire à son nouveau collègue Piétri, entre autres choses, que, si le gouvernement français renonce à attaquer les colonies gaullistes, la Grande-Bretagne s'abstiendra de toute opération militaire contre Dakar (il n'est pas question de l'empire dans son entier). Contrairement à ce qui a souvent été dit, de Gaulle (qui est alors en Afrique) a été informé. Un télégramme de Churchill lui annonce que la Grande-Bretagne recherche un *modus vivendi* avec Vichy, afin que soient minimisés les risques d'incidents entre les deux pays[17].

Vichy répond le 11 novembre, en protestant précisément contre l'aide que Londres fournit au « rebelle »[18]. Le chargé d'affaires français console Hoare, qui se déclare déçu, en disant qu'il ne faut pas prendre l'affaire au tragique, et que « les intentions sont meilleures que les mots exprimés ». Il est vrai que c'est Laval en personne (il est ministre des Affaires étrangères depuis le 27 octobre) qui a rédigé la réponse transmise à Madrid. Il s'en vante aussitôt auprès des Allemands, à qui il dévoile les conversations franco-britanniques. Cette fois, ce sont les archives françaises qui permettent de le dire[19].

Les Anglais, malgré tout, multiplient les offres. Ils précisent que leur demande ne constitue pas une reconnaissance de la dissidence, mais un accord tacite selon lequel les colonies qui s'en réclament ne seraient pas attaquées par Vichy ; en contrepartie, des négociations économiques pourraient commencer. Dans cet esprit sont rédigés deux documents : un télégramme le 21 novembre et un aide-mémoire le 29 novembre. Le premier texte, envoyé par les Britanniques à Rougier, est présenté par ce dernier comme la ratification de son « protocole » par Pétain et Churchill, alors qu'au contraire il s'agit d'une demande anglaise renouvelée à un gouvernement français réticent. La réponse française, formulée le 5 décembre, presque dans les mêmes termes que la précédente, reste désespérément négative, sauf évidemment en ce qui concerne la discussion sur le blocus[20].

Le second intermède Rougier (5 décembre 1940)

Les Britanniques, toutefois, ne perdent toujours pas espoir. Ce même 5 décembre, Rougier envoie une lettre adressée à Churchill et Halifax. Il déclare avoir reçu trois « assurances » de Pétain : pas de paix séparée avec l'Allemagne ; pas de cession des bases et résistance armée en Afrique du Nord contre toute tentative d'attaque espagnole, allemande ou italienne ; acceptation du ralliement de l'AEF à de Gaulle comme « un fait accompli », à condition qu'il n'y ait pas de nouvelle tentative gaulliste ou anglaise en Afrique[21]. Toujours prêt à magnifier son rôle, il ajoute : « Cette troisième condition a été la plus dure à obtenir, Darlan et Laval voulant envoyer la flotte pour reprendre Libreville. Ce résultat est dû en grande partie à mon intervention personnelle. »

La divergence est complète par rapport à la réponse passée par Madrid. Il est possible, et ce ne serait ni la première ni la dernière fois, que Rougier se vante d'avoir obtenu des engagements qui en réalité n'ont jamais été formulés. Certains points restent obscurs. Cette réponse est-elle le résultat de l'entretien avec le Maréchal le 11 novembre ? Pourquoi, dans ces conditions, Rougier n'en dit-il mot dans son rapport aux Anglais le 24 novembre ? Si, après cette date, il a eu un entretien supplémentaire avec Pétain, pourquoi n'en fait-il pas mention dans son livre de 1945 ? Dans cet ouvrage, il ne parle même pas de ce message en trois points[22]. Et pour cause : il essayait alors de montrer que son prétendu « protocole » était ratifié dès la fin novembre par les deux parties. Une réponse de Pétain, datée du 5 décembre, appelant encore une négociation, aurait prouvé que rien n'était encore réglé.

En tout cas, les Britanniques prennent la lettre de Rougier très au sérieux et commencent à croire qu'il existe deux politiques divergentes mises en action en même temps, celle de Pétain et celle de Laval. D'autant que le contenu du document coïncide avec toute une série d'informations venues par d'autres voies. Le 7 décembre, Hoare télégraphie de Madrid le compte rendu d'une conversation qu'il a eue avec Malvy : celui-ci complote avec son gendre Peyrouton contre Laval ; Pétain et Peyrouton sont hostiles à l'usage de la flotte française pour reprendre les colonies de la France libre, contrairement à Laval, qui est favorable à cette action ; « Malvy et

Pétain souhaitent la victoire de la Grande-Bretagne[23] ». Ces prévisions et rumeurs semblent confirmées de façon spectaculaire par les faits : Laval est renvoyé le 13 décembre 1940.

L'intermède Dupuy (décembre 1940-janvier 1941)

Le message de Rougier apparaît comme crédible aux Anglais pour d'autres raisons aussi : les télégrammes adressés par Pierre Dupuy, chargé d'affaires canadien, vont dans le même sens, à quelques réserves près qui ne sont pas sans importance. Ce diplomate s'était vu confier par les Britanniques, du fait de l'impasse des négociations de Madrid, le rôle d'intermédiaire entre eux et le gouvernement de Vichy. Le 9 décembre 1940 (avant le renvoi de Laval), il informe les Britanniques, par un message qui transite par Madrid, des résultats d'une entrevue qu'il a eue avec Pétain et Darlan : ils ne livreraient aux Allemands ni la flotte ni les bases ; en cas de menace allemande trop forte, ils inviteraient à temps les Anglais à s'en emparer ; ils résisteraient jusqu'en février 1941, et plus longtemps si possible, aux pressions allemandes tendant à leur faire reprendre les colonies gaullistes[24]. Le 11 décembre, Dupuy précise par télégramme qu'en tout état de cause la flotte n'attaquera pas les colonies dissidentes, et qu'une opération terrestre, si elle intervient, ne pourrait être effectuée avant février[25]. Dans la version de Dupuy, la reconnaissance du « fait accompli » en AEF ne vaut donc que pour un temps limité, sans garantie absolue pour l'avenir. Néanmoins, William Strang, confrontant les messages de Rougier et de Dupuy, est confiant ; de même Lord Halifax, le secrétaire d'État aux Affaires étrangères, qui va jusqu'à imprimer le compte rendu de ces contacts pour diffusion auprès des membres du cabinet[26]. F.-G. Dreyfus cite ces documents et conclut que, s'il n'y a pas d'accord en bonne et due forme (concession à Duroselle), il existe bien un « accord de fait » entre les deux gouvernements[27]. C'est peut-être aller vite en besogne. Strang note, malgré son optimisme, que Pétain, en contrepartie de la reconnaissance du « fait accompli », exige des Britanniques la non-agression des autres colonies vichyssoises (troisième affirmation contenue dans le message de Rougier). Il demande que de Gaulle soit utilisé dans le combat non contre des

Français en Afrique, mais contre les Italiens en Grèce ou en Égypte. Or Londres ne veut s'engager que pour Dakar. À ce sujet, un différend oppose Halifax et Churchill : par deux fois, lorsque le Foreign Office avait proposé de s'engager auprès de Vichy à détourner de Gaulle de toute nouvelle aventure dans les colonies françaises, le Premier ministre avait fait effacer ces clauses du projet britannique de *modus vivendi* envoyé à Madrid[28]. La négociation semble en bonne voie, mais on est loin d'une conclusion.

Pendant un court moment, malgré tout, les Britanniques caressent quelques espoirs, croyant que la chute de Laval constituerait un tournant décisif. En décembre 1940, ils tablent sur l'action de Pierre Dupuy. Par son intermédiaire, Churchill cherche à tester le gouvernement de Vichy de l'après-13 décembre et à obtenir de lui son transfert en Afrique du Nord et son entrée dans la guerre au moment opportun, en échange d'une aide militaire britannique sur place de six divisions[29]. Il exprime ce vœu dans un message que Dupuy doit remettre au Maréchal par l'entremise de Chevalier, ministre à Vichy et ancien condisciple de Halifax à Oxford. Chevalier remet fin décembre le texte du message de Churchill au Maréchal, malencontreusement en présence de Flandin, le successeur de Laval. Pétain, embarrassé, brûle le document et, mystérieux, ajoute : « Nous ne l'avons pas reçu. » Chevalier de gloser : cette réponse est meilleure que si le Maréchal avait dit : « Ce message n'est pas recevable ! »[30]. En fait, R. Thomas et J.-B. Duroselle ont montré que les contacts noués par Dupuy n'ont abouti en aucune manière à des « accords Halifax-Chevalier », comme l'ont prétendu les défenseurs du régime de Vichy après la guerre.

De leur côté, les autorités françaises se servent de Dupuy pour obtenir une atténuation du blocus britannique. Pétain, Darlan et Huntziger, que le chargé d'affaires canadien voit ensemble au cours d'un de ses entretiens, proposent à Londres l'ouverture de négociations secrètes à Madrid, économiques celles-là, menées par des experts. Ils disent comprendre la nécessité militaire du blocus, mais souhaitent obtenir des Anglais un meilleur ravitaillement des Français en vivres et en pétrole, contre des garanties sur la destination de ces produits[31]. Les trois hommes insistent auprès du Canadien sur un point : « L'atmosphère actuelle de tension franco-britannique doit être maintenue comme un écran de fumée derrière lequel les contacts seraient possibles » entre les deux pays. Et

Pétain de préciser, selon les mots que lui prête Dupuy : « Si les Allemands entendent parler de nos arrangements secrets, la France sera immédiatement écrasée[32]. » Il prononce aussi des paroles qui semblent corroborer la thèse du « double jeu » soutenue par Dreyfus : « Je suis obligé de maintenir officiellement la balance des deux côtés, mais vous savez où vont mes sympathies[33]. » Toutes ces belles paroles n'allaient pas rester longtemps crédibles aux yeux des Britanniques.

La troisième phase des négociations de Madrid : entre experts économiques. L'échec final (janvier-février 1941)

À peine les conversations demandées par Vichy sont-elles entamées que les Anglais apprennent avec fureur que Flandin en a informé les Allemands et que ceux-ci, loin de vouloir « écraser la France » sous des représailles, laissent faire, parce que c'est leur intérêt[34]. Dès lors, psychologiquement, tout bascule. À l'évidence, le scénario de l'écran de fumée semble monté pour profiter non à Londres, mais à Berlin. Il devient évident que le Reich recherche à son avantage, par Vichy interposé, le relâchement du blocus anglais : tout le continent hitlérien pourrait ainsi en bénéficier. La duplicité de Vichy paraît soudain d'autant plus frappante que les demandes françaises en matière d'approvisionnements, lors des nouvelles négociations de Madrid, sont « exorbitantes ». Ordre est donné à Hoare, l'ambassadeur britannique en Espagne, de répondre négativement au plan français d'accord commercial[35]. Les responsables du Foreign Office changent d'état d'esprit (le remplacement de Halifax par Eden le 22 décembre n'y est pas non plus pour rien). La confiance qu'ils commençaient à avoir en Pétain s'évanouit. Ils se rendent compte d'une chose essentielle : leur politique de soutien aux « éléments modérés de Vichy » a abouti à une impasse, car il n'y a pas grande différence, du point de vue des intérêts de l'Angleterre, entre la politique de Laval et celle de ses successeurs. Même si le premier acceptait la collaboration militaire ouverte (mais difficilement réalisable), et non les seconds, aucun de tous ces responsables n'envisageait réellement dans le présent ou l'avenir de prendre une quelconque mesure qui pût avantager la cause britannique et alliée. Aux yeux des Britanniques, il n'y a pas d'« intermède Flandin », bien au contraire : la seule différence entre Flandin et Laval, résume Mack, c'est que le second collaborait avec les Allemands sans consulter Pétain, alors que le premier, loyal envers le Maréchal, savait le mener sur cette même route de la collaboration[36]. Un mois plus tôt, Mack pressentait même que Flandin serait plus apte que son prédécesseur à poursuivre le rapprochement franco-allemand, car il le ferait avec le soutien de l'opinion publique[37].

De la part de Pétain, il n'y a donc pas, contrairement à la thèse de François-Georges Dreyfus, de « politique de bascule entre Berlin et les Anglo-Américains ». Pour qu'il y ait jeu de bascule, il faudrait que l'axe de la politique du Maréchal oscille alternativement entre les deux camps. Or, s'il y a bien eu des ouvertures vers Londres ou Washington, elles ont à peine soulevé du sol le lourd plateau de la balance penchant du côté de l'Allemagne, l'autre plateau restant, malgré de légers frémissements, désespérément accroché au ciel. Il ne faut pas non plus confondre la notion de « double jeu » avec celle de « double langage ». Vichy ne joue pas un double jeu en faveur des Britanniques, mais un jeu unique en faveur de l'Allemagne, en parlant un double langage destiné à tromper la seule Angleterre.

Lorsque Flandin s'en va, en février, Darlan assume le pouvoir et obtient des Allemands un « accord de troc » entre les deux zones. Cet arrangement assure l'approvisionnement de la zone non occupée en blé et rend les négociations de Madrid moins urgentes pour Vichy. Il risque aussi de favoriser la pénétration des marchandises venues d'outre-mer en zone occupée, directement entre les mains du Reich, ce qui choque les Britanniques. Londres interrompt définitivement les conversations, et en même temps les Allemands de la commission de Wiesbaden demandent à Vichy de rompre les contacts. La mission de Dupuy apparaît désormais comme moins utile, et l'émissaire lui-même perd d'ailleurs de sa crédibilité aux yeux des hommes du Foreign Office, à cause d'une série d'indiscrétions qu'il a commises. Certes, il y a les accords Eccles-Marchal, conclus au début de 1941 pour l'approvisionnement du Maroc, mais les Anglais veillent à négocier avec les responsables locaux (dont le jeune Robert Marjolin) plutôt qu'avec ceux de Vichy. Quant aux principales négociations commerciales pour l'Afrique du Nord, qui aboutissent aux accords Weygand-Murphy, elles sont désormais menées par les Américains. L'Angleterre est contrainte de céder, car, à partir de mars 1941, elle perd sa marge de manœuvre, et dépend financièrement des États-Unis, dans le cadre de la loi prêt-bail.

Pourtant, des informations parviennent à Londres sur la collaboration économique étroite dans laquelle s'engage Darlan, et sur le développement des fabrications de guerre dans les usines françaises pour le compte du Reich. Avant même l'affaire de Syrie en mai 1941, Darlan est haï outre-Manche. Selon Churchill, il « est plus dangereux que Laval, parce que moins odieux aux yeux du peuple français [38] ». Vichy ne constitue plus, aux yeux du Premier ministre britannique, un « sujet » avec lequel il est possible de négocier sérieusement, mais un « objet », un pantin sans âme, sans foi ni loi. Les contacts qui sont conservés après février 1941 servent seulement à faire entendre la voix de la force à un régime qui paraît sourd à tout autre langage. Il s'agit de le presser « entre le fer et l'enclume de l'Allemagne et de la Grande-Bretagne », comme l'écrivait Churchill en novembre 1940 [39], avant que le renvoi de Laval ne suscite en lui un court moment d'espérance. L'objectif est de rappeler au Maréchal que l'Allemagne n'est pas seule, et que l'Angleterre existe encore et aussi.

Il est faux de dire que Rougier ou Dupuy ont réussi à conclure un accord, même de fait, entre Vichy et l'Angleterre. Mais il serait tout aussi faux de prétendre que les Britanniques n'ont pas cherché un *modus vivendi* avec Pétain et les hommes dits modérés du régime. Par leurs entretiens, les émissaires cités ont éveillé l'intérêt des Anglais et préparé des négociations secrètes qui ont réellement eu lieu à Madrid. Mais cette histoire des contacts entre Londres et Vichy est l'histoire d'un échec, dont la cause éclaire bien la politique du Maréchal sous un jour précisément peu favorable, au point que ses défenseurs auront probablement du mal à invoquer désormais ces conversations secrètes dans leur argumentaire. Les Anglais rompent les négociations fin janvier-début février 1941, lorsqu'ils découvrent que Pétain ne joue pas le jeu, c'est-à-dire qu'il ne joue pas le double jeu qu'il prétend jouer (s'il faut en croire Rougier), et qu'ils souhaitent lui voir jouer.

Il faut bien voir que l'écart entre les positions est sans doute trop grand pour que les négociations aboutissent. Certes, les Britanniques obtiennent vite que Vichy renouvelle ses engagements à ne céder à Hitler ni ses bases ni sa flotte. Mais, contre l'allègement du blocus, les Anglais veulent s'assurer que le gouvernement français ne s'engage ni dans la collaboration étroite avec le Reich ni dans la reconquête des colonies gaullistes. Sur ce dernier point, la réciprocité est refusée à Vichy, car Churchill, donnant la priorité à de Gaulle, refuse de l'empêcher de rallier de nouveaux territoires d'outre-mer. Pétain aussi veut garder les mains libres dans le domaine de l'Empire, dont il espère rétablir l'unité. Finalement, le *statu quo* colonial que Rougier dit avoir obtenu n'a été accepté par aucune des parties.

Ces contacts n'ont-ils pas eu cependant des effets indirects ? Par exemple, comme cela a été affirmé, un relâchement du blocus et l'arrêt des attaques contre Pétain à la BBC ?

En fait, si le blocus n'a pas été très efficace, c'est moins le résultat des négociations[40] que celui de l'impuissance de l'Amirauté à enrayer le trafic français[41], même dans le détroit de Gibraltar. Les Anglais, d'ailleurs, redoutant que les hommes de Vichy ne connussent la vraie raison (cette crainte n'était pas justifiée), n'ont rien fait pour démentir la rumeur diffusée par les Français, selon laquelle ils atténuaient la rigueur du blocus.

Quant à l'attitude de la radio britannique face à l'opinion publique française, elle a constitué un enjeu important. Les Anglais, qui reçoivent régulièrement les rapports des préfets[42], sont très tôt informés du revirement des Français à leur égard à partir de septembre 1940[43] : Mers el-Kébir commence à être oublié, et les succès de la bataille d'Angleterre suscitent en France de l'admiration pour les Britanniques. Mais ceux-ci savent qu'ils ne sont pas les seuls à être populaires, Pétain l'est aussi. Il incarne la sécurité du temps présent, tandis qu'ils constituent, eux, l'espoir de la libération à venir. Être pétainiste et favorable aux Anglais n'a rien d'incompatible dans la France de 1940-1941. Par haine des Allemands, les Français deviennent « probritanniques », sans être nécessairement « anglophiles ». Ces deux notions ne doivent pas être confondues, et la boutade de Pierre Limagne aide bien à comprendre la distinction nécessaire : « Les anglophiles sont ceux qui souhaitent la victoire de “ nos amis les Anglais ” ; les anglophobes sont ceux qui souhaitent la victoire de “ ces cochons d'Anglais ”[44]. » Pour conserver le capital de confiance qu'ils ont acquis, les Anglais comprennent qu'ils doivent arrêter toute attaque contre le Maréchal. Les premières directives à la BBC qui vont dans ce sens datent du 12 octobre 1940[45], avant l'arrivée de Rougier à Londres : dans ce domaine, son rôle n'a servi qu'à confirmer une décision déjà prise.

Pétain, de son côté, doit aussi tenir compte de l'opinion et donc des sentiments probritanniques de la population. L'essentiel, pour lui, est le triomphe de la Révolution nationale, qui risque d'échouer si un homme impopulaire comme Laval reste au pouvoir, ou si la « soudure » alimentaire n'est pas assurée au printemps 1941 (on compte un déficit de 8 millions de quintaux de céréales si les importations ne reprennent pas[46]). Voilà l'important : du point de vue français, les négociations avec l'Angleterre doivent plus aux contraintes de la conjoncture économique présente et aux exigences de la politique intérieure qu'à la volonté de préserver l'avenir de la France en cas de victoire britannique. Lorsque les approvisionnements sont assurés par ailleurs (par les Allemands dans la zone sud, par les Américains en Afrique du Nord), priorité absolue est donnée à la collaboration d'État. William Strang, pourtant un des hommes qui a cru un moment à la politique d'ouverture du gouvernement français, exprime bien, dix-huit mois plus tard, les sentiments des Britanniques à l'égard de ce dernier. Expliquant pourquoi il accepte un blocus moins dur à l'égard de l'Espagne qu'à l'égard de la France, il s'écrie : « Vichy is collaborating with the Axis and Madrid is not[47] ! » Ce mot donne à réfléchir sur la hiérarchie comparative des dictatures continentales dans l'esprit d'un démocrate anglais en cet été 1942 : Franco est mieux noté que Pétain.

Robert FRANK

NOTES

1. Voir en particulier le livre de R. T. Thomas, *Britain and Vichy. The Dilemma of Anglo-French Relations 1940-1942,* Macmillan Press, 1979.
2. Jean-Baptiste Duroselle, *L'Abîme, 1939-1945,* Paris, Imprimerie nationale, 1982, pp. 274-281.
3. François-Georges Dreyfus, *Histoire de Vichy,* Paris, Perrin, 1990.
4. Jean-Baptiste Duroselle, *op. cit.,* p. 275.
5. Louis Rougier, *Mission secrète à Londres. Les Accords Pétain-Churchill,* Paris, Les Éditions du Cheval ailé, 1945 ; *Les Accords secrets franco-britanniques. Histoire et imposture,* Paris, Grasset, 1954.
6. Public Record Office, Foreign Office (FO) 371/24361, C 11442, lettre de Charles à Mack, 17 octobre 1940, avec les annotations de Speaight datées du 21 octobre.
7. Et non le 25 octobre, comme l'indique Martin Gilbert, *Finest Hour. Winston Churchill 1939-1941,* Londres, Heinemann, 1983, p. 864.

8. Voir Général G. Schmitt, *Les Accords secrets franco-britanniques de novembre-décembre. Histoire ou mystification,* Paris, PUF, 1957, p. 48.
9. PREM. 3/186 A/2 : télégramme n° 913 de Madrid, 25 octobre ; messages de Vichy, 26 octobre ; télégramme n° 812 de Campbell (Belgrade), 26 octobre 1940.
10. Louis Rougier, *Mission secrète, op. cit.*, p. 73.
11. J.-B. Duroselle, *op. cit.*, pp. 276-277.
12. Par exemple : télégramme n° 972 à Sir Samuel Hoare (Madrid), C. 11442G, 1er novembre 1940, *in* FO 371/24361, p. 228. Voir aussi la lettre de Joe Gascoigne, consul général à Tanger, à William Strang, 15 novembre 1940 : « Cher William, Merci Beaucoup pour votre lettre C 11442/G du 1er novembre, joignant les intéressantes notes que Rougier a prises avec lui pour ses conversations avec Weygand » (FO 371/24361, p. 235).
13. « *With the knowledge and approval of Marshal Pétain* » : dépêche de Halifax à Hoare, 1er novembre 1940, dans le dossier remis par l'ambassadeur Duff Cooper au gouvernement français le 16 juillet 1945 (« enclosure n° 3 »), *in* Archives du ministère des Affaires étrangères (MAE), Z, Europe 1944-1949, G.-B., dossier 47 (Affaire Rougier).
14. *Ibid. :* voir aussi l'analyse faite dans la note de la direction Europe (sous-direction Europe du Nord), du 20 juillet 1945.
15. FO 371/24361, télégramme au marquis de Lothian, 9 décembre 1940, N° 3409.
16. FO 371, 24361 pp. 238-240, rapport de Rougier, 24 novembre 1940.
17. FO 371, 24314, C 12069/G, télégramme de Churchill à de Gaulle, 10 novembre 1940.
18. FO 371, 24314, C 11988/65/17.
19. MAE, Z, Europe 1944-1949, G.-B., dossier 47, télégramme de Schleier rapportant une conversation avec Laval en novembre 1940 au sujet des rapports de la France avec l'Angleterre (document qui a été utilisé pendant le procès F. de Brinon).
20. MAE, Papiers 40, Papiers Arnal, dossier 22 : aide-mémoire britannique du 29 novembre, réponse française du 5 décembre 1940.
21. La lettre manuscrite de Rougier figure dans les archives britanniques : FO371, 24361, C 13251/G, pp. 244 et suiv.
22. Rougier a publié ce texte dans son second ouvrage, celui de 1954.
23. FO 371, 24361, C 13223/G., p. 353.
24. Minute de Mack, 11 décembre 1940, FO 371/24361, C 13251/G, C 11885/G, C 13209/G, p. 261.
25. Commentaire de William Strang, 12 décembre 1940, sur la minute de Mack du 11 décembre, FO 371/24361, C 13251/G, p. 262.
26. War cabinet. Contacts with the Vichy Government. Memorandum by the Secretary of State for Foreign Affairs. W. P. (40) 486. (19 décembre 1940), *in* F. O. 371/24361.
27. François-Georges Dreyfus, *op. cit.,* pp. 330-332.
28. Commentaire de William Strang, 12 décembre 1940 (déjà cité), sur la minute de Mack du 11 décembre.
29. FO 371, 28243, Z 16, conversation Dupuy-Churchill, 21 décembre 1940. Dupuy trouve évidemment cette initiative « prématurée » (Mack à Cadogan, 24 décembre, *ibid.,* Z 16/G).
30. FO 371, 28234, Z 21/9, 144590, note de Dupuy, sans date, début janvier 1941 ; et Z 21/16 ; lettre de Eden à Churchill, 6 janvier 1941.
31. FO 371, 24296, C 139153/G pp. 211-219 : lettre de Dupuy à Eden, 27 décembre 1940 ; FO 371, 28234, 144590, rapport de Dupuy W. L. à Mackenzie King, secrétaire d'État aux Affaires étrangères à Ottawa, 7 janvier 1941.
32. Rapport de Pierre Dupuy à W. L. Mackenzie King déjà cité, 7 janvier 1941, p. 32, FO 371/28234, 144590.

33. Rapport de Pierre Dupuy à W. L. Mackenzie King, déjà cité, p. 20.

34. FO 371/28342, Z 87, Cadogan, le 11 janvier 1941, avertit Dupuy du changement de politique des Anglais, depuis qu'ils savent que Flandin a informé la commission de Wiesbaden, 28343, Z 971/87/17.

35. FO 371/28342, Z 252/G. Mémorandum français, 11 janvier 1941, avec le commentaire de Barclay (Foreign Office) sur le ton du texte de Vichy : « *agressive and demanding* ». Voir le télégramme à Hoare (n° 139, 24 janvier 1941). Celui-ci résiste un peu, hésite à en parler à son collègue français Piétri. Mais Eden fait adopter par le War Cabinet, le 29 janvier, une position dure à l'égard de Vichy. Piétri, averti, demande des explications, qui lui sont données : la première citée est l'attitude de Flandin (télégramme de Hoare, n° 237, 8 février 1941).

36. FO 371, 28342, Z 525, minute de Mack sur une lettre de H. Johnson (ambassadeur américain à Londres), 28 janvier 1941.

37. FO 371, 24315, C 13610/65/17, minute de Mack, 15 décembre 1940.

38. PREM. 3, 186 A/7, Winston Churchill à Foreign Office, M 296/1, 15 mars 1941.

39. PREM 3/186 A 3, 148 952, W.P. 40, War Cabinet, Relations with Vichy, Memorandum by the Prime Minister, 14 novembre 1940.

40. Thèse de Hervé Coutau-Bégarie et Claude Huan, *Darlan,* Paris, Fayard, pp. 329-330, reprise par F.-G. Dreyfus, *op. cit.*, p. 332.

41. Thèse de Paxton, *op. cit.,* p. 93, corroborée par les archives britanniques. Voir dans le présent ouvrage : p. 102 et p. 119, note 5.

42. Voir dans les archives du FO 371, 28235, 31972, 31973.

43. Voir à ce propos : Caroline Coudrat, *Les Britanniques vus par les Français (juin 1940-juin 1944),* mémoire de maîtrise, sous la direction de René Girault, université de Paris I, juin 1988.

44. Pierre Limagne, *Éphéméride de quatre années tragiques,* Paris, 1945, tome 1, cité par Caroline Coudrat, *op. cit.,* p. 47.

45. FO 371, 28433, Z 8805/244 : directives hebdomadaires à la BBC (French service).

46. Mémorandum français du 11 février 1941, FO 371, 28342, Z 252/G.

47. FO 371, 31935, Z 5368, 29 juin 1942.

 312

If General Weygand will raise the standard in N. Africa, he can count on the renewal of the whole-hearted collaboration of the Governments and peoples of the British Empire, and on a share of the assistance afforded by the United States.

ENTRETIEN AVEC [redacted]

1. Point de vue de l'Angleterre

A. Decision du peuple et du gouvernement Britanniques de mener la guerre jusqu'à l'effondrement de L'Hitlerisme

Fausses idées que l'on se fait sur les effets des bombardements de Londres - Le peuple est stoique, joyeux même et accepte le risque des bombardements - La vie quotidienne poursuit son cours - Nécessité d'abandonner l'idée qu'une fatigue collective puisse imposer au gouvernement de signer un paix de compromis. Le peuple le plus pacifique du monde accepte de se transformer en une énorme machine de guerre. Rôle significatif des femmes dans cette mobilisation de toute la nation (divers services auxiliaires .

B. Capacité du gouvernement britannique de poursuivre la guerre

1. Appui financier total des Etats-Unis
(more than 15,000 new aeroplanes in the next 9 months.

2. Accroissement de l'appareil militaire: ~~10,000 avions de première ligne au printemps prochain~~. Bombardiers avec un rayon d'action permettant de bombarder toutes les villes d'Italie en partant de l'Egypte. Maîtrise de l'air ~~au printemps~~. in 1941

C. Durée probable de la guerre suivant l'attitude de l'Empire français

~~1. Avec une révolte de l'Afrique du Nord permettant d'établir des bases en Tunisie: 1 an~~

2. Sans bases en Tunisie, mais avec la possibilité d'arrêter la pénétration allemande en direction du Canal de Suez et de l'Irak: 2 ou 3 ans.

3. Avec perte de la Mediterranée et de l'Egypte: 10 ans.

These are [illegible] Rougier's own estimates.

L'attitude de l'Empire français peut donc décider de la durée de la guerre et par suite du sort matériel et moral des populations de l'Europe. Une responsabilité énorme pèse donc sur les épaules des chefs responsables de l'Empire.

D. Décision de la Grande Bretagne à l'égard de la France

a) La rétablir dans son intégrité et sa souveraineté si elle ne fait rien pour aider la victoire des Totalitaires et, a fortiori si elle contribue à la victoire britannique.

b) Au cas où le gouvernement français céderait des bases aeriennes et navales aux Totalitaires, la Grande Bretagne ne repondrait plus du sort futur de la France et de son empire.

E. Attenuation de blocus au cas où la France soit passivement soit activement aiderait la victoire britannique

(C.) In such case, Great Britain would do everything in her power to strike at a Government which had been guilty of so base a betrayal.

II......

(Photostat V)

Le document fourni par Rougier. Sous le nom « caviardé », il faudrait lire « Premier » (c'est-à-dire Churchill). L'entretien serait la base d'un protocole d'accord.

313

L.C. If General Weygand will raise the standard in N. Africa, he can count on the renewal of the whole-hearted collaboration of the Govt. and people of the British Empire, and on a share of the assistance afforded by the U.S.

Memo. by M. Rougier

212

ENTRETIEN AVEC WEYGAND

C11442/G

1. Point de vue de l'Angleterre

A. Decision du peuple et du gouvernement Britanniques de mener la guerre jusqu'à l'effondrement de L'Hitlerisme

Fausses idées que l'on se fait sur les effets des bombardements de Londres - Le peuple est stoique, joyeux même et accepte le risque des bombardements - La vie quotidienne poursuit son cours - Nécessité d'abandonner l'idée qu'une fatigue collective puisse imposer au gouvernement de signer un paix de compromis. Le peuple le plus pacifique du monde accepte de se transformer en une énorme machine de guerre. Rôle significatif des femmes dans cette mobilisation de toute la nation (divers services auxiliaires).

B. Capacité du gouvernement britannique de poursuivre la guerre

1. Appui financier total des Etats-Unis

2. Accroissement de l'appareil militaire: ~~10,000 avions de premier ligne au printemps prochain~~. Bombardiers avec un rayon d'action permettant de bombarder toutes les villes d'Italie en partant de l'Egypte. Maîtrise de l'air ~~au printemps~~ in 1941.

C. Durée probable de la guerre suivant l'attitude de l'Empire français

1. Avec une révolte de l'Afrique du Nord permettant d'établir des bases en Tunisie: 1 an

2. Sans bases en Tunisie, mais avec la possibilité d'arrêter la pénétration allemande en direction du Canal de Suez et de l'Irak: 2 ou 3 ans.

3. Avec perte de la Mediterranée et de l'Egypte: 10 ans.

L'attitude de l'Empire français peut donc décider de la durée de la guerre et par suite du sort matériel et moral des populations de l'Europe. Une responsabilité énorme pèse donc sur les épaules des chefs responsables de l'Empire.

D. Décision de la Grande Bretagne à l'égard de la France

a) La rétablir dans son étendue et sa souveraineté si elle ne fait rien pour aider la victoire des Totalitaires et, a fortiori si elle contribue à la victoire britannique.

b) Au cas où le gouvernement français céderait des bases aeriennes et navales aux Totalitaires, la Grande Bretagne ne repondrait plus du sort futur de la France et de son empire.

E. Attenuation de blocus au cas où la France soit passivement soit activement aiderait la victoire britannique

II......

*c) In such case, the British would do everything to help those forces to strike at a Government which had been guilty of so base a betrayal.

Le document dans les archives britanniques. En fait, le nom « caviardé » était celui de Weygand. La conversation Churchill-Rougier devait surtout servir à nourrir un entretien entre Rougier et Weygand.

Quatrième partie

LES FONDEMENTS D'UN ÉTAT AUTORITAIRE

1.

La philosophie politique de la Révolution nationale

L'historiographie du régime de Vichy est si vaste qu'elle ajoute sa propre complexité à celle du régime lui-même. Elle n'en apporte pas moins la certitude que ce régime est français et qu'il résulte d'un choix politique : intégrer et éventuellement « refaire » la France au sein d'une Europe momentanément dominée. Les Allemands n'imposent pas la Révolution nationale, même si leur pression, directe ou indirecte, pèse de plus en plus. Mais, à travers la « sorte de course-poursuite à qui sera le plus antisémite[1] », on voit combien soucis tactiques et proximités idéologiques réduisent les barrages qu'on leur oppose.

Continuité ?

Régime inachevé, à peine ébauché souvent, le régime de Vichy est pétri d'ambiguïtés. « Révolution sans révolutionnaires[2] », monarchie sans roi ou république sans les républicains, fausse régence et vraie dictature, appels à l'union et sectarisme des attitudes, institutions provisoires et improvisées qui s'auréolent d'éternité, doubles jeux et doubles langages, rêves d'âge d'or et réalité brutale de la guerre, détournement de sens de notions élémentaires, écart considérable entre les projets caressés et les résultats : on ne finirait pas de recenser les contradictions de ce régime caméléon qui n'est pas toujours ce qu'il semble et prétend figer le destin en retirant la France de l'histoire alors que, dans un monde qu'il ne maîtrise pas, jamais elle n'est allée aussi vite. L'ambiguïté est une des caractéristiques d'un pouvoir qui résulte de la coalition d'individus et de groupes qui jouent sur plusieurs registres, en se manipulant les uns les autres et en manipulant l'opinion, ou en tentant de le faire. L'évolution même de nombreux acteurs, qui sont parfois devenus ses censeurs les plus sévères, voire des chevaliers félons, ajoute à l'impression de confusion.

Aussi les qualifications qu'on lui donne portent-elles la marque de cette difficulté à le saisir : « drôle », « hybride » et « composite », « compliqué », « opaque », « bizarre syncrétisme », « Janus à deux visages », « cas d'espèce », « dictature arbitraire et incohérente » ou « pluraliste »[3]. Autocratie sacralisant l'État au détriment de la République, assurément, mais est-ce la contre-révolution ou l'orléanisme ? Bonaparte ou Louis XIV ? La réaction ou le fascisme ? Ou tout cela à la fois ? Mais quand et avec qui ? Avec Laval, dont on fait généralement le porte-drapeau d'un second Vichy, par opposition à celui du maréchal Pétain ? Mais Darlan ? Et Darnand ?

On ne peut donc avoir qu'une vision contradictoire et dynamique d'un tel régime. Sa nature, n'est-ce pas d'abord la somme de ses ambiguïtés et de ses contradictions ?

Sa continuité est partiellement masquée dans le microcosme de la capitale provisoire par les luttes de clans et les conflits d'étages qui prennent l'allure de ruptures radicales. Pourtant, les divers épisodes et les divers clans s'emboîtent, entremêlés les uns aux autres. L'itinéraire de Joseph Barthélemy le montre, mais aussi celui d'un Joseph Darnand, moins simpliste qu'il n'y paraît. Inerties et solidarités ressortent bien davantage encore de l'étude du Vichy « d'en bas ». Beaucoup de ceux que le régime met à la tête des municipalités ou des institutions nouvelles en 1940-1941 restent en place jusqu'en 1944, malgré les défections qui se multiplient au fil des mois.

Les évolutions, subies ou acceptées, ne sont pas forcément des métamorphoses. Elles résultent, pour l'essentiel, des choix faits en 1940. Autoritaire ou libéral, le second Empire n'en reste pas moins celui de Napoléon III, et les multiples facettes de Vichy reposent sur un socle commun de convictions qui se nouent autour du maréchal Pétain. Tout Vichy est anticommuniste, xénophobe, hostile à la démocratie élective et obsédé par l'ordre, pour des raisons idéologiques ou de circonstances.

Composite en 1940, le régime le reste en 1944.

Droite et gauche ?

Composite ne signifie pas que tout l'échiquier politique soit représenté, même dans la phase fusionnelle de 1940 où l'on communie dans le culte de l'ordre nouveau régénérateur.

À ce moment-là, l'ambiguïté est totale. Il y a quasi-unanimité contre, mais contre quoi ? La République, ou sa seule version parlementaire déconsidérée par la défaite ? Si le 10 juillet ne tranche pas explicitement, malgré un exposé des motifs qui ne masque rien des intentions, le 11 juillet opte pour la table rase. Mais Vichy apparaît à la masse, qui aspire à la sécurité, comme l'ordre retrouvé dans le désordre des événements, comme une issue, celle du retour à la normale.

C'est le temps du « tout est possible » dans une Révolution nationale qui laisse la porte ouverte à plusieurs interprétations pourvu que l'on partage ou que l'on admette comme concessions aux circonstances les exclusions communes. On trouve alors toutes sortes de Vichy qui se constituent à la faveur de la cooptation anarchique qu'impose la nécessité d'improviser un pouvoir dans le vide créé par la débâcle et une épuration commencée sans attendre. Un enthousiasme vraiment révolutionnaire conduit à multiplier les initiatives et les lois. En dépit de l'apolitisme affiché, ce Vichy n'est que très relativement « ouvert ». Malgré l'appel aux bonnes volontés qui mobilise les catholiques, les anciens combattants, les repentis et les dissidents de la République défunte, il est le régime de la revanche où triomphent ceux qui avaient des contentieux à régler et quelques ambitions, personnelles ou nationales, jusque-là refoulées. L'alliance du Maréchal et de Laval en est l'illustration première et provisoire.

La grande réaction de rejet de l'été 1940 laisse le champ libre aux plus critiques à l'égard de l' « ancien régime », parlementaire et laïque. Pour l'Église commence une période faste. Le Vichy réactionnaire domine en unissant maurrassiens et conservateurs plus ou moins libéraux, mais il laisse un espace aux courants de pensée hétérodoxes qui lui fournissent des idées et des hommes avant d'en alimenter le collaborationnisme ou la Résistance. Pour les uns, qui forment les premiers bataillons de déçus, ceux qui vont se réfugier à Paris, l'ordre nouveau aurait dû épouser une troisième voie fasciste. Pour d'autres, chrétiens de diverses nuances, démocrates-chrétiens en particulier, il doit définir une quatrième voie. À travers l'école d'Uriage et la revue *Esprit,* le cas du personnalisme est bien connu, au risque d'ailleurs d'en majorer l'importance.

Toutes les droites sont là, cléricales ou laïques, politiques ou socioprofessionnelles, extrémistes ou modérées, quasi unanimes, à quelques hérétiques près, en 1940. Le régime de Vichy démontre, après d'autres expériences avant guerre[4], que peu de barrières les séparent. Entre Maurras et Vichy, il y a aussi le Bloc national, la grande peur du Front populaire et l'imprégnation fasciste des années 1930 dont l'utilisation du mot « révolution » traduit la profondeur, alors que, pour beaucoup, il s'arrête à la réaction passéiste d'une France qui essaie d'inverser le temps.

À la base, la confusion entre les droites est encore plus nette, d'autant qu'elles ont le monopole de l'activité politique légale. En zone non occupée, le grand manteau du Maréchal permet à tous de s'abriter, les uns — des modérés au PSF — se dissolvant pratiquement dans les instances politiques nouvelles, les autres — PPF et francistes — gardant des structures autonomes tout en pratiquant l'entrisme, tandis que la Légion française des combattants canalise un courant qui ne leur cède en rien dans l'extrémisme. De la plus modérée à la plus révolutionnaire, elles donnent au régime le noyau dur de ses fidèles. Toutes leurs variantes sont encore représentées en 1944, bien que clairsemées par les déchirements internes et les défections provoquées par la peur des représailles et la lassitude devant les contraintes imposées par l'alignement sur l'occupant. Beaucoup — et on pense à la Légion des combattants — n'apportent plus qu'un demi-soutien, essayant de sortir d'un jeu qui les dépasse. Si, à la Libération, la droite dans son ensemble est montrée du doigt, ce n'est pas du fait d'une myopie généralisée.

L'enracinement à droite du régime est souligné par les excommunications qu'il prononce. Elles visent d'abord l'ensemble de la gauche, amalgamée à la franc-maçonnerie ou au communisme selon une logique sectaire courante. Aussi ferme-t-il la porte par où certains s'apprêtaient à le rejoindre. Par réflexe d'union sacrée ou de salut public jacobin, ou par communauté de sentiments, la gauche républicaine classique n'est pas insensible au discours maréchaliste. Ses élus font très souvent allégeance en 1940. Mais la main que tend le pouvoir d'en haut à cette gauche repentante (jusque dans les rangs des « 80 ») est contestée par la droite d'en bas, qui tient la revanche de 1935-1936 ou de 1789. L'union nationale esquissée — dans les commissions administratives et le

Conseil national — est vite emportée par la vague sectaire qui déferle à partir des communes de zone non occupée.

Si Vichy est peu la gauche, c'est parce qu'elle n'a pas sa place au sein du nouveau partage du pouvoir. Deux milieux font cependant exception, socialement et politiquement fort dissemblables, mieux représentées au sommet qu'à la base, et qui associent l'anticommunisme, le pacifisme et, éventuellement, une certaine sympathie pour le « socialisme » des vainqueurs : les cégétistes de Syndicats que Laval met en selle pour équilibrer son ministère et qui prospèrent ensuite dans l'aile fascisante du gouvernement Darlan, et les notables d'une gauche « molle », souvent « néo », socialiste ou radicale, réduite à la portion congrue avant que Laval n° 2 ne lui fasse une place. Seuls les premiers participent vraiment au Vichy triomphant d'avant 1942, parce qu'ils sont la caution ouvrière d'un régime qui l'est fort peu et que, dans ce rôle, la droite n'a aucun autre concurrent à leur opposer.

Pierre Laval, à son retour au pouvoir, cherche à étendre à gauche l'ancrage de son gouvernement. En particulier, il essaie d'attirer dans les conseils départementaux ces notables élus que l'on a commencé par écarter. Il déterre un ersatz de République et de « socialisme » qui ne peut plus séduire la gauche opposante ou résistante, mais qui effraie la droite pétainiste, à l'exception de celle qui en traduit les termes en allemand. Qu'un relatif divorce intervienne précisément à ce moment-là entre le régime et l'Église, à propos des déportations de Juifs étrangers, est significatif.

Ordre ou révolution ?

L'État français est par excellence le régime du parti de l'ordre, dont l'audience s'est brusquement dilatée en 1940 par le surgissement des peurs exceptionnelles des temps de crise. Des phobies communes soudent le front composite qui le porte. Il recrute dans les milieux obsédés depuis longtemps par la décadence et qui trouvent dans la défaite de quoi justifier un pessimisme naturel. La vieille peur chrétienne de la cité assiégée se conjugue avec les non moins récurrentes peurs sociales — celle de la révolution et celle de l'autre — pour assurer que le désastre était inévitable et que « à quelque chose, malheur est bon [5] ». Comme en 1851, Monsieur Homais se jette dans les bras rassurants et paternels de l'armée et de l'Église [6]. Avec Vichy s'ouvre donc un nouvel épisode d'ordre moral qui vise à encadrer et épurer un corps social considéré comme perverti. La répression « est consubstantielle au régime[7] », et s'étend à tous les domaines. Vichy n'attend pas 1944 pour être policier.

De la régence absolutiste des débuts aux tentations républicaines de la fin, la forme du régime reste à définir. L'essentiel n'est pas là, mais dans la promotion de l'État que consacre son nom même. Cet État qui veut modeler la société (dans une tradition qui est aussi républicaine) porte en lui, dès l'origine, les contradictions du parti de l'ordre en général et du nationalisme en particulier. On le veut fort, mais non « étatiste », paternaliste mais pas dirigiste, hiérarchique mais décentralisé. Les circonstances ne sont pas seules responsables de l'écart projet-réalité et des déceptions qu'il entraîne. Jamais les pouvoirs n'ont été aussi concentrés aux mains de la partie haute d'un appareil d'État enfin débarrassée de la tutelle des élus, voire de celle du droit, et qui n'entend pas subir celle des institutions nouvelles. De la Légion des combattants à la pyramide de propagandistes de Marion ou à la Milice, la tentation du parti unique resurgit périodiquement sans aboutir. Il n'y a pas de contre-pouvoirs, mais, avec Darlan et Laval, des rouages supplémentaires.

La floraison législative de 1940-1941 se traduit d'abord par une litanie d'exclusions. Répression et épuration sont alors déterminées par les rapports de forces locaux bien plus que par la réalité d'une opposition quelconque[8]. Les nouvelles institutions, municipalités nommées et Légion des combattants surtout, accentuent l'orientation répressive et encouragent la délation au point de heurter l'administration elle-même. Cette évolution sectaire, parce que centrifuge, est plus ou moins freinée sous Darlan et Laval alors que la dynamique du maintien de l'ordre se développe en même temps que la recherche de convergences avec l'occupant et parallèlement à l'affaiblissement des bases du régime. Du sportif au ministre en passant par le légionnaire, tout le monde ou presque doit peu à peu prêter un serment que l'on voudrait bien d'allégeance. Le caractère liberticide de Vichy est reconnu par ceux qui le servent. Joseph Barthélemy le qualifie de « régime autoritaire qui a fait subir à la liberté l'éclipse la plus complète qu'elle ait subie depuis des siècles ». Son ennemi intime, Pierre Pucheu, n'hésite pas à reconnaître que « c'est le régime de la lettre de cachet[9] ». Sur ce plan, on chercherait en vain une solution de continuité entre Pétain, Darlan, Laval et Darnand.

Il y a un engrenage du jeu — même s'il est multiple et hypocrite — mené avec l'occupant, il y a aussi une dynamique de la Révolution nationale qui force à la préciser en voulant la mettre en œuvre et que l'étude du Vichy de base permet de mesurer mieux que si l'on s'en tient aux décisions du sommet.

Ce n'est qu'à partir de septembre 1940 que la Révolution nationale fait sentir ses premières applications dans les départements (épuration préfectorale, internements en grand, etc.), mais il faut attendre fin 1940-début 1941 pour qu'un quadrillage « complet » s'étende sur tout le territoire, sauf limites mises par l'occupant. C'est alors — et très vite — que Vichy se « ferme », voire se « durcit », quand les réalistes prennent le pas sur les doctrinaires désunis, quand les techniciens chassent des ministères les « politiques » (et l'éviction de Laval, quel que soit son prétexte, s'inscrit dans ce processus), quand les sectaires qui se retrouvent chez les uns et chez les autres font échouer le large rassemblement auquel le Maréchal convie, autrement dit quand la Révolution nationale devient réalité.

Le réalisme de Vichy ne se limite pas à la politique extérieure. Le pragmatisme est érigé en méthode de gouvernement par ceux qui se veulent avant tout des hommes de terrain, ignorant les théories, quand ils ne les méprisent pas.

À côté du Vichy mis en scène, le Vichy réel. Ce double visage n'est pas une spécificité. Inachevé ou improvisé, il n'en rejoint pas moins la lignée française des régimes bonapartistes et la norme européenne des dictatures conservatrices où se mêlent persistances de l'Ancien Régime et éléments fascistes.

Hier ou avant-hier ?

Cette remontée du passé dans un pays que le légendaire républicain présentait comme un des phares de la démocratie rend ce régime si incongru que l'on a voulu longtemps le mettre entre parenthèses.

Vichy est donc la contre-révolution effaçant, du moins en apparence, quelques décennies de ralliement. Un État que Joseph Barthélemy n'hésite pas à qualifier de « louis-quatorzien[10] » se met en scène, avec ses symboles et son rituel qui prennent le contre-pied de la République. Au 14 juillet, laissé à l'abandon dans le souvenir des manifestations d'antan, s'opposent les contre-fêtes nationales du mois de mai, nouvelle image de la cité remise en ordre[11]. À la république parlementaire désincarnée s'oppose un chef charismatique, renouant avec les pèlerinages de la monarchie absolue comme avec l'imagerie napoléonienne. Les discours du Maréchal ont une fonction cathartique. Reflets des propos ordinaires, ils traversent la dense mais courte vie du régime comme s'ils se situaient hors du temps, malgré les « vents mauvais » tôt dénoncés. Ce Vichy mythique que l'on donne à voir et à entendre pour rassurer et masquer les difficultés est un révélateur de mentalité, et notamment du besoin de personnalisation du pouvoir que la République d'hier ne pouvait satisfaire face à la prolifération des « petits pères des peuples » européens.

L'idéologie joue son rôle d'écran comme s'il fallait se retrancher dans l'épaisseur du passé pour oublier les drames du présent. Facteur d'anesthésie, elle donne à Vichy un air irréel, surprenant pour les habitants de la zone occupée[12]. Elle exprime aussi les craintes d'une France rurale menacée et la nostalgie d'une France urbaine, bourgeoise, mais pas seulement, qui vénère un passé idéalisé. Le folklore et les arts dits populaires deviennent les formes officielles de l'art. La Provence de Frédéric Mistral sert de modèle à une politique qui fait craindre à Marc Bloch que l'on ne transforme le pays en « musée d'antiquailles[13] ». Plus profondément, elle exprime les hésitations d'un régime qui oscille entre le ressourcement national ou la mise en conformité avec le discours raciste ambiant.

Car l'État français n'est pas que retour à un passé jusque-là refoulé. La Révolution nationale est un mélange d'archaïsmes et de productions plus modernes tiré du stock de concepts élaborés par ses deux principaux fournisseurs en la matière, la doctrine sociale de l'Église et le maurrassisme. Mais elle est aussi l'héritière de la République des notables et des généraux victorieux de 1914-1918. Le moralisme patriotique qui constitue le *credo* des homélies officielles serait dans le droit fil de l'enseignement de l'école laïque, si ce n'étaient les références chrétiennes. Cette ambivalence, le Maréchal, monarque et Cincinnatus tout à la fois, la porte dans sa personne même, comme les élites qui l'entourent et qui ne sortent pas des châteaux poussiéreux d'un exil intérieur. Plus ou moins cléricales, plus ou moins réactionnaires, plus ou moins républicaines, militaristes et pacifistes, elles associent la génération d'avant 1914 à celle d'après, à qui un maurrassisme protofasciste a servi de matrice[14].

L'Église est la caution morale de Vichy. Elle lui fournit des hommes, des associations, des journaux et des modèles. Il lui donne un statut que la République lui refusait. Cette alliance étroite et durable ne va pas sans ambiguïté. On lui concède des secteurs privilégiés, plus ou moins importants selon les rapports de forces du moment (jeunesse, famille, etc.), tout en se gardant bien de remettre en cause le partage de 1905. Avec Darlan s'impose une conception bonapartiste de l'Église, facteur indispensable de contrôle social. Trop chrétien pour les uns, le régime ne l'est plus assez pour d'autres, déçus d'une évolution qui détruit les espoirs des débuts euphoriques. En s'opposant à la volonté d'unicité qui se manifeste alors du côté des syndicats ou de la jeunesse, les catholiques sont un frein à la fascisation du régime. Pourtant, la référence aux valeurs chrétiennes est l'un des traits les plus constants des groupes qui militent dans le cadre de Vichy, jusqu'à la Milice de 1944.

Significatives du bouillonnement des cinquante dernières années, les références du régime composent un patchwork aussi divers que complexe à cause de la polyvalence des significations et des glissements qui s'effectuent. Sur les murs des villes, les héros chrétiens et militaires de la France éternelle remplacent le panthéon républicain, sans que la francisque chasse le drapeau tricolore. Sous l'hostilité première à 1789, point vite un consulat qui convient mieux aux militaires. L'ultracisme est corrigé par un orléanisme qui doit beaucoup à Monsieur Thiers. Sully voisine avec Proudhon. Saint-Simon concurrence Le Play et La Tour du Pin. Péguy sert de caution. Jeanne d'Arc rappelle tout autant le Moyen Âge chrétien que le Bloc national qui a décidé de la célébrer. Les preux chevaliers et les croisades sont mis à toutes les sauces, celle des Compagnons comme celle du Service d'ordre légionnaire. Salazar fait la quasi-unanimité, mais pas toujours pour les mêmes raisons, les uns rêvant de corporatisme, les autres de cléricalisme et quelques-uns d'un Maréchal devenu à leur profit Carmona.

Que Vichy soit tout à la fois hier et avant-hier ne doit pas faire oublier que c'est aussi la veille : les hommes providentiels et les décrets-lois, une République qui doute de ses valeurs, une « drôle de guerre » qui la mine par les forces qu'elle propulse (l'armée, la police, etc.) ou qu'elle enterre (les contre-pouvoirs), par le climat qu'elle instaure (une paranoïa qui s'étend vite au-delà de l'anticommunisme et de la xénophobie) et par les mesures qu'elle prend[15], en quelque sorte une pré-Révolution nationale.

Élite nouvelle ou oligarchie ?

L'État français ne se veut pas plébéien et se différencie par là du fascisme. Le peuple que l'on célèbre à Vichy est intemporel. Il est encadré dans les communautés créées ou rêvées par le régime, guidé par des chefs et idéalisé à travers la figure du paysan et de l'artisan.

Des premiers discours du Maréchal au dernier projet de Constitution, entre la prolifération des chefs et des écoles de cadres et la consécration des préfets et des patrons, le régime permet aux élites de trouver ou retrouver enfin la place qui leur paraît naturellement due. Elles y demeureront souvent, en dépit des divergences, des contraintes et des affronts, soucieuses d'assumer la charge que, du haut en bas de la hiérarchie des institutions nouvelles ou anciennes, le Maréchal leur a confiée.

L'oligarchie ainsi promue comprend aussi bien les « plus apparens », comme on aurait dit sous l'Ancien Régime, que les « compétents », les élites traditionnelles enracinées dans le terroir ou les institutions séculaires aussi bien que les élites nouvelles, socioprofessionnelles, culturelles ou administratives, les « vraies » élites, sélectionnées, non par un système électif méprisé même si on l'a pratiqué, mais par le milieu, l'ancienneté, la cooptation ou le concours. Civiles ou militaires, chrétiennes ou laïques, elles sont apolitiques ou nationalistes, voire radicales (option importante dans l'administration préfectorale), mais toujours hostiles à ce qui représente, à leurs yeux, le désordre, qu'il s'agisse de l'instabilité d'un pouvoir dilué et convoité par des partis rivaux, de l'imprévisibilité d'un suffrage universel exercé par un peuple forcément immature, des menaces de la contestation sociale que le pluralisme syndical ne peut que favoriser.

Parmi ces élites, les officiers, retraités autant que d'active, tiennent une place particulière, non seulement parce qu'ils accèdent à tous les niveaux du pouvoir (notamment local), mais plus encore parce que le régime est marqué par leur vision du monde. La conception de l'autorité et de l'ordre, celle d'un corps social hiérarchisé, le mépris de la « politique » (comprise comme un facteur de désunion et de désordre), les valeurs morales et religieuses mises en avant à Vichy sont moins des éléments d'une doctrine cohérente que le reflet des idées courantes dans la société militaire et diffusées dans une grande partie du corps social[16].

Alors même qu'elle est exclue de la vie politique — et en partie grâce à cela —, l'armée est le creuset des initiatives qui donnent sa physionomie au régime, surtout entre 1940 et 1942, qu'il s'agisse des institutions nouvelles ou du rituel.

Cela étant, ce monde n'est pas homogène, et son patriotisme suit un cours aussi contradictoire que celui de la nation tout entière, comme le montre le devenir de ces entreprises et la destinée de ceux qui les animent. Il va de soi aussi que cette influence ne peut s'épanouir partout de la même façon dans la France morcelée de ces années-là.

Où est Vichy?

Le Vichy pluriel par excellence est celui que la géographie politique, celle des traditions et celle de la conjoncture, impose. Elle lui donne ses visages les plus contradictoires.

Le Vichy le plus oppressant, celui de la zone sud, est aussi celui qui paraît garantir une liberté enviable à ceux qui n'en jouissent pas dans les zones occupées. Instrument de revanche ici, le régime peut être un bouclier ailleurs. Le calme des vieilles terres de droite contraste avec le bouleversement des fiefs de gauche. La province — celle des parlements, pas celle des Girondins — prend le pas sur Paris. La terre étant par nature à droite et la ville à gauche [17], la loi municipale ou le corporatisme distinguent même un Vichy des champs et un Vichy des villes...

Le paradoxe d'un Vichy assis sur un Midi plutôt rouge n'est que relatif. Ce Midi très rural est aussi celui des minorités blanches, dissidentes de la République ou vaincues du suffrage universel, d'autant plus avides de reprendre le pouvoir qu'il leur échappe depuis plus longtemps. C'est le Vichy le plus sectaire, car rejaillit là plus qu'ailleurs — et les campagnes ne sont pas forcément épargnées — la faille qui sépare les blancs des rouges. Le Vichy milicien et les sursauts parfois brutaux de la Libération prennent racine dans ce terreau des vieilles haines réactivées par l'ordre nouveau, celui de 1940 et pas seulement sa version de 1944.

En revanche, l'initiative de Vichy en zone nord est bridée par la présence des occupants, du moins dans les domaines où ils ne poussent pas ensemble. Hormis donc la répression, le régime ne présente là qu'un demi-visage, d'autant qu'il s'y trouve beaucoup de terres de droite où la continuité prévaut. Mais les fiefs radicaux du Bassin parisien ou les bastions socialistes du Nord ou de la banlieue parisienne ne sont guère plus agités. La volonté partagée de sauvegarder ce qui peut l'être est un facteur d'unité. Le pouvoir a le souci (ou la possibilité) de conserver les interlocuteurs représentatifs de l'opinion [18]. Là, l'image de Vichy et, plus encore, celle du Maréchal restent plus longtemps populaires, n'étant pas ternies par les agissements des institutions nouvelles que les occupants ont, en général, interdites. Alors que les collaborationnistes parisiens servent de repoussoirs et avant que la Milice ne soit autorisée, le régime se manifeste sous les traits d'une administration dont le caractère répressif peut toujours être attribué à la pression allemande et d'une Corporation paysanne qui joue, en plus de ses attributions propres, le rôle d'une Légion des combattants édulcorée [19].

L'épure, sans les scories de la métropole, le Vichy idéal des premiers temps, se trouve sans doute dans cet empire qui compte tant pour les maîtres du pouvoir, loin des vainqueurs, dans l'Algérie du général Weygand ou les Antilles de l'amiral Robert, où triomphent les militaires, les hauts fonctionnaires et les oligarchies, enfin débarrassées des entraves des « politiciens » locaux ou métropolitains [20]. Ces proconsulats militaires ont été des laboratoires où se sont forgées les pratiques et les conceptions de beaucoup de ceux qui font ou qui influencent Vichy [21]. N'est-il pas significatif que, dans ces territoires, la France libre ait eu tant de mal à s'imposer ?

Pendant ce temps, en métropole, l'occupation totale achève progressivement le travail d'unification des zones, commencé auparavant par Darlan, au moins sous l'angle de la répression, et accéléré avec le retour de Laval.

Un totalitarisme avorté

Ce retour est tout autant un prolongement qu'un tournant, même s'il sert de révélateur à la crise du pétainisme orthodoxe, déjà ébranlé par les actes du gouvernement précédent. Répression accrue, marginalisation de la Légion, promotion des préfets, prise de distance à l'égard de l'Église, lutte prioritaire contre le communisme ne datent pas de Laval. La dyarchie existe de fait avant d'être officialisée, et avec elle la guérilla que mène le cabinet du Maréchal contre celui du « principal ministre ».

Laval laisse dépérir les rameaux contre-révolutionnaires du régime pour ne garder que ce qui peut le servir, le SOL plutôt que la Légion. S'il y a tournant, c'est parce que la collaboration occupe tout l'espace politique et ramène, pour l'essentiel, la Révolution nationale à son aspect le plus odieux : la chasse aux catégories qui lui ont été sacrifiées. De ce fait, l'ouverture républicaine et « socialiste » tentée par Laval éteint vite les espoirs qu'elle a pu susciter[22] et se limite aux franges du collaborationnisme, avant que la pression allemande ne contraigne, à la fin de 1943, à des concessions supplémentaires.

Mais alors, depuis un an, l'État français, sans flotte, ni empire, ni zone libre, est-il autre chose qu'un appendice, secoué par les mouvements de la puissance dominante dont les clans au pouvoir entretiennent vassaux et clients dans une relation qui n'est pas unilatérale, mais de réciprocité dans le calcul d'intérêt, et où, dans une capitale d'opérette, les révolutions de palais des uns répondent aux rivalités des autres, tandis que le régent règne, mais ne possède même plus les apparences du pouvoir ? C'est un État croupion qui tente désespérément d'affirmer une souveraineté qu'il n'a plus. Sa base se délite rapidement et s'enfonce dans l'abstention ou, comme la Légion, dans une semi-opposition, alors qu'au sommet cohabitent dans une alliance de raison les vestiges du large front de 1940, cherchant des échappatoires, les fidèles du Maréchal dans les institutions qu'ils ont abattues, la Milice dans la croisade anticommuniste, Laval et les siens dans l'échaffaudage de solutions politiques à l'inévitable transition. État policier ? État milicien ? La tragédie d'une répression qui est devenue, avec la collaboration, sa seule raison sociale ne doit pas cacher sa déliquescence. Parler de fascisation alors, n'est-ce pas un abus de langage ? L'appareil de cet État — qui, lui, reste solide —, pénétré par le doute ou par la Résistance, lui échappe. La défection massive de la gendarmerie en juin 1944 le montre sans équivoque, et la faiblesse des effectifs miliciens permet de mesurer combien la fascisation de la vieille droite est restée limitée.

En revanche, s'il y a un moment dans l'histoire de Vichy où s'est ébauché un totalitarisme à la française, n'est-ce pas durant la « dictature Darlan », « la belle époque des grandes réformes »[23] ? Pragmatique, dirigiste, soucieuse d'efficacité, ne s'embarrassant guère de scrupules et encore moins d' « idéologie », la politique de l'amiral bouscule les projets du Conseil national, cantonne la Légion, limite l'influence du catholicisme militant, encadre un peu plus la jeunesse, veut modeler l'opinion et contourner la justice civile. Appuyée sur l'administration, la police et les militaires — surtout les marins —, dont le pouvoir est renforcé, elle unit la volonté de modernisation des uns, le projet fasciste de certains et l'autoritarisme de presque tous. Promus depuis l'été 1940, des gestionnaires et des techniciens — dont l'amiral est un bel exemple — veulent forger une Révolution nationale réaliste, préparant l'intégration du pays dans l'ordre européen futur et de ce fait inséparable de la collaboration. La guerre à l'Est permet de pousser quelques feux supplémentaires, sans pouvoir éliminer tous les freins que les divers conservatismes opposent[24]. Les éléments du « tournant » de l'été 1941 sont trop connus pour que l'on y insiste. Remarquons cependant que le gouvernement, à travers certains de ses membres les plus marquants (Pierre Pucheu, mais l'amiral Darlan n'a-t-il pas cette tentation ?), paraît chercher à constituer une base plébéienne en freinant l'épuration politique, en appuyant les syndicalistes (Charte du travail imposée à l'arraché, libération d'internés) et les « durs » de la Légion.

À partir du printemps 1941, commence la phase des choix décisifs pour ceux, nombreux, qui se situent encore au sein du régime. Il faut choisir les priorités. Lutte anticommuniste ou lutte contre l'Allemagne ? Totalitarisme ou démocratie ?

Révolution nationale ou libération nationale ?

Le régime de 1940 ne se prétend pas achevé. Il se modifie au fil du temps. Il prend forme selon les fluctuations des événements et des rapports de forces. Il est en gestation, et bien des mesures sont conçues comme des étapes. Derrière une idéologie-écran souvent surannée, travaillent ceux qui veulent bâtir du neuf en suivant une voie que d'autres régimes européens ont tracée. Vichy est assurément la résurgence d'un passé très ancien, mais les archaïsmes sont aussi porteurs d'un avenir.

Cette Révolution nationale a avorté. Elle n'a pas eu le temps nécessaire à toute définition d'un régime au départ improvisé, celui que Salazar ou Mussolini ont mis pour élaborer leur synthèse. Elle n'a pas eu non plus le temps et la paix dont Thiers avait bénéficié.

Son échec ne vient pas tant des problèmes posés par l'hétérogénéité de sa composition première ou par le freinage de l'Église — d'autres pays les ont surmontés — que des contradictions nées des quatre termes autour desquels le régime paraît osciller avant de choisir : la République, la Révolution nationale, la collaboration et la libération nationale.

La Révolution nationale reçoit les aspirations contradictoires des courants divers qui la composent. Mais, pour beaucoup de ses partisans du « temps des illusions », l'alternative n'est pas Révolution nationale ou libération nationale, mais Révolution nationale et libération nationale. À partir du moment, variable selon les individus, où il devient évident que la première se noue de plus en plus étroitement à la collaboration et que la deuxième ne fait pas partie des perspectives plus ou moins lointaines, cachées, mais réelles, de Vichy, le régime perd l'aile pour qui la patrie passe avant le travail, la famille et l'ordre.

La République sert de repoussoir en 1940, mais à des degrés divers, avant de resurgir épisodiquement, surtout à partir de 1942. C'est l'une des évolutions les plus significatives de la période que cette remontée parallèle de la République, tant du côté du pouvoir, avec Laval en particulier, qui aurait bien voulu récupérer la tradition républicaine, que du côté de la Résistance, qui l'intégrait effectivement.

Né de la défaite, le régime de Vichy meurt de la collaboration. Son nationalisme n'incarne pas l'idée nationale. Ses velléités totalitaires sont condamnées pour leurs similitudes avec les pratiques de l'occupant.

C'est entre 1940 et 1942, en particulier après juin 1941, que l'association de la Révolution nationale et de la collaboration apparaît comme définitive et renvoie les tenants de la libération nationale prioritaire vers la République, seule susceptible d'assurer et la libération, et la révolution. Alors finit de s'opérer la polarisation décisive entre Résistance-République et Révolution nationale-collaboration (toutes nuances confondues), avant de recouvrir le vieux clivage de la République, celui des blancs et des rouges. Avec Laval, ou sous lui, s'impose l'évidence de la vanité d'une « révolution » sous contrôle ennemi[25].

C'est ce qu'affirmait, à l'automne 1940, le manifeste, vraisemblablement fondateur, du MLN : « La Révolution nécessaire ne se fera pas tant que l'Allemagne sera à même de nous dicter sa volonté. Dans l'ordre chronologique, cette Révolution viendra après la LIBÉRATION NATIONALE, laquelle vise à bouter le Boche hors de France[26]. »

Jean-Marie GUILLON

NOTES

1. Henri Michel, *Pétain et le régime de Vichy,* Paris, PUF, 1986, p. 48.
2. Henri du Moulin de Labarthète, *Le Temps des illusions,* Genève, Constant Bourquin, 1946, p. 429.
3. Citations qui nous permettent d'indiquer une série non exhaustive d'ouvrages largement utilisés. Dans l'ordre, Jean-Pierre Azéma, *De Munich à la Libération,* Paris, Le Seuil, 1979, p. 78 ; René Rémond, « Conclusion », *in Le Gouvernement de Vichy 1940-1942,* Paris, Presses de la FNSP, 1972, pp. 297 et 302 ; Michèle Cointet-Labrousse, *Vichy et le fascisme,* Bruxelles, Complexe, 1987, p. 13 ; Marc Ferro, *Pétain,* Paris, Fayard, 1987, p. v ; Jean Plumyène, *Pétain,* Paris, Le Seuil, 1964, p. 130 ; Henri Michel, *op. cit.,* p. 105 ; Harry R. Kedward, *Naissance de la Résistance dans la France de Vichy,* Paris, Champ Vallon, 1989, p. 134 ; Stanley Hoffmann, *in À la recherche de la France,* Paris, Le Seuil, 1963, p. 66, et *Essais sur la France,* Paris, Le Seuil, 1974, p. 18.
4. Par exemple, le Front paysan ou la réforme de l'État.
5. Paul Morand, *Chroniques de l'homme maigre,* Paris, Grasset, 1941, p. 175, aphorisme repris par Gérard Miller, *Les Pousse-au-jouir du maréchal Pétain,* Paris, Le Seuil, 1975, p. 44.
6. Charles Rist, *Une saison gâtée,* Paris, Fayard, 1983, pp. 146 et 162, et Maurice Agulhon, *Histoire vagabonde,* tome 2, Paris, Gallimard, 1988, p. 234.
7. Denis Peschanski « Du régime d'exception à l'assainissement national », *in* Jean-Pierre Rioux, Antoine Prost, Jean-Pierre Azéma (dir.), *Les Communistes français de Munich à Châteaubriant,* Paris, Presses de la FNSP, 1987, p. 155.
8. Marc Sadoun, *Les Socialistes sous l'Occupation,* Paris, Presses de la FNSP, 1982, p. 69. Un exemple : Jean-Marie Guillon, « Vichy et les communes du Var ou les dilemmes de l'épuration », *Provence historique,* 134, 1983, pp. 383-404.
9. Joseph Barthélemy, *Ministre de la Justice,* Paris, Pygmalion-Gérard Watelet, 1989, p. 34, et intervention de Pierre Pucheu sur les camps d'internement à la conférence des préfets régionaux, Avignon, 20 février 1942.
10. Joseph Barthélemy, *op. cit.,* p. 126.
11. Raoul Girardet, *Mythes et mythologies politiques,* Paris, Le Seuil, 1986, pp. 83 et 128.
12. Roger Bourderon, « Nouvelles remarques sur l'État français 1940-1944 », *Cahiers d'histoire de l'Institut Maurice-Thorez,* 20-21, 1977, p. 153, et Yves Durand, *La France dans la 2e Guerre mondiale 1939-1945,* Paris, Armand Colin, 1989, p. 57.
13. Marc Bloch, *L'Étrange Défaite,* Paris, Gallimard, rééd. 1990, p. 182. Voir Christian Faure, *Le Projet culturel de Vichy,* Lyon-Paris, Édition du CNRS-PUL, 1989, pp. 272-275.
14. Eugen Weber, *L'Action française,* Paris, Fayard, rééd. 1990, pp. 486-488, et conclusion de Zeev Sternhell, *Ni droite, ni gauche,* Bruxelles, Complexe, 1987.
15. Voir Pierre Laborie, *Résistants, vichyssois et autres,* Paris, Édition du CNRS, 1980, 2e partie et conclusion, et les remarques de Marc Bloch, *op. cit.,* p. 211.
16. Outre Marc Bloch, *op. cit.,* Pierre-Marie de La Gorce, *La République et*

son armée, Paris, Fayard, 1963, pp. 403 et 432, et Gérard Chauvy, *Lyon 40-44,* Paris, Plon, 1985, p. 128 (pour une illustration patronale significative).

17. Jean Yole, *La Terre et les vivants,* Paris, Édition Alsatia, 1943, p. 73 (paraphrase de Ramuz par un écrivain vendéen, maire et futur sénateur).

18. Voir *Revue du Nord,* 2, hors série, 1988, tome 1, notamment Yves Le Maner « Les Municipalités du Nord - Pas-de-Calais sous l'Occupation : pouvoir local, pouvoir français, pouvoir allemand », pp. 239-240.

19. Voir Christian Bougeard, *Le Choc de la guerre dans un département breton : les Côtes-du-Nord des années 20 aux années 50,* Rennes, thèse d'État, pp. 694 et suiv.

20. F.-A. Baptiste, « Le régime de Vichy à la Martinique », *Revue d'histoire de la 2e Guerre mondiale,* 111, 1978, pp. 1-24.

21. Marcel Peyrouton, *Du service public à la prison commune,* Paris, Plon, 1950, p. 29, et Claude Bourdet, *L'Aventure incertaine,* Paris, Stock, 1975, p. 48.

22. Marc Sadoun, *op. cit.,* pp. 59-62, et Yves Le Maner, « Élément pour une histoire des socialistes du Nord - Pas-de-Calais pendant l'Occupation », *Revue du Nord,* tome 2, *op. cit.,* p. 852.

23. Du Moulin de Labarthète, *op. cit.,* p. 144, et amiral Auphan, *Histoire élémentaire de Vichy,* Paris, France-Empire, 1971, p. 137. Voir la biographie de l'amiral par Hervé Coutau-Bégarie et Claude Huan, *Darlan,* Paris, Fayard, 1989, chapitres XV et XVI.

24. Sur ce « grand tournant » et sur la continuité Darlan-Laval, Robert O. Paxton, *La France de Vichy 1940-1944,* Paris, Le Seuil, 1973, pp. 215-218, et René Rémond *in Le gouvernement..., op. cit.,* p. 306.

25. Joseph Barthélemy, *op. cit.,* p. 332, mais aussi François Valentin, cité par Robert Aron, *Histoire de Vichy,* Paris, Livre de Poche, rééd. 1966, tome 2, p. 307, et René Bousquet, *in* Hoover Institute, *La Vie en France sous l'Occupation 1940-1944,* tome 1, Paris, Plon, 1957, p. 556.

26. *La Libération nationale,* texte dont l'attribution est parfois contestée, mais identifié par les trois chercheurs qui, parallèlement, en ont retrouvé les versions, Jean-Louis Cuvelliez à Toulouse, Daniel Cordier aux Archives nationales (extraits *in Jean Moulin, l'inconnu du Panthéon,* tome 1, Paris, J.-C. Lattès, 1989, p. 25), et Jean-Marie Guillon dans le Var (*in La Résistance dans le Var,* thèse d'État, Aix-en-Provence, 1989, tome 3, pp. 82-89).

2.

Propagande et modelage des esprits

« Le gouvernement a agi, et ses réalisations sont l'expression en actes des mots d'ordre donnés par le Maréchal [...]. La Révolution nationale est en marche. Elle s'accomplit dans l'ordre grâce à l'adhésion volontaire de l'immense majorité du peuple français aux références du Maréchal[1]. » L'esprit de ces « thèmes de propagande » de la fin d'août 1940 était bien éloigné de la conception démocratique et libérale des dirigeants de la IIIe République finissante, qui, même en temps de guerre, se refusaient à toute action sur l'opinion[2].

Les conditions politiques n'étaient plus les mêmes dans l'été 1940, quand s'était instauré l'État français. S'étant délibérément privés des hommes et des institutions qui servaient depuis plus de soixante ans de relais avec les gouvernés, les responsables de Vichy se devaient de les remplacer par d'autres moyens d'action pour assurer la popularité du « Maréchal de France, chef de l'État », et imposer la diffusion des principes de la « Révolution nationale » qui remodèlerait la société française pervertie par le « régime défunt ». La propagande devient donc un instrument de gouvernement indispensable. En fait, son organisation définitive ne prend forme qu'avec l'arrivée au secrétariat général adjoint à l'Information de Paul Marion (mars 1941). Dans l'intervalle (d'août 1940 à février 1941), on met sur pied des entreprises plurielles (et souvent instables en raison de la conjoncture politique) qui préparent ainsi le terrain.

Les premiers pas de la propagande

Le contrôle sur l'information dont Pétain dispose depuis la démission de Paul Reynaud (16 juin 1940) fait l'objet d'une âpre rivalité entre la vice-présidence du Conseil, qui obtient de coiffer ses services, avant comme après le 13 décembre, et l'entourage du Maréchal.

Le cas de Laval est particulièrement suggestif. Parce qu'il est toujours attentif aux problèmes de la presse et de la radio et qu'il en mesure l'importance, il manœuvre assez habilement pour s'assurer de ce « poste clé », d'abord par délégation de pouvoir (12 juillet), puis directement, comme « chargé de l'Information » (6 septembre). Dans ce secteur où tout est à réorganiser, il met à profit ses habitudes de « clientélisme ». Deux anciens parlementaires d'horizons politiques différents, Jean Montigny, un radical indépendant, et Jean-Louis Tixier-Vignancour (venu de l'extrême droite après un court flirt avec le PPF), se partagent les responsabilités de la presse, de la radio et du cinéma en récompense de l'appui qu'ils ont apporté depuis le début de juillet aux projets constitutionnels de Pierre Laval. Plus tard, un de ses fidèles, Pierre Cathala, accède au poste de secrétaire général, qu'il garde jusqu'au renvoi de son « patron ». Dans le même souci de disposer d'hommes sûrs pour faire prévaloir sa politique de collaboration, il recourt à de vieux amis : le rédacteur en chef de son journal, *Le Moniteur du Puy-de-Dôme,* René Bonnefoy, est mis à la tête du journal parlé en septembre 1940, et un autre, Henry Prété, d'abord chargé des services de censure et de presse, prend la direction du très officiel Office français d'information, qu'il avait précédemment organisé (septembre-novembre).

L'après-13 décembre n'est pas moins caractéristique. Le débat qui s'engage alors entre Paul Baudouin, chargé des questions d'information comme secrétaire d'État à la présidence du Conseil, partisan du *statu quo,* et Pierre-Étienne Flandin, qui obtiendra à l'arraché le rattachement du secrétariat général aux Affaires étrangères (4 janvier 1941), témoigne de l'importance que les premiers gouvernements de Vichy attachent à ces services ministériels.

Pétain ne s'y trompe pas qui introduit, dès septembre 1940, un officier sur lequel il peut compter, le colonel Schiffer, à l'intérieur de ces bureaux... pour l'informer[3].

Il faut aussi compter très tôt avec la concurrence qu'exercèrent des centrales de propagande animées directement ou indirectement par le cabinet civil du Maréchal. Un personnage y joua un rôle fort important : le docteur Bernard Ménétrel, issu de l'Action française. Ce fut lui qui mit sur pied, en octobre 1940, un Bureau de documentation qui avait pour mission de diffuser du matériel de propagande et de former des conférenciers. Il réserva également un excellent accueil à un propagandiste d'extrême droite, Gabriel Jeantet, qui venait de fonder une association privée, l'Amicale de France, dont l'objet était de « participer à l'œuvre de redressement national ». Doté d'un bulletin, *Le Bulletin de France* (créé en novembre), l'Amicale ouvrit des Centres de propagande pour la Révolution nationale qui essaimèrent dans les grandes villes de la zone sud, où le public pouvait s'approvisionner en affiches, tracts et photographies qui exaltaient la personne de Pétain et sa doctrine. À partir d'avril 1941, elle proposa à ses correspondants de constituer des « Équipes du Maréchal » auxquelles on demandait d'obéir aveuglément à ses mots d'ordre, « quels qu'ils soient[4] ». Pour « éclairer le peuple de ce pays », une étroite liaison avec la Légion était requise. Les dirigeants de l'Amicale de France ne s'y trompaient pas : au début de 1941, la Légion (fondée depuis août 1940) disposait en zone « libre » de l'organisation de propagande la plus importante, tant sur le plan de son implantation régionale et départementale que sur celui de ses moyens d'action — presse et radio[5].

À ce stade de l'évolution du régime de Vichy, il reste encore beaucoup à faire en matière de propagande d'État. Des services ministériels sont en place, qui assurent la censure et l'orientation des journaux et de la radio, mais ils sont désorganisés par l'instabilité politique qui a suivi la chute de Pierre Laval. Des centrales de propagandes existent bien autour du chef de l'État (on en recensait alors quatorze !), mais, à de rares exceptions, elles risquent de contrecarrer leurs efforts. Un coordinateur est donc nécessaire : sorti de son stalag d'Allemagne, Paul Marion va être celui-là[6].

La propagande autoritaire

Dans le cadre du gouvernement Darlan, auquel il a été recommandé par ses amis « synarques », Marion est nommé le 23 février 1941 secrétaire général adjoint à la vice-présidence du Conseil, chargé de l'Information et de la Propagande. Il est chapeauté par un petit comité composé de Lucien Romier, Henri Moysset, du Moulin de Labarthète, et surtout ses fonctions sont subordonnées à celles de Darlan, vice-président du Conseil, qui exerce aussi les attributions de ministre de l'Information. Au début, Marion a les mains libres pour appliquer ses idées. Partisan d'une collaboration active avec l'occupant, il entend conjointement contrôler l'information et diriger la propagande, rompant ainsi avec la multiplicité des services existants. Secondée par François Chasseigne, ex-secrétaire du Rassemblement pour la Révolution nationale, qu'il nomme directeur de la propagande, et confortée par le renforcement des tendances autoritaires du gouvernement Darlan, la politique de Marion prend forme.

L'intérêt que le nouveau venu manifeste envers la propagande s'explique par son itinéraire. Durant les années 1920, il exerce ses talents de propagandiste dans les rangs du PCF. Quelques années plus tard, on le retrouve doté de responsabilités similaires au sein du PPF. Lorsqu'il prend ses fonctions à Vichy, le secrétaire général est convaincu qu'« une organisation spécialisée est nécessaire pour faire rentrer la Révolution nationale dans le cœur et l'esprit de tous ». Sa conception est claire : dans une nation moderne, une propagande moderne est indispensable. Si l'on veut vraiment agir auprès d'une opinion publique, il importe de se servir de tous les leviers possibles, dans le cadre de l'État. L'individu est incapable de se forger lui-même une opinion, à plus forte raison lorsque la période est aussi tendue et délicate et devient à chaque instant plus compliquée ; seul l'État est en mesure d'expliquer les événements, seul il a le droit de donner une interprétation de la situtation ; d'où l'obligation d'imposer une censure stricte, d'orienter étroitement la presse, la radio et le cinéma.

S'agissant de la presse, Marion assigne d'emblée un objectif : il veut préparer par paliers « le passage du système archaïque de la censure au régime plus moderne de l'inspiration ». À la source, l'Office français d'information (OFI), la « pièce maîtresse » de la politique du gouvernement ; « elle est aux journaux ce qu'est le chimiste au pharmacien » et distille l'information ; celle-ci doit être développée de façon à orchestrer les mesures gouvernementales en leur assurant une publicité tout en évitant une trop grande uniformité de présentation. Partisan indéniable de la collaboration, il n'hésite pas à écrire qu'il faut obtenir des journaux « le conformisme le plus étroit[7] » dans l'ordre de la politique extérieure, quitte à leur laisser davantage de liberté en matière de politique intérieure, sociale et économique. Dans une note du 10 mai 1941, Marion, dressant un bilan de son travail des premiers mois, souligne qu'il s'est attaché à donner « aux notes d'orientation envoyées aux chefs de censure comme aux directeurs de journaux un caractère concret. Par cette méthode, nous avons pu orchestrer un certain nombre de décisions du gouvernement[8] ». Schémas d'articles, notes d'argumentation préparés par un bureau d'études, insertions obligatoires font partie de ses méthodes de travail.

La censure joue un rôle de tout premier plan sous la direction de René Vincent, un proche de Marion. Pour éviter les imprudences, les fausses interprétations, un contrôle préventif est nécessaire. Les censeurs doivent, selon Marion, « devenir désormais des orienteurs » et agir auprès des directeurs de journaux, par une combinaison permanente de la persuasion et de la sanction.

Plus novatrices sont les structures proprement dites de la propagande que le secrétaire général s'efforce de mettre en place. Lorsqu'il prend ses fonctions, quatorze organisations diverses, depuis les équipes dorgéristes jusqu'à l'Amicale de France, tiennent des réunions ; chacune au gré d'initiatives personnelles s'est mise en tête de convaincre, d'expliquer, d'enrôler de nouvelles recrues au service du Maréchal, mais il n'y a pas à proprement parler de Direction de la propagande. Marion, allant dans le sens préconisé par l'amiral Darlan, préoccupé d'union nationale, veut « regrouper et unifier les institutions isolées, organiser un service homogène et ramifié, adapter la propagande en la spécialisant[9] ». Son but est d'empêcher que, localement, des partis comme le PPF ou le Progrès social français (nouvelle appellation du PSF après juillet 1940) aient le monopole de la propagande, afin que celle-ci soit également confiée à des personnalités représentatives : notables de l'administration, de la magistrature, membres de syndicats ouvriers qui symbolisent, selon ses dires, une union et non une faction.

Dès le mois de mars, il adresse à son ministre « un plan précis organisant toutes les branches de la propagande », dont ce dernier reprend les grandes lignes dans la circulaire du 19 avril qu'il destine aux préfets[10].

Désormais, un seul organisme remplace les autres : pour élargir l'action entreprise jusqu'ici et gagner de nouvelles couches de population à la Révolution nationale, le secrétariat général à l'Information constitue auprès de lui un Comité central de propagande sociale du Maréchal « qui réunit, avec des hommes ayant acquis, dans les groupements politiques d'autrefois, une longue expérience, les représentants des divers organismes officiels s'étant occupés de propagande ». Des comités locaux et départementaux sont organisés pour :

« 1) exposer et reprendre la politique de Révolution nationale ;
« 2) faire comprendre que le succès de l'œuvre entreprise par le chef de l'État dépend dans tous les domaines du concours actif des Français et des Françaises de bonne volonté ;
« 3) grouper, sur le plan local comme sur le lieu de travail et dans l'ordre corporatif, tous ceux qui veulent apporter à cette œuvre le don de leur temps, de leur ferveur et de leur personne ».

Des délégués à la propagande dont la fonction principale est de coordonner l'activité de tous les services existants sont mis en place. Ils sont censés agir en liaison avec la Légion des combattants et ont sous leur autorité des organismes déjà constitués comme le Centre de propagande de la Révolution nationale, les Équipes du Maréchal. Sur le terrain, ils constituent les « comités locaux » avec le concours de personnalités disposant d'une influence morale ou sociale, de tous les « porteurs de la pensée » du nouveau régime, regroupés pour former un comité de patronage [11]. Un comité d'action est également formé, comprenant des militants actifs, des membres d'organisations de jeunesse, et chargé d'exécuter les tâches de la propagande (collage des affiches, distribution de tracts).

Alors qu'auparavant les propagandistes se considéraient comme indépendants des pouvoirs publics, au contraire, les délégués sont étroitement subordonnés à l'autorité des préfets départementaux et régionaux. « Je veux que la propagande de l'État soit mise sous le contrôle des préfets », écrit ainsi Marion au Maréchal. Si l'on ajoute que ces mêmes délégués doivent être en osmose avec les notables, on assiste là à une tentative déguisée de reprise en main de la société par l'État.

Grâce à François Chasseigne, au début du mois de juin, la majorité des délégués à la propagande sont en place et peuvent se réunir à Vichy le 12 de ce mois [12]. Pour l'ensemble de la zone libre, on compte une trentaine de délégués départementaux, qui appartiennent à tous les milieux ; ils sont jeunes (vingt-huit à quarante ans). Beaucoup ont été recrutés dans l' « organisation Jeantet », quelques-uns ont été nommés sur recommandation de Pétain et de Darlan. Tous ont été laissés dans les milieux qu'ils connaissaient. S'il est encore trop tôt pour voir sur le terrain l'activité de ces hommes, on mesure les efforts réalisés par le gouvernement pour encadrer la population. Des échos parviennent, tel ce rapport du délégué départemental de Dordogne en date du 25 juin, qui se montre satisfait du travail entrepris dans les communes rurales mais réclame des conférences dans les centres importants du département. « Une cinquantaine de ces conférences dissiperaient bien des malentendus et provoqueraient les ralliements des hésitants », ajoute-t-il. Une note du 2 septembre 1941 précise que ces structures « ont indiscutablement permis un redressement très net de l'opinion publique en faveur du Maréchal, de son gouvernement et de la politique de collaboration ».

En zone nord, sous l'impulsion de Marion, un corps de délégués à la propagande sociale s'est créé autour du conseiller municipal Trochu, avec quelques politiques, syndicalistes, patrons et jeunes. À l'issue d'une réunion en avril 1941, quelques comités locaux et départementaux se sont créés. Ils sont « chargés d'orienter la propagande dans le sens du gouvernement de Vichy » et de gagner à la collaboration européenne, de façon discrète et peu bruyante, des gens jusqu'alors peu convaincus[13]. Après les avoir tolérés, les autorités allemandes s'emploient à dissoudre ces comités, ne les jugeant pas assez collaborationnistes.

En février 1942, Marion fait le point sur l'activité des délégués à la propagande dans les deux zones. Ceux-ci doivent fonder leur travail sur les idées exposées par le Maréchal dans ses messages, sans toutefois qu'il leur soit possible de faire un tri. Des délégués cantonaux, des correspondants communaux choisis parmi les maires, curés, instituteurs, médecins, présidents des chambres de commerce, les assistent. En outre, il existe une équipe de conférenciers qui tiennent des réunions soit dans les chefs-lieux, soit dans des usines où des délégués sont allés exposer ce qu'est la Charte du travail. Marion ne cache pas que le recrutement des délégués à la propagande a été rendu difficile parce qu'il a été recommandé de ne s'adresser qu'à des hommes sans passé politique. Sur quarante délégués de zone sud, on compte seulement six PPF[14].

Pour former les propagandistes, leur donner des directives communes et les entraîner aux diverses techniques de propagande, Marion crée en 1941 une école des cadres au Mayet-de-Montagne (Allier) et nomme à sa tête d'abord un agrégé de philosophie, Maurice Gaït, puis, en janvier 1942, un géographe, Jean-François Gravier. L'école reçoit une trentaine de stagiaires pour des sessions de trois semaines. Moysset, Pucheu, Huntziger, Chasseigne, Creyssel figurent parmi les intervenants. Certaines catégories sociales, comme les instituteurs, les chefs de cabinet de préfets, des syndicalistes ouvriers ou les officiers de l'armée d'armistice, auront des stages réservés.

Dans sa tentative d'édification d'une propagande officielle, Marion se heurte à l'existence d'une propagande du Maréchal. Entre les deux, l'opposition est constante. La première a pour but d'expliquer la politique de collaboration, de diffuser une opinion gouvernementale, alors que la seconde répand les idées personnelles du Maréchal.

Fin 1941, le secrétaire général à l'Information et à la Propagande est contraint de se séparer de Chasseigne, mais l'existence d'un ministère à part entière est un fait acquis. Le cabinet de Marion est dirigé par Romain Roussel, tandis que François Gaucher supervise le service de propagande.

Creyssel et Henriot : deux méthodes

En décembre 1941, quand souffle sur le pays « un vent mauvais » et que Darlan commence à s'inquiéter des manigances du « clan Pucheu », Henry Moysset, ministre d'État, chargé particulièrement de contrôler l'information, convoque à Vichy l'avocat Paul Creyssel. Il lui fait part du désir que Ménétrel et lui-même ont de l' « introduire au secrétariat général pour exercer sur la propagande une direction conforme à la manœuvre politique de Darlan » ; sa qualité d'ancien parlementaire (passé du radical-socialisme au PSF, il avait été député depuis 1931) est nécessaire pour accomplir « cette mission »[15].

Dans les premiers mois de 1942, Creyssel s'installe à l'hôtel Astrid, comme chef de la propagande en zone sud, à charge pour lui de « recruter et d'animer les délégués régionaux et départementaux » fonctionnaires auprès des préfets et de « constituer un corps de délégués de cantons et communaux non fonctionnaires ». Il doit également « unifier derrière le gouvernement les tendances de l'opinion, expliquer et défendre les lois et actes [de celui-ci] et faciliter les négociations avec les occupants[16] ». Ces attributions limitent nettement celles de Marion, dont le départ est plusieurs fois annoncé.

À son retour au pouvoir, Laval conserve les deux hommes auprès de lui : il fait de Marion un secrétaire d'État à l'Information, mais étroitement subordonné au chef du gouvernement, et dont le rôle ira en s'affaiblissant dès novembre 1942. En revanche, l'autorité de

Creyssel s'accroît, puisque, en décembre, il est nommé secrétaire général à la Propagande dans les deux zones. Laval lui accorde de larges pouvoirs pour mener à bien la tâche qu'il a déjà entreprise en zone sud. La propagande a un double objet, affirme Paul Creyssel : « maintenir l'unité, produire l'union des esprits » et « obtenir, à tout moment, l'assentiment public au régime et aux actes du gouvernement ». Adversaire de la « propagande d'agitation », il préconise celle qui par son savoir-dire suscite l'assentiment. C'est le message qu'il répète à ses propagandistes — dont le réseau est définitivement implanté en 1943 jusque dans les cantons et les communes. Très tôt, Creyssel s'est débarrassé des quelques éléments les plus « durs » ; dans l'ensemble, le corps des délégués manque d'homogénéité et représente les différentes tendances qui se recommandent du gouvernement de Vichy. Creyssel veille toutefois à les tenir « à l'écart des Allemands et des partis de collaboration », ce qui n'est pas toujours facile, et « à les soumettre étroitement aux préfets [17] ».

Pierre Laval entend que le même langage soit tenu dans la presse, qu'il considère comme le support de la propagande. À cet effet, il institue un secrétariat général à l'Information (2 décembre 1942) qu'il attribue à René Bonnefoy, évincé après le 13 décembre. Déjà directeur de la presse et de la censure, celui-ci assure la responsabilité d'autres services — le Service central photographique, celui des émissions radioélectriques, la liaison avec la Corporation de la presse française de zone nord et la direction générale de l'OFI. En fait, cet homme-orchestre est surtout un fidèle exécutant qui surveille de très près les consignes aux journaux. La grande affaire, pour lui, est de suivre l'application de la convention passée avec la presque totalité des directeurs de journaux le 6 janvier 1943, qui marque un assouplissement du contrôle par une autocensure des rédacteurs.

Creyssel et Bonnefoy se présentent donc comme des propagandistes attachés à gérer une conjoncture internationale rendue délicate avec les retombées qu'elle peut produire sur le plan intérieur. Leur équipe a rompu avec les « grand'messes » de 1941, et elle s'emploie, non sans mal, à « éclairer et guider l'opinion », et, d'un point de vue « défensif », à prévenir les Français contre l'Axe, « les embûches des mensonges intéressés [18] ».

Une telle expérience, qui privilégie le contrôle à la contrainte, présuppose un consensus à l'intérieur du gouvernement. La lutte pour le pouvoir entre Pétain et Laval entraîne, en décembre 1943, une réaction des autorités allemandes : le premier visé, Creyssel, qui ne cachait pas son hostilité aux occupants, fut contraint de démissionner ; les Allemands exigent, dans le remaniement ministériel qui se prépare, la présence de Philippe Henriot au poste de secrétaire d'État à l'Information et à la Propagande sous l'autorité du chef du gouvernement[19]. Marion est relégué à un secrétariat d'État purement honorifique, parce que Berlin souhaite que demeure au gouvernement un homme dévoué à la politique de collaboration.

Philippe Henriot devait sa nomination à sa « voix ». Catholique militant venu à la politique (il fut député de 1932 à 1940), il est entré en pétainisme inconditionnel après la défaite avant d'opter pour un engagement milicien total. Ses interventions à la radio de Vichy, en 1943, ont révélé un orateur qui n'irritait pas seulement ses adversaires résistants, mais aussi des responsables de la propagande comme Creyssel, lequel avait tenté de freiner « de son mieux » son zèle milicien sur les ondes.

Devenu membre du gouvernement, Henriot entend poursuivre la guerre contre « un adversaire insaisissable » qui menace « les esprits et les cœurs », et auquel il faut « faire rendre gorge ». À des heures de grande écoute (12 h 30 et 19 h 30 avec rediffusion une ou deux heures plus tard), il poursuit des allocutions qui lui permettent de « s'exposer le plus possible », parce qu'il ne lui paraît pas « concevable » de ne pas répondre à « ceux d'en face », qui mentent « deux fois par jour ». Avec son langage souvent démagogique et toujours violent, Henriot ne perd pas l'espoir d'emporter l'adhésion de ceux qui ne sont pas « encore convaincus[20] ».

Pour mieux assurer le succès de son entreprise, il renoue avec la méthode qui a réussi à Marion en 1941 : il se donne un cabinet en majeure partie autoritaire et jeune, dont l'objectif est de se superposer aux chefs des services ministériels pour les épurer et les évincer. Les dégâts sont relativement limités à la Direction de la presse et de la censure, où Laval mène bonne garde. En revanche, à la radio, l'un des chefs adjoints du cabinet, Taddei de la Torella, se livre à une véritable chasse aux responsables en place, parfois avec l'aide de la police allemande.

La même volonté d'imposer des cadres militants aux services extérieurs explique l'esprit de la loi du 26 février 1944 : censés les réorganiser, elle profite principalement aux délégués régionaux, qui sont désormais nommés par le ministre « après avis du préfet régional » (dont il peut fort bien ne pas tenir compte) ; en tout cas, leur autorité est bien affirmée, puisqu'ils ont même rang que les intendants de police et accès aux informations politiques de caractère régional auprès de l'administration préfectorale[21].

La période d'incertitude qui suit la nomination de Philippe Henriot et l'évolution des événements extérieurs favorisent la décomposition du corps des délégués départementaux et d'arrondissement. Avant le 6 juin 1944, certains ont déjà abandonné leur poste. L'exécution d'Henriot par la Résistance (28 juin) ramène Marion sur la scène, mais il n'a plus les moyens de redresser une situation devenue irréversible. Après le débarquement en Normandie, la censure allemande devient obligatoire en zone sud, les services français étant relégués au rôle de courroies de transmission. Dérisoire issue d'une propagande qui a balancé entre la méthode musclée du Marion de 1941 et le contrôle plus en douceur de Creyssel et Bonnefoy...

Pour mettre en condition ses administrés, l'État français n'a pas lésiné sur les moyens financiers, comme l'attestent les documents comptables auxquels nous avons eu accès. Si le montant global des crédits affectés à l'information et à la propagande passèrent en deux ans (mai 1941-1943) de 350 millions de francs à 318 millions, pour chuter à 278 millions dans les prévisions budgétaires de 1944, ceux réservés aux services techniques — impression et diffusion du matériel de propagande, organisation des « campagnes » et « fêtes » (1er-Mai, fête de Jeanne d'Arc) — ne cessèrent de s'accroître en 1942 et en 1943, passant de 45 à 76 millions de francs.

On sait aussi que les responsables de la propagande n'ont pas hésité à puiser, le cas échéant, dans les « subventions budgétaires à différents organismes », chapitre introduit par Marion dans la loi de finances du 28 juin 1941, pour aider des journaux et des agences de presse autres que l'OFI. Son procès en Haute Cour et celui de Creyssel ont établi que cette « caisse noire » a permis de subventionner indirectement les services de propagande en mettant à leur disposition des sommes qui s'élevaient à près de 2 millions par mois en 1942-1943[22]. Autant de signes non négligeables de la boulimie de cet appareil d'État.

Le modelage des esprits

Parmi les moyens dont disposent les services de l'information pour agir auprès de l'opinion publique, il faut noter la part prise par l'élaboration des thèmes et idées de propagande dont est chargé le bureau de conception et d'études. À côté des notes d'orientation destinées à la presse, à la radio, celui-ci rédige également des bulletins spéciaux, à l'usage des délégués, qui sont les documents essentiels de la propagande du régime ; on y trouve exposés, outre les sujets à développer, les contre-arguments à opposer aux détracteurs du gouvernement et des questions d'actualité traitées par les orateurs du régime : François Chasseigne, Paul Creyssel, Philippe Henriot.

À cela s'ajoute un secteur technique entièrement consacré à la mise en œuvre du matériel de propagande, brochures, agendas, almanachs, affiches, etc. Les premières réalisations concrètes — diffusion de brochures, d'affichettes — commencent à se faire sentir au mois d'août. En fonction des thèmes, d'importantes campagnes sont lancées, auxquelles il participe activement. À cet égard, une fête comme celle du 1er mai 1941, voulue par le Maréchal « pour honorer le travail et les ouvriers », permet de mieux comprendre les mécanismes utilisés par le secrétariat général à l'Information et à la Propagande.

Plusieurs dispositions sont prises. Des affiches de deux modèles sont confectionnées dans des imprimeries de la zone sud : 180 000 affiches 80 × 120, et 700 000 affiches 30 × 40, les grandes villes devant prévoir des emplacements spéciaux à cet effet. Lyon se voit attribuer 10 000 affiches 80 × 120 et 24 500 de format 30 × 40[23]. Le préfet du Vaucluse commande un millier d'affiches à ventiler dans les lieux publics et les transports ; celui des Alpes-Maritimes s'assure le concours des chambres de commerce, trésoreries, perceptions, pour y placer tracts et affiches. Des brochures et des insignes sont envoyés aux préfets, en liaison avec les délégués régionaux, à charge pour eux de les répartir judicieusement. La presse, le cinéma et la radio sont également sollicités ; une note signée de Darlan enjoint aux journalistes de rappeler les mesures concrètes prises par le gouvernement — retraite des vieux travailleurs, augmentation de salaire... — et de se faire l'écho de la visite du Maréchal à Montluçon, en ce jour du 1er-Mai, chômé et férié ; la note insiste sur les manifestations officielles avec le concours des Chantiers de jeunesse et sur la remise de décorations aux travailleurs les plus méritants. Le cinéma se voit dans l'obligation de passer des films célébrant le travail manuel. Quant à la radio, outre des communiqués officiels, on lui recommande la diffusion de chansons de métiers ainsi que des reportages célébrant le travail.

On attend beaucoup du savoir-faire des propagandistes. Le principe est de faire converger « vers un résultat commun toutes sortes d'activités apparemment spontanées et autonomes plutôt que de mettre en évidence un appareil d'État ». Les résultats du délégué départemental reposent en grande partie sur l'entreprise de séduction qu'il aura déployée et sur son doigté : « Il aura réussi si, sans déguiser la véritable figure de l'ordre nouveau, il a créé dans son département les conditions d'un plébiscite favorable[24]. » Les notables locaux qui l'entourent doivent être autant de courroies de transmission, permettant d'ajuster les directives à la mentalité du lieu.

Recruté activement par Marion et Chasseigne, le corps des délégués est au complet en 1942; partiellement renouvelé par Creyssel, il s'étend à l'ensemble du pays en 1943. Cependant, l'existence de groupes socioprofessionnels déterminés, peu perméables aux mots d'ordre généraux, fait ressortir la nécessité de propagandes spécialisées. L'une des meilleures illustrations en est la classe ouvrière : devant les délégués à la propagande, en janvier 1942, François Chasseigne insiste sur les difficultés de la tâche à entreprendre pour expliquer la Charte du travail. La classe ouvrière, parce qu'elle souffre plus que d'autres des insuffisances du ravitaillement, n'est pas dans un état d'esprit très réceptif : « Vous aurez à faire à un auditoire dont les nerfs sont mis à vif par la faim » ; il faut d'abord effacer la mauvaise impression qu'ont pu faire naître les problèmes de ravitaillement et de salaire[25]. D'où l'idée que cette propagande doit en fait être confiée à des experts, qui connaissent la mentalité de ceux auxquels ils s'adressent.

Courant 1942, il existe officiellement une propagande ouvrière, confiée à François Chasseigne, qui en expose les buts dans une circulaire de février 1943[26] : « Il s'agit de redonner confiance à la classe ouvrière presque tout entière hostile aux idées de la Révolution nationale », en démontrant que la Charte du travail n'est pas une revanche du patronat sur les lois sociales de 1936, ni une mécanique nouvelle pour embrigader la classe ouvrière, mais « une révolution sociale, destinée à réintégrer les ouvriers dans la communauté nationale ». Si, pour rallier les indécis, il importe de rappeler les réalisations sociales entreprises par le gouvernement depuis juin 1940, il faut agir auprès des militants de diverses tendances et des ouvriers internés, dont certains sur la voie du repentir sont prêts à être récupérés. À terme, les délégués ouvriers doivent influencer politiquement la classe ouvrière de façon à dresser une barrière efficace contre le communisme. La méthode préconisée est d'aller « sur le tas », dans les usines, et de bannir les exposés tout faits.

Un autre thème, la relève relayée par le STO, fait l'objet d'une campagne orchestrée par Laval lui-même : il importe de bien faire comprendre le sens de cette « sujétion » et de lutter contre le mauvais état d'esprit manifesté à son égard. Les délégués doivent faire porter leurs commentaires sur la solidarité ouvriers-paysans, et mettre en évidence le caractère européen de la lutte menée par l'Allemagne contre le bolchevisme. Des ordres sont donnés pour aider les familles des ouvriers partis en Allemagne.

En avril 1943, Chasseigne dispose en zone nord de sept délégués régionaux et de dix-huit délégués départementaux. Pour la zone sud, on compte trois délégués régionaux et quinze départementaux[27].

Sur le même modèle est établie une propagande paysanne. Les délégués sont choisis parmi des hommes dévoués, capables d'établir un circuit de confiance entre le gouvernement et la paysannerie. En 1943, il est moins question de rallier au gouvernement les masses rurales que de les pousser à livrer leur blé ! Tous ceux qui peuvent exercer une action de persuasion sur les producteurs ruraux doivent s'y employer avec la dernière énergie et utiliser les arguments élaborés par les services spécialisés pour les convaincre de coopérer[28].

Au fur et à mesure que Creyssel supplante Marion dans ses fonctions, la propagande revêt une forme différente : la répercussion en chaîne par l'intermédiaire d'élites comme les maires, les curés, les instituteurs, tend à l'emporter sur les structures plus officielles. Face aux mots d'ordre et aux discours, le système du bouche-à-oreille est reconnu : « Je crois à la propagande de bouche à oreille, c'est-à-dire un certain nombre de braves gens à qui on passe des tuyaux et qui les transmettent », proclame Creyssel en décembre 1943. Lorsque Philippe Henriot prend en charge la propagande, les délégués ne manifestent plus le même enthousiasme. Bien des démissionnaires ne sont pas remplacés ; le matériel de propagande décroît, à l'exception des éditoriaux d'Henriot, qui ont leurs propres circuits de diffusion.

Si l'on ajoute que la presse, grâce à Bonnefoy, est étroitement supervisée puisque les journalistes sont tenus d'insérer des articles obligatoires, avant de s'engager à appuyer de façon active la politique du gouvernement, on a une idée des efforts déployés par les services de propagande pour encadrer l'opinion publique.

Un constat d'échec

Cet appareil, constitué avec des moyens sans précédent et rodé avec application, se heurte à des obstacles inhérents à la vie politique à Vichy et qui rappellent aussi que, en dépit de l'armistice de juin 1940, la guerre se poursuit sur le territoire français. Des études récentes ont mis l'accent sur les blocages opposés par l'entourage maurrassien de Pétain à la centralisation que Marion avait donnée à son système.

L'entourage de Pétain continue néanmoins de mener une propagande personnelle. À cette fin, le docteur Ménétrel utilise l'association des Amis du Maréchal, qui doit servir en zone nord de succédané à la Légion (interdite par les Allemands) : de 1941 à 1943, des sections se constituent en province, dont le « mauvais esprit » inquiète à ce point les services de l'information qu'Henriot propose à ses délégués d'y faire de l' « entrisme » avec leurs cadres miliciens[29].

Avec la Légion, les rapports s'améliorèrent au plus haut niveau du secrétariat général à la Propagande vers 1943, mais, aux échelons subalternes, les délégués à l'information de zone sud continuent à chasser sur les mêmes terres que les propagandistes légionnaires. Cette rivalité, qu'un proche de Laval juge « navrante », va d'ailleurs prendre un tour beaucoup plus dangereux lorsque la Milice se met en place à partir du printemps 1943 : on a vu précédemment comment le gouvernement allemand avait tranché.

On ignore encore aujourd'hui presque tout de l'attitude qu'observa l'Église catholique à l'égard de la propagande instaurée par un régime dont elle s'éloignera plus tard, avec le projet de jeunesse unique et les persécutions antijuives de l'été 1942. Comment le curé de village et son évêque ont-ils (ou non) appuyé ce système d'encadrement de l'opinion ? Une note du 1er janvier 1943 insiste sur la nécessité d'établir une liaison et une propagande à l'égard des « milieux religieux », dont beaucoup « seraient peut-être heureux » d'en savoir davantage et de soutenir efficacement l'œuvre du gouvernement[30].

Jusqu'en novembre 1942, les Allemands s'étaient surtout

efforcés d'organiser avec des moyens considérables leur propagande en zone nord. Elle relevait de deux organismes rivaux, l'ambassade de Paris, confiée à Otto Abetz et chargée de « guider, au point de vue politique, la presse, la radio et la propagande », et la *Propaganda Abteilung,* rattachée à l'administration militaire en France et qui relevait du *Promi,* le ministère de Berlin[31].

Ces services contrôlaient aussi bien Radio-Paris que les journaux, auxquels l'*Abteilung* imposait ses consignes et une censure tatillonne. En revanche, les autorités occupantes se montrent très méfiantes à l'égard de la propagande de Vichy, même lorsque celle-ci est dirigée par Marion, qui a leur confiance. Elles rechignent à laisser s'installer des comités de propagande sociale du Maréchal dans les départements de zone nord.

Maîtres absolus en zone nord, les Allemands ne manquent pas de moyens pour se faire entendre de l'autre côté de la ligne de démarcation. Sur un plan pratique, ce sont eux qui procèdent à la répartition du papier-journal : Vichy a donc besoin de composer avec eux, même s'ils ne lui accordent que la portion congrue (35 % du contingent en novembre 1941 et 25 % seulement deux ans plus tard). Il est certain que les occupants intervinrent auprès des services de l'information avant avril 1942, mais ces interventions se multiplièrent surtout par la suite. Le retour de Laval permit aussi de conclure une longue négociation entre l'OFI et son homologue allemand, le DNB. Cette agence s'arrogea les positions que l'OFI gardait encore en Europe ; en contrepartie, l'OFI reçut la diffusion des nouvelles de France en zone nord, qu'assurait jusque-là une agence franco-allemande, l'AFIP (Agence française d'information et de presse).

L'invasion de la zone sud achève de renforcer l'emprise de l'occupant. À partir du 23 janvier 1943, des « superviseurs » allemands sont placés dans chaque censure régionale pour contrôler les informations militaires, mais rapidement ils empiètent sur les prérogatives de leurs collègues français, faisant régner le plus grand arbitraire sur la diffusion des nouvelles d'un grand centre à un autre[32]. Le gouvernement s'opposa bien à l'introduction du système de contrôle de la zone nord dans les départements du littoral méditerranéen déclarés « zone de guerre » (fin 1943), mais, avec la nomination de Philippe Henriot, la coopération entre les deux censures se fit de plus en plus étroite. Aussi les rapports préfectoraux du printemps 1943 signalent-ils que l'opinion est « de plus en plus rétive à toute propagande », à plus forte raison quand les tracts et les brochures de l'Information ressemblaient « aux publications de la propagande allemande ».

Ce constat d'échec remontait plus tôt : à l'automne 1943, les services de Creyssel avaient lancé une enquête d'opinion dont les résultats se révélèrent fort pessimistes. Le public préférait « la presse de combat » — tracts et journaux clandestins — aux journaux autorisés parce que les premiers étaient mieux faits ; la faveur dont bénéficiaient « les radios étrangères » s'expliquait, au moins en partie, par l'insignifiance des émissions de la radio nationale.

Les mesures de répression prises contre les diffuseurs de « la presse de combat » n'ont pas empêché les feuilles clandestines de proliférer et d'atteindre de forts tirages en 1943, et il en est de même du succès des « écoutes étrangères », que le brouillage et les sanctions — moins sévères que celles de l'occupant — n'empêchent pas de capter. Déjà, à la fin de 1940, le gouvernement s'était inquiété de l'audience de « la radio adverse » ; plus tard, Paul Marion décida de la combattre avec des moyens techniques accrus et sans rechercher « l'appui allemand ». Nous ne savons pas le sort qui fut réservé à ce projet, qui s'accompagnait du lancement de deux postes pseudo-clandestins. Il n'en reste pas moins que la BBC est devenue une arme de combat largement suivie en zone sud. Au lendemain des manifestations du 14 juillet 1942, le préfet régional de Marseille doit reconnaître qu' « il n'est plus possible d'apposer par voie d'affiches, par la presse et par la radio des conseils contraires à ceux des agitateurs de Londres[33] ».

En fait, il faut attendre la fin de 1943 pour que la tendance, qui paraissait irréversible, se renverse avec Philippe Henriot, mais on doit constater que, si ses allocutions purent, à juste titre, inquiéter les autorités françaises d'Alger, elles ébranlèrent un public moins large qu'on l'a prétendu. Dans les premiers mois de 1944, il est sûr que beaucoup d'auditeurs d'Henriot s'obstinent « à ne pas vouloir envisager [...] un rapprochement avec le Reich ; tous ses efforts [d'Henriot] dans ce sens [semblent] voués à l'échec[34] ». Cette constatation d'un préfet rejoint la remarque que formulait une simple institutrice provinciale dans une lettre aux responsables de l'information : « La masse part du principe qu'on ne peut rien faire tant que les Allemands seront chez nous[35]. » C'est précisément ce que les spécialistes de la propagande avaient voulu oublier.

Claude Lévy
Dominique Veillon

NOTES

1. Arch. nat., 2AG 613, vice-présidence du Conseil, Jean Montigny à Pierre Laval sur les services de presse (28 août 1940).
2. Pour tout ce qui suit on a beaucoup utilisé, outre l'ouvrage pionnier de Philippe Amaury, *Les Deux Premières Expériences d'un « ministère de l'Information » en France,* Paris, Librairie générale de droit et de jurisprudence, 1969, les travaux de Denis Peschanski : « Une tentative avortée d'encadrement de la société 1941-1942 », *Annales ESC,* avril-mai 1988, et « Encadrer ou contrôler ? », *in* Laurent Gervereau et Denis Peschanski (dir.), *La Propagande sous Vichy, 1940-1944,* Paris, BDIC, 1990, pp. 10-31.
3. Arch. nat., 3W 329, procès Marion, lettre du colonel Schiffer à Pétain (22 mai 1941).
4. Arch. nat., 3W 138, procès Creyssel, rapport sur l'Amicale de France (20 sept. 1946) et 2AG 610, note sur le Bureau de propagande du Maréchal (9 sept. 1940).
5. Arch. nat., F41 266, note (non publiée) de Pétain pour le secrétaire général aux Anciens Combattants (8 déc. 1940).
6. Arch. nat., 3W 329, procès Marion, liste des organisations de propagande dépendant « directement ou indirectement du gouvernement » (sans doute mars 1941).
7. Arch. nat., 3W 241, procès Marion, rapport adressé à Darlan.
8. Arch. nat., 3W 239, pièce 188, procès Marion, le travail des deux premiers mois (5 mars-10 mai 1941).
9. Arch. nat., 3W 241, pièce 11, circulaire de la vice-présidence du Conseil aux préfets, organisation de la propagande, 19 avril 1941.
10. Arch. nat., procès Marion, Haute Cour de justice, audience du 9 décembre 1948, sténographie du cabinet Bluet, fasc. 2, p. 3.
11. Arch. nat., F 41 268, circulaire aux préfets, septembre 1941.
12. Haute Cour de justice, sténographie du cabinet Bluet, fasc. 2, p. 4.
13. Arch. nat., Archives du cabinet du chef de l'État, 2 AG 80, 2AG 119.
14. Arch. nat., 2AG 457, rapport de P. Marion.
15. Arch. nat., 3W 138, procès Creyssel, procès-verbal d'interrogatoire, 20 juillet 1947.
16. *Ibid.,* rapport d'enquête du 29 juin 1946.
17. *Ibid.,* procès-verbal d'interrogatoire, 25 juillet, 23, 29 et 31 octobre 1947.
18. Georges Servoing, « Les chefs de la propagande française », *L'Espoir français* (Vichy), n° 426, p. 2.
19. Arch. nat., 3W 138, procès Creyssel, procès-verbal d'interrogatoire et de confrontation, 14 novembre 1947.
20. Arch. nat., 3W 86, procès Bonnefoy, article de Philippe Henriot, « La guerre des ondes », *La Politique française* (février 1944, pp. 5-6), et F41 306, discours de Lille (29 janvier 1944).
21. Arch. nat., F41 271, circulaire d'Henriot aux préfets régionaux (24 mars 1944) et F41 267, note du 4 avril 1944 (non signée).
22. Philippe Amaury, *op. cit.,* pp. 310-318 ; Arch. nat., F41 269, budgets

accordés pour le fonctionnement des services de la propagande pour 1942 et 1943 ; 3W 35, procès Bonnefoy, déposition d'Edgar Mourre.

23. Arch. nat., F41 282, campagnes d'affichage.

24. Arch. nat., F41 268, circulaire du 1er août 1942.

25. Arch. nat., F41 298, exposé fait par Chasseigne, le 16 janvier 1942.

26. Arch. nat., F41 268, circulaire sur la propagande ouvrière à MM. les préfets régionaux et départementaux, à MM. les délégués à l'information.

27. Arch. nat., F41 274, propagande ouvrière.

28. Arch. nat., 2 AG 548, propagande paysanne.

29. Arch. nat., 2 AG 270, circulaire d'Henriot relative aux Amis du Maréchal (9 mars 1944).

30. Arch. nat., 2 AG 610, « Nécessité d'une liaison et d'une propagande dans les milieux religieux », non signé, 1er janvier 1943.

31. « L'emprise allemande sur la pensée française. Monographie PF1. Presse », *in Commission consultative des dommages et réparations,* Paris, Imprimerie nationale, 1947, pp. 18-23.

32. Dr Eich, *Wege der französischen Presse,* Paris, 1943, p. 47.

33. Arch. nat., 2 AG 79, note non signée (mai 1941). Cf. introduction de J.-L. Crémieux-Brilhac, aux *Voix de la Liberté,* Paris, Documentation française, 1975, t. I, pp. XI-XXXIII.

34. Arch. nat., F41 269, extraits de rapports préfectoraux (fin 1943-début 1944).

35. Arch. nat., 2 AG 610, lettre d'une institutrice de Seine-et-Marne (26 juin 1943).

3.

Étude départementale : la propagande dans les Bouches-du-Rhône

Pour mieux apprécier les implications dans les Bouches-du-Rhône de la politique vichyste en matière de propagande, un choix s'imposait : l'analyse des structures propagandistes, de leur mise en place et de leur évolution en liaison avec les décisions de Vichy a été préférée à celle du message lui-même. Avant d'examiner, de manière nécessairement succincte, à partir des archives du cabinet du préfet, du dépôt légal et de la censure[1] ou de la presse régionale, les effets locaux des projets nationaux d'organisation de la propagande (en particulier ceux de Paul Marion en 1941-1942 ou de Philippe Henriot en 1944), il faut évoquer les premières grandes manifestations maréchalistes provençales de l'hiver 1940 et la transition de ces formes de « propagande spectacle » à une « progagande organisée ».

La venue du maréchal Pétain à Arles et à Marseille en décembre 1940 pourrait être considérée comme la première grande opération de « propagande spectacle » dans le département depuis la fin des hostilités. Certes, avant cette visite, à diverses occasions, la personne et les idées du Maréchal ont été mises à l'honneur soit par les médias, dont on connaît l'importance à Marseille depuis le repli dans la cité phocéenne des services de radiodiffusion et de grands organes de presse[2], soit par les nouveaux mouvements, en particulier la Légion française des combattants, qui s'organise dans le département depuis octobre.

Mais c'est la présence du chef de l'État qui permet de concentrer tous ces moyens pour célébrer un véritable culte maréchaliste. Cette visite est minutieusement préparée. Selon Henri Frenay, « en liaison avec la préfecture, la municipalité, l'état-major, le programme est arrêté, détaillé, minuté[3] » : prestation de serment de milliers de légionnaires devant la préfecture, grand défilé militaire sur le Vieux-Port, repas d'honneur à la chambre de commerce, cérémonie religieuse, participation de groupes folkloriques[4]. L'assistance est nombreuse malgré le froid, et une « ferveur quasi religieuse » s'empare de la foule à la vue du Maréchal. La commission de contrôle postal, analysant l'opinion publique pendant ces journées, souligne leur efficacité : « La visite à Marseille aura plus fait pour la cause de la France que toutes les propagandes. La France n'a jamais eu un vrai chef aimé comme celui-là. »

Ce dispositif, qui a fait ses preuves en décembre 1940, est régulièrement repris par la suite (le Maréchal étant présent par ses discours ou en effigie) et adapté aux circonstances. La Légion française des combattants forme une pièce essentielle de ces manifestations spectacles que l'on connaît bien. Mais elles ne constituent qu'un premier niveau de propagande. Leur cérémonial joue essentiellement sur les aspects symboliques, le message est centré avant tout sur le maréchalisme. La transmission d'un contenu plus élaboré demande une autre forme d'intervention menée par de véritables services spécialisés.

En dépit de l'aspect lacunaire des sources d'archives, on peut apprécier les efforts déployés dans les Bouches-du-Rhône au cours de l'année 1941 et qui répondent au projet de Paul Marion de création d'une « organisation propagandiste » (en particulier en mettant la main sur les autres mouvements). C'est dans ce cadre qu'est réuni à la préfecture, le 28 juillet 1941, le « comité de patronage de la propagande sociale du Maréchal », regroupant représentants des pouvoirs publics, personnalités économiques, sociales et universitaires sous la présidence du préfet régional. Adrien Bagarry, délégué régional à la propagande (DRP), présente aux participants les nouvelles structures et fait valoir un objectif très général d'union des Français. Les semaines suivantes, ses services déploient une activité réelle : diffusion de soixante mille tracts et sept mille affiches reprenant le message du 12 août, animation d'un stand de propagande à l'occasion de la foire de Marseille en septembre 1941.

Pourtant, c'est à l'automne que l'organisation semble vraiment se mettre en place (est-ce l'effet de la circulaire Pucheu-Marion du 6 septembre 1941 ?). Trois « beaux bureaux » de la préfecture sont alors attribués à Adrien Bagarry. Un « comité d'action départemental » est formé sous la présidence du directeur du cabinet du préfet, cinquante équipes de propagandistes constituées dans l'arrondissement de Marseille. Selon les rapports du délégué régional, l'activité des équipes de propagande est facilitée par le concours des militants du PPF et la prise en main de groupes de l'Amicale de France (dissoute le 12 août 1941). Le DRP souligne aussi l'aide efficace apporté par la Jeunesse de France et d'outre-mer. Mais les relations avec la Légion sont plus difficiles. Le préfet estime que cette mésentente fait obstacle au développement des services de propagande dans les communes petites ou moyennes, la Légion ayant recruté « tous les éléments capables d'avoir de l'action ». Mais, même au plan départemental, à parcourir la presse ou à lire les rapports, l'activité de la Légion (fort bien servie par ses spécialistes[5]) obtient un autre écho que celle des services de propagande.

Quelques semaines plus tard, en février 1942, un accord semble être intervenu (sans doute facilité par la modification de statut de la Légion) : en dépit de certains problèmes locaux, les équipes de propagandistes seraient, selon le DRP, « toutes composées de légionnaires ou de volontaires de la Révolution nationale » (affirmation difficile à vérifier). L'organigramme départemental des services de propagande est, à cette date, entièrement rempli aux échelons les plus élevés de la hiérarchie. Mais le DRP note, le 25 février 1942, que « la mise en place de l'appareil de propagande jusque sur le plan communal n'est pas encore terminée partout ». L'ampleur de la tâche est liée à l'objectif poursuivi, qui correspond, dit-il, « à peu près à l'organisation totale d'un parti ». En milieu ouvrier, les propagandistes qui combinent leur action à celle de la Légion auraient, selon la même source, réussi à créer dans le département une centaine de « petites cellules Pétain ». Pour la paysannerie, le DRP fonde ses espoirs sur l'accord récent avec le secrétariat de Propagande et de Défense paysanne (mouvement Dorgères). L'action directe de propagande s'est traduite par la diffusion de tracts, des affichages, l'organisation de conférences (trois cent cinquante pour toute la région depuis juin 1941), la vente de matériel (portraits et bustes du Maréchal, brochures, insignes) par des magasins installés à Marseille, Arles et La Ciotat. Un effort important est fait en matière de « propagande d'empire », ainsi qu'en témoigne le congrès à Marseille des « Indochinois et Malgaches de France », en présence de Paul Creyssel (3-4 janvier 1942). Un responsable spécifique est d'ailleurs en charge de cette activité jusqu'à la Libération. Il faut noter que les services de contrôle de la presse fonctionnent de manière autonome, sous la direction du contrôleur général Gerville-

Reache, en liaison directe avec le secrétariat à l'Information, dont ils transmettent les consignes aux directeurs des journaux.

L'effet limité de la propagande sur l'opinion permet d'émettre quelques réserves sur les rapports du DRP, calque des consignes nationales destinées à valoriser son action : les conférences organisées en janvier 1942 par Chasseigne, délégué général à l'information sur la Charte du travail, n'ont guère de succès malgré la diffusion de mille affiches et de dix mille tracts, le concours de la Légion et des syndicats. *A contrario,* le 8 mars 1942, l'affluence à la conférence de Philippe Henriot sur « La France et son destin » semble relever surtout de la notoriété du conférencier.

La rupture nationale d'avril 1942 a-t-elle eu des conséquences locales ? Les sources consultées ne permettent pas de déceler une modification significative des services de la propagande dans les Bouches-du-Rhône à ce moment-là. Le DRP reste en place et continue à diriger une organisation apparemment étoffée : 9 délégués cantonaux, 36 délégués communaux, 47 chefs d'équipes de propagandistes pour le département (en plus de Marseille). C'est peut-être ce qui lui permet d'obtenir certaines réussites : ainsi, 1 800 auditeurs assistent, le 24 juin 1942, à une conférence de Paul Creyssel sur le thème de « La France poignardée », dans un cinéma de la Canebière, un autre millier de personnes étant regroupées à l'extérieur. Le service d'ordre est assuré par les équipes de propagande et la Jeunesse de France et d'outre-mer. Au cours de ce même mois de juin, le délégué départemental estime que réunions publiques et réunions d'usines ont rassemblé plusieurs centaines de personnes dans la zone de l'étang de Berre. Le film *Vous avez la mémoire courte,* projeté à Marseille en juin tous les matins pendant une semaine, puis dans le département, draine également un public nombreux. Brochures et tracts nationaux, selon la même source, sont diffusés à plusieurs milliers d'exemplaires pendant l'été. Pour faire face à la « propagande gaulliste », « des feuilles hebdomadaires d'information sont adressées à tous les délégués cantonaux et communaux déjà en place ».

Mais ces mesures ne suffisent pas à asseoir solidement une influence. En octobre-novembre 1942, le préfet note le découragement des propagandistes en ce qui concerne la relève et parle d' « échec à peu près complet du mouvement ». Le monde paysan ne réagit guère mieux que les ouvriers : touché par les taxes et les pénuries diverses, il fait également preuve d'une nette méfiance à tout endoctrinement.

L'occupation de la zone sud entraîne un développement de la propagande allemande et un contrôle direct de la presse imprimée à Marseille. Les autorités d'occupation exigent aussi le renvoi, pour raisons raciales, du délégué régional à la censure[6]. Les services régionaux de propagande et d'information, qui inaugurent en avril 1943 des bureaux sur la Canebière, semblent parallèlement se réorganiser sous la direction nouvelle du DRP Paul Klotz, auquel les exigences des occupants ne semblent pas poser de problèmes particuliers.

L'événement est, à la fin de l'année 1943, l'organisation de l'exposition « Le bolchevisme contre l'Europe » au palais de la Bourse, du 2 octobre au 27 décembre. En provenance de Lyon, elle est inaugurée en présence de l'ambassadeur de Brinon et de Paul Creyssel. Paul Klotz participe, en tant que secrétaire général de cette manifestation, à toutes les conférences qui l'accompagnent. Une campagne de presse suivie essaie d'attirer les visiteurs, qui sont gratifiés de diverses récompenses. Alors que la presse fait état de cent soixante-dix mille visiteurs, les rapports du préfet soulignent les réticences des Marseillais.

C'est surtout en mars 1944 que les services de propagande sont profondément remaniés. En application des consignes de Laval et d'Henriot, les délégués départementaux sont supprimés et les délégués régionaux reçoivent une autorité nouvelle. L'organigramme présenté alors par Paul Klotz met en valeur le contrôle direct qu'il veut désormais exercer sur les questions de presse, la propagande ouvrière et la propagande d'empire. Le délégué régional, s'appuyant sur les instructions du secrétaire d'État à l'Information, tente d'insuffler un dynamisme nouveau à ses services. Le 28 mars 1944, une réunion des responsables de secteur permet de faire le point sur les activités dans les différents milieux (propagande ouvrière, artisanale, paysanne, propagande d'empire, cité de Marseille, centres d'information et de renseignements). Plus que sur les résultats réels de la propagande (hommage rendu à l'efficacité des discours de Philippe Henriot), le compte rendu de cette réunion nous renseigne surtout sur l'état d'esprit que tentent de promouvoir les nouveaux responsables nationaux. La centralisation poussée de toutes les décisions et les contacts très étroits avec la préfecture régionale sont les deux axes de cette réorganisation. À cette date, le « chef de cité de Marseille », ville elle-même divisée en quatre secteurs, estime pouvoir disposer de « 500 militants sélectionnés [...] conservant depuis trois ans la même foi dans la

Révolution nationale ». Mais les délégués à la propagande ouvrière et paysanne soulignent les difficultés éprouvées dans leurs secteurs. Jusqu'à l'été 1944, les services de propagande poursuivent leur effort dans le même esprit ; en témoignent les « notes d'information » émises en avril et mai par la délégation régionale de Marseille et destinées à armer les correspondants d'informations difficilement publiables dans la presse.

Ainsi, les trois moments de la vie des services de propagande de la région marseillaise semblent effectivement correspondre aux grands projets nationaux : après une période informelle, vient celle de l'organisation, sous l'impulsion de Marion, en 1941. Les structures mises en place subsistent jusqu'à la fin de l'année 1942. La direction locale, les modalités d'intervention, modifiées en 1943, sont repensées dans un esprit beaucoup plus centralisé au niveau régional à partir de mars 1944. Sans que la réalisation corresponde à l'ampleur des desseins nationaux, on peut estimer qu'un effort réel a été entrepris et concrétisé à l'échelle régionale. Mais il ne s'est pas pour autant traduit par un succès de la propagande en tant que telle.

Robert MENCHERINI

NOTES

1. Arch. dép. des Bouches-du-Rhône M6 (Cabinet du préfet, sélection de liasses de 11006 à 11128), Arch. dép. des Bouches-du-Rhône 72 W (Service du dépôt légal et de la censure, sélection de liasses de 1 à 27). Sauf mention contraire, les citations proviennent de ces sources.

2. Sur ce repli et plus généralement sur la vie culturelle à Marseille de 1940 à 1944, voir Jean-Michel Guiraud, *La Vie intellectuelle et artistique à Marseille à l'époque de Vichy et sous l'Occupation,* Marseille, CRDP, 1987.

3. Henri Frenay, *La nuit finira,* Paris, Laffont, 1973, pp. 50-52.

4. Sur le renouveau des groupes régionalistes suscités par ces journées arlésiennes et marseillaises, voir Christian Faure, *Le Projet culturel de Vichy,* Paris-Lyon, Presses universitaires de Lyon-CNRS, 1989, pp. 77-85. Des sources nombreuses que nous ne pouvons reprendre ici confirment l'ampleur des manifestations.

5. Témoignage du responsable à la propagande de la Légion *in* Daniel Varga, *Étude régionale d'un mouvement sous Vichy, la Légion française des combattants dans les Bouches-du-Rhône,* université de Provence, diplôme de maîtrise dactylographié, 1987-1988.

6. Témoignage de René Bonnefoy, « Information-Presse », *in* Hoover Institute, *La Vie de la France sous l'Occupation,* Paris, Plon, 1958, pp. 933-934.

4.

Exclusion, persécution, répression

L'analyse des mesures d'exclusion participe au premier chef du tournant historiographique qui, dans les années 1970, a permis d'appréhender Vichy dans sa spécificité. L'importance et la diversité des études monographiques ne doit pas cacher trois types de problèmes. En premier lieu, persécution et répression ne sont pas de même nature, dans la mesure où le choix d'un engagement présent ou passé marque la différence. Pour autant, l'association que le discours vichyste entretient dans la dénonciation et le rejet des exclus rend la coupure moins évidente. En deuxième lieu, la situation de la France défaite pose celle de l'État et de ses pouvoirs. On insiste, à juste titre, sur le poids des contraintes, qu'il s'agisse de l'occupation ou des différences de statut entre zones. La présence effective de l'administration française sous contrôle de Vichy sur l'essentiel du territoire et la collaboration des appareils répressifs français et allemands amènent à nuancer le tableau. Reste, en dernier lieu, le poids de la chronologie : l'évolution de la situation internationale, la fluctuation des zones, les changements de rapports de forces au sein des sphères dirigeantes, l'évolution de la stratégie et de l'impact des résistances comme celle de l'opinion publique imposent un découpage chronologique qui prenne en compte, cependant, les trois parties prenantes que sont les pouvoirs, les exclus et la société dans son ensemble.

Au cœur de la Révolution nationale (1940-1941)

« Il n'y a pas de neutralité possible entre le vrai et le faux, entre le bien et le mal, entre la santé et la maladie, entre l'ordre et le désordre, entre la France et l'anti-France[1]. » Dès l'été 1940, Pétain résume les objectifs du nouveau régime, étayés par une interprétation générale de la défaite que traduit en actes une série de mesures dont il faut mesurer l'impact réel.

Priorité à l'implicite

La condamnation des figures de l'anti-France trouve sa source dans une interprétation de la défaite, dont la responsabilité est à chercher dans les tares qui minaient la société. Dans une problématique classique de la décadence, ces tares trouvent leur source dans un complot qu'ont ourdi le Juif, l'étranger, le communiste et le franc-maçon ; aussi toute régénération du pays passe-t-elle par l'exclusion de ces figures de l'anti-France. Tel est le schéma que partagent peu ou prou la plupart des nouveaux dirigeants et qui inspire les premières lois.

Pour autant, il n'apparaît que marginalement dans le discours officiel. Dans ses discours et messages comme au cours de ses voyages, Pétain développe à l'envi l'autre face de cet argumentaire, à savoir le rassemblement autour des valeurs « positives » de l'État nouveau, si ce n'est dans les moments de crises que constituent l'été 1941 et le printemps 1944[2]. Pendant les quatre années, la propagande officielle décline les valeurs traditionalistes, tandis qu'à Paris la haine et le rejet sont au cœur des propagandes collaborationniste ou allemande[3].

On touche là au cœur de la spécificité vichyste, même si certains relais officiels ou semi-officiels se font plus explicites, dont la Légion, pourtant présentée souvent sous des dehors bon enfant. Il est moins surprenant de relever des propos d'exclusion dans la bouche d'hommes comme Paul Marion, spécialement obnubilé par la question communiste, ou Philippe Henriot, dont on connaît les éditoriaux de combat ; ils représentent les deux composantes collaborationnistes associées au pouvoir l'une en 1941, l'autre en 1944. L'oncle Sébastien, Pouique le Glouton et Lududu le paresseux sont peut-être les plus dangereux ; le Maréchal leur donne « mille raisons d'espérer », et de jurer fidélité ; il leur dit ainsi : « " D'abord, remettre de l'ordre, séparer les bons des méchants. " Et comme il parlait, on vit tous les vilains cloportes, toutes les araignées, toutes les termites, toute la vermine qui avait fait tant de mal à la France, on la vit quitter en grande hâte le sol de la patrie.

Car le Maréchal avait pris un balai pour les chasser. Oui, il avait daigné prendre un balai dans ses nobles mains qui avaient tenu l'épée[4]. »

Mais dans les livres pour enfants aussi, de tels développements sont rares. Le discours dominant est un discours de rassemblement qui, désignant en creux les parias, entretient les stéréotypes de l'imaginaire collectif et abrite des pratiques sans ambiguïtés.

Les mesures de 1940

C'est à l'armistice qu'il faut remonter pour trouver une première mesure, lourde de conséquences à court et moyen terme, et qui pèsera à long terme sur l'image et la mémoire du nouveau régime : par son article 19, il prévoit en effet que le gouvernement français s'engage à livrer les ressortissants allemands que l'occupant pourra réclamer. Hormis ce cas, Vichy construit, pendant l'été 1940, une solide armature législative en dehors de toute pression allemande. Le gouvernement peut ainsi révoquer des fonctionnaires et des magistrats sans avoir à donner de motif (17 juillet) ; les naturalisations accordées depuis 1927 sont soumises à une commission de révision (22 juillet), et la fonction publique est interdite aux Français nés de père étranger (17 juillet ; une loi du 16 août permet des dispenses sur avis conforme du Conseil d'État) ; les loges maçonniques sont dissoutes (13 août) ; les communistes sont toujours interdits, et une loi proroge un décret pris par Édouard Daladier, avec quelques clauses de sauvegarde en moins, qui permet l'internement administratif de « tous individus dangereux pour la défense nationale ou pour la sécurité publique » dans des centres de séjour surveillé (3 septembre) ; un Statut des Juifs est promulgué, qui leur interdit tout emploi dans la fonction publique ou l'exercice d'une série de professions libérales, puis les préfets se voient autorisés à interner « les ressortissants étrangers de race juive » (3 et 4 octobre) ; les premiers tribunaux d'exception visent la « dissidence », les gaullistes, puisqu'une cour martiale est mise en place après Dakar (20 septembre), complétée en 1941 par la cour de Gannat, qui n'aura que peu d'affaires à traiter ; enfin, dès l'origine, on envisage de juger les « responsables de la défaite », puisque l'acte constitutionnel n° 5 crée une Cour suprême de justice (30 juillet).

S'ils ne sont pas tous issus du même courant de pensée, les

principaux promoteurs de ces lois partagent les mêmes objectifs. Tel est le cas de Pétain et de son entourage immédiat, cabinets civil et militaire, où l'idéologie de l'Action française trouve un terrain d'élection. Attaché à la vice-présidence du Conseil, puis ministre de la Justice, Raphaël Alibert est associé au premier chef à cette législation. Son engagement dès l'avant-guerre et les projets qu'il y consacre à la réforme de l'État s'ajoutent à ses responsabilités du moment pour justifier l'importance qu'on lui attribue. Mais son absence pendant les procès de la Libération a contribué à l'amplifier encore. Les deux ministres de l'Intérieur successifs, Marquet et Peyrouton, ont signé et souvent préparé une bonne partie de ces mesures législatives. Le cas du vice-président Laval est plus complexe. Il donne dès l'origine la priorité à une stratégie internationale ; il croit en la victoire allemande et inscrit sa politique dans cette perspective. Les gages qu'il donne en politique intérieure dès sa première rencontre avec Otto Abetz, le 14 juillet, répondent d'abord à l'idée qu'il se fait des mesures que les Allemands souhaiteraient voir appliquer. On a là un exemple d'école sur le poids des représentations dans la décision et le comportement politiques[5].

S'il est impossible de réduire Vichy à l'une de ses composantes, celles-ci se retrouvent donc pour construire la légitimité de l'État sur un corpus de lois dans lequel l'exclusion tient une place privilégiée. L'appareil juridico-administratif participe de cette construction. Comme l'a montré Danièle Lochak dans le cas des lois antijuives, le discours juridique ajoute son propre effet de légitimation, dans la mesure où, dans la perspective positiviste alors dominante, la réalité du droit se donne pour la réalité naturelle[6].

La reconnaissance largement partagée de cette légitimité de l'État français est une donnée essentielle pour qui veut comprendre les réactions de l'opinion. Les mesures sont acceptées par une majorité, sans qu'on puisse réellement parler de soutien, pour peu qu'on aille en amont des rapports des préfets. Le traumatisme de la défaite et de l'exode, les effets délétères de la IIIe République finissante, l'héritage des campagnes xénophobes et antisémites menées dans la seconde moitié des années 1930, la conviction qu'un tissu national et social se reconstitue dans et par la personne du Maréchal combinent leurs effets.

Les résultats d'une politique

Il nous est impossible de prendre en considération l'ensemble des formes que prennent la répression et la persécution. Du fusil de chasse confisqué à un homme suspecté de sympathies communistes à la révocation du fonctionnaire mal-pensant, de l'internement du Juif étranger à l'arrestation du résistant pris en flagrant délit, les cas de figures sont divers, et cette diversité doit rester constamment à l'esprit pour rendre compte d'un climat. Nous nous limiterons à présenter sommairement la répression anticommuniste et les camps d'internement.

L'unanimité se fait, à Vichy, sur la répression anticommuniste, dont l'État tient à faire une priorité. Il dispose d'un appareil législatif hérité de la IIIe République, qu'il a renforcé et qu'il va largement utiliser. La neutralisation complète des militants prend deux formes : l'arrestation après enquête sur une activité effective, et l'internement administratif des suspects. La chronologie n'est pas la même, et, très rapidement, les cibles changent. L'internement s'appuie sur des listes d'avant guerre et veut prévenir les risques d'activité. La première année, il touche principalement les élus et les syndicalistes sur l'ensemble du territoire, et plusieurs directions fédérales en province. Au fur et à mesure que se développent les activités, que s'estompent les ambiguïtés de la stratégie communiste et que les risques s'accroissent, l'internement direct touche de moins en moins les militants actifs du moment. En revanche, il touche rapidement et systématiquement les militants arrêtés sur flagrant délit quand ils ont purgé leur peine d'emprisonnement. Internements et arrestations atteignent quatre à cinq mille communistes ou présumés tels avant le 22 juin 1941 (2411 dans le ressort de la préfecture de la Seine). Les arrestations proprement dites concernent par définition les militants en activité. Avant l'été 1941, la direction nationale est peu touchée, si ce n'est, en mai 1941, par l'arrestation de Jean Catelas et de Gabriel Péri. En revanche, plusieurs directions régionales et interrégionales sont décapitées. On retiendra l'opération qui conduit, après trois mois de surveillance et de filature, à l'arrestation de Jean Chaintron, dirigeant du PCF en zone sud, et au démantèlement des directions de Provence, d'où est partie l'affaire[7]. Il apparaît, au total, que la répression se fait plus forte en zone sud qu'en zone nord, et en zone nord qu'en zone interdite ; elle grandit donc avec la tutelle de

Vichy. Une note du 17 septembre 1940 précise : « En zone occupée, il a fallu que les Allemands se rendissent compte peu à peu du danger que représentait pour leur propre cru, et la sécurité du corps d'occupation, la propagande communiste[8]. »

Le cas est plus flagrant encore dans le Nord et dans le Pas-de-Calais, rattachés au commandement militaire de Bruxelles. L'OFK de Lille a réduit sensiblement les effectifs des forces de l'ordre françaises, et refuse la constitution d'un camp, et plus généralement l'application de la législation sur les internements administratifs, ce dont les préfets de Vichy se plaignent amèrement. Là, c'est la grève des mineurs de mai 1941 qui marque une rupture.

Cette attitude allemande répond en fait à deux choix stratégiques délibérés. D'une part, ils pensent devoir et pouvoir se servir des communistes, neutralisés par le pacte germano-soviétique, pour asseoir leur pouvoir et faire accepter leurs exigences ; d'autre part, surtout dans le cas du Nord, ils privilégient le fichage et le repérage avant une éventuelle opération de grande envergure.

Deux conclusions peuvent être tirées de l'attitude des communistes. Ils semblent constamment en retard sur les forces de police. Les ambiguïtés de l'été 1940 expliquent pour une part un décalage qui trouve cependant son origine essentielle dans le contraste entre un parti qui n'a guère de tradition clandestine et une police professionnelle et mobilisée. Plus que les fluctuations de la stratégie, c'est bien la répression qui semble rythmer l'activité du Parti communiste[9].

Nombre de ses militants se retrouvent derrière les barbelés de camps dont la plupart se situent alors en zone sud. Les chiffres fluctuent, et le statut est fixé progressivement. Si l'on dresse un bilan à la fin de 1940, quand la situation administrative se clarifie, les camps passant de la tutelle de la Guerre à celle de l'Intérieur, on peut estimer à moins de 1 000 le nombre d'internés en zone nord (et ce jusqu'à l'été suivant), tandis qu'ils sont 50 000 à 60 000 en zone sud. En juin 1941, ils seraient 41 500 dans la France de Vichy, Algérie et Maroc compris. Ils se retrouvent dans trois types de camps : les centres de séjour surveillé et centres pour « extrémistes » (c'est-à-dire communistes) français et étrangers ; les centres d' « hébergement surveillé » où se retrouvent la plus grande part des internés, en l'occurrence « les étrangers qui, n'ayant pas de moyens d'existence et ne pouvant en ce moment quitter le territoire, doivent être assistés par le gouvernement français » ; enfin le camp des Milles et ses annexes, camp de transit avant émigration. Il faudrait ajouter qu'après la loi du 27 septembre 1940, qui permet d'enrôler « les étrangers en surnombre dans l'économie française » dans des groupes de travailleurs étrangers (GTE), bon nombre d'internés sont versés dans ces GTE entre 1940 et les rafles de 1942, et l'enrôlement prend en général un caractère punitif, que souligne, pour certains groupes, leur cantonnement dans l'enceinte du camp. Ils sont ainsi 25 000 à la fin de 1940.

La population internée est constituée pour beaucoup de Juifs étrangers, souvent allemands et autrichiens, installés en France après avoir fui le nazisme et déjà internés pendant la drôle de guerre comme ressortissants de puissances ennemies puis internés à nouveau à l'automne 1940. Plusieurs milliers de combattants des Brigades internationales sont également derrière les barbelés, comme d'autres « indésirables étrangers » qu'ont rejoints les « indésirables français ». Les Allemands interviennent directement dans un seul cas : le 22 octobre 1940, les Juifs du pays de Bade, du Palatinat et de la Sarre sont expulsés vers la « zone libre », une fois redéfinies les frontières administratives du Reich. S'il proteste, Vichy obéit finalement au diktat, et 7 700 Juifs allemands franchissent la frontière, pour aboutir au camp de Gurs (Pyrénées-Atlantiques), dans les conditions qu'on imagine. Plusieurs centaines d'entre eux ne survivront pas à l'un des hivers les plus froids de la guerre.

Le Comité de coordination pour l'assistance dans les camps résume la situation générale dans un rapport de juin 1941 : « L'absence d'installations hygiéniques élémentaires, l'insuffisance extrême de la protection sanitaire, la sous-alimentation, en disproportion flagrante avec les ressources actuelles du pays, la mauvaise préparation des mets et l'état de détérioration de la marchandise ; le dénuement vestimentaire extrême, le surpeuplement des baraques [...]. La menace de la mort, d'infirmités souvent permanentes, de souffrances morales insurmontables, plane sans cesse sur cette malheureuse population[10]. »

Les populations internées sont inégalement vulnérables. Plus la conviction est grande que la vie derrière les barbelés est le prolongement des combats que l'on menait avant l'internement, et que d'autres mènent alors, plus l'auto-organisation est développée, plus les chances de survie sont grandes. Les politiques sont au premier rang dans cette lutte pour la survie, et, à côté des organisations qui se reconstituent, les bibliothèques, cours ou chorales sont là pour le montrer. Ils ne sont pas les seuls cependant, comme l'illustre le système complexe d'auto-organisation mis en place par les frères Ansbacher dans le camp de Gurs. Les organisations de secours, extérieures au camp, jouent un rôle primordial en zone sud. Dès le 5 novembre 1940, elles décident de constituer un Comité de coordination pour l'assistance dans les camps, qui se réunira chaque mois à Nîmes.

La situation des camps vaut exemple pour toutes les victimes de la répression et des persécutions. Les réseaux d'entraide ou d'organisation qui s'y attachent sont constitués en marge de la société, qui reste indifférente dans sa masse. Et le camp d'internement symbolise, dans sa forme paroxystique, la politique d'exclusion qui est au cœur du nouveau régime.

Le tournant de l'été 1941

« Français, j'ai des choses graves à vous dire.

« De plusieurs régions de France, je sens se lever, depuis quelques semaines, un vent mauvais. [...] [Le trouble des esprits] provient, surtout, de notre lenteur à construire un ordre nouveau, ou plus exactement à l'imposer. [...] Un long délai sera nécessaire pour vaincre la résistance de tous les adversaires de l'ordre, mais il nous faut, dès à présent, briser leurs entreprises, en décimant les chefs. »

Rien n'illustre mieux la rupture qui s'opère au cours de l'été 1941 que le discours de combat que Pétain prononce à la radio le 12 août. Les changements que connaissent la situation internationale et intérieure, les rapports de forces dans les sphères dirigeantes, la politique de l'occupant, les stratégies des résistants et l'état de l'opinion donnent à ces quelques mois une importance majeure, et au discours de Pétain un relief particulier.

Changements dans l'appareil d'État

Il a fallu quelques jours pour que l'amiral Darlan s'impose comme le seul candidat sérieux au pouvoir après le renvoi de Laval, le 13 décembre 1940, et moins de deux mois pour qu'il en prenne officiellement les rênes. Il reprend à son compte l'interprétation traditionnelle de la défaite et voit dans les Juifs, les francs-maçons, le Syndicat des instituteurs et la diplomatie britannique les fourriers de la défaite. Une note manuscrite de février 1941 résume ses objectifs en matière de politique intérieure : « Arriver le plus rapidement possible à la suppression définitive des assemblées qui, dans le passé, se sont avérées opposées au rapprochement franco-allemand avec l'Allemagne et qui, d'ailleurs, ne représentent plus le pays. Lutte serrée contre les communistes (gaullistes), les Juifs et les maçons. Création rapide d'une police d'État. Organisation sociale et corporative. Rassemblement national. Régions[11]. »

Volonté de mener des réformes à long terme dans une perspective centralisatrice et gestion des aléas du quotidien sont intimement associées dans une période qui marque à la fois le point culminant de la politique collaboratrice d'initiative française, l'entrée en force des technocrates formés dans les cercles de l' « esprit des années 1930 », et l'apparition d'un courant collaborationniste au sein même du gouvernement.

Ce ne sont pas moins de treize lois, décrets et circulaires qui, principalement au printemps 1941, changent radicalement l'organisation des services de police. Cette réforme en profondeur, qui restera en vigueur après la Libération, consiste en priorité à intégrer les polices municipales dans la police nationale. Dans la foulée, le nouveau secrétaire d'État à l'Intérieur investi en juillet 1941, Pierre Pucheu, tente, mais en vain, d'imposer à la préfecture de police de Paris le même statut. Sur le terrain, la réforme se traduit concrètement par un renforcement sensible des forces de police, confondues dans un uniforme commun, francisque au képi. En outre, la gendarmerie mobile, interdite en zone occupée, est remplacée par un corps unique de Groupes mobiles de police, devenus très rapidement Groupes mobiles de réserve (GMR), qui donneront après guerre les CRS. Ces GMR sont mis à la disposition des préfets régionaux et intendants de police, qui sont créés par une loi du 19 avril 1941. C'est à eux que sont confiés les pouvoirs de police, sous l'autorité du ministre secrétaire d'État de l'Intérieur, et, en la matière, sous la direction d'un secrétaire général pour la police. Dans la police nationale sont également constitués, après l'été, des services spécialisés, Service de police anticommuniste (SPAC), Police aux questions juives (PQJ) et Police des sociétés secrètes[12]. Il serait vain de nier les objectifs à long terme d'une réforme qui associe centralisation et étatisation, une stratégie qui veut affirmer la souveraineté de l'État français sur l'ensemble du territoire et donner à son appareil administratif et policier les moyens de cette politique.

À cette réforme lourde s'ajoute la mise en place de structures plus immédiatement liées à la conjoncture. Tel est le cas, pour une part, du commissariat général aux Questions juives (CGQJ), institué en mars 1941 et confié à Xavier Vallat. Il prolonge dans une certaine mesure, et sous une forme paroxystique, le système d'exclusion que le gouvernement français a commencé à mettre en œuvre. Il est plus encore le fruit d'une volonté constante de ces autorités d'affirmer leur légitimité, quitte à prendre en charge les désirs de l'occupant. En l'occurrence, Dannecker, chef du service des affaires juives au SIPO-SD, les explicitera, relayé, à cette occasion, par l'ambassade. Le piège a été expliqué dans une conférence antérieure donnée par Kurt Lischka (SIPO-SD) le 30 janvier 1941 : « Il convient de laisser aux Français le soin de régler la suite, afin d'éviter dans ce domaine la réaction du peuple français contre tout ce qui vient des Allemands. Aussi bien les Allemands s'en tiendront-ils à faire des suggestions[13]. »

La conjoncture se révèle plus prégnante encore dans la mise en place de structures d'exception, qu'elles concernent la police ou la justice. Elles se veulent une réponse au changement stratégique opéré par le PCF après l'attaque allemande contre l'URSS. Dès le 25 juin, Darlan demande que soient mises d'urgence à l'étude une aggravation sensible des peines qui touchent les communistes et l'institution d'une juridiction d'exception. Côté police, on relève, dès le mois d'août, la réactivation de la Brigade spéciale de la préfecture de police, sous la direction de Fernand David, brigade qui sera dédoublée en janvier 1942. Côté justice, pour répondre aux attentats individuels lancés par le PCF à la fin d'août, et sous la pression des autorités allemandes qui répondent par des exécutions d'otages, Vichy met en place des sections spéciales (loi du 14 août). Le dispositif est complété le 7 septembre par la création d'un Tribunal d'État (une section à Paris, une autre à Lyon) dont les magistrats-présidents et les juges sont désignés par le chef de l'État[14].

Objectifs, résultats et contraintes

Dès lors, la répression et la persécution connaissent une spectaculaire accélération. Le second Statut des Juifs, promulgué en juin

1941, renforce les interdits fixés dans le précédent. Il est, comme le CGQJ, le fruit d'un complexe jeu de forces et de stratégies, de même qu'il ne faudrait pas voir dans la prise en charge de l'aryanisation par l'administration française la seule volonté d'appliquer une gestion programmée de l'exclusion économique. Dans le même temps, un recensement des Juifs est décidé et opéré en zone sud. Ces diverses modalités d'exclusion et de fichage favoriseront, le moment venu, l'exécution d'un programme dans lequel elles ne s'inscrivaient pas *a priori.* Et quand Dannecker obtient l'ouverture d'un camp à Drancy en août et l'organisation des trois premières rafles de Juifs à Paris, c'est pour une part en appliquant la loi vichyste du 4 octobre 1940 qui permet l'internement des Juifs étrangers.

Les francs-maçons sont les autres victimes désignées, offertes à la vindicte populaire aussi bien par Pétain que par Darlan. Dès le 5 août, ce dernier demande à Pétain d'interdire aux dignitaires l'exercice de la moindre fonction publique et de publier les listes de ces dignitaires. C'est chose faite par la loi du 11 août 1941, et le *Journal officiel* publie des listes interminables, quitte à donner à l'appellation « dignitaire » une acception très large. Les mois qui suivent sont les plus durs pour les francs-maçons, dont un nombre qui reste encore indéterminé doit quitter la fonction publique — il semble qu'un fichier de 170 000 noms ait été constitué. C'est sans doute dans le domaine de la lutte antimaçonnique que les frontières entre Vichy et Paris sont le moins étanches. Preuve en est le rôle de Bernard Faÿ, administrateur général de la Bibliothèque nationale, auquel est confié dès l'été 1940 le soin de constituer à la BN un Centre d'histoire contemporaine pour recevoir le matériel saisi par la police française aux sièges des loges. Entouré de collaborationnistes convaincus, comme Marquès-Rivière ou Jacques de Lesdain, il a la pleine confiance des autorités allemandes. Chargé de rechercher et d'éditer tous les textes aidant à l'application de la loi du 11 août 1941, il sort à Paris, en octobre 1941, le premier numéro des *Documents maçonniques ;* le second aura droit à une préface de Darlan. Le nouveau service des sociétés secrètes est l'instrument de cette politique, tandis qu'une commission est chargée d'examiner les appels éventuels. Comme nous le verrons, c'est sur elle en particulier que Laval s'appuiera pour mettre fin à une politique qu'il n'approuvait pas.

Si les accusations contre la franc-maçonnerie rejoignent souvent celles contre les prétendus responsables de la défaite, la préparation du procès de Riom dépasse largement cet enjeu. C'est l'une des douze mesures que Pétain annonce dans son discours du 12 août : « J'ai décidé d'user des pouvoirs que me donne l'acte constitutionnel n° 7 pour juger des responsables de notre désastre. Un Conseil de justice politique est créé à cet effet. Il me soumettra ses propositions avant le 15 octobre. » Sans revenir sur le détail d'un procès dont le déroulement et l'issue désastreuse pour Vichy sont bien connus, nous nous limiterons à citer André Lavagne, alors directeur adjoint du cabinet civil de Pétain, qui précise dans son journal inédit, à la date du 22 février 1942, les conditions du procès : « On paie la légèreté inouïe avec laquelle on a décidé le Conseil de justice politique, puis l'ouverture du procès avant la consolidation du régime. Cote mal taillée : secret et anomalie suffisants pour permettre tous les soupçons et toutes les attaques ; débat au grand jour suffisant pour nous gêner diplomatiquement et réveiller les vieilles idées républicaines. Pays endormi depuis dix-huit mois, muselé ; brusquement, on réveille des idées, des mots dangereux[15]. »

Avec la répression anticommuniste, on change de registre. Elle s'inscrit dans la continuité, comme on l'a vu, mais les conditions du combat ont changé. Les communistes se sont engagés dans la lutte armée. La police française se révèle particulièrement efficace, et le premier trimestre 1942 est certainement le plus dur de la guerre pour le PCF. Exemples parmi d'autres : à Paris même, de longues filatures de la Brigade spéciale aboutissent au démantèlement d'une branche majeure de l'Organisation spéciale, structure armée de la résistance communiste (50 arrestations), puis à l'arrestation des responsables nationaux aux cadres, à l'organisation et aux intellectuels (116 arrestations à Paris et en province). Dans le Nord et le Pas-de-Calais, la même période voit la chute des réseaux de l'OS, des JC et des femmes dans toute la région. Il est symptomatique que 52 % des personnes qui comparaissent devant la section spéciale de la cour d'appel de Douai aient été arrêtées cette même année 1942[16]. Pour l'ensemble de la France et jusqu'à la Libération, on peut estimer que les sections spéciales et le Tribunal d'État ont prononcé entre 15 et 20 condamnations à mort de militants communistes, hormis les contumaces.

Les communistes — et les Juifs — sont aussi les premiers visés par les exécutions d'otages opérées par l'occupant. Selon le dossier de l'instruction engagée après la guerre contre Oberg, il y aurait eu 471 otages exécutés entre septembre 1941 et mai 1942, puis 254 jusqu'à la Libération, soit un total de 725. La politique des Allemands consistait, dans un premier temps, à répondre aux attentats individuels par des exécutions massives d'otages, pris soit parmi les communistes internés dans les camps de zone nord ou emprisonnés à Paris, soit parmi les Juifs raflés en 1941. Par le décret Keitel, Hitler fixe dès le 16 septembre 1941 la norme à 50 ou 100 otages exécutés pour la mort d'un soldat allemand, et les règles du choix sont fixées douze jours plus tard dans un « code des otages » promulgué par le commandement militaire en France. Ce choix illustre la centralité de l'association diabolisée entre Juifs et bolcheviks dans la propagande nazie.

La politique de Vichy est prise dans d'inextricables contradictions. Laisser les Allemands en première ligne, c'est céder sur la volonté d'affirmer son pouvoir et de conquérir une légitimité aux yeux de l'occupant. Mais participer de la politique et des méthodes allemandes, c'est risquer de limiter ce pouvoir et assurément se couper de l'opinion publique. L'échange de notes entre l'Intérieur et le *Militärbefehlshaber*, en septembre et octobre 1941, confirme cet embarras, et le choix que propose le premier, à défaut de pouvoir l'imposer : il ne peut être question pour les autorités françaises de désigner les futurs otages ; pour autant, elles alertent leur interlocuteur sur les aléas du choix qu'il fait le plus souvent, quitte à signaler, pendant le premier mois du moins, les communistes les plus actifs ; les réactions de l'opinion montrent que ces méthodes sont absolument inadaptées, et la solution réside dans la collaboration des polices pour mettre un terme à l'action du PCF ; la vigueur de la police française est, quoi qu'il en soit, la garantie nécessaire.

Quant au Parti communiste, il fait un double pari. S'il sait que les attentats individuels ne peuvent recueillir l'adhésion, il compte sur la condamnation générale que doit susciter la répression allemande pour obtenir une évolution sensible de l'opinion et vise à déjouer la stratégie de camouflage développée par l'occupant depuis sa victoire. Cela explique en particulier qu'il attende la fin de décembre 1941 pour assumer officiellement les attentats individuels, en les présentant dès lors comme des actes de légitime défense. Les rapports sur l'état de l'opinion tendent à montrer que le pari a été gagné. Par ailleurs, à mesure que la lutte armée se développera, analyse Jacques Duclos, l'occupant devra constater les limites et l'inanité de sa tactique. De fait, Karl Oberg écrit en novembre 1942 : « Les attentats de ces derniers mois ont pu être à

90 % élucidés et les coupables arrêtés. Compte tenu de ce qui précède, on n'a pas jugé opportun, jusqu'ici, d'en venir à fusiller des otages aussitôt après un attentat, le ressentiment existant dans une grande partie de la population à l'encontre de l'Allemagne, alors même que, dans le choix des otages, on s'était limité aux terroristes, aux communistes et aux Juifs [17]. » De fait, Oberg choisit la solution de la déportation régulière puis systématique des politiques.

L'année Darlan apparaît bien comme une année charnière, avec un renforcement sensible de l'appareil répressif français, grâce à des réformes de fond et à une centralisation singulièrement accrue. Les débuts de la lutte armée montrent en outre combien sont complexes les rapports qui se tissent entre la stratégie communiste, la répression et l'opinion. Le Parti communiste sort à la fois renforcé de l'épreuve, échappant au ghetto moral dans lequel il s'était enfermé après le pacte germano-soviétique et faisant émerger de nouvelles générations militantes, mais il est aussi très atteint par une répression efficace.

Laval ou la gestion des contraintes

Le printemps 1942 ouvre une nouvelle étape, avec un changement du personnel politique dans les sphères dirigeantes française et allemande, et la mise en œuvre de la « solution finale » en France. Habité par une vision planétaire, Laval choisit d'y soumettre l'appareil policier et administratif. Il gère les contraintes.

La stratégie lavalienne

Le printemps 1942 voit donc la SS prendre définitivement le pas sur le *Militärbefehlshaber in Frankreich*, avec la nomination d'Oberg comme chef suprême de la police et de la SIPO-SD et la promotion de Knochen et Hagen. En avril, Pétain rappelle Laval et le nomme chef du gouvernement. Comme tel et au titre de ministre des Affaires étrangères, il contrôle les négociations avec les Allemands. Cette politique et l'expérience du 13 décembre demandent un strict verrouillage des secteurs de l'Information et de l'Intérieur, dont il truste les ministères.

Dans le secteur qui nous occupe comme dans les autres, la stratégie lavalienne est sans mystère. Tout est soumis à la grande négociation internationale qu'il s'imagine pouvoir mener avec Hitler. Il est convaincu que l'Allemagne vaincra et veut la meilleure place pour la France dans l'Europe nouvelle d'aujourd'hui et de demain. Rien ne doit venir entraver ce projet ; le maintien de l'ordre est un enjeu majeur. Il s'agit en outre de gérer les exigences de l'Allemagne, qui se font de plus en plus pesantes. André Lavagne en signale les enjeux au moment des grandes rafles de l'été 1942 : « Les Allemands agissent à peu près librement chez nous alors qu'en apparence la France garde une certaine souveraineté autonome et se gouverne elle-même. Nous nous déshonorons à n'être que les instruments des Allemands sans en tirer aucun avantage. Mieux vaut laisser aux Allemands la responsabilité de leurs décisions qu'ils appliqueraient eux-mêmes [18]. »

Dans cette stratégie planétaire, il n'y a guère de place pour la Révolution nationale des traditionalistes. Quand elle ne le gêne pas, il leur laisse développer leur propagande. Il en va tout autrement quand elle contrarie son système de pensée. Le cas des francs-maçons est à ce titre exemplaire, puisque le retour de Laval met *de facto* un terme aux mesures qui les touchent. La méthode employée illustre parfaitement la méthode lavalienne. Il s'appuie en premier lieu sur des relais sûrs, tels que son secrétaire général à la Police, René Bousquet [19]. Son nouveau garde des Sceaux, Gabolde, s'applique, quand il remplace Barthélemy en 1943, à neutraliser toutes les interventions judiciaires. En second lieu, plutôt que de supprimer les institutions existantes, Laval en prend le contrôle. Il opère ici en deux temps : il obtient de la commission des sociétés secrètes, le 20 février 1943, qu'elle rejette le projet répressif de l'amiral Platon, le chef du service des sociétés secrètes. Trois mois plus tard, ce dernier ayant dû quitter le gouvernement, Laval rattache le service au ministère de la Justice, et Gabolde installe à sa tête un allié sûr, Sens-Olive.

On trouve là un exemple du fonctionnement clientéliste de Laval, pierre de touche de sa méthode de gouvernement, avec l'appui sur les élites traditionnelles, un temps marginalisées par le premier Vichy. Pour la police, il trouve René Bousquet et Jean Leguay dans la préfectorale, et l'itinéraire du nouveau préfet de police de Paris, Bussières, est des plus classiques, de la préfecture de l'Aveyron, où il a été chef de cabinet en 1907, à celles de l'Aisne ou du Pas-de-Calais, qu'il a dirigées entre 1940 et 1942, après avoir été en 1928 directeur de cabinet de Poincaré et de 1938 à 1940 directeur général de la Sûreté nationale. Pour autant, la continuité des hommes n'implique en rien la continuité des politiques.

Le choix de la collaboration policière

La centralisation et la concentration des pouvoirs s'accélèrent dans la police. Les services centraux sont renforcés, avec une réorganisation des services de police judiciaire, dont l'Inspection générale comprend dès lors deux branches — l'une traitera de toutes les affaires d'origine politique. C'est à elle que sont rattachées les polices annexes que Pucheu avait mises en place[20]. La loi du 4 octobre 1942, qui transforme la police judiciaire en police de sûreté, ne produit pas qu'un changement d'appellation. L'appareil répressif est singulièrement renforcé puisqu'au niveau régional, et sous les ordres d'un commissaire divisionnaire aux pouvoirs très importants, sont regroupés un fichier central des suspects, un service spécialisé dans le signalement et les transmissions, un service d'identité judiciaire et des « brigades régionales de sûreté ».

Oberg dira à son procès combien il se satisfaisait de cette situation : « Nous avions intérêt à ce que la police française soit réunie dans une seule main [...]. Conformément à l'accord que j'avais établi avec Bousquet, la police française agissait de façon indépendante dans une ligne de conduite commune avec la police allemande et sous la responsabilité de Bousquet ; ceci était aussi valable pour les actions concernant la question juive[21]. »

Tels sont bien, côté allemand, les enjeux d'une collaboration policière qui connaît alors son apogée. C'est Heydrich en personne qui, le 6 mai 1942, accompagne Oberg à Paris à l'occasion de sa prise de fonctions. À cette occasion, il rencontre Bousquet, et le principe est arrêté à la fois de l'autonomie de la police française et d'une étroite collaboration avec son homologue allemande. Il est concrétisé le 4 août suivant dans ce qu'on a appelé les « accords Bousquet-Oberg », en fait une note officielle d'Oberg commentée comme suit par Bousquet : « Il ne vous échappera pas que si la note de M. le général Oberg donne à la police française, tant sur le plan moral que matériel, des moyens d'actions qu'elle n'avait pas jusqu'à présent, il importe que, par une activité encore accrue et par les résultats qu'ils obtiendront, les services de police fassent preuve de leur efficacité réelle. Il vous appartient de donner une impulsion vigoureuse dont vous sentez, comme moi, toute la nécessité dans les circonstances présentes[22]. »

Une seconde mouture des accords, proposée le 16 avril 1943, prévoit que les opérations de police relèveront des seuls Français, à moins que les attentats n'atteignent des installations allemandes, et que les coupables seront traduits devant des tribunaux français, sauf si l'armée d'occupation est visée. Le commentaire de Bousquet se veut déjà plus critique, et la mise en garde est nette contre les empiètements du partenaire.

Dans les faits, Oberg se félicite longtemps de cette prise en charge de la répression par la police de Bousquet, tout en se montrant réticent devant l'inégalité de son action sur le terrain. On en trouve trace dans les réponses faites aux constantes sollicitations françaises en matière d'armement et de personnel. Le plan proposé par Bousquet le 13 avril 1943 et l'intervention directe de Pétain auprès de von Rundstedt le 27 juillet aboutissent bien à l'automne à une augmentation des effectifs, mais celle-ci est inégale, et l'armement reste insuffisant. Vichy dispose de 113 000 hommes, dont 11 000 GMR, 44 000 gendarmes, 17 000 policiers parisiens, 30 000 membres des corps urbains de police[23].

Les communistes sont les premiers visés par la répression politique, et la police française, que les consignes viennent des supérieurs ou que l'initiative vienne d'en bas, n'est pas aux avant-postes du combat contre la résistance non communiste. La police de sûreté, hormis Paris donc, aurait opéré, entre le 1er mai 1942 et le 1er mai 1943, 12 549 arrestations (dont 4 817 internements administratifs) ; 7 237 l'ont été en zone sud et 5 212 en zone nord ; il y a 8 481 « communistes » et 2 137 « gaullistes ». À Paris, dans le même temps, 3 500 « communistes » sont arrêtés[24]. Exemple parmi bien d'autres, les structures politiques et surtout militaires de la résistance communiste immigrée parisienne (MOI) sont détruites en 1943 par trois vagues d'arrestations échelonnées sur l'année ; les policiers français de la Brigade spéciale 2 ont assuré le repérage, la filature, l'arrestation et l'interrogatoire des résistants, avant de les livrer aux Allemands.

Vichy et la « solution finale »

Avec l'application de la « solution finale » des Juifs de France, on aborde un domaine d'une autre nature et d'une autre dimension. Près de 80 000 hommes, femmes et enfants ont été déportés, moins de 3 000 sont revenus. Un examen précis fait apparaître d'une part le poids des étrangers, d'autre part une évolution chronologique. Les Juifs étrangers compteraient pour plus de 50 000 dans le total, alors qu'ils devaient représenter environ la moitié des Juifs vivant en France à l'aube de la guerre. Parmi les victimes françaises, 8 000 sont nées en France de parents étrangers et 8 000 sont des naturalisés. Enfin, 57 % ont été arrêtés et déportés en 1942[25].

Si la Shoah n'est pas dans la logique d'exclusion mise en œuvre par Vichy, la contribution de l'État français n'est pas contestable dans sa première étape. Le choix politique de l'antisémitisme d'État a constitué un puissant facteur d'isolement dans la société, rendant plus vulnérable une population paria. L'application de la loi du 22 juillet 1940 sur les dénaturalisations fragilise davantage encore la situation de cette communauté, puisque les étrangers sont raflés en priorité et que 6 000 des 15 000 personnes touchées effectivement sont des Juifs, soit le quart environ des Juifs qui ont acquis la nationalité française entre 1927 et 1940[26]. Vichy a mis aussi sa police et son administration au service de l'occupant. Au cours d'une conférence tenue le 2 juillet 1942, l'accord est conclu entre Bousquet, Oberg et Knochen sur la déportation massive des Juifs étrangers ; le Conseil des ministres entérine le lendemain. Plus de 13 000 Juifs sont arrêtés à Paris les 16 et 17 juillet 1942 par la police municipale, et près de 11 000 autres, vivant en zone sud, sont livrés entre les mois d'août et d'octobre, soit avant l'occupation allemande.

Pour autant, le bilan, si lourd soit-il, fait apparaître que trois quarts des Juifs de France ont pu échapper aux déportations. En renvoyant à l'analyse faite par Renée Poznanski du débat historiographique qui oppose principalement d'une part Klarsfeld, d'autre part Marrus et Paxton, nous proposons quelques conclusions, la première étant qu'il faut croiser plusieurs paramètres.

On néglige souvent l'attitude des victimes. La volonté de survie et les réflexes d'autodéfense, dont Maxime Steinberg a montré l'importance en Belgique, interviennent au premier chef, que les victimes sachent ou non le sort exact qui les attend.

Tous les historiens s'accordent à souligner le choc qu'a pu représenter pour l'opinion le spectacle ou le récit des rafles, comme le port de l'étoile jaune en zone nord. Mais, constatant le silence dont témoignent les rapports des préfets après le choc de l'été, Marrus et Paxton concluent à l'indifférence rapidement établie. Ce silence a pour nous une autre explication. Le tournant de 1942, incontestable, se traduit en particulier par le changement de perception de la politique d'exclusion antisémite : elle se dénationalise. La persécution devient l'une des conséquences de l'occupation et donc, comme telle, est condamnée sans réticence. Mais comme on ne mesure pas la spécificité et l'ampleur du crime, une fois le choc passé, des formes plus générales de l'oppression, et spécialement le STO, s'imposent dans les cœurs et dans les esprits, puisqu'elles touchent l'ensemble des familles.

Le relais de l'Église catholique est loin d'être négligeable, et Laval le souligne dès le début de septembre 1942 à son interlocuteur allemand. Pour autant, la situation nous semble plus nuancée que ne l'affirme Serge Klarsfeld. La situation évolue sensiblement avec le temps : sans même évoquer le lourd silence qui accompagne les premières mesures vichystes, il ne se trouve que six évêques, au moment des rafles de 1942, pour dire publiquement leur opposition. D'autres interventions restent officieuses, comme les inquiétudes que fait connaître l'assemblée des cardinaux et archevêques réunis à Paris le 22 juillet, mais l'impact des rares mandements suffit à imaginer celui qu'aurait eu une protestation plus massive. Il faut compter avec le temps, cependant, et, dans bien des diocèses, en 1943, d'autres évêques affichent leur solidarité, tandis qu'auprès du pouvoir l'intervention de Mgr Chappoulie, représentant l'épiscopat, empêche la mise en œuvre du projet de dénaturalisation de tous les Juifs devenus français après 1927. Le facteur temps est donc important, et plus encore, mais la chose est connue, le *distinguo* qu'il faut établir entre la hiérarchie catholique et les militants chrétiens, qui ont constitué l'essentiel des réseaux de sauvegarde. Le basculement de l'opinion se traduit sinon dans une aide effective, du moins dans l'acceptation généralisée et bienveillante de ce travail clandestin qui reste le fait d'une minorité.

C'est aux Allemands et à la Milice dans la mesure de ses moyens qu'ils sont de plus en plus confrontés ; la gendarmerie et l'administration se font toujours plus réticentes. Cela vaut spécialement quand des Juifs français sont concernés, mais l'échec relatif de la rafle du Vel' d'Hiv' annonce bien d'autres difficultés dans la mise en œuvre des projets allemands, et c'est au titre de ces entraves que le préfet de police Bussières a sauvé sa tête à la Libération.

Enfin, la politique suivie par les différents pouvoirs demande à être précisée. Côté français, il est évident que les responsables ont pratiqué la « préférence nationale ». La majorité se range à l'idée qu'il faut abandonner aux Allemands les Juifs étrangers. Laval pensait disposer là d'un atout dans la grande négociation franco-allemande qu'il avait l'illusion de mener ; l'antisémitisme de Pétain est connu, entretenu par son entourage immédiat dans la personne de Ménétrel et de la maréchale. Comme dans d'autres pays, les Allemands s'attaquent en priorité aux étrangers, même si des milliers de Français seront aussi raflés. Peut-on conclure, avec Marrus et Paxton, qu'il s'agissait simplement d'une programmation par étapes, qu'une prolongation de la guerre aurait permis simplement de réaliser ? Ne peut-on aussi penser que la stratégie allemande tenait compte des contraintes, à savoir l'étendue du territoire, facteur de dispersion, et la nécessité, pour toute une série de raisons — dont la mise en œuvre de ce projet précis —, de disposer d'un gouvernement et d'une administration autochtones qui ont leurs propres logiques ? On comprendra qu'il nous semble impossible de s'arrêter à une interprétation monocausale de la mort comme de la survie des Juifs de France.

L'État policier

Que les Allemands doivent compter avec la réalité du pouvoir français n'interdit pas, il s'en faut de beaucoup, qu'ils maintiennent sur lui leur pression. L'évolution de la guerre rend les contraintes plus pesantes, et plus encore après la crise de novembre 1943, quand Pétain envisage d'asseoir sa légitimité pour contrecarrer la concurrence gaulliste. Pétain cédera aux pressions comme Laval, et la Milice prend le contrôle des postes clés du maintien de l'ordre et de la propagande.

Le rôle prépondérant de la Milice dans l'appareil répressif

Dans la mesure où la Milice elle-même est dès lors très directement associée aux opérations de police et de justice, il n'est pas toujours aisé de faire le départ entre l'organisation et l'appareil d'État. Si la Milice se veut, dans son ensemble, une force supplétive de la police, c'est son avant-garde encasernée, la Franc-garde, qui constitue ses troupes de choc. En outre, le 2e service comprend un service de sécurité chargé tout spécialement des exécutions. L'engagement dans la Waffen SS leur donne enfin des moyens et des relais spécifiques.

Au gouvernement, un milicien est secrétaire d'État à l'Information. Et dans l'article-manifeste qu'il publie dans *Politique française* de janvier 1944, Philippe Henriot annonce une « guerre des ondes », qu'il va mener en effet jusqu'à son exécution à la fin de juin, ses interventions radiodiffusées jouant un rôle prépondérant dans le dispositif de lutte contre la Résistance et les Alliés.

Le chef de la Milice, Joseph Darnand, est secrétaire général au Maintien de l'ordre, et, malgré Laval qui pense le neutraliser entre un sous-secrétaire d'État et un directeur général, il contrôle rapidement l'ensemble des forces de police (10 janvier). Au 6 juin 1944, Vichy dispose de 123 000 hommes, dont 66 000 en zone nord. La situation n'a guère évolué depuis un an (*cf. supra,* même source), si ce n'est l'apparition des 6 700 Francs-gardes, dont 415 en zone nord et 2 000 permanents sur l'ensemble du territoire. Il poursuit la politique de centralisation engagée avec Pucheu et, comme lui, tente en vain d'absorber la préfecture de police de Paris, aux mains d'un proche de Laval. Darnand subit un autre échec avec la gendarmerie. Cependant, la loi du 15 avril 1944 place tous les corps de police sous l'autorité des intendants de police, devenus intendants du maintien de l'ordre, parmi lesquels on compte de nombreux miliciens.

Darnand se dote également d'un appareil judiciaire expéditif, avec des cours martiales (20 janvier 1944) composées de trois juges désignés par lui et dont les sentences sont exécutoires dans l'instant. Jusqu'en mai, la cour ne peut juger que des flagrants délits. La présidence est souvent assurée dans les faits par Jocelyn Maret, sous-directeur de l'administration pénitentiaire et milicien convaincu.

En effet, Darnand contrôle aussi l'administration pénitentiaire.

Celle-ci était restée sous la tutelle du ministère de la Justice jusqu'à la loi du 15 septembre 1943, qui la confiait à l'Intérieur. Les deux possibilités s'offraient en théorie, puisque l'exécution des peines relevait de l'autorité préfectorale et que le régime de la prévention était soumis au contrôle judiciaire. Pour autant, le choix était significatif, et lourd de conséquences. Selon Gabolde, le changement serait le fruit de pressions croissantes de la SS, furieuse du nombre croissant d'évasions, spécialement celle de De Lattre de Tassigny, et qui voulait obtenir un regroupement des détenus politiques dans des établissements de l'Est. En 1944, c'est Baillet qui est en charge de l'administration pénitentiaire. Sa personnalité est intéressante à plus d'un titre. Son père avait été commissaire de police d'Aubervilliers, et comme tel avait été très lié à Laval. Fidèle à sa politique, Laval demande à son fils, le 1er juin 1943, de prendre à Vichy la direction des Renseignements généraux, avant de lui donner cette nouvelle tâche. Or Baillet venait de la préfecture de police de Paris, où il s'était montré particulièrement efficace à la direction des RG. Collaborationniste convaincu, il était en étroite relation avec Bömelburg, qu'il avait connu avant guerre et qu'il retrouvera encore à Vichy quand, en 1944, ce dernier sera nommé à la tête de la SIPO-SD. Un tel itinéraire amène à nuancer la coupure souvent drastique qu'on opère entre Vichy et Paris.

Les Allemands n'ont donc qu'à se féliciter de ce nouveau dispositif, au point que, constatant en mars la multiplication des évasions, Knochen écrit à Darnand pour lui suggérer de confier la direction des maisons centrales à « des membres éprouvés de la Milice française ». Darnand répond que c'est déjà souvent le cas[27].

La guerre civile

« Tu sais que la Milice n'est pas du tout comprise et, de ce fait, assez mal vue parce qu'elle ne se présente au pays que sous une mission exclusivement répressive[28]. » Le diagnostic ne peut être plus net, et ce sont les miliciens eux-mêmes qui ont construit cette image. Darnand, le premier, précise les nouvelles consignes à ses délégués dès le 21 janvier, en présence de Laval : « Le temps n'est plus où nous devions nous efforcer d'arrêter les gens pour les faire parler, d'exercer des filatures très longues, de cueillir les prisonniers, de laisser traîner pendant six mois ou un an. Le président lui-même, je pense que vous le savez, est absolument catégorique : il faut répondre au feu par le feu, immédiatement! Je ne vous demande pas d'amener des gens, je vous demande de dire : " Nous avons abattu des terroristes. " »

Dès lors, la collaboration est totale avec l'occupant, les méthodes changent et les hommes de Darnand servent de police supplétive, au même titre que les services collaborationnistes, PPF en tête, qui se sont installés dans les grandes villes depuis l'arrivée d'Oberg.

Sur le terrain, cela se traduit par la livraison systématique des internés et prisonniers politiques, à la suite d'un télégramme chiffré du 31 mars 1944, dont l'application s'étale cependant jusqu'en août. Il y a les assassinats, qu'ils soient le fait de miliciens sans mission officielle comme dans le cas de Sarraut, manière de déjouer l'ouverture lavalienne aux radicaux quelques jours avant la prise de fonction de Darnand, qui protégera ses hommes, ou le fait de miliciens disposant de relais étatiques comme dans l'assassinat de Mandel, à la fois sans doute commande de la SS et cadeau fait à la Milice pour venger la mort d'Henriot. Les cours martiales ont un statut beaucoup plus officiel, et 100 à 110 prisonniers politiques seront ainsi exécutés[29]. Il y a la lutte contre les maquis, mais faute de matériel, de forces et d'organisation, la Milice doit laisser en général l'initiative aux Allemands, comme c'est le cas dans les Glières, en février-mars 1944, quand, après un échec, elle se limite aux opérations de bouclage.

Le manque de matériel est lié à la méfiance permanente des Allemands, non qu'ils se méfient de la bonne volonté des miliciens, bien au contraire, mais ils savent que ceux-ci n'ont pas les moyens de leurs ambitions, comme en témoigne l'échec spectaculaire de la mobilisation proclamée par Darnand à l'annonce du débarquement[30]. Quant au refus qu'Oberg oppose au plan d'armement de la police que lui propose Darnand en février, il tient à une méfiance renforcée envers la police et la gendarmerie.

Dans ce contexte, les contradictions s'aiguisent à la tête de l'État. Laval et Pétain tentent de jouer la dernière carte qui leur reste, en affirmant la légitimité de l'État français dans la perspective d'une paix de compromis, quitte, comme Laval, à chercher des appuis parmi les anciens parlementaires. Quant à la dénonciation publique que Pétain fait de la Milice, elle est bien tardive, tant le souvenir des mutineries de 1917 le rend peu sensible aux mesures d'exception, et elle prend toute sa signification replacée dans l'ensemble de textes qu'il écrit au début du mois d'août pour préparer la transition. Darnand peut lui répondre : « Pendant quatre ans, j'ai reçu vos compliments et vos félicitations et vous m'avez encouragé. Et aujourd'hui que les Américains sont aux portes de Paris, vous commencez à me dire que je vais être la tache de l'histoire de France. On aurait pu s'y prendre plus tôt. »

Si les tensions s'exacerbent dans les sommets de l'État à l'été 1944, l'unité de Vichy apparaît plus que dans d'autres domaines, tant l'exclusion est consubstantielle au nouveau régime et acceptée, dans son principe, par la plupart de ses dirigeants. Pour autant, il serait réducteur de s'arrêter au seul Vichy singulier. Les changements de rapports de forces dans les sphères du pouvoir se traduisent par des changements de stratégie, de priorités — voire de cibles, mais le cas est plus rare. Le temps est un facteur autrement plus discriminant, l'occupant avançant des exigences croissantes ; la gestion de la « solution finale » puis l'engagement dans la guerre civile contrastent avec la très large autonomie des premiers temps.

Ces contraintes ne font pas de Vichy une simple antenne des Allemands. C'est un État et un système, et le sujet amène à s'interroger sur le pouvoir et ses relais. Il suffit déjà de constater que la répression et la persécution suscitent, accélèrent, accompagnent un renforcement sensible de l'appareil d'État et de la centralisation. Le processus est d'importance dans le long terme. Dans la conjoncture immédiate, il assoit une légitimité qui accroît les difficultés qu'aurait à surmonter un fonctionnaire réticent, qui doit ajouter à l'acte de résistance un acte de désobéissance. Pour autant, la comparaison avec d'autres pays occupés n'amène-t-elle pas à prendre aussi en compte les logiques bureaucratiques ? Le modèle fonctionnaliste ne fournit-il pas une clé importante qui permet de mieux appréhender le rôle de l'administration française ?

Enfin, le système est trop complexe pour s'arrêter au seul pouvoir et à ses relais. Nous avons vu aussi combien pouvoirs, parias et/ou ennemis, opinion étaient étroitement combinés : la politique des pouvoirs rythme la vie des exclus et détermine, pour une part, l'évolution de l'opinion ; la stratégie des exclus intervient dans celle des pouvoirs et dans le mouvement de l'opinion ; l'opinion délimite en partie le champ d'intervention des pouvoirs et les possibilités pour les exclus de se cacher et de combattre.

Denis Peschanski

NOTES

1. « L'Éducation nationale », *La Revue des Deux Mondes,* 15 août 1940.

2. *Cf.* l'édition de référence des discours et messages de Pétain par Jean-Claude Barbas, Paris, Albin Michel, 1989. On notera que les mots « Juifs » ou « israélites » sont même absents du corpus.

3. Nous nous permettons de renvoyer à l'ouvrage que nous avons dirigé avec Laurent Gervereau, *La Propagande sous Vichy,* Paris, Édition de la BDIC, 1990, qui a accompagné une exposition sur ce thème du musée d'Histoire contemporaine (Paris).

4. *Oui, Monsieur le Maréchal ! ou le serment de Pouique le Glouton et Lududule paresseux par l'oncle Sébastien,* Dessins d'André-Paul et Louis Simon, Grenoble, Arthaud, s.d. (Arch. IHTP).

5. Laval présente à Abetz ses projets de politique intérieure, à savoir la constitution d'un parti unique et la promulgation de lois interdisant la franc-maçonnerie et fermant la fonction publique aux Juifs (cité par Philippe Burrin, *La Dérive fasciste,* Paris, Le Seuil, 1986, p. 352). Il faut prendre en compte ce jeu complexe de représentations pour qui veut expliquer, par exemple, le mémorandum sur la France qu'Abetz écrit à Salzbourg le 30 juillet. On y lit ainsi avec surprise que Pétain aurait refusé l'application de mesures contre les francs-maçons au nom de l'unité nationale ; on peut en douter, et rien n'indique en outre que ces mesures sont le fruit des pressions allemandes. Sur les représentations, nous renvoyons à l'ouvrage de Pierre Laborie, *L'Opinion française sous Vichy,* Paris, Le Seuil, 1990.

6. Danièle Lochak, « La doctrine sous Vichy ou les mésaventures du positivisme », *in Les Usages du droit,* CURAPP, Paris, PUF, 1989, pp. 252-285.

7. Pour plus de détails, *cf.* Jean-Pierre Rioux, Antoine Prost, Jean-Pierre Azéma (dir.), *Les Communistes français de Munich à Châteaubriant,* Paris, Presses de la FNSP, 1987.

8. *Note sur les menées communistes, 17 décembre 1940 (Vichy),* Milan, Fondation Feltrinelli, Arch. Tasca, fasc. Francia, 154.

9. *Cf.* Jean-Marie Guillon, « Variables régionales, unité du parti », *in Les Communistes français de Munich à Châteaubriant, op. cit.,* pp. 413-428.

10. Rapport du Comité de coordination pour l'assistance dans les camps, cité par Joseph Weil dans *Contribution à l'histoire des camps d'internement dans l'anti-France,* Paris, Édition du CDJC, 1946, pp. 49-50.

11. Note manuscrite, s.d. (février 1941), Papiers Darlan, citée par Hervé Coutau-Bégarie et Claude Huan, *Darlan,* Paris, Fayard, 1989, pp. 479-480. Pour l'interprétation de la défaite, voir une note en date du 9 octobre 1940, *ibid.* p. 346.

12. Sur les réformes de la police, *cf.* le rapport de Jacques Delarue pour ce colloque, Henri Longuechaud, « *Conformément à l'ordre de nos chefs...* », Paris, Plon, 1985. Michèle Cointet présente en détail dans sa thèse les réformes institutionnelles et la question de la préfecture de police (*Le Conseil national ; vie politique et réforme de l'État en régime autoritaire 1940-1944,* Paris X-Nanterre, 1984, dactyl.). Sur le SPAC, *cf.* Arch. nat. $F^7$14888 et 14900.

13. Arch. CDJC, LXXV-81, cité par Serge Klarsfeld, *Vichy-Auschwitz. Le rôle de Vichy dans la solution finale de la question juive en France, 1942,* Paris, Fayard, 1983, p. 14.

14. Plusieurs ajouts préciseront par la suite cette législation, enregistrés finalement dans la loi du 5 juin 1943 sur les sections spéciales. Quant au Tribunal d'État, dont Darnand fit partie un temps, il traita quelques affaires politiques mais

condamna aussi à mort une « faiseuse d'anges » et fut surtout absorbé par les conflits liés aux restrictions.

15. Carnets d'André Lavagne, 22 février 1942, Arch. nat. Pétainiste convaincu, très critique envers les institutions républicaines, André Lavagne témoigne ici du profond désarroi que provoque chez lui le déroulement du procès, et au-delà l'évolution du régime. Ses notes montrent une claire condamnation de la répression et de la persécution, mais qu'il ne réussit guère à faire partager à la tête de l'État.

16. *Cf.* Michel Rousseau, *Douai pendant la Seconde Guerre mondiale,* doctorat de IIIe cycle, Lille III, 1980, 3 tomes, p. 572 ; la section spéciale couvrait les deux départements, et 1 966 personnes ont comparu devant elle entre 1941 et 1944 ; elle a prononcé et fait exécuter cinq condamnations à mort, hormis, donc, les 12 condamnations à mort par contumace.

17. Cité par Serge Klarsfeld, *op. cit.,* tome 2, 1985, p. 33.

18. Carnets d'André Lavagne, *op. cit.,* 12 août 1942.

19. *Cf.* le rapport de Jean-Pierre Husson pour ce colloque.

20. Note du 2 juillet 1942, Premier bilan de l'action menée par le secrétariat général à la Police, Arch. nat. F^7 14900. Le nouveau titulaire du CGQJ, Darquier de Pellepoix, antisémite forcené, s'en plaint amèrement.

21. CDJC, 12. VIIIH, cité par Serge Klarsfeld, *op. cit.,* tome 1, p. 59.

22. Lettre aux préfets régionaux, 12 août 1942, accompagnant le discours d'Oberg prononcé devant les préfets régionaux de zone occupée et les chefs des SS réunis le 8.

23. Chiffres donnés par Henri Longuechaud, *op. cit.,* p. 204.

24. Arch. nat. F^7 14886 et AJ40, chiffres cités par Roger Bourderon et Yvan Avakoumovitch, *Détruire le PCF,* Paris, Messidor, 1988, p. 236.

25. Chiffres établis par Serge Klarsfeld, *Vichy Auschwitz, op. cit.,* tome 2, pp. 393 et 394.

26. *Cf.* Bernard Laguerre, « Les dénaturalisés de Vichy », *Vingtième Siècle, Revue d'histoire,* 20, octobre-décembre 1980, pp. 3-15.

27. Lettre de Knochen à Darnand, 27 mars 1944, et réponse de Darnand à Oberg du 14 avril, Arch. nat. F^7 14900.

28. Rapport à Darnand de Charlet, fournisseur de la coopérative de la Milice, Arch. nat. F^7 14900.

29. Dans le dossier de cour de justice de Baillet, le rapport aboutit à 94 politiques et 28 droits communs fusillés après comparution, mais deux ou trois prisons manquent, dont celle de Marseille.

30. Sur ce sujet et la Milice en général, voir le long article que Jean-Pierre Azéma lui consacre dans *Vingtième Siècle, Revue d'histoire,* 28, octobre-décembre 1990, pp. 83-105.

5.

Étude départementale : répression et exclusion dans la région toulousaine

Entre 1940 et 1944, la région toulousaine — réduite dans le cas précis à Toulouse et au département de la Haute-Garonne — a notablement souffert de la logique de l'exclusion du régime de Vichy, tout en manifestant une spécificité qui découle de son histoire (la région n'est occupée par les Allemands que le 11 novembre 1942), de sa situation géographique (c'est l'une des zones de passage vers l'Espagne), de son particularisme humain (c'est un important foyer d'accueil de réfugiés espagnols puis de Juifs étrangers et français depuis 1940 en même temps qu'un des centres les plus dynamiques de la Résistance de la zone libre).

Fournissons d'abord quelques indications sur les hommes chargés localement d'appliquer la répression. En poste depuis le 25 mai 1940, le préfet Cheneaux de Leyritz, nommé préfet régional en 1941, est considéré par les uns comme un « pétainiste fanatique », par d'autres comme une personnalité modérée. Sa responsabilité est bien engagée dans l'arrestation de communistes en 1940-1941, dans l'application de mesures antijuives, dans l'adoption de sévères directives pour le maintien de l'ordre, mais il ne manifeste pas de zèle excessif. Dès le 3 septembre 1942, tenant compte de l'émotion suscitée par le départ des premiers convois de déportés, il aurait suggéré à Laval d'arrêter les opérations antijuives[1]. Il refuse de coopérer avec la Gestapo pour lutter contre la Résistance. Il témoigne d'une volonté de préserver la souveraineté française et d'éviter le pire. Le 24 janvier 1944, il est remplacé par André Sadon, préfet du Pas-de-Calais. Une démission qui ressemble fort à un limogeage. Son successeur ne pourra empêcher l'intensification des mesures de répression jusqu'à la Libération.

Le 23 juillet 1943, l'intendant régional de police Barthelet « arrive de Lyon, où il a fait des ravages dans les réseaux de la

Résistance[2] ». Il est abattu, sur ordre d'Alger, le 23 octobre. Son adjoint, Charles Hornus, lui succède et démontre rapidement sa brutalité en déférant des résistants devant la cour martiale, en coopérant avec les Allemands, en réprimant durement la révolte des internés d'Eysses, dans le Lot-et-Garonne... Le 15 avril 1944, il permute avec l'intendant Marty et part pour Montpellier. Mais il n'y a pas de répit, au contraire. En relations étroites avec le SD allemand, le nouvel intendant ainsi que les membres de sa brigade multiplient les arrestations, tortures et exécutions. Ils organisent des expéditions contre les maquis auxquelles participent des GMR et surtout des miliciens. Et le 30 juillet 1944, sur ordre de l'intendant régional du maintien de l'ordre, 40 détenus politiques de la prison Saint-Michel de Toulouse sont livrés directement aux Allemands.

Mais le système répressif régional ne s'arrête pas là. Il englobe également quelques membres de la Légion, les miliciens, les groupes d'action du PPF, des éléments du commissariat général aux Questions juives... Les forces traditionnelles du maintien de l'ordre ont un comportement plus nuancé. C'est patent dans le cas de la gendarmerie, qui a souvent fait preuve de mauvaise volonté ; au point que l'intendant Marty, se plaignant de son « hostilité », a dû renoncer à l'utiliser. C'est plus ambigu dans le cas de la police. Ses membres ont été chargés de pourchasser et d'arrêter tous les suspects. Ils le firent le plus souvent sans états d'âme, méthodiquement, efficacement. C'est la police française qui arrête, en 1939-1940, de nombreux militants communistes. C'est la Sécurité du territoire qui démantèle, en décembre 1941, le premier grand réseau de résistance local, le réseau Bertaux, et arrête les deux futurs commissaires de la République de la région, Jean Cassou et Pierre Bertaux. C'est encore la police toulousaine qui détruit l'état-major régional de l'Armée secrète en octobre 1943, puis décime les rangs de la 35e brigade MOI — on pourrait multiplier les exemples. Certains fonctionnaires de police ont-ils été trop « zélés » ? A la Libération, bien des accusations ont été lancées. Il ne faut cependant pas perdre de vue que la police a été aussi « noyautée » et que plusieurs de ses membres ont rejoint les rangs de la Résistance, payant parfois de leur vie leur refus de Vichy.

Passons au fonctionnement de la justice. Les juridictions d'exception existent, comme partout ailleurs. Elles sont mises en place en 1942. Elles doivent limiter « l'indulgence excessive dont témoignent certaines juridictions répressives à l'égard des accusés et inculpés traduits devant elles[3] ». Un tribunal spécial de la cour d'appel de Toulouse tient trente-cinq séances entre le 8 octobre 1942 et le 24 août 1944. Il ne prononce que deux acquittements, pour deux jeunes de seize et dix-sept ans ayant agi « sans discernement ». Il inflige des peines de travaux forcés pour vols de bestiaux ou de colis destinés à des prisonniers. Et c'est lui qui, à la suite d'un violent réquisitoire de l'avocat général Lespinasse, condamne à mort, le 11 mars 1943, Marcel Langer, membre de la MOI, pour détention d'explosifs. Une section spéciale de la même cour d'appel tient pour sa part vingt-cinq séances entre le 18 décembre 1942 et le 7 juillet 1944. Elle prononce trois peines de mort par contumace, des peines de travaux forcés et surtout des peines de prison (de un mois à cinq ans) et de réclusion. Enfin, une cour martiale est instituée à Toulouse en 1944, en application de la loi du 20 janvier 1944. Elle est la plus sévère : elle condamne à mort six résistants, immédiatement exécutés dans l'enceinte de la prison Saint-Michel à Toulouse.

Durant la guerre, fonctionne également un tribunal militaire. En 1940-1941, il inflige des peines d'amende, de prison ou de travaux forcés, essentiellement à des communistes, quel que soit leur âge : arrêtés en décembre 1941, de jeunes étudiants toulousains qui ont publié des tracts et ouvrages « antigouvernementaux » sont condamnés à des peines de travaux forcés (dix ans) ou de prison (de un à cinq ans) pour « menées anarcho-communo-judéo-maçonniques ». Il se montra en revanche plus clément à l'égard des « gaullistes », notamment en juillet 1942 pour les membres du groupe Bertaux, pourtant fort actifs : vingt ans de travaux forcés pour le principal prévenu mais seulement trois ans de prison pour Bertaux et un an pour Cassou.

Les tribunaux civils, pour leur part, infligent des peines d'amende (parfois assorties de prison) pour des délits comme les hausses illicites de prix, les abattages clandestins, les franchissements de la frontière, voire pour de simples propos jugés « antinationaux ». Dans le même temps, ils tentent également de freiner les excès de l'aryanisation des biens juifs[4]; en janvier 1944, le procureur général près la cour d'appel va plus loin : il met en cause la rétroactivité de la loi du 20 janvier 1944 créant des cours martiales et s'oppose à ce que deux résistants internés, poursuivis pour des délits commis en 1943, soient déférés devant celle de Toulouse[5]

Venons-en aux victimes de la Révolution nationale. Notons que des francs-maçons sont exclus de la fonction publique, notamment des instituteurs. Soulignons que les Juifs sont visés de façon systématique. La communauté juive, peu nombreuse avant guerre, est grossie par l'apport des réfugiés (en septembre 1940, la police évalue son importance à 27 000 dans le département). Des Juifs sont empêchés d'exercer leur profession : un sévère *numerus clausus* est établi pour les étudiants, les avocats, les médecins... Des commerçants sont victimes de spoliations : en 1943, dans le département, 231 entreprises et biens juifs — dont plus de 200 dans la seule ville de Toulouse — sont placés sous administration provisoire ; 45 % des entreprises juives sont vendues ou liquidées avant la fin de 1943 (un chiffre supérieur à la moyenne nationale, qui est, en 1944, de l'ordre de 25 %)[6]. Des familles juives sont assignées à résidence en 1941-1942 à Luchon (Haute-Garonne) et à Aulus-les-Bains (Ariège). Dès juillet 1942, les camps deviennent des réservoirs de convois raciaux à destination de Drancy et d'Auschwitz. La police française est chargée de livrer les Juifs étrangers des deux zones. Le 26 août a lieu la grande rafle de ces Juifs étrangers. Les résultats dans la Haute-Garonne sont plutôt décevants (170 personnes sont arrêtées alors qu'on en escomptait 380[7] !). Reste que la région toulousaine fournit le plus grand nombre d'hommes, femmes et enfants raflés (1 679). En fait, les transports vers Drancy ont débuté dès le 8 août 1942, donc bien avant l'arrivée des Allemands dans la région : 340 Juifs sont alors extraits des camps de Noé et Récébédou et partent vers la zone occupée de la gare de Portet-Saint-Simon, près de Toulouse. D'autres suivent les 10 août, 24 août, 2 septembre. Ces premiers départs donnent lieu à de tels drames que l'archevêque de Toulouse, Mgr Saliège, sortant de sa réserve, fait lire, le dimanche 23 août, une lettre de protestation dans les églises du diocèse, en dépit de l'opposition préfectorale. Interrogé avec ménagement le 18 septembre par le substitut du procureur, il déclare : « Les départs ont donné lieu à des scènes lamentables : n'y a-t-il pas eu plusieurs tentatives de suicide et une crise de folie ? Plusieurs familles ont été séparées[8]. » Soulignons qu'après une interruption momentanée les départs reprennent en 1943. Entre le 17 décembre 1943 et le 22 juin 1944, dix-sept convois emmènent des déportés séjournant dans la région toulousaine. Les politiques vichyssoises d'exclusion et de répression sont mises au service de l'occupant.

Les autorités préfectorales ont également pris des mesures

d'internement administratif à l'égard de catégories de personnes de plus en plus nombreuses et variées : environ 1 500 cas individuels ont été recensés dans le Midi toulousain[9]. On y trouve des Juifs, des « politiques » (des communistes dès l'automne 1940, mais aussi des personnes accusées de « menées antinationales »), puis, à partir de 1941, des individus « ayant porté atteinte à la politique des prix ou au ravitaillement du pays » ; à compter de la fin 1942, des réfractaires à la relève puis au STO. Sans omettre quelques marginaux, prostituées ou repris de justice. Tous ces internés administratifs, victimes de l'arbitraire préfectoral, vont dans des centres de séjour surveillés dont la plupart sont en activité à la fin de 1940.

Entre 1941 et 1944, on procède à une spécialisation des camps, qui conduit à des transferts fréquents et pénibles des détenus. Les libérations sont soumises à la plus ou moins bonne volonté de l'administration et tempérées par la possibilité d'être assigné à résidence dans une commune déterminée ou interdit de séjour dans un département.

En fait, les conditions de détention sont partout très dures. En prison, l'entassement, la promiscuité, le manque d'hygiène et de nourriture deviennent monnaie courante. Et que dire des conditions de vie dans les camps dits de « concentration » jusqu'en 1941, puis intitulés « centres d'hébergement » ? Le camp du Vernet, à la limite de l'Ariège et de la Haute-Garonne, a été installé dès 1939 pour accueillir des réfugiés espagnols puis allemands et des étrangers « suspects » (communistes, anciens des Brigades internationales...). Deux camps-hôpitaux sont créés dans la Haute-Garonne en février 1941 pour accueillir « les ménages âgés de plus de soixante ans et les infirmes », Noé et Récébédou, dans la banlieue de Toulouse. Ils sont conçus pour donner une bonne image des camps vichyssois. Mais, dès juillet 1941, un interné allemand de Noé écrit : « Ici, la nourriture est mauvaise, j'ai perdu déjà 50 kilos. » La tuberculose et la maladie de la faim (la cachexie) y font des ravages. Si Récébédou est fermé en octobre 1942, Noé continue à fonctionner jusqu'à la Libération. Il devient à partir de 1943 un camp de triage et de transit, notamment pour les réfractaires du STO. Entre février 1941 et août 1944, 307 internés y ont laissé la vie[10].

Il est difficile d'évaluer le nombre total des victimes. Entre 1940 et 1944, on a dénombré dans la Haute-Garonne 1 370 déportés français, 1 222 déportés étrangers israélites (tous disparus), 416 internés français dans des camps ou prisons de France[11]... Ces chiffres peuvent être discutés, mais n'en démontrent pas moins la sévérité de l'action répressive. Les communistes constituent une cible privilégiée de la répression politique. Ce sont les étrangers qui ont le plus souffert ; parmi eux, les Espagnols et les Juifs réfugiés.

La politique d'exclusion et de répression de Vichy n'a cessé de s'intensifier durant toute la période. Tantôt elle a une valeur préventive, tantôt une valeur répressive qui se veut exemplaire. D'où la « publicité » faite à certaines mesures d'internement, à des arrestations, à des exécutions. Mais une évolution est à noter. La politique répressive est d'abord celle d'un régime autoritaire. Les effets pervers de la Révolution nationale s'accroissent à partir de l'été 1942 : dès le mois d'août commencent les premières rafles et déportations. La condamnation à mort puis l'exécution, le 23 juillet 1943, du résistant Marcel Langer amorcent une nouvelle étape. Le régime se fait de plus en plus policier et répressif, alors que, depuis novembre 1942, la pression allemande se fait beaucoup plus sentir. Malgré une volonté de l'administration préfectorale de préserver une marge d'autonomie, la coopération policière s'instaure : pour les réquisitions de main-d'œuvre mais aussi dans la lutte contre la Résistance (participation commune, à l'instigation de l'intendant Marty, des GMR, des miliciens et des Allemands à des actions contre les maquis). Les logiques d'exclusion et de répression de Vichy ainsi que la politique du Reich en arrivent à se joindre et se compléter. Exclusion et répression n'ont fait qu'aggraver les tensions existantes. Elles expliquent pour une bonne part le climat de passions qui caractérise la période de la Libération dans la région.

Michel Goubet

NOTES

1. Éric Malo, « Le camp de Noé (Haute-Garonne) de 1941 à 1944 », *Annales du Midi,* 183, juillet-septembre 1988.

2. Rémy, *Morhange : les chasseurs de traîtres,* Paris, Flammarion, 1975.

3. Circulaire de Barthélemy aux premiers présidents de cour d'appel et aux procureurs généraux, Arch. dép. de la Haute-Garonne, 1924/47.

4. Mireille Chatel, *Confiscation et restitution des biens juifs à Toulouse de 1941 à 1944,* mémoire de maîtrise, université de Toulouse-le Mirail, 1989.

5. Lettre au garde des Sceaux du 30 janvier 1944, Arch. dép. de la Haute-Garonne, 2066/1113.

6. Mireille Chatel, *op. cit.*

7. Éric Malo, art. cit.

8. Arch. dép. de la Haute-Garonne, 2715/304.

9. Martine Fernandez et Florence Gourrat, *Les Internements administratifs dans le Midi toulousain,* Mémoire de maîtrise, université de Toulouse-le Mirail, 1984-1985.

10. Éric Malo, art. cit.

11. Chiffres donnés par Georges Bixel, *La Souffrance en Haute-Garonne 1940-1944,* ouvrage manuscrit, Saint-Gaudens, 1990.

6.

La politique du travail féminin

Travail, Famille, Patrie : pour saisir pleinement toutes les implications politiques et sociales du slogan communément admis comme le plus caractéristique du régime de Vichy, il faut faire référence à son idéologie concernant les femmes. Car, dans l'élaboration de ses représentations — celles de la famille comme celles de la communauté et même de la nation —, la figure féminine, garante symbolique du nouvel ordre, a joué un rôle essentiel. C'est ce que résumait de façon pittoresque l'un des chantres de la « rénovation », « si chacun balayait le devant de sa porte, la rue serait vite propre. Appliquons cela à la société et disons : si chaque femme soignait, purifiait, refaisait sa maison, comme la patrie deviendrait belle [1] ».

On peut analyser les politiques de la famille, de la sexualité et de l'éducation comme des éléments d'un système plus vaste, dans lequel l'État français aurait cherché à réordonnancer les rapports entre la sphère du public et celle du privé, ainsi que les relations entre les hommes et les femmes [2]. J'ai montré ailleurs que, si une telle étude ne peut omettre le contexte nataliste et familialiste de l'entre-deux-guerres, l'extraordinaire impact de la défaite de 1940 a grandement contribué à renforcer et affirmer des tendances qui se dessinaient auparavant [3].

Sur le rôle des femmes au travail dans la communauté nationale, Vichy a eu une attitude double, tour à tour de prescription et d'interdiction. Mais, quelle qu'ait été l'orientation prise, toutes les positions avaient en commun une vision globale des femmes dont la seule mission possible était d'être des mères dévouées à la patrie.

Alors que les contradictions sont éclatantes entre d'un côté la propagande et le discours de Vichy sur les femmes et de l'autre la pratique quotidienne de l'État à leur égard, le sujet n'a guère été abordé jusqu'ici par l'historiographie. Sans doute la raison principale tient-elle à la difficulté d'envisager ce sujet sous l'angle de la « différence des sexes », comme disent les Français, ou sous celui du « genre », comme disent les Anglo-Saxons[4]. Bien que certains travaux sur les femmes et le fascisme[5], ou sur les femmes et la Résistance[6], aient exploré la question de ce point de vue, la politique de Vichy vis-à-vis des femmes n'a été traitée que de façon périphérique[7]. Certains travaux se sont contentés du seul qualificatif de « mysogynie » pour décrire le régime[8]. D'autres ont affirmé que Vichy n'était pas sorti d'une vision binaire dans laquelle les femmes ne pouvaient être que « vierges comme Jeanne d'Arc... ou lapines[9] ».

Avec l'exemple du travail féminin, c'est une réalité beaucoup plus complexe que, dans ce court texte, je voudrais illustrer. Car l'analyse de quelques éléments clés de la politique de Vichy vis-à-vis de cette question peut expliquer leur portée comme leur relatif échec.

Afin de préparer l'accueil des démobilisés, Vichy a, dès le mois de juillet 1940, encouragé les employeurs à licencier certaines catégories de personnel : d'abord les ouvriers agricoles saisonniers, puis les femmes, qui sans doute, elles aussi, avaient fini leur « saison ». Ces mesures étaient justifiées par l'idée qu'il fallait laisser libres les emplois pour les hommes, en particulier pour les chefs de famille. Selon René Belin, la politique de Vichy de la « femme au foyer » était « d'obtenir un retour au *statu quo ante* ». Il s'agissait évidemment d'un passé imaginaire puisque, dans les années 1930, les femmes constituaient déjà quasiment un tiers de la population active. Toutes n'étaient donc pas « au foyer ».

Après les mesures de juillet, la loi du 11 octobre 1940, qui, aux yeux de Darlan, était « une des lois les plus importantes [...] élaborées par le gouvernement du Maréchal », marque une nouvelle étape dans les rapports entre l'État français et les femmes. Censée servir à « lutter contre le chômage », cette loi interdisait le recrutement de femmes mariées à tous les niveaux de la fonction publique, ainsi que dans les entreprises para-publiques. Elle introduisait un système de quotas pour les employés non célibataires des services publics et accordait des prêts aux salariées qui voulaient se marier ainsi que des autorisations spéciales pour les fonctionnaires abandonnant leur emploi en vue de leurs noces. Les femmes de plus de cinquante ans étaient obligées de prendre une retraite anticipée. Seules deux catégories n'étaient pas soumises à ces dispositions : d'une part, les mères de famille nombreuse (trois enfants et plus), considérées comme ayant accompli leur « devoir national[10] » ; de l'autre, celles dont le mari n'était pas « en mesure de subvenir aux besoins du ménage ».

Une lecture attentive de ce texte montre combien le désir de Vichy de réguler le marché du travail et de promouvoir le retour des femmes au foyer était fondé sur des principes ambigus, voire contradictoires. Parce que les maris et les pères étaient les pourvoyeurs idéals des moyens de subsistance de la famille, on pouvait justifier la discrimination entre les hommes et les femmes, entre les femmes mariées et les célibataires, entre les plus jeunes et les plus âgées. Néanmoins, certains types de travaux féminins restaient acceptables : l'emploi avant le mariage, le travail à temps partiel, les travaux agricoles, les occupations procurant un salaire d'appoint dans les familles nombreuses, en un mot tous les emplois dont la définition n'entrait pas en conflit avec l'idéal essentiel de la femme gardienne du foyer.

Comme bien d'autres domaines, la question du travail féminin a divisé le gouvernement de Vichy. Belin, Darlan, Renaudin, Bouthillier et Chevalier, par exemple, ont, chacun dans leur ministère, interprété l'esprit de la loi du 11 octobre pour l'appliquer en fonction de leurs propres conceptions. De même, dans des milieux aussi divers que le corps préfectoral, l'Union féminine civique et sociale, les associations familiales et le patronat, on a débattu de la signification de la loi et de ses modalités d'application[11]. En clair, il n'y avait pas de consensus sur ce que devait être la femme au foyer, ou sur comment l'on devait définir le travail féminin.

D'autant que la loi du 11 octobre 1940 avait été promulguée sans l'assistance du commissariat général à la Famille, qui avait lui-même mis au point un projet de réglementation pour le travail féminin du secteur privé. L'idée du CGF était d'interdire tout travail aux femmes mariées quand « le salaire, le revenu professionnel ou les bénéfices individuels, commerciaux ou artisanaux du mari étaient suffisants et stables ». Les tenants et aboutissants de la proposition du CGF étaient clairement explicités par Garcin, chef du bureau de la législation : « La mère qui travaille ne peut plus s'occuper de son foyer. Le salaire du père doit être suffisant pour nourrir la famille. Il importe à l'heure actuelle de dégager le marché du travail. »

L'allocation de salaire unique était entendue comme une compensation pour les femmes qui restaient à la maison et pour encourager le « dégagement » du marché du travail. Mais Darlan n'en occultait pas pour autant les prémices de ces propositions. Dans son système de pensée, les femmes étaient ontologiquement soumises aux hommes, et la dépendance de l'épouse vis-à-vis du salaire du mari était « une part de risque normal du mariage ». Bien entendu, dans la France occupée, les risques « normaux » du mariage étaient dramatiquement accentués pour les femmes. La définition normative d'un salaire masculin suffisant et non aléatoire pour entretenir l'ensemble de la famille et le foyer imaginaire où une femme pouvait retourner butait quotidiennement sur la réalité matérielle que vivaient la plupart des familles. La mise en œuvre de la politique de Vichy concernant le retour des femmes au foyer fut bousculée par les nécessités de la poursuite de la guerre, et les fluctuations des politiques du travail la rendirent inopérante. Au mois de juillet 1942, Lagardelle leva toutes les restrictions au travail des femmes mariées, même pour « celles dont le mari pouvait subvenir aux besoins du ménage », puis, en septembre, la loi du 11 octobre fut suspendue.

Un article de *Paris-Soir* du 16 juillet 1942 expliquait l'évolution de la Révolution nationale dans ce domaine : « Parmi les slogans qui ont fait fortune hier, celui de la femme au foyer figurait en bonne place. Excellent dans le principe puisqu'il est normal qu'une mère de famille puisse se consacrer à ses enfants et à son intérieur dans la mesure où le chef de famille peut assurer la subsistance de tous [...]. Aujourd'hui la situation a évolué. Le chômage massif qui avait justifié dans une certaine mesure la mystique de la femme au foyer a disparu [...]. Ainsi, il y a lieu de changer d'optique et d'encourager aujourd'hui le travail féminin. Cela ne préjuge en rien [...] de la politique qui pourra être adoptée lorsque les circonstances seront redevenues normales. Mais l'expérience acquise en cette matière depuis plusieurs mois devra en tout cas inciter le législateur à n'attaquer ce problème qu'avec la plus grande prudence. »

Cet article est un bon exemple de la façon dont a pu se construire un discours utilisant les expressions « travail féminin » et « femme au foyer » en glissant continuellement d'un sens à l'autre, glissement justifié aux yeux du régime par ce qu'il appelait l'obligation du double jeu et par la pathétique volonté de sauvegarder la façade de souveraineté nationale. Que Vichy ait été obligé d'infléchir son programme en matière d'emploi et de répartition des tâches selon les sexes n'implique pas qu'il n'ait pas essayé de changer le

« normal », ni qu'il n'ait pas tenté de construire un discours propre sur le foyer et la famille. La loi du 11 octobre n'est pas seulement une réaction au chômage ; au premier automne de l'Occupation, hormis des préoccupations économiques, le régime affichait bien la volonté de réaliser en la matière des ambitions propres.

Naturellement, les fluctuations des attitudes de Vichy vis-à-vis du travail féminin ne s'expliquent pas seulement par des hésitations discursives, des querelles administratives ou des incohérences législatives. Les besoins allemands en main-d'œuvre civile et militaire, l'exploitation massive des ouvriers français et leur transfert en Allemagne par la mise en place du STO entrent pour une large part dans la volte-face du gouvernement de Vichy et dans la rapidité de l'échec de sa politique. La collaboration, parmi ses nombreux compromis, impliquait pour le travail féminin un programme différent de celui qui avait été annoncé lors de la mise en place du régime. D'abord, les restrictions furent levées. Puis le ministère de l'Intérieur rappela aux préfets l'importance de la « relève » et proclama que les différentes administrations avaient découragé, à tort, les femmes et les familles ouvrières de s'engager. En septembre 1942, c'est-à-dire au moment même de la suspension de la loi du 11 octobre, un recensement des femmes âgées de dix-huit à soixante-cinq ans était ordonné dans le cadre des premières lois sur le travail.

C'était en fait l'état de la force de travail française qui était en train d'être réapprécié : les distinctions entre les hommes et les femmes, les jeunes et les vieux étaient brouillées au profit d'une division entre ceux qui étaient susceptibles d'être requis et les exemptés. La séparation ne passait plus désormais entre le foyer domaine du privé et le travail lieu du public, mais entre l'intérieur la patrie et l'extérieur-l'Allemagne. L'ordre nouveau requérait une reconceptualisation de la communauté des travailleurs en termes d'utilité, départageant ceux qui devaient être protégés et ceux que l'on pouvait négocier. De ces procédures, la politique en fonction de la différence des sexes n'était jamais absente.

Au mois d'octobre 1941, 14 500 femmes françaises étaient employées en Allemagne. En 1944, elles étaient 44 000, ce qui représentait une petite proportion du total des étrangères (Polonaises, Russes...) travaillant dans le Reich, mais n'en constituait pas moins une entorse notable au discours de Vichy sur les beautés et les nécessités du maintien des femmes dans leurs foyers [12]. Sans doute peut-on dater le stade terminal de l'évolution en février 1944, lorsque tous les hommes âgés de seize à soixante ans et toutes les femmes âgées de dix-huit à quarante-cinq ans furent déclarés susceptibles d'être requis pour le Service du travail obligatoire. Les protestations de l'Église catholique furent exprimées dans la terminologie propre à Vichy : « Cette mobilisation [...] porte une atteinte grave à la vie des familles et à l'avenir de notre pays, à la dignité et à la délicatesse morale des femmes et des jeunes filles, à leur vocation providentielle[13]. »

Jusqu'alors, le discours vichyste dominant séparait les hommes et les femmes en catégories de sexe. À cause de l'ordre allemand sur l'introduction du STO, les hommes et les femmes firent désormais partie de la même catégorie, celle des travailleurs à qui il était fait appel en cas de besoin. Ainsi Marcel Déat niait-il, dans cette nouvelle situation, la signification des notions de foyer et de famille : « La situation de l'économie française nécessite tous les jours la mise au travail de nouvelles catégories de la population. Le chômage étant complètement résorbé, la main-d'œuvre masculine n'étant plus suffisante pour faire face à tous les problèmes de l'économie nationale, il est nécessaire de recourir à la mise au travail des femmes. »

Le programme de la Révolution nationale concernant les femmes atteignait là son étiage. Une fois oublié le discours sur le retour au foyer, les femmes étaient désormais traitées comme une « nouvelle catégorie » qui pouvait être réquisitionnée pour remplacer la main-d'œuvre masculine ou pour suppléer à son absence. L'impératif de « recourir à la mise au travail des femmes » impliquait une redéfinition de l'être-femme où le social et le contingent l'emportaient sur le symbolique et l'immanent.

Vichy avait essayé de construire un monde où les femmes étaient mariées, avaient des enfants et restaient à la maison, entretenues par leurs maris, régnant dans l'arène domestique, en parfait accord avec les hommes, voués, eux, à une sphère publique où leur travail s'échangeait contre un salaire et où leur paternité était niée à force d'être non consubstantielle à leur individualité. Ce modèle, que les historiens ont commodément qualifié de « victorien », n'impliquait pas seulement d'interdire l'accès du marché de l'emploi aux femmes, il niait la réalité matérielle de la vie des femmes comme des hommes, gommant la complexité des situations sociales, des aspirations et des besoins. Cet escamotage s'est fait au prix d'une abstraction, les femmes devenant un groupe homogène, existant par son seul rapport aux « besoins du ménage ». Au foyer, leur participation aurait donné un nouveau sens au travail féminin. Englobant la reproduction et les soins domestiques, il ne menaçait pas le travail masculin et participait à la régénération de la société française.

Cette reconceptualisation n'a pas fonctionné. La guerre ne s'est pas terminée en juin 1940, les prisonniers ne sont pas rentrés, la situation économique n'est pas redevenue « normale », et les familles ont lutté pour survivre, dépendant du travail productif de tous leurs membres, grands-parents, enfants et mères. Pour chacun, le travail acquérait un sens nouveau, mais la nouveauté concernait surtout les femmes, et plus encore les mères. Le foyer dépendait plus que jamais du travail des femmes — autant le travail domestique que toute occupation pouvant contribuer à sa vie matérielle. Or, même s'il y avait consensus pour que l'État prenne en charge cette nouvelle organisation sociale, celui-ci n'avait ni les moyens ni les ressources de faire en sorte que cette nouvelle conception devienne réalité.

Non seulement le sens des mots *travail, femmes* et *foyer,* dans le discours de Vichy, a été en contradiction avec des politiques qui par ailleurs ont échoué, non seulement ces politiques ont échoué parce que ces rêves furent brisés par les nécessités de l'occupation allemande, mais ces discours sont restés prisonniers d'un imaginaire où le travail féminin, pour être reconnu comme tel, ne pouvait être ni salarié ni productif, au sens social du terme. Méconnaître cet essai de redéfinition du rôle des femmes et de leurs occupations empêche de comprendre la totalité des politiques menées par Vichy en la matière. Comme l'a écrit Joan Scott, « sans la notion de politique en fonction de la différence des sexes, l'histoire n'est pas seulement une reconstitution incomplète du passé, elle produit de la connaissance qui justifie l'exclusion des femmes hors de son champ [14] ». Étudier Vichy en prenant en compte cette dimension peut ainsi nous permettre de mieux comprendre le slogan *Travail, Famille, Patrie,* et en éclairer — aussi — quelques conséquences cachées pour notre histoire.

Miranda POLLARD
Traduit de l'anglais par Danièle Voldman

NOTES

1. A. du Palais, *Pour la refaire,* Paris, 1940, p. 41. Je remercie Paula Schwartz et Danièle Voldman pour leur relecture attentive de ce texte.

2. Sur la question des femmes dans l'idéologie de Vichy, Miranda Pollard, « Women and the National Revolution », *in* Roderick Kedward et Roger Austin (dir.), *Vichy France and the Resistance : Culture and Ideology,* New York, Barnes and Noble, 1985.

3. Toutes ces questions ont été traitées en détail dans ma thèse, *Vichy and the Politics of Gender, 1940-1944,* PhD dissertation, Trinity College, Dublin, 1990.

4. On notera une exception récente à cette absence, Dominique Veillon, *La Mode sous l'Occupation,* Paris, Payot, 1990, qui illustre avec éclat l'apport de la notion de « différence des sexes » dans l'histoire sociale. On attend également le volume portant sur la période contemporaine de l'*Histoire des femmes* sous la direction de Michelle Perrot et Françoise Thébaut, à paraître prochainement chez Plon. Michèle Bordeaux, « Femmes hors d'État français 1940-1944 », *in* Rita Thalmann (dir.), *Femmes et fascismes,* Paris, Éditions Tierce, 1986.

5. Voir par exemple T. Mason, « Women in Nazi Germany », *History Workshop Journal,* I, II, 1976 ; Maria-Antonietta Macciochi, « Female Sexuality in Facist Ideology », *Feminist Review,* I (1979) ; J. Stephenson, *Women in Nazi Society,* Londres, 1975 ; Claudia Koonz, *Mothers in the Fatherland : Women, the Family and Nazi Politics,* Saint Martin's Press, 1987 ; R. Bridenthal *et al.* (dir.), *When Biology Became destiny,* MRB, 1984 ; A. de Grand, « Women under Italian Fascism », *Historical Journal,* 19, 4, 1979.

6. Les travaux sur les femmes dans la Résistance ont amené les historiens à reformuler certaines problématiques sur l'ensemble du phénomène résistant lui-même. Voir Paula Schwartz, « Redefining Resistance : Women's Activism in Wartime France », *in* Higonnet *et al* (dir.), *Behind the Lines : Women in the two World Wars,* Yale University Press, 1986.

7. Robert O. Paxton, *Vichy France : Old Guard and New Order,* Norton, 1972, p. 168 ; Aline Coutrot, « La Politique familiale de Vichy », *in Le Gouvernement de Vichy, 1940-1942,* Paris, Presses de la FNSP, 1972, pp. 245-263.

8. Par exemple, Maïté Albistur et Daniel Armogathe, *Histoire du féminisme français,* Paris, Éditions des Femmes, 1977.

9. Gérard Miller, *Les Pousse-au-jouir du maréchal Pétain,* Paris, Le Seuil, 1975, p. 159.

10. Dans un commentaire révélateur, le vice-amiral de Penfenteyno, membre du Comité consultatif de la famille française, écrivait dans son *Manuel du père de famille* paru en 1941 : « Au point de vue national, la femme joue (également) un rôle considérable. Le service national de la femme dure toute son existence au foyer et c'est par ses maternités qu'elle paie l'impôt du sang. »

11. Les archives de l'École normale de jeunes filles, par exemple, montrent que les appels à des exceptions individuelles par rapport à cette loi étaient souvent formulés dans un langage concernant les vertus féminines et la différence que la loi faisait observer. La directrice parle de la nécessité d'avoir des femmes mariées dans son équipe de direction.

12. Edward L. Homze, *Foreign Labour in Nazi Germany,* Princeton, Princeton University Press, 1967, p. 195.

13. Cité par J. Duquesne, *Les Catholiques français sous l'Occupation,* Paris, Grasset, 1966, p. 31.

14. Joan Wallach Scott, *Gender and the Politics of History,* New York, Columbia University Press, 1988, p. 26.

7.

Le fonctionnement du régime

Table ronde avec Stanley Hoffmann, Michèle Cointet-Labrousse, Yves Durand, Marc Ferro, Robert Paxton, Denis Peschanski, Henry Rousso

STANLEY HOFFMANN

C'est entre 1950 et 1970 que j'ai le plus travaillé sur les années 1940, et je dois dire que je suis extraordinairement impressionné par la qualité des contributions. Elles permettent d'approfondir à peu près tous les aspects du régime, et notamment ce sur quoi il était très difficile d'étudier naguère, fautes d'archives fiables : les Français sous Vichy.

Je ferai quatre brèves remarques.

Je reviens d'abord sur les rapports entre le régime de Vichy et la tradition autoritaire de la IIIe République. J'estime qu'il faudrait faire aussi des comparaisons avec les expériences autoritaires françaises d'avant la IIIe République. L'un des phénomènes qui m'ont toujours frappé dans les comportements d'une bonne partie de la droite en France, c'est la façon dont, chaque fois que l'ordre a été menacé, elle a mis entre parenthèses, elle a largué le libéralisme politique qu'elle affichait en temps normaux pour se résigner ou se résoudre à une période d'autoritarisme nécessaire à ses yeux, afin de rétablir l'ordre et de protéger la société.

Ma deuxième observation concerne Vichy et la collaboration : je trouve que nous n'avons pas assez parlé de la collaboration. Or il existe un lien très étroit entre la collaboration d'État de Vichy et son attachement à une conception à la fois passionnée et saugrenue de la souveraineté, comme il y a une corrélation très curieuse entre la collaboration d'État et un patriotisme, à mon avis, quelque peu dévoyé. Dévoyé, non seulement par l'idéologie réactionnaire qui l'anime souvent mais aussi par le lien exclusif entre ce patriotisme et le sol. Ce qui différencie le plus le patriotisme de Vichy de celui du général de Gaulle, c'est que, pour celui-ci, l'État était là où il était, alors que, pour Vichy, l'État était indissociable du sol, même lorsque les deux tiers du territoire ou les trois cinquièmes étaient occupés. L'extraordinaire, dans cet attachement au sol, c'est l'incompréhension des vichyssois à l'égard de la dimension mondiale du conflit. Comme souvent, pour tout ce qui concerne Vichy, il faut toujours remonter au moins aux années 1930. Ce repli sur soi est tout à fait intéressant, et ce n'est pas la seule des contradictions psychologiques de cette période-là (c'est ce que les psychologues américains appellent la dissonance cognitive, la capacité des gens de penser en même temps des choses absolument incompatibles). Cette crispation sur un patriotisme frileux et cette ignorance de la dimension mondiale du conflit n'empêchent nullement une bonne partie des responsables de Vichy de maintenir l'illusion d'un rôle médiateur possible de la France, au cas où les combattants en arriveraient à un point mort qui permettrait ensuite au Maréchal de jouer les arbitres.

Ma troisième remarque porte sur Vichy et la tentation totalitaire. Il faut évoquer ce glissement progressif du régime qui, en partie pour essayer de détourner le plus longtemps possible la pression allemande, cède de plus en plus en engageant de plus en plus de fascistes dans les allées du pouvoir. Si bien qu'il y a une fascisation progressive, si l'on regarde la composition du personnel politique. Mais, au-delà de cette évolution précise, il faudrait prendre en compte la tentation totalitaire ou la tentation fasciste, comme vous voudrez, dans la droite française des années 1930. Je trouve, au fil des années, que les catégories bien connues de René Rémond sont toujours opératoires, mais que les barrières qui séparent les trois droites sont extraordinairement poreuses dans ces années-là. Et que, tant du côté de la droite traditionaliste que du côté des « orléanistes à poigne » des années 1930, la tentation d'utiliser des méthodes empruntées aux fascistes devient de plus en plus forte. Sans doute n'est-on jamais allé jusqu'au parti unique, parce qu'il suscitait des réticences très fortes : ce parti unique, c'est le triomphe de la politique alors que ces gens-là, au fond, continuent de vivre dans un rêve de société dépolitisée où les notables gouverneraient directement. Il y avait un côté dynamique, égalitaire et incontrôlable dans le parti unique qui ne les a évidemment jamais séduits. Mais, en dehors du parti unique, il y a eu beaucoup d'emprunts à ce qui se faisait de mieux, si j'ose dire, chez les fascistes étrangers. Je crois que les historiens ont un peu trop essayé de souligner la spécificité et la pureté de la droite française sans voir à quel point, dans ces années-là (et le contraste est évident avec le XIXe siècle), elle a été fascinée, un peu comme le lapin devant les phares de la voiture, par les expériences autoritaires étrangères. Je ne suis pas du tout d'accord avec ceux qui considèrent que le fascisme vient exclusivement de gens de gauche dévoyés, je crois qu'il y a eu à droite également des tentations fascisantes, car une bonne partie de la droite était au fond toute prête à accepter des méthodes de répression extrêmement dures.

En dernière observation, je m'appuierai sur la science politique, qui se fixe quatre tâches spécifiques : la description, l'explication, l'interprétation et — ce qui me paraît absolument inévitable lorsque nous traitons de problèmes qui nous concernent en tant qu'êtres humains et en tant que citoyens — l'évaluation. Et lorsqu'on parle de Vichy ou de la Résistance, lorsqu'on parle en particulier de Vichy, on ne peut pas escamoter le problème moral. Tout le problème est de savoir s'il valait mieux qu'il y eût Vichy, si la France a, de ce fait, moins souffert que les pays qui n'ont pas eu de gouvernement soi-disant autonome ou souverain. Et la réponse ne peut occulter le problème du tort moral : c'étaient des Français qui avaient à faire des choix épouvantables, à savoir quels otages fusiller, qui mettre en prison et qui déporter. Le fait que ce régime était un régime légal, dirigé par un héros charismatique, a couvert, justifié et rendu possible un certain nombre d'exactions qui peut-être n'auraient pas été possibles autrement. Je crois qu'on ne peut pas esquiver cette énorme responsabilité devant l'Histoire.

MICHÈLE COINTET-LABROUSSE

Je voudrais répondre à une interrogation : comment le régime a-t-il bien pu fonctionner, dans un premier temps, et pourquoi s'est-il délité par la suite ? La défaite militaire dont est issu Vichy a créé une situation mouvante exploitée hors des cadres établis et figés par une équipe, par des hommes (en l'occurrence Pétain et Weygand) qui proposent à la fois un gouvernement et un projet. Projet auquel adhère l'opinion qui condamne le parlementarisme irresponsable, les pacifistes, les démagogues, celle du « chevalier blanc qui vient nettoyer les écuries de la IIIe République ».

Le régime s'appuie sur l'État, grâce à l'administration, et fonctionne de manière relativement classique. En tout cas, dès le départ, ce n'est pas un régime fasciste. Rien n'est plus éclairant, à cet égard, que le rejet du parti unique, tel qu'il avait été programmé par Déat dès le 8 juillet 1940 et que Pétain a repoussé le 25 juillet. Ce projet a été refusé parce qu'il était inutile.

C'est Rougier qui fit avertir Weygand, lequel fit barrage; Maurras donna également de la voix. La bonne droite traditionaliste s'opposa à la mise en place d'un parti unique. Pourquoi ? Non pas pour des raisons morales, ni parce que l'Allemagne était en jeu. Pour une raison très simple : ils avaient leur propre projet réactionnaire, contre-révolutionnaire, pimenté d'un peu de catholicisme et de technocratie. Il n'était pas d'inspiration fasciste, car, ce qu'ils voulaient, c'était un régime organique donnant le pouvoir aux élites. C'est patent dans le projet de Constitution de 1941, qui rappelle le second Empire. Mais y avait-il, à cet égard, un consensus dans l'opinion française ? La réponse est difficile, car il n'y a pas eu de véritable débat. Je crois pourtant, si je me refère à ce qui s'est dit dans les commissions du Conseil national, que la droite traditionnelle elle-même a émis des réserves à l'égard de ce projet.

Sans parti unique, l'État vichyssois a fonctionné grâce à l'administration, qui demeure efficace, grâce également à l'encadrement des forces sociales, économiques et tout autant spirituelles : l'Église catholique, dans un premier temps, s'engage en faveur du régime. Au total, Vichy, dans ses débuts, put se contenter de coordonner un faisceau de forces sans chercher à s'imposer brutalement.

Mais la machine a rapidement des ratés avant de s'enrayer. Pourquoi ? À cause des rapports noués entre le vainqueur et le vaincu : l'autonomie supposée de Vichy s'est vite révélée illusoire, si bien que l'opinion incontestablement patriote a été rapidement déçue. Les forces qui ont soutenu le régime se délitent progressivement : l'administration ne montre aucun zèle ; quant à l'Église catholique, elle est moralement ébranlée par les rafles de l'été 1942. Sans doute les hommes de Vichy peuvent-ils jouer jusqu'au bout sur l'anticommunisme. Mais le patriotisme s'incarne désormais dans la Résistance extérieure et intérieure. Les pétainistes prennent conscience de cette évolution. Ce qui explique notamment que le dernier projet constitutionnel ait une tonalité beaucoup plus républicaine que celui de 1941.

YVES DURAND

Vichy singulier ou pluriel ? À cette question souvent posée, je réponds qu'il existe sans doute plusieurs Vichy, mais qu'ils ne font qu'un. Le rôle du maréchal Pétain sera d'être un catalyseur pour les différentes composantes et de leur permettre de dégager ce qu'elles ont en commun, tout en cachant à l'opinion leurs divisions.

Cette fonction centrale du maréchal Pétain répond parfaitement, comme les archives allemandes nous l'ont révélé depuis longtemps, aux vœux des Allemands. Ce qu'ils souhaitent, en particulier Hitler, c'est justement un régime dominé par un homme qui ait un pouvoir charismatique assez fort pour que l'opinion française accepte les contraintes de l'occupation. La France, à cet égard, n'est pas un cas isolé. En Norvège, Quisling, qui s'est emparé du pouvoir le 9 avril 1940, est éloigné par les Allemands, car à un fasciste ils préfèrent un homme politique qui ait la confiance de ses concitoyens pour pouvoir mieux leur imposer les contraintes qu'ils vont faire peser sur eux. Pétain, il est vrai, n'a pas pris le pouvoir pour servir Hitler, et il entendait bien servir la France et les Français. Mais il tombe dans le piège et devient l'homme qui convient le mieux aux calculs de Hitler. C'est pourquoi celui-ci tiendra à garder Pétain jusqu'au bout, et, pour ce faire, il a exercé en novembre 1943 des pressions efficaces quand Pétain fait la grève du pouvoir (allant même jusqu'à pratiquer la grève de la messe dominicale dans l'église Saint-Louis !).

Autre interrogation : Vichy était-il ou non fasciste ? Je crois qu'il faut poser la question autrement qu'on ne le fait communément et se demander bien plutôt quels rapports Vichy a entretenus avec le fascisme. Il est clair que ni Pétain ni Laval ne sont fascistes, ni germanophiles, ni collaborationnistes. Mais il est non moins clair, comme Eberhard Jäckel et Robert Paxton l'ont montré documents en main, qu'ils ont choisi de collaborer avec l'Allemagne nazie. Et autant Pétain que Laval, comme on le sait maintenant. Il existe donc bien, dans la nature même du régime de Vichy, un lien entre son fonctionnement interne et la collaboration d'État.

Il faut, là encore, prendre en compte les rapports entre Vichy et le fascisme européen. Partons de ce constat : Vichy existe à partir du moment où les armées de l'Allemagne nazie occupent la France. En Allemagne et en Italie, chacun sait que les partis fasciste et nazi ne seraient pas arrivés au pouvoir s'ils n'avaient pas été, à un moment donné, aidés par les forces conservatrices. La France connaît une situation un peu inversée : les forces traditionnelles, derrière Pétain, sont au pouvoir et vont le garder contre les fascistes déclarés. Mais elles le gardent parce qu'elles ont bénéficié, au départ, de la victoire des fascistes allemands et parce qu'elles ont accepté de collaborer avec le fascisme à l'échelle européenne en s'intégrant dans l' « ordre nouveau européen ».

Ne nous laissons pas abuser par la question du parti unique. Il ne correspondait pas, il est vrai, à la philosophie de Vichy. Reste qu'il y a bien eu une tentative de parti unique « à la Vichy » : c'est la Légion des combattants, qui devait servir de relais au régime, notamment pour diffuser son idéologie. Si cette tentative a échoué, c'est encore en partie du fait des rapports entre Vichy et les Allemands. Car les Allemands ont interdit la Légion en zone nord ; et comme l'une des préoccupations majeures de Vichy était d'affirmer sa souveraineté sur tous les Français, Vichy n'avait plus la possibilité de mettre sur pied un parti unique.

Il faut également réfléchir sur les raisons qui ont amené Pétain et Weygand à choisir l'armistice. Ils ont commis une erreur sur la durée et sur la nature de la guerre. Cette faute d'appréciation, ils ne l'ont pas faite par hasard, mais dans le droit fil de leur conception générale en matière politique, qui les amène à établir un régime autoritaire. L'idéologie de Vichy comporte bien un certain nombre d'affinités avec le fascisme.

Reste le problème des rapports avec l'opinion. L'État français doit en tenir compte, au point que, face à ses réactions, il est contraint de modifier le contenu des lois qu'il a promulguées. Ce qui n'exclut pas que l'opinion ait une représentation ambiguë de Vichy. Celui-ci a pu apparaître comme menant un double jeu et fonctionnant comme un bouclier, alors qu'en fait l'État français a pratiqué une politique d'intégration dans l' « ordre nouveau européen » qui ne correspond pas du tout à ce que les Français attendaient.

MARC FERRO

J'insisterai sur la centralité de Pétain et sur l'importance de son rôle personnel. Pétain et Laval se sont constamment opposés l'un à l'autre en tant que personnes. Laval est un parlementaire de la France politicienne, qui oscille entre des idéologies et des pratiques diverses. Pétain incarne, lui, un autre ordre de pensée. Mais, s'ils divergent sur les prémisses, ils sont presque toujours d'accord sur les solutions. En mai et en juin 1940, ils portent à peu près le même diagnostic sur l'armistice ; après quoi, comme Paxton et Jäckel l'ont bien montré, ils sont du même avis sur la manière d'engager la collaboration : l'un et l'autre en prennent l'initiative. Ils partagent un point de vue voisin sur la stratégie globale, et, en 1944, militent tous les deux pour une répression qu'ils mènent à peu près de la même façon, sans états d'âme, par Darnand interposé.

Cela dit, il existe des différences entre eux. Encore faut-il préciser qu'elles n'étaient pas toujours perçues à l'époque de la même manière que les historiens les analysent maintenant : Pétain incarnait le double jeu, même s'il ne l'a pratiqué, vraiment, qu'au tout début de 1941, et quelque peu en 1943. Laval, lui, figurait l'ultra-collaboration. C'est pourquoi son éviction, le 13 novembre 1940, a eu une grande portée symbolique dans l'opinion, qui y a vu le rejet de la politique de collaboration. Or Pétain le renvoie pour de tout autres raisons : il l'accuse de se substituer à lui et estime que son impopularité gêne la politique de collaboration qu'il entend mener en la maîtrisant. On sait d'ailleurs que Vichy se montrera encore plus désireux de collaborer sous Darlan. D'une certaine façon, contrairement à ce qu'on croyait à l'époque, le plus collaborateur des deux n'était pas toujours celui qu'on pense. Après la tentative de débarquement à Dieppe, il apparaît que Pétain est, plus que Laval, prêt à collaborer militairement avec les Allemands, un peu comme Darlan l'année d'avant en Syrie. Mais, à cause du discours du 22 juin 1942, les contemporains étaient persuadés que Laval était le plus proallemand. Bien sûr, il l'était parce que, marqué par Briand, par l'idée de l'Europe, il était habité par un pacifisme récurrent au point qu'il lui est arrivé parfois de calmer Pétain en lui disant : « On ne va pas encore perdre une guerre. »

Pour revenir sur le rôle central de Pétain, il faut rappeler brièvement le « catalogue de ses initiatives ». Je rappelle seulement pour mémoire son rôle éminent dans les mesures d'exclusion et de répression prises contre les francs-maçons, les Juifs et tous les réprouvés du régime. Je souligne tout autant le fait que c'est lui qui a peut-être manifesté le plus de rancœur contre l' « ancien régime », au point que c'est lui, en personne, qui a eu l'idée de mettre sur pied le procès de Riom. Il représente et incarne assez bien, sans être du tout fasciste, ce qu'on a appelé l' « imprégnation fasciste » de la droite française.

ROBERT PAXTON

Pour comprendre la nature de Vichy, il faut prendre en compte trois évolutions essentielles.

Il y a d'abord l'évolution du projet politique qu'est la Révolution nationale, dont les Français se détachent à cause d'une usure inévitable et à cause aussi d'une autodestruction dès lors qu'il consiste, pour une part, à exclure une fraction importante des Français.

La deuxième mutation est celle de Vichy fonctionnant comme un gouvernement en guerre, puisque Vichy fut, bon gré, mal gré, un gouvernement de guerre qui a dû gérer la pénurie et administrer la vie des Français immergés dans la guerre.

Il y a eu enfin les modifications cruciales et décisives des pressions allemandes. C'est la défaite qui ouvre la brèche qui permit l'émergence du régime de Vichy. Après quoi, au fur et à mesure que l'Allemagne s'enfonce dans la guerre totale, les contraintes allaient devenir de plus en plus lourdes. Le choix décisif a bien été fait en juin 1940 lorsque certains ont profité de la défaite pour installer un nouveau régime et imposer de nouvelles valeurs. Ils ont voulu aller vite parce que, justement, ils ont cru que la guerre était finie et qu'il leur restait peu de temps. Il y avait pourtant d'autres options possibles, et on peut être étonné du succès que les thuriféraires de Vichy ont eu en faisant croire à l'opinion dans l'été 1940 qu'il subsistait seulement deux solutions : un régime du type de celui de Vichy ou un *Gauleiter*.

Or le choix de la revanche politique n'était pas une conséquence inéluctable de l'armistice. Je crois personnellement que le gouvernement français aurait dû alors se replier en Afrique du Nord pour y continuer la guerre. La population française aurait davantage souffert au début, mais en aurait moins pâti à la fin. Mais, quand bien même on acceptait l'armistice, rien n'obligeait à procéder à un changement de régime, que d'ailleurs les Allemands n'exigeaient pas. Ajoutons qu'il existait, notamment en Belgique et aux Pays-Bas, des modèles établis pour mettre en place une simple gérance.

Le projet politique vichyssois a rendu les conditions de vie plus insupportables aux Français, car il fallut protéger la souveraineté du régime. Ce qui l'amena à mettre la main dans un engrenage redoutable, comme l'illustrent, entre autres exemples, les accords Bousquet-Oberg : en échange d'une autonomie illusoire de la police française, celle-ci fut exposée à accomplir des tâches pénibles, voire criminelles.

Denis Peschanski

Je reviens sur une des questions qui me semblent cardinales, pour qui s'interroge sur ces années, à savoir l'unité et/ou la diversité de Vichy. L'unité se retrouve dans les choix faits par le régime : le refus de la guerre, la collaboration, le système politique. Et, au centre du fonctionnement même du régime, est ancrée, on ne saurait trop le répéter, une politique d'exclusion contre l' « anti-France ». Dans l'argumentaire dominant, l'occupation fonctionne, en effet, comme un révélateur de tares qui minaient en profondeur la République, et n'a pas grand-chose à voir avec une quelconque supériorité de l'armée allemande ou des défaillances politiques ou militaires; il s'agit donc d'exclure les éléments « impurs » à l'origine de la défaite, et de rassembler les éléments « purs » en vue d'aider à la reconstruction du tissu national. J'ajoute que l'unité du système mis en place par Vichy se nourrit aussi de la diversité de la Révolution nationale, qui ne saurait être réduite au projet d'un groupe de traditionalistes autour de Pétain dans les premiers mois de l'État français.

Cela dit, il faut aussi penser Vichy au pluriel, la diversité des composantes se combinant à l'évolution dans le temps. C'est ainsi que l'année Darlan, où culmine la collaboration d'État à l'initiative de l'État français, marque également l'entrée en force des technocrates et une nette accélération du processus de centralisation et d'étatisation. En même temps qu'émerge, dans les sphères dirigeantes de l'appareil d'État et dans le gouvernement, un courant collaborationniste bien représenté par Marion et Benoist-Méchin, même s'ils n'ont pas de postes de ministre. Quant au retour de Laval, il est marqué par un changement de stratégie. Car celui-ci privilégie presque exclusivement la dimension internationale et le contrôle du jeu de poker qu'il s'imagine pouvoir jouer avec Hitler et avec le Reich. Tout va être soumis à cette ligne de conduite, notamment la neutralisation de la société et la livraison des Juifs, spécialement des Juifs étrangers, qui, dans son esprit, constituent une carte dont il estime pouvoir se défausser sans problèmes en escomptant des compensations politiques.

J'analyserai enfin, brièvement, ce qu'il convient d'appeler la « tentation totalitaire » de Vichy. Il faut prêter attention aux définitions que nous avançons et aux outils conceptuels que nous privilégions. J'entends par « tentation totalitaire » la volonté d'encadrer totalement la société par l'État. Sans doute pareil projet est-il bien porté par diverses composantes de Vichy, y compris par certains traditionalistes ; il l'est, en tout cas, en 1941, par un Marion à l'Information et par un Pucheu à l'Intérieur. Mais je ne considère pas que le Vichy policier de 1944, quelle que soit sa dureté, soit à proprement parler totalitaire, car la Milice est avant tout un instrument de guerre civile et non un appareil d'encadrement total de la société.

HENRY ROUSSO

Si l'on tient compte de l'historiographie la plus récente , il me semble que trois aspects méritent d'être retenus si l'on cherche à comprendre la nature du régime.

En premier lieu, avant d'insister sur la dimension morale, c'est-à-dire la responsabilité de Vichy devant l'Histoire, il faut au préalable remettre en évidence la dimension politique, c'est-à-dire l'analyse des choix fondamentaux du régime. Ces choix ont été conditionnés par une certaine vision du conflit qui refusait la dimension planétaire de la guerre et considérait la victoire allemande — du moins en Europe — comme un fait acquis. Ces choix ont été surtout prisonniers de deux contradictions terribles. *Primo,* au plan « extérieur », Vichy a été obsédé, quel qu'en fût le coût moral et social, par la recherche et l'affirmation d'une souveraineté nationale malgré sa presque totale dépendance à l'égard de l'occupant et l'absence d'une quelconque possibilité d'agir sur l'environnement international, à commencer par la conduite de la guerre. *Secundo,* au plan intérieur, le régime a très tôt affiché sa volonté inébranlable de transformer la société française en dépit des circonstances exceptionnelles. Or cette double contradiction n'a pas surgi de manière rétrospective, à la lumière de l'Histoire, mais a été bien perçue comme telle par ceux qui ont pris la charge du pays. Mais ils ont cru par leur action pouvoir la surmonter : c'est l'une des caractéristiques, à mon sens, de la collaboration d'État et de la Révolution nationale. On a souvent souligné la complémentarité de la politique « extérieure » et de la politique " intérieure ", l'une conditionnant la réussite de l'autre, et l'autre, en retour, renforçant la première en ce qu'elle rangeait Vichy dans l'orbite idéologique du nazisme. Mais on a rarement remarqué à quel point, et dans des registres sensiblement différents, ces deux politiques ont tenté — sur l'essentiel — de forcer le réel, de nier la situation objective de la France et des Français : dans un cas en se laissant convaincre de la rationalité d'une politique de collaboration avec un vainqueur qui n'en voulait pas (et bien qu'ils aient eu, dans certains cas, quelques raisons objectives d'y croire) ; dans l'autre en croyant que la construction d'un nouvel ordre politique et social pourrait s'établir durablement sur les ruines d'une défaite encore fumante. On pourrait simplement conclure, avant de juger, à un aveuglement total des responsables vichystes. Mais on pourrait aussi bien voir, dans ce refus du réel et dans cette volonté envers et contre tout de bâtir un ordre nouveau, l'un des indices d'un système de pensée totalitaire, étant entendu — on l'a dit et répété — que les chemises de la Légion n'ont viré au noir que sur le tard, au sein de l'État milicien de 1944.

En second lieu, il est nécessaire de préciser les choses lorsqu'on évoque — non sans naïveté, feinte ou réelle — certaines continuités républicaines qui se sont manifestées ici et là dans le cadre du régime. Celles-ci sont certes patentes, notamment dans le fonctionnement d'institutions qui continuent d'œuvrer comme si rien n'avait changé (tel le Conseil d'État), ou encore dans la pérennité de certaines valeurs (comme la réaction laïque de 1941 après la tentative avortée de cléricalisation de 1940). Mais cette permanence de pratiques ou de réflexes républicains ne signifie pas qu'il y ait eu une sorte de tendance libérale au sein du régime. Bien au contraire. Dans certains cas, il s'est agi d'un véritable phagocytage par le nouveau régime d'institutions vénérables, une entreprise qui bénéficie, là encore dans une logique totalitaire, de l'adhésion plus ou moins volontaire ou tacite des acteurs : comment comprendre autrement la facilité avec laquelle des mesures contraires à tous les principes républicains ont été acceptées, avalisées, commentées par les gardiens du droit sans que les institutions juridiques traditionnelles soient le moins du monde réformées (voir les travaux de Danièle Lochak) ? Dans d'autres cas, le régime s'est trouvé au contraire, face à l'impossibilité d'opérer de manière brutale et définitive, dans tous les domaines de la vie sociale, la rupture souhaitée et proclamée avec la IIIe République. Et ce, soit parce qu'il n'en avait pas les moyens compte tenu de sa très faible marge de manœuvre, tant vis-à-vis de l'occupant que vis-à-vis de l'opinion des Français (du moins telle qu'il la percevait et l'interprétait), soit parce qu'il a été obligé de tenir compte de résistances (au sens le plus commun du terme) effectives et de l'inertie d'une partie du corps social, rétif à un tel bouleversement.

Enfin, si l'on veut comprendre la nature du « maréchalisme » et donc le soutien populaire dont a bénéficié Pétain, la clé de voûte du système, jusqu'en 1944, il faut insister sur sa composante patriotique. Ce serait une erreur de perspective historique que de dénier aux hommes de Vichy, voire aux collaborationnistes, le fait qu'ils aient agi en conformité avec l'idée qu'ils se faisaient de la France, au même titre que Hitler et les nazis ont agi dans le cadre d'une certaine vision de l'Allemagne. Que ce patriotisme-là soit condamnable et contraire à toutes les valeurs qui ont fondé la France moderne n'enlève rien au fait que le régime n'a pu prétendre à une certaine légitimité dans l'opinion, dans le contexte de la défaite et de l'occupation, que parce qu'il affichait une valorisation de la « patrie ». Or, bien que dévoyé car masquant la profondeur de la dépendance à l'égard de l'occupant nazi, ce patriotisme a répondu à une attente réelle, mesurable et mesurée par les historiens (voir les travaux de Pierre Laborie), d'une grande majorité de Français, ceux qui n'ont pas rallié en masse les résistances organisées et se sont contentés d'un patriotisme minimal, faute de mieux. C'est le sens de l'accueil réservé à Pétain lors de son périple en zone nord, en 1944 (*Cf. Les Voyages du Maréchal,* film réalisé dans le cadre du colloque par Delage, Peschanski et moi-même). Et le drame de cette époque réside dans ce formidable abus de confiance (le terme d'ambiguïté, si souvent employé lorsqu'on parle de Vichy, ne me semble pas ici de mise). Il donne une des clés de la guerre civile qui caractérise aussi bien l'Occupation que les premières épurations et explique la profondeur et la longévité de la blessure morale.

MICHÈLE COINTET-LABROUSSE

J'affirme à nouveau qu'on ne peut assimiler la Légion des combattants au parti unique. Le projet de Marcel Déat était d'inspiration fasciste, mais la Légion, c'était tout autre chose, même si certains ont voulu la fasciser.

YVES DURAND

Il est évident que la Légion des combattants ne devait pas être, dans l'esprit de ceux qui l'ont mise en place, l'équivalent du Parti national-socialiste ou du Parti fasciste italien. Mais je considère qu'elle est une tentative pour créer un relais du pouvoir, à la fois pour inculquer dans les esprits l'idéologie de la Révolution nationale et pour être les yeux et les oreilles du Maréchal en débusquant, jusque dans les villages, les mal-pensants.

Cinquième partie

L'ÉTAT FRANÇAIS ET SES INSTRUMENTS

1.
Les préfets

Cette brève étude couvre un vaste sujet : le corps préfectoral du régime de Vichy [1]. Le sujet est non seulement vaste, mais aussi très complexe, et cette complexité réside dans deux phénomènes : d'une part, la distinction entre discours et réalité ; d'autre part, l'individualisation inévitable de l'action préfectorale dans les conditions de l'époque, qui rend difficile toute généralisation. En effet, le nouveau régime avait des intentions, très clairement exprimées, de rehausser le prestige du corps préfectoral, seul représentant habilité de l'État, du régime et du gouvernement au niveau local. Ce rêve impliquait la destruction du système en vigueur et son remplacement par un nouveau système fondé — presque explicitement — sur le modèle napoléonien du premier Empire (celui de Napoléon III avait la fâcheuse idée de s'appuyer sur le suffrage universel, et, par ce fait, n'était nullement acceptable), avant sa déformation par les pressions des élus nationaux et locaux et des fonctionnaires locaux réticents. Cependant, la tentative, en 1940-1941, de réformer les rapports centre-périphérie dans un sens favorable au corps préfectoral devait échouer rapidement et totalement, et les raisons de cet échec sont analysées brièvement dans cette présentation.

Dans une première partie, nous essayons de décrire les bases du modèle territorial napoléonien et d'explorer les facteurs qui le déformaient. Le « modèle déformé », en vigueur en mai 1940, peut être décrit comme la synthèse républicaine : un mélange curieux d'institutions consulaires et de parlementarisme profondément enraciné. La deuxième partie est consacrée à l'examen des souhaits et mesures prises par Vichy concernant le renforcement du corps préfectoral. Une troisième partie essaie d'expliquer les raisons de l'échec total des ambitions du régime.

La synthèse républicaine

L'administration préfectorale, telle qu'elle a été créée par la loi du 28 pluviôse an VIII, fusionne les éléments de trois traditions françaises assez distinctes : jacobine, monarchiste et impériale[2]. Mais à vrai dire cette nouvelle administration est surtout marquée par ses origines napoléoniennes.

Le rôle de Bonaparte est généralement exagéré dans la création du corps préfectoral et dans la définition de sa mission. Cependant, la nature du corps correspond à une certaine logique — ou mode de pensée — napoléonienne : ordre, rationalité, hiérarchie, subordination, uniformité, efficacité, voilà les conceptions clés qui structurent le nouveau corps. « Le préfet sera chargé, seul, de l'administration », selon les termes de la loi qui la fonde. Et, selon Chaptal, ministre de l'Intérieur, « le préfet ne connaît que le ministre, le ministre ne connaît que le préfet ». C'est le préfet qui, toujours selon Chaptal, assure « la transmission des ordres et de la loi avec la rapidité du fluide électrique ». Puissant donc, mais également subordonné. Pour Lucien Bonaparte, « toute idée d'administration et d'ensemble serait détruite si chaque préfet prenait pour règle de conduite son opinion personnelle sur une loi ou sur un acte de gouvernement. » Donc omnipotent mais contraint.

Dès le début l'administration préfectorale se vit confier quatre tâches essentielles. Le préfet devait être le représentant de l'État, le représentant du gouvernement entier, le représentant du ministère de l'Intérieur et enfin le représentant de son département auprès de Paris. Exerçant un rôle important mais ambivalent, il avait des tâches et responsabilités énormes, exigeantes, mal définies — et potentiellement contradictoires.

Comme représentant de l'État, il doit être impartial, désintéressé, distant — au-dessus des querelles des partis politiques et des intérêts particuliers ; cependant, comme représentant du gouvernement, il est censé coordonner l'activité des services extérieurs de l'État au niveau départemental et exercer la tutelle des collectivités locales — et cela exige un interventionnisme étroit, détaillé et engagé. En tant que représentant du ministre de l'Intérieur, il est responsable de l'ordre pour la stabilité sociale, pour la protection du régime en place et pour la surveillance de l'électorat — et cela l'oblige à être constamment sensible aux jeux des partis et des intérêts. Finalement, en tant qu'intermédiaire entre Paris et la province, il doit toujours être à la recherche d'un certain consensus entre les acteurs locaux les plus importants — et cela exige les qualités non de monarque, de gendarme ou de commandeur, mais de diplomate.

La tâche était donc, par nature, difficile à exercer. Mais elle fut rendue plus difficile encore, dans les cent ans qui suivirent la création du corps, par un certain nombre de facteurs qui poussèrent à une transformation de la mission préfectorale. Ces facteurs sont d'ordre extérieur et intérieur.

La première série de facteurs — extérieurs au corps — sont liés à l'évolution de l'État et de la société française pendant cette période. Cette évolution a plusieurs dimensions, que l'on peut résumer très rapidement. D'abord, l'État s'étend, et cette extension exige un interventionnisme massif au niveau local — le nombre de fonctionnaires s'accroît —, phénomène dénoncé à droite et à gauche. Plus défini, le rôle de coordination du préfet prend une importance capitale.

Deuxièmement, l'appareil d'État se différencie, et cette différenciation, fondée sur la multiplicité des tâches, augmente la spécialisation des services étatiques — spécialisation enracinée dans la technicité accrue des compétences. Cette spécialisation a pour résultat la fragmentation croissante de l'appareil d'État à la fois au niveau central et au niveau local. Les fonctionnaires techniciens des Finances, des Travaux publics, de l'Éducation nationale rejettent les prétentions de coordination administrative des préfets, déjà contestées par d'autres fonctionnaires tels que les ingénieurs des Ponts et Chaussées. Les préfets sont des généralistes sans légitimité technique aucune ; les techniciens les court-circuitent de plus en plus. L'administration devient le fait de plusieurs ; elle est de plus en plus morcelée et cloisonnée.

Extension, différenciation et fragmentation, mais également politisation, troisième dimension de l'évolution de l'État pendant cette période. Cette politisation prend plusieurs formes. Premièrement, il y avait la pénétration étatique de la société civile pour rendre la France une et indivisible. Il s'agit d'une préoccupation de tous les régimes, hantés par l'effervescence sporadique des administrés. La centralisation politique est perçue comme un moyen de compenser la fragilité sociale du pays. La politisation se manifeste aussi dans la préoccupation gouvernementale du maintien du régime en place ; chaque révolution politique est marquée par une vaste épuration du corps préfectoral — en 1815, en 1830, en 1848, en 1870 et en 1877. On révoque tous les préfets, et on les remplace par des hommes perçus comme politiquement plus sûrs. Troisième dimension de la politisation : les changements constants de gouvernement pendant chaque régime. Or, lors de chaque changement, on constate une valse des préfets, quelques révocations et beaucoup de transferts. C'est ainsi que le métier de préfet devient instable, précaire, éphémère — source de faiblesse certaine.

L'État s'étend, se différencie, se politise et — quatrièmement — se démocratise. Cette démocratisation, avec la lente montée du parlementarisme et surtout avec l'introduction du suffrage universel à partir de 1848, complique singulièrement la vie préfectorale. Les rapports entre le préfet et les grands notables du département exigent un certain effacement — l'auto-inhibition — de sa part. Il ne peut plus dominer les élus, il peut seulement entrer en complicité avec eux, parfois contre les services extérieurs de l'État ou contre Paris. Les grands notables, grâce au cumul des mandats, ont un pied en province et l'autre à Paris, et, phénomène fondamental, interviennent de plus en plus dans les révocations et nominations préfectorales.

On constate donc au niveau local la confrontation de trois types de légitimité : celle des services extérieurs, fondée sur leur expertise technique ; celle des grands notables locaux, enracinée dans l'élection, la considération sociale, les contacts politiques à Paris ; celle du préfet en tant que personnification de l'État.

La dernière dimension de l'évolution étatique qui a un impact sur le fonctionnement du corps préfectoral, c'est l'industrialisation et l'urbanisation de la France. Les grandes villes de province — Lyon, Marseille, Toulouse, Bordeaux, Lille, Saint-Étienne... —, traditionnellement méfiantes envers la capitale, s'étendent, se renforcent et acquièrent des ressources propres ; leurs élus luttent pour une autonomie accrue vis-à-vis du centre et de son représentant local, le préfet. Aussi le phénomène du député maire de grande ville, autocrate autonome, devient-il un facteur vital de la vie politique française.

Trois types de rapports préfet-collectivités locales émergent donc au cours du XIXe siècle et caractérisent le système territorial français en 1940 : le modèle rural, c'est-à-dire les rapports entre le préfet et les petites communes rurales — la vaste majorité —, où il y a étroite complicité ou collusion mais où le préfet dispose d'un certain espace décisionnel, d'une certaine influence. Le deuxième modèle est mixte, entre préfet et communes rurales qui ont pour maire un notable, où le préfet est plus discret et plus inhibé. Dans le troisième modèle — le type urbain, celui des rapports du préfet avec les maires de grandes villes —, le pouvoir préfectoral est contesté et souvent réduit à néant. Le préfet est donc, de plus, court-circuité non seulement administrativement par les services extérieurs mais également politiquement par les grands notables.

Enfin, des facteurs internes ont transformé le corps préfectoral. Il y en eut deux principaux — liés l'un à l'autre. Il y a d'abord la professionnalisation du corps préfectoral : après la déstabilisation qui accompagne chaque changement de régime, on constate l'imposition progressive d'un certain nombre de normes ou règles tacites pour le recrutement et la promotion des préfets. On choisit des hommes ayant une longue pratique administrative dans la préfectorale, et non des hommes politiques. Deuxièmement, il y a un changement dans la perception collective de leur rôle : on n'est plus l' « empereur au petit pied », le préfet à poigne, on est le conciliateur, le médiateur, l'homme du consensus ; on évite les histoires compromettantes ; on devient sceptique et prudent. Cependant, cela n'empêche point la survie du mythe du préfet tout-puissant, le pontife local. Écoutons Proudhon : « Chargé d'affaires de département et de l'État, officier de police judiciaire, intermédiaire, plénipotentiaire, instructeur, directeur, impulseur, inspecteur, surveillant, appréciateur, contrôleur, censeur, réformateur, redresseur, correcteur, tuteur, commandant, intendant, édile, jugeur : voilà le préfet, voilà le gouvernement ! »

Ce mythe repose sur la lecture des textes officiels, sur l'activité électorale de quelques préfets dans certaines périodes critiques et sur la réputation de certains individus. Ce mythe tenace est d'ailleurs parfaitement fonctionnel, et c'est l'une des sources de l'influence des préfets. Mais la réalité est tout autre. De 1815 à 1939, une série de facteurs extérieurs et intérieurs transforment l'administration préfectorale ; le modèle napoléonien d'un corps ordonné, hiérarchisé et puissant est remplacé par le modèle du préfet prudent, flexible, conservateur, sceptique, et dont l'influence est fondée sur la perception des contraintes administratives et politiques et non sur les textes officiels. En mai 1940, on peut parler d'une sorte de synthèse républicaine qui amalgame une tradition consulaire, autoritaire et techno-administrative avec une tradition « notabiliaire », parlementaire et démocratique. Cette synthèse devait être mise en question par le régime de Vichy.

La mise en cause de la synthèse républicaine

Les implications du nouvel ordre constitutionnel étaient nombreuses et significatives pour les préfets. Restaurer l'autorité de l'État, installer une vraie hiérarchie du pouvoir, combattre le pluralisme, détruire les influences parlementaires, mettre de l'ordre et de la stabilité dans le fonctionnement des institutions, dépolitiser les problèmes, voilà quelques-uns des buts proclamés par Vichy. « État », « autorité », « ordre », « hiérarchie » n'étaient pas seulement des mots clés de Vichy, ils faisaient également partie du vocabulaire légitimant le corps préfectoral. De façon inhérente, le corps en tant que tel ne pouvait qu'applaudir au discours de Vichy, d'autant que le chef de l'État avait insisté, le 26 juin 1940, sur le fait que « le gouvernement reste libre [et que] la France ne sera administrée que par des Français ». Encore plus satisfaisant pour les préfets était une série d'intentions clairement exprimées visant — directement et explicitement — à renforcer le pouvoir et le prestige de leur corps. C'est ainsi que, dans sa circulaire aux préfets du 15 octobre 1940, Marcel Peyrouton déclare : « Vous êtes les propagandistes de la vérité, de l'espoir, de l'action libératrice, les défenseurs de la France meurtrie par vingt ans d'erreurs et de folies »; et encore : « Par suite d'abandons systématiques, la fonction préfectorale, essentielle dans un État organisé, fut dénaturée, avilie par les professionnels de l'ancien électorat n'ayant jamais eu pour but, sous les vocables de libéralisme et de démocratie, que de satisfaire les appétits de clientèles insatiables et d'exploiter, à leur bénéfice, les passions populaires. M. le maréchal et moi-même entendons restituer à votre fonction sa dignité, sa primauté. Vous devez être vous-mêmes les meilleurs artisans de cette élévation qui vous haussera dans votre propre estime, aux yeux de tous, et qui fera de vous les agents les plus efficaces de notre résurrection. »

Même message dans la circulaire de l'amiral Darlan aux préfets, le 9 juin 1941 : « Le maréchal Pétain, chef de l'État et chef du gouvernement, qui a reçu mandat de l'Assemblée nationale de jeter les bases de l'ordre nouveau, entend que vous soyez les pionniers autant que les représentants du nouveau régime qui s'élève sur les ruines de l'ancien, responsable de la défaite. » On croit être revenu aux débuts du Second Empire... De nombreux discours officiels soulignent l'importance de la mission du préfet et le besoin de restaurer sa grandeur, érodée par des tâches ingrates et politiques, et minée par des administrations autonomes. Le nouveau régime ne se contente pas de vœux pieux, mais il édicte des mesures concrètes.

Une loi du 23 décembre 1940 renforce l'autorité du préfet, « seul représentant de l'État » au niveau local, sur les services extérieurs ; seuls les magistrats échappent à son contrôle. Les pouvoirs préfectoraux furent renforcés dans tous les domaines (actes administratifs des 12 octobre 1940, 31 octobre 1940, 23 décembre 1940, 13 juin 1941). Les traitements et indemnités furent augmentés (7 janvier 1941), et — encore un symbole impérial — le prestige du corps fut rehaussé par l'octroi de l'uniforme aux broderies d'or (11 juin 1942). Finalement, les cadres des préfectures furent étatisés, dans une tentative de les soustraire aux influences politiques locales[3].

Une autre série de mesures ne pouvait — du moins en principe — que renforcer le préfet. Les plus importantes furent indiscutablement l'anéantissement de l'influence parlementaire au niveau local et le remaniement complet des lois de 1871 et 1884 sur l'administration locale. Des textes successifs — notamment ceux du 21 mars 1941 et du 30 mai 1941 — ajournent des élections, affaiblissent les conseils municipaux, renforcent les droits des préfets pour dissoudre ou suspendre ces mêmes conseils et leur accordent le droit de nommer les maires dans les communes ayant entre 2 000 et 10 000 habitants. D'autres lois — citons celles des 12 et 27 octobre 1940, 7 février et 9 mars 1941 — suspendent les conseils généraux et transfèrent leurs compétences au préfet, qui est assisté par une commission administrative de neuf membres (dont trois au moins issus du conseil général suspendu), nommés par lui, et qui n'a qu'un rôle consultatif. Le résultat immédiat de la nouvelle législation fut la suspension de 163 conseils municipaux des grandes villes et l'éviction de trois quarts des anciens conseillers généraux — souvent réticents ou hostiles au nouveau régime[4]. Pour souligner l'indépendance du corps préfectoral vis-à-vis des assemblées départementales, on abolit, par la loi du 2 décembre 1940, les allocations départementales payées par le conseil général en les remplaçant par des versements de l'État.

Enfin, les gouvernants s'intéressent aux préfets. Le maréchal Pétain les convoqua régulièrement à Vichy et exprima le désir d'avoir avec eux un contact personnel[5]. Il se fit un devoir de les interroger un par un lors de leur passage. Il les vit presque tous[6].

À la fin de 1940, la situation semblait claire : le Maréchal régnait, les ministres délibéraient et les préfets s'étaient mis au travail[7]. Cependant, les apparences étaient trompeuses : la situation préfectorale, loin d'être brillante, était, au contraire, fort délicate. La destruction de la synthèse républicaine, loin de libérer les préfets, compliqua singulièrement la tâche du corps, d'autant plus que le nouveau régime, tout en insistant sur la primauté du préfet, créa de nouvelles institutions qui semblaient être destinées à mettre en question cette primauté. C'est ainsi que, par la loi du 19 avril 1941, furent créées les préfectures régionales, onze en zone occupée, sept en zone « libre »[8]. Le préfet de région était assisté par un préfet délégué pour l'administration du département siège de la région.

Le but essentiel de la nouvelle région, défini dans la loi du 26 août 1941, était de résoudre deux problèmes pressants : le chauvinisme départemental dans les questions épineuses de ravitaillement et le manque de coordination dans les questions d'ordre public. Le préfet régional était donc assisté par des intendants de police et des affaires économiques. Comme en 1858 sous le Second Empire et en 1972 sous la Ve République, les préfets virent d'un mauvais œil cette nouvelle institution, ces « super-préfets ». Il y eut une tension inévitable entre les préfets départementaux, jaloux de leurs prérogatives traditionnelles, et les préfets régionaux censés lutter contre l'autarcie départementale. La résistance des préfets départementaux fut telle que plus d'un préfet régional devait exiger face à eux de nouveaux pouvoirs[9].

Deux autres organismes furent l'objet de soupçons de la part des préfets : les commissaires du pouvoir, créés par une loi du mois d'août 1941, et la Légion française des combattants. Le rôle des premiers était de diffuser les principes de la Révolution nationale à travers la zone non occupée et de « parcourir les villes et les campagnes à la recherche des abus, des redressements, des simplifications ». L'expérience fut loin d'être fructueuse : dans l'ensemble, les commissaires désignés étaient des « personnalités administratives de second plan », et leur corps devint « un rouage inutile dont les moyens de contrôle se révélèrent très vite insuffisants[10] ».

Troisième institution nouvelle qui devint une source d'irritation pour les préfets : la Légion française des combattants, qui devait répandre les principes de la Révolution nationale en étroite collaboration avec les préfets, mais qui, dans certains départements de la zone sud (les Allemands l'ayant interdite par ordonnance du

28 août 1940 dans la France occupée), intervenait au niveau local, compliquant la tâche des préfets, ce qui provoqua des plaintes fréquentes[11]. Deux rappels à l'ordre avisèrent les légionnaires que leur rôle était purement « moral et social » et que leurs interventions devaient être faites « à la demande » de l'administration[12]. En dépit du peu d'efficacité de la Légion en tant qu'institution, les activités de certains de ses membres zélés restaient une source de vexations pour les préfets.

Beaucoup plus dangereuse pour l'autorité préfectorale fut la Milice, fondée en janvier 1943, administrée et dirigée par un secrétaire général nommé par le chef du gouvernement. Essayant souvent de court-circuiter le corps préfectoral, elle fut détestée et dénoncée par de nombreux préfets[13] qui, dans certains départements, freinèrent sa mise en place[14].

C'est ainsi que Vichy, tout en visant un modèle de commandement administratif coordonné, cohérent et hiérarchisé autour du préfet, rendait la construction d'un tel modèle difficile par la création de nouvelles institutions difficilement contrôlables. Cependant, d'autres facteurs, plus significatifs, minaient la capacité du régime de reconstruire le modèle napoléonien.

Le poids des circonstances

Il n'est nullement exagéré de soutenir qu'entre 1940 et 1944 le corps préfectoral vécut la période la plus dure de son histoire. De multiples facteurs contribuèrent à cette situation. Certains sont évidents et peuvent être mentionnés très rapidement.

En premier lieu, pendant cette période agitée, les bases mêmes de l'action préfectorale sont déstabilisées : le préfet gère une nation traumatisée et disloquée ; il administre un territoire morcelé en plusieurs zones, séparées les unes des autres par des frontières rigoureusement surveillées ; il est le représentant d'un État faible et fragile, d'un régime dont la légitimité même est contestée, d'un gouvernement divisé, et d'un ministère instable (il n'y a pas moins de cinq ministres de l'Intérieur pendant cette période) et détesté. Pour compliquer la tâche, il y eut un divorce croissant entre nation, État, régime et gouvernement ; une question de fond était constamment posée : en dernier ressort, vers quoi devait se focaliser le devoir du préfet ? Dans tous les cas, les notions chères aux idéologues de Vichy — ordre, autorité, hiérarchie, stabilité —

manquaient singulièrement au sommet, rendant le modèle de commandement inopérant dès les débuts : l'autorité du corps préfectoral se trouvait ébranlée par l'absence d'autorité au sommet. D'autre part — et il faut souligner ce point —, la mise en œuvre du modèle consulaire impliquait non seulement le renforcement du préfet en tant qu'individu au niveau local, mais également un assujettissement plus accentué du corps en tant que tel à l'autorité centrale. Cette volonté de subordonner la préfectorale se manifesta à plusieurs niveaux : obligation de prêter serment au chef de l'État (elle sera abolie par Laval lors de son retour au pouvoir) ; fréquents discours insistant sur les vertus de la discipline ; suppression de l'Association du corps préfectoral — machine corporatiste — en octobre 1940 ; contrôle gouvernemental des nominations en dehors de toute interférence du corps ou des parlementaires ; épurations nombreuses du personnel, parfois brutales.

Ces épurations successives nous amènent au deuxième facteur principal qui fragilisa le corps préfectoral : son instabilité. Bien qu'aucun d'entre eux n'ait démissionné en juin 1940, les préfets sont soupçonnés d'être trop intimement liés à la République et à ses partisans. Marquet en limogea trente-cinq, en invoquant la loi du 17 juillet 1940 permettant au pouvoir de se débarrasser d'agents de l'État par simple décret ministériel. Parmi les « juilletisés » se trouvaient plusieurs préfets aux origines politiques jugées compromettantes ou tenus pour insuffisamment zélés envers la Révolution nationale. À la fin d'août 1940, vingt-sept préfets seulement demeuraient dans le poste où ils avaient été nommés sous la IIIe République ; dans l'année qui suit l'installation du régime, on compte, parmi le personnel des préfectures, quatre-vingt-quatorze révocations de fonctionnaires, cent quatre mises à la retraite et soixante-dix-neuf mutations [15]. Vichy se caractérise par des mouvements préfectoraux de grande ampleur (août-septembre 1940, octobre-novembre 1940, novembre 1941, juin 1942, septembre 1942, avril 1943, août 1943, janvier-février 1944) : de juin 1940 à la Libération, les quatre-vingt-sept départements de la métropole seront administrés par plus de deux cent vingt préfets (autant que durant l'ensemble du Second Empire). L'instabilité fut particulièrement manifeste au niveau de certains départements. Bien sûr, il y eut des îlots stables : par exemple, le Nord fut administré par deux préfets seulement (Carles d'avril 1936 à décembre 1941, puis Darrouy de décembre 1941 à septembre 1944). Mais il s'agit de cas exceptionnels. Un département moyen vit passer trois ou quatre préfets pendant cette courte période ; le Tarn fut administré par cinq préfets en quatre ans, la Meuse par six, et même l'important département des Bouches-du-Rhône ne fut pas épargné [16].

Les épurations déstabilisantes eurent deux autres conséquences sur le corps préfectoral. Certaines révocations furent dictées par l'occupant — ce qui suggérait que les remplaçants étaient politiquement acceptables par les Allemands ou du moins perçus comme tels. Indiscutablement, certains étaient choisis en vertu de leur capacité d'entretenir de bons rapports avec les autorités allemandes, ce qui était un excellent moyen de dévaloriser le corps aux yeux d'un peuple de plus en plus hostile à l'occupation et à la collaboration ! Deuxième conséquence des épurations : une tentative de renouveler le corps par la nomination d'hommes venus de l'extérieur : parmi les préfets nommés par Vichy, 18 % sont pris en dehors du corps des sous-préfets. C'est ainsi qu'on trouve à la tête des préfectures du régime de Vichy quelques militaires (Bach, Marion, Vallin...), des marins (Bard, Belot, Le Gouic, Tracou...), des membres du Conseil d'État, de la Cour des comptes et de l'Inspection des finances (François Ripert, Donati, Olivier de Sardan, Cheneaux de Leyritz, Roger-Machart). Si certains peuvent être considérés comme des technocrates apolitiques, d'autres affichent ouvertement leurs sympathies pour la Révolution nationale : parmi ces derniers, on peut citer le cas du capitaine de frégate Le Gouic, qui administra l'Eure de novembre 1941 à la Libération [17]. Parmi les éléments recrutés à l'extérieur, on trouve également un petit groupe d'anciens parlementaires de droite : Parmentier, Temple, Guillon, Potut, Michel, Vincent...

L'impression générale créée par ce recours à l'extérieur était contradictoire : dépolitisation du corps par la nomination de technocrates, politisation du corps par la nomination d'hommes connus pour leurs sympathies de droite. En fait, la politique de nominations extérieures fut un échec : les hommes recrutés étaient soit trop peu politiques, soit trop engagés politiquement. Or un préfet de métier est un homme vulnérable mais politiquement prudent et discret : sa logique institutionnelle, son maintien en place dépendaient de sa capacité à allier sensibilité, prudence et discrétion. Un préfet expérimenté tâte le terrain, avance lentement, flaire les pièges, recule avec dignité, s'engage rarement. Il est significatif qu'à la fin du régime il n'y ait eu que huit préfets maintenus parmi les « parachutés ». On recruta fort peu au tour extérieur : sur cinq cent vingt-huit nominations et promotions de préfets, sous-préfets et chefs de cabinet faites après le retour de Laval, soixante-quatre seulement (dont quarante-huit appartenant à d'autres administrations) concernent des candidats venus de l'extérieur [18]. Néanmoins, l'image de marque du corps fut sérieusement affectée par ces nominations.

Le troisième facteur qui mina le modèle napoléonien sous Vichy fut le cumul de problèmes pratiques exigeant des actes et des réactions allant à l'encontre des souhaits exprimés par ses partisans. Appelé à de nobles tâches dans les discours du gouvernement et du régime, le préfet se trouve subitement confronté à des missions moins nobles mais plus impératives. Il gère l'immédiat, il administre l'urgent, il colmate les brèches, surtout en zone occupée. Certaines périodes furent particulièrement éprouvantes : les mois qui suivirent la défaite et l'exode, avec une population bouleversée physiquement et moralement traumatisée [19]. Au cours de l'année qui précéda la Libération, on assista à « un paroxysme toujours croissant de dangers, de violences, de représailles, d'exécutions, une sorte de terreur permanente avec cependant la perspective exaltante d'une délivrance imminente [20] ». Pendant cette année tourmentée, la population se trouvait dans « un état d'insurrection latente [21] ». Dans cette administration de l'urgence — ravitaillement, reconstruction, logement, chômage, marché noir —, le préfet n'est pas toujours secondé par des administrations qui gardent leur autonomie en dépit des vœux et des circulaires du gouvernement et des plaintes répétées des préfets [22]. Quant aux maires, ses agents principaux, ils sont souvent peu coopératifs et de plus en plus timorés : à partir de la mi-1942, on assiste à une épidémie de démissions, et les préfets ont du mal à trouver des remplaçants. D'autre part, ils doivent également se mettre à exécution certaines décisions impopulaires, voire détestées — la rafle des Juifs, le STO, la chasse aux francs-maçons —, qui minent leur légitimité même.

Ces problèmes pratiques trouvent une excellente illustration dans le maintien de l'ordre, car le préfet ne dispose que de moyens réduits (en Meurthe-et-Moselle, en juin 1940, la force publique dispose de quarante gendarmes sur un effectif théorique de cinq cent vingt-trois, tandis qu'en avril 1941, dans le Doubs, le préfet ne dispose plus que de cent vingt gendarmes au lieu des deux cent quatre-vingts normalement affectés) [23], éparpillés et souvent fort suspects [24]. La police et la gendarmerie se montraient de plus en plus réticentes à suivre ses directives, surtout quand l'action de Vichy tendit progressivement à ressembler à celle de l'occupant[25]. Quant à la Milice, comme nous l'avons déjà constaté, beaucoup de préfets se montraient très hostiles à son institution et essayèrent de freiner sa mise en place[26].

Le manque de communications entre le gouvernement et les préfets ne fit qu'aggraver les problèmes ; ce fut particulièrement le cas en zone interdite, souvent coupée de tout contact avec Vichy (les circulaires de Vichy, surtout au début, mettaient parfois près de deux mois pour parvenir aux destinataires), et en zone d'opérations militaires. On discerne donc un émiettement et une individualisation inévitables de l'action préfectorale. Le préfet est souvent un homme seul et exposé : il n'est plus un maillon d'une chaîne de commandement fortement structurée et hiérarchisée.

Paradoxalement, le seul élément du modèle napoléonien qui fut mis en œuvre eut pour effet de l'affaiblir. L'assaut mené contre les collectivités locales, maintenant privées de légitimité démocratique, plaça le préfet dans une situation encore plus vulnérable et fragile. Le jeu de collusion déguisée, de complémentarité conflictuelle avec des notables élus — base de la synthèse républicaine détruite en 1940 — avait été extrêmement fonctionnel pour le préfet : le partage du pouvoir diminuait sa puissance mais aussi sa responsabilité. Sous la République, le préfet et l'élu se critiquaient tout en s'appuyant l'un sur l'autre dans un jeu subtil mais profitable à chacun. D'autre part, le nouveau système laissait le préfet sans relais acceptables pour la population : l'abolition de l'encadrement électif fut source de faiblesse pour les préfets. Le problème fut exacerbé par le fait que certains d'entre eux ignoraient totalement les nouvelles institutions consultatives, les réunissant rarement[27], ou les peuplaient d'hommes politiquement peu représentatifs de leur département. Pour Du Moulin de Labarthète, la suppression des conseils généraux en 1941 fut, en politique intérieure, « la faute majeure » du régime[28]. Avec une grande perspicacité, cet observateur désabusé mais avisé du régime nous révèle que les commissions administratives qui remplaçaient les conseils généraux n'offraient aux préfets qu'un « noyau d'appui trop restreint, qu'ils n'auraient presque jamais la tentation de consulter ». Il y avait donc « un trou par en bas » préjudiciable au régime et à ses préfets[29]. Un préfet habile, dans un département politiquement modéré, comme Morane dans le Loiret, tout en déplaçant vers la droite l'axe des assemblées du département, « pouvait s'appuyer sur des anciens notables conservateurs [30] ». Mais cette possibilité ne se présenta pas toujours, surtout dans le Midi. En réalité, il faudrait beaucoup plus d'études locales pour pouvoir bien analyser la nature des rapports entre « le préfet et ses notables », et ses conséquences politiques pendant cette période. Cependant, l'impression générale qui se dégage des études existantes est celle d'une rupture entre les représentants du régime et la population, rupture rendue plus brutale par l'absence d'intermédiaires ou de médiateurs légitimes.

Vulnérable, fragilisé, visible — voire exposé —, le préfet doit non seulement administrer l'urgent et l'impopulaire, mais également gérer l'insoluble et trancher des dilemmes. Dans la seconde moitié des années Vichy, il est pris entre deux feux : la France résistante et l'occupant ; il est l'acteur d'une pièce qui le condamne inéluctablement à une fin discutable, souvent tragique. Les rapports avec l'occupant constituent pour lui le problème principal. La convention d'armistice stipule que tous les services français en territoire occupé doivent « se conformer aux réglementations des autorités allemandes et [...] collaborer avec ces dernières d'une manière correcte ». De nombreuses circulaires tracent la ligne de conduite à suivre. Mais la pression allemande, pesante et persistante, parfois brutale et même barbare, mettait les préfets devant des choix incommodes : collaborer, même avec tiédeur, pour limiter les dégâts portait atteinte à leur crédit : la préfectorale, gardienne fière et traditionnelle de l'État français, est perçue comme l'agent d'une puissance étrangère. En revanche, résister, même avec tiédeur, était souvent inefficace, provoquait l'irritation et la colère de l'occupant et pouvait aboutir à la révocation, voire à la déportation et à la nomination d'un successeur plus compréhensif.

Dans un univers politico-administratif instable et turbulent, individualisé, voire atomisé, comment réagir? Tout le drame collectif de Vichy est résumé dans la réponse donnée par chaque préfet à cette question fondamentale. Il n'y avait pas une réaction de corps, mais une multiplicité de réactions individuelles, changeantes selon les circonstances. Cependant, esquissons une typologie des préfets.

— Les grands résistants tout d'abord : comment ne pas évoquer Jean Moulin, la plus prestigieuse des victimes, premier délégué général du gouvernement provisoire de la République, incarcéré et torturé par les Allemands alors qu'il était préfet à Chartres avant de passer dans la Résistance active [31] ? Parmi d'autres, qui devaient jouer un grand rôle dans la Résistance, il faut nommer Édouard Bonnefoy, préfet régional à Lyon, qui fut dénoncé par la Milice, arrêté par la Gestapo et déporté à Neuengamme ; Alfred Golliard, préfet du Jura, révoqué par Vichy en septembre 1940 et organisateur de la Résistance à Cluny, mort en déportation en août 1944[32]. Il est à noter que certains préfets eurent une activité dans la Résistance après avoir achevé leur carrière préfectorale.

— Les résistants discrets qui firent montre parfois d'un courage lucide et froid : plusieurs étaient en contact plus ou moins ouvert avec les mouvements de la Résistance, lui fournissant matériel et renseignements. Certains demeurèrent en poste pour mieux saboter les mesures dictées par les Allemands. Un préfet résume ainsi la situation : « Plus l'exercice des fonctions est difficile, plus il est dangereux et plus le devoir est de rester. Mais alors il faut résister[33]. » Plusieurs seront révoqués et passeront à la Résistance : Petitjean, Bollaert, Fauconnier. D'autres seront arrêtés et déportés en Allemagne, cas de cinq des vingt préfets régionaux et de dix préfets départementaux en mai 1944. Ceux-là sont souvent secondés par des collaborateurs de la préfecture aussi courageux qu'eux-mêmes : Richard Pouzet, secrétaire général de la Marne, mis en disponibilité par Vichy et arrêté peu après pour son activité de résistant, puis déporté par les Allemands à Buchenwald (plus tard, il sera préfet de la IVe République et écrira un livre fort émouvant relatant son séjour dans les camps de concentration) ; Valentin Abeille, futur chef départemental de la Résistance dans le Jura ; Fred Scamaroni, envoyé en mission en Corse et qui, arrêté par la police secrète italienne, avale un cachet de cyanure et meurt le 19 mars 1943 ; Bernard Cornut-Gentille, sous-préfet, critique acerbe de la Milice, militant notoire de la Résistance, futur ministre de la Ve République.

— Les résistants passifs qui freinent autant que possible l'effort de collaboration avec l'occupant. Cette résistance est parfois extrêmement efficace, et exaspère l'extrême droite et les Allemands, qui n'hésitent pas à demander la révocation ou le déplacement de ces récalcitrants : c'est ainsi que, le 24 janvier 1944, douze préfets « indociles » furent relevés d'un coup à la demande de l'occupant ou de la Milice. Ces résistants passifs, assez nombreux, sont souvent de fermes républicains : ainsi Jacques Simon, qui n'occupa la préfecture de la Meuse que deux mois avant d'être révoqué pour « manque de loyauté » envers l'occupant ; Joseph Rivallaud à Marseille et Émile Maljean, son successeur, qui refusent toute collaboration avec les Allemands ; Camille Vernet, préfet à Tours en 1940, limogé par Marquet ; Moulonguet, préfet de la Haute-Vienne, accusé de « tiédeur » et limogé aussitôt ; Henri Graux, préfet du Calvados, révoqué sur insistance des Allemands [34].

— Les zélés de la Révolution nationale comme Morane, préfet du Loiret de juin 1940 à la fin d'octobre 1942, et Fernand Carles, préfet régional à Lille, qui se suicidera dans sa cellule en septembre 1944. Ces hommes, tout en servant avec loyauté le régime, résistent autant que possible aux prétentions allemandes [35]. Certains membres de ce groupe devaient être éliminés après le retour de Laval au pouvoir.

— Les partisans du régime de Vichy qui collaborent correctement, courtoisement, mais froidement, au nom du maintien de l'ordre, tout en essayant de sauvegarder les intérêts français : les cas de René Bousquet, préfet de la Marne en 1940, et de Jean Schmidt, à Nancy de 1941 à 1943, fournissent les meilleurs exemples de cette attitude [36].

— Les sympathisants du régime qui se compromettent en faisant du zèle dans l'exécution de leur devoir. Plus d'un pratique la politique du « pont de la rivière Kwaï » par une logique implacable et perverse : on exécute des mesures abominables afin de démontrer à l'occupant l'efficacité de la machine administrative française [37].

— Les collaborateurs résolus des Allemands, souvent inspirés par une haine farouche du communisme : en fort petit nombre, ces préfets vont souvent au-delà des demandes allemandes dans la chasse aux « terroristes », dans l'application de la politique du Service du travail obligatoire, dans la recherche des francs-maçons et des Juifs. Certains d'entre eux — Angelo Chiappe, Mayade, Le Baube, Dop, Reige, Leuret, Bordes — devaient être « terriblement châtiés » en 1944. Dès la Libération, trois de ces préfets furent fusillés sans jugement, trois autres furent condamnés à mort, quatorze à des peines de prison ou de travaux forcés, et quelques-uns furent frappés d'indignité nationale.

— Les prudents, qui représentent la majorité des préfets de l'époque : impliqués dans un double jeu, dans une politique d'ambiguïté voulue, gérant l'immédiat tout en essayant de préparer le lendemain, naviguant entre des pressions urgentes et contradictoires, collaborant tout en essayant de protéger l'autonomie de l'État et de ses agents. Il ne faut pas chercher de raisons idéologiques ou politiques à cette prudence, ou dans le fait qu'aucun préfet ne démissionne pendant cette période. Les préfets percevaient leur devoir assez clairement : rester en poste, la « fuite » étant exclue. Comment abandonner leurs administrés en des circonstances aussi épouvantables ? Certains, initialement tentés par l'appel de la France libre, sont rapidement « pris dans l'engrenage de l'action », obligés de rester pour gérer une crise aussi profonde que visible[38].

Le destin des préfets de Vichy révèle pleinement la grande variété des situations individuelles. D'un côté, les héros — les trente-six préfets et sous-préfets morts en déportation ou dans la Résistance, et les trente-cinq qui furent déportés mais sont revenus en France en 1945. De l'autre côté, les fusillés de la Libération et les condamnés à mort des tribunaux de la République rétablie.

L'épuration du corps fut assez sévère, voire excessive, après 1944 : des radiations des cadres, des révocations, des mises à la retraite d'office ou en disponibilité laissèrent peu de préfets de Vichy en place[39]. En tant que bouc émissaire institutionnalisé du système territorial, le corps ne pouvait qu'être visé par la France libre (le Comité de libération nationale à Alger qui nomme, avant la Libération, de nouveaux préfets dans tous les départements de la métropole n'accepte que vingt nominations émanant du corps préfectoral de Vichy)[40] et la République renaissante. On est loin des jours prometteurs de juin 1940.

Le régime de Vichy, à ses débuts, avait conçu le rêve nostalgique de construire un système politico-administratif territorial fondé sur un modèle militaire inspiré par une perception d'un passé imaginé. Même sous le Premier Empire, et certainement sous le Second, les principes n'avaient été qu'imparfaitement mis en œuvre. Certes, l'ossature institutionnelle fut gardée intacte, mais les pratiques s'affirmèrent pour créer un système bâtard, mélange d'institutions et d'acteurs consulaires s'appuyant sur un discours de l'intérêt général et de pratiques parlementaires et notabiliaires se légitimant à travers le suffrage universel. Vichy voulait rétablir le modèle original en renforçant le principal acteur du système consulaire — le préfet — au détriment des parlementaires et des élus locaux.

L'échec de la tentative fut dû à l'incohérence du régime lui-même, qui manquait d'autorité au sommet et qui multipliait les agents concurrents à la base, à la mauvaise volonté ou à l'inefficacité des agents administratifs que le préfet avait la charge de coordonner et de diriger, et aux circonstances, qui exigeaient une improvisation constante et individualisée. Mais le modèle préconisé présentait deux défauts fondamentaux. En premier lieu, il n'avait pas de racines légitimes et écarta des réseaux d'influence trop de groupes et d'individus habitués à l'exercice du pouvoir. Deuxièmement, les principaux bénéficiaires du modèle — les préfets — étaient eux-mêmes sceptiques. Par intérêt personnel, par acculturation idéologique et par formation professionnelle, la plupart (dont plus des quatre cinquièmes émanaient du corps recruté par la IIIe République) préféraient la synthèse républicaine avec tous ses inconvénients à un modèle reposant sur une méconnaissance des réalités politico-administratives locales.

Sonia MAZEY
Vincent WRIGHT

NOTES

1. Sur les préfets de l'époque de Vichy, voir notamment Pierre Henry, *Histoire des préfets,* Paris, Nouvelles Éditions latines, 1950, pp. 325-349 ; plusieurs études parues dans la revue *Administration,* 137, octobre 1987, et 141, janvier 1988 ; Pierre Doueil, *L'Administration locale à l'épreuve de la guerre,* Paris, Presses de la FNSP, 1975. Parmi des nombreuses études locales, citons Georges Rougeron, *Le Département de l'Allier sous l'État français (1940-1944),* Moulins, préfecture de l'Allier, 1969 ; Marcel Baudot, *L'Opinion publique sous l'Occupation,* Paris, PUF, 1955 ; Aimé Autrand, *Le Département de Vaucluse de la défaite à la Libération,* Avignon, s.d., Marie-Joseph Bopp, *L'Alsace sous l'occupation allemande 1940-1944,* Le Puy, Mappus, 1945. Comme témoignages directs il faut citer Pierre Trouillé, *Journal d'un préfet (de la Corrèze) pendant l'Occupation,* Paris, Gallimard, 1964 ; Bernard Lecornu, *Un préfet sous l'occupation allemande,* Paris, Éditions France-Empire, 1984 ; Valentin Palmade, *Sous-préfet à Saint-Flour durant l'Occupation,* Clermont-Ferrand, Éditions Volcans, 1974.

Les actes du colloque publiés sous la direction de René Rémond, *Le Gouvernement de Vichy,* Paris, Armand Colin, 1972 et le numéro spécial de la *Revue du Nord,* 1987, consacré à « L'Occupation en France et en Belgique 1940-1944 », contiennent de nombreuses études utiles pour la compréhension du contexte de l'époque.

2. Sur l'histoire du corps préfectoral, voir Pierre-Henry, *op. cit.,* Jeanne Siwek-Pouydesseau, *Le Corps préfectoral sous la Troisième et la Quatrième République,* Paris, Armand Colin, 1969 ; *Les Préfets en France 1800-1940,* Cahier de l'Institut français des sciences administratives, Genève, Droz, 1978.

3. Pierre Doueil, *op. cit.,* Pierre-Henry, *op. cit.,* pp. 327-328.

4. James Stell, William Kidd *in Le Gouvernement de Vichy, op. cit.,* pp. 55-69 ; Robert Aron, *Histoire de Vichy,* Paris, Fayard, 1954, pp. 236-237.

5. Lettre de Peyrouton aux préfets, 19 septembre 1940, Arch. dép., Indre-et-Loire, 2 M 18.
6. Du Moulin de Labarthète, *Le Temps des illusions,* Paris, À l'Enseigne du cheval ailé, 1946, p. 251.
7. *Id., ibid.*, p. 250.
8. Sur les régions de Vichy, voir Pierre Barral, « Idéal et pratique de régionalisme dans le régime de Vichy », *Revue française de science politique,* 24 (5), octobre 1974, pp. 911-939.
9. Lucien Sabah, « Les préfets du Rhône de 1940 à 1944 », *Administration,* 140, octobre 1988, pp. 74-85.
10. Du Moulin de Labarthète, *op. cit.*, pp. 277-278.
11. Bernard Lecornu, *op. cit.*, p. 184.
12. Robert Paxton, *Vichy France,* Londres, Barrie & Jenkins, 1972, pp. 190-191 ; Jean-Paul Cointet, *in* René Rémond (dir.), *Le Gouvernement de Vichy, op. cit.*, pp. 123-143.
13. Paul Jankowski, *Communism and Collaboration, Simon Sabiani and Politics in Marseille, 1991-1944,* New Haven et Londres, Yale University Press, 1989, p. 123. Sur la Milice, voir J. Delperrié de Bayac, *Histoire de la Milice, 1918-1945,* Paris, Fayard, 1969.
14. Marcel Baudot, *op. cit.*, p. 63.
15. Pierre Doueil, *op. cit.*, p. 31.
16. Paul Jankowski, *op. cit.*, p. 72.
17. Marcel Baudot, *op. cit.*, pp. 35-36.
18. Témoignage de Louis Pichat, directeur du personnel au ministère de l'Intérieur, cité *in* Alfred Mallet, *Pierre Laval,* Paris, Amiot-Dumont, 1955, p.65.
19. M.-J. Vidalenc, *L'Exode de mai-juin 1940,* Paris, PUF, 1957.
20. Pierre Aubert, « Le département de Meurthe-et-Moselle », *op. cit.*, p. 144.
21. Charles-Louis Foulon, *op. cit.*, p. 13.
22. Bernard Bergerot, « Le corps préfectoral de 1940 à 1944 », *Administration,* 137, octobre 1987, p. 23.
23. Pierre Aubert, « Le département de Meurthe-et-Moselle », *op. cit.* ; même auteur, « Le département du Doubs sous l'Occupation », *Administration,* 137, p. 23.
24. Du Moulin de Labarthète, *op. cit.*, p. 283 ; Marcel Baudot, *op. cit.*, p. 43.
25. Bernard Lecornu, *op. cit.*, pp. 177-178 ; Lucien Sabah, *op. cit.*, pp. 79-80.
26. Marcel Baudot, *op. cit.*, p. 63.
27. James Steel, William Steel, *in* René Rémond (dir.), *op. cit.*, pp. 55-59.
28. Du Moulin de Labarthète, *op. cit.*, p. 260.
29. *Id., ibid.*, pp. 260-262.
30. Yves Durand, *in* René Rémond (dir.), *op. cit.*, pp. 40-41.
31. Jean Moulin, *Premier Combat,* Paris, Éditions de Minuit, 1947 ; Laure Moulin, *Jean Moulin,* Paris, Presses de la Cité, 1968 ; Daniel Cordier, *Jean Moulin,* Paris, J.-C. Lattès, 1989.
32. Citons également Paul Théry, préfet de Haute-Saône, arrêté à Vesoul en mai 1944, mort à Dachau en février 1945 ; Louis Tuaillon, préfet de Lot-et-Garonne, arrêté par la Gestapo en juin 1944 et déporté en Allemagne. Sur le rôle du corps préfectoral dans la Résistance, voir *Administration,* 140, pp. 8-39.
33. Bernard Lecornu, *op. cit.*, pp. 22, 136-137.
34. Paul Jankowski, *op. cit.*, p. 96 ; Arch. dép. Indre-et-Loire 2 M 18 ; Pierre Aubert, « Le Calvados sous l'Occupation », *Administration,* 137, octobre 1987, pp. 35-46.
35. Pierre Aubert, « Le Nord sous l'Occupation », *Administration,* 137, octobre 1987, p. 27.

36. Pierre Aubert, « Meurthe-et-Moselle », *op. cit.,* p. 87 ; même auteur, « Doubs », *op. cit.,* pp. 21-26.
37. Peter Novick, *The Resistance versus Vichy,* Londres, Chatto & Windus, 1968, pp. 32-33. Voir le cas d'Alexandre Angéli, préfet régional de Lyon, et celui d'André Parmentier, préfet régional de police à Rouen. Voir Herbert Lottman, *L'Épuration, 1943-1953,* Paris, Fayard, 1986, pp. 265-266.
38. Bernard Lecornu, *op. cit.,* pp. 22, 136-137. Robert Paxton, *op. cit.,* pp. 16-17.
39. Jeanne Siwek-Pouydesseau, *op. cit.,* p. 81.
40. Pierre Doueil, *op. cit.,* p. 41 ; Robert Paxton, *op. cit.,* p. 342.

2.

L'itinéraire d'un haut fonctionnaire : René Bousquet

Après qu'a été prononcée l'inculpation de René Bousquet pour crimes contre l'humanité [1], il est important de faire une étude serrée de la carrière de ce haut fonctionnaire, de montrer en historien ce qu'a été le parcours de celui qui fut successivement, pendant la Seconde Guerre mondiale, préfet de la Marne, puis secrétaire général à la Police, et d'essayer d'y déceler les éléments de continuité et/ou de rupture.

Pour reconstituer son itinéraire, j'ai été amené à utiliser les témoignages écrits [2] et oraux [3] de René Bousquet lui-même, confrontés et recoupés systématiquement avec des sources écrites de diverses origines, en particulier avec tout ce qu'il m'a été autorisé de consulter aux Archives nationales et aux Archives départementales de la Marne [4]. Qu'il soit bien clair d'emblée que le fait de citer René Bousquet dans cette contribution ne signifie nullement que je reprenne ses propos à mon compte. Ce qu'a bien voulu me dire Bousquet n'engage que lui-même et n'est pas vérité historique.

René Bousquet appartient au corps préfectoral de la IIIe République, dont il est en quelque sorte l'archétype par ses origines géographiques, sociales, culturelles, par sa formation universitaire et par son profil de carrière. Sur le plan sociologique, ce corps se caractérisait alors par une grande homogénéité : beaucoup de préfets étaient originaires du Midi, où la pratique du parrainage était plus développée qu'ailleurs, ils avaient une formation juridique et empruntaient la filière classique de chef de cabinet et de sous-préfet [5]. Il est né en 1909 dans le Tarn-et-Garonne, à Montauban, où son père, militant radical-socialiste, était notaire [6]. Après des études secondaires au lycée de cette ville, il s'inscrit à la faculté de droit de Toulouse, d'où il sort licencié en droit mais sans avoir mené à son terme un projet de thèse de doctorat.

En 1929, alors qu'il a tout juste vingt ans, il est chef de cabinet du préfet du Tarn-et-Garonne, à une époque où les préfets choisissaient librement leur chef de cabinet. En 1930, lors des inondations qui ravagent le Sud-Ouest, il sauve plusieurs personnes de la noyade. Le courage dont il fait preuve est signalé au président de la République ainsi qu'au président du Conseil et ministre de l'Intérieur Tardieu, venus constater sur place l'ampleur des dégâts. Il reçoit la médaille d'or des Belles Actions, est fait chevalier de la Légion d'honneur, est nommé chef du secrétariat particulier de Marcel Héraud, sous-secrétaire d'État à la Présidence du Conseil et à l'Intérieur, avec pour mission d'organiser la reconstruction du Midi sinistré. Il est intéressant de noter que, dans ce cabinet présidé par Tardieu, où Bousquet a fait ses premières armes, Pierre Laval était ministre du Travail, avec comme collaborateur immédiat déjà à ses côtés Pierre Cathala. En décembre 1930, Paul Marchandeau, député maire radical de Reims, qui succède à Héraud dans le cabinet Steeg, le maintient à ce poste.

En 1931 et 1932, il est chef adjoint puis chef du cabinet et du secrétariat, puis à nouveau chef adjoint du cabinet de Pierre Cathala[7], successivement sous-secrétaire d'État puis ministre de l'Intérieur dans les premier, deuxième et troisième cabinets Laval, et sous-secrétaire d'État à la Présidence du Conseil dans le troisième cabinet Tardieu. Cathala, député de Pontoise depuis 1928, siégeant dans le groupe de la gauche sociale et radicale, était un ancien camarade de lycée et un ami personnel de Laval. En 1933, Bousquet est nommé secrétaire général de troisième classe des Basses-Alpes, mais il est détaché aux fonctions de secrétaire général adjoint puis de secrétaire général du Comité supérieur de l'aménagement et de l'organisation générale de la région parisienne.

En 1935, il est à nouveau chef de cabinet de Cathala, devenu sous-secrétaire d'État à la Présidence du Conseil et à l'Intérieur dans le cabinet Bouisson puis ministre de l'Agriculture dans le quatrième cabinet Laval[8]. Lors de la campagne pour les élections sénatoriales de 1935, il accompagne Cathala, chargé de représenter officiellement Laval, candidat dans le Puy-de-Dôme, dans les réunions, les banquets et les concours agricoles. C'est sans doute aussi à cette époque que le député radical Paganon a introduit auprès de Laval Georges Hilaire et René Bousquet, qui sont devenus des médiateurs entre lui et le Parti radical[9].

En janvier 1936, René Bousquet est nommé sous-préfet hors

cadre de première classe, puis, en avril 1936, alors qu'Albert Sarraut a succédé à Laval au gouvernement, il est chargé de mission à la Direction de la police du territoire et des étrangers. Le 29 mai 1936, au lendemain de la victoire du Front populaire et à la veille de la formation du gouvernement Léon Blum, il est nommé sous-chef de bureau au ministère de l'Intérieur et maintenu à ce poste par Roger Salengro, qui lui confie, en 1937, la direction du fichier central à la Sûreté nationale. Sa promotion au rang de sous-préfet de première classe ayant été attaquée par un collègue et annulée par un arrêt du Conseil d'État, il est aussitôt renommé et confirmé dans ce grade par Marx Dormoy, successeur de Salengro, nomination à nouveau annulée par le Conseil d'État.

En 1938, sur proposition du ministre de l'Intérieur Albert Sarraut, Bousquet est nommé sous-préfet de Vitry-le-François, puis, en juin 1939, secrétaire général de la Marne. En septembre 1939, le député radical-socialiste Margaine [10], élu du Front populaire à Châlons-sur-Marne, écrit au ministre de l'Intérieur pour lui demander d'intervenir auprès de son collègue de la Guerre afin de maintenir à son poste dans la Marne, par affectation spéciale, Bousquet, qui appartenait à la première réserve du service armé comme attaché d'intendance : « Il a mis sur pied une organisation complète de ravitaillement et d'alimentation rendant impossible une hausse des prix par spéculation sur la pénurie des marchandises, malgré des résistances qui ne manqueraient pas de réussir s'il n'était pas maintenu à son poste [11]. »

Lors de l'évacuation de ce département en juin 1940, Bousquet, selon le *curriculum vitae* exposé par le président Noguères devant la Haute Cour de justice en 1949, aurait reçu la croix de guerre en raison de sa conduite qualifiée de « brillante », mais je n'ai trouvé pour ma part, dans son dossier, aucune trace de cette décoration, si ce n'est une note manuscrite non signée et non datée faisant allusion à une citation à l'ordre de l'armée sollicitée par Bousquet lui-même [12].

Après un court repli sur Albi, Bousquet rentre au plus vite dans la Marne en passant par Vichy, où il s'est fait remettre trente millions de francs « pour assurer la reprise de la vie administrative et économique » de son département [13]. Dès ce moment, une note manuscrite, rédigée par Ingrand lui-même ou qui lui était destinée, le classe parmi les hauts fonctionnaires « capables de représenter une volonté nouvelle » et donc susceptibles d'être promus au rang de préfet[14], ce qui explique sans doute pourquoi Pétain le nomme préfet de la Marne en septembre 1940.

Âgé de trente et un ans, il est le plus jeune préfet de France à une époque où l'âge moyen d'entrée dans la fonction dépasse quarante-cinq ans. Il fait partie des cent parmi les cent soixante-six préfets promus sous et par Vichy qui appartenaient au cadre des secrétaires généraux et des sous-préfets de la IIIe République et qui ont accepté de se mettre au service de la Révolution nationale[15]. En août 1941, il reçoit les pouvoirs de préfet de la région de Champagne. Ces promotions rapprochées, dans le même département, par des gouvernements successifs, d'abord sous la IIIe République, puis sous Vichy, d'un poste de sous-préfet à celui de préfet régional, révèlent une étonnante continuité, renforcée par le fait que deux de ses collaborateurs les plus immédiats dans la Marne, Jean Leguay et Richard Pouzet, ont eux aussi bénéficié de promotions sur place et se sont succédé dans les fonctions de sous-préfet de Vitry-le-François, puis comme secrétaire général de la Marne, des postes occupés avant eux par Bousquet lui-même.

En 1949, lors de son procès, René Bousquet a expliqué devant la Haute Cour de justice qu'en 1940 il s'était posé la question de savoir s'il devait ou non continuer, et que finalement son tempérament l'avait poussé à assumer des risques là où les dirigeants de la IIIe République l'avaient placé et maintenu. Il a exposé longuement comment, dès la fin du mois de juin 1940, il était revenu dans la Marne pour y rétablir la souveraineté française face à l'occupant, réorganiser les services administratifs, permettre à la population de rentrer au plus vite, rester auprès d'elle, la défendre, assurer le ravitaillement[16]. Devant les jurés il s'est efforcé de donner de lui l'image d'un haut fonctionnaire qui n'aurait pas vécu comme une rupture par rapport à la IIIe République ni comme une adhésion à la Révolution nationale sa nomination par Vichy à la tête du département de la Marne en remplacement du préfet Jozon, admis à faire valoir ses droits à la retraite.

Avec Jean Leguay, qui allait bientôt être son délégué en zone occupée[17], il a entrepris la reconstruction administrative et économique de la Marne. Fidèle, prétend-il, à l'idéal républicain symbolisé par le buste de Marianne[18] qu'il déclare avoir conservé dans son bureau de la préfecture — ainsi qu'à ses amitiés radicales et maçonniques, René Bousquet a maintenu ou rétabli à leur poste les élus de son département. C'est ainsi que le maire de Vitry-le-François, Prud'homme, radical-socialiste « Front populaire », démissionné d'office après la publication au *Journal officiel* d'une liste de dignitaires francs-maçons où figurait son nom, a été réintégré à la suite d'une démarche engagée par Bousquet auprès du ministère de l'Intérieur[19]. Paul Marchandeau, député et maire franc-maçon de Reims, président du conseil général de la Marne et ancien ministre radical, initiateur du décret-loi d'avril 1939 interdisant toute manifestation et toute parole incitant à la haine raciale, qui avait été révoqué et chassé de sa ville par les Allemands en juillet 1940, a été réinstallé à la tête de sa mairie et nommé rapporteur de la commission administrative de la Marne[20].

C'est avec Gaston Poittevin, ancien député radical-socialiste, beau-père du député socialiste d'Épernay Henri Martin, président du Syndicat général des vignerons de la Champagne délimitée et vénérable de la loge maçonnique de Châlons-sur-Marne[21], que Bousquet a réorganisé la production et le négoce du champagne, une mesure réclamée depuis longtemps par la profession[22]. Le 6 décembre 1941, *Je suis partout* titrait : « Les F∴ M∴ ont gagné la bataille de la Marne » et soulignait que Vichy n'était pas très « regardant » puisque « M. Bousquet a conservé son proconsulat ». Cette réorganisation, menée avec le soutien des représentants du négoce, des propriétaires-récoltants et des salariés, aboutit à la création en 1942 du Comité interprofessionnel des vins de Champagne. Ainsi, le CIVC, qui aujourd'hui encore joue un très grand rôle en Champagne, est né de la rencontre entre la situation créée par l'importance des prélèvements allemands, le souci des professionnels de répondre à cette demande, la volonté de Vichy de mettre en œuvre sa politique corporative et dirigiste, et aussi de la bonne connaissance de ce dossier acquise par Bousquet lors de son passage au ministère de l'Agriculture.

De la même façon, c'est en s'appuyant sur les élus d'avant guerre, les responsables des fédérations agricoles et les syndicalistes nommés par lui contrôleurs départementaux, chefs cantonaux ou délégués communaux, que Bousquet a administré son département, assuré le ravitaillement de façon à peu près satisfaisante. Il a joué un rôle important dans la réunion des organisations professionnelles agricoles au sein de l'Union régionale corporative animée par des agriculteurs venus de la Jeunesse agricole chrétienne, dont l'influence s'est prolongée bien au-delà de l'effondrement du régime de Vichy en 1944. En même temps, il a pris ses distances à l'égard des partis collaborationnistes qui dénonçaient ses liens avec les notables de la IIIe République et les francs-maçons, refusant de cautionner leur activité par sa présence aux conférences et aux manifestations organisées par eux dans la Marne, à l'exception toutefois de la conférence donnée en mars 1942 à Reims par Georges Claude sous l'égide du groupe Collaboration, à laquelle Bousquet a assisté aux côtés de son ami Marchandeau[23].

Mais Bousquet n'en était pas moins le représentant du régime de Vichy, qu'il avait accepté de servir et dont il devait suivre les directives concernant la répression des « menées antinationales ». Quant à la collaboration avec l'Allemagne nazie, dans son rapport mensuel d'octobre 1940 adressé au délégué en zone occupée du gouvernement de Vichy, il l'évoquait en se réfugiant habilement derrière l'opinion publique de son département : « Rien, dans l'opinion publique dont je m'efforce de saisir les réactions et de connaître les aspirations, ne s'oppose à la réalisation d'une politique de collaboration franco-allemande telle que l'a définie le maréchal Pétain. Je suis même persuadé que la sagesse de l'esprit public saurait concilier les devoirs de cette politique nouvelle avec les charges qui résultent pour elle de la défaite que nous avons subie, mais à la condition toutefois que les accords à intervenir reflètent dans les faits une bonne volonté égale et une mutuelle compréhension[24]. »

En ce qui concerne plus particulièrement la répression anticommuniste, qui avait commencé avant l'avènement de Vichy, au lendemain du pacte germano-soviétique, elle fut laissée, jusqu'à l'été 1941, à l'initiative de la police française. Cette police régionale, étatisée au début de 1942 et réorganisée à Reims par le commissaire Chauvet, un franc-maçon qu'il fit plus tard venir à Vichy pour prendre la direction du service de protection de Laval, Bousquet en avait défini la mission en ces termes : « Assurer l'ordre, protéger les faibles et défendre la justice [...], aller au secours de tous ceux qui ont besoin d'aide [...], être compréhensive et humaine[25]. » Le moins que l'on puisse dire, c'est que les propos tenus publiquement par Bousquet à cette occasion ne correspondent pas à ceux qu'il tenait dès 1940 dans les instructions concernant la répression anticommuniste adressées à la police française, et que, au surplus, ce beau discours ne pouvait guère être suivi d'effet dans la pratique, dès lors que les Allemands avaient décidé de dessaisir l'administration française.

Dès le retour de l'exode et sa nomination au poste de préfet de la Marne en septembre 1940, Bousquet a accordé la plus grande importance à la « surveillance de l'ex-Parti communiste », faisant établir « des listes par commune des communistes notoires », et effectuer des « enquêtes dans les entreprises[26] ». Le 9 décembre, il a décidé de « faire identifier tous les militants, afin d'en permettre une surveillance plus précise et plus active », de « faire établir, pour chacun d'eux, un dossier comprenant une fiche anthropométrique avec photographie et empreintes digitales[27] ». Le 18 décembre, il a signé un arrêté stipulant que « la découverte de tracts extrémistes sur le territoire d'une commune entraînerait l'internement administratif immédiat de tous les militants communistes notoirement connus[28] ». Régulièrement, dans les instructions adressées aux responsables de la police dans la Marne, Bousquet leur demandait « de redoubler de vigilance dans le dépistage et la répression des menées communistes[29] ». Au cours de l'année 1941, perquisitions, fouilles, filatures, révocations, déplacements, arrestations et condamnations à des peines d'emprisonnement se multiplièrent. En novembre 1941, les autorités allemandes se firent livrer quatre communistes rémois arrêtés par la police française à la suite d'une enquête demandée par Bousquet[30] au sujet d'une distribution de tracts communistes dans les maisons de champagne de Reims, et finalement condamnés lourdement par le tribunal militaire allemand de Châlons-sur-Marne[31]. Marcel Chatton, âgé de vingt-deux ans, a été fusillé en décembre 1941. Georges Dardenne et Édouard Quentin, condamnés aux travaux forcés à perpétuité, ont été fusillés comme otages à la suite d'un attentat commis contre un officier allemand à Dijon en janvier 1942. André Crépin, père de sept enfants, a été acquitté, remis aux autorités françaises, interné, puis déporté en 1942 à Auschwitz, d'où il n'est pas rentré. Il est toutefois à noter qu'en janvier 1942 Bousquet assista à l'inhumation de Dardenne et de Quentin, et déposa une gerbe de fleurs sur leurs tombes, ce qui suscita le vif mécontentement des autorités d'occupation[32].

Collaborer avec la police allemande en essayant de préserver l'autonomie de la police française et de protéger la population, c'était obligatoirement prendre le risque de sacrifier les uns pour tenter de sauver les autres. Appelé par Laval à Vichy au poste de secrétaire général à la Police, le 18 avril 1942, Bousquet a été confronté, directement et au niveau le plus élevé, à ce dilemme. En 1987, lors de notre entretien, il m'a déclaré avoir été impressionné par l'activisme et les menaces de Doriot — lequel, de passage à Reims le 9 avril, avait annoncé à ses militants qu'il allait être nommé ministre de l'Intérieur et liquider les ténors du Front populaire —, il s'était laissé convaincre par Laval : celui-ci lui aurait expliqué qu'il avait besoin de lui pour contrer la Révolution nationale *(sic)*. Mais lorsqu'on sait le rôle de premier plan que Bousquet a joué, en tant que chef de la police de Vichy, dans la mise en œuvre de la déportation massive des Juifs de France, il semble peu crédible que ce soit la raison essentielle de sa nomination à ce poste, et, quelles qu'aient pu être alors ses réticences formulées en présence de Richard Pouzet[33], secrétaire général de la Marne, il a finalement accepté de rejoindre Laval à Vichy.

À plusieurs reprises, au cours de notre entretien de 1987, Bousquet est revenu sur Laval et sur sa nomination au poste de secrétaire général à la Police, essayant de se justifier en ces termes : « Laval était resté de sensibilité de gauche, socialisante. [...] J'ai vu souffrir Laval. [...] C'était un homme du peuple qui parlait aux Français comme il aurait dû parler aux Allemands, et qui parlait aux Allemands comme il aurait dû parler aux Français. [...] Je suis allé à Vichy pour empêcher les Allemands d'arriver vite à la solution Darnand. [...] J'ai eu tort, et pourtant, à Vichy, je savais ce que j'empêchais. [...] Ceux qui m'entouraient dans la Marne ont fini par être inquiétés. Si j'étais resté, j'aurais fait avec eux, j'aurais fini dans la Résistance. »

C'est donc bien à ce moment-là que bascule le destin de René Bousquet. En acceptant de rejoindre Laval et Cathala à Vichy, sans doute par fidélité à des liens noués avec eux avant-guerre, et aussi par ambition personnelle, il a cru, s'agissant de la déportation des Juifs, de la mission Desloges ou de la destruction du quartier du Vieux-Port de Marseille, pouvoir continuer de sauver ce qui pouvait l'être, comme il avait le sentiment de l'avoir fait avec succès dans la Marne. Mais les enjeux et les interlocuteurs n'étaient plus les mêmes et ne se situaient plus à la même échelle, puisque Bousquet allait devoir désormais négocier directement avec Oberg, chef des SS et de la police allemande en France, et rencontrer successivement à Paris, en mai 1942, Heydrich, chef de l'Office central de la sûreté du Reich (RSHA), puis le *Reichsführer SS* Himmler lui-même en avril 1943. Pris dans un engrenage qui l'amena à toujours céder un peu plus aux Allemands et à accepter l'inacceptable, Bousquet échoua.

Les Allemands s'étaient d'abord bien entendu avec lui, au moins jusqu'au printemps 1943, époque où Schleier, le second d'Abetz, rendait compte de l'entrevue de Bousquet avec Himmler en ces termes : « Le *Reichsführer SS* a été impressionné par la personnalité de Bousquet. Il partage désormais manifestement la conception représentée jusqu'ici par Oberg, à savoir que Bousquet est un collaborateur précieux dans le cadre de la collaboration policière, et qu'il serait un adversaire dangereux s'il était poussé dans un autre camp[34]. » Le consul général Krug von Nidda notait quant à lui : « Bousquet s'est déclaré très satisfait de la compréhension qu'a témoignée à l'égard de la France le *Reichsführer SS,* compréhension qui dépasse encore celle manifestée par Heydrich. Himmler s'est exprimé d'une façon positive sur l'activité de Bousquet et lui a demandé de continuer comme il l'avait fait jusque-là[35]. » Mais, à partir de la fin du mois de mai 1943, les Allemands ont commencé à s'interroger sur l'opportunité de remplacer Bousquet, tout en constatant qu'ils ne pouvaient pas l'éliminer immédiatement, parce qu'il aurait fallu plusieurs mois pour que son successeur devienne aussi précieux que Bousquet l'était alors pour eux avec toute son expérience[36].

En décembre 1943, ils exigèrent finalement que Bousquet fût limogé, lui reprochant, entre autres griefs, d'avoir laissé se développer le maquis. En fait, il fut placé en position de disponibilité. En juin 1944, au moment du débarquement allié de Normandie, il fut arrêté par la Gestapo et transféré en Allemagne dans des conditions honorables, puisque le voyage se fit dans une voiture mise à sa disposition par Oberg et conduite par un des chauffeurs particuliers de celui-ci[37], qu'il fut interné dans une villa où avait été enfermé avant lui Ciano, le gendre de Mussolini, que sa femme et son fils furent autorisés à le rejoindre et que, selon Serge Klarsfeld, son frère, travailleur en Allemagne, fut muté dans une ferme voisine[38].

Révoqué en décembre 1944 par le gouvernement provisoire, Bousquet fut, dès son retour d'Allemagne en 1945, interné à Fresnes et traduit devant la Haute Cour de justice, puis remis en liberté provisoire en juillet 1948, peu de temps après que les parlementaires communistes eurent cessé d'y siéger comme jurés[39]. Le 23 juin 1949, la Haute Cour l'acquitta du chef d'atteinte aux intérêts de la défense nationale, le déclara passible de l'indignité nationale pour avoir accepté et assumé le poste de secrétaire général à la Police dans le second gouvernement Laval, le condamna à cinq ans de dégradation nationale. « Mais, considérant qu'il résulte de l'information et des débats la preuve qu'en de nombreuses circonstances Bousquet a, par ses actes, participé de façon active et soutenue à la résistance contre l'occupant », la Haute Cour le releva immédiatement de cette peine[40].

Certes, les causes de ce verdict de clémence sont multiples et complexes, et on ne manquera pas de les analyser de plus près lors d'un éventuel second procès, mais il ne fait pas de doute que les antécédents de Bousquet, son itinéraire, son action comme préfet dans la Marne, appuyée sur de nombreux témoignages le plus souvent élogieux, venant de tous les milieux y compris de la Résistance[41], ont occulté les problèmes de fond, détourné l'attention des jurés et pesé fortement sur leur décision. Écarté de la haute fonction publique, l'ancien préfet allait poursuivre une brillante carrière dans la banque et dans la presse, et même tenter, mais sans succès, de se lancer dans la politique en 1958, date où il fut candidat de « conciliation républicaine » dans la troisième circonscription de la Marne.

Il ne s'agit pas, pour conclure, de faire de René Bousquet, âgé en 1991 de quatre-vingt-deux ans, un bouc émissaire du régime de Vichy, ni un personnage maudit de la collaboration. En revanche, il importe d'essayer de dégager les traits essentiels de sa personnalité, une personnalité forte, riche, exceptionnelle, mais aussi ambiguë et à double face.

Il y a d'un côté l'image soigneusement, constamment, habilement entretenue et amplifiée par l'intéressé lui-même, du haut fonctionnaire jeune, moderne, intelligent, dynamique, bon gestionnaire et technicien compétent ; de l'homme de terrain pragmatique et efficace, déterminé, fonceur, courageux à l'occasion, capable de faire face à toutes les situations, réussissant dans tous les postes qui lui sont confiés, même les plus difficiles, aimant prendre des risques et relever tous les défis ; du républicain homme de gauche, fidèle à ses amitiés radicales et maçonniques, ami des notables, œuvrant en toute occasion en faveur de l'unité nationale la plus large ; de l'homme de la continuité ayant un sens aigu du service de l'État, qui a servi la IIIe République, puis, après la défaite, le régime de Vichy, mais sans adhérer vraiment à la Révolution nationale ; du grand préfet de la Marne apprécié par ses collaborateurs et ses administrés ; du patriote enfin qui a su se montrer courtois mais aussi ferme et digne face aux autorités allemandes d'occupation.

Cette image, que René Bousquet entend donner de lui et qu'il a défendue avec passion et conviction lors de nos deux entretiens, fait singulièrement l'impasse — et on comprend aisément pourquoi — sur les responsabilités personnelles qu'il a assumées au poste de secrétaire général à la Police, en particulier dans la déportation des

75 000 Juifs de France vers les camps d'extermination nazis. D'autre part, elle cherche à gommer tout ce qui, dans son parcours antérieur, pourrait faire apparaître sa participation, dès les années 1930, à la mouvance, au cercle, au réseau lavalien, et éclairer ainsi sous un certain jour son engagement en avril 1942 aux côtés de Laval, à qui, en fait, il est resté, non sans un certain courage, fidèle jusqu'au bout [42].

L'autre face de la personnalité de René Bousquet est celle de l'habile technocrate et du politique avisé qui, bien parrainé, a poussé et s'est développé sur le terreau radical du Sud-Ouest, puis de la Marne, sachant faire carrière, louvoyer au centre sans trop se marquer ni à gauche ni à droite, rejetant les extrêmes, capable de s'adapter pour durer, sûr de lui, un peu mégalomane dans sa quête du pouvoir, que quelques résistants marnais — peu nombreux, il est vrai — avaient perçu lors de son passage dans leur département comme « un ambitieux et un arriviste [43] », qui « avait peuplé tous les postes importants de créatures à lui, en vue évidemment d'un rôle politique ultérieur [44] », qui, « avant guerre, avait joué alternativement la carte Laval et la carte Sarraut », qui « avait, dès le début et de plus en plus, joué délibérément la carte Pétain et Laval », et à qui, « à la Direction de la police, il serait certainement plus difficile qu'à la préfecture régionale de nager sans risquer de s'enfoncer davantage dans la collaboration [45] ».

Aujourd'hui, la plupart des Marnais qui avaient témoigné en sa faveur en 1945 sont décédés, et René Bousquet se retrouve bien seul pour tenter à nouveau de se justifier devant la justice et devant l'Histoire...

Jean-Pierre Husson

NOTES

1. À la suite d'une plainte déposée, en septembre 1989, par l'Association des fils et filles des déportés juifs de France, la FNDIRP, la Ligue des droits de l'homme, et au terme d'une longue procédure judiciaire, René Bousquet a été inculpé, en mars 1991, de crimes contre l'humanité. Ainsi se trouvent relancés devant l'opinion publique et dans les médias, autour de ce qu'on peut appeler l' « affaire Papon-Leguay-Bousquet », d'une part le débat sur les responsabilités du régime de Vichy et des hauts fonctionnaires qui ont accepté de le servir dans l'arrestation des Juifs en France et leur déportation vers les camps d'extermina-

tion, et, d'autre part, l'intérêt porté par les historiens à la personnalité de René Bousquet.

2. Témoignages écrits de René Bousquet :

— note datée du 11 juin 1945, « Mon action du mois de juin 1940 au mois d'avril 1942 », Haute Cour de justice, Arch. nat. 3 W 88/325bis.

— notes destinées à Pierre Laval (rédigées en 1945 à la prison de Fresnes), et déclaration écrite sous la foi du serment (datée du 14 octobre 1952), publiées respectivement sous les rubriques « Témoignages sur Pierre Laval » et « Police », dans *La Vie de la France sous l'Occupation (1940-1944),* Institut Hoover, Stanford University-California, Paris, Plon, 1957, 3 vol., 1783 p.

— déclarations devant la Haute Cour de justice, lors du procès de 1949, Haute Cour de justice, Arch. nat. 334 AP 47.

3. En mai 1987, j'ai pu m'entretenir avec René Bousquet, qui m'a reçu, à ma demande, dans son appartement parisien. Je préparais alors une communication sur le rôle qu'il a joué en tant que préfet de la région de Champagne en 1941-1942, communication présentée au colloque de Reims sur *La Champagne et ses administrations à travers le temps.* En 1990, j'ai sollicité à nouveau un entretien auprès de René Bousquet en l'informant que j'allais présenter à son sujet une communication au colloque sur *Le régime de Vichy et les Français.* Il a refusé de me recevoir une seconde fois, mais j'ai pu avoir avec lui en avril 1990 une longue conversation téléphonique. En ces deux occasions, l'entretien a surtout porté sur son passage dans la Marne, et René Bousquet a refusé catégoriquement d'aborder avec moi son action comme secrétaire général à la Police dans le second gouvernement Laval.

4. Principales sources écrites utilisées pour retracer l'itinéraire de René Bousquet :

— Arch. dép. de la Marne, 1 M 56, dossier de René Bousquet.

— Arch. dép. de la Marne, série M, cabinet du préfet de la Marne.

— Arch. nat., F1 b1 1047, ministère de l'Intérieur, dossier de René Bousquet.

— Arch. nat., 3 W 89/713, Archives du ministère de l'Information : nomenclature d'articles de presse, consacrée au rôle de René Bousquet.

— Arch. nat., 334 AP 47, Haute Cour de justice, Ministère public contre René Bousquet, audiences des 21-22-23 juin 1949, et plus particulièrement le *curriculum vitae* de René Bousquet exposé par le président Louis Noguères au cours de l'audience du 21 juin 1949.

5. J. Siwek-Pouydesseau, *Le Corps préfectoral sous la IIIe République,* Paris, A. Colin, 1969 ; E. G. Aitamer, *Les Préfets de Vichy (Étude sociologique),* Annales de la faculté de droit de Sceaux, 1974.

6. Selon René Bousquet, son père était d'origine aveyronnaise, rurale et modeste. En 1944, il aurait été arrêté en même temps que Max Bonnafous, Albert Sarraut et Mgr Théas.

7. C. Marx, *Biographie d'un groupe politique : l'entourage de Pierre Laval de 1923 à 1940,* mémoire de maîtrise, université de Paris X-Nanterre, octobre 1978 : « A. François-Poncet et P. Cathala respectivement à la présidence du Conseil et à l'Intérieur sont hiérarchiquement les premiers collaborateurs du président Laval. Il est à signaler dans le cabinet particulier de Cathala la présence d'un jeune chef adjoint qui deviendra par la suite un homme de Laval, René Bousquet, un parent du radical-socialiste Maurice Sarraut et ancien collaborateur de *La Dépêche du Midi* », pp. 102-103.

8. Selon René Bousquet, c'est lui qui aurait été dès cette époque l'initiateur de ce qui est devenu sous le Front populaire l'Office du blé, dont la présidence fut alors confiée à Henri Patizel, sénateur radical-socialiste de la Marne.

9. C. Marx, *op. cit.,* pp. 105, 130, 146.

10. Ancien sous-secrétaire d'État à la Guerre dans le quatrième cabinet Ribot

en juin 1914, et aux Travaux publics dans le troisième cabinet Herriot en 1932, Camille Margaine est le seul député de la Marne à avoir voté contre les pleins pouvoirs à Pétain en juillet 1940. En septembre 1944, il a été élu par cooptation membre du Comité de libération de la Marne.

11. Arch. nat., F1 b1 1047, lettre manuscrite adressée le 3 septembre 1939 par le député de la Marne, Margaine, au ministre de l'Intérieur.

12. Cette note est rédigée en ces termes : « Bousquet René secrétaire général de la Marne. Voir note ministère de la Défense nationale au sujet d'une citation à l'ordre de l'Armée demandée pour ce fonctionnaire. Dossier classé à M. Jozon Préfet. »

13. Arch. nat., F1 b1 1047, Lettre du ministre de l'Intérieur au ministre des Finances du 10 juillet 1940.

14. Arch. nat. F1 b1 1047, dossier de René Bousquet.

15. Pierre Henry, *Histoire des préfets, 150 ans d'administration provinciale (1800-1950),* Paris, Nouvelles Éditions latines, 1950.

16. Arch. nat., 334 AP 47, Haute Cour de justice, ministère public contre René Bousquet, « René Bousquet dans la Marne », audience du 21 juin 1949.

17. Après avoir succédé à René Bousquet à la sous-préfecture de Vitry-le-François en juillet 1939, puis comme secrétaire général de la Marne en octobre 1940, Jean Leguay a été nommé, en décembre 1941, sous-préfet de première classe à la Délégation permanente du gouvernement de Vichy à Paris pour les territoires occupés, dont la direction avait été confiée à Ingrand. Devenu secrétaire général à la Police en avril 1942, Bousquet en a fait son délégué en zone occupée. Jusqu'au renvoi de Bousquet en décembre 1943, époque où il fut nommé préfet de l'Orne, Leguay a servi d'intermédiaire entre Bousquet et les autorités allemandes d'occupation, et il a assuré la liaison avec les préfets de la zone occupée. Suspendu à la Libération, puis révoqué en 1945, Leguay a été réintégré dans le corps préfectoral en 1955. En 1979, il a été inculpé pour crimes contre l'humanité. En mai 1985, Bousquet, entendu comme témoin, a déclaré que « les fonctions de Leguay ne comportaient aucun pouvoir de décision et qu'il était seulement chargé de lui rendre compte régulièrement de son activité à Paris, où il était son délégué général », et que « Leguay n'avait pris aucune part active aux réunions pendant lesquelles devaient être précisées les modalités d'interpellation, de détention et de remise aux autorités allemandes des ressortissants juifs que celles-ci réclamaient, et qu'il n'avait à aucun moment participé à l'organisation des transferts vers la zone occupée des personnes arrêtées sur les instructions du gouvernement de Vichy ». Jean Leguay est décédé le 3 juillet 1989. L'ordonnance du juge d'instruction constatant l'extinction de l'action publique précise clairement dans un de ses attendus « que l'information a permis d'établir à l'encontre de Leguay Jean sa participation à des crimes contre l'humanité commis en juillet, août et septembre 1942 ». *Cf.* le réquisitoire définitif aux fins de constatation de l'extinction de l'action publique du procureur de la République près le Tribunal de grande instance de Paris, daté du 26 juillet 1989, et l'ordonnance déclarant l'action publique éteinte, datée du 11 septembre 1989.

18. Arch. nat., 3 W 88/306, Haute Cour de justice, déposition de Richard Pouzet. Entendu comme témoin sur commission rogatoire le 7 août 1945, Pouzet, qui avait succédé à Leguay comme sous-préfet de Vitry-le-François en 1940, puis comme secrétaire général de la Marne en 1941, a déclaré qu'à sa demande Bousquet avait donné des instructions pour le maintien du buste de la République dans les mairies et les écoles de la Marne. Haut-fonctionnaire franc-maçon menacé par Pucheu et Platon, mais protégé par Bousquet, Richard Pouzet fut finalement, après la mise à l'écart de Bousquet fin 1943, révoqué par Vichy, arrêté par les Allemands et déporté à Buchenwald. Médaillé de la

Résistance et préfet de la IVe République, il est cité dans la communication de Sonia Mazey et Vincent Wright sur « Les préfets de Vichy ».

19. *Ibid.*

20. Arch. nat., Z6 NL 16 226, Cour de justice de la Seine, instruction contre Paul Marchandeau. Poursuivi en tant que directeur de *L'Éclaireur de l'Est,* journal régional qui a continué de paraître durant toute l'Occupation sous le contrôle de la censure allemande et dont il a touché jusqu'à la Libération traitements, bénéfices, jetons de présence, tantièmes et dividendes d'actions, Paul Marchandeau a bénéficié en octobre 1947 d'un non-lieu.

21. Poittevin, menacé par Platon et protégé par Bousquet qui alla jusqu'à faire interner administrativement le délégué marnais des sociétés secrètes en janvier 1943, a été arrêté fin 1943 et déporté en janvier 1944 à Buchenwald, d'où il n'est pas revenu.

22. Jean-Pierre Husson, « Un préfet de la région de Champagne à l'époque de Vichy : René Bousquet (1941-1942) », *La Champagne et ses administrations à travers le temps,* Lyon, La Manufacture, 1990, pp. 413-427 (Colloque de Reims, 1987).

23. *Cf. L'Éclaireur de l'Est* du 16 mars 1942, sous le titre « M. Georges Claude, l'éminent savant, confirme la nécessité d'une collaboration entre la France et l'Allemagne ».

24. Arch. nat., F1 CIII/1166, rapport mensuel d'octobre 1940 adressé par Bousquet, préfet de la Marne, au délégué général du gouvernement français en zone occupée.

25. *L'Éclaireur de l'Est* du 11 mars 1942.

26. Jean-Pierre Husson, « Le Parti communiste dans la Marne », colloque sur *Le PCF de 1938 à 1941,* Paris, 1983 ; un résumé de cette communication a été publié dans *Les Communistes français de Munich à Châteaubriant (1938-1941),* Paris, Presses de la FNSP, 1987, pp. 344-348.

27. Arch. dép. de la Marne, MM 3088, lettre du préfet de la Marne, René Bousquet, datée du 9 décembre 1940, au commissaire spécial de Châlons-sur-Marne.

28. Arch. dép. de la Marne, MM 2080 et Recueil des actes administratifs, Marne, n° 255, décembre 1940.

29. Arch. dép. de la Marne, série M, Cabinet du préfet, 1940-1941.

30. Arch. dép. de la Marne, MM 2081, Commissariat spécial de Reims.

31. Arch. dép. de la Marne, Cour de justice de la Marne, 7 U 56 n° 209, dossier d'André D., dénonciateur de Quentin et de Dardenne. MM 3091, lettre du commissaire spécial de Reims au préfet de la Marne René Bousquet, 18 décembre 1940.

32. Déposition de Richard Pouzet, *op. cit.*

33. *Ibid.*

34. Arch. nat., W III 89, cité par Serge Klarsfeld, dans *Vichy-Auschwitz 1943-1944,* Paris, Fayard, 1985, p. 54.

35. *Ibid.,* p. 55, note diplomatique allemande datée du 6 avril 1943.

36. *Ibid.,* pp. 67 et 68, télégramme de Schleier.

37. *Cf.* Les procès-verbaux de l'interrogatoire d'Oberg devant le Tribunal militaire permanent de Paris, cités par Serge Klarsfeld dans *Vichy-Auschwitz 1942,* Paris, Fayard, 1983, p. 539, et par Éric Conan dans *L'Express,* 2047, 3 octobre 1990.

38. Serge Klarsfeld, *Vichy-Auschwitz 1942,* Paris, Fayard, 1983, p. 539.

39. Louis Noguères, *La Haute Cour de la Libération (1944-1949),* Paris, Les Éditions de Minuit, 1965. Le président de la Haute Cour ne fait aucune allusion précise au procès ni au jugement concernant René Bousquet, si ce n'est par le biais d'un tableau récapitulatif comportant d'ailleurs une erreur de date. En revanche,

il évoque longuement les problèmes suscités par la démission collective des jurés communistes intervenue en mai 1948, le groupe communiste refusant, selon son président Jacques Duclos, « de s'associer à une œuvre caractérisée par la mise en liberté des collaborateurs », et voulant ainsi protester contre « l'ostracisme et la partialité » manifestés à l'encontre du Parti communiste par l'Assemblée nationale, qui avait préféré élire à la vice-présidence de la Haute Cour Edgar Faure plutôt que le candidat communiste, Kriegel-Valrimont.

40. Arch. nat., 334 AP 47, arrêt de la Haute Cour de justice du 23 juin 1949.

41. Arch. nat., 3 W 88, Haute Cour de justice. Parmi les cinquante-huit témoignages de Marnais entendus sur commission rogatoire en 1945, dans le cadre de l'instruction de son procès, quatre ou cinq seulement sont nettement défavorables à Bousquet, en particulier celui de Michel Sicre, maire communiste de Reims, président du Front national de lutte pour la libération de la France et du Comité de libération de la Marne, affirmant que « la population le présentait comme un collaborateur actif du gouvernement de Vichy », et celui de Pierre Decley, ancien membre du Parti social français avant guerre, président de la commission du NAP au sein du CDL de la Marne au titre du Front national, qui a déclaré : « J'ai eu en main divers documents qui me permettent de dire que M. Bousquet a eu une attitude franchement collaboratrice, pendant le temps où il a exercé des fonctions administratives dans la Marne. »

42. R. de Chambrun, *Mes combats pour Pierre Laval,* Paris, Perrin, 1990. Selon le témoignage du gendre de Laval, René Bousquet, interné à Fresnes en 1945, y a rédigé des notes destinées à assurer la défense de Pierre Laval. Après la condamnation à mort de ce dernier, il aurait même passé une partie de sa dernière nuit à ses côtés. En tout cas, après la mort de Laval, il faisait partie des quelques fidèles qui assistaient à la messe célébrée tous les 15 octobre à sa mémoire.

43. Arch. nat., 3 W 88/253, déposition de Pierre Clément, chef adjoint du groupe « Bleu et Jonquille » de Châlons-sur-Marne.

44. Arch. dép. de la Marne, 8 U 453. Lorsqu'il exerçait dans la Marne, Bousquet avait acheté à un notaire parisien une belle propriété dans le petit village d'Heiltz-le-Hutier. Cette acquisition avait accrédité l'idée qu'il essayerait un jour de se faire élire dans la circonscription de Châlons-sur-Marne-Vitry-le-François. En 1945, cette propriété a été mise sous séquestre, puis revendue par Bousquet en 1950, après son acquittement par la Haute Cour de justice.

45. Arch. nat., 3 W 88/249, déposition de Jules Heller, inspecteur d'académie, maire provisoire de Châlons-sur-Marne en juin 1940, blâmé et déplacé d'office par Carcopino en 1941, préfet provisoire de la Marne à la Libération.

3.

La police

L'article 3 de la convention d'armistice conférait au Reich « tous les droits de la puissance occupante dans les territoires occupés » et obligeait l'administration française à assurer l'application des ordonnances allemandes. Dès le début, les autorités d'occupation exercèrent sur le gouvernement des pressions considérables. Les premières mesures édictées dès l'été 1940 à Vichy leur facilitèrent la tâche.

Poussé au pouvoir par la défaite, le groupe rassemblé autour du Maréchal en profita pour assouvir de vieilles vengeances politiques, supprimer la République et éliminer ceux qui la soutenaient. Pour assurer la survie du pays, tout en appliquant cette politique, l'administration préfectorale et la police se trouvèrent particulièrement exposées. De juillet à décembre 1940, on révoqua trois cent trente-cinq fonctionnaires du ministère de l'Intérieur, dont quarante-neuf préfets et cinquante-huit sous-préfets ou secrétaires généraux. Les partis furent dissous ainsi que les syndicats, les fonctionnaires « marqués » à gauche soumis à une surveillance constante. Les Juifs et les francs-maçons furent écartés, les autres, en majorité républicains, étaient inquiets et désemparés. Théoriquement applicables dans toute la France, les lois de Vichy ne l'étaient en zone occupée qu'après accord des autorités d'occupation. Dès l'automne 1940, le gouvernement prépara une vaste réforme de la police. Entre le 19 avril et le 17 juillet 1941, onze lois et décrets modifièrent profondément l'organisation préfectorale et la police : création des préfets régionaux (23 avril) ; étatisation de tous les services de police sous l'autorité du ministre de l'Intérieur ; désignation dans chaque région d'un préfet chargé des questions de police, assisté d'un intendant de police ; division des services en quatre Directions : 1. une Direction administrative ; 2. une Direction de la police judiciaire ; 3. une Direction des renseignements généraux englobant des sections de surveillance du territoire, la Police économique et les commissariats spéciaux (gares, ports, frontières) ; 4. une Direction de la sécurité publique groupant les commissariats des villes, les sûretés locales, le corps des gardiens de la paix et celui des GMR (Groupes mobiles de réserve), créé par un décret du 7 juillet. Le recrutement de tous ces fonctionnaires aura lieu par concours, l'avancement se fera uniquement au choix, une école nationale de police est créée ; un décret fixe les compétences de chaque service. Pour la première fois, la police française a un statut clair et cohérent. La plupart de ces créations ont subsisté jusqu'à nous.

La mise en place fut lente, les effectifs fixés jamais atteints ; les services de police et les GMR devinrent un refuge pour les officiers et sous-officiers en congé d'armistice, puis pour les jeunes soumis au STO. Mais une circulaire du 4 mars 1943 interdit leur recrutement et rendit responsables personnellement les intendants de police de l'incorporation illégale de ces classes d'âge. En zone occupée la mise en place et l'emploi de ces corps furent gravement perturbés par les occupants. Les GMR, suspectés d'être une reconstitution camouflée d'unités militaires, ne furent pas autorisés.

Les militaires de l'armée allemande, investis de tous les pouvoirs, subissaient la concurrence d'abord insidieuse, puis ouverte, de la Gestapo et du SD *(Sicherheitsdienst)*, implantés malgré leur opposition. Ces derniers s'étaient emparés de l'application des ordonnances antijuives et avaient obtenu à Paris le détachement d'un petit groupe de policiers français. Ils avaient créé un service antimaçonnique qui employait des Français. Les lois antimaçonniques et antijuives de Vichy n'avaient reçu que des applications administratives en zone libre, à l'exception de l'internement ou du maintien dans les camps de certaines catégories d'étrangers qualifiés « dangereux » selon des critères parfaitement subjectifs. Le 19 octobre 1941, Pucheu, ministre de l'Intérieur, créa trois services de police spécialisés, composés en majorité de militants de partis collaborationnistes et de membres du Centre d'information et d'études (CIE) créé en septembre 1940 et dissous à la demande expresse des Allemands le 20 décembre 1940, après l'arrestation de Laval. La plupart étaient d'anciens cagoulards, que l'on devait retrouver dans ces trois services : la Police aux questions juives (PQJ), dissoute en juillet 1942, se transformera en Section d'enquête et de contrôle (SEC) ; le Service de police anticommuniste (SPAC), qui devient en juin 1942 le Service de répression des menées antinationales (SRMAN) ; et le Service des sociétés secrètes (SSS), qui connut des formes et des fortunes diverses.

Ce qui distingue toutes ces créations, c'est leur caractère partisan ; ces services comptent plus de militants d'extrême droite que de policiers professionnels. Ils opèrent dans les deux zones et sont soumis à la forte pression de la Gestapo et du SD. Celui-ci a mis la main sur les locaux et sur les archives maçonniques dès l'été 1940, et s'oppose d'abord à la création du SSS, puis ne l'autorise qu'en échange d'une inspection par ses chefs des loges maçonniques en zone « libre ». Le SD a déjà créé un petit service à Paris où les Français, parmi lesquels des policiers détachés, travaillent sous sa direction, et l'utilise pour opérer des perquisitions où il veut, sous le prétexte que les archives maçonniques ont pu être dissimulées. Officiellement, le SSS, dont le siège est à Vichy, est rattaché au cabinet civil du chef de l'État et placé sous l'autorité de l'amiral Platon. Son service parisien absorbera finalement tout le personnel, à l'exception d'un petit groupe demeuré à Vichy.

La Police aux questions juives est d'abord rattachée au cabinet du ministre de l'Intérieur (comme le commissariat général aux Questions juives [CGQJ]), qui avait, à sa création, été rattaché à la vice-présidence (amiral Darlan). Sa direction est à Vichy mais son centre le plus actif se trouve à Paris, où le cabinet et tous les services centraux sont représentés. En novembre 1943, le gouvernement envisage de transférer la direction à Paris ; il ne le fera pas officiellement, mais à la fin de 1943 il y aura un regroupement de fait à Paris. La PQJ n'a qu'un rôle de recherche de renseignements sur les infractions aux lois et ordonnances antijuives et sur les « activités suspectes » des Juifs, renseignements qu'elle doit communiquer aux services de police. Elle n'a pas de pouvoirs réels, mais débordera tout de suite de son cadre légal et procédera à des arrestations et à des abus qui provoqueront sa dissolution par Bousquet en juillet 1942. Elle survivra sous la protection allemande et renaîtra, avec en partie le même personnel, sous la forme de la SEC, rattachée au cabinet du commissaire général aux QJ (Darquier de Pellepoix), avec des pouvoirs plus étendus dont elle abusera davantage.

Le SPAC, enfin, a lui aussi sa direction à Vichy, rattachée à la Direction générale de la police nationale, et une section dans la zone occupée, à Paris. Chargée au début de la seule répression des activités du Parti communiste clandestin, elle étendra son action à tous les groupes hostiles à Vichy et aux occupants. Pucheu en confiera la direction à un ancien employé de commerce qu'il a connu au PPF (Parti populaire français), Charles Detmar, devenu permanent du PPF et spécialiste de l'anticommunisme. La section de zone non occupée devait avoir un rôle de renseignement préventif, la répression demeurant réservée aux organismes judiciaires ; celle de la zone occupée avait une mission plus large de renseignement et de répression. Dès le mois de février 1942 Detmar vint prendre la tête du service de Paris et lui insuffla un « dynamisme » accru. En juin 1942, le SPAC fut officiellement dissous mais fut aussitôt remplacé par le Service de répression des menées antinationales (SRMAN), rattaché à l'inspection générale des services de police judiciaire, dont le directeur, Buffet, était un ami et collaborateur de Laval, qui l'avait nommé à ce poste dès son retour au pouvoir.

Buffet définit le rôle du SRMAN dans une note de service : rechercher et exploiter les renseignements sur les menées antinationales de toute nature en effectuant toutes les opérations de police nécessaires. Le chef pourra requérir directement tous les commissaires divisionnaires chefs des services régionaux et tous les chefs de police, qui devront lui prêter toute l'assistance en leur pouvoir. Il pourra consulter toutes les archives de police, sera placé sous la seule autorité de l'inspecteur général Buffet et ne rendra compte qu'à celui-ci.

Ce super-service dispose donc de pouvoirs exceptionnels ; il est placé sous la direction de Detmar, qui reçoit le rang d'intendant de police. Le personnel est composite, mais comporte une plus forte proportion de policiers professionnels : deux commissaires de la police nationale, des inspecteurs et des agents de la police régionale d'État de Seine-et-Oise et de la préfecture de police. Le plus gros contingent est constitué d'anciens membres du SPAC, non fonctionnaires et promus « au choix », sans aucun concours, commissaires ou inspecteurs d'un « cadre latéral » créé pour la circonstance. Bien que ce service ait déployé une grande activité (plus de mille procès verbaux), procédé à de nombreuses arrestations, et que certains de ses membres aient usé de brutalités et même de tortures sur les résistants arrêtés, Darnand estima, à son arrivée à la tête du maintien de l'ordre (janvier 1944), qu'il n'était pas assez efficace et le rattacha à la Direction des renseignements généraux (RG), à la tête de laquelle il plaça un milicien. Des dissensions s'ensuivirent ; Detmar démissionna en mars 1944 mais demeura à la tête de son service jusqu'en juin. À la Libération, la plupart des membres du SRMAN partirent pour l'Allemagne.

Deux points sont éclairants dans l'histoire de ce service, mais moins dans le cas du SSR et du PQJ. D'une part, Detmar et ses chefs ont voulu justifier leur création, qui aurait « permis d'éluder des exigences allemandes qui tendaient à la mainmise sur les services de la police française », ou d'en atténuer les effets meurtriers. En fait, Vichy se substituera aux occupants pour exécuter leurs ordres, à la grande satisfaction de ceux-ci. D'autre part, il existe des variantes entre les différents courants composant le gouvernement de Vichy, l'entourage du Maréchal et les organes de direction des administrations. Lors de la création du SPAC comme du SSS — et même de la PQJ —, on trouve dans les personnels des fonctionnaires de toutes tendances : pronazis, vichystes, tenants de la Révolution nationale, partisans du Maréchal persuadés de lutter contre l'extension des pouvoirs allemands, etc. Des rivalités naissent entre ces hommes. Le retour de Laval au pouvoir marque un durcissement : il déclenche des changements d'appellation, de rattachement administratif, de compétences et de structures. Il provoque aussi le départ de certains membres et l'arrivée de nouveaux. Par exemple, au SPAC, le commissaire Pelletier, connu comme ami du docteur Ménétrel, conseiller intime du Maréchal et auquel on prête une solide réputation d'anglophilie, est écarté dès janvier 1942 ; à Paris, Jurquet de La Salle et plusieurs de ses collaborateurs sont éliminés.

Pendant toute cette période, des remaniements ont eu lieu dans les services de police traditionnels. À la préfecture de police de Paris, un important service « juif » a été créé à la Direction des étrangers, qui subit les exigences de la Gestapo et du SD. C'est pour répondre aux exigences du service « juif » du SD que le CGQJ a été créé. Dannecker, qui l'appelle toujours « Office central juif français », en revendiquera la paternité. En application tout à la fois des textes de Vichy, qui ont devancé les exigences des occupants, et des ordonnances allemandes, on crée à la préfecture de police un fichier à entrées multiples (par noms, nationalités, adresses) qui sera bientôt donné en exemple aux services allemands. Ce fichier permettra de planifier toutes les grandes rafles parisiennes, en particulier celles de juillet 1942. Les Allemands utiliseront à plein le paravent français.

Dans la recherche du renseignement politique, les RG joueront leur rôle traditionnel avec des conséquences inhabituelles. Après une période d'ambiguïté consécutive à la signature du pacte germano-soviétique et le flottement de ses membres, le PCF et ses organes annexes entrent à leur tour dans la Résistance après l'attaque allemande à l'est. Les attentats contre les troupes allemandes augmentent. Une Brigade spéciale (BS), créée au début de 1940 à la préfecture de police de Paris pour détecter les infractions au décret de dissolution du PCF par le gouvernement Daladier (26 septembre 1939), mise en sommeil après la défaite, est « réactivée » en août 1941 sous la direction du commissaire David ; elle était composée de fonctionnaires venus de la section chargée de la surveillance du PCF. L'accroissement de la lutte armée amena en 1942 la création d'une BS2 dirigée par le commissaire Hénocque. Ces deux groupes, plusieurs fois renforcés par de nouveaux fonctionnaires, pas tous volontaires, furent amenés à avoir de fréquents contacts avec les services antijuifs français et allemands (certaines de leurs cibles étant des Juifs étrangers), avec les services antirésistants comme le SRMAN, et tout naturellement avec la Gestapo et le SD, auxquels furent remis la plupart des résistants arrêtés par eux — après avoir presque tous été traités de manière indigne. C'est la BS2 qui démantela le célèbre groupe Manouchian de la MOI d'octobre à décembre 1943.

En zone libre, où la pression allemande était moins perceptible, Vichy ordonna, le 10 juin 1942, la création d'une section des affaires politiques (SAP) dans chaque service régional de police judiciaire, cependant qu'un service central identique était mis en place à Vichy, puis dans les services régionaux de zone occupée. Il y eut peu de volontaires pour constituer ces services, et leur activité fut très variable selon la personnalité de leurs chefs et de leurs membres. Dans plusieurs régions, des relations clandestines furent dès le début établies avec la Résistance, alors qu'on la pourchassa durement dans d'autres.

Chaque service régional des RG dut constituer une brigade spéciale chargée de la recherche des résistants. Beaucoup de ces BS furent, dès leur création, infiltrées par des policiers résistants qui s'efforçaient de prévenir les organisations de Résistance des recherches en cours et des opérations projetées. Malgré ce sabotage, certaines de ces BS causèrent de gros dommages ; les chefs de plusieurs d'entre elles furent poursuivis à la Libération et certains fusillés (Limoges, Dijon, etc.).

À Vichy, on lançait des instructions incendiaires. Tout policier soupçonné de faiblesse risquait l'internement dans un camp. Le 9 octobre 1942, le directeur général de la police nationale, Cado, signant pour le secrétaire général Bousquet, diffusa une circulaire adressée à tous les préfets régionaux, leur enjoignant de prendre un arrêté d'internement contre tout individu déféré devant la justice pour atteinte à la sûreté de l'État (c'est-à-dire acte de résistance) afin d'empêcher sa remise en liberté par le parquet ou par la délivrance d'un non-lieu. La justice se voyait ainsi totalement dépossédée. De même, pendant l'été 1943, le secrétaire général à la Police, Bousquet, prescrivit les mesures les plus extrêmes dans la chasse aux Juifs étrangers se trouvant en zone libre afin de les livrer aux Allemands et ordonna de prendre les sanctions les plus dures contre tout policier ou membre du corps préfectoral soupçonné de « mollesse ».

Malgré ces menaces, de nombreux policiers eurent une importante activité résistante, et il n'est pas de mouvement, de réseau qui n'ait compté des policiers dans ses rangs, où ils rendirent des services que personne d'autre n'aurait été en mesure de rendre. Le 8 janvier 1942, un communiqué de la France libre, lu à la BBC, avait enjoint aux fonctionnaires et aux magistrats de rejoindre Londres ou, s'ils ne le pouvaient pas, de demeurer à leur poste et de saboter les ordres de l'ennemi. Cet aspect de la police pendant l'Occupation a été généralement négligé par les historiens, mais on peut cependant en trouver des exemples nombreux, du sous-préfet d'Albertville convoquant les notables juifs de sa région pour les avertir du danger les menaçant et les inviter à fuir, au service des étrangers de Nancy, engagé dans sa totalité dans une action qui permit de sauver 90 % de la communauté juive de la ville, en passant par le chef de la sûreté de Toulon organisant la réception des envoyés d'Alger amenés en sous-marin sur la côte, ou par les gardiens de la paix et inspecteurs parisiens faisant du porte-à-porte pour prévenir de l'imminence des rafles, établissant d'innombrables faux papiers et détruisant volontairement des tracts ou des papiers compromettants lors de perquisitions, etc. Aussi la police a-t-elle payé un très lourd tribut à l'Occupation : c'est le corps de l'État qui a compté le plus grand nombre de fusillés, de déportés — dont beaucoup moururent dans les camps —, d'emprisonnés, d'internés et de révoqués.

Cette désobéissance, connue à Vichy, amena la substitution progressive d'organismes non étatiques aux corps publics traditionnels et la soumission des seconds aux premiers sur le terrain. C'était l'aboutissement d'un long processus. En zone occupée, les organismes allemands encouragèrent la prolifération de groupuscules collaborationnistes rivaux qui faisaient de la surenchère contre Vichy, servant d'aiguillon à l'irremplaçable couple Pétain-Laval.

Ces groupes se disputaient les faveurs de l'occupant. Tous créèrent des services de renseignements et parfois d'action, et eurent de fait un rôle de police auxiliaire de la Gestapo, tous les renseignements collectés aboutissant toujours entre les mains de cet organisme répressif. Protégés par leurs maîtres allemands, ils échappaient aux règles de droit commun et disposaient de pouvoirs illimités. La Main bleue, garde prétorienne de Bucard, chef des francistes, put ainsi abattre impunément, en plein Paris, un gardien de la paix. L'assassinat mystérieux de la secrétaire de Deloncle, du Mouvement social révolutionnaire (MSR), qui regroupait la fine fleur des tueurs de la Cagoule, ne fut jamais élucidé, les enquêteurs se heurtant à une foule d'obstacles. Le MSR avait fourni à la Gestapo les exécutants des premiers attentats contre les synagogues parisiennes au début d'octobre 1941. Le Parti populaire français (PPF) de Doriot, transfuge du Parti communiste, fournit le plus gros contingent de ces auxiliaires, mais il ne fut pas le seul. Le Rassemblement national populaire (RNP) de Marcel Déat, transfuge des néo-socialistes, fut aussi très actif. Tous ces mouvements créèrent des services de renseignements, le plus important et le plus efficace étant celui du PPF, entièrement pris en charge financièrement par les services allemands. À Vichy, la même obsession de l'espionnage politique, antijuif, antimaçonnique et antirésistant régnait également. C'était une véritable psychose. Les renseignements les plus divers arrivaient finalement, consciemment ou non, à la Gestapo ou à l'Abwehr. Des membres du SSS effectuèrent des missions d'espionnage à l'étranger pour le compte du SD. Un grand nombre des agents fournis par les groupements collaborationnistes furent immatriculés dans l'un ou l'autre des services allemands, parfois dans les deux, et rétribués. Cette masse considérable d'informations rendit les services allemands infiniment plus efficaces. On espionnait, à Vichy, jusqu'aux membres des cabinets ministériels et dans l'entourage du Maréchal. Des propos antiallemands prononcés dans le cercle de ses proches conseillers furent ainsi rapportés quelques heures plus tard au SD de Paris.

La création du Service d'ordre légionnaire (SOL) puis de la Milice, accompagnée de celle d'un Deuxième service pour le renseignement et l'action, marquent le sommet de cette escalade. Ses chefs et la plupart de ses agents collaborèrent étroitement avec la Gestapo. La nomination de Darnand à la tête du Maintien de l'ordre en janvier 1944 officialisa la mainmise de la Milice sur l'ensemble des forces de police, d'où une aggravation immédiate de la répression. En créant les cours martiales de la Milice, Laval en consacrait la toute-puissance. Commentant cette création devant les intendants de police réunis le 20 janvier 1944, il déclarait : « Ainsi, le chef Darnand se trouve maintenant investi de pouvoirs qui vont lui permettre de mener à bien la lutte contre le banditisme tout en maintenant l'ordre menacé. Finies les longues plaidoiries, les tergiversations juridiques. » Composées de trois chefs miliciens, généralement du Deuxième service, ces « cours » siégeaient dans les prisons et prononçaient, au terme d'audiences expéditives, les condamnations à mort exécutées dans l'heure. Les « juges » étaient anonymes, les accusés n'avaient pas d'avocat, et il n'existait pas de voie de recours. La première siégea à Marseille, ce qui provoqua la démission de l'intendant de police Andrieu, lequel fut immédiatement arrêté.

Ces tribunaux très spéciaux sévirent jusqu'à la Libération ou, plus exactement, jusqu'à la fuite de la Milice vers l'Allemagne en août 1944.

Devenu responsable de l'ensemble du maintien de l'ordre, ayant presque rang de ministre, Darnand nomma des miliciens à tous les postes de commandement. Dans chaque région, le responsable du MO était toujours un chef milicien ayant autorité sur l'ensemble des forces de police et de gendarmerie en même temps que sur la Milice pour l'organisation des opérations contre la Résistance. La police fut ainsi placée sous tutelle, ainsi que l'administration pénitentiaire, et Darnand commença à placer des miliciens dans l'administration préfectorale.

Malgré toutes les proclamations de patriotisme, le modèle nazi avait été plus ou moins fidèlement suivi, les organismes de l'administration de la police et de la justice mis hors jeu et les fonctionnaires placés devant le choix difficile d'obéir en se déshonorant ou de désobéir et de résister en prenant des risques majeurs.

Jacques DELARUE

BIBLIOGRAPHIE

BILLIG (Joseph), *Le Commissariat général aux Questions juives,* Paris, Éditions du Centre, 3 vol., 1955, 1957, 1960.
CHEVALIER (Pierre), *Histoire de la franc-maçonnerie française,* Paris, Fayard, tome III, 1975.
ROSSIGNOL (Dominique), *Vichy et les francs-maçons,* Paris, J.-C. Lattès, 1981.
COURTOIS (Stéphane), PESCHANSKI (Denis), RAYSKI (Adam), *Le Sang de l'étranger,* Paris, Fayard, 1989.
Journal officiel, 1940-1944.

4.

Le Conseil d'État

Si le Conseil d'État a été choisi, à côté des préfets et de la police, comme exemple d'institution ayant fourni au régime de Vichy des instruments, des relais ou des cadres, c'est sans doute avec le présupposé — pour reprendre la terminologie de Robert O. Paxton [1] — que la « vieille garde » du Palais-Royal avait joué un rôle privilégié dans l' « ordre nouveau » mis en place sous la bannière de la Révolution nationale, ou encore — pour emprunter cette fois à Jean-Pierre Azéma [2] — que les « vieux Romains » de la haute assemblée avaient été nombreux aux côtés des « jeunes cyclistes », brillants représentants à Vichy de ce que l'on appellerait plus tard la technocratie et que l'on dénonçait à l'époque sous le nom de synarchie.

Tel n'est pas le souvenir qu'ont conservé, selon les témoignages recueillis par l'auteur de ce rapport, les acteurs de cette époque [3]. Selon eux comme selon Michel Debré [4], le souci d'Alfred Porché, vice-président de 1938 à 1944, a été « de faire oublier le Conseil d'État par le nouveau régime ». Pour ces témoins, il s'est agi au pis de faire la part du feu en attendant le retour de jours meilleurs, au mieux de maintenir les principes républicains contre vents et marées. La forme la plus optimiste de cette version « maison » est apparue dans un article publié en 1947 dans le premier numéro de la revue créée et préfacée par René Cassin, *Études et documents du Conseil d'État,* sous la signature du président Tony Bouffandeau [5]. Le président Chenot y a récemment apporté sa caution autorisée, rappelant, dans une communication à l'Académie des sciences morales et politiques le 21 novembre 1988, ce qu'il avait écrit en septembre 1944 au président Cassin : « Il a suffi à la plus haute juridiction administrative d'appliquer les règles et méthodes affirmées par une ancienne jurisprudence pour continuer son œuvre de protection de la personne humaine [6]. »

Il est enfin une troisième thèse, souvent exprimée en réaction à la précédente. Elle fut celle d'un des rares membres du Conseil qui, avec Pierre Laroque, ait joué un rôle important à Londres. Ce maître des requêtes, Pierre Tissier, fils d'un ancien vice-président du Conseil d'État, souhaitait à la Libération « la dissolution pure et simple d'une assemblée disqualifiée par sa complicité avec l'envahisseur [7] ». On la retrouve de manière plus nuancée chez Marrus et Paxton [8], qui englobent le Conseil dans l'accusation qu'ils portent contre le système judiciaire, coupable à leurs yeux d'avoir facilité la persécution juridique des Juifs « en lui permettant de se poursuivre sans heurts, sans cette brutalité administrative qui n'aurait pu que discréditer l'antisémitisme d'État ». Elle a été reprise par Olivier Dupeyroux dans un article stimulant mais injuste, « L'indépendance du Conseil d'État statuant au contentieux [9] », qui condamne sans appel le Conseil pour avoir alors « manqué l'occasion de faire la preuve d'une authentique indépendance » et de « sauver l'honneur », au prix, il est vrai, de sa suppression pure et simple [10].

Serviteur zélé ou complice objectif du nouveau régime pour les uns, qui mettent notamment en avant le rôle de tel ou tel de ses membres (Alibert, Font-Réaulx, Dayras, Ingrand, Monier) dans la rédaction des textes d'exception, gardien de la flamme républicaine et des principes généraux de la déclaration de 1789 pour les autres, qui invoquent le sacrifice d'un Helbronner ou d'un Pontremoli, le rôle dans la Résistance d'un Michel Debré ou d'un Alexandre Parodi, le Conseil d'État n'apparaîtra sans doute mériter globalement ni cet excès d'honneur ni cette indignité au terme d'un examen que nous voudrions mener du triple point de vue du rôle individuel de ses membres, de son rôle institutionnel de conseiller du gouvernement, de son rôle juridictionnel de censeur de l'administration.

Le Conseil d'État et le rôle individuel de ses membres

On a déjà évoqué les exemples les plus connus. Mais il ne suffit pas de citer les noms des quelques résistants de la première heure ou des authentiques collaborateurs. Il faut essayer de définir l'attitude du Conseil vis-à-vis de ces engagements qui, comme ce fut d'ailleurs toujours le cas à toutes les époques de son histoire, n'ont été le fait que d'une petite minorité. Cette appréciation devra être encadrée par un rappel des changements qui ont affecté la composition du Conseil, d'une part du fait de la guerre, des mesures d'exception et des nominations faites par le gouvernement de Vichy, d'autre part à la Libération du fait de l'épuration et des nominations faites par le gouvernement provisoire.

La composition du Conseil d'État pendant la période de Vichy

Elle est, en 1940, triplement modifiée. Tout d'abord, dix membres du Conseil sont prisonniers de guerre et trois le resteront jusqu'à la fin[11]. Surtout, les lois d'exception sur la fonction publique, dont celle du 3 octobre 1940 portant statut des Juifs, conduisent à l'exclusion, dès le second semestre de 1940, de dix-sept membres du Conseil, et non des moindres, puisqu'on y compte deux présidents de section sur cinq[12]. L'effectif du Conseil n'étant, à l'époque, que de cent vingt membres, on mesure l'importance de cette amputation. Enfin, mais cela ne joue évidemment pas dans le même sens, le Conseil « perd » ceux de ses membres qui, dans une proportion beaucoup plus forte que par le passé, se font détacher (on dit à l'époque « mettre hors cadre ») pour exercer des fonctions extérieures : alors que ce nombre oscillait de deux à six dans les années d'avant guerre, il passe sous Vichy à quatorze en 1941, dix-sept en 1942, dix-neuf en 1943[13].

En revanche, on ne peut pas dire que la composition du Conseil ait été sensiblement modifiée par des nominations arbitraires. D'une part, en effet, les concours pour le recrutement d'auditeurs furent rétablis après une interruption en 1939 et 1940 (six auditeurs furent recrutés en janvier 1941, cinq en juillet de la même année, deux en janvier 1942, quatre en juin 1943). D'autre part, le gouvernement de Vichy ne put faire du tour extérieur qu'un usage modéré : si Joseph Barthélemy raconte dans ses Mémoires[14] comment Laval lui imposa de nommer au Conseil un assesseur de la cour martiale de Gannat, « un des plus obscurs avocats de Paris », dont le principal titre était son appartenance à la Légion, et s'il ajoute qu'il fut « plus que fraîchement accueilli au Conseil », bien des nominations prononcées à cette époque concernent des hauts fonctionnaires ou magistrats qui ont poursuivi après la Libération une brillante carrière au sein du corps[15].

Certes, le régime de Vichy a, par la loi du 18 décembre 1940 permis à tous les secrétaires généraux de ministères de siéger à l'assemblée générale du Conseil en qualité de conseillers d'État « en service extraordinaire ». Mais cet effectif, qui, renforcé de « personnalités qualifiées », pouvait atteindre quarante et aurait pu théoriquement changer l'équilibre des formations administratives du Conseil, ne fut jamais atteint : il n'était que de vingt-six en 1943 ; encore un discours du vice-président Porché, en présence du garde des Sceaux, le 21 octobre 1943, révèle-t-il que la plupart de ces conseillers en service extraordinaire ne sont jamais venus au Palais-Royal[16] pour siéger, voire pour se faire installer[17].

Le Conseil d'État de Vichy est donc au total d'une part amputé de ses membres souvent éminents, à la fois parmi les plus éloignés et les plus proches des idées du nouveau régime, et renouvelé par un recrutement globalement équilibré. Quelle a été sa réaction institutionnelle et corporative vis-à-vis de ses membres plus directement concernés par le nouveau régime, soit parce qu'ils en étaient les victimes ou les adversaires, soit parce qu'ils s'en faisaient les serviteurs zélés ?

L'attitude du Conseil d'État vis-à-vis de ses membres frappés par le régime de Vichy ou luttant contre lui

Si les exclusions prononcées en application des lois d'exception de 1940 furent, selon les témoins, très généralement déplorées, et si le Conseil d'État ne fut, par exemple, pas étranger au relatif libéralisme du règlement d'administration publique du 26 décembre 1940 — qui permettait d'indemniser ceux de ces fonctionnaires qui ne pouvaient bénéficier d'une pension de retraite —, la solidarité des autorités de la maison fut pour le reste très discrète. On peut certes trouver respectable que, jusqu'à la fin, le Conseil ait maintenu dans son annuaire en qualité de président de section, conseiller ou maître des requêtes « honoraires » ceux qui en avaient été exclus et dont on connaissait même parfois déjà le sort tragique ou la plongée dans la clandestinité. Mais, peut-être par un souci excessif d'impartialité, le Conseil ne crut devoir accueillir aucune des demandes de relèvement d'incapacité qu'avaient présentées certains de ses membres exclus par application des textes d'exception.

Beaucoup plus sympathique — au sens étymologique du terme — paraît l'attitude du Conseil vis-à-vis de ceux qui s'étaient engagés dans la Résistance. D'une part, en effet, des témoins nous ont affirmé que les engagements d'un Michel Debré ou d'un Alexandre Parodi étaient connus aux plus hauts échelons du Conseil[18]. D'autre part, Michel Debré, dans ses Mémoires[19], donne des exemples pittoresques de l'utilisation qu'il faisait du Conseil pour « couvrir » ses activités. Enfin, il est symptomatique que des décisions contentieuses du Conseil d'État en 1943 et 1944 portent encore les noms d'Alexandre Parodi, André Ségalat, Bernard Chenot comme commissaires du gouvernement, alors que ceux-ci étaient déjà fort engagés dans la Résistance.

L'attitude du Conseil d'État vis-à-vis de ses membres engagés dans des fonctions extérieures

On l'a déjà dit, le vice-président pendant la période de Vichy, Alfred Porché, s'est efforcé de limiter les départs à l'extérieur du Conseil ; il ne le fit pas seulement pour les raisons traditionnelles qui peuvent conduire un chef de corps à retenir les éléments les plus actifs ou les plus brillants[20]. Plusieurs témoins nous ont indiqué qu'il déplorait l'engagement de certains de ses collègues dans des fonctions trop compromettantes et qu'il avait cherché à les mettre en garde, notamment Georges Dayras, inamovible secrétaire général du ministère de la Justice pendant toute la période. Il est vrai qu'à l'inverse le rôle de certains membres dans des fonctions périlleuses a pu s'exercer dans un sens modérateur : Paul Reynaud rend ainsi hommage au maître des requêtes chargé de son dossier à la cour de Riom, qui « se révèle honnête homme[21] ». Mais il faut bien reconnaître que ce ne fut pas toujours le cas : il suffit d'évoquer ici le rôle joué lors de la création des sections spéciales[22] par Dayras et Ingrand, représentant en zone occupée du ministre de l'Intérieur, Pierre Pucheu. Et le Conseil peut difficilement, en tant qu'institution, n'avoir pas été impliqué par le rôle joué par certains de ses présidents de section, par exemple André Ripert siégeant au Conseil de justice politique créé en même temps que les sections spéciales, ou Jean-Marie Roussel présidant la commission de révision des naturalisations.

Il reste que ces membres du Conseil ont été plus compromis qu'ils n'ont véritablement joué un rôle de premier plan. L'Université, l'Inspection des finances et les grands corps techniques ont fourni davantage de ministres que le Conseil : le seul membre du gouvernement issu de ce corps, Raphaël Alibert, y était entré en 1916 mais l'avait définitivement quitté en 1924 pour entrer dans les affaires ; il n'y revint qu'en 1941 dans des conditions peu glorieuses, si du moins on en croit le récit de Joseph Barthélemy[23]. Et Paxton a cru à tort[24] que les secrétaires généraux des ministères venaient généralement du Conseil d'État : s'ils étaient, de droit, conseillers d'État en service extraordinaire, trois seulement (Dayras, Fatou et Roujou) étaient originaires de la maison.

Épuration et renouvellement à la Libération

On a souvent dit que le Conseil d'État avait été plus sévèrement touché par l'épuration que d'autres corps, Cour des comptes et Inspection des finances notamment, ce qui est exact[25]. Faut-il y voir le signe d'un plus grand engagement dans des fonctions compromettantes ? C'est sans doute encore exact en ce qui concerne les fonctions touchant aux problèmes de justice ou de police, par exemple les fonctions de préfet exercées par plusieurs membres du Conseil sous Vichy. Encore faut-il noter d'une part que les mesures d'épuration ne frappèrent pratiquement les membres du Conseil qu'à raison de leurs fonctions extérieures, aux seules et notables exceptions du vice-président et de deux présidents de section. En ce qui concerne d'ailleurs le président Porché — auquel, lors de son installation, son successeur René Cassin rendit, le 23 décembre 1944, un hommage appuyé —, le Conseil a toujours considéré qu'il ne s'agissait pas d'une mesure d'épuration[26] mais d'une conséquence inéluctable de la fusion avec le comité juridique de la France libre présidé par René Cassin. Cette épuration s'accompagna d'une « fournée » très limitée de nominations au tour extérieur — quatre conseillers, six maîtres des requêtes —, ce qui ne modifia certainement pas l'équilibre du corps, d'autant que, peu après, le recrutement d'auditeurs reprit en vertu de concours normaux ou spéciaux : six en avril 1945, neuf en janvier 1946, sept en avril 1946 et sept en juillet 1946, soit au total près de trente avant l'arrivée, en 1947, de la première promotion issue de l'ENA.

Il faut aussi préciser que huit des mesures d'épuration prises à l'encontre de membres furent ensuite annulées par le Conseil d'État statuant au contentieux. Certains de ces arrêts (voir au Recueil Lebon les arrêts du 26 mai 1950, Chasserat, p. 320, 30 mai

1952, Pichat, p. 290 ou 1er mars 1957, Lavagne, p. 135) ont constitué de véritables réhabilitations pour les intéressés, qui ont repris leur carrière au Conseil. Les recours Monier et Ingrand ont, en revanche, été rejetés.

LE CONSEIL D'ÉTAT ET SON RÔLE INSTITUTIONNEL DE CONSEILLER DU GOUVERNEMENT

Le Conseil d'État a eu, d'une certaine manière, de la chance : alors qu'en 1940 on lui promettait un rôle de premier plan dans les institutions nouvelles, ces velléités n'ont pas été suivies d'effet. Il n'a donc pas eu à examiner les textes les plus déshonorants de cette période. Mais ces textes eux-mêmes ont, au moins pour les mesures individuelles y dérogeant, fait jouer au Conseil d'État un rôle redoutable.

Les faux espoirs de 1940

La thèse de Jean Marcou décrit fort bien cette évolution [27] de ce qu'il appelle « la période Alibert ou le temps des illusions » à « la période Gabolde ou le temps des désillusions » en passant par « la période Barthélemy ou la normalisation ». Pour résumer, il suffit de citer la principale réforme intervenue, la loi du 18 décembre 1940 : son article 19 prévoit que « le Conseil d'État participe à la confection des lois dans les conditions fixées par la Constitution ». Celle-ci n'ayant pas vu le jour, il faudra en réalité attendre l'ordonnance du 31 juillet 1945 pour que le Conseil soit, comme il l'est toujours aujourd'hui en vertu de l'article 39 de la Constitution de 1958, systématiquement saisi des projets de loi. Aussi, tout au long de la période de Vichy, le vice-président Porché continua-t-il, comme ses prédécesseurs sous la IIIe République, de déplorer le déclin du rôle législatif du Conseil [28] ; celui-ci dut d'ailleurs, dès 1941 souffrir la concurrence du Conseil national que, selon Marcou, Pétain avait tendance à prendre pour son Conseil d'État.

Si les regrets du Conseil ont pu paraître justifiés sur un plan technique (« le résultat, déclare Alfred Porché en 1943, le *Journal officiel* nous en est témoin chaque jour : monuments informes, obscurs, incomplets, triomphe de l'erratum et du rectificatif »), ce fut probablement politiquement une grande chance pour lui.

Le faible rôle législatif du Conseil

Il suffit de consulter les journaux officiels et les registres du Conseil d'État de l'époque : le premier texte législatif dont il ait été saisi par le gouvernement de Vichy fut la loi du 18 décembre 1940 sur le Conseil d'État. Ni les textes permettant une épuration arbitraire de l'administration (lois des 17 juillet, 10 août 1940 et 3 avril 1941), ni les différents statuts des Juifs (lois des 3 octobre 1940 et 2 juin 1941), ni d'ailleurs les premiers grands textes d'inspiration corporatiste (loi du 16 août 1940 sur l'organisation provisoire de la production industrielle[29], loi du 7 octobre 1940 créant l'ordre des médecins), ni aucun des actes constitutionnels du chef de l'État ne lui furent soumis[30].

La loi du 18 décembre 1940, qui entendait renforcer le rôle du Conseil, fut, nous l'avons dit, peu appliquée. Néanmoins, à partir du début de 1941, il fut davantage saisi de textes techniques, dont beaucoup d'ailleurs furent maintenus en vigueur à la Libération : ainsi des textes sur l'urbanisme, le remembrement, la réforme des régimes matrimoniaux, etc. Mais le bilan global reste très « négatif » : c'est à peine le dixième des lois promulguées pendant cette période qui fut soumis à l'examen du Conseil d'État, selon l'ouvrage *Le Conseil d'État 1799-1974 (op. cit.,* p. 807).

Le rôle du Conseil d'État dans l'application des textes d'exception

Les articles 4 et 5 du Statut des Juifs du 3 octobre 1940 renvoyaient à des règlements d'administration publique le soin de fixer un *numerus clausus* dans les professions d'auxiliaires de la justice et de « déterminer les conditions dans lesquelles aura lieu l'élimination des Juifs en surnombre ». Le Statut du 2 juin 1941 étendit cette pratique du *numerus clausus* aux professions libérales, commerciales, industrielles et artisanales. Furent ainsi soumis au Conseil des décrets du 16 juillet 1941 « réglementant, en ce qui concerne les Juifs », les professions d'avocat et d'officier ministériel, du 11 août 1941 concernant les médecins, du 24 septembre 1941 concernant les architectes, du 26 décembre 1941 pour les pharmaciens et les sages-femmes, du 5 juin 1942 pour les dentistes, du 6 juin 1942 pour les artistes. Marrus et Paxton ont retrouvé dans les archives[31] un avis du Conseil sur l'exercice des professions agricoles imprégné des classiques arguments antisémites de l'époque sur la « propension des Juifs à l'usure et marché noir » d'une part, à la « diffusion des doctrines extrémistes » d'autre part. Le texte en question n'aboutit d'ailleurs pas.

Mais c'est à propos des mesures individuelles de relèvement des incapacités édictées par les lois d'exception que le Conseil joua le rôle le plus contestable. L'article 8 du Statut des Juifs du 3 octobre 1940 permettait de relever les Juifs des interdictions professionnelles les frappant « par décret en Conseil d'État et dûment motivé », à condition qu'ils aient rendu des services exceptionnels à l'État français dans les domaines littéraire, scientifique ou artistique. Ce texte fut appliqué à la lettre par le Conseil[32], qui eut des services exceptionnels une conception parfaitement cohérente, mais aux résultats impitoyables[33]. Il est assez navrant que, sur ce point, il ait pu s'exposer à des reproches de la part du directeur du cabinet civil du Maréchal, Du Moulin de Labarthète : « Nous nous irritions de la lenteur, parfois même de la parcimonie avec lesquelles le Conseil d'État, chargé de statuer sur des demandes de dérogation, se prêtait à cette œuvre d'élémentaire réparation » *(sic)*. Il est vrai que Du Moulin ajoute : « Entendait-il renchérir sur les sévérités du gouvernement ou voulait-il compromettre son œuvre[34] ? ». La réponse nous paraît plus simple et être donnée par Jérôme Carcopino, qui s'irrite également, dans ses Mémoires, des lenteurs des membres du Conseil : « Examinant méticuleusement les dossiers qui leur étaient transmis, tantôt ils les écartaient pour un vice de forme, tantôt ils me les renvoyaient avec un avis négatif motivé par l'insuffisance des titres exceptionnels que les intéressés avaient fait valoir et que cautionnait ma signature[35]. » Nous ne pouvons malheureusement contredire ces témoignages, quelque suspects qu'ils puissent être à raison de l'engagement de leurs auteurs : au mois d'août 1944, le Conseil retournait encore imperturbablement au « gouvernement » un dossier de demande de dérogation pour insuffisance des pièces produites et croyait devoir surseoir sur une autre affaire du même type.

À côté de ce fonctionnement très mécanique, qui laisse un goût amer, il est certes des cas d'une attitude plus libérale. Dans son avis du 11 décembre 1942, publié à la *Gazette du Palais* de 1943, p. 295, la « commission du Statut des Juifs » a interprété le Statut de 1941 de façon constructive[36], pour permettre à ceux qui n'avaient que deux grands-parents juifs[37] d'apporter la preuve de leur non-appartenance à la religion juive par d'autres moyens que par l'adhésion à l'une des autres confessions reconnues par l'État avant la loi du 9 décembre 1905. Hélas ! cet avis, qui, selon les témoins de l'époque, avait été rendu en pensant notamment au cas d'un membre du Conseil, Pierre Lévy, ne suffit à soustraire ce dernier, comme bien d'autres, ni à l'arrestation, en juillet 1943, ni à la déportation, dont il ne devait jamais revenir. Au moins a-t-il, nous le verrons, inspiré une jurisprudence libérale des formations contentieuses.

Enfin, en ce qui concerne les dérogations non pas au Statut des Juifs, mais à la loi du 10 août 1940 (puis du 3 avril 1941) excluant de la fonction publique les personnes qui n'étaient pas nées de père français, on ne peut que citer le témoignage de M. Maleville : « Il pouvait, toutefois, être dérogé à cette interdiction par un décret rendu sur l'avis conforme et motivé de la section compétente du Conseil d'État. Une commission spéciale fut créée à cette fin pour examiner les requêtes qui nous étaient adressées en vue d'obtenir le relèvement d'incapacité. Je fus désigné comme rapporteur de nombreux dossiers et je m'efforçai de faire adopter une jurisprudence bienveillante par la commission. J'y réussis partiellement, notamment pour les petits emplois, grâce à l'appui de Georges Michel, esprit ouvert et libéral.

« Mais, pour les emplois élevés, la commission se montra impitoyable et n'admit pas de dérogation. Un de mes collègues, auditeur, fut donc exclu du Conseil à ce titre[38]. »

Le registre des affaires dont le Conseil d'État a été saisi pendant cette période atteste que les demandes furent très nombreuses. La lecture du *Journal officiel* ne permet pas de retrouver un nombre aussi élevé de décisions positives.

Le Conseil d'État dans son rôle de juge administratif

C'est sans doute à ce propos que les thèses les plus opposées ont été soutenues. Les uns, sensibles au contenu des textes appliqués, ont dénoncé le caractère kafkaïen de la jurisprudence rendue à propos de la « qualité de Juif[39] ». Les autres, tels les présidents

Bouffandeau, Cassin et Chenot, ont mis en avant les décisions qui ont fait progresser la défense des droits de l'homme. D'autres enfin partagent sans doute plus volontiers la sévérité nuancée de Danièle Lochak : « Sauf à démissionner — ce que peu d'entre eux ont fait, mais on ne saurait ériger l'héroïsme en impératif catégorique —, les magistrats étaient bien obligés de statuer sur les affaires dont ils étaient saisis. L'examen de la jurisprudence fait apparaître des solutions nuancées, reposant sur une interprétation qui est loin d'être systématiquement favorable aux thèses de l'administration et du commissariat aux Questions juives[40]. » Mais, sans vouloir occulter cet aspect des choses, il faut rappeler que le contentieux du Statut des Juifs n'a représenté qu'une trentaine d'arrêts sur une période (avril 1942-août 1944) au cours de laquelle le Conseil a rendu près de deux mille décisions. Dans cette optique, on peut sans doute concilier les points de vue : globalement, la jurisprudence resta fidèle aux principes qui avaient fait sa gloire depuis les débuts de la IIIe République, et les législations nouvelles, notamment dans le domaine économique et professionnel, permirent même des avancées audacieuses ; mais, sur le plan des législations d'exception, le Conseil se trouva pris au piège de ses propres principes.

Le maintien des principes généraux du droit

On a souvent souligné que les principes généraux du droit qui avaient implicitement inspiré toute la jurisprudence antérieure ont précisément commencé à être explicitement invoqués par le Conseil quand ce rappel est devenu plus impérieusement nécessaire, c'est-à-dire à partir de 1940. Plus précisément, c'est pendant la guerre que sont apparues les premières références explicites à la déclaration de 1789, alors qu'auparavant le Conseil se bornait à invoquer, sans en indiquer l'origine, des principes comme celui de l'égalité devant les charges publiques[41]. Sans doute s'agit-il encore de références au second degré, par exemple dans les conclusions des commissaires du gouvernement plus que dans le texte même des arrêts. Mais, en matière fiscale comme dans le contentieux de l'économie dirigée, à propos des mesures de police ou de la fonction publique, il n'est pas difficile de citer de grands arrêts de cette époque qui se placent directement dans cette filiation, et ce dès 1942, et non, comme on l'a dit parfois malicieusement, seulement en juin 1944.

C'est ainsi que, dans le domaine de la fonction publique, un arrêt d'assemblée du 24 juillet 1942, Piron (Lebon[42], p. 233), a développé la théorie, promise à un brillant avenir, de l'obligation pour l'administration d'examiner cas par cas, et non en faisant application d'une position de principe, les demandes soumises à une appréciation largement discrétionnaire : en l'espèce, a été annulé un usage particulièrement injuste de la loi du 17 juillet 1940 sur l'épuration administrative pour éliminer un agent au seul motif qu'il avait plus de cinquante-cinq ans. Toujours en matière de fonction publique, l'assemblée du contentieux décida (31 janvier 1944, Grivel, Rec., p. 24) que le nouveau statut des fonctionnaires de 1941 maintenait en vigueur la règle de la « communication du dossier », même dans un cas où le requérant, révoqué en 1943 pour des raisons politiques, n'avait pas songé à se prévaloir de la violation de cette garantie et où, au surplus, l'administration aurait pu parvenir à ses fins en usant des pouvoirs exceptionnels que lui conférait la loi du 17 juillet 1940. Peu de temps après (5 mai 1944, Trompier Gravier, Rec., p. 133), le Conseil érigeait la « communication du dossier » en principe général applicable, même sans texte, à toutes les sanctions administratives.

En matière de propriété, il censura par une décision de section du 11 décembre 1942 (Champsavoir, Rec., p. 344) un arrêté du préfet d'Ille-et-Vilaine du 26 mai précédent, qui violait directement un arrêt de la cour d'appel de Rennes et méconnaissait ainsi le principe de séparation des pouvoirs, utile invocation de Montesquieu en ces temps de confusion. Enfin, en matière de police, une décision d'assemblée du 9 juillet 1943 (Ferrand, Rec., p. 176) fit une application audacieuse du principe selon lequel « la liberté est la règle » en annulant un arrêté du préfet de la Haute-Savoie qui prescrivait à tous les voyageurs d'indiquer sur leur fiche d'hôtel leur religion, alors même, dit l'arrêt, qu'il pouvait lui appartenir, en application des lois raciales, d'exiger des personnes qui pratiquaient la religion juive qu'elles le fassent connaître[43].

Enfin, mais c'était, il est vrai, bien tardif, le Conseil, par une décision du 21 janvier 1944, Darmon (Rec., p. 22), annula une mesure de *numerus clausus* imposée à l'encontre des enfants juifs aux écoles primaires et secondaires d'Algérie. Cet arrêt souligne que seul un texte législatif exprès pouvait imposer une telle atteinte au principe fondamental d'égalité devant la loi.

D'utiles avancées dans les domaines nouveaux

Tous les étudiants en droit connaissent les « grands arrêts » de cette époque — 31 juillet 1942, Monpeurt (Rec., p. 239), et 2 avril 1943, Bouguen (Rec., p. 86) — qui soumettent au contrôle du juge, au nom d'une théorie originale du service public et de l'acte administratif, les décisions prises par les nouveaux organes corporatistes qu'étaient les comités d'organisation et les ordres professionnels. Sans entrer dans le détail des problèmes juridiques posés [44], rappelons seulement les fortes paroles du commissaire du gouvernement Maurice Lagrange dans l'affaire Bouguen : « Le pays qui a su soumettre la puissance publique elle-même au contrôle juridictionnel ne saurait tolérer qu'y échappent tels ou tels organismes investis du pouvoir de créer, d'appliquer ou de sanctionner des règlements sous le prétexte qu'on serait en présence d'un droit autonome, d'un droit *sui generis.* »

On peut en outre signaler, sans faire un cours de contentieux administratif, que ce sont les législations interventionnistes en matière économique qui devaient permettre sur bien des points des avancées jurisprudentielles décisives : ainsi de la loi du 27 août 1940 sur la reprise des terres abandonnées (arrêts dame Lamotte des 24 juillet 1942 et 17 février 1950) ou de la loi du 16 novembre 1940 sur l'autorisation des mutations de propriété (arrêts Tabouret et Laroche du 9 juillet 1943, Rec., p. 182, et 28 juillet 1944, dame Constantin, p. 219). On comprend ainsi que l'un des auteurs de ces décisions, le commissaire du gouvernement Chenot, ait défendu avec une légitime fierté cette œuvre dans la note qu'il remit en 1944 au président Cassin [45].

Les législations d'exception ou le juge pris au piège

En vertu de la conception traditionnelle qu'il se fait de la séparation des pouvoirs, conception très clairement explicitée dans son arrêt Arrighi du 6 novembre 1936 (Leb. p. 966), le juge administratif s'interdit de mettre en question la validité des lois qu'il doit appliquer, quand bien même elles pourraient être contraires à des principes constitutionnels.

La seule échappatoire pour le juge, en présence d'un texte de loi [46], est donc d'interpréter, au besoin de façon « constructive », ses dispositions peu claires. C'est cet effort d'interprétation, et lui seul, que le Conseil d'État a pu faire pour les lois raciales, qu'il s'agisse du Statut des Juifs et des exclusions professionnelles qu'il prononçait ou des textes dits d'aryanisation économique, c'est-à-dire de spoliation : dans les deux cas, le juge devait interpréter les dispositions de la loi, notamment celles qui reposaient sur la définition de la qualité de Juif. À partir de l'arrêt d'assemblée du 2 avril 1943, Kaan (Rec., p. 85), il le fit de manière libérale en transposant la jurisprudence de l'avis déjà cité du 11 décembre 1942. Puis il renforça cette interprétation libérale avec la décision du 31 décembre 1943, Michelson (Rec., p. 34), suivant son commissaire du gouvernement Odent, qui lui proposait de décider qu' « une présomption fragile pouvait être détruite par une preuve fragile ». Dans le domaine de l'aryanisation, dès une décision du 24 juin 1942, dame Dalem (Rec., p. 219), le Conseil annula une décision du commissaire général aux Questions juives qui prétendait étendre les mesures de spoliation à une entreprise exploitée sous le nom du conjoint non juif. On ne peut certes aujourd'hui lire sans malaise ces décisions dans lesquelles le Conseil rappelle imperturbablement que l'objectif de la loi du 22 juillet 1941 « était d'éliminer toute influence juive de l'économie nationale ». Mais, pour les requérants, l'essentiel était alors tout de même dans le « dispositif » des arrêts : il est heureux qu'il y ait eu une proportion d'annulations tout à fait comparable à ce que l'on peut relever dans d'autres contentieux. On ne peut en définitive pas plus reprocher au juge d'avoir statué — le plus souvent dans des délais normaux — qu'on ne saurait critiquer les malheureux requérants d'avoir placé la discussion juridique sur le terrain des lois raciales.

Pas plus qu'aucune autre institution administrative le Conseil n'est sorti indemne de la période de Vichy, et il est difficile de nier qu'en participant à l'élaboration ou à l'application de certains textes il s'est sali les mains. Jusqu'où devait-il accepter de le faire ? À partir d'où franchissait-il la limite de l'inacceptable, selon l'expression utilisée par un de nos témoins à propos de la création des sections spéciales, dans laquelle, rappelons-le, seuls deux de ses membres placés hors cadre ont joué un rôle ? Pouvait-il faire preuve de plus d'audace dans l'interprétation libérale des textes ? Nous croyons pouvoir dire que la plupart de ses membres se sont honnêtement posé ces questions et nous rappelons que ceux mêmes qui se sont le plus engagés dans la Résistance n'ont pas refusé de prendre leur part de responsabilité dans le travail du Conseil, aussi longtemps que leur sécurité le permit ni de prêter serment au Maréchal, le 19 août 1941.

Pour le reste, on peut seulement souligner que les gouvernements de la Libération, après certes une épuration sévère mais numériquement limitée, ont immédiatement renforcé le rôle du Conseil très au-delà de ce qu'avait pu faire le gouvernement de Vichy. C'est bien la preuve que l'instrument pouvait encore servir la République.

Jean MASSOT

NOTES

1. Le titre américain de *La France de Vichy,* (Paris, Le Seuil, 1973, pour la traduction française) est, rappelons-le, *Vichy France, Old Guard and New Order.*

2. *De Munich à la Libération,* Paris, Le Seuil, 1979, p. 86.

3. Nous remercions les anciens vice-présidents Bernard Chenot et Marc Barbet ainsi que le président Pierre Laroque d'avoir bien voulu évoquer pour nous leurs souvenirs. (Pour ce dernier, voir aussi la revue *Espoir,* 47, p. 10.)

4. *Mémoires,* tome I, Paris, Albin Michel, 1984, p. 182.

5. Cette étude est très longuement citée dans l'ouvrage collectif *Le Conseil d'État 1799-1974,* Paris, Éditions du CNRS, p. 813.

6. Communication intitulée « Le Conseil d'État dans les tempêtes de l'Histoire » et publiée dans la revue *Les Petites Affiches,* 6-13 janvier 1989, p. 13.

7. Voir *La Revue administrative* de 1985, p. 242, « Un projet de réorganisation du Conseil d'État de Pierre Tissier en 1944 », par Guy Thuilier.

8. *Vichy et les Juifs,* Paris, Calmann-Lévy, 1981, p. 138.

9. *Revue du droit public et de la science politique,* 1983, p. 583.

10. On en trouve aussi l'écho dans Danièle Lochak, *La Doctrine sous Vichy,* Amiens, Travaux de l'université de Picardie, 1990, p. 253.

11. Ceux-là qui n'ont pu s'évader ni bénéficier de rapatriements pour raisons de service, motifs sanitaires ou familiaux joueront un rôle important dans leurs oflags pour préparer aux concours de l'après-guerre leurs futurs jeunes collègues. Voir *Études et Documents,* 38, 1987, Martine de Boisdeffre, « La préparation au concours du Conseil d'État dans les camps de prisonniers », p. 279.

12. Sur le détail de ces exclusions, voir Georges Maleville, *Conseiller d'État,* Paris, Librairie technique, 1979, p. 26.

13. Chiffres cités par Jean Marcou *Le Conseil d'État sous Vichy 1940-1944,* remarquable thèse de doctorat soutenue à l'université de Grenoble II en 1984, p. 157. Rappelons que la participation à des cabinets ministériels n'est pas comprise dans ces mises hors cadre.

14. *Ministre de la Justice, Vichy 1941-1943,* Paris, Pygmalion, 1989, p. 242.

15. Citons par exemple Charles Brasart, nommé conseiller au tour extérieur le 23 novembre 1940, qui finira président de la section des finances de 1953 à 1960,

ou Jean Delvolvé, ancien magistrat nommé maître des requêtes au tour extérieur le 7 décembre 1940, qui sera un très brillant commissaire du gouvernement dans les années 1950 avant de devenir président de sous-section.

16. Rappelons que le Conseil était revenu de Royat à Paris en juin 1942.

17. Marcou, *op. cit.,* p. 117.

18. Contra cependant Maleville, p. 29.

19. *op. cit.,* p. 238.

20. Encore que, dans son allocution en présence du garde des Sceaux, Maurice Gabolde, reproduite *in* Marcou, *op. cit.,* p. 466, Alfred Porché ait pu dire « ce serait pitié si une institution comme la nôtre se vidait de ses meilleurs éléments et devait se résigner à accueillir des valeurs réduites » *(sic).*

21. *La France a sauvé l'Europe,* Paris, Flammarion, 1947, p. 555.

22. Voir à cet égard le témoignage de Joseph Barthélemy, *op. cit.,* pp. 580 et suivantes, confirmant, sur ce point en tout cas, le livre de Villeré et le film de Costa-Gavras.

23. *op. cit.,* p. 45.

24. *op. cit.,* p. 252.

25. Marcou, *op. cit.,* p. 168, qui cite les chiffres de 20 révocations, 6 mises à la retraite d'office et 2 mises en disponibilité pour le Conseil, 8 révocations pour l'Inspection, 2 mises en disponibilité pour la Cour. Il faudrait y ajouter dans le cas du Conseil un retard très provisoire à l'avancement de 2 maîtres des requêtes, qui n'en termineront pas moins leur carrière comme présidents de section.

26. *Le Conseil d'État 1799-1974, op. cit.,* p. 825, note.

27. *op. cit.,* pp. 81 à 137, Alibert a été garde des Sceaux de juillet 1940 à janvier 1941, Joseph Barthélemy lui a succédé jusqu'en mars 1943, date à laquelle il a été remplacé par Maurice Gabolde.

28. Notamment dans son discours devant Gabolde le 21 octobre 1943, *cf.* Marcou, *op. cit.,* p. 464.

29. Mais il est vrai que ce texte fut rédigé à la demande de René Belin par Pierre Laroque, qui se souvient d'avoir fait ce travail en 3 jours : 3 mois plus tard, il était exclu du Conseil par application de la loi du 3 octobre 1940.

30. En revanche, les Mémoires de Joseph Barthélemy (*op. cit.,* pp. 288 et 291) font état du rôle important joué par une commission créée par le président Porché et présidée par M. Puget dans la rédaction du premier projet de Constitution élaboré au cours de l'été 1941.

31. *op. cit.,* pp. 135-136.

32. Qui se prononçait en commission spéciale constituée de représentants des différentes sections. Le président Porché avait tenu à prendre la lourde responsabilité de la présider personnellement.

33. Voir Marcou, *op. cit.,* pp. 233 et suiv.

34. Henri du Moulin de Labarthète, *Le Temps des illusions, souvenirs (juillet 1940-avril 1942),* Genève, Le Cheval ailé, 1947, p. 280.

35. Jérôme Carcopino, *Souvenirs de sept ans, 1937-1944,* Paris, Flammarion, 1953, p. 361.

36. Euphémisme utilisé par les juristes quand ils font dire à un texte, sinon le contraire de son sens littéral, en tout cas quelque chose qui en est fort éloigné.

37. La littérature de l'époque n'avait pas de gêne à parler dans ce cas de « métis juifs ». *Cf.* deux articles de doctrine d'un certain Haenning à la *Gazette du Palais,* 1942, p. 69, 1943, p. 31.

38. Maleville, *op. cit.,* p. 27. L'avis conforme et motivé donnait au Conseil le véritable pouvoir de décision.

39. Olivier Dupeyroux, *op. cit.,* p. 611.

40. Danièle Lochak, *op. cit.,* p. 256. Pour elle, toutefois, la jurisprudence la plus libérale a été celle des tribunaux de l'ordre judiciaire. Cela ne nous paraît

exact que chronologiquement : on verra plus loin qu'à partir du début de 1943 le Conseil est allé très loin dans la voie de l'interprétation « constructive ».

41. Voir sur ce point *Études et Documents du Conseil d'État,* 40, 1988. « La marque des idées et des principes de 1789 dans la jurisprudence du Conseil d'État et du Conseil constitutionnel », par Gazier, Gentot et Genevois, notamment p. 158.

42. Recueil annuel des arrêts du Conseil d'État, dit *Recueil Lebon,* (Rec.).

43. Cet aspect discriminatoire de la solution, commandé par la législation de l'époque, n'a pas échappé à la vigilance de Danièle Lochak, *op. cit.*, p. 264, qui, il est vrai, critique surtout les commentaires qu'en fit alors la doctrine.

44. Voir par exemple le commentaire, non signé mais notoirement de la plume du président Laroque, de l'arrêt Monpeurt dans le Juris-classeur périodique de 1942, 2046. Voir aussi les commentaires de Jean Marcou, *op. cit.,* pp. 325 à 373.

45. Nous le remercions de nous l'avoir aimablement communiquée.

46. Et sous le régime de Vichy, était baptisé loi ce que le chef de l'État signait sous cette forme. « Comment voulez-vous, disait-il à Du Moulin, que je sache si je signe au titre de l'exécutif ou du législatif », *op. cit.,* p. 118.

5.

L'État et la décision économique * : contraintes, convergences, résistances

L'Occupation entraîne une double modification des structures de l'économie et de ses organes de direction au niveau de l'État. Des relations nouvelles se tissent entre les responsables des affaires privées et ceux des affaires publiques, non sans chevauchements ni tensions. Outre les effets de la pénurie conjoncturelle, ces relations subissent ceux de la pression de l'occupant, inégale selon les secteurs et les moments.

Les décideurs et les pesanteurs des choix initiaux

Dès la débâcle militaire de juin 1940 et la signature de l'armistice, les responsables publics et privés semblent communier dans le souci de bâtir un appareil économique nouveau, destiné notamment à éviter un double vide.

La politique de « présence » et la crainte d'un double vide

La première crainte exprimée est celle relative au vide de l'État français. Aux destructions, à la pénurie de matières premières et d'énergie, au désarroi de l'exode s'ajoutent les effets combinés du repli des administrations et du fractionnement territorial résultant des termes de l'armistice et des décisions unilatérales de l'occupant.

Dès le début de juillet, l'ambassadeur Léon Noël est chargé par le maréchal Pétain de prendre contact avec le général Streccius, qui commande l'administration militaire en France. Il se trouve accompagné par plusieurs hauts fonctionnaires, dont la mission consiste à obtenir la présence effective des services de leur ministère, tels Henri Deroy pour les Finances ou Jacques Barnaud pour la Production industrielle.

Yves Bouthillier, nouveau ministre des Finances, obsédé dès la « drôle de guerre » — alors qu'il est secrétaire général de la Rue de Rivoli — par l'exemple du premier conflit mondial, souhaite éviter, cette fois, le moratoire bancaire qui, en août 1914, écrit-il dans ses *Mémoires,* « brisa le système bancaire français [1] ». Aux craintes de défaillances techniques se mêlent d'autres hantises, notamment « que le pays ne perdît avant peu, dans les troubles sociaux, l'ordre qu'il avait sauvegardé malgré la défaite militaire [2] ».

À cette peur du vide de l'État s'ajoute celle relative à l'absence des responsables de l'économie privée, chefs d'entreprises industrielles, commerciales ou bancaires. La chambre de commerce de Paris sollicite le gouvernement, afin qu'il hâte le retour de ceux qui tardent à rentrer. Dans la lettre confidentielle que René Belin transmet au maréchal Pétain au début d'août 1940, le nouveau ministre de la Production industrielle signale que « la ligne de démarcation se présente [...] comme une frontière hermétiquement fermée et la zone occupée devient déjà un pays annexé, exploité par le vainqueur [...]. L'administration allemande, installée dès l'Occupation, veut maintenant diriger l'économie de la zone occupée [3] ». Il s'inquiète en particulier des effets de l'ordonnance allemande du 20 mars, qui attribue aux autorités militaires d'occupation l'administration des entreprises abandonnées lors de l'exode. Et il cite comme exemples extrêmes l'intervention brutale de l'industriel sarrois Hermann Roechling pour s'emparer de la sidérurgie lorraine ou les multiples réquisitions de produits textiles dans le Nord. Il s'alarme en outre de l'action des autorités allemandes, et notamment des services d'Abetz, pour faciliter la diffusion d'une propagande démagogique à l'adresse de la classe ouvrière française, « en rejetant sur le patronat les difficultés de remise en marche des entreprises [4] ». Cette situation aggrave le « malaise » causé par le chômage et les difficultés de ravitaillement au sein de la population de la zone occupée, qui « se sent abandonnée à son sort [5] ». Face aux insuffisances manifestes de l'armistice pour conjurer ces dangers, le ministre adjure le chef de l'État de faire en sorte « que le gouvernement rentre à Paris et qu'il réalise avec la puissance occupante les accords politiques et économiques nécessaires [6] ». Faute de pouvoir faire revenir le gouvernement dans la capitale, les autorités françaises obtiennent d'assurer au moins une présence administrative effective en zone nord. « En 1940, on jugeait de tout par la présence[7]. » Et les services en partie évacués en zone sud reviennent à Paris à partir de la fin juillet.

Cependant, cette « présence » se paie d'un prix élevé.

Les décideurs publics profitent d'une double défaillance

Les responsables publics renforcent leur emprise sur l'économie française au moment où celle-ci, comme l'État lui-même, souffre de l'affaiblissement issu de la défaite et où disparaît toute trace de régime représentatif.

L'appareil financier et économique de l'État, déjà étoffé lors de la drôle de guerre pour contrôler prix, revenus et commerce extérieur, se trouve fortement alourdi pour diriger désormais également les quantités réparties et consommées[8]. Les directions financières se doublent de services dépendant d'un secrétaire général pour les Questions économiques (les effectifs de l'Économie nationale passent ainsi de deux cent cinquante-deux agents en 1936 à quatre mille sept cent quatre-vingt-un en 1941). Et si les effectifs du ministère de la Production industrielle ne progressent pas de manière aussi spectaculaire (de mille six cent vingt à deux mille huit cent deux pour les mêmes dates)[9], c'est parce qu'il s'adjoint un appareil nouveau (comités d'organisation, dont une centaine fonctionnent en 1941 ; Office central de répartition des produits industriels et douze sections de répartition), créé à la suite des « lois » du 16 août et du 10 septembre 1940 et intégrant un grand nombre de décideurs privés, chefs d'entreprise ou techniciens. Face à la pénurie et à la pression allemande, les mécanismes libéraux ne peuvent remplir leur fonction.

La correspondance reçue au ministère de la Production industrielle montre que, du fait de la conjoncture, lors des semaines critiques de l'été 1940, les entrepreneurs privés ne manquent pas d'en appeler à l'État : « Le fait le plus frappant de l'état des esprits était une acceptation unanime de la tutelle de l'État [...], nous devions les [les français] diriger, nous substituer à leurs réflexes habituels [...], bref, organiser l'intérim de la liberté[10]. » Cependant, dans l'esprit des principaux décideurs publics, cet intérim ne saurait durer seulement le temps d'une pénurie conjoncturelle[11]. En outre, l'engrenage dirigiste apparaît d'autant plus puissant que les décideurs publics se sont affirmés d'emblée en faveur de « mesures austères » (Yves Bouthillier) de compression de la demande et d'une « politique de circuit », afin de préserver la monnaie, dont les assises sont ébranlées par les prélèvements allemands. « Le franc actuel, même s'il doit subir de petites amputations, doit durer jusqu'à la paix. C'est une condition essentielle pour conduire des négociations acceptables », telle est la doctrine que le ministre des Finances fait adopter à la séance du 22 mars 1941 au comité économique interministériel[12].

Et à la Production industrielle, on a pu montrer que l'action des CO comme des douze répartiteurs est rapidement limitée, au moins dans le domaine (essentiel) de la répartition des matières premières, par l'autorité du tout-puissant secrétaire à la Répartition, Jean Bichelonne, qui définit les grandes priorités[13]. La pénurie et le dialogue avec l'occupant accentuent, en dépit des discours corporatistes, le poids des responsables de l'État par rapport à ceux des professions, tempéré, il est vrai, par l'entrée parmi eux d'anciens entrepreneurs privés.

La « pax germanica », le « dépassement de l'armistice » et la collaboration économique d'État

À l'été de 1940, la conviction dominante chez les responsables publics, quels que soient leurs sentiments profonds, est que, pour une longue période, l'Europe sera allemande[14]. Ce sentiment est partagé par la plupart des chefs d'industrie, à travers la diversité de leurs réactions à cet égard, voire, plus rarement, de leur engagement. Ainsi, Jean Dupin, directeur général de Pechiney, écrit à René Pucheu le 11 juin 1941, à propos d'un projet commun avec les établissements Junkers de construction d'une usine de production d'alumine destinée à l'Allemagne dont la mise en service est prévue pour la fin de 1942 : « Il semble donc bien que ce projet ne puisse avoir d'influence sur la guerre[15]. » L'analyse est confirmée peu après lors d'une réunion rassemblant décideurs privés (les dirigeants de Pechiney) et publics (Jacques Barnaud, René Pucheu et Henri Lafond).

Parallèlement, comme les conditions de l'armistice sont lacunaires et se trouvent aggravées par la lourdeur du tribut financier (à

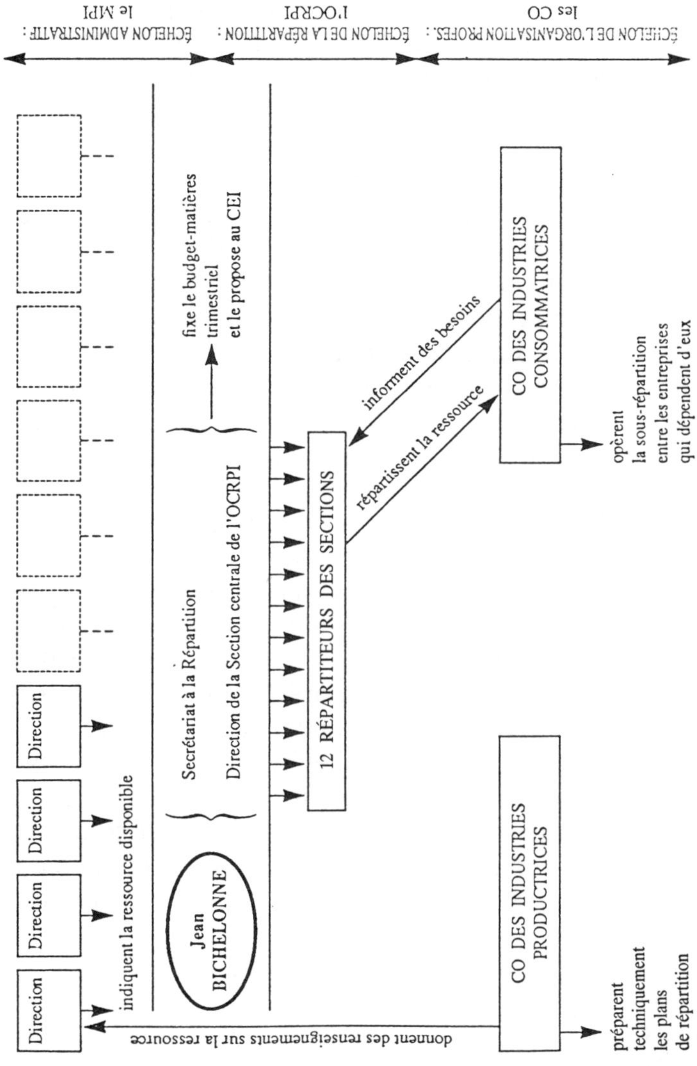

Source : Michel Margairaz, *L'État, les finances..., op. cit.*, t. I, p. 575.

Fig. I. — L'ARTICULATION ENTRE RÉPARTITION, ORGANISATION PROFESSIONNELLE ET MPI

travers les « dépenses d'occupation », le *clearing* franco-allemand et la surévaluation du reichsmark), la politique des responsables français consiste à tenter de convaincre les interlocuteurs allemands que leur intérêt bien compris consiste à ne pas écraser la France et, ainsi, à « enserrer le Reich dans une contradiction : il ne pouvait à la fois ruiner l'économie et prétendre à l'employer dans son effort financier et militaire[16] ». Ainsi, le principal levier de la collaboration d'État, analysée par plusieurs auteurs depuis une vingtaine d'années, apparaît comme la politique de collaboration économique et financière d'État à travers laquelle, en échange d'accords commerciaux, de « contrats » ou même de cessions de participations financières françaises, les dirigeants espèrent obtenir « une négociation d'ensemble » (Yves Bouthillier) où certaines mesures d'application de l'armistice (sur la ligne de démarcation, les prisonniers ou le montant des frais d'occupation) pourraient être révisées. Yves Bouthillier affirme même dans ses *Mémoires* : « Le dépassement de l'armistice est la grande revanche de la France sur l'Allemagne au lendemain du désastre de 1940[17]. » On analyse plus loin quelques cas précis d'accords de ce type, en essayant de définir les attitudes respectives des décideurs publics et privés.

Dans les faits, lors des premières semaines de l'Occupation, l'armistice est bien davantage « dépassé » par les Allemands, et ce d'une triple manière. Tout d'abord, par la multiplication des réquisitions militaires sur le matériel et sur les stocks (à la suite d'une ordonnance allemande du 20 mai 1940). Ensuite, par la tentative de confier la répartition des produits industriels à des *Warrenstellen* définis par une ordonnance du 27 mai. Enfin, par l'attrait, grâce à un reichsmark surévalué, de commandes directes des services allemands auprès d'entreprises françaises. René Belin conclut un rapport de novembre 1940 au Maréchal en affirmant que le contenu de la « collaboration franco-allemande », en freinant cette triple action néfaste, a permis d' « éviter la mise en coupe réglée de la zone occupée[18] ». *A posteriori,* René Belin et François Lehideux, comme la plupart des décideurs publics, ont toujours présenté les nouvelles structures de direction industrielle comme un « écran », destiné à préserver la zone nord de la mainmise allemande.

Mais la politique de « présence » de Vichy a été payée d'un double prix.

Les dirigeants français voulaient originellement limiter les nouveaux organes (CO, sections de répartition) à la zone occupée, afin de prévenir la mise en place d'une organisation allemande. C'est sous la pression de l'occupant qu'ils ont été étendus aux deux zones. Une importante note interne des services de la DGREFA (Délégation générale aux relations économiques franco-allemandes) de Jacques Barnaud signale en 1941 : « Nous avons dû accepter que l'action de ces comités et de ces sections s'étende à la zone libre comme à la zone occupée, mais nous avons pu ainsi obtenir qu'elle échappe, sinon au contrôle, tout au moins à la direction de l'Allemagne[19] ». Seconde concession : les fournitures au Reich sont également prélevées en zone « libre »[20]. Cela représente, pour le gouvernement, « de très lourds sacrifices » tributaires d'une politique « entièrement dominée par le souci de maintenir l'unité économique du pays[21] ». Ainsi, comme le signale un autre rapport contemporain de la DGREFA, « [la] collaboration sur le plan économique [...] est incluse dans l'armistice si l'on reconnaît que l'économie française ne pouvait être arrêtée du jour au lendemain[22] ».

Et la substitution de « commandes » aux réquisitions, mais étendues à la zone sud, converge avec les orientations de la Wilhelmstrasse, défendues notamment avec vigueur par Johannes Hans-Richard Hemmen à la commission de Wiesbaden, d'intégrer la France entière dans l'effort de guerre allemand[23]. Dès lors, décideurs publics et privés se trouvent entraînés dans l'engrenage des « contrats » avec l'occupant.

Enfin, les autorités françaises, par leur politique de « présence », n'ont pu éviter les contradictions du mimétisme. Sans être totalement calqué sur l'organisation allemande, l'appareil de direction

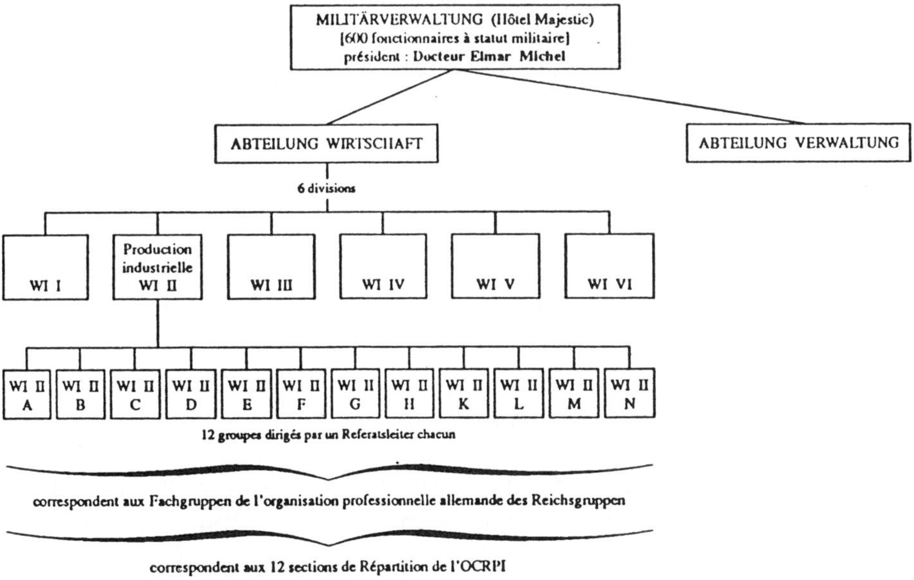

Source : Michel Margairaz, *L'État, les finances..., op. cit.,* t. I, p. 532.

Fig. II — L'ORGANISATION ALLEMANDE DE DIRECTION DE L'ÉCONOMIE OU LES CONTRADICTIONS DU MIMÉTISME

industrielle a dû s'y ajuster, notamment par la correspondance entre les douze sections de l'OCRPI et les douze groupes de la Production industrielle au sein de l'*Abteilung Wirtschaft* de l'administration militaire allemande[24]. Un rapport de la DIME (Direction des industries mécaniques et électriques) affirme en 1945 : « Dès les premiers mois de l'Occupation, l'organisation de la production groupant les industries dans les comités d'organisation et créant l'OCRPI [...] facilita le contrôle allemand par la correspondance qu'elle établit entre les organisations industrielles des deux pays[25]. »

Il est malaisé d'établir précisément des faits confirmant cette remarque pour toutes les branches. Pour certains produits majeurs, toutefois, le contrôle de la répartition par le *Referatsleiter* du Majestic est incontestable. Ainsi, lors de la discussion du contrat B d'aluminium, en mars 1941, le négociateur allemand, Beden, va jusqu'à affirmer à Wiesbaden : « Nous sommes mieux renseignés que vous en ce qui concerne la consommation[26]. » La tâche des délégués français est d'autant plus difficile que le répartiteur Barbizet a minoré les chiffres de la consommation française, confortant ainsi les exigences allemandes[27]. De même, les chiffres réels de la production charbonnière ne sont guère supérieurs à ceux figurant dans les archives allemandes[28]. Yves Bouthillier reconnaît dans ses *Mémoires :* « Pour soutenir la pression d'un régime totalitaire sur notre économie, il nous le fallait imiter en quelque mesure[29]. »

VICHY, CREUSET TECHNOCRATIQUE ?

La promotion d'une double élite

La « révolution » du 10 juillet 1940 ne consacre pas la « grande revanche des minorités » (Stanley Hoffmann), moins encore la « révolution des ratés » (Georges Bernanos)[30]. Pour les gouvernants, en matière économique, elle s'appuie sur les membres les plus prestigieux de l'Inspection des finances ou de Polytechnique, élève d'un échelon cette élite administrative et lui offre des responsabilités politiques, prolongeant ainsi les tendances de la IIIe République finissante : c'est le cas d'Yves Bouthillier, de Jean

Berthelot, voire de Pierre Caziot. Seul René Belin ne dispose pas du même profil, mais il s'entoure de deux techniciens brillants, Jacques Barnaud et Jean Bichelonne. En outre, lors de la constitution du cabinet Darlan, en février 1941, il s'adjoint l'apport de représentants de l'élite industrielle privée, tels Pierre Pucheu ou François Lehideux.

La plupart ont fréquenté plusieurs cénacles ou revues avant la guerre, communiant, à travers des nuances multiples, dans l'idée de doter l'élite technicienne de pouvoirs accrus, de vanter les mérites d'une technocratie au sens propre[31]. Ils partagent désormais la conviction d'entreprendre une œuvre doublement durable, car soustraite à l'instabilité gouvernementale attachée au régime parlementaire et appuyée sur un concours exceptionnel de compétences techniques. Et le gonflement de l'appareil dirigiste renforce le poids des hauts fonctionnaires à la tête des grandes directions.

La stabilité de ces décideurs se trouve ébranlée par le retour de Pierre Laval en avril 1942, alors que s'accroissent les exigences allemandes. Les techniciens à fonction politique se trouvent écartés selon un partage des tâches qui réserve les grands choix au « chef du gouvernement » et cantonne les ministres aux modalités techniques. Bel exemple avec Jean Bichelonne, promu ministre de la Production industrielle dans la mesure où il allie une grande compétence technique à une quasi-abstention, voire à une myopie politique.

L'appareil de direction économique, lieu de convergence entre décideurs publics et grand patronat

Le choix par le ministre de la Production industrielle des présidents des CO et des répartiteurs a suscité des controverses qui ne se réduisent pas à la campagne sur la synarchie, bien démontée par Richard Kuisel[32]. Les CO correspondant aux productions de base les mieux « organisés » avant la guerre sont effectivement dirigés par des responsables de grandes entreprises issus en particulier des anciens organismes patronaux[33]. En outre, il existe une divergence de fond entre la Production industrielle et le cabinet du Maréchal, dont l'un des collaborateurs reproche à René Belin, en décembre 1940, d'avoir « choisi les seuls représentants de ces trusts pour constituer les comités, évinçant systématiquement les représentants des petites et moyennes entreprises[34] ». Lors de l'éviction de Robert Carmichael (directeur général du CO de l'industrie textile) en septembre 1941 par François Lehideux, le premier s'en prend auprès du Maréchal aux intérêts « que [vous] avez condamnés dans [votre] discours du 12 août [35] ». La querelle reflète l'opposition, face aux contraintes de la pénurie, entre ceux, influents à la tête du MPI et de grands CO, qui veulent faire « passer l'économique avant le social », et ceux qui, appuyés sur les entreprises de moindre taille, insistent sur le « social » pour limiter les fermetures [36]. Du fait de l'inachèvement de la Charte du travail, l'organisation « économique » prédomine.

Les hauts fonctionnaires se sont en général montrés davantage satisfaits par les CO dirigés par des responsables de grandes entreprises dont ils partageaient souvent la formation aussi bien pour les tâches immédiates de recensement ou de sous-répartition que pour celles d'avenir, telles qu' « assainir la profession, définir les œuvres que la profession devra accomplir dans une France rénovée [37] ». Ainsi, Rougier, directeur des industries chimiques, oppose les bons résultats du CO du caoutchouc ou des industries chimiques, composé d' « industriels de grande classe » (dont le président Georges-Jean Painvin, dirigeant d'Ugine) soucieux de définir des programmes d'avenir ou des produits de remplacement, ou encore ceux du CO du verre, dominé par Saint-Gobain et Boussois [38], à ceux, jugés lamentables, du CO du papier. Dans ce cas d'industries de biens de consommation (comme pour le CO du textile), la confusion entre la direction du CO, parfois aux mains de représentants de PME, et celle de la section de répartition agit comme un facteur de bureaucratie, de lenteur et de tensions avec le MPI. Ce dialogue privilégié entre responsables publics et grands entrepreneurs se trouve conforté par l'absence de concertation sociale, par la disparition des confédérations ouvrières, qui contraste avec la survivance des organisations patronales [39], ainsi que par le non-respect des lois sociales [40].

DÉCIDEURS PUBLICS ET PRIVÉS FACE À LA DIVISION ALLEMANDE DU TRAVAIL

Il convient d'opérer une double distinction entre négociations commerciales et financières ainsi qu'entre le premier Vichy (jusqu'en avril 1942) et le second.

Le premier Vichy et les velléités de « collaboration constructive »

En matière commerciale et financière, l'objectif des décideurs publics consiste non pas à rejeter la collaboration, mais à vouloir la contrôler en interposant des services de l'État dans le tête-à-tête entre entrepreneurs français et allemands. Il en est ainsi pour la délégation de la commission d'armistice, pour la DGREFA [41], pour le BAVE et pour la Direction des finances extérieures, détachée du Trésor [42].

René Norguet, directeur des industries mécaniques et électriques, exprime encore à la fin de 1941 les attentes commerciales des responsables publics. Selon lui, l'occupant « veut faire profiter la France de l'expérience acquise », avec le souci de « jeter les bases d'une organisation européenne inspirée de l'organisation allemande ». Il ajoute que l' « honnêteté technique l'a nettement emporté » et que, sous la condition de « contreparties » et « en exigeant une situation paritaire », la collaboration économique peut être une « école et un stimulant extrêmement précieux », d'autant plus que les positions acquises durant la guerre pèseront dans la division allemande du travail lors de la paix [43]. Une triple condition commerciale paraissait indispensable : obtenir le réapprovisionnement en matières nécessaires à la fabrication des commandes allemandes, la livraison de produits substitués à ceux qui ne pouvaient plus être importés ainsi qu'un équilibre relatif dans les « contrats ». Or, dès les premiers mois, aucune de ces conditions n'est respectée : retards dans le réapprovisionnement des métaux, bientôt non remplacés ; insuffisance des importations de substitution, en particulier pour le charbon, malgré les appels de François Lehideux à une « collaboration intelligente et compréhensive [44] » ; déséquilibres des contrats « réciproques », comme pour les plans Kehrl dans les textiles [45]. Ces accords ont-ils été imposés aux entrepreneurs par les hauts fonctionnaires ? Les uns comme les autres mettent en avant que, quelle que soit la modicité des apports allemands, ils fournissent du travail en France [46]. Certes, la vulnérabilité des productions était d'autant plus grande qu'elles étaient situées en zone nord ou interdite et qu'elles étaient déficitaires. Mais, même dans le cas de l'aluminium, production excédentaire et fabriquée surtout en zone sud, industriels et fonctionnaires ont dû signer, entre septembre 1940 et avril 1941, trois contrats assurant livraison à l'Allemagne d'une importante part de la production [47]. En 1946, Jean Dupin et Raoul de Vitry, dirigeants de Pechiney, ont mis en cause la responsabilité gouvernementale. Mais, du fait de l'importance du contrat, dès le 11 juillet 1940, ils s'étaient retranchés derrière l'autorité de l'État. Et les motifs de leurs « résistances » apparaissent comme purement commerciaux : au printemps 1941, leur principale inquiétude provient de la crainte que, au cas où la paix interviendrait avant le 1er février 1942, la situation de la production française ne se trouve affaiblie ; un an plus tard, ils réclament que les livraisons « ne puissent être utilisées pour [nous] concurrencer sur le terrain commercial, qu'elles soient réservées à des besoins militaires[48] ».

La collaboration financière, elle, implique des négociations plus complexes sur le capital ou sur des arrangements pour l'après-guerre. De ce fait, l'emprise allemande y a été plus limitée que sur la production courante (un total légèrement inférieur à quatre milliards de francs au début de 1942, contre plus de soixante-dix milliards de « contrats » commerciaux[49]).

Les décideurs publics ont voulu empêcher les accords entre industriels et contrôler la collaboration financière, sous une double condition : qu'il existe des « contreparties » et qu'elle s'insère dans une « négociation d'ensemble[50] ». Les premières cessions résultent d'initiatives isolées de Pierre Laval en 1940 (mines de Bor, Havas et Hachette) ou de ventes contre des titres d'emprunts étrangers de participations dans des entreprises situées en territoire sous contrôle allemand. Mais, dans les cas suivants, les responsables publics ont voulu engager une « collaboration constructive » (François Lehideux)[51]. Deux affaires, malgré des caractéristiques opposées, permettent de dégager des constantes : Francolor et le projet avorté (du fait du Reich) de construction d'une usine d'alumine par Pechiney et Ugine[52]. Dans les deux cas, les entrepreneurs ont *a posteriori* accusé les autorités publiques d'avoir scellé l'accord. Mais, lors des débats avec les négociateurs allemands, ils s'étaient réfugiés derrière la protection de l'État. Pour Francolor, la différenciation traverse décideurs publics et privés[53]. Et l'une des principales préoccupations des dirigeants de la chimie a ainsi été formulée : « Nous y avons gagné de garder nos usines intactes[54]. » Quant aux « résistances » des industriels de l'aluminium, elles résultent d'une triple inquiétude quant aux risques de surproduction, à la part du marché français et aux intérêts de Pechiney en Norvège une fois la paix revenue dans une Europe allemande[55]. Dans un autre cas, l'intransigeance du principal dirigeant de Michelin fait échouer un projet, conclu en août 1941 par les autorités de l'État, en vue d'échanger des participations étrangères de firmes de caoutchouc contre la livraison de buna[56]. Mais sa détermination — « J'ai fait mon choix : sacrifier le présent pour préserver l'avenir » — provient de son souci de conserver le marché d'exportation belge dans la future Europe allemande.

Ces « résistances » inégales reflètent non pas une attitude « résistante », mais des stratégies économiques diverses en 1941-1942, avec la perspective commune d'une division allemande du travail dans une Europe prochainement en paix.

Le second Vichy et les résistances à l'intégration par Laval

Parallèlement au retour de Laval, le passage de la politique allemande de *Blitzkrieg* à l'économie de guerre élève les exigences de l'occupant et rend encore plus anachroniques les possibilités d'une « collaboration constructive ». Plusieurs auteurs ont insisté sur les prélèvements de main-d'œuvre, mais ont rarement souligné qu'ils se combinaient avec une pression sur l'organisation de direction de l'économie.

À la logique négrière de Sauckel s'oppose, dès 1942, celle de l'exploitation de la main-d'œuvre sur place, notamment à travers les menaces de politique de « concentration » ou les commandes de la Rüstung. Il semble que les responsables des CO et les directeurs de MPI aient plutôt freiné ces fermetures, malgré les vives critiques de représentants des PME, tel Léon Gingembre[57].

Simultanément à la signature des accords Speer-Bichelonne de septembre 1943, les autorités militaires allemandes imposent la création, en échange de la protection accordée aux entreprises « S », d'un répartiteur des produits finis, dont la tâche consiste, grâce à des « programmes de fabrication », à contrôler la production française et à l'intégrer dans l'économie de guerre, en la transformant en pourvoyeuse de biens de consommation destinés aux civils allemands. Jean Bichelonne et certains de ses collaborateurs jouent ainsi jusqu'au bout la carte de l'intégration de l'économie française, désormais tripartite (secteur allemand, secteur prioritaire dirigé, secteur libre). Mais l'organisation commençait à peine à se mettre en place en août 1944, du fait de difficultés croissantes d'approvisionnement et des résistances de la plupart des directeurs du MPI comme des responsables des CO[58]

À l'heure de la contrainte brutale et d'une victoire désormais incertaine, les attitudes de freinage, à l'exception des hautes sphères d'un État fantoche, rassemblent décideurs publics et privés.

Michel MARGAIRAZ

NOTES

* Les principaux développements et documents annexés qui étayent cette contribution se trouvent dans notre thèse de doctorat d'État, soutenue en juin 1989 à l'université de Paris I, et publiée sous le titre *L'État, l'économie et les finances (1932-1952). Histoire d'une conversion,* Imprimerie nationale, 1991, 2 vol., 1460 p.

1. Yves Bouthillier, *Le Drame de Vichy,* Paris, Plon, 1951, vol. 2, *Les Finances sous la contrainte,* p. 418.
2. Secrétariat d'État à l'Économie nationale et aux Finances, *L'Action économique en France depuis l'armistice,* Paris, 1941, préface d'Yves Bouthillier, pp. 5-6.
3. Archives nationales (*infra* : AN), F^{60} 424, d. « documentation économique », lettre de René Belin au maréchal Pétain, août 1940, pp. 3 et 5.
4. *Ibid.,* p. 5.
5. *Ibid.,* p. 8.
6. *Ibid.,* p. 10.
7. Yves Bouthillier, *op. cit.,* vol. 2, p. 247.
8. Voir les travaux de Richard Kuisel, Henry Rousso, ainsi que les chapitres XVI et XVII de notre thèse.
9. Chiffres tirés des Archives économiques et financières (*infra* : AEF), 5 A 18 (Papiers Gaston Cusin), d. « Économie nationale », Comparaison des effectifs (agents de l'État) en 1936, 1941, 1946 et 1947, 3 février 1948, 1 p.
10. Yves Bouthillier, *op. cit.,* vol. 2, pp. 248 et 254.
11. François Lehideux, alors ministre de la Production industrielle, annonce en août 1941 : « Il ne faut [...] pas croire qu'on pourra revenir à une formule de libéralisme et de facilité ; cette ère de facilité est révolue. La France ne se sauvera que par une discipline permanente et tenace », déclaration faite le 27 août 1941 par M. Lehideux, *in* « Secrétariat d'État à l'Économie nationale et aux Finances », *op. cit.,* p. 165. Et, quelques mois plus tard, Jean Bichelonne, homme pivot du ministère, confirme : « La répartition générale est une forme durable d'économie dirigée. Elle me paraît destinée à subsister même en temps de paix [...]. Cette répartition primaire, elle, est un phénomène durable, et un phénomène nécessaire dans l'État moderne et qu'on ne peut laisser régler par le processus adaptatif vraiment trop simple et trop aveugle de l'économie libérale . » Jean Bichelonne, *L'État actuel de l'organisation économique française* (conférence du 20 janvier 1942 à l'École libre des sciences politiques), brochure, 1942, p. 9 et 23.
12. AN, F^{60} 590, procès-verbal de la séance du 22 mars 1941 du comité économique interministériel. Voir également notre contribution aux *Mélanges en*

l'honneur de Jean Bouvier, Le Capitalisme français, 19e-20e siècles, Paris, Fayard, 1987, pp. 47 et suiv.

13. Voir figure jointe p. 331.

14. Voir par exemple le témoignage de René Belin *in* René Rémond (dir.), *Le Gouvernement de Vichy, 1940-1942,* Paris, A. Colin, 1972, pp. 99-100 (colloque FNSP, 6-7 mars 1970).

15. AN, F^{37}, d. « Construction d'une nouvelle usine d'alumine en France », Lettre de l'Aluminium français au ministre de la Production industrielle, signée par Jean Dupin, 11 juin 1941, 2 p.

16. Yves Bouthillier, *op. cit.,* vol. 2, p. 90.

17. *Id., ibid.,* p. 131.

18. AN, F^{12} 10 157, d. « 221.H^2 », Rapport sur l'activité du MPI du 15 juillet au 15 novembre 1940, adressé au maréchal Pétain ; signé René Belin, EC/YL, 17 novembre 1940, 24 p.

19. AN, F^{37} 20, d. « Études sur la collaboration économique franco-allemande », Note sur les rapports économiques franco-allemands depuis l'armistice, sa, sd (mais de l'automne 1941), p. 3.

20. La même note précise : « Nous avons volontairement déclaré à l'administration occupante les stocks de nos matières premières de zone libre. »

21. AN, F^{37} 20, note citée (voir note 19)

22. AN, F^{37} 27, d. « Aide apportée par l'Allemagne à l'économie française », Note « Avantages que représentent *(sic)* pour l'économie française sa situation vis-à-vis de l'Allemagne », sa, sd (mais probablement de novembre 1941), 16 p.

23. Voir Alain Milward, *The New Order and the French Economy,* Oxford, 1970, pp. 48 et suiv.

24. Voir figure jointe p. 331.

25. AN, F^{12} 10 102, d. « Occupation allemande. M. Claudot », Rapport de M. Bellier, EG 12729, 5 mars 1945, 4 p.

26. AN, F^{37} 32, d. « Aluminium », procès-verbal de la séance du 21 mars 1941 de la commission économique, Wiesbaden, 31 p.

27. Voir le chapitre XVIII de notre thèse, *L'État..., op. cit.,* vol. I, pp. 541 et suiv.

28. *Ibid.,* vol. III, p. 199.

29. Yves Bouthillier, *op. cit.,* vol. 2, p. 253.

30. Cité *in* Jean-Pierre Azéma, *De Munich à la Libération, 1938-1944,* Paris, Le Seuil, 1979 et 1986, p. 87.

31. Voir Gérard Brun, *Technocrates et technocratie en France, 1918-1945,* Paris, Albatros, 1985, 324 p.

32. Richard Kuisel, « The legend of the Vichy Synarchy », *French Historical Studies,* 6/3, 1970, pp. 365-398.

33. Voir notamment la filiation entre le Comité des Houillères et le CO des combustibles solides.

34. AN, F^{12} 10 157, d. « 221.H^2 », Observation sur le rapport Belin, sa, Vichy, 1er décembre 1940, 2 p.

35. AN, F^{37} 33, d. « Textiles », sd, « Direction des négociations françaises », Lettre de Robert Carmichael au maréchal Pétain, Direction générale, D/1/127, 18 octobre 1941, 2 p.

36. *Ibid.,* compte rendu d'une réunion entre représentants SEPI/Autorités d'occupation des 2, 3 et 4 mai 1941, DGCOIT, 1232/AE/1, intervention de F. Motte, directeur du CO du coton.

37. Jean Bichelonne, *op. cit.,* pp. 33-34.

38. AN, F^{12} 10 030, d. « Rapports annuels des directions — M. Jarillot », rapport annuel sur la direction des industries chimiques et les industries qui s'y rattachent, 1942, 86 p. Sur Saint-Gobain, voir la thèse de Jean-Pierre Daviet, *Un*

destin international, La compagnie de Saint-Gobain de 1830 à 1939, Montreux-Paris, 1988.

39. À travers les CO ou encore le Centre d'information interprofessionnel (CII), véritable reconstitution partielle de la CGPF.

40. « Le Comité reconnaît unanimement que la plupart des lois sociales ne sont pas appliquées », AN, F^{60} 590, compte rendu de la séance du 9 mai 1941 du comité économique interministériel.

41. La DGREFA fonctionne de février 1941 à novembre 1942 sous la direction de Jacques Barnaud.

42. Le Bureau des achats et ventes à l'étranger (BAVE), dirigé par René Sergent (et auquel Jacques de Fouchier a collaboré de manière éphémère), est créé le 18 novembre 1940 à la Direction du commerce extérieur.

43. AN, F^{37} 27, d. « Aide apportée par l'Allemagne à l'économie française », DIME, Note pour Jacques Barnaud, signée René Norguet, 2 décembre 1941, 5 p.

44. AN, F^{37} 31, d. « Charbon (questions générales) », Lettre de François Lehideux au docteur Michel, sd (été 1941), 5 p.

45. AN, F^{37} 33, d. « Textiles ».

46. *Ibid.*

47. AN, F^{37} 32, d. « aluminium ».

48. *Ibid.,* compte rendu de la réunion du 29 avril 1942, n°P 565/DE ; voir aussi AN, F^{12} 9579, CNIE — L'Aluminium français.

49. Michel Margairaz, *L'État...,* vol. I, p. 666.

50. Voir Henry Rousso *in La France et l'Allemagne en guerre — septembre 1939-novembre 1942,* colloque franco-allemand (17-19 mars 1988). Nous ne partageons pas l'idée qu'il y aurait « contradiction » dans l'attitude des responsables publics.

51. AN, F^{60} 590, compte rendu de la séance du 18 avril 1941 du CEI.

52. Pour Francolor, la supériorité technique et commerciale allemande est écrasante, ainsi que la volonté de revanche sur 1918; les principales usines se trouvent en zone nord; et l'un des dirigeants de Kuhlmann a accepté sans difficultés les conditions allemandes en échange de la présidence de la société. Pour l'alumine, la technique française est reconnue, les établissements se trouvent en zone sud et les principaux dirigeants vont ensuite entrer en contact avec la résistance active.

53. Le principal dirigeant, qui a accepté les 51 % à IG Farben, a été condamné après la guerre, alors que les autres ont été blanchis. Bouthillier et Barnaud ont cédé sur les 51 % tandis que Pucheu et Bichelonne les rejetaient.

54. AN, F^{12} 9574, d. « CNIE-Francolor », sd. RP Duchemin, *Histoire d'une négociation,* 1942, pp. 42-43.

55. AN, F^{37} 32, d. « Aluminium ».

56. AN, F^{37} 27, d. « Participations allemandes, caoutchouc-buna », compte rendu d'une réunion, manuscrit, sd., 7 p.

57. AN, F^{12} 9966, d. « Concentration industrielle ».

58. AN, F^{12} 10 157, d. « Répartition 221 ».

6.

Étude départementale : la Seine-Inférieure

La Révolution nationale, dans un département de la zone occupée, la Seine-Inférieure [1], pose un problème de fond, celui de l'impact d'une politique menée par un gouvernement national, dans une région où sa souveraineté est remise en question dans les faits par une occupation qui va devenir de plus en plus omniprésente.

Les agents de cette révolution sont très divers ; il y a d'abord les acteurs officiels, ceux qui sont chargés par le gouvernement de mettre en place sa politique : les préfets délégués, puis, à partir d'avril 1941, les préfets régionaux, assistés des sous-préfets et des délégués à la jeunesse, à l'information, à la propagande ; les relais locaux, les maires et conseillers municipaux, qui, bien souvent, sont restés en place ; les groupes de soutien dont l'évolution est caractéristique de celle de l'opinion publique, comme les Amis du Maréchal ; enfin, l'Église catholique, dont la hiérarchie et les membres se firent les ardents défenseurs de l'ordre moral prôné par le maréchal Pétain, jusqu'aux persécutions antisémites.

Quels sont les objectifs et les moyens de la Révolution nationale dans un département occupé par les troupes allemandes ? En quoi consiste l'ordre moral garantissant le retour à certaines valeurs, l'ordre social établi grâce à la Charte du travail et au respect du corporatisme ? Quelle est la part des valeurs traditionnelles dans l'instauration de cette société idéale, et ne laissent-elles pas entrevoir, par intermittence, des éléments plus modernes, qui subsisteront à la Libération, dans leur essence sinon dans leur terminologie ? Entre l'archaïsme des valeurs et la modernité de certaines réalisations, n'y a-t-il pas un fossé qui expliquerait précisément l'échec de la Révolution nationale ?

Les cadres institutionnels de la Révolution nationale : l'administration préfectorale

Le gouvernement de Vichy compte d'abord sur les agents traditionnels de l'État pour faire appliquer sa politique. Dès juin 1940, juste après l'armistice, un député de Seine-Inférieure, Montalembert, effectue une mission pour le compte du ministre de l'Intérieur Adrien Marquet. Une de ses préoccupations essentielles est la nécessité d'une réorganisation rapide des rouages administratifs, en vue de restaurer une part de souveraineté gouvernementale sur les territoires occupés. Il faut ressouder les liens entre l'administration locale et l'administration centrale, pour éviter un éclatement de l'État français. Partisan du renforcement de l'étatisme, Montalembert est également sensible à la menace des autorités d'occupation de constituer une administration propre en fondant les départements de la Seine-Inférieure, de la Somme et de l'Oise en une région économique autonome[2].

Mais il ne s'agit pas pour autant de conserver les anciens cadres de la vie administrative, compromis dans la IIIe République : est ainsi démis de ses fonctions, en septembre 1940, le préfet Verlomme, ancien directeur de cabinet du ministre de l'Intérieur du Front populaire, Salengro. Il est remplacé par René Bouffet, qui fut en janvier 1931 chef adjoint du cabinet du président du Conseil Pierre Laval. Le rôle du préfet est précisé par une circulaire du délégué général du gouvernement français, le général de La Laurencie[3] : représentant du gouvernement, il doit exécuter ses décisions; interprète du chef de l'État, il doit être un intermédiaire entre celui-ci et les populations.

Cette conception très « centralisatrice » du rôle des préfets est légèrement tempérée dans une circulaire du 7 août 1940 où Adrien Marquet précise que les préfets, d' « agents d'exécution », doivent devenir des « hommes d'action » dont l'objectif premier est la « remise en ordre des affaires de l'État ».

En créant, le 19 avril 1941, la fonction de préfet régional, l'amiral Darlan cherche à doter les hauts fonctionnaires de l'État de pouvoirs étendus pour rétablir l'ordre public et assurer le ravitaillement, le cadre du département de 1790 ne se prêtant plus aux vastes opérations de police ou de renseignement. Le préfet départemental

Bouffet est promu préfet régional en juin 1941 avant de devenir préfet de la Seine en septembre 1942 et est alors remplacé par André Parmentier ; élu député modéré du Nord en 1936, prisonnier libéré, il devient préfet des Vosges, puis préfet de la région de Rouen, qui comprend l'ensemble des départements normands : Seine-Inférieure et Eure — actuelle Haute-Normandie —, Calvados, Manche et Orne — actuelle Basse-Normandie — (les régions de programme instituées en 1955 scindent donc la région de Normandie en deux unités bien distinctes, dominées chacune par une capitale régionale : Rouen et Caen). Il y a, dans les limites mêmes de la région de Rouen de 1941, une volonté avouée de retrouver l'ancienne « province », tout en assurant aux agents de l'État un pouvoir renforcé. La décentralisation administrative n'est qu'un mythe si elle ne s'accompagne pas de pouvoirs accrus à tous les échelons administratifs : le renforcement des pouvoirs du préfet régional est source de tensions avec ses subordonnés (préfets délégués, sous-préfets), qui se sentent dépossédés d'une partie de leurs pouvoirs.

L'ORDRE MORAL : CONTRE LA DÉCADENCE ET L' « ESPRIT DE JOUISSANCE »

La Révolution nationale s'inscrit naturellement dans le rejet de la culture de l'entre-deux-guerres, qui remettait en cause les valeurs établies, bouleversées par la Grande Guerre. Le choc moral engendré par la défaite va faire renaître ces valeurs dont l'effacement est considéré par le maréchal Pétain comme l'origine du désastre. Sont donc condamnés tous ceux qui ont pu contribuer, par leurs écrits ou par leurs paroles, à rejeter ces valeurs « ancestrales », et en premier lieu les romanciers. « Contre la décadence littéraire », le *Journal de Rouen* invite, en novembre 1940, ses lecteurs à établir deux listes de noms correspondant à deux catégories d'écrivains de l'entre-deux-guerres : ceux dont l'œuvre résiste à l'épreuve de la guerre et de la défaite, ceux que cette épreuve condamne.

Toute une littérature jugée « décadente » est rejetée en bloc, parce qu'elle montre l'image d'une société pervertie : André Maurois, André Gide, André Malraux, Paul Morand, Julien Benda se retrouvent ainsi proscrits, alors que sont appréciés Georges Duhamel, Paul Claudel, Charles Maurras, Jacques Bainville et Henry Bordeaux. Reflétant l'idéologie de la Révolution nationale, avec des réponses qui semblent confirmer la volonté de rénovation morale et intellectuelle du régime, ce concours exprime l'ambiguïté du système idéologique pétainiste : désir de changement radical, car la défaite n'est pas seulement militaire, elle est aussi celle d'une « époque », d'un monde « politique », d'un ensemble d'idéologies (républicaine et laïque) et de « conceptions socio-économiques » (le « capitalisme des trusts »)[4]. Mais aussi aspiration à retrouver des valeurs héritées du passé, d'un passé lointain et assez mal défini, un au-delà de la République et de la Révolution qui ne serait pas tout à fait la monarchie absolue. Contre la République laïque et anticléricale, l'État français fait appel à l'Église catholique et à ses cadres dont les sources d'inspiration sont identiques. À la Libération, l'anticléricalisme de la IIIe République ne resurgira pas, car le nouveau régime entend bien s'édifier de façon autonome, en rejetant également certains de ces principes « dissolvants » que condamnait le régime du Maréchal : messes et *Te Deum* réunissant les acteurs de la Libération célébreront la réalité parfois factice de l'unité retrouvée derrière le Général après avoir célébré cette même unité derrière le Maréchal.

Un agent de l'ordre nouveau : des Amis du Maréchal au Comité de propagande

Au début de l'année 1941, l'idée germe dans l'esprit de certains pétainistes fervents de s'unir autour du Maréchal et de créer autour de sa personne un « vaste mouvement national » qui, sans avoir le nom de parti politique, en aurait les attributs : montrer la force du courant pétainiste, en rassemblant toutes les personnalités et les personnes qui se reconnaissent dans ses valeurs. Un industriel de la région rouennaise, petit-neveu d'un président du Conseil de la IIIe République, notable reconnu et estimé, est à l'origine de cette création, à un moment où déjà le régime commence à décevoir une partie de l'opinion publique.

Le *Journal de Rouen,* principal quotidien d'information régional, dont les directeurs sont parmi les membres fondateurs, ouvre une tribune aux Amis du Maréchal, qui y exposent les objectifs du mouvement. Le désir de rénovation économique et sociale est clairement exprimé par le rejet des « trusts » et des « sociétés secrètes ». Il s'agit d'instaurer un « ordre nouveau » qui doit régénérer non seulement l'économie et la société, mais aussi les mœurs[5]. Une déclaration sur l'honneur est exigée de tout adhérent, qui doit « être français, né de père et de mère français, n'être ni juif, ni franc-maçon », affirmation des conceptions antisémites et xénophobes caractéristiques du régime de Vichy.

Mais le mouvement semble piétiner dès le mois d'avril 1941 ; il apparaît en septembre avec une nouvelle équipe dirigeante après la démission de son fondateur, et il semble s'orienter vers un certain durcissement idéologique qui n'est pas sans effet sur les démissions enregistrées pendant l'été. Une déclaration des Amis du Maréchal parue dans le *Journal de Rouen* du 27 décembre 1941 précise les trois tâches qui incombent au régime : la liquidation de l'ancien système politique, de ses institutions économiques et sociales, de ses hommes, de ses mœurs ; à l'intérieur, édification « d'un socialisme national, libérant l'homme du capital anonyme » ; à l'extérieur, participation de la France à la construction d'une « Europe réconciliée » sous domination allemande.

Ce rassemblement, dont l'objectif était de soutenir la Révolution nationale en étant le support d'un mouverment de masse, perd sa légitimité à partir du moment où les notables le délaissent, inquiet devant les objectifs énoncés (anticapitalisme et collaboration) et l'indifférence de l'opinion publique.

À partir de mai 1941, le Comité de propagande sociale du Maréchal, constitué à Paris, tente de s'étendre en province en utilisant les structures administratives comme relais de cette implantation. Le Comité se place d'emblée sous l'égide du gouvernement en refusant toute structure politique. Le préfet de la Seine-Inférieure est contacté afin de créer un comité de patronage composé de notables disposant d'une influence morale et sociale, représentants de la jeunesse, du Secours national, de l'Église, de la chambre de commerce, de la chambre des métiers, des syndicats ouvriers et agricoles, de l'ordre des médecins. Il s'agit de créer un outil de diffusion de l'idéologie pétainiste, un outil de propagande en faveur de la Révolution nationale. Mais dès le 18 mai 1942 une circulaire du délégué général du gouvernement français dans les territoires occupés annonce au préfet que le gouvernement renonce à son projet, qui ne rencontre aucun enthousiasme.

L'ordre économique : le corporatisme

Syndicats et Révolution nationale

Avant la guerre, le département de la Seine-Inférieure connaît une très forte poussée du syndicalisme, surtout de la CGT, réunifiée à la CGTU depuis 1936. Les grèves de 1936 ont éclaté aux usines Breguet du Havre avant de se diffuser à l'ensemble du territoire national. Selon un rapport des Renseignements généraux, la CGT comptait en 1937 65 000 adhérents dans le département et la CFTC 2 500, soit un taux de syndicalisation de 60 % ; mais à la fin de 1938 il n'y en a plus que 35 000 (soit 33 %), reflux dû à l'échec des grèves de 1938 et à la montée des périls extérieurs ; les plus forts taux de syndicalisation se rencontrent dans la métallurgie (8 000 cégétistes sur 11 000 travailleurs) et chez les dockers.

Parmi les dix militants syndicalistes les plus engagés avant guerre dans le mouvement ouvrier, quatre ont d'emblée pris parti en faveur de la Révolution nationale (dont le secrétaire du syndicat des dockers) ; les autres sont soit en fuite, soit prisonniers de guerre, soit internés. Dès le 5 juillet 1940, se tient à la préfecture une commission chargée de fixer les salaires dans le département. Son but est de favoriser la reprise économique dans un département vidé de sa population par l'exode. Une diminution des salaires est décidée ; le 15 juillet une seconde réunion décide de réduire la baisse des salaires, devant le retour de la population. Les représentants des syndicats, invités à ces réunions, adoptent une attitude mitigée : tout en acceptant le principe de la diminution des salaires, ils refusent l'échelle progressive des réductions (allant de – 15 % pour les salaires de 4 et 5 francs à – 30 % pour les salaires supérieurs à 7 francs), et, le 27 juillet, les quatre délégués, représentant l'Union départementale des ouvriers confédérés, l'Union philanthropique des employés, le Syndicat du personnel de la compagnie d'énergie électrique et le Syndicat du livre de Rouen, votent contre le projet, tout en affirmant leur volonté de ne pas être rejetés de la communauté nationale et leur désir de « collaborer loyalement avec les organisations patronales à la reprise rapide de l'activité économique du pays [6] ».

En juin 1941, l'union départementale des syndicats chrétiens fait paraître dans le *Journal de Rouen* une déclaration dans laquelle les dirigeants locaux exposent leurs conceptions du syndicalisme et de ses rapports avec la Révolution nationale. Loin de souhaiter leur effacement, les syndicalistes affirment au contraire les « principes de toujours » : le respect de la personne humaine, de sa dignité et de ses droits, y compris celui d'association. L'instauration des corporations est saluée avec force, car « la liberté sagement réglementée est le meilleur garant d'une paix sociale en profondeur ». La Révolution nationale doit se faire avec l'ouvrier et non malgré lui.

L'ordre économique : les comités d'organisation

Dès la fin de l'automne 1940, les nécessités économiques commencent à prévaloir sur les nécessités idéologiques. Dans un département où l'industrie constitue l'activité dominante (avec 40 % des actifs contre 18 % dans le secteur agricole), les restrictions et les destructions pèsent d'un poids considérable. Si quelques branches industrielles continuent de fonctionner, d'autres, comme le bâtiment ou celles tributaires des importations, ont dû cesser toute activité. Les difficultés d'approvisionnement en matières premières et en combustibles ainsi que la pénurie des moyens de transport ont conduit l'État à une réglementation rigoureuse de la fabrication et des échanges.

Dès le 16 août 1940, la loi sur la production industrielle crée les comités d'organisation, chargés de recenser les équipements, la main-d'œuvre, les ressources, et d'imposer des règles de fonctionnement économique, de réglementer les marchés et les prix. Ils sont vite contestés, surtout par les petits producteurs (artisans et commerçants), qui y voient des entraves renforcées à la liberté de commerce et de production, ainsi qu'une ingérence néfaste de l'État dans les affaires économiques par la multiplication des taxes. En 1942, le comité d'organisation du bâtiment et des travaux publics élabore une monographie du département dont les chiffres seront repris par l'inspection du travail en vue d'une enquête de comptabilité départementale entreprise à la demande du *Feldkommandant* de Rouen. La réalité de l'occupation a rattrapé les velléités des dirigistes : il n'y a pas de restructuration économique possible. À partir de la fin 1942 et du début 1943, la machine de guerre nazie a besoin de tout le potentiel économique disponible dans les régions occupées. Les chiffres de production industrielle et d'effectifs ouvriers fournis par les CO vont servir avant tout à planifier les prélèvements du Reich.

L'ordre social : la Charte du travail

Le 26 octobre 1941 est promulguée la « loi sur l'organisation sociale des professions, des branches industrielles et commerciales », ou Charte du travail, dont le rôle est de « créer des institutions aptes à engendrer une atmosphère plus propice à la justice pour tous et à la prospérité pour chacun ».

La Charte du travail répond à l'un des grands objectifs de la Révolution nationale, qui est d'assurer l'harmonie de la société par l'union de tous les corps qui la composent. La lutte des classes doit s'effacer au profit de la collaboration, de l'entente mutuelle entre les deux groupes, patronat et ouvriers. La réalisation de cet objectif passe avant tout par l'établissement d'un consensus national en faveur des principes de la politique entreprise.

Les comités sociaux

D'après l'article 23 de la Charte du travail, la constitution des comités sociaux est obligatoire dans les établissements de plus de cent ouvriers. L'objectif de ces comités est de réaliser une « collaboration » sur le terrain entre employeurs et salariés, en vue de régler les problèmes concernant les conditions de vie et de travail des employés[7].

En juillet 1942, cent treize comités sociaux d'entreprise ont été constitués, soit 50 % du nombre d'entreprises employant en 1939 plus de cent ouvriers sur l'ensemble de la Normandie. Les syndicats professionnels uniques ne sont, quant à eux, jamais formés, comme le souligne le chef des RG du Havre en janvier 1944.

Devant le Centre des Jeunes Patrons, Jean Terray, secrétaire général au ministère du Travail, prononce le 21 février 1942 un discours dans lequel il expose les objectifs des comités sociaux, en s'inquiétant des réticences patronales devant leur création : « La

Charte n'est pas un fatras de règles de détail. Elle est un état d'esprit, une foi », affirme-t-il dans ce discours, révélateur des tensions entre le gouvernement et les patrons, qui réprouvent à la fois l'ingérence de l'État dans leurs entreprises et la notion, révolutionnaire, de partage des responsabilités, laquelle vise à « accrocher les ouvriers à la tâche collective [8] ».

Le directeur du *Journal de Rouen,* président du comité social, propose de suivre les conseils donnés par Jean Terray. Faut-il y voir un souci de rénover en profondeur les structures économiques et sociales ou bien la volonté de mettre en pratique une Révolution nationale dont les directeurs du quotidien normand sont parmi les plus ardents défenseurs ?

Les comités sociaux d'entreprise sont donc intégrés dans une structure hiérarchisée et corporative, placés sous le contrôle du comité social local de la profession, qui doit arbitrer les litiges.

L'exemple du comité social du *Journal de Rouen* peut permettre d'en définir le fonctionnement. En premier lieu, les statuts du comité social soulignent le caractère communautaire de l'entreprise. Parmi les vingt-six membres du comité, on trouve cinq représentants de la direction, neuf représentants des cadres (techniques et journalistes), neuf représentants des ouvriers et trois des employés, se renouvelant par tiers tous les ans, le premier renouvellement s'effectuant par tirage au sort. Le comité social intervient dans tous les domaines de la vie économique, sociale et familiale : hygiène, sécurité du travail, formation professionnelle, entraide et assistance sociale, ravitaillement (par la création d'un restaurant d'entreprise, d'un groupement d'achat), jardins industriels, loisirs et sports.

Un véritable projet social est établi, qui vise à donner une forme nouvelle aux rapports entre patrons et ouvriers : les conflits sociaux ne sont pas niés mais le comité se fait l'instrument de leur conciliation ou de leur prévention. Le fonctionnement harmonieux de l'entreprise est à l'image de la société tout entière en supprimant l'origine même des conflits.

Le désir de rénovation économique apparaît dans l' « adresse de fidélité » envoyée au maréchal Pétain par les membres du comité social, qui remercient le chef de l'État pour avoir préparé l'avènement d'une « nouvelle hiérarchie sociale fondée sur le mérite et le talent », termes que ne désavoueraient pas les révolutionnaires de 1789 qui s'élevaient contre la société d'ordres fondée sur les privilèges de la naissance. En 1942, ce sont les privilèges de l'argent et la puissance des « trusts » qui sont remis en cause.

Le texte glorifie également la « collaboration de classes » exigée par cette « révolution » qui doit bouleverser les structures de l' « ancien régime économique », mais sans oublier la garantie d'un « salaire vital », ancêtre du SMIG de 1950 [9], lequel doit donner aux ouvriers l'envie de collaborer. L'œuvre du comité social rappelle à bien des égards celle des comités d'entreprise créés après la Libération : restaurant d'entreprise, cadeaux de fête des Mères et de Noël...

Réactions face à la Charte du travail

Les syndicalistes reprochent à la Charte du travail d'avoir favorisé la mainmise du patronat sur les corporations et les comités sociaux. Ils s'inquiètent également, en février 1942, de l'ingérence de l'État dans leurs institutions [10]. Resserrés dans leurs attributions (article 14), limités dans leur autonomie financière (articles 15 et 18), soumis à un renouvellement perpétuel de leurs dirigeants, cause classique d'impuissance (article 16), les syndicats tels que la loi les définit semblent appelés à sombrer dans l'indifférence.

Les critiques à l'égard des comités sociaux portent essentiellement sur le mode de désignation des délégués. Si le principe de l'élection est accepté dans certaines grandes entreprises (comme à l'usine d'aviation Bréguet du Havre, où un délégué ouvrier sera même élu contre l'avis de la direction en février 1944), il n'en est pas de même dans la plupart d'entre elles, où le patron désigne un « premier collège » de candidats potentiels choisis parmi les « meilleurs éléments du travail », tout en se réservant le droit de refuser certains délégués. Pour beaucoup de patrons, la Charte du travail eut pour résonance d'instituer de nouveaux rapports avec les ouvriers, rapports fondés sur cette notion très discutée de « paternalisme ».

Pour imposer la Révolution nationale dans un département occupé, les moyens ont manqué au gouvernement de Vichy, qui s'est trouvé confronté à des nécessités économiques et politiques qu'il n'a pas su surmonter.

Par les réquisitions et les prélèvements, favorisés par les documents fournis par les comités d'organisation, par la collaboration de plus en plus étroite entre l'administration française et les autorités allemandes, pour assurer la relève, par l'ensemble de ces compromissions, l'administration française a terni l'image de la Révolution nationale en l'assimilant à celle de la collaboration. Celle-ci, qui pouvait encore se justifier lorsque l'Allemagne semblait dominer l'Europe, ne trouvera plus grâce aux yeux de l'opinion publique lorsque la puissance nazie sera ébranlée sur le plan militaire.

La fourniture de la main-d'œuvre, des matières premières et des produits fabriqués pour entretenir la machine de guerre allemande est une nécessité qui interdit l'application pratique de la Charte du travail (elle sera ignorée totalement dans les entreprises travaillant pour le compte des Allemands). La situation de pénurie résultant de l'occupation sera une source d'aggravation des inégalités sociales, contradictoires avec la vision idéalisée d'une société corporative, la « pénurie nuisant à l'harmonie des rapports sociaux[11] ». L'idéal de l'unité nationale se fissure sous le coup des difficultés économiques, la Révolution nationale ne pouvant être mise en place dans la conjoncture d'une occupation renforcée et d'une collaboration imposée par les nécessités politiques, économiques et militaires. Entre l'archaïsme des valeurs du passé (retour à la terre, culte du père, sacrifice et don de soi du héros de la patrie) et la modernité de la reconstruction d'une France nouvelle, industriellement développée, démographiquement jeune, le régime de Vichy n'a pas pu choisir. Ses hésitations et ses tergiversations feront basculer l'opinion publique, pourtant favorable en 1940 aux principes et aux objectifs de la Révolution nationale.

Catherine LEFRANÇOIS

NOTES

1. Actuelle Seine-Maritime.
2. AN, F1C III 1188 : compte rendu de la mission Montalembert, juillet 1940.
3. Arch. dép., Z 28352 : instructions de la délégation générale du gouvernement français dans les territoires occupés, 2 septembre 1940.
4. *Journal de Rouen,* 28 janvier 1941.
5. *Journal de Rouen,* 16 janvier 1941.
6. Arch. dép., Z 117671 : procès-verbal de la réunion de la commission départementale du travail, 27 juillet 1940.
7. « Un an d'expérience », recueil des procès-verbaux des réunions et des

comptes rendus des manifestations du comité social de la société du *Journal de Rouen,* 22 décembre 1941-31 décembre 1942. Archives personnelles.

8. *Ibid.*, Discours cité par Pierre Lafont directeur du *Journal de Rouen.*

9. SMIG : Salaire minimum interprofessionnel garanti.

10. Arch. dép., IMP 560, Rapport du sous-préfet du Havre.

11. Arch. dép., Z 28483, Rapport du commissaire de police de Fécamp, septembre 1941.

7.

Vichy entre l'archaïsme et la modernité

Table ronde avec François Bloch-Lainé, Patrick Fridenson, Richard Kuisel, Michel Margairaz, Philippe Mioche, Henry Rousso.

HENRY ROUSSO

Le débat historiographique sur l'opposition entre les tendances dites « archaïques » et les aspirations qualifiées *a posteriori* de « modernistes » du régime a commencé véritablement avec la publication de l'ouvrage de Robert Paxton. Si l'on excepte les articles pionniers de Stanley Hoffmann et de Richard Kuisel, rares étaient en effet les historiens à avoir saisi jusque-là l'importance de cette cohabitation entre « vieux Romains » et « jeunes cyclistes », selon la célèbre formule d'Henri Moysset évoquant auprès de Darlan la composition du gouvernement de 1941. Cela étant, les opposer de façon radicale relève à mon sens d'une vision rétrospective dont l'enjeu, à partir des années 1970, était de briser l'image classique de Vichy, perçu exclusivement comme un régime rétrograde aux aspirations contre-révolutionnaires. La mise en évidence — et parfois la surestimation — des aspirations « technocratiques » et « modernistes » a permis de mieux percevoir la complexité et les contradictions internes de Vichy, de mieux inscrire cette séquence historique dans une histoire longue des rapports entre l'État et l'économie en France, et surtout de montrer alors la profonde actualité de Vichy. En effet, dès lors que le régime ne pouvait plus s'interpréter comme un simple avatar des idéologies réactionnaires du XIXe siècle ou comme un appendice aberrant résultant de l'occupation nazie, dès lors que la planification, la rationalisation des décisions publiques en matière économique, la prise en compte des grandes évolutions sociales du milieu du XXe siècle apparaissaient comme des composantes de son environnement intellectuel, voire de ses pratiques gouvernementales, Vichy devenait un point d'ancrage pour comprendre la modernisation de la France d'après 1945. Avec pour conséquence implicite ou explicite de réintroduire l'époque maudite dans le débat public et dans la mémoire des Français, alors saisis par le doute sur l'avenir de la croissance.

Cela posé, l'évolution de l'historiographie rend, à mon sens, quelque peu caduque cette vision dichotomique qui peut même induire des contresens sur la réalité des pratiques de Vichy et sur la manière dont les contemporains ont perçu le problème. Il est admis aujourd'hui qu'ont coexisté un discours réactionnaire, traditionaliste, rêvant d'une France à majorité rurale et investie des valeurs réelles ou mythiques de la paysannerie telles que la propagande les diffuse largement par voie d'affiches ou de discours du Maréchal, et une pratique effective, soumise aux contraintes de l'heure et soucieuse — à sa manière — de faire entrer la France dans l'ère technologique et industrielle, non sans que les Allemands ne jouent un rôle majeur dans cette vision du monde et de la société, aux antipodes du « retour à la terre ». Mais cet antagonisme idéologique apparent ne s'est pas traduit par des oppositions frontales au sein du gouvernement et de l'administration, du moins en ce qui concerne la conduite de la politique économique. Bien au contraire, les mêmes qui avaient sur le terrain des pratiques plutôt « modernistes » pouvaient, dans les discours et dans leurs justifications, invoquer le triptyque désormais consacré du « travail-famille-patrie ». À titre d'exemple, un René Norguet, directeur des industries mécaniques au ministère de la Production industrielle, puis secrétaire général du même ministère, fut à la fois un fervent maréchaliste, qui a été un des rares fonctionnaires des ministères économiques à témoigner en faveur de Pétain lors de son procès, et par ailleurs un fidèle exécutant de la politique de Jean Bichelonne, considéré comme l'archétype des technocrates de Vichy. Ce n'est d'ailleurs pas la seule contradiction apparente du personnage, car, quoique antiallemand, et bien qu'il se soit souvent opposé à certaines visées de l'occupant (il sera finalement arrêté et déporté), il a plaidé au sein de son administration en faveur d'une collaboration économique intelligente et rationnelle avec l'occupant, non par idéologie mais parce qu'il considérait qu'elle était, compte tenu des circonstances, une chance pour la rénovation technologique du tissu industriel français.

En fait, la véritable opposition — objet de farouches débats et combats au sein du gouvernement et des cercles de réflexion proches du régime — s'est située entre les tendances corporatistes et les tendances dirigistes. Elles se sont affrontées sur le rôle et la place de l'État dans la « modernisation », tant économique que sociale, c'est-à-dire sur la manière de combattre la lutte des classes, de prévenir des crises comme celle des années 1930 et de s'aligner au plan industriel sur le pays dominant, à savoir le IIIe Reich. Or les idéologies corporatistes de l'entre-deux-guerres, dont les principaux tenants ont espéré dans un premier temps qu'ils pourraient marquer de leur empreinte la Révolution nationale, n'étaient pas perçues à l'époque comme « archaïques », et elles n'étaient pas véhiculées par d'obscurs doctrinaires rétrogrades mais par des économistes ou intellectuels respectés et reconnus, à l'image d'un François Perroux. Que ce soit à l'Université, que ce soit dans des cercles proches du régime, comme l'Institut d'études corporatives et sociales animé par Maurice Bouvier-Ajam, ou encore dans de nombreuses revues et publications, les thèmes abordés n'étaient pas dans leur nature très différents des thèmes étudiés par des cercles d'obédience plus « technocratique », ou dans des commissions formées au sein des ministères économiques : ils avaient trait au problème de l'évaluation des salaires, de la définition renouvelée de l'entreprise et de l'entrepreneur, de la planification des ressources et des besoins, etc.

En définitive, les tendances dirigistes l'ont largement emporté sur les tendances corporatistes, comme en témoignent deux exemples topiques : celui de la Charte du travail et celui des principes et des instruments de la politique économique. Dans les deux cas, les préceptes du corporatisme — c'est-à-dire, pour faire bref, la constitution de corps professionnels intermédiaires dotés de prérogatives importantes et d'une large indépendance à l'égard de l'État — n'ont pas été respectés. Vichy, dans la tradition centralisatrice, a au contraire renforcé considérablement les prérogatives de l'État et de l'administration. Dans les textes comme dans les faits, les comités sociaux de la Charte du travail n'ont eu aucun pouvoir de décision économique, n'ayant une compétence que sur les questions d'ordre social, et encore, à titre consultatif. Rien, sinon l'État, n'a empiété sur les pouvoirs théoriques du chef d'entreprise, au grand dam des corporatistes qui réclamaient un partage du pouvoir dans le cadre de la « corporation ». De même, l'édifice mis en place par Vichy — ministère de la Production industrielle, offices de répartition, comités d'organisation, voire la Corporation paysanne — a été conçu dans une optique dirigiste, c'est-à-dire sur la base d'une tutelle directe de l'État et non sur le principe d'une autonomie des secteurs et des professions.

Déplacée de la sorte, la ligne de clivage permet de mieux replacer l'épisode de Vichy dans une évolution de moyenne durée, car elle relève moins d'une opposition entre des « anciens » et des « modernes » que d'une série de clivages, les uns directement liés aux circonstances exceptionnelles, les autres permanents et récurrents, sur la conception de l'État, la définition de ses prérogatives et donc de ses frontières d'intervention, la prise en compte respective des contraintes et de l'idéologie, la seconde l'ayant parfois emporté dans un régime pourtant soumis à des contraintes d'une rare pesanteur.

RICHARD KUISEL

Le terme le plus important et le plus controversé dans l'alternative archaïsme-modernité, c'est celui de modernité. En économie politique, que représente la modernité ? La perspective compte beaucoup pour évaluer le phénomène. Par exemple, la planification semblait plus moderne en 1970 qu'aujourd'hui.

Dans le contexte de la période 1930-1950, on pouvait définir une politique économique « moderne » comme celle d' « un État actif qui poursuivait la croissance économique ». Selon cette définition simple, l'État français était un État moderne, ou du moins il y avait chez lui une tendance moderne. Néanmoins, ses réalisations concrètes furent peu nombreuses ; il s'agissait davantage de projets d'études et d'intentions. En outre, l'héritage de Vichy s'est trouvé gâché par les contradictions, par le style bureaucratique et autoritaire du régime, ainsi que par la politique de collaboration, puisque la modernisation dépendait de l'insertion de l'économie française dans l'Europe allemande.

Au niveau des institutions, il y a eu à la fois continuité et rupture. La continuité est évidente entre les années 1930 et Vichy, en ce qui concerne le contrôle économique et le dirigisme (par exemple entre le ministère de l'Armement de Dautry et le ministère de la Production industrielle de Bichelonne). Il y a eu aussi une certaine continuité entre les années Vichy et les années qui ont suivi 1944 (ainsi la stimulation des programmes sectoriels, électricité, SNCF, etc.). En sens opposé, il y a rupture entre le dirigisme des années 1930 et des années 1950, qui s'insérait dans un contexte politique démocratique et parlementaire, et celui du régime de Vichy, qui s'insérait dans un cadre autoritaire et bureaucratique.

À propos du sujet clé qu'est la planification, je pense que les projets planificateurs de Vichy ont servi de précédent. Mais il y a très peu de liens directs entre la planification de Vichy et le plan Monnet, celui-ci a des origines tout à fait différentes. D'ailleurs, chez les Anglo-Américains, le plan Monnet est considéré comme un plan de style démocratique, n'ayant rien à voir avec le type de planification bureaucratique de Vichy.

Sur le problème des causes de la modernité de Vichy, on peut se poser la question : était-ce le résultat des circonstances et de la conjoncture, ou bien le produit des ambitions et des espoirs des technocrates ? À mon avis, c'était un mélange des deux. Bien entendu, il y avait la force des choses, qui explique pour une part les actes du technocrate. Mais il y avait aussi une volonté de créer une économie moderne, productive, concentrée. Ce n'était donc pas simplement une adaptation aux circonstances.

Seulement c'était une modernité contradictoire et incohérente, décousue et ambiguë, d'autant que tout ce que Vichy a fait pour moderniser l'économie française a été gâché et terni par la collaboration.

PATRICK FRIDENSON

On peut considérer la question des entreprises et de l'État sous Vichy de trois points de vue : l'Europe, la continuité, la novation.

Quand on aborde l'angle européen, il faut d'abord faire clairement l'aveu de nos ignorances. Nous ne savons pas bien quelle a été l'influence de la politique industrielle et des structures de l'administration économique allemande sur les entreprises françaises. Certes, si l'on regarde l'organisation en *Wirtschaftsgruppen* de l'économie de guerre allemande, on est frappé de voir que l'organisation française a avec elle, au moins en apparence, de fortes parentés. De ce point de vue-là, le débat archaïsme/

modernité qui a été ouvert parmi les historiens de l'Allemagne il y a plus de quinze ans par Tim Mason devrait éclairer le nôtre en faisant apparaître dans quelle mesure il y a ou non transfert, non seulement du modèle allemand mais aussi des dimensions d'archaïsme et de modernité qui sont elles-mêmes contenues dans le modèle allemand.

Il faut d'autre part rappeler l'existence, pendant la guerre, de toute une série d'organismes dominés par les Allemands et qui sont des organismes européens : dans le secteur automobile, dans celui des colorants et des fibres de synthèse, dans la fonte d'aluminium, dans l'acier et même dans le charbon. Ces organismes sont-ils destinés à soumettre encore davantage l'économie française à la botte du vainqueur, ou bien sont-ils simplement des organismes sur le papier qui cherchent à donner l'illusion d'une collaboration pour les temps à venir ? En réalité, ce n'est ni l'un ni l'autre. Ce sont des organismes industriels qui visent à préparer une Europe non américaine et à faire la synergie des technologies et des modes de gestion entre les entreprises européennes, l'idée étant celle d'un espace économique européen axé sur la croissance et d'une complémentarité entre les entreprises européennes.

Deuxième point : la question de la continuité. Nous avons été conduits spontanément, me semble-t-il, à surestimer l'ampleur des ruptures. Aujourd'hui, nous nous retrouvons portés dans le sens opposé du balancier : vers la continuité. Continuité en amont, entre les années 1930 et Vichy ; continuité en aval, entre Vichy et la IVe République. Sur la continuité en amont, on peut citer quantité d'outils et de procédures élaborés dans les années 1930 et qui s'épanouissent sous Vichy : le contrôle des prix, la coordination des transports (ainsi, le comité d'organisation des canaux est purement et simplement un manteau pour l'Office de la navigation intérieure tel qu'il avait été réformé sous le Front populaire), etc. Autre exemple, les hauts fonctionnaires. On a fait des statistiques sur le taux de pantouflage des hauts fonctionnaires dans les années 1930 ; or celui-ci est en baisse de façon caractéristique par rapport aux années 1920, tant chez les inspecteurs des finances que chez les ingénieurs des grands corps. Le résultat est que les hauts fonctionnaires restent en place, et on trouve un certain nombre d'entre eux sédentaires, jeunes et actifs au moment où arrive Vichy. Donc la continuité a des bases sociologiques plus solides qu'elle n'en avait auparavant.

Côté aval, deux choses sont à relever. D'abord, les préoccupations écologiques de la haute fonction publique. J'ai trouvé récemment un projet de fermeture de l'usine de Renault de Billancourt, en 1945, pour l'expédier hors des sites où elle pollue. Ce projet émane du ministère de l'Urbanisme et du Logement, et de là on peut remonter à la délégation générale à l'Équipement national et aux débats de la période 1941-1943.

Sur le plan de la novation, comment nier le retard pris par les entreprises et par les patrons français pendant la guerre par rapport à des pays comme les États-Unis ? Mais la recherche récente révèle aussi des signes de novation pendant les années de Vichy. J'en prendrai deux exemples d'importance inégale. Le premier, c'est l'immigration. Chose tout à fait extraordinaire, on voit, sous l'Occupation, même si c'est à une petite échelle, les entreprises réclamer au gouvernement des immigrés, à faire venir par exemple d'Afrique du Nord. Et Vichy accorde des contingents d'immigration. C'est là une rupture manifeste avec la situation des années 1930. Deuxième exemple : l'innovation technique. Citons, entre beaucoup d'autres cas, le procédé de transformation de l'acier par filage évoqué dans le livre récent de Jacques Séjournet, *Une aventure industrielle,* ou bien la pénicilline (qui apparaît pendant la guerre chez Rhône-Poulenc : l'invention de Fleming est connue par une revue suisse et la mise en fabrication est décidée dès 1943).

Je conclurai en disant que, bien que le régime de Vichy soit une parenthèse, il tient, tant dans l'histoire de l'État en France que dans celle de l'industrie française, une place de très grande importance. Mais il faut ajouter que, s'il y a eu continuité, c'est une continuité pleine de transformations, par rapport à l'avant-guerre et à l'après-guerre.

MICHEL MARGAIRAZ

En ce qui concerne l'État, il me semble qu'il y a un problème de niveau puisque, si l'on parle du modernisme ou de l'archaïsme à Vichy, il faut faire la part exacte de ce qui revient à l'État et de ce qui est le propre des entreprises, voire des structures composites entre l'État et les entreprises elles-mêmes. C'est là où les difficultés apparaissent. Car il y a un double rôle de l'État. Le premier, qui relève proprement de l'État, c'est assurer les équilibres généraux, c'est-à-dire arriver à réguler l'offre et la demande. De ce point de vue là, il y a des ruptures par rapport à l'avant-guerre et des continuités avec l'après-guerre. Vichy a mis en œuvre, de manière plus ou moins empirique ou formalisée, des instruments d'approche macro-économique et financière sur la meilleure affectation des ressources, au moyen de toute une série d'organismes chargés de contrôler aussi bien la demande que les quantités et les prix. C'est un effort systématique pour faire pression sur la demande, qu'on peut appeler un système austéro-dirigiste : à la fois austère du point de vue financier, dirigiste sur le plan économique. Cela va laisser des traces. D'une certaine manière, c'est avec Vichy que les dirigeants de l'État ont fait l'expérience, en le sachant ou sans le savoir, du keynésianisme — mais d'un keynésianisme en période de pénurie, sans la relance par la demande. À cet égard, on trouve des éléments novateurs qui vont être repris par la suite.

D'autre part, au-delà des équilibres généraux, il y a le contenu économique des transformations, par branches ou par entreprises. Dans quelle mesure l'État en est-il responsable ? C'est beaucoup plus difficile à dire. En même temps, il faut différencier. Il y a par exemple des branches dans lesquelles l'État intervient depuis longtemps : branches stratégiques telles que l'énergie ou les transports. Là, on note effectivement une continuité entre les réponses à la crise dans les années 1930, les projets élaborés à Vichy et le plan Monnet. L'élément nouveau du régime de Vichy, toutefois, c'est qu'il a permis la rencontre, pour la première fois de façon aussi étroite, entre l'élite industrielle et les hauts fonctionnaires. Il s'agit là de la première expérience de technocratie au sens propre, dont, pour une part et avec des modifications, l'après-guerre va hériter.

Du point de vue des hommes, tandis que Robert Paxton nous a incités à voir plutôt la continuité entre les années de guerre et les années d'après-guerre, je dirai, pour ma part, que c'est un peu plus complexe. On note une continuité des hauts fonctionnaires aux rangs moyens ou subalternes et quelques changements symboliques — d'autant plus limités qu'ils sont symboliques — au sommet. Quelques têtes ont disparu, d'autres ont été promues, mais l'essentiel des équipes est resté en place.

Autre point : la collaboration. Dès 1940, la collaboration d'État apparaît fondamentalement sur le plan économique et financier, puisque beaucoup de projets se situent dans la perspective d'une victoire allemande. Ce qui est assez intéressant, c'est de voir que, parmi les hauts fonctionnaires comme parmi les chefs d'entreprise, quelle que soit leur trajectoire ultérieure (et elle a pu fortement diverger à partir de 1943), ils se situent à peu près tous, malgré tout, dans une perspective de modernisation au sein d'une Europe allemande, à laquelle il apparaît de l'intérêt bien compris de la France de s'intégrer.

Enfin, il convient d'insister sur le déphasage entre la modernisation économique et la chronologie sociopolitique. On est frappé, si l'on compare la France à d'autres pays, par le fait que, du point de vue des équilibres macro-économiques et de la régulation par l'État, la France épouse à peu près ce qui se passe ailleurs, mais avec une chronologie autre. En effet, elle connaît une chronologie très heurtée ; et des débats qui pourraient apparaître, au fond, techniques — faut-il ou non un contrôle des prix ? — se trouvent entrecoupés par des débats sociopolitiques. D'où le déphasage. Ainsi, un certain nombre d'innovations des années 1930 ont été réutilisées à Vichy, mais après qu'eut été levée l'hypothèque du Front populaire. De même, un certain nombre d'innovations de Vichy sont réutilisées à la Libération, mais après avoir écarté évidemment les perspectives et les conditions de leur naissance (ce qui explique sans doute que l'expérience tentée en 1944-1945 par Pierre Mendès France, qui voulait réemployer beaucoup d'éléments de Vichy, ait échoué, parce qu'elle était trop proche de l'événement). En revanche, à partir de 1947-1948, dans un tout autre contexte où la poussée sociopolitique de 1944 a disparu, bien des éléments peuvent être réutilisés, dans la mesure où ils n'ont plus cette tache originelle.

PHILIPPE MIOCHE

À mon sens, si l'alternative archaïsme-modernité a été une alternative utile pour aborder Vichy, elle ne l'est plus aujourd'hui, et ce pour trois raisons. D'abord, me référant au livre d'Henry Rousso, *Le Syndrome de Vichy,* je dirai qu'à partir du moment où un syndrome a été nommé et décortiqué on peut penser que ses effets inhibants disparaissent, ou du moins tendent à disparaître. Dans le domaine économique et social, nous sommes maintenant assez sereins pour essayer de penser la période de Vichy.

En second lieu, les limites chronologiques très étroites des quatre années 1940-1944 sont un véritable corset. Et, dans le domaine économique et social, cela ne convient pas.

Enfin, il y a les connotations subjectives. S'il y avait des archaïques et des modernes, c'est parce qu'il y avait des anciens et des nouveaux. Implicitement, ce qui était ancien c'était mal, et ce qui était mieux c'était nouveau. Ce qui était mal, c'était les années 1920, durant lesquelles l'État ne disposait pas de moyens de régulation contracycliques, alors que dans les années 1950 et 1960, il en disposait. Autrement dit, je me demande si derrière le couple archaïsme-modernité ne se cache pas la promesse du bonheur keynésien...

Il est remarquable d'observer que les changements concernent avant tout la politique économique de l'État, l'intervention de l'État en économie. On songe à une sorte de loi : lorsque le projet ou le discours de Vichy portent sur la politique économique, ils sont un peu déphasés auprès des entrepreneurs, mais ils parviennent partiellement à se faire entendre ou à se réaliser. Quand ils se rapprochent de l'entreprise, ils deviennent inaudibles et prennent une forme schizophrène. Ainsi, dans le cas de la sidérurgie, quand il s'est agi de changer les conditions de la recherche technique, les choses se sont faites avec quelques contradictions, mais une formule a été trouvée qui a donné naissance à l'Institut de recherche sidérurgique lors de la Libération. Mais, quand il est question d'entreprise, quand il s'agit de réorganiser la sidérurgie ou de construire une usine en Afrique du Nord, les industriels rejettent ces orientations. D'une façon générale, le volumineux plan décennal de 1941 (600 pages) détaille les interventions de l'État dans les différents secteurs, mais, pour l'industrie, un seul feuillet avoue que le plan n'est pas rédigé dans ce domaine car il ne saurait être imposé aux entreprises ! Pourquoi cette opposition entre l'efficacité toute relative des réformes de l'État et cette impuissance à l'égard de l'entreprise ? On peut souligner la stabilité de l'entreprise des années 1930 aux années 1950. Certes, des entreprises innovent, se développent ou disparaissent ; mais des occupations d'usines de 1936 (en respectant l'outil de travail) aux réquisitions et nationalisations de la Libération, il est remarquable d'observer que le travail continue d'être organisé de la même façon, que les décisions micro-économiques sont prises selon les mêmes mécanismes. La politique économique de Vichy s'inscrit dans la recherche de réponses à la crise, une crise classique, dont l'ampleur signalait le retard pris par l'action économique de l'État au regard des frémissements de la consommation de masse. Ainsi, la politique économique de Vichy apparaît en prise — relative — sur la société quand elle esquisse des transformations de l'action économique de l'État, et en déphasage complet quand elle s'adresse à l'entreprise. Parce que l'État est en crise, mais pas l'entreprise. À la stabilité de l'entreprise s'oppose la mobilité de l'État.

François Bloch-Lainé

Pour justifier mon rôle d'acteur-témoin-survivant, juste un souvenir qui peut être éclairant. À la fin d'août 1940, je rentre à Paris, et je vais rue de Grenelle au ministère de la Production industrielle. Là, on m'embauche et on me met à la disposition de Bichelonne, qui immédiatement me propose un travail qui me séduit. Il s'agissait de faire un grand inventaire de l'industrie française, par questionnaires envoyés aux chefs d'entreprise, pour avoir enfin des statistiques fiables. Or, dans les années précédant la guerre, j'avais, avec beaucoup d'autres — en particulier Alfred Sauvy, que je retrouve d'ailleurs à cette occasion-là —, déploré l'insuffisance de notre appareil statistique. Je me mets donc à préparer le questionnaire, je l'apporte à Bichelonne et je lui dis que ce qui me préoccupe c'est que je ne vois pas comment nous allons arriver à réaliser tout cela sans que les Allemands le sachent. Bichelonne me répond aussitôt : « Que voulez-vous dire ? Nous faisons ce travail à la fois pour les autorités d'occupation et pour nous-mêmes. » Je suis allé très vite demander refuge à la Direction de la comptabilité publique, où l'on ne faisait rien qui intéressât les occupants directement.

Je crois que, parmi les techniciens de l'administration et des grandes entreprises, qui avaient déjà à cette époque la même formation et par conséquent des aspirations comparables, beaucoup se sont dit : « Après ce grand coup sur la tête, pourquoi ne pas essayer de faire tout de suite des choses qui ressemblent aux réformes que nous souhaitions avant la guerre ? » Entre ça et « construire des ponts de la rivière Kwaï », l'écart est faible. Les gens de notre espèce sont particulièrement exposés à de telles tentations, et cela explique l'histoire de bien des personnages qui ont traversé cette époque en voulant être actifs et qui ont aussi péché par excès de zèle au mauvais moment.

S'agissant du ministère de la Production industrielle, de ses ascendances et descendances, je crois qu'il y a eu deux phénomènes. D'une part, c'est la pénurie qui a déterminé la fonction principale du ministère, à savoir la répartition d'objets rares. Cette pénurie ayant survécu à la Libération, il était tout naturel de laisser les choses en place. Je me souviens de Robert Lacoste, désigné comme secrétaire général avant la Libération, disant que les structures existantes lui convenaient, étant donné que la situation restait la même. Par la suite, la situation a évolué, et certaines des fonctions de ce ministère ont été transférées à celui de l'Économie nationale.

Il y a un autre aspect des choses qui me paraît important à souligner, c'est que si, dans la mouvance de X-Crise, des *Nouveaux Cahiers,* de toutes les réflexions de la fin des années 1930, il y avait bien l'amorce d'un désir de planification, à Vichy ce sont des libéraux conservateurs plus que des gens de gauche qui ont pris le pouvoir. Si le dirigisme a acquis droit de cité en 1940, il a dérivé très vite vers le corporatisme, parce que les hommes qui ont eu à exercer des fonctions à ce moment-là étaient, pour une assez large part, des chefs d'entreprise ; ou bien c'étaient des hauts fonctionnaires à tendance libérale. Quand on fait le bilan de l'économie organisée dans cette période, l'accent doit être mis beaucoup plus sur le corporatisme que sur le dirigisme. En outre, il n'y avait pas le contrepoids de la force ouvrière : le syndicalisme n'était plus là. Certes, c'est un syndicaliste qui a été le premier ministre de la Production industrielle, mais il avait changé de bord. Quand à la Charte du travail, elle n'a été qu'une velléité qui n'a pas laissé beaucoup de traces, parce qu'elle n'a pas procédé non plus d'une force ouvrière face à la force patronale.

Sixième partie

L'ENRACINEMENT SOCIAL DU RÉGIME

1.

Les notables

Déjà bien connus, les rapports entre les notables et Vichy sont souvent considérés comme le point nodal à partir duquel peut être définie la nature du régime. L'analyse des fondements et de la portée réelle de cette relation privilégiée — qui concerne en fait un éventail très large et mal défini d'individus — devrait, à notre avis, passer par les questions suivantes :
— qu'est-ce qu'un notable, en France, en 1940 ?
— pourquoi tant de notables sont-ils alors vichystes ?
— quelle place tiennent-ils dans le dispositif du régime ?
— quel rôle Vichy leur assigne-t-il ?
— comment enfin évoluent les rapports entre les notables et Vichy, de 1940 à 1944 ?

Dans la note lue en Conseil des ministres, à Cangé, le 13 juin 1940 — où se trouve déjà l'essentiel de la « philosophie » de Vichy —, le maréchal Pétain déclare, pour justifier son refus de poursuivre la guerre et de quitter « le sol métropolitain » : « Priver la France de ses *défenseurs naturels* dans une période de désarroi général, c'est la livrer à l'ennemi, c'est tuer l'*âme* de la France. »

Cette profession de foi offre une bonne approche de la définition du notable ; en même temps, sortie de la bouche du futur chef de l'État français, elle nous fait comprendre l'adéquation spontanée entre l'esprit « notabiliste » et l'esprit de Vichy.

Le Maréchal réagit là lui-même en notable. « Défenseur naturel », soucieux de l' « âme » (mot repris aussitôt, dans la phrase suivante) pour qu'elle ne soit pas « livrée à l'ennemi » : tel se conçoit en effet le notable. Il est, dans la société, quelqu'un qui se considère comme « naturellement » investi d'une responsabilité collective à laquelle il donne volontiers une connotation morale et par laquelle il se distingue de la masse du peuple, lui-même considéré comme inapte à se « défendre » seul contre l' « ennemi ».

Le notable ne se définit pas seulement par sa position objective dans la société — fortune, naissance, fonction professionnelle —, car on peut être riche, exercer un métier élevé dans la hiérarchie des fonctions sans se comporter pour autant en notable ; se tenir à l'écart de la société, ne pas sortir du cadre étroit de ses compétences professionnelles, ne pas vouloir « paraître », refuser les honneurs... Ce qui définit le notable, c'est *une position assumée.*

Le notable est quelqu'un qui, à partir de sa position de fait, se sent investi d'une responsabilité particulière à l'égard de son environnement ; qui entend jouer un rôle, tenir un rang, être reconnu comme un personnage éminent dans son milieu, que celui-ci s'étende à la nation entière ou se restreigne à la seule communauté villageoise. À la position acquise, à la fonction exercée s'ajoutent le rôle social volontairement assumé et le sentiment, fondamental — fondateur de la condition même de notable —, de se distinguer.

Le sentiment de « notabilité » ne va pas sans une certaine condescendance — parfois un certain mépris — pour le peuple, duquel le notable se sent à la fois responsable et différent. Il se croit « moralement » responsable au-delà de sa position matérielle, parce qu'il se sent distinct de la masse ; une masse incapable de se guider elle-même, de connaître et défendre seule ses propres intérêts. Ici, en 1940, prête à se livrer au vainqueur aujourd'hui, comme naguère — et peut-être demain — aux « mauvais bergers[1] ». Plus ou moins consciemment, le notable est porté à considérer le peuple comme mineur ; peuple enfant — ou femme — sans lumières ni raison, livré à ses seuls instincts, irresponsable, et qui doit donc, pour cela, être protégé autant contre lui-même que contre ses ennemis.

René Rémond note, à propos de 1870-1871 : « En période de détresse, le notable reprend naturellement le rôle de protecteur[2]. » Le notable est, de bonne foi, porté par sa situation, son rôle social et sa mentalité, sa conception de la société, à se mettre en avant. Voici un cas précis, qui l'illustre parfaitement : à l'arrivée des Allemands sur la Loire en juin 1940, le maire d'une commune rurale, grand propriétaire noble solognot, franchit le fleuve et se porte au-devant de l'ennemi pour protéger ses concitoyens, en parlementant avec le commandant du corps de troupe ennemi avant son entrée dans le village. Sa condition de notable titré, son éducation, une certaine connaissance de l'allemand, lui donnent, avec l'officier allemand, un langage commun. Comme Pétain, il se sent, naturellement, « charge d'âmes » et l'assume en restant sur place et en s'interposant entre l'ennemi et ses administrés — qui sont, en même temps, pour un bon nombre, ses dépendants. Membre éminent des « comités royalistes » du Loiret, ce marquis a, en plus, le sentiment de retrouver, en 1940, avec Pétain, son rang vrai dans la société ; après que se sont effondrées les fausses « valeurs » et les faux « guides » républicains. Sentiment d'autant plus fort qu'il s'est cru sur le point de perdre non seulement son rang mais sa fortune, quelques années plus tôt, lors d'un Front populaire pris tellement au sérieux comme menace de révolution sociale, qu'il aurait — au dire de témoins en 1944 — armé alors ses gens contre toute éventualité d'épreuve de force avec les « rouges ». Ces notables-là ont une « revanche » à prendre dans le sillage de Vichy. Celui-ci est trop intelligent pour se livrer sans retenue aux excès. Il « combat, dit un rapport d'après la Libération, avec beaucoup d'habileté la République et la laïcité. » Pour la laïcité, ce catholique fervent la combat très âprement sous l'Occupation, en la personne d'une institutrice locale dont il s'efforce de supprimer enfin l'influence pernicieuse sur ses propres ouailles, en la faisant au moins muter, sinon révoquer. Pour ce noble solognot, sa position de notable — comme la « divine surprise » offerte à la France vaincue en la personne de Pétain — relèvent d'un ordre naturel voulu par Dieu, hérité de l'Ancien Régime.

Mais d'autres héritages composent la palette diversifiée du « notabilisme » de 1940. Celui de Calonne, sans doute, avec son Assemblée des notables, qui devaient être à la fois dociles aux intentions du pouvoir central — il les nommait — et représentatifs de l'opinion de leur entourage. Ce qui ne manque pas d'induire une contradiction dont Vichy (après Calonne) éprouvera bientôt les effets, lui qui veut nommer et déléguer à toutes responsabilités importantes, à travers villes, départements et régions, alors que les notables attendent de recouvrer sur place leurs responsabilités « naturelles » propres.

Héritage « libéral » aussi ; celui théorisé par Benjamin Constant lorsqu'il justifiait le suffrage censitaire en déniant aux pauvres, comme aux femmes ou aux enfants, toute capacité d'exercer raisonnablement le droit de vote[3]. Certes, les « libéraux » ont admis avant 1940 le suffrage universel masculin — et ne sont pas seuls responsables du fait que les femmes n'aient pas encore obtenu ce droit. Mais leur pratique électorale, fondée sur le « clientélisme », continue bien de les disposer au « notabilisme ».

Autre héritage encore, frappé davantage au sceau de la « modernité », celui — saint-simonien et positiviste — d'Auguste Comte, vantant l'« heureuse irresponsabilité » du prolétariat qui lui permet de « goûter davantage » les joies de l'existence que le chef d'entreprise, dont les écrasantes responsabilités assumées à l'égard de ses « irresponsables » salariés, comme à l'égard de lui-même et de sa propre famille, l'empêchent de jouir des petits bonheurs de la vie quotidienne[4]. Le paternalisme peut être une autre composante du « notabilisme ».

Enfin, aux antipodes, apparemment, du hobereau clérical de Sologne, et amené pourtant à communier avec lui dans un pétainisme actif, voici le cas d'un instituteur laïc, syndicaliste du SNI, adhérent mais non militant (selon son témoignage propre) de la SFIO, maire nommé en 1941 d'une des quatre principales villes du Loiret et demeuré, jusqu'à sa mort, bien après la guerre, fidèle en pétainisme. À l'interview, il se révèle républicain déçu, parce que imprégné d'une image « opportuniste » et moralisatrice de la République militante du temps de Jules Ferry. Notable républicain donc, et laïc — n'est-ce pas aussi, dans une certaine mesure, le cas de Pétain ? —, heureux cependant de frayer avec le riche propriétaire clérical, avec le gros industriel, avec tout ce qui constitue la « bonne société » locale, dont sa condition et ses positions doctrinales l'avaient tenu écarté jusque-là ; fier de se découvrir avec eux, dans le coude à coude face à l'adversité, des « valeurs » communes, une même « morale » élitiste au fond, masquée jusque-là par des habits différents, et préparée cependant par un solide anticommunisme. Quoi de plus révélateur de cette condescendance à l'égard du peuple, commune à tous les « notabilismes », que d'entendre cet homme, qui se croit du peuple, utiliser, pour évoquer les durs travaux d'été du paysan, non pas les mots simples et techniques qui viennent naturellement à quiconque les pratique ou les a effectivement pratiqués, mais la citation rebattue de Mme de Sévigné (« faner, c'est batifoler... »). Ce souci d'étaler sa culture chez un homme dont, par ailleurs, la vocation est de transmettre celle-ci aux petits paysans, d'aider éventuellement, comme secrétaire de mairie, leurs parents à rédiger leurs lettres administratives, marque, par le langage même, la distance qu'inconsciemment il souhaite voir reconnaître entre lui et la masse populaire. Là est bien le signe et la source d'un « notabilisme » républicain, devenu, en 1940, composante du pétainisme [5].

Les contours de la catégorie des notables, dessinés à partir des mobiles d'adhésion commune au pétainisme actif, expliquent l'ampleur des ralliements à un tel régime. Le « notabilisme » ainsi défini donne aussi une réponse au problème central qui est : pourquoi des gens si divers se sont-ils retrouvés ensemble ? Qu'est-ce qui, au moins en ces années 1940, les a unis ? Ce qui éclaire, sinon la nature même du régime de Vichy — car il n'est pas seulement un régime de notables —, du moins la nature du pétainisme. Ce en quoi ces notables vichystes communient, malgré la diversité des opinions naguère affichées, n'est-ce pas ce goût du rang, plus encore que du pouvoir, lié à la condescendance, teintée souvent de mépris plus ou moins avoué pour le peuple et du rejet de toute forme de démocratie égalitaire, dans laquelle les notables ne joueraient plus aucun rôle ? La cohérence interne du régime et de ses principaux supports sociaux se trouve ainsi mise en lumière, en même temps que sa diversité.

Venons-en maintenant à un inventaire plus classique. Où trouve-t-on les notables sous Vichy ?

D'abord dans les municipalités, commissions administratives puis conseils départementaux, dont les membres sont tous nommés par Vichy ou par ses représentants locaux ; plus encore dans des institutions créées par Vichy : Secours national, Corporation paysanne, Légion des combattants ; dans les groupements de propagande vichyste : Amis du Maréchal, « comités de propagande sociale du Maréchal » (et délégués locaux à la propagande recrutés sur la base du volontariat par le secrétariat à la Propagande) ; groupements au nombre desquels il faut compter le « groupe Collaboration », lieu de contact entre vichystes et collaborationnistes recrutés dans les mêmes milieux.

Partout, que l'analyse soit menée à l'échelle nationale ou au niveau local et départemental (la Loire, le Lot, la Vienne, la Normandie, le Nord, la Lorraine, le Loiret ou l'Indre-et-Loire), ces organismes apparaissent peuplés ou encadrés par des notables répartis professionnellement entre les groupes suivants : « propriétaires », nobles ou non (presque toujours cléricaux et souvent d'Action française ; médecins, pharmaciens, vétérinaires ; notaires, avocats, avoués ; industriels ; négociants, agents commerciaux ou d'assurances ; professeurs, instituteurs, libres et laïcs ; ecclésiastiques de tout rang hiérarchique ; journalistes ; officiers[6].

L'inventaire peut être utilement complété par la confrontation avec d'autres groupes d'intervenants dans la vie publique. Anatole de Monzie, dans une lettre à Pétain, citée par Pierre Laborie, écrit : « Vous avez remplacé les élus par des notables et les libertés traditionnelles par des abus improvisés » (« Notables et abus, ajoute-t-il, soulèvent maintenant la révolte quotidienne »). Y a-t-il une opposition si nette entre *notables* et *élus ?* Non ; si Vichy a permis, en effet, à des notables exclus du suffrage universel sous la République de retrouver un rôle dans l'appareil d'État ou dans ses marges, on peut recenser aussi, dans les rangs vichystes, bon nombre d'élus « notables » ; c'est-à-dire qui se comportent en notables. Un des cas les plus éclairants et les mieux étudiés est celui des maires socialistes du Nord, maintenus en grand nombre à la tête de leurs municipalités par Vichy et, au moins pour un temps, ralliés à lui. Yves Le Maner a analysé les causes du comportement de ces élus de la SFIO, manifestement frappés par le « notabilisme », en raison à la fois des assises traditionnelles de leur gestion et de leur façon de gérer leurs villes. Faute de place, je me contente de renvoyer à cette pertinente analyse, qui pourrait s'appliquer, en bonne partie, à d'autres régions de France et à d'autres élus de gauche, radicaux notamment[7].

Cette pratique « notabiliste » du pouvoir acquis par l'élection se distingue d'un autre comportement politique, d'inspiration bien différente, qui oppose au *notable* le *militant.* Le comportement militant ne trouve en aucun cas sa source dans une situation sociale personnelle ou dans le désir d'en acquérir une ; il est prêt même à sacrifier celle-ci, qui n'est pas, à ses yeux, une position de combat. Il y aurait lieu, cependant, de voir comment, par rapport à Vichy, s'articule la position de certains cadres syndicalistes... ou des membres du clergé (curés « notables » et curés « militants » ? La question paraîtra-t-elle seulement provocatrice ou susceptible de mieux cerner les contours des notables et du « notabilisme » ?).

« Beaucoup de notables (socialistes) avaient accepté de panacher leurs conseils et d'y faire entrer des modérés et même des militants de droite », écrit Le Maner. Et Monique Luirard de noter : « L'appel aux notables dont la notoriété peut être utilisée au profit du régime admet volontiers les ralliements » (ajoutant que « le temps des désillusions a suivi de près celui des grands enthousiasmes et des grandes espérances »). Le préfet du Loiret et de la région Centre introduit, dans un rapport du 2 octobre 1941, une pertinente distinction : « En ce qui concerne les notables, il faut distinguer les hommes “ de droite ” et ceux “ de gauche ”. Les premiers sont attachés à la personne du Maréchal, mais il est nécessaire parfois de leur rappeler que la politique actuelle, loin de tendre à une revanche de 1936, est une politique largement sociale inspirée du seul souci de l'intérêt commun. Les notables de gauche, comme les fonctionnaires, sont souvent “ attentistes ”. Habitués aux oscillations politiques d'autrefois, avec les hauts et les bas auxquels elles exposaient la clientèle des chefs de file, ils sont tentés de penser qu'ils ressaisiront un jour les leviers de commande. »

À cette distinction binaire, j'en substituerais volontiers une ternaire, en introduisant entre *notables de gauche* et *de droite* la catégorie très typiquement vichyste des *notables dits apolitiques,* souvent les plus fidèles, parce que jamais engagés dans un activisme revanchard, ni portés à retourner leur veste lorsque le sort de la guerre dessine pour Vichy, associé aux Allemands, un destin sans avenir. De ces hommes qui ont pu adhérer à telle ou telle formation politique mais n'ont jamais « milité » sont l'instituteur maire du Loiret évoqué plus haut, et aussi son collègue, venu d'un tout autre milieu, chirurgien, grand bourgeois catholique et libéral, membre du PDP et maire d'Orléans de 1940 à 1944. Tous les deux demeurés jusqu'à leur mort, dans un style bien différent, fidèles à Pétain, que tant d'autres ont renié après l'avoir parfois servi d'abord avec un zèle autrement plus musclé.

Il faudrait s'arrêter aussi sur la comparaison entre ces deux catégories dont l'alliance — conflictuelle — est reconnue comme la base sociale fondamentale du régime de Vichy : *notables* et *technocrates.* Illustré au sommet par les débats épiques menés au nom des « notables » patronaux des petites et moyennes entreprises par le colonel Cèbe et les représentants des PME contre la « synarchie », ce rapport est aussi évoqué à la base dans les travaux d'Étienne Dejonghe sur le milieu des mines et des usines du Nord (ingénieurs et patrons). Le préfet du Loiret relève comment petits et moyens industriels de la région réagissent à la prise en charge institutionnelle des œuvres sociales, dans le cadre de la Charte du travail, en regrettant qu'elles perdent ainsi leur caractère « personnel » ; réaction « symptomatique, écrit-il, de l'état d'esprit de la petite et moyenne industrie de province où le paternalisme était resté jusqu'à maintenant la formule la plus répandue ».

Quant à la comparaison entre *notables* et *fonctionnaires,* elle ne relève pas seulement des rapports entre « notabilisme » et vichysme — même si le vichysme des fonctionnaires mérite d'être confronté avec celui des notables, comme esquissé dans le rapport cité du préfet du Loiret —, mais *de la place et du rôle assignés aux notables au sein du régime lui-même.*

Ce rôle est considérable *dans le discours* vichyste. Discours sur l' « élite », les « valeurs » et la nécessaire hiérarchie « naturelles ». Discours sur le « chef », dont les modèles sont le chef de famille, le chef d'entreprise (y compris paysanne ou artisanale), toujours conçu comme un responsable pourvu d'autorité par fonction ou position, dans un esprit à la fois « paternaliste » et « notabiliste ». Discours sur le corporatisme, qui devrait laisser aux notables de chaque profession le soin de l'organiser et de la diriger eux-mêmes. Discours sur le régionalisme promettant aux notables, locaux et régionaux, le retour à un exercice autonome du pouvoir, libéré des emprises étatistes et centralisatrices attribuées aux effets pervers de l' « ancien régime » républicain.

Tout ce discours a de quoi plaire à l'ensemble de ceux qu'inspire le même « notabilisme » à travers tout le pays. Mais il est mis, très vite, en contradiction avec la *pratique* du régime, plus étatiste que sous aucun autre avant lui et, pour la première fois en France, largement ouverte aux technocrates. Toute étude locale ou régionale montre comment le pouvoir — et même l'encadrement de la société — et confié pour l'essentiel aux agents de l'État. Quadrillage renforcé de l'opinion par densification du réseau de ces agents, avec création d'un échelon surajouté au département : les préfectures régionales (qui n'ont rien à voir avec un retour aux « provinces » chères aux notables, ni même avec une véritable régionalisation) et, au-dessous, d'arrondissements rétablis, d'agents cantonaux recrutés par concours, tandis que des délégués régionaux, départementaux et cantonaux du secrétariat à la Propagande se substituent très vite aux comités sociaux de propagande du Maréchal.

Rapidement, les zélateurs « notables » d'institutions liées à la Révolution nationale, plus ou moins autonomes dans leur principe, se retrouvent intégrés, en pratique, dans l'appareil d'État. D'emblée, le Secours national collecte des fonds en travaillant en même temps au développement du « mythe Pétain » par la vente de portraits du Maréchal ou autres « semaines » dudit. La Corporation paysanne, du syndic de base au syndic régional (en fait départemental), est bientôt mobilisée comme instrument d'appoint dans la levée des réquisitions et la distribution parcimonieuse des moyens de culture aux côtés des services étatiques de l'agriculture et du ravitaillement.

D'où l'évolution des rapports entre notables et Vichy. De Monzie, Morane, Monique Luirard, déjà cités, en ont indiqué le sens, qu'il faut se contenter ici de résumer. Il s'agit d'abord d'une précoce désillusion, partout notée, affectant notamment les notables « de droite », les plus fervents et les plus engagés des premiers temps de la Révolution nationale. Ils déchantent déjà au milieu de l'année 1941 (moment des grands débats autour de la synarchie comme de la mise en place des préfectures régionales). Le durcissement consécutif au discours du 12 août (discours du « vent mauvais ») donne comme un coup de fouet à leur activisme revanchard ; ils préparent pour l'automne une sérieuse épuration supplémentaire contre les ralliés, au sein des institutions locales. Mais la désillusion devient définitive avant même la fin de l'année, lorsque le durcissement de la guerre et celui des exigences allemandes font éclater au grand jour l'aspect illusoire et malsain d'une politique de révolution nationale menée sous occupation ennemie. Laval, revenu ensuite au pouvoir, se moque de la Révolution nationale ; mais il ne fait pas fi du soutien des notables. Dans une certaine mesure, pour compenser les défections parmi les notables de droite déçus, et surtout pour tenter de reprendre une opinion de plus en plus hostile, il s'attache même, par l'intermédiaire des préfets, à rallier au régime des notables de gauche — élus compris. Le succès est nul, mais cela n'est pas allé sans ultimes hésitations quant à la réponse à donner de la part de certains des sollicités, comme le montrent les documents conservés dans les archives, publiques ou privées.

Dans l'ensemble, se produit bien alors ce qu'avait annoncé le préfet du Loiret : les notables « attentistes » basculent dans une opposition tacite ou dans la Résistance. Des notables de droite les y rejoignent et manifestent souvent — après un temps passé dans le sillage du giraudisme — autant de zèle gaulliste qu'ils avaient pu faire preuve naguère de zèle pétainiste ; comme si plus l'engagement dans un sens avait été total, plus il avait besoin d'être aussi total dans l'autre pour se faire oublier.

Il serait toutefois tout à fait abusif de réduire le chapitre des *notables contre Vichy* à ces comportements et revirements plus ou moins opportunistes. Tous les notables n'ont pas été vichystes. D'aucuns ont été d'emblée antivichystes ; à droite, où le vichysme des notables a tout de même été très largement dominant — et l'engagement résistant considéré, à juste titre, comme une rupture de « marginaux » avec leur milieu — et surtout à gauche, où les positions et proportions sont plutôt inverses. L'adéquation idéologique évidente entre « notabilisme » et vichysme ne s'est pas mécaniquement traduite dans les faits et dans l'histoire par une adhésion de tous les notables à Vichy.

Yves DURAND

NOTES

1. Voyez Weygand, tellement obnubilé par le danger communiste qui pèse, selon lui, sur la France et son peuple, qu'il est, ce 13 juin à Cangé, prêt à croire Thorez au pouvoir à Paris.

2. À propos de 1870-1871 et aussi de la Commune, modèle de subversion populaire si présent en 1940 dans l'esprit de Weygand et celui de Pétain, vieillards qui l'ont connue dans leur jeunesse.

3. Benjamin Constant : « Ceux que l'indigence retient dans une éternelle dépendance, et qu'elle condamne à des travaux journaliers, ne sont ni plus éclairés que des enfants sur les affaires publiques, ni plus intéressés que des étrangers à une prospérité nationale, dont ils ne connaissent pas les éléments, et dont ils ne partagent pas directement les avantages. [...] La propriété seule rend les hommes capables de l'exercice des droits politiques. [...] Quiconque n'a pas en revenu la somme suffisante pour exister pendant l'année sans être tenu de travailler pour autrui n'est pas entièrement propriétaire. [...] Celui qui possède le revenu nécessaire pour exister indépendamment de toute volonté étrangère peut donc seul exercer les droits de cité. » (Cours de politique constitutionnelle.)

4. Auguste Comte : « Le prolétariat, purifié de toute disposition anarchique par une sage éducation, où dominera la vraie connaissance de notre nature individuelle et collective, respectera et fera respecter un classement social dont il sentira les bienfaits continus... Éclairé, de cœur et d'esprit, sur la véritable félicité, il s'y sentira mieux appelé que ses chefs spirituels et temporels, puisqu'il la placera surtout dans le libre essor des affections domestiques et des relations sociales, *que son heureuse irresponsabilité le destine à goûter davantage.* »

5. Il me semble avoir trouvé un exemple de mentalité proche, à un niveau beaucoup plus élevé de l'État, dans des conversations avec René Belin, ce syndicaliste de la CGT devenu ministre du Travail et de la Production industrielle à Vichy. Lui aussi, au cours du dialogue, faisait incidemment confidence du rôle joué dans sa carrière et sa vie par la recherche de la notabilité personnelle ; par la volonté farouche de ce fils de petit artisan, mort à la guerre, de monter dans l'échelle sociale par l'acharnement au travail. Puis, la notoriété venue avec la direction adjointe de la CGT, l'admiration pour le grand bourgeois autoritaire Joseph Caillaux (fréquenté dans les cercles dits « non conformistes » des années 1930) et l'engouement pour les *Propos de Barentin confiseur* de cet autre grand bourgeois, directeur d'une des plus grandes sociétés capitalistes françaises, Auguste Detœuf.

6. Référence aux travaux de Marcel Boudot sur l'opinion publique dans le département de l'Eure ; de Pierre Barral sur la Lorraine sous l'Occupation ; d'Étienne Dejonghe sur le Nord isolé et occupé ; de Monique Luirard sur la Loire pendant la guerre ; de Pierre Laborie sur le Lot ; de Jean-Paul et Michèle Cointet sur la Vienne ; mémoire de maîtrise inédit de David Bobhot sur l'Indre-et-Loire ; et travaux personnels sur le Loiret.

7. Étude publiée dans la *Revue du Nord,* 2 (hors série), 1987 et 1988, pp. 219-268 et pp. 832-858.

2.

Étude départementale : les notables en Ille-et-Vilaine

L'Ille-et-Vilaine, département rural, se caractérise avant 1939 par une attitude politique modérée, orientée certes à droite mais non extrémiste. Ses notables, qu'ils soient citadins ou ruraux (cas le plus fréquent), sont pour la plupart membres de professions libérales ou propriétaires terriens. Qu'ils siègent au conseil général, aux conseils municipaux, dans les chambres de commerce et de métiers ou dans les chambres d'agriculture, ils se présentent comme des éléments de stabilité, comme l'ossature de la société départementale. Les rares hommes nouveaux n'apparaissent guère que lors du décès d'un de ces notables ou à la faveur du retrait volontaire de l'un d'entre eux. Dans quelques cas, des « dynasties » se prorogent, mais le plus souvent le pouvoir du notable passe à un homme nouveau ou plutôt à un homme qui cherche à asseoir sa notabilité par une élection politique ou professionnelle.

Après la défaite et l'occupation, la mise en place du régime de Vichy a-t-elle entraîné une rupture du pouvoir des notables par rapport à la période de paix, ou la continuité domine-t-elle ? En effet, plus que les déplacements de préfets ou de sous-préfets, pourtant fort nombreux, la stabilité des notables permet de prendre la mesure des changements apportés ou non par le régime de Vichy ; les transformations qui touchèrent les chambres corporatives (commerce, agriculture) ainsi que les assemblées municipales et le conseil général [1] sont des indicateurs révélateurs.

Instances corporatives

S'il est des secteurs où le corporatisme de la Révolution nationale fut particulièrement mis en application, c'est bien celui de l'agriculture et secondairement celui du commerce et des métiers.

La Révolution nationale prône le retour à la terre, défend les agriculteurs et développe tout un discours où la terre et ceux qui la travaillent, apparaissent comme les conservateurs des vertus traditionnelles (« La terre, elle, ne ment pas ») qui ont fait la force du pays. Un tel discours ne peut que satisfaire les agriculteurs. La création de la Corporation paysanne en décembre 1940 correspond à l'idéologie corporatiste développée par le mouvement de Dorgères, très présent en Ille-et-Vilaine, par les syndicats traditionnels d'agriculteurs (liés à la Rue d'Athènes) et par la chambre départementale d'agriculture. D'ailleurs, lorsque la Corporation paysanne départementale se met en place, on y retrouve les mêmes hommes que dans la chambre d'agriculture d'avant guerre. Le comité régional agricole d'Ille-et-Vilaine en 1942[2] a pour délégué régional Roger de La Bourdonnaye, qui était l'un des animateurs des syndicats agricoles conservateurs; parmi les délégués adjoints, le comité comprend Jean Bohuon, bras droit de Dorgères, et parmi les membres, d'anciens militants des comités de défense paysanne, dont Jean Nobilet[3]. L'idéologie du retour à la terre, le corporatisme flattent les agriculteurs, et ils ont pu croire que ce corporatisme était la meilleure solution à leurs problèmes[4]. Cependant, la pression croissante des prélèvements allemands et la diminution tout aussi constante du ravitaillement en outils, engrais, etc., entraînent à partir de 1943 une prise de conscience chez certains, pour qui la Corporation paysanne devient un mal nécessaire, mais n'est plus un bien suffisant.

Malgré tout, dans le monde agricole, la continuité domine, mais, si les notables sont toujours présents, les agriculteurs exploitants, qui avaient déjà commencé à réagir contre leur domination avant la guerre, sont très fortement représentés, et cette situation annonce les évolutions à venir dans le syndicalisme agricole après la guerre. Tout se passe comme si on était dans une phase de transition : les valeurs de référence restent celles des notables, mais la pratique indique déjà une perte d'influence au profit des agriculteurs exploitants. Il s'ensuit un changement dans la continuité qui se poursuivit après la chute du gouvernement de Vichy.

En revanche, la composition des chambres de commerce et de métiers montre une très forte stabilité, avec le maintien des notables; à la chambre de commerce de Rennes, les élus de 1937 sont toujours en place en 1941[5].

Ainsi, dans les instances corporatives, quelles que soient les dénominations, on assiste à une permanence des comportements par rapport à l'avant-guerre, permanence qui ne signifie pas forcément maintien des notables.

Les nouveaux organismes politiques

Dès le 12 octobre 1940, le conseil général élu fait place à une commission administrative dont les huit membres sont nommés par le nouveau pouvoir ; la moitié d'entre eux étaient membres de l'ancien conseil général ; conservateurs, ils sont proches du nouveau régime[6]. Les quatre autres membres avaient appartenu aux chambres de commerce (Rennes ou Fougères), ou bien avaient eu des responsabilités, par exemple dans les mouvements d'anciens combattants. Puis la loi du 7 août 1942 crée un conseil départemental dont les membres sont nommés ; le préfet doit veiller à ce que tous les cantons soient représentés et nommer d'anciens conseillers généraux ou maires. Les propositions sont faites par lui le 9 novembre 1942 et entérinées au *Journal officiel* du 2 mai 1943. Ce conseil départemental comprend quarante-trois membres, comme dans l'ancien conseil général ; parmi eux, dix-neuf sont d'anciens conseillers généraux élus, souvent maires de leur commune, treize sont d'anciens maires élus, trois d'anciens conseillers municipaux élus, un est un maire nommé par le régime de Vichy, trois ont été membres de la commission administrative et n'ont pas d'autre fonction élective.

Le préfet use d'expressions plus ou moins nuancées pour justifier ses propositions, et pour qualifier ceux qu'il a choisis, depuis « attitude correcte » jusqu'à « admirateur du chef de l'État ». On peut regrouper ces expressions en cinq catégories[7] :

— dévotion envers le chef de l'État ou le gouvernement : 24 ;
— loyauté envers le chef de l'État ou le gouvernement : 16 ;
— favorable ou approuve le gouvernement : 9 ;
— attitude correcte, impartiale : 2 ;
— aucune annotation : 4.

Si les deux premières appréciations concernent surtout les anciens conseillers généraux les plus conservateurs et les anciens combattants (une force importante dans cette région rurale), qui voient dans le maréchal Pétain le vainqueur de Verdun, il est clair que pour six d'entre eux le préfet se montre plus réservé, voire méfiant, et qu'il les propose avec réticence — peut-être d'autres élus n'auraient-ils pas été bien acceptés par la population des cantons concernés? Ces hommes pour lesquels il donne une appréciation si réservée sont effectivement différents de leurs collègues. Les deux conseillers départementaux qui ont une « attitude correcte » sont en réalité des résistants, membres de réseaux. En outre, cinq de ces six anciens conseillers généraux sont des radicaux indépendants ou des républicains de gauche, nettement laïcs, c'est-à-dire à gauche pour le département ; l'un d'eux donnera sa démission presque immédiatement.

Quant aux maires choisis pour siéger au conseil départemental, certains l'ont été parce que plus à droite ou conservateurs que le conseiller général élu, d'autres parce que le conseiller général élu est décédé. Le seul maire nommé choisi comme conseiller départemental est celui de Saint-Malo, Auguste Briand, qui remplace Gasnier-Duparc, sénateur et maire radical-socialiste, ancien ministre dans le premier gouvernement de Léon Blum. *A fortiori,* le seul conseiller général socialiste du département est évidemment écarté. La répartition entre les anciens élus du conseil général ou des conseils municipaux, les appréciations portées sur eux montrent en fait que la continuité domine plus que la rupture : les seuls clairement rejetés sont les radicaux-socialistes et les socialistes [8]. Dans tous les autres cas, c'est l'ancien conseiller général qui est nommé.

Sur les quarante-trois conseillers départementaux, quatre étaient des agriculteurs exploitants et trois étaient des commerçants. Plus des quatre cinquièmes appartenaient à l'élite sociale du département à la fois par leur appartenance socioprofessionnelle (professions libérales, industriels ou négociants, anciens officiers, propriétaires fonciers), par leur fortune [9] et par leur poids politique. Ces notables conservent leur influence, et la composition sociale du conseil départemental reste donc dans la lignée de celle du conseil général.

Ce conseil départemental nommé vient compléter le dispositif mis en place par le régime de Vichy pour les municipalités. Pour celles-ci, la loi du 16 novembre 1940 revient à la législation antérieure à la loi républicaine de 1884. Désormais, le maire est désigné par le gouvernement pour toutes les communes de plus de 2000 habitants, ce qui touche, outre la préfecture et les sous-préfectures, 53 communes sur 361. Au total, 87 changent de maire au cours de l'Occupation, mais seules 40 (soit 11 %) sont concernées par un changement dû à des motifs politiques. Pour les autres, la nomination d'un nouveau maire est due à la mort du maire élu

(29 communes), à des démissions pour raisons de santé (huit cas) ; pour onze d'entre elles, les causes n'ont pu être déterminées[10]. Pour des raisons diverses, près du quart des communes sont ainsi affectées par la nomination de nouveaux maires à leur tête. Partout ailleurs, ce sont les mêmes notables qui restent présents à la tête des municipalités, tandis que le nombre des conseillers municipaux est réduit.

Dans les villes, deux situations étaient possibles : soit la création de délégations spéciales, soit le maintien des anciens conseils municipaux en diminuant leur nombre et généralement en nommant une femme aux affaires sociales.

La plupart des révocations s'effectuent en 1941. À Saint-Malo, Gasnier-Duparc est destitué en juillet 1941 de ses fonctions de maire et remplacé par Auguste Briand, capitaine au long cours[11]. À Saint-Servan, l'ancien ministre Guy La Chambre est également révoqué en avril 1941[12]. À Fougères, le maire radical-socialiste, Rebuffé, est révoqué en mars 1941. En revanche, d'autres maires sont maintenus, comme celui de Rennes, François Chateau, jusqu'au 14 juin 1944, date à laquelle il sera remplacé par le docteur Patay, président départemental de l'UNC avant la guerre ; ce dernier restera en poste jusqu'à la Libération[13]. La diminution du nombre de conseillers municipaux ne se fait pas forcément en fonction de leurs opinions politiques d'avant guerre puisque, à Rennes par exemple, Quessot, conseiller municipal socialiste, reste en place[14]. Pour ces conseillers municipaux des villes, se maintenir à son poste n'est pas forcément le signe d'une approbation du régime de Vichy, mais beaucoup pensent qu'ainsi ils pourront continuer à servir, à protéger leurs concitoyens. C'est pourquoi rares sont les délégations municipales, sauf à l'extrême fin de l'Occupation.

La reprise en main des autorités locales élues ou administratives par le régime de Vichy est une façon d'afficher sa domination législative sur la zone nord en dépit de la présence de l'occupant. Or, en Ille-et-Vilaine, les instances politiques n'ont pas subi de profonds remaniements, ce qui provoque une grande permanence des notables. Cette continuité est facilitée parce qu'il existait auparavant une certaine proximité idéologique pour une grande partie des notables ruraux (dont beaucoup de maires) vis-à-vis du régime de Vichy ; le fait que nombre d'entre eux fussent d'anciens combattants de 1914-1918 a sans doute contribué à cette permanence.

Mais ces notables sont-ils collaborationnistes ? Si c'est parmi eux que se trouvent plus volontiers les partisans non seulement d'une réforme de l'État mais d'un régime d'ordre, national, voire fasciste, tous sont loin de partager ce dernier point de vue. Le seul mouvement qui attire certains d'entre eux est le groupe Collaboration. Il comprend surtout des notabilités qui constituent une nébuleuse de sympathisants [15]. Ce groupe organise des conférences qui connaissent une certaine affluence en raison de leur tenue intellectuelle ; assez vite, cependant, il se disperse, miné par des divisions internes et par l'évolution générale de la guerre.

Dans l'ensemble, par rapport à l'avant-guerre, les notables du département conservent leurs responsabilités antérieures ou en acceptent de nouvelles dans le cadre de la réorganisation politico-administrative du régime de Vichy. Rares sont les membres de l'*establishment* local qui disparaissent complètement de la scène publique. Ce dernier cas de figure est dû le plus souvent à leur âge ou à une évolution sociologique antérieure (telle la place croissante des agriculteurs exploitants) ; il est exceptionnel qu'il soit la conséquence des mesures prises par le gouvernement de Vichy.

Jacqueline SAINCLIVIER

NOTES

1. Pierre Doueil, *L'Administration locale à l'épreuve de la guerre, 1939-1949,* Paris, Sirey, 1950.
2. Arch. dép. d'Ille-et-Vilaine, 43 W 84 : rapport de police du 11 avril 1942 sur l'assemblée générale constitutive de l'Union corporative d'Ille-et-Vilaine et *L'Ouest-Éclair,* 7 juillet 1942.
3. Auparavant militant dans les syndicats Mancel, résistant, il fut arrêté et déporté à Dachau, où il mourut.
4. En cette période de pénurie, il pouvait apparaître qu'une organisation unique était nécessaire afin d'assurer le ravitaillement des agriculteurs (outils) et des citadins et que le mieux était de la contrôler soi-même.
5. Arch. dép. d'Ille-et-Vilaine, 20 W 1.
6. Cela correspond à la politique qui semble avoir présidé aux nominations des membres de ces commissions, c'est-à-dire dans les départements de droite « conserver la prépondérance des anciens conseillers généraux politiquement orthodoxes » ; James Steel, William Kidd et Daniel Weiss, « Les commissions administatives départementales », *in* René Rémond (dir.), *Le Gouvernement de Vichy, 1940-1942,* Presses de la Fondation nationale des sciences politiques, 1972, p. 59.

7. Parfois deux annotations concernent la même personne, d'où le total supérieur à 43. Arch. dép. d'Ille-et-Vilaine, 43 W 71 : le conseil départemental.

8. Le département n'avait aucun élu communiste avant 1939.

9. Jacqueline Sainclivier, *Permanences et ruptures en Ille-et-Vilaine (1918-1958) : aspects politiques et sociaux,* thèse d'État, université de Rennes II, 1990, chapitre 5.

10. Arch. dép. d'Ille-et-Vilaine, 55 W 1 à 16 : situation des municipalités en 1940-1945.

11. Arch. dép. d'Ille-et-Vilaine, 43 W 74.

12. Arch. dép. d'Ille-et-Vilaine, 55 W 15 : situation municipale à Saint-Servan de 1940 à 1945.

13. Menacé par les Allemands, Château avait dû fuir le 7 juin 1944.

14. À partir d'octobre 1943, il se fait régulièrement excuser aux délibérations du conseil municipal, et cela jusqu'à la Libération. AMR, Registre des délibérations du conseil municipal.

15. Environ 190 personnes. Arch. dép. d'Ille-et-Vilaine, 43 W 53 : rapport des Renseignements généraux sur le groupe Collaboration en mai 1943.

3.

L'armée

« Les “ années terribles ”, c'est-à-dire la période allant de la défaite de mai-juin 1940 au sabordage de la flotte le 27 novembre 1942 », figurent parmi les « blessures » encore vives de l'armée française selon les auteurs d'un ouvrage récent sur *Les Militaires*[1]. Le souvenir de l'armée d'armistice demeure discret et rentré dans la seule mémoire militaire. De même, son historiographie est le fait, à une remarquable exception près, du monde militaire : anciens de l'Organisation de résistance de l'armée (ORA), historiens des Services historiques des armées.

En ce qui concerne les souvenirs, de la fin de la guerre jusqu'au début des années 1950, une première série de publications porte témoignage de la résistance de l'armée d'armistice[2]. Dans les années 1960, quelques ouvrages viennent évoquer le souvenir de l'armée d'armistice dans le climat de crise militaire due à la guerre d'Algérie[3]. Une autre vague a lieu à partir des années 1970, par un effet de génération. Les travaux historiques du colonel Dainville[4] semblent avoir ouvert la voie aux récits de souvenirs[5]. Enfin, la publication des écrits de De Lattre[6] rétablit le fil continu reliant l'armée de la IIIe République, l'armée d'armistice, l'armée de la Libération et l'armée d'après guerre. Par ailleurs, le temps faisant son œuvre, l'époque des biographies[7] succède à celle des Mémoires et des plaidoyers[8].

Chez les historiens, le tableau est inégal. L'armée d'armistice fait l'objet de rapides chapitres dans les histoires de l'armée française[9], ou de brèves synthèses[10], tandis que ses deux principaux chefs, Weygand et Darlan, bénéficient d'abondantes biographies. Seule la thèse de Robert Paxton a approfondi la problématique des militaires à Vichy, notamment à partir des archives allemandes[11]. À cette thèse pionnière encore inégalée et inédite en français, on doit ajouter les sérieux et solides jalons posés par les travaux des Services historiques des armées[12].

L'armée de Vichy, principalement l'armée de terre métropolitaine (incidemment il sera fait allusion à l'aviation et à la marine), est abordée ici dans ses rapports avec le pouvoir et la société civile.

Issue de l'armistice, l'armée nouvelle, aux liens privilégiés avec Vichy, a inscrit son projet politique dans le cadre de la Révolution nationale.

L'ARMÉE DE L'ARMISTICE ET LE RÉGIME DE VICHY

Armée et pouvoir

« Armée de l'armistice, armée issue de la défaite », tels sont les premiers mots de l'article anonyme et officieux publié dans *La Revue des Deux Mondes* du 1er février 1941 et présentant le projet de l'armée nouvelle. Les situations paradoxales dominent la courte existence de l'armée d'armistice, à commencer par l'accession de militaires au pouvoir à l'occasion d'une défaite. L'existence même de l'armée d'armistice est ainsi liée au régime de Vichy[13]. Si l'empire et la flotte constituent les « atouts » de Vichy et la manifestation de sa souveraineté, l'armée a également son importance, comme le remarque le même article de *La Revue des Deux Mondes :* « Il n'est pas de nation sans armée, si petite soit-elle, sans cet élément de force morale, d'ordre, de discipline et d'abnégation. » La situation et le projet politique du régime posent l'armée en « pierre angulaire du nouvel État français[14] ». Cette position est surdéterminée par des rapports spécifiques entre l'armée et Pétain : le plus prestigieux des chefs militaires, un maréchal de France, héros de Verdun, « le Grand Soldat qui préside aux destinées de la Patrie[15] ».

Dès le 16 juin 1940, une camarilla de militaires s'installe au pouvoir. Cette prédominance s'achève rapidement avec le départ de Weygand le 6 septembre 1940 et surtout avec les débuts de la collaboration. De février 1941 à avril 1942 s'opère un mouvement de concentration du pouvoir militaire entre les mains de l'amiral Darlan[16]. Seuls la pression allemande et le retour de Laval parviennent finalement à déloger Darlan de sa position de potentat. Et par la loi du 16 avril 1942, en compensation, celui-ci devient

« commandant en chef des forces de terre, de mer et de l'air », ce qui entraîne un conflit de pouvoir qui s'achève en novembre 1942.

Par ailleurs, au sein du pouvoir militaire existe un hiatus entre le ministre et l'état-major, comme le décrit le colonel Dainville, l'historien de l'ORA : « Les chefs d'état-major de l'armée, les généraux Picquendar puis Verneau [...] s'engageront d'autant plus que leurs ministres se replieront. Il leur fallait en somme définir et suivre leur propre politique contraire à la légalité de l'époque. Chefs d'état-major du ministre, ils auraient dû normalement traduire en décisions la politique militaire du gouvernement. Cette inversion des rôles n'est pas sans inconvénient. C'est elle qui est responsable, le 10 novembre 1942, de l'échec de la tentative du général Verneau en vue de résister aux allemands[17]. » De nettes divergences apparaissent ainsi entre le cabinet du ministre, par nature plus politique, et l'état-major, visant à la reprise du combat.

La défaite foudroyante a provoqué le discrédit du haut commandement dans l'opinion et le relâchement de la discipline dans l'armée. En zone sud, divers incidents éclatent dans l'été 1940 et se prolongent jusqu'à l'automne dans les cantonnements militaires. Une reprise en main de la troupe et des cadres s'impose. Dans Clermont-Ferrand à peine évacué par les Allemands, de Lattre a fait une entrée éclatante et a passé ses troupes en revue sur la place de Jaude[18]. Aussi sa première note de service de commandant militaire du Puy-de-Dôme ordonne-t-elle que des « sanctions exemplaires » soient prises à l'encontre d' « un laisser-aller inadmissible[19] ». Dans une note circulaire du 26 juillet 1940, après avoir relevé une série de manquements à la discipline, Weygand remarque : « L'armée est parfois injustement décriée par certains éléments de l'opinion depuis la signature de l'armistice. Il convient de ne pas donner prise à la malveillance par une attitude qui ne correspond nullement à la situation actuelle. C'est à l'armée, au contraire, de donner au pays, en toutes circonstances, l'exemple de la dignité, du respect de l'autorité, de la discipline et de la tenue[20]. »

« L'armée nouvelle » s'inscrit donc naturellement dans le mouvement de Révolution nationale. De l'été 1940 au printemps 1941 se met en place le projet politique de l'armée d'armistice, qui s'articule autour de quatre thèmes idéologiques :

— « la réforme intellectuelle et morale » de Renan (relue par Maurras), qui renvoie au modèle prussien de la régénération nationale à la suite d'une défaite militaire[21] ;

— « la seule France », de Maurras, qui impose de se défendre « contre quiconque » et de se tenir à l'écart de « la guerre anglo-germano-italienne » (selon le titre d'une rubrique du presque quotidien *La France militaire*) ;

— « l'idéal communautaire », d'origine scoute ou personnaliste[22], qui doit assurer la cohésion et la solidarité de la communauté militaire et l'inscrire en tant que « communauté intermédiaire » dans une France unie ;

— *Le Rôle social de l'officier*, de Lyautey[23], qui donne à l'armée, en plus de sa fonction militaire, une fonction civile, politique et morale.

« L'armée nouvelle », rêvée par Vichy, est aussi et d'abord la nouvelle armée imposée par l'armistice.

L'armée de l'armistice

Une nouvelle armée est née de l'article 4 de la convention franco-allemande d'armistice, qui dispose : « Les forces armées françaises, sur terre, sur mer et dans les airs, devront être démobilisées et désarmées dans un délai encore à déterminer. Sont exemptes de cette obligation les troupes nécessaires au maintien de l'ordre intérieur. » Le maintien de l'ordre est en fait assumé par d'autres formations, notamment les Groupements mobiles de réserve (GMR). L'armée n'a en la matière qu'un rôle dissuasif ; « par sa seule présence, elle inspirera l'ordre et le respect[24] ».

À Rethondes même, le chiffre symbolique de 100 000 hommes est lancé par Keitel, à l'instar de l'effectif imposé à la Reichswehr de 1919. Le 20 août 1940, les autorités allemandes ratifient le principe des 100 000 hommes en métropole, mais astreints à un service de longue durée (les classes 1938 et 1939 sont provisoirement maintenues sous les drapeaux). Les différentes catégories de personnels sont réparties de la façon suivante : les officiers forment 4 % de l'effectif total, les sous-officiers 16 % et la troupe 80 %. L'armée doit par conséquent effectuer un double mouvement : dégagement des cadres en surnombre et recrutement d'hommes de troupe.

22 000 officiers sont dégagés des effectifs. Les réservistes sont d'abord démobilisés, puis la limite d'âge est abaissée afin d'accélérer les départs à la retraite. Certains corps sont démilitarisés : santé, intendance, recrutement, météorologie, etc. Un congé

d'armistice, avec solde réduite, est institué. Une partie des cadres est reclassée, notamment dans les formations de jeunesse. Enfin, des officiers sont exclus de l'armée en vertu des lois sur les sociétés secrètes et du Statut des Juifs — dans ce dernier cas, les autorités militaires étendent ces dispositions au recrutement des hommes de troupe[25].

Dans le même temps, l'armée commence à recruter des hommes de troupe. Au total, près de 90 000 hommes vont être intégrés entre novembre 1940 et novembre 1942, dont un tiers à destination de l'Afrique du Nord. Démarchage incessant et méthodique des gendarmes et propagande des corps de troupe constituent les méthodes les plus efficaces. Par rapport au recrutement réalisé avant la guerre, le rendement est double[26], et ce dans des conditions extrêmement difficiles. Jusqu'à l'été 1941, le recrutement est ainsi limité à la zone sud, qui « comprend uniquement, à l'exception de la Corse, les régions de la métropole où le service militaire était le moins en honneur[27] ». Les autorités allemandes contrôlent les points stratégiques du dispositif : maintien des prisonniers de guerre en captivité ; limites imposées aux effectifs ; quota d'officiers et de sous-officiers, empêchant ainsi la formation d'une armée d'encadrement destinée à une mobilisation éventuelle ; transferts des troupes en Afrique du Nord ; délivrance des *ausweis* pour le passage de la ligne de démarcation. L'exemple de la Reichswehr paraît difficile à imiter.

La transition d'une armée de conscription à une armée de métier, l'armée d'armistice ne la réalise que partiellement : dans les faits, les deux systèmes perdurent jusqu'au début de 1942 avec le maintien sous les drapeaux des appelés, dont la libération provoque alors un déficit de 50 000 hommes.

Le recrutement est déterminé par deux facteurs : d'une part la conjoncture économique, de l'autre la crainte d'être requis pour aller travailler en Allemagne. Plus que la propagande, ce sont la désorganisation économique des premiers mois, puis le déracinement des Alsaciens-Lorrains, enfin et surtout la menace de la « relève », qui ont contribué au recrutement des hommes de troupe.

Pour la majeure partie, les engagés proviennent de milieux populaires et plus particulièrement du monde ouvrier. Ils ont en général moins de vingt-trois ans et choisissent les armes techniques (train, transmissions, génie, cavalerie motorisée) ou l'aviation, car, pour eux, l'armée constitue une seconde chance professionnelle.

Par ailleurs, une très forte majorité souhaite partir pour l'Afrique du Nord afin d'échapper au poids de l'occupation, par goût de l'aventure outre-mer, en raison des avantages financiers offerts, mais aussi, pour certains, avec la volonté secrète de participer à la revanche[28]...

Le moral de l'armée

Ordre et discipline militaires impliquent une constante dans l'état d'esprit des cadres et de la troupe : le loyalisme envers le régime. Ce loyalisme est essentiellement défensif. La fidélité au Maréchal joue dès que la menace se transforme en attaque[29]. Les événements de novembre 1942 en Afrique du Nord viennent corroborer ce constat[30].

L'état d'esprit varie selon les différentes catégories de personnels des armées. Ainsi, dans son rapport sur l'état d'esprit des services généraux de l'administration centrale de l'armée de l'air pour le quatrième trimestre 1941, le commandant relève de nettes distinctions : « Les officiers conservent un assez bon moral qui se traduit par un loyalisme absolu envers le chef de l'État, un incontestable sens de la discipline militaire et un indéniable esprit de corps. [...] Les sous-officiers ont un moral moins stable qui demeure très sensible aux influences extérieures. Moins accessibles que les officiers aux leçons de l'expérience et de la raison, leur tendance générale est à l'expectative. Ceux qui ont un emploi vraiment militaire [...] conservent la conscience claire de leur devoir et montrent même à l'occasion un certain sens de l'abnégation. [...] Les autres s'intéressent exclusivement aux avantages matériels, alimentaires et pécuniaires que leur situation leur vaut et ont une fâcheuse tendance à se démilitariser et à se fonctionnariser. [...] Pour les appelés, la grande et seule préoccupation reste le retour à la vie civile. Pour eux, le civil est toujours quelque chose de supérieur au militaire[31]. » L' « esprit militaire » se délite ainsi avec la « civilisation » des services de l'armée.

Les conditions matérielles, notamment le ravitaillement, interviennent notablement sur l'état du moral. Les pénuries s'aggravant, le même commandant des services généraux de l'air à Vichy note dans son rapport du 1er semestre 1942 : « Les esprits restent dominés par une psychose de famine[32]. » C'est ainsi que, mal nourris, mal vêtus, mal logés, les jeunes engagés font de la

« contre-propagande[33] ». Avec la dégradation des conditions de vie, les ambitions sociales de l'armée deviennent vaines.

Le moral de l'armée évolue surtout avec les événements, avec les développements de la guerre. Deux inflexions peuvent être relevées : la Syrie et le retour de Laval.

Tandis que Mers el-Kébir et Dakar ont conforté la cohésion de l'armée de Vichy, les événements de Syrie provoquent les premières failles. Si la guerre de Syrie mobilise les esprits en Afrique du Nord, où l'on considère l'empire[34], œuvre de l'armée et atout du Maréchal, comme menacé, elle n'en jette pas moins un trouble en métropole et radicalise certains éléments[35]. C'est à cette occasion que Pétain s'adresse directement et publiquement à l'armée. Après plusieurs messages aux troupes du Levant, deux allocutions sont prononcées par lui devant un auditoire militaire : le 28 mai 1941, en inspectant la base aérienne d'Aulnat, et le 23 juillet 1941, à Aix-en-Provence, aux élèves officiers. À ces derniers, il rappelle : « Vous, qui êtes jeunes encore, n'ayez pas d'autre but que de servir, servir toujours et dans toutes les situations où vous vous trouverez. » Vichy doit renforcer les liens : jusque-là « implicite », le serment de fidélité au Maréchal devient explicite et obligatoire en vertu de l'acte constitutionnel n° 8 paru au *Journal officiel* du 14 août 1941.

Le retour de Laval au pouvoir en avril 1942 provoque quelques inquiétudes sur les développements de la collaboration[36]. Trois semaines après le retour de Laval, le commandant de la IIe région aérienne (Toulouse) adresse ainsi la note circulaire suivante : « Il me revient qu'une certaine agitation se manifeste parfois [...] à l'occasion des divers événements ayant trait à la politique intérieure ou extérieure de notre pays. [...] Une seule chose compte : nous sommes les soldats du Maréchal, auxquels nous avons tous prêté serment, et notre seule préoccupation doit être de nous préparer *en silence* à exécuter les ordres qu'il pourra être appelé à nous donner. Tout le reste est hors de nous[37] ! »

Les doutes deviennent des probabilités, les fissures s'élargissent. Dans l'été 1942, un rapport adressé au BCRA distingue, parmi les officiers de l'armée d'armistice, deux tendances : d'une part les collaborateurs ; d'autre part ceux qui, plus nombreux, souhaitent la défaite de l'Allemagne et seraient prêts à se sentir déliés de leur serment envers Pétain si un chef nouveau se mettait à leur tête[38].

L'historien militaire Jacques Vernet constatera le paradoxe : « Cette petite armée, qui rêve d'une grande revanche, avec plus ou moins de conviction, il est vrai, voit ses espoirs s'effondrer sous le coup d'événements extérieurs dont elle avait pourtant souhaité l'apparition[39]. » « La seule France » se révèle une politique intenable. Et, déjà au départ affectée par la « dissidence » gaulliste, la société militaire ne peut échapper à la question de savoir au service de quelle politique étrangère est placé l'outil militaire[40].

L'ARMÉE NOUVELLE ET LES FRANÇAIS

L'armée nouvelle et la Révolution nationale

D'emblée, le 28 juin 1940, la note adressée par le général Weygand au maréchal Pétain annonce la rupture avec l' « apolitisme » de l'armée sous la IIIe République. Un lien immédiat est établi entre la politique du Maréchal et l'armée d'armistice ; selon l'article-programme de *La Revue des Deux Mondes,* « [l'armée] a son rôle à jouer, un rôle civique : dévouement absolu au chef de l'État, à sa personne, adhésion totale à son action. [...] Officiers, sous-officiers, soldats sont, par une sorte de serment implicite, liés au régime nouveau et à son chef, incarnation de l'honneur et des vertus françaises[41] ». Plus loin, l'article affirme que « jamais le rôle social de l'officier n'aura été plus important » et précise : « Gouvernement et commandement s'intéressent activement, d'ailleurs, aux questions familiales comme à la création de foyers et à la pratique des sports, en vue de développer le sentiment de la solidarité. »

En avril 1941, chaque armée (terre, air et marine) crée son service social. Cette innovation est motivée par divers facteurs : atténuer les rigueurs de la pénurie ; maintenir la cohésion de l'armée par « un rapprochement de la grande famille militaire constituant un véritable renouvellement de l'armée[42] » ; être « un exemple vivant pour tous les autres groupements et pour la nation tout entière[43] ». Le principe essentiel de ces services est l'entraide mutuelle comme « base de la rénovation de l'armée et partant du pays ». Les autorités militaires l'inscrivent d'ailleurs dans le cadre du discours de Pétain à Commentry (1er mai 1941) en considérant que l'officier « doit se considérer comme ayant charge d'existence et même — en un certain sens — charge d'âme. Il doit avoir le souci majeur de la dignité, du bien-être, de la santé, du moral de ses collaborateurs et de leur famille ». D'autres aspects de la vie sociale sont pris en charge, comme les distractions avec la création des « foyers militaires[44] ».

Pédagogie et propagande

« Cette armée nouvelle, petite par le nombre, nous en ferons un vibrant modèle de la qualité pour la tenir, non plus à l'écart, mais intégrée dans la nation régénérée. Elle montrera l'exemple au pays, en attendant d'être son image. » Tels sont les termes de l'ordre général n° 1 du 21 septembre 1940, signé par le général Huntziger, ministre de la Guerre[45].

L'armée a désormais un rôle pédagogique au moins équivalant à son rôle militaire. En juillet 1940, de Lattre, commandant militaire du Puy-de-Dôme, fonde sur le plateau de Gergovie, dans le village déserté d'Opme, un « centre corporatif où les jeunes, guidés par des artisans civils, apprennent “ à être des hommes et devenir des chefs ” ». Devenu commandant de la XIIIe division militaire, il transforme Opme en « école de cadres militaires », lui donnant une orientation militaire nettement affirmée, comme il l'indique dans sa première directive : « Il faut créer une armée nouvelle [...]. Il faut commencer par une remise en confiance totale, [...] reconstruire les âmes et fortifier les corps[46]. » Opme doit ainsi montrer la voie du renouveau de la formation et de l'instruction militaires[47]. De Lattre projette « la création d'un noyau solide spécifiquement militaire autour duquel viendrait fatalement s'agglomérer un jour ou l'autre l'armée française de demain[48] ». Nommé en novembre 1941 en Tunisie, il constitue l'École militaire de cadres des troupes de Tunisie sur le site prestigieux de Salammbô, près de Carthage, avec une perspective similaire à celle d'Opme[49]. Muté en mars 1942 à Montpellier, comme commandant de la XVIe division militaire, de Lattre élabore un projet plus vaste de véritable familistère militaire, qui commence à prendre forme avec le camp de toile de la plage de Carnon et le château de Cambous[50].

Le sport et la morale intéressent les militaires dès l'été 1940, comme l'atteste l'officieuse publication *La France militaire.* Quant à la *Revue de l'armée française,* le mensuel édité à partir d'octobre 1941 par la section « moral » du 3e Bureau de l'EMA, avec pour rédacteur en chef le capitaine Gambiez, elle accorde aussi une place importante au sport dans l'armée : « L'activité de l'armée doit être militaire dans son objet, sportive dans sa forme[51]. » Même propos dans « Le sport dans l'armée », article du n° 1 de *L'Armée nouvelle* (1941) : « Désormais l'esprit sportif ne se sépare plus de l'esprit militaire. » Et le n° 2 de *L'Armée nouvelle* (1942) est tout entier consacré au « sport dans l'armée ». La méthode de gymnastique Hébert, ou « méthode naturelle », est introduite à l'armée, dans les formations de jeunesse et les écoles. Des démonstrations gymniques sont au programme des tournées de propagande des corps de troupe. Des manifestations sportives, tel le championnat de France d'athlétisme militaire à Vichy, présentent la nouvelle image de l'armée à la jeunesse.

L'armée se charge non seulement du sport et de la morale mais aussi de la formation professionnelle de la troupe : à partir du 15 février 1941, sur ordre du général Huntziger, toutes les unités doivent consacrer une partie de leur emploi du temps à former les soldats à diverses professions civiles[52].

Ayant un rôle civique et moral, l'armée développe sa propagande en vue non seulement de recruter, mais aussi et surtout d'influer sur les mentalités. L'organisation de la propagande connaît alors de sérieux changements, résumés par deux mouvements : la centralisation du pouvoir de décision et la professionnalisation des personnels et des moyens.

Cette centralisation remet les moyens de propagande de masse entre les seules mains des politiques du cabinet du ministre[53]. L'improvisation et les bonnes volontés font place aux professionnels[54]. Ainsi, un court métrage en faveur du recrutement, *La Belle Vie,* tourné en avril 1941, est mis en scène par un ancien assistant de Renoir. De même, l'affichage national est confié à une entreprise spécialisée.

Les campagnes de propagande s'adressent particulièrement à la jeunesse dans son ensemble et visent donc à une action dans le long terme[55]. Une note sur « l'organisation de la propagande » précise la « cible » : « La propagande en faveur de l'armée ne doit pas seulement s'adresser à ceux qui ont l'âge de contracter un engagement, mais à toute la jeunesse y compris les jeunes filles. Si, chez les " plus de vingt ans ", il est difficile de réagir contre certaines déformations intellectuelles et morales acquises souvent dès la plus tendre enfance, il est plus aisé de susciter chez leurs cadets de durables sentiments patriotiques et de créer parmi eux un état d'esprit favorable à tout ce qui touche l'armée[56]. » C'est ainsi qu'un ambitieux programme de propagande par le film est mis en place pour le dernier trimestre de l'année scolaire 1941-1942[57]. Mais les restrictions se font sentir : pénurie de pellicule, de pick-up et d'électricité, ainsi que de moyens de transport. Toutefois, dans un courrier du 9 septembre 1942 adressé à Bonnard, Bridoux constate les « heureux résultats » de la propagande cinématographique en faveur de l'armée menée dans les écoles, collèges, lycées[58]. Et pour le premier trimestre de l'année scolaire suivante, il est envisagé de perfectionner le dispositif avec une exploitation pédagogique des films, un texte d'accompagnement destiné aux maîtres, des devoirs imposés aux élèves sur les films présentés, des distributions d'images en primaire[59], de brochures aux élèves des classes primaires supérieures et secondaires, du livre *Vérité sur les combattants* aux jeunes gens de plus de quinze ans, ainsi que des abonnements à *L'Armée nouvelle*[60]. La jeunesse est aussi la cible privilégiée des publications *L'Armée nouvelle, L'Aviation française* et *La Marine française :* nombreuses photos, jeux, sports, techniques. Ces publications sont éditées, sous l'égide des secrétariats d'État militaires, par le mouvement Compagnons, qui, dans son hebdomadaire du même nom, participe à la même propagande.

Armée et société civile : distance et indifférence

Tandis que des militaires se « civilisent », des civils se « militarisent ». Entre l'armée et la société civile s'interpose un nouvel espace. De multiples uniformes apparaissent. Un vaste espace paramilitaire s'est formé : Chantiers de la jeunesse, Compagnons de France, mouvements de jeunesse, Légion française des combattants, etc.

Dans le secteur paramilitaire, l'un des relais les plus fiables pour l'armée semble être les Compagnons de France, association qui se charge des adolescents et participe activement à la propagande en faveur de l' « armée nouvelle ». Et Guillaume de Tournemire, « chef compagnon » depuis mai 1941, est un saint-cyrien, disciple de Lyautey.

Dans le cas des Chantiers de la jeunesse, les relations avec l'armée sont ambiguës : les Chantiers sont-ils un vivier pour l'armée ou un substitut au service militaire ? Créés par le décret du 1er août 1940 pour encadrer les mobilisés des classes 39/2 et 40/1, ils sont désignés par une loi du 18 janvier 1941 comme support pour un service national de huit mois, mais sans instruction militaire, conformément à l'armistice, bien que leur encadrement soit constitué par des officiers « en congé d'armistice ». Dès août 1940, le cabinet du secrétaire d'État à la Guerre émet une note[61] pour développer la propagande dans les Chantiers en faveur des engagements. Fin 1940, les premiers effets se révélant décevants, on envisage de « déclencher une importante offensive de propagande[62] ». Mais, en avril 1941, le service du recrutement constate que « les résultats, bien qu'encourageants, ne sont cependant pas proportionnés à l'activité déployée[63] ». Par la suite, le service du recrutement ne cesse de se plaindre de l'absorption des jeunes gens de vingt ans par les Chantiers. Au total, pour l'année 1941, les Chantiers, qui comptent près de 100 000 jeunes, ne fournissent que 3 000 engagés[64]. Contrairement au modèle prussien rêvé, l'armée d'armistice ne peut être l'armée de cadres susceptible d'organiser des réserves virtuelles, et les Chantiers de la jeunesse ne peuvent assurer une quelconque instruction militaire, en raison des conditions imposées par les autorités allemandes[65].

La personnalité des chefs est déterminante dans les organisations paramilitaires. C'est le cas avec la direction de la Légion française des combattants en Afrique du Nord, hostile à Weygand. En métropole, l'attitude de la Légion varie sensiblement, de la coopération à l'animosité, selon ses dirigeants locaux. Quand les légionnaires n'ont pas de visées politiques ou policières, ils participent à l'effort de recrutement dans le même style que les anciennes amicales régimentaires.

Les forces chargées du maintien de l'ordre, les GMR, ainsi que la police nationale, font, par les soldes offertes, une sévère concurrence au recrutement de l'armée

Ce recrutement est particulièrement contrarié par la création de la Légion antibolchevique, la chronologie desservant l'armée : la propagande en zone nord pour le recrutement de l'armée de Vichy commence effectivement au même moment où est fondée la LVF[66]. Les candidats potentiels à l'engagement et leurs familles deviennent très réticents, craignant que les soldats de Vichy ne soient amenés à combattre aux côtés des Allemands sur le front de l'Est[67].

L'armée de Vichy n'est pas parvenue à organiser autour d'elle l'espace paramilitaire, ni à le contrôler. Entre militaire et paramilitaire, il y a discordance, voire concurrence. Et, dans l'opinion publique, l'indifférence à l'égard de l'armée va croissant. « Les légendes injustes naissent vite, surtout lorsqu'elles sont portées par les revers et développées par une longue et pénible retraite à la fois militaire et civile. Elles ont la vie dure », constate, dès le 24 août 1940, *La France militaire,* dans un article intitulé « L'héroïque conduite des généraux en mai-juin 1940 ». La perte de prestige de l'armée demeure. C'est une constante relevée notamment par le service du recrutement[68].

Un antimilitarisme latent subsiste, mêlé à l'indifférence générale vis-à-vis de l'armée nouvelle. Des rapports de gendarmerie notent que nombre de municipalités « se désintéressent complètement de la propagande en faveur de l'armée d'armistice[69] ». La même observation peut être faite à propos des enseignants, souvent réticents devant l'introduction de la propagande militaire dans les écoles[70]. Par une note en date du 28 août 1941, le 1er bureau de l'EMA demande ainsi le concours du secrétariat d'État à l'Éducation nationale pour participer à « la lutte contre certains universitaires dont l'antimilitarisme latent exerce une influence fâcheuse dans leur entourage ». Bridoux effectue la même démarche un an plus tard auprès de Bonnard pour « prévenir ou vaincre les résistances chez certains maîtres[71] ».

Quant à l'antimilitarisme militant, il perd de sa pertinence avec la démobilisation et la constitution d'une armée d'engagés, et de ses moyens avec le maintien de la censure ; il s'insinue toutefois dans la presse collaborationniste de zone nord.

Le 27 novembre 1942, l'opinion publique est à la fois choquée par le sabordage de la flotte et indifférente à la dissolution de l'armée. L'armée d'armistice a par conséquent renforcé le sentiment d'isolement des officiers à l'intérieur de la société française.

Le souvenir de l'armée d'armistice est inscrit, dans la mémoire militaire, au registre des « servitudes », de l'esprit d'abnégation. Lors de la crise militaire liée à la guerre d'Algérie, s'opèrent des rejeux de mémoire paradoxaux, notamment sur le dilemme conscience-obéissance et le rapport armée-nation[72]. Toutefois, l'expérience de l'armée d'armistice a exercé une influence certaine sur l'instruction militaire d'après guerre[73].

L'armée d'armistice a passé outre aux conditions qu'imposaient ses propres modèles de référence : l'universalité du service militaire, cadre essentiel de la réflexion de Lyautey, le caractère populaire de la Landwehr prussienne, le prestige conservé par les officiers de la Reichswehr. Une longue et silencieuse préparation, pareille à celle de la Prusse, tant admirée par Renan, s'accorde mal avec ces temps de *Blitzkrieg* et de guerre totale. De plus, l'armée d'armistice a privilégié des fonctions non militaires, devenant pédagogue ou propagandiste, et s'est ainsi faite l'un des relais du régime de Vichy. Double jeu et équivoque ne peuvent mobiliser les énergies et sont certainement pour beaucoup dans la défiance et l'indifférence des Français.

Christian BACHELIER

NOTES

1. Christian Destremeau et Jérôme Hélie, *Les Militaires. Être officier aujourd'hui,* Paris, Olivier Orban, 1990, p. 43.
2. Étienne Anthérieu, *Le Drame de l'armée d'armistice,* Paris, Éditions des Quatre Vents, 1946 ; commandant Mollard, *Documents pour l'histoire. Le rôle des sociétés civiles dans le camouflage du matériel de guerre sous l'occupation allemande,* Paris, imp. Chatenay, 1946 ; Pierre Nord, *Mes camarades sont morts,* 2 tomes, Paris, Librairie des Champs-Élysées, 1947 ; colonel Groussard, *Chemins secrets,* Paris-Mulhouse-Lausanne, Bader-Dufour, 1948 ; Jean Mialet, Richard Thouvenin, *Mémorial de la promotion Croix-de-Provence,* Dijon, imp. Masseret, sd. [1950].
3. Jacques Weygand, *Le Serment,* Paris, Flammarion, 1960 ; Raymond Sereau, *L'Armée d'armistice, 1940-1942,* Paris, Nouvelles Éditions latines, 1961 ; Georges A. Groussard, *L'Armée et ses drames,* Paris, La Table ronde, 1968.
4. Colonel Augustin de Dainville, « Une résistance militaire, 1940-1944 », *Revue historique des armées,* 3, 1974, pp. 11-36 ; Augustin de Dainville, *L'ORA,* Paris, Lavauzelle, 1976.
5. René Chambre, *Au carrefour du destin : Weygand, Pétain, Giraud, de Gaulle,* Paris, France-Empire, 1975 ; Paul Paillole, *Services spéciaux, 1935-1945,* Paris, Robert Laffont, 1975 ; général Guillaume, *Homme de guerre,* Paris, France-Empire, 1977 ; général Daillier, *Nous étions capitaines à l'Armée d'Afrique,* Paris, Nouvelles Éditions latines, 1979 ; Henri Navarre et un groupe d'anciens membres du SR, *Le Service de renseignements, 1871-1944,* Paris, Plon, 1979 ; Henri Longuechaud, *Les Cheminements du retour, 1940-1944,* Niort, Éditions du Terroir, 1982 ; *La Promotion Charles de Foucauld,* Chambray-lès-Tours, imp. CLD, 1984 ; Jean de Bermond de Vaulx, *Souvenirs de Résistance,* Nîmes, 1984 ; Jean de Montangon, *Un Saint-Cyrien des années 40,* Paris, France-Empire, 1987 ; Sapin [Jacques Lécuyer] et quelques autres, *Méfiez-vous du toréador,* Aix-en-Provence, AGPM, 1987 ; Jean Vallette d'Osia, *Quarante-deux ans de vie militaire 1916-1958,* vol. 2, *1939-1945,* Lyon, Éditions lyonnaises d'art et d'histoire, 1988 ; etc.
6. Maréchal Jean de Lattre, *Ne pas subir. Écrits, 1914-1952,* Paris, Plon, 1984, et *Reconquérir. Écrits, 1944-1945,* Paris, Plon, 1985.
7. Bernard Destremeau, *Weygand,* Paris, Perrin, 1989 ; Hervé Coutau-Bégarie, Claude Huan, *Darlan,* Paris, Fayard, 1989 ; François Flohic, Jacques Raphaël-Leygues, *Darlan,* Paris, Plon, 1986.
8. Maxime Weygand, *Mémoires,* vol. 3, Paris, Flammarion, 1950 ; Guy Raïssac,

Un soldat dans la tourmente, Paris, Albin Michel, 1963 ; Jacques Weygand, *Weygand, mon père,* Paris, Flammarion, 1970 ; Alain Darlan, *L'amiral Darlan parle...,* Paris, Amiot-Dumont, 1952 ; maréchal Juin, *Mémoires,* vol. 1, Paris, Fayard, 1959 ; général Laffargue, *Fantassin de Gascogne,* Paris, Flammarion, 1962 ; général Beaufre, *Mémoires,* Paris, Presses de la Cité, 1969 ; Charles Mast, *Alger, 8 novembre 1942 : histoire d'une rébellion,* Paris, Plon, 1969 ; André Zeller, *Dialogues avec un colonel,* Paris, Plon, 1972 ; René Richard, Alain de Sérigny, *La Bissectrice de la guerre,* Alger, La Maison des livres, 1946 ; Marcel Emerit, « La préparation de la revanche en Afrique du Nord sous le régime de l'armistice », *Actes du 81ᵉ congrès des sociétés savantes,* Paris, 1956, pp. 789-808 ; Louis Berteil, *L'Armée de Weygand,* Paris, Albatros, 1975.

9. Paul-Marie de La Gorce, *La République et son armée,* Paris, Fayard, 1963, pp. 399-424 ; Jacques Nobécourt, *Une histoire politique de l'armée, 1919 à 1942, de Pétain à Pétain,* Paris, Le Seuil, 1967, pp. 289-328 ; Jean Doise et Maurice Vaïsse, *Diplomatie et outil militaire,* Paris, Imprimerie nationale, 1987, pp. 349-362 ; Paul Gaujac, *L'Armée de la victoire,* vol. 1, Paris, Lavauzelle, 1984, pp. 48-57.

10. Étienne Anthérieu, *op. cit. ;* Raymond Sereau, *op. cit.*

11. Robert O. Paxton, *Parades and Politics at Vichy. The French Officer Corps under Marshall Pétain,* Princeton (NJ), Princeton University Press, 1966.

12. Lieutenant-colonel Jacques M. Vernet, *L'Armée d'armistice 1940-1942. Une petite armée pour une grande revanche,* symposium international d'histoire militaire de Carlisle Barracks (Pa.), tenu du 1ᵉʳ au 4 août 1982, Vincennes, Service historique de l'Armée de terre, 1983 ; colonel Léoni, Marcel Spivak, *Les Forces françaises dans la lutte contre l'Axe en Afrique,* tome 2, Vincennes, SHAT, 1985 ; Fondation pour les études de Défense nationale, Institut d'histoire des conflits contemporains, Service historique de l'Armée de terre, Service historique de la Marine, Service historique de l'Armée de l'air, *Les Armées françaises pendant la Seconde Guerre mondiale 1939-1945,* colloque international tenu à Paris du 7 au 10 mai 1985, Paris, 1986 ; lieutenant Anne-Marie Mans, « Naissance du Matériel 1940-1944 », *Revue historique des Armées,* 3, 1980, pp. 54-78 ; colonel Renard, « Un régiment de chars dans la tourmente : le 2ᵉ Dragons (1939-1945) », *Revue historique des Armées,* 2, 1984, pp. 90-103 ; Henri de Brancion, « Actions clandestines sous le couvert de la *Revue de l'armée française* (1941-1942) », *Revue historique des Armées,* 1, 1983, pp. 73-78 ; Arnaud Teyssier, « L'armée de l'air et l'affaire de Syrie (1941) », *Revue historique des Armées,* 4, 1986, pp. 97-106 ; Thierry Vivier, « La commission G entre la défaite et l'armée de l'air future (1941-1942) », *Revue historique des Armées,* 3, 1989, pp. 113-121 ; etc.

13. « Aucune question sans doute n'est liée, d'une manière aussi étroite, à toutes celles que pose l'étude du régime de Vichy », écrivait Hubert Jean-Pierre Thomas dans son introduction au dossier documentaire sur l'armée d'armistice présenté au colloque sur « Le gouvernement de Vichy et la Révolution nationale » organisé par la Fondation nationale des sciences politiques les 6 et 7 mars 1970.

14. « L'armée d'armistice », *La Revue des Deux Mondes,* 1ᵉʳ février 1941, p. 357.

15. Secrétaire d'État à l'Aviation, EMAA 3ᵉ Bureau, Dépêche ministérielle nº 11.778-3-1, objet : directives d'activité, Vichy, 14 décembre 1940 (SHAA 3D).

16. Si, dans la concentration du pouvoir militaire réalisée par Darlan, il y a une volonté de puissance politique évidente, ce processus entre aussi dans l'évolution générale des armées de par le monde comme en témoignent d'autres éléments tels l'accroissement du rôle de la logistique et le projet d'éclatement du système divisionnaire. La constitution du matériel comme service indépendant en métropole préfigure l'imposition des services de logistique en Afrique du Nord par les Américains en 1943 (voir lieutenant Anne-Marie Mans, art. cit., et chef de bataillon Jacques Vernet, *Le Réarmement et la réorganisation de l'armée française*

1943-1946, Vincennes, SHAT, 1983). Parmi les projets de l'EMA de Vichy, apparaît une formule similaire au « Combat Team » (« Notice d'emploi de Forces mobiles », du 10 mai 1942, citée par Jacques Vernet, *Une petite armée, op. cit.*).

17. Augustin de Dainville, art. cit.

18. « Grand tralala militaire et comédie de la vertu » (Jean Guéhenno, *Journal des années noires, 1940-1944,* Paris, Gallimard, 1947, p. 19).

19. Commandant militaire du département du Puy-de-Dôme, EM, note de service n° 1, Clermont-Ferrand, 4 juillet 1940 (SHAT 2P56).

20. Général commandant en chef, ministre secrétaire d'État à la Défense nationale, n° 549, DN, Vichy 26 juillet 1940, au général d'Armée, secrétaire d'État à la Guerre et au général d'Armée, secrétaire d'État à l'Air, arrivé au ministère de l'Air le 2 août 1940 (SHAA 3D112).

21. À l'exemple de la Landwehr prussienne, il faut ajouter celui de la Reichswehr de von Seeckt ; l'*Histoire de l'armée allemande,* de Benoist-Méchin, était dans toutes les bibliothèques de l'armée d'armistice tout comme l'avait été, avant la guerre de 14, *La Régénération de la Prusse après Iéna,* de Joseph Vidal de La Blache.

22. Dossier « Servitude et grandeur militaire 1935 » présenté par Emmanuel Mounier, *Esprit,* 32, avril 1935 ; Jean Guitton, *Fondements de la Communauté française,* Lyon, Plon, 1942 (*Les Cahiers des captifs,* 1) avec une préface du maréchal Pétain du 17 mars 1942.

23. « Nous croyons, quant à nous, qu'il n'y a aucune distinction à établir entre les deux termes moral et social quand il s'agit de l'éducation à donner par l'officier. Tout se simplifie à une époque comme la nôtre, où non seulement le culte, mais l'idée même de la Patrie sont l'objet d'attaques s'exerçant impunément. C'est en faisant l'éducation morale de ses hommes que l'officier remplit son rôle social. » (Weygand, préface à Lyautey, *Le Rôle social de l'officier,* Paris, rééd. Plon, 1935.)

24. « L'armée de l'armistice », art. cit., p. 357.

25. Robert O. Paxton, Michael R. Marrus, *Vichy et les juifs,* Paris, Calmann-Lévy, 1981 (rééd. Livre de Poche, 1990, p. 180).

26. « Dans les années précédant immédiatement la guerre, l'Office de propagande pour le recrutement des militaires de carrière arrivait à recruter chaque année entre 20 000 et 25 000 hommes », Note pour le cabinet du Ministre du 1er Bureau de l'EMA, 1er janvier 1941 (SHAT 3P66).

27. *Ibid.*

28. L'armée d'armistice empêchée d'engager des sous-officiers a donc recruté notamment des éléments au profil analogue aux engagés de la période 1919-1932 : des volontaires jeunes pour l'Outre-Mer, peu soucieux du « grade », ayant pour motivation principale le goût de l'aventure. De 1934 à 1939, l'armée avait recruté plus de volontaires comme sous-officiers en métropole, pour lesquels être militaire est un « métier » pareil à celui de fonctionnaire (voir lieutenant-colonel Vial, *Organisation de l'armée 1919-1939,* multigraphié, SHAT, 1954). Sur les départs vers l'Afrique du Nord, voir Henri Longuechaud, « La reprise du combat en AFN », *Espoir,* 38, mars 1982, pp. 28-35, et Antoine Béthouart, *op. cit.*

29. Dans leur majorité, les cadres et hommes des troupes du Levant se sont tenus à leur engagement premier, comme le constate un ancien du Levant, Roger Rouy, dans sa thèse d'État, *Études sur une guerre méconnue : campagne de Syrie, juin 1941,* soutenue le 28 novembre 1972 à l'université de Dijon. Il en est de même pour l'aviation du Levant qui au départ était divisée, plus certainement que la marine, sur l'attitude à adopter vis-à-vis des Anglo-Saxons et de la « dissidence » (voir Arnaud Teyssier, « La campagne de Syrie », art. cit.).

30. René Bouscat, *De Gaulle et Giraud, dossier d'une mission,* Paris, Flammarion, 1967, p. 8, et Arnaud Teyssier, « La crise de novembre 1942 », art. cit.

31. Commandant des services généraux de l'administration centrale, Vichy-Rhue, 20 janvier 1942, rapport trimestriel sur l'état d'esprit des services généraux de l'administration centrale, 4e trimestre 1941 (SHAA 3D112).
32. Commandant des services généraux de l'administration centrale, Vichy-Rhue. Extrait du rapport sur l'état d'esprit des services généraux de l'administration centrale, 1er semestre 1942 (SHAA 3D112).
33. Rapport de la 7e légion de Gendarmerie, Besançon, 6 février 1942 (SHAT 3P66).
34. Keitel suggère : « La condition psychologique essentielle pour amener les troupes coloniales françaises à combattre de leur plein gré l'Angleterre [...], c'est d'insister sur le fait que seule une collaboration militaire franco-allemande peut conserver à la France son empire colonial » (Note de Keitel en date du 5 septembre 1941 citée par Hans-Joachim Harder, « Les Allemands et l'armée française d'armistice », *Les Armées françaises, op. cit.*). Après le limogeage de Weygand, la commission allemande autorise le transfert en Afrique du Nord des troupes du Levant.
35. Des failles sont relevées parmi les « corniches », les classes de préparation à Saint-Cyr (Claude Carles, « La corniche de Montpellier de 1939 à 1942 », *Revue d'histoire de la Deuxième Guerre mondiale,* 112, octobre 1978, pp. 7-28), de même que dans le Lot (Pierre Laborie, *Résistants, vichyssois et autres. L'évolution de l'opinion et des comportements dans le Lot de 1939 à 1944,* Paris, CNRS, 1980, p. 185).
36. « Lorsque, vers Pâques de 1942, Pétain est contraint par les Allemands de reprendre Laval dont il s'était défait, une partie des " cornichons " se détachera du régime, du moins *in petto.* Quelques autres commenceront de s'enfoncer, au contraire, dans un aveuglement qui les conduira à la collaboration active avec l'Allemagne », Claude Carles, art. cit.
37. Commandant de la IIe Région aérienne, EM 2e Bureau, n° 175 : 2-P.C., Objet : État d'esprit, Toulouse, 9 mai 1942 (SHAA 3D112).
38. « Armée et action militaire. Les formations militaires de Vichy, 4 juin 1942 BCRA. France combattante, EMP, n° 1030, arrivé le 3 septembre 1942 à Londres, très secret (Arch. nat. F1A 3729).
39. Jacques Vernet, *Une petite armée, op. cit.*
40. Jean Doise et Maurice Vaïsse, *op. cit.,* p. 349.
41. Une circulaire du ministre (n° 7381-3/Cab) avait, le 25 octobre 1940, indiqué l'orientation : « Autant l'armée se devait jusqu'ici, par souci de sa dignité, de se tenir écartée de la mesquine politique, autant elle se doit aujourd'hui de manifester son attachement total au régime nouveau. Tous les cadres et les hommes de l'armée nouvelle ont l'obligation stricte de devenir des partisans. Tout militaire de l'armée nouvelle, quel que soit son grade, a désormais le droit et le devoir d'exprimer hautement son attachement total au régime » (SHAT 3P56).
42. Secrétariat d'État à la Guerre, *Le Service social de l'armée. Principes, programme, action,* Vichy, décembre 1941 (SHAT 3P159).
43. *Ibid.*
44. Capitaine Gambiez, « Les distractions dans l'armée », *Revue de l'armée française,* 7, mai 1942 ; chef d'escadron Vergeron, « Distraction et éducation des hommes de troupe », *Revue d'Histoire militaire* (faisant suite à *Revue de l'Armée française*), 12, septembre 1942.
45. « L'Armée de l'Air nouvelle doit, en conséquence, être un modèle d'ordre pour la Nation. [...] Cette notion d'ordre est inséparable de la notion d'effort. [...] Cette activité doit tendre à rénover dans tous les domaines, militaires, physique, intellectuel et moral. Le redressement à en attendre repose sur le redressement et l'amélioration primordiales des méthodes de commandement et

de la discipline. » Secrétaire d'État à l'Aviation, EMAA 3e Bureau, dépêche ministérielle, 11, 778-3,1, objet : directives d'activité, Vichy, 14 décembre 1940 (SHAA 3D112).

46. Directive n° 1 pour la formation et l'instruction des troupes de la 13e division, Général de Lattre de Tassigny, Clermont-Ferrand, 15 décembre 1940, citée dans maréchal Jean de Lattre, *Ne pas subir, op. cit.,* p. 218.

47. « Une réalisation grandiose de l'armée nouvelle : l'École de cadres d'Opme », *L'Armée nouvelle,* 1, 2 p., [sd] ; capitaine Douet, « Opme, École de cadres de la 13e Division militaire », *Revue de l'armée française,* 1, octobre 1941 ; Augustin de Dainville, *op. cit.*, pp. 42-44.

48. Bernard Simiot, *De Lattre,* Paris, Flammarion, 1953, p. 149 ; Simone de Lattre, *Jean de Lattre, mon mari,* tome I, Paris, Presses de la Cité, 1985, pp. 172-177.

49. Maréchal Jean de Lattre, *Ne pas subir, op. cit.*, pp. 221-224, et Simone de Lattre, *op. cit.*, pp. 203-205.

50. Simone de Lattre, *op. cit.*, pp. 222-223.

51. Colonel d'Anselme, « Instruction militaire sportive », *Revue de l'armée française,* 2, novembre 1941.

52. Général Huntziger, ordre général n° 3, « L'instruction professionnelle dans l'armée », *Documents français,* 4e année, 11 (Histoire et organisation de l'armée française), novembre 1942, p. 16. Une note du 1er Bureau de l'EMA, en date de janvier 1941, destinée au cabinet du ministre, précisait : « Le passage au régiment doit en outre constituer l'acheminement normal vers une situation civile lucrative, que celle-ci résulte ou non d'un emploi réservé. [...] Ainsi donc l'armée se présentera, pour une part, comme une vaste école préparant les siens aux carrières les plus diverses » (SHAT 3P66).

53. Directive ministérielle n° 581, EMA.3-G du 4 février 1941. Note pour l'état-major de l'armée n° 4503, PRS, CAB, 11 mars 1941 et note n° 9, MC (Picquendar), 16 mars 1941 (SHAT 2P56).

54. Note pour le cabinet du ministre du 1er Bureau de l'EMA, 1er janvier 1941 (SHAT 2P56).

55. La propagande, pour être efficace, devra toucher tous les jeunes Français ; bien conduite elle pourra changer la mentalité des jeunes gens à l'égard de l'armée si elle s'adresse aux enfants. Plus jeunes seront ces enfants plus elle réussira, mais plus tard aussi se feront sentir ses effets sur le nombre des engagés. » Note pour le cabinet du ministre du 1er Bureau de l'EMA, 1er janvier 1941 (SHAT 2P56).

56. Note n° 2.762, PRS, CAB, Organisation de la propagande, général Revers chef de cabinet du ministre, 26 février 1942 (SHAA 2P56).

57. *Ibid.*

58. Note n° 13646, PRS, CAB, projection de films sur l'armée dans les écoles, 9 septembre 1942 (SHAT 2P62).

59. La note n° 12.127, PRS, CAB de Bridoux en date du 13 août 1942 prévoit pour le 1er octobre 1942 1 200 000 images du type images Épinal et 600 000 protège-cahiers (SHAT 2P56).

60. Note circulaire aux commandants de GDM et de DM n° 14036, PRS, CAB, 16 septembre 1942 (SHAT 2P56).

61. Note n° 1908 (Colson) 21 août 1940 (SHAT 3P66).

62. Note n° 6 relative aux engagements dans l'armée de l'armistice du 6 janvier 1941 du contrôleur général du groupe de Lyon du corps de contrôle de l'administration de l'armée (SHAT).

63. Propagande dans les Chantiers de la jeunesse, Direction du service civil de recrutement et de placement des militaires de carrière, 26 juin 1941 (SHAT 3P66).

64. Étude relative au recrutement des engagés volontaires au cours de l'année 1941, État-Major de l'armée (1er Bureau) [SHAT 3P66].

65. Seuls les groupes d'autodéfense, conçus par le colonel Touzet du Vigier, du 3e Bureau de l'EMA, et les groupes de protection du colonel Groussard s'approchent du modèle prussien. D'autre part, Touzet du Vigier a soutenu le principe de doter chaque division militaire d'une école de cadres semblable à celle d'Opme.

66. « Depuis le début de la campagne allemande en Russie, une intense propagande est faite en zone occupée pour recruter des volontaires en vue de la constitution d'une légion française destinée à combattre sur le front oriental. Par ailleurs, les autorités allemandes viennent d'autoriser le recrutement en zone occupée pour l'armée française. Les jeunes gens de la zone occupée peuvent donc être sollicités de deux côtés, et notre propagande risque, si elle n'est pas suffisamment précise de jeter les troubles dans les esprits et de ne pas rendre à plein comme on est en droit de l'espérer. » Circulaire n° 682DR, service central du recrutement aux préfets et aux intendants directeurs, 20 août 1941 (SHAT 3P66).

67. Renseignement, 1er GDM, EM (2e Bureau), 2 janvier 1942. Et cela est évidemment encore plus marqué en zone occupée : rapports de la 20e légion de Gendarmerie (Nancy), de la 18e légion (Bordeaux), de la 11e légion (Nantes), de la 10e légion (Rennes), de la 8e légion (Dijon), de la 7e légion (Besançon), de la 4e légion (Le Mans), de la 3e légion (Rouen), de la 2e légion (Amiens), de la 1re légion (Lille), du chef des forces de gendarmerie de Paris-Nord-Ouest (Courbevoie), du chef des forces de gendarmerie de Paris-Est (Paris) de janvier 1942 (SHAT 3P66).

68. « La prévention marquée de la nation à l'égard de l'armée vaincue et de ses chefs » (Note n° 2452, EMA, MC 2 pour l'EMA, 1er Bureau, provenant du service civil de recrutement et de placement des militaires de carrière en date du 14 juin 1941) ; « Impression défavorable laissée dans l'esprit des habitants par le spectacle de notre défaite » (Rapport sur la mission effectuée dans les 7e et 14e divisions militaires du 24 septembre au 8 octobre 1941 par la 2e Section, n° 3827 EMA, MC2 Service civil de recrutement et de placement des militaires de carrière, 10 octobre 1941) ; « Prévention marquée par la nation à l'égard de l'armée vaincue » (Note pour l'État-Major de l'Armée (1er Bureau), rendement des opérations de recrutement, service civil de recrutement et de placement des militaires de carrière, 24 janvier 1942) ; « Discrédit que la défaite a jeté sur l'armée, [...] l'opinion publique reste ainsi mal disposée dans son ensemble à l'égard de l'armée nouvelle » (Note sur le recrutement de l'armée de l'armistice en zone occupée, annexe au rapport sur l'activité des commissaires régionaux pour le mois de mars [1942]) [SHAT 3P66].

69. Rapport de la 3e légion de Gendarmerie, Rouen, 6 janvier 1942, ainsi que le rapport de la 10e légion de Gendarmerie, Rennes, 8 janvier 1942 (SHAT 3P66).

70. « La passivité quasi générale, pour ne pas dire plus, des maires, des instituteurs sur le chapitre du recrutement de l'armée de l'armistice explique à elle seule la faiblesse actuelle des engagements et des rengagements. » (Rapport de la 11e légion de gendarmerie, Nantes, 8 janvier 1942) [SHAT 3P66].

71. Note n° 12.127, PRS, CAB de Bridoux en date du 13 août 1942 (SHAT 2P56).

72. *Recherches et Débats. Cahiers du Centre catholique des intellectuels français,* 30, « L'armée et la nation », mars 1960 ; Raoul Girardet, en collaboration avec Hubert Jean-Pierre Thomas, *La Crise militaire française, 1945-1962, Aspects sociologiques et idéologiques,* Paris, Armand Colin, 1964.

73. Notamment avec la continuation de la pédagogie de De Lattre dans les écoles de cadres à Douéra en Algérie en 1944, puis à Rouffach en Alsace en 1945,

et en Allemagne à Langenargen. En 1950, dans *Esprit,* le colonel de Virieu rappelle l'intérêt et l'originalité de la pédagogie des écoles de cadres de Vichy et notamment les expériences menées par de Lattre (Colonel ***[de Virieu], « L'armée française, passé, présent, conditionnel », *Esprit,* 5, mai 1950, pp. 754-833).

4.

Les organisations de jeunesse

Les organisations de jeunesse sous Vichy, ce sont à la fois des mouvements privés, anciens et nouveaux, promus à une fonction semi-publique, des institutions d'État créées dans l'été 1940, et une administration nouvelle qui coiffe le tout, en s'efforçant d'élaborer et de faire appliquer une « politique de la jeunesse » liée à la Révolution nationale[1]. Cette politique est assez bien connue depuis qu'Aline Coutrot en a esquissé avec perspicacité le développement, et surtout depuis la grande étude de Wilfred D. Halls, fondée sur un dépouillement sérieux des archives publiques accessibles[2], et qu'a précisée sur plusieurs points mon étude sur Uriage[3]. Quant aux organisations de jeunesse, Halls n'a étudié que les nouvelles, nées sous Vichy et liées au régime, mais pas les « anciens » mouvements, nés avant 1940. Des monographies ou des études, évidemment inégales, ont été consacrées à plusieurs d'entre eux, à partir de leur presse et des archives écrites et surtout orales. On connaît ainsi le développement et la propagande des organisations, mais plus rarement l'attitude de leurs membres envers le régime, les débats à ce sujet et les itinéraires idéologiques parcourus.

Sur les Chantiers de la Jeunesse comme sur les Compagnons de France, on a beaucoup écrit sans faire œuvre historique[4]. Le scoutisme est mieux connu, avec trois études sérieuses quoique générales[5], et des travaux en cours sur le guidisme et sur les mouvements protestants. Les Auberges de jeunesse sont privilégiées, avec une thèse appuyée sur une considérable documentation écrite et orale[6]. Sur les mouvements catholiques, on n'en est encore qu'aux esquisses, sauf pour la JEC (Jeunesse étudiante chrétienne), qui bénéficie d'une étude scientifique serrée[7]. La position du mouvement Cœurs vaillants envers Vichy a été retracée clairement, mais pas celle du mouvement catholique rural[8]. Les travaux et colloques consacrés aux Églises et aux chrétiens ou aux Juifs pendant la guerre[9] et les études régionales et locales[10] apportent des vues générales ou des informations de détail dont la synthèse n'est jamais achevée. Les expériences vécues à la base sont enregistrées par un travail d'enquête et de confrontation, comme celles que mènent Gérard Cholvy[11] ou le GRMF[12]. C'est donc un nouveau bilan provisoire qu'on trace ici du rôle des organisations de jeunesse dans les relations entre Vichy et les Français.

Vichy et la jeunesse

La période de Vichy s'ouvre, en ce qui concerne les relations entre le pouvoir et les organisations de jeunesse, sur une double convergence. La première, qui n'est pas fortuite, voit l'État décidé pour la première fois à mettre en œuvre une grande politique de la jeunesse, dans une période exceptionnellement favorable aux mouvements de jeunesse. Le gouvernement de juillet 1940 sent l'urgence et l'intérêt d'une telle politique (autant pour sauver les jeunes à la dérive que pour obtenir leur mobilisation dans son entreprise de réforme de la société). Les mouvements de jeunesse sont en plein essor, depuis les années 1920, sous l'effet de l'urbanisation et de la scolarisation, de l'aspiration aux loisirs, de l'attention portée à l'adolescence et du souci, chez les responsables des courants de pensée, de transmettre aux jeunes leur patrimoine idéologique. La conjoncture de 1940 va renforcer leur attraction, avec les restrictions de la consommation, de la communication et des libertés qui poussent les jeunes à satisfaire leur sociabilité dans les cercles d'études, les sorties, les jeux scéniques et les camps. Autre convergence, jugée providentielle par certains : le nouveau régime et son chef, qui moralisent et prétendent ramener les Français aux valeurs de la tradition (la terre et le bon sens, la communauté et l'ordre social), paraissent rejoindre les convictions et l'expérience d'éducateurs qui, se voulant apolitiques, ont mené avant la guerre une action pédagogique à visée morale et sociale. Dans le scoutisme catholique inspiré par les pères Doncœur et Forestier comme dans les Équipes sociales de Robert Garric, des cadres expérimentés, souvent marqués par l'exemple de Lyautey, ont formé des jeunes dans la perspective d'une France et d'une chrétienté à refaire. Prônant l'honneur, la discipline et le sens de l'équipe, voulant retrouver les vertus d'une lignée de paysans et de chevaliers, ils avaient formé un réseau influent dans la bourgeoisie, l'armée et l'Église, mais sans prise sur le pouvoir politique dans la République laïque. Dans l'été 1940, malgré les réticences de quelques-uns, la majorité de ces éducateurs catholiques se félicitent de voir le chef surgi du désastre reprendre à son compte leur idéal pour en tirer un programme politique qui assurera le salut « temporel et spirituel » de la patrie. Ils sont rejoints par de jeunes intellectuels marqués par l' « esprit des années 1930 », sensibles aux emprunts faits par le Maréchal au vocabulaire — plus qu'à la pensée — des personnalistes d'*Esprit* ou de *L'Ordre nouveau.* Prenant rapidement la direction de la nouvelle administration de la Jeunesse, ces hommes y transposent, en termes de service public et de programme gouvernemental, les principes et les méthodes expérimentés auparavant dans des œuvres privées.

Dépendant juridiquement d'un ministère (généralement l'Éducation nationale), le secrétariat général à la Jeunesse (SGJ), que Pétain confie personnellement à Georges Lamirand, jouira en fait jusqu'en 1942 d'une large autonomie tout en subissant de constantes pressions. Ses animateurs sont dévoués au Maréchal, dont ils attendent, en patriotes antiallemands, le redressement qui préparera la revanche ; ils sont résolus à servir la Révolution nationale. Mais ils sont également soucieux de maintenir le pluralisme des organisations de jeunesse et de satisfaire les exigences des responsables des Églises. Eux-mêmes issus ou proches des organisations qu'ils sont chargés de contrôler, ils inventent une politique de compromis entre les objectifs du régime et ceux des mouvements de jeunesse anciens ou nouveaux. Ils ont doublement besoin de la collaboration de ceux-ci, qui seuls ont des cadres et des troupes, et leur fournissent un appui pour résister aux manœuvres hostiles. Au gouvernement, en effet, et jusque dans l'entourage du Maréchal, le SGJ est critiqué par les partisans d'une Révolution nationale autoritaire et laïque et d'une collaboration intensifiée.

L'activité des organisations de jeunesse sous Vichy se différencie selon les zones et les époques autant que selon leur nature et leur idéologie. Notre exposé, proposant une chronologie et une typologie, privilégie la zone sud et la période 1940-1942, pour des raisons documentaires (ce sont les aspects les mieux connus), mais aussi parce que c'est le temps et le lieu du plus grand développement des activités de jeunesse. En effet, les Chantiers de jeunesse n'existent qu'en zone sud, comme les Compagnons, Jeune France et les

Auberges françaises de la jeunesse. En zone nord, les autorités d'occupation interdisent la plupart des organisations et des manifestations extérieures, et tolèrent les mouvements confessionnels et les écoles du SGJ, tandis qu'elles encouragent les activités de jeunesse liées aux groupes collaborationnistes ; présent à Paris, le SGJ n'y a guère de liberté d'action et doit composer. C'est en zone sud et en 1940-1942 qu'on rencontre la gamme la plus diverse des attitudes envers Vichy et des évolutions.

Organisations anciennes et nouvelles

À l'automne 1940, deux générations d'organisations de jeunesse coexistent. Les anciens mouvements privés reprennent leur activité après les difficultés endurées de la mobilisation de 1939 à l'armistice ; des institutions nouvelles, privées ou publiques, sont nées dans le cadre du nouveau régime. Parmi les mouvements, la suppression des organisations politiques et des œuvres laïques et les difficultés des Auberges de la jeunesse laissent le champ libre, pour l'essentiel, au scoutisme, aux mouvements confessionnels et à un nouveau mouvement, les Compagnons de France.

Les six associations scoutes (Scouts et Guides de France, les plus nombreux ; Éclaireurs de France, laïcs ; Éclaireurs unionistes, à direction protestante ; Éclaireurs israélites ; Fédération des éclaireuses) se sont fédérées dans le Scoutisme français, dont elles ont adopté la charte en septembre 1940. Dépassant l'antagonisme idéologique qui opposait aux autres le scoutisme catholique, elles ont défini une méthode et un idéal communs : pédagogie active et collective, morale de l'honneur et du service, civisme de dévouement à la patrie et d'engagement pour son redressement. Les associations scoutes répondent aussitôt à la demande du directeur de la Jeunesse Pierre Goutet (lui-même ancien dirigeant scout) qui leur demande des cadres pour l'Entraide nationale des jeunes, qu'il crée ; celle-ci doit prendre en charge les adolescents déracinés ou sans travail dans des centres de jeunes chômeurs dont des écoles régionales formeront les animateurs. Mais, sous l'affirmation commune de loyalisme et d'engagement civique et social sans compromission politique, les attitudes des mouvements scouts divergent. Les Scouts de France, sous l'influence du dominicain Marcel-Denys Forestier, aumônier général, sont plus favorables à un régime qui semble adopter leur morale sociale ; ils espèrent accroître leur influence grâce aux structures qu'il crée. Les Éclaireurs se veulent également loyaux et généreux, mais la faillite de la République a été pour eux un traumatisme ajouté à celui de la défaite, et leur tradition de pluralisme tolérant s'accorde mal avec les mesures répressives. Quant aux Unionistes, leur lien avec les Églises protestantes les rend plus vigilants devant les risques de compromission avec l'État. Tous sont d'accord pour couvrir et aider l'activité de la branche juive. Les mouvements protestants (Unions chrétiennes de jeunes gens et de jeunes filles, Éclaireurs unionistes, Éclaireuses, Fédération des associations chrétiennes d'étudiants) se sont regroupés eux aussi, sous l'autorité et la protection des Églises réformées et évangélique, en un Conseil protestant de la jeunesse (CPJ) que préside le pasteur Marc Boegner, président de la Fédération protestante de France. Animé du double souci de sauvegarder l'autonomie des mouvements contre toute mainmise du pouvoir et de témoigner, au milieu des idéologies rivales, de l'unique souveraineté de Dieu et de sa Parole, le CPJ, influencé par l'aile barthienne, s'opposera fermement aux attitudes racistes et antisémites comme aux prétentions des États à exiger une obéissance absolue.

En plein essor en 1939, l'Action catholique forme un ensemble hétérogène, malgré le rôle fédérateur de l'ACJF (Association catholique de la jeunesse française) pour les mouvements spécialisés masculins. Liée aux démocrates-chrétiens du PDP, l'ACJF a milité avant la guerre pour la défense des démocraties contre les totalitarismes. La JEC notamment a su informer et éduquer ses militants sur le péril nazi ; une part de l'Action catholique, avec de nombreux aumôniers et dirigeants, est donc portée à la vigilance, sinon à l'opposition, face à un État autoritaire et à la politique de collaboration. Mais une puissante tradition incline d'autre part les catholiques à la sympathie envers plusieurs principes du régime de Vichy : éducation morale et civique, respect de l'ordre et retour aux traditions, emprunts au catholicisme social face au capitalisme, au socialisme et à la lutte des classes, effort pour moraliser la vie économique et réintégrer le prolétariat dans la communauté nationale, volonté de lier le redressement national à une restauration religieuse. La JEC n'avait-elle pas axé son programme de réflexion pour l'année 1939-1940 sur le thème « Travail-Famille-Patrie » ? La relative expectative où elle se tient, en zone sud, en 1940-1941, est teintée de respect admiratif pour le Maréchal et ses sentences. La JOC (Jeunesse ouvrière chrétienne), particulièrement attentive au sort des jeunes chômeurs, s'engage dans l'Entraide des jeunes, tandis que la JAC (Jeunesse agricole chrétienne) est prête à utiliser les moyens d'éducation et de promotion paysannes que promet le gouvernement ; aussi des dirigeants importants de la JOC, de la JOCF et de la JAC sont-ils délégués au SGJ de Vichy, qui en fait des chefs de service ou chargés de mission. La sauvegarde du pluralisme des mouvements et de la spécificité de l'apostolat catholique constitue un objectif essentiel des responsables de l'Action catholique, soutenus par l'épiscopat lequel en fait dès 1940 une priorité dans ses négociations avec le gouvernement. Le Maréchal accepte le principe « pas de jeunesse unique, pas de jeunesse d'État », qui marque les limites de l'effort gouvernemental d'encadrement. Il maintiendra constamment cette option, que Georges Lamirand et Louis Garrone (directeur de la Formation des jeunes), sont chargés de mettre en œuvre à la tête du SGJ.

Les mouvements de jeunesse ne regroupaient en 1939, on le répète beaucoup, qu'un jeune Français sur sept : une élite. C'est pour encadrer et occuper la masse des inorganisés qu'a été fondé le mouvement des Compagnons par Henry Dhavernas, dirigeant scout qui a obtenu dans l'été 1940 une importante aide gouvernementale et la collaboration de dirigeants des anciens mouvements. Ayant tout à inventer, les Compagnons transposent les méthodes et les rites du scoutisme, dans un style plus populaire qui donne une grande place au travail manuel, et forgent une idéologie enthousiaste du service civique appuyé sur un humanisme laïc. Revendiquant bruyamment l'adhésion à la Révolution nationale, ils l'interprètent tantôt dans le sens d'un personnalisme communautaire, tantôt dans le style agité d'un activisme prétotalitaire. Avant que ces traits se décantent, ce nouveau mouvement connaît une crise et suscite des inquiétudes chez les anciens, qui craignent sa concurrence.

L'association Jeune France[13] a été créée, dans l'été 1940 aussi, par Pierre Schaeffer, autre ancien dirigeant scout-routier. Vouée au renouveau culturel, elle regroupe des artistes de toutes disciplines soucieux de recréer un art populaire et de l'ancrer dans les traditions artisanales et régionales ; elle veut former, dans la jeunesse et le peuple, un public fervent, dégagé des conventions de l'art bourgeois. Jeune France entend ainsi contribuer à édifier une communauté nationale chaleureuse.

De ces organisations privées, contrôlées et subventionnées mais autonomes, se distinguent deux institutions d'État, dont l'une est obligatoire. Les Chantiers de la Jeunesse, conçus et dirigés par le général de La Porte du Theil, ancien chef scout et ami du père Forestier, reçoivent l'ensemble des jeunes gens de vingt ans, appelés pour un stage de huit mois sous l'uniforme. Un dessein patriotique (former de futurs soldats dans un service civil) est associé à un programme civique et social (effectuer des travaux d'intérêt public) et à un objetif éducatif (faire des hommes virils et disciplinés, bons artisans de la Révolution nationale). À celle-ci et à son initiateur, le général commissaire est inconditionnellement dévoué, n'admettant aucune critique de l'action du chef de l'État.

L'École des chefs fondée par le capitaine Dunoyer de Segonzac, installée à Uriage et érigée par la loi en École nationale des cadres de la jeunesse (parallèlement à l'école féminine d'Écully), vise, elle, les élites et s'appuie sur le volontariat. Elle accueille en stages de une à trois semaines, d'abord les candidats à un poste dépendant du SGJ (délégués régionaux, instructeurs d'écoles régionales) et les responsables des mouvements de jeunesse, ensuite aussi les jeunes adultes susceptibles de faire partie de l'élite de leur milieu. Il s'agit là encore de former de futurs combattants et des militants du redressement national, mais on les invite à réfléchir sur les valeurs communes qui peuvent fonder un engagement patriotique et social. Bientôt l'École d'Uriage associe à son patriotisme antiallemand originel un humanisme antinazi, à son dévouement envers le Maréchal un examen critique des actes de son gouvernement, et au moralisme de l'honneur individuel une éthique de la personne et de la communauté, appelant une révolution globale qui devra être spirituelle autant qu'institutionnelle. Commandée par l'influence d'une série d'intellectuels à qui le chef de l'école a fait confiance, cette évolution l'amène à se détacher dès 1941 du gouvernement, puis du régime en 1942.

Les compromis civiques de 1941

Dans l'ensemble de ces organisations, les Chantiers, institution de masse quasi militaire qui semble s'identifier au régime, occupent une place à part. Jouissant d'une sorte d'autonomie, ils échappent à l'autorité du SGJ comme aux remous qui agitent les mouvements, et conservent strictement leur ligne.

Entre les autres organisations s'est établi en 1940, non sans arrière-pensées ou divergences, une sorte de consensus minimal. On accepte de fait le nouveau régime (avec l'adhésion enthousiaste de nombreux Scouts et Compagnons, la confiance dévouée d'Uriage, des EDF et d'une partie des chrétiens, la vigilance ou la réserve de la direction de l'ACJF, des jécistes, des protestants et des militants des Auberges). On veut servir le pays par une action d'entraide sociale généreuse ; on entretient le double espoir d'un redressement intérieur à fondement moral et d'une victoire qui assurera l'unité et la souveraineté de la patrie. C'est sur ces bases que s'instaure leur collaboration avec le SGJ, qui détient la carotte des subventions et des aides, et menace les récalcitrants du bâton de la contrainte. À l'automne 1940, il renonce, devant un front uni de protestataires, à promulguer une charte de la jeunesse qui aurait domestiqué les mouvements. Ceux-ci acceptent de coordonner leurs activités et de se plier à une discipline civique au nom de l'intérêt national, mais refusent de perdre leur spécificité (idéologique ou pédagogique) comme d'être transformés en organes de propagande ou d'action politiques. En position médiatrice, l'École d'Uriage encourage les mouvements à se rapprocher et à accepter une discipline, mais plaide auprès du SGJ pour le respect de leur autonomie.

Garrone, catholique et partisan d'une révolution nationale pluraliste (fondée sur les « communautés naturelles »), réussit, dans l'été 1941, à mettre en place, malgré les campagnes des adversaires du pluralisme, le système de l'agrément. Par convention bilatérale, le SGJ reconnaîtra certains mouvements, les subventionnera et les protégera, contre leur engagement à servir le pays en acceptant un contrôle et une discipline civique. L'agrément du Scoutisme français n'a pas fait de difficulté (les Éclaireurs israélites étant compris, sans être nommés, dans la reconnaissance globale), non plus que celui du mouvement Compagnon (qui s'est donné un nouveau chef, Tournemire, aussi dévoué au Maréchal que résolu à combattre l'Allemagne). Celui du CPJ a été assorti d'une note où les mouvements protestants rappellent leurs options doctrinales et les limites de leur obéissance à l'État. Pour l'Action catholique, de délicates négociations entre Garrone et l'épiscopat ont abouti en décembre à la signature d'une convention particulière, qui reconnaît l'autorité de la hiérarchie sur les mouvements catholiques et la légitimité d'une formation spécifique de leurs dirigeants. Entre-temps les Auberges de jeunesse ont été réorganisées en deux associations (Auberges françaises de jeunesse, qui gèrent les équipements, et Camarades de la Route, qui encadrent les usagers) qui réunissent d'anciens membres des deux organisations rivales d'avant la guerre, le Centre laïque (CLAJ) et la Ligue de Marc Sangnier. Stimulés par l'exemple d'Uriage, ils ont choisi la « politique de la présence » en acceptant de passer avec le SGJ un compromis qui sauvegardait l'essentiel de l'idéal ajiste : solidarité et liberté, laïcité et mixité. L'application n'ira pas sans difficultés.

Cette organisation (couronnée par un Conseil de la Jeunesse peu directif) favorise un grand développement des activités de jeunesse. À la fin de 1941, les hommes du SGJ dévoués au succès de la Révolution nationale semblent avoir réussi à associer l'ensemble de la jeunesse organisée à leur action. En réalité, leur œuvre est fragile, lézardée à l'intérieur en même temps que menacée de l'extérieur.

Désaffection et désintégration

Le pouvoir, qui avait éliminé dès l'été 1940 les anciennes organisations de jeunesse politiques, a pris au printemps 1941 des mesures d'intimidation ou de contrainte contre les groupes qui manifestaient trop d'indépendance. Emmanuel Mounier est interdit à Uriage, puis éliminé de Jeune France. L'union des grands mouvements déjoue les tentatives pour les amener à exclure les Juifs. Mais, en zone nord, les écoles de cadres sont décapitées en mai 1941, avec l'élimination du pasteur Jousselin. Celui-ci avait su rassembler des militants de divers mouvements et diriger la formation des cadres du SGJ en zone occupée dans un esprit patriotique de résistance au nazisme et de fierté nationale. La voie est alors ouverte à un intellectuel fascisant, Jacques Bousquet, nommé en octobre 1941 directeur de l'École nationale des cadres pour la zone nord, à La Chapelle-en-Serval. Comme le responsable de la propagande du SGJ à Paris est alors Georges Pelorson, partisan des méthodes autoritaires et d'un national-socialisme français, la politique de la jeunesse en zone occupée s'écarte radicalement des options des débuts. Lamirand et Garrone ont accepté d'appliquer certaines de ces mesures autoritaires en tentant de les adoucir ; eux-mêmes sont attaqués à plusieurs reprises sous le gouvernement Darlan, notamment par le groupe formé autour de Pierre Pucheu et Georges Marion. Tandis que l'association Jeune France disparaît, Garrone est révoqué au début de 1942, payant son relatif libéralisme, et la gestion de Lamirand est vivement critiquée lors de la session de la commission du Conseil national pour les affaires de Jeunesse, réunie en mars 1942. Pucheu, Gaston Bergery et Henri Massis attaquent violemment Dunoyer de Segonzac, Tournemire et leurs amis « démocrates » et « gaullistes », et préconisent l'élaboration d'une doctrine civique dont l'enseignement serait imposé dans toutes les organisations de jeunesse. Le dernier mot restera au cabinet du Maréchal, qui souhaite suivre une voie moyenne, entre les « démocrates » et les « totalitaires ». Il accuse les premiers de pratiquer, sous l'influence de Mounier, l' « objection de conscience » en critiquant la politique du Maréchal et en refusant de la soutenir sous prétexte de suivre leur conscience ; il juge les seconds excessifs et suspects de complicité avec le vainqueur ou son idéologie. On décide donc de remettre de l'ordre dans les affaires de la jeunesse, mais on n'en aura pas le temps : la nomination en avril du gouvernement Laval, où Abel Bonnard dirige l'Éducation nationale et la Jeunesse, bouleverse les données du problème.

Pelorson, nommé en juin 1942 secrétaire général adjoint à la Jeunesse, mène une politique autoritaire. Il lance les Équipes nationales, mouvement d'action civique dirigé par lui qui s'adresse à tous les jeunes, adhérents ou non à un autre mouvement. Révisant les conventions d'agrément, il en fait bénéficier les groupuscules autoritaires et les partis politiques que Garrone avait écartés, et prétend imposer aux dirigeants des mouvements un serment de fidélité au Maréchal de tonalité raciste. Il tente aussi d'isoler l'École d'Uriage en soustrayant les écoles régionales à son influence. Ces initiatives suscitent un front commun de l'ensemble des mouvements reconnus auparavant, qui paralyse l'activité du SGJ. Après l'invasion de la zone sud, c'est la fermeture d'Uriage, suivie de la démission des chefs des écoles régionales et féminines. Lamirand abandonne le SGJ en mars 1943, et Pelorson peu après. En un an, le fragile édifice construit en 1940-1941 s'est effondré. La réquisition des jeunes pour le STO, après les rafles des Juifs et la création de la Milice, aggrave le trouble des organisations de jeunesse, qui s'éloignent du gouvernement.

Depuis le second semestre 1941, elles ont été atteintes par des informations et des jugements qui contredisaient la doctrine du SGJ. Trois courants se sont développés. Celui de la Résistance spirituelle se propage dans les mouvements chrétiens, surtout dans l'ACJF (qui crée à Lyon les *Cahiers de notre jeunesse* pour lutter contre l'esprit de démission et l'idéologie nazie), dans la JEC (dont la presse des deux zones poursuit le combat antitotalitaire commencé dès 1933) et dans les mouvements protestants (autour de la « Fédé » des étudiants et de sa revue *Correspondance*), que leurs amitiés étrangères comme les informations recueillies par la CIMADE contribuent à éclairer. Contrairement aux organisations qui prennent position en 1943 pour le refus du STO, des militants jocistes choisissent d'accepter le départ pour l'Allemagne par souci de solidarité ouvrière et d'apostolat chrétien. Le deuxième courant est celui qu'anime le Parti communiste clandestin, présent et actif dans les mouvements laïcs comme les Auberges ; ses militants gagnent des sympathies partout, y compris à Uriage en 1942 et chez les chrétiens. Enfin, le gaullisme et les mouvements de Résistance, présents partout à échelle infime dès 1941, progressent après 1942. Le giraudisme, en 1942-1943, permet à d'anciens fidèles du Maréchal (à Uriage, chez les Scouts et les Compagnons) d'adopter la cause des Alliés sans se rallier directement à de Gaulle. Le STO amène l'entrée en résistance, puis le passage au maquis, des militants de jeunesse réfractaires. Seuls les dirigeants des Chantiers maintiennent leur position de stricte obéissance au gouvernement du Maréchal ; l'état-major des SDF est divisé, et, dans les autres organisations, l'apolitisme de principe se combine avec une sympathie plus ou moins engagée pour les combattants de la libération.

Cependant, les mouvements autoritaires et collaborationnistes protégés par le gouvernement poursuivent, en zone nord surtout, leur activisme sans jamais parvenir à recruter massivement : Jeunes du Maréchal de Bousquet, Jeunesse de France et d'outre-mer qui alimente l'Avant-garde milicienne, jeunes du Francisme, du PPF, du RNP et du groupe Collaboration. Une filière idéologique a mené quelques scouts catholiques à la Milice, une autre a conduit des ajistes pacifistes et proeuropéens à la collaboration et à la LVF ; ces évolutions marginales se sont faites contre la volonté des dirigeants des mouvements reconnus. Dirigé en 1943-1944 par Félix Olivier-Martin, le SGJ n'a plus d'autorité ; il est finalement remplacé par un commissariat général dirigé par l'intellectuel maurrassien Maurice Gaït. Les grands mouvements scouts, confessionnels et ajistes ont constitué en 1942, pour contrer Pelorson, un conseil privé ou directoire qui assure la coordination ; la plupart ont une face clandestine, comme l'ACJF qui entretient des contacts avec les dirigeants démocrates-chrétiens résistants, ou les Compagnons, dont le chef, menacé d'arrestation, disparaît en 1943.

Cependant, les organisations même qui ont des équipes engagées dans la Résistance maintiennent une structure officielle, une presse et des activités au grand jour, en attendant la Libération.

Vichy n'a donc réussi ni à se concilier durablement les mouvements de jeunesse nés avant 1940, ni à faire des institutions qu'il a créées des instruments durables de mobilisation de la jeunesse au service de sa politique. Seuls les Chantiers de la Jeunesse, malgré leur patriotisme sincère et la valeur éducative de beaucoup de leurs cadres, se sont enfoncés, jusqu'en 1944, dans l'impasse de l'obéissance inconditionelle au chef de l'État. Pour la majorité des organisations, le danger de l'asservissement à l'étranger et de la complicité avec le nazisme a été décelé derrière les avantages de la reconnaissance et de la protection officielles. L'échec final de cette politique de la jeunesse est celui du régime, avec son intention de neutralité qui mène en fait à la satellisation dans la guerre totale ; c'est aussi le succès d'une prise de conscience progressive, chez bien des responsables et des militants des mouvements, soucieux d'information et de vigilance autant que de fidélité aux principes patriotiques ou éthiques.

Bernard Comte

NOTES

1. Pour l'histoire générale de la jeunesse en France, on retiendra : Maurice Crubellier, *L'Enfance et la jeunesse dans la société française (1800-1950),* Paris, Armand Colin, 1979 ; Antoine Prost, « L'école et la famille dans une société en mutation », *in* L.-H. Parias (dir.), *Histoire générale de l'enseignement et de l'éducation en France,* t. IV, Paris, Nouvelle Librairie de France, 1981.

2. Aline Coutrot, « Quelques aspects de la politique de la jeunesse », in *Le Gouvernement de Vichy,* Paris, Presses de la FNSP, 1972, pp. 266-284 ; « Les mouvements de jeunesse : approche générale », *Les Cahiers de l'animation,* 49-50, 1985, pp. 21-32 ; André Basdevant, « Les services de la jeunesse pendant l'Occupation », *Revue d'histoire de la Deuxième Guerre mondiale,* 56, octobre 1964, pp. 65-88 ; Wilfred D. Halls, *The Youth of Vichy France,* Oxford, Clarendon Press, 1981 ; trad. fr. *Les Jeunes et la politique de Vichy,* Paris, Syros-Alternatives, 1988. Voir aussi Bernard Comte, « Encadrer la jeunesse ? », *in* L. Gervereau et D. Peschanski (dir.), *La Propagande sous Vichy, 1940-1944,* Nanterre, BDIC, 1990, pp. 40-58.

3. Bernard Comte, *L'École nationale des cadres d'Uriage. Une communauté non conformiste à l'époque de la Révolution nationale (1940-1942),* suivi d'un épilogue. *L'équipe d'Uriage dans les combats de la Libération (1943-1946),* 2 vol.,

Lille, ART, 1989, 1 245 p. Cette thèse de doctorat a été publiée dans une version allégée : *Une utopie combattante. L'École des cadres d'Uriage 1940-1942,* Paris, Fayard, 1991, 639 p. ; « L'École d'Uriage : de la formation des cadres à la Résistance armée », *Les Cahiers de l'animation,* 49-50, 1985, pp. 147-157.

4. Robert Hervet, *Les Chantiers de la Jeunesse,* Paris, 1962 ; Id., *Les Compagnons de France,* Paris, 1965. Sur les Compagnons, voir les témoignages recueillis dans *Les Cahiers de l'animation,* 49-50, 1985, et la table ronde du 14 décembre 1990 dirigée par Maurice Vaïsse, en attendant l'achèvement de la thèse de Marie-Sophie Brianceau.

5. Pierre Kergomard et Pierre François, *Les Éclaireurs de France de 1911 à 1951,* Paris, Éditions EDF, 1983 ; Alain Michel, *Les Éclaireurs israélites pendant la Seconde Guerre mondiale (1939-1944). Action et évolution,* Paris, Éditions des EIF, 1984 ; Philippe Laneyrie, *Les Scouts de France. L'évolution du mouvement des origines aux années quatre-vingt,* Paris, Le Cerf, 1985.

6. Lucette Heller-Goldenberg, *Histoire des Auberges de jeunesse en France des origines à la Libération (1929-1945),* 2 vol., Nice, Centre de la Méditerranée moderne et contemporaine, 1986.

7. Alain-René Michel, *La JEC, Jeunesse étudiante chrétienne face au nazisme et à Vichy (1938-1944),* Lille, PUL, 1988. Voir aussi les actes du colloque *L'ACJF, une création originale. Travaux et Conférences du Centre Sèvres,* 14, Médiasèvres, 1988.

8. Vincent Feroldi, *La Force des enfants. Des Cœurs Vaillants à l'A.C.E.,* Paris, Éditions ouvrières, 1987 ; Jean-Loup Ducasse, Guy Lafon, Philippe Latour, Joël Morlet, *Chrétiens dans le monde rural. LAC-MFR-CMR 1939-1989 : Cinquante ans d'histoire,* Paris, Éditions ouvrières, 1989.

9. Jacques Dusquesne, *Les Catholiques français sous l'Occupation,* Paris, Grasset, 1986 ; Xavier de Montclos (dir.), *Églises et chrétiens dans la Deuxième Guerre mondiale. La région Rhône-Alpes,* Lyon, PUL, 1978 ; *Églises et chrétiens dans la Deuxième guerre mondiale. La France,* Lyon, PUL, 1982 ; Pierre Bolle et Jean Godel (dir.), *Spiritualité, théologie et résistance. Yves de Montcheuil, théologien au maquis du Vercors,* Grenoble, PUG, 1987 ; *La France et la question juive 1940-1944,* Paris, Édition S. Messinger, 1981.

10. Yves Durand, *Le Loiret dans la guerre,* Roanne, Horvath, 1983 ; Pierre Laborie, *Résistants, vichyssois et autres : l'évolution de l'opinion et des comportements dans le Lot de 1939 à 1945,* Paris, Éd. du CNRS, 1980 ; Monique Luirard, *La Région stéphanoise dans la guerre et dans la paix (1936-1951),* Saint-Étienne, 1980.

11. Gérard Cholvy, *Mouvements de jeunesse chrétiens et juifs. Sociabilité juvénile dans un cadre européen 1799-1968,* Paris, Le Cerf, 1985, ID., « Les mouvements chrétiens et juifs face aux totalitarismes dans les années 1930 », *Revue d'histoire de l'Église de France,* 191, juillet-décembre 1987, pp. 249-291 (contributions de Alain-René Michel sur l'ACJF, de Philippe Laneyrie sur les Scouts de France, de Rémy Fabre sur les étudiants protestants et de Danielle Delmaire sur les mouvements juifs).

12. *Les Cahiers du GRMF* (Groupement pour la recherche sur les mouvements familiaux), Lille et Forest-sur-Marque, 1983-1990.

13. Véronique Chabrol, *Jeune France, une expérience de recherche et de décentralisation culturelle, novembre 1940-mars 1942,* thèse de 3e cycle, 1974, université Paris III. Dans le pamphlet de Marc Fumaroli (*L'État culturel. Essai sur une religion moderne,* Paris, de Fallois, 1991), un chapitre malheureux sur « Jeune France » en donne une image fausse jusqu'à l'absurde (pp. 91-113) : ignorance de l'histoire et désinvolture dans l'exploitation abusive de rares textes, selon les procédés chers à B.-H. Lévy.

5.

Étude départementale : les mouvements de jeunesse dans le Gard

La jeunesse doit tenir une place essentielle dans la régénération sociale entreprise par la Révolution nationale. « Nos enfants seuls peuvent refaire véritablement la France [...]. La réforme intellectuelle et morale qu'impose l'effondrement de juin 1940, nos fils la réaliseront sans peine, si du moins nous savons les faire vivre dans le climat qui convient », affirment *Les Documents français* de juillet 1941. La tâche dévolue au secrétariat général à la Jeunesse (SGJ), créé en septembre 1940, est prioritaire comme pôle d'impulsion de la nouvelle idéologie et comme instrument de contrôle des organisations de jeunesse. C'est aussi une mission délicate : il doit tenir compte d'un solide héritage, non pas tant du côté des jeunesses politiques, neutralisées, que de celui des jeunesses d'origine confessionnelle, qu'il s'agit d'amener à une étroite collaboration tout en leur permettant une certaine autonomie de gestion et de recrutement. Vichy ne veut pas, du moins au début, de jeunesse unique, mais cherche à imposer une jeunesse unie. Comment y parvenir dans un département comme le Gard où joue la rivalité entre catholiques et protestants ? Comment intégrer dans une politique de la jeunesse à long terme un potentiel d'organisations diverses et libres, surtout quand la convergence d'intérêts disparaît avec la dégradation de la situation après l'invasion de la zone sud ? C'est à l'étude des moyens mis en œuvre dans le Gard par le SGJ, de ses relations avec les mouvements confessionnels de jeunes et de son échec final qu'est consacré cet exposé [1].

La mise en place des structures régionales du SGJ demande plusieurs mois. La tâche de direction nationale, confiée d'abord à Georges Lamirand jusqu'en mai 1943, puis à Félix Olivier-Martin et à Maurice Gaït, est triple : prise en charge par les Chantiers de la jeunesse des jeunes interdits de service militaire ; coordination des mouvements de jeunesse existants ou nouveaux (comme les Compagnons de France et les Jeunesses de France et d'outre-mer) et formation de cadres ; enfin, organisation du travail des jeunes, par le commissariat au chômage puis au travail des jeunes, chargé d'insérer dans le futur système corporatif les centres et ateliers de jeunes confiés à des associations déclarées. Le Gard est d'abord rattaché au Languedoc-Roussillon, qui constitue, le 2 février 1941, le 21e région de la jeunesse, dont le délégué régional est de Lagausie, puis à celle de Provence-Corse en 1942. Le délégué régional est, selon le service de propagande en juillet 1941, « une sorte de gouverneur de jeunes dans sa province, et son rôle final est de l'intégrer dans le futur cadre régional du pays ». Le département est placé sous la responsabilité d'un délégué qui s'occupe à la fois du chômage, des chantiers, des cadres, des services civiques (avec mission de créer des maisons de jeunes), de la jeunesse délinquante et des relations avec les mouvements existants. Le premier responsable est Marius Nègre, Niçois d'origine, âgé de vingt-huit ans, marié sans enfant, qui ira faire un stage de perfectionnement de trois semaines à Uriage en mai 1941. Passionné par sa fonction, il doit démissionner en décembre de la même année pour s'être mal conduit en public. Il est remplacé par le commissaire au travail des jeunes, Jean Bué, lequel sera nommé en octobre 1942 délégué régional à Lyon ; lui succède alors le troisième et dernier délégué départemental, Pierre Godard, un ancien avocat de trente et un ans, entré à l'organisation des jeunes en mars 1941 et qui vient de Toulon, où il s'occupait aussi du travail des jeunes. Ces dirigeants départementaux sont relayés à l'échelon cantonal par une douzaine de délégués. Nègre s'attache en outre les services d'un agriculteur protestant de cinquante ans et d'un industriel catholique de trente-deux ans, Jean Richard-Ducros, pour le seconder.

Parmi les mouvements fondés par le régime, les Compagnons de France tiennent dans le Gard une place majeure, limitée cependant par rapport aux mouvements confessionnels, alors que les JFOM paraissent inexistants. Le Pays nîmois est lancé en octobre 1940 par Jean Huon. Dans un premier temps, jusqu'en août 1942, il touche d'abord les jeunes réfugiés et chômeurs encadrés dans des compagnies autonomes de travail, au nombre de neuf. Ce compagnonnage de chantiers s'occupe de travaux d'intérêt public — coupes de bois, carbonisation, terrassements — et exploite, par exemple, un domaine à Gajan, près de Nîmes, où est installée une école pratique forestière et agricole, accueillant sept cent vingt élèves par an, mais aussi des centres d'entraide de jeunes (Uzès, Tornac, Nîmes) et encore des centres d'apprentissage. Plusieurs chefs se succèdent : Clavel, un agrégé de philosohie qui ira enseigner à Paris, Sado, médaillé de la Grande Guerre qu'une requête lave de tout soupçon de crypto-communisme, et André Reveillard, l'un des fondateurs du SOL local et qui deviendra inspecteur de la Milice. Au milieu de 1941, la direction du mouvement est jugée bien à droite par les RG. D'août 1942 à septembre 1943, Huon, entretemps nommé dans le Roussillon, revient à la tête d'une organisation qui aurait compté mille quatre-vingts membres à son apogée en juin 1941. Après la réunion nationale de Randan (27 juillet 1942), le mouvement entre alors dans sa seconde phase, en élargissant son recrutement à tous les jeunes de quinze à vingt-cinq ans (étudiants, ouvriers, agriculteurs), à cause d'un déclin indéniable (il est tombé à cinq cents personnes). Il cherche à les regrouper en cités fondées au sein de communautés naturelles de travail (villages, quartiers, usines, écoles). Il touche soixante localités, en prospecte une centaine, organise des camps (au Grau-du-Roi, à Laudun, au Vigan), développe une action sociale dans le cadre des campagnes d'hiver du Secours national et une action civique dirigée contre le PCF dans le bassin minier et contre le gaullisme, axée sur des missions de responsabilité (défense passive, Corporation paysanne, voir comités sociaux d'entreprises) et même sur un essai d'université populaire vers le monde du travail. Dans ce mouvement se mêlent curieusement une volonté de contact avec les jeunes travailleurs et un climat de scoutisme à référence passéiste.

Étroitement unis au SGJ sans en faire partie, les Chantiers de la Jeunesse, créés le 30 juillet 1940, forment huit camps régionaux confiés à Gaudin de Saint-Remy, puis, en 1943, à Friez. Le Gard en possède trois : à l'Ardoise (n° 6, « Calendal »), à Saint-Hippolyte-du-Fort (n° 15, dirigé par Marchal) et surtout au Vigan, le plus important (n° 18, « Chevalier d'Assas »), que commande Jacques Desvernois, trente ans en 1940, représentant commercial en tissus, lieutenant de cavalerie en 1939, entré aux Chantiers comme chef de groupe. Les plaintes sont nombreuses au début, à cause de la nourriture, de l'encadrement et de la rigueur de l'hiver, au point que le général de La Porte du Theil envisage le déplacement du camp du Vigan à Ganges. Les arguments du maire de la ville sont assez persuasifs pour que l'on n'en fasse rien, et, dès le printemps 1941, l'amélioration de l'intendance et de la discipline calme les esprits. Les jeunes ne dédaignent pas une certaine militarisation de la vie de camp qui entretient le patriotisme et, surtout pour les jeunes de la zone occupée, peut leur éviter de revenir chez eux et donc de partir travailler en Allemagne. Parfois, des heurts existent entre les chefs de groupements (Marchal par exemple) et l'administration.

Les Compagnons et les Chantiers permettent donc à Vichy de reprendre en main une jeunesse désœuvrée par la défaite et le chômage. On comprend alors l'effort de propagande du régime pour recruter et encadrer les jeunes, pour former des cadres et pour les surveiller. Il utilise abondamment, au moins jusqu'en 1942, les médias. Radio-Nîmes diffuse en 1941, trois fois par semaine, des émissions régionales de la jeunesse. Le 18 décembre 1941, *Le Républicain du Gard,* acquis au régime malgré son titre, sort toute une page : « Pour vous jeunes de France. » Les articles sur la jeunesse étaient jusque-là épisodiques ; durant le premier semestre 1942, une page hebdomadaire régulière fait le point sur un mouvement, tout en développant abondamment l'idéologie officielle. Les défilés, comme celui des Chantiers le 9 septembre 1941 à Nîmes (cent cinquante garçons), les veillées, comme celle des Chantiers encore au Vigan pour « le Premier Mai [1942] du Maréchal », sont destinés à populariser cette organisation tout en aidant les œuvres sociales du régime. Les Compagnons affectionnent les camps dans les lieux de mémoire chargés de symbole : le pont du Gard, le tombeau de Mistral à Maillane. La visite de Georges Lamirand aux écoles pratiques de Nîmes et d'Alès, le 6 février 1941, donne l'occasion de rappeler les objectifs du régime. « Vous serez ces chefs de la France nouvelle », tel est le thème de son discours aux huit cent cinquante élèves nîmois. Vichy utilise tous les concours, notamment ceux des entrepreneurs dans le domaine du travail. On a vu le rôle de Jean Richard-Ducros. Les directeurs des houillères acceptent de collaborer pour les centres de préapprentissage. Le président de la chambre de commerce de Nîmes-Le Vigan y va même de ses conseils à donner à la jeunesse, dans un discours du 17 décembre 1941 centré sur la trilogie officielle. Il en est de même du président de la Corporation paysanne. Mais, en même temps, les méthodes policières d'enquête et de surveillance sont l'autre versant de cette politique de la jeunesse. La crainte d'une renaissance des jeunesses politiques ou d'une infiltration de dirigeants du Front populaire dans les organisations du régime aboutit à l'enquête auprès des mouvements existants, demandée par Darlan en mai 1941, ce qui permet au passage d'apprécier l'état de leurs forces et leur diversité. On ne constate aucune activité des anciennes organisations, et celle des partis de la collaboration est insignifiante (les Jeunesses populaires de France et les Jeunes francistes dans le département). Il existe des Jeunesses paysannes du Gard issues du dorgérisme, liées au SOL et dirigées par Max Soulier, représentant des organisations paysannes au comité départemental de la propagande, mais elles passent pour peu influentes. L'ambiguïté du régime apparaît bien au sujet des Auberges de jeunesse. Il compte certes les développer : trois existent en octobre 1941, treize sont en projet en 1942-1944, mais l'esprit moralisateur est bien différent de celui de 1936, et, en juin 1941, le comité directeur qui se tient à Remoulins en présence de Marc Sangnier, le président venu spécialement de Vichy, de Luc Bonnet, le secrétaire général des AJ replié dans la ville, et de Joffre Dumazedier, venu d'Uriage, envisage de démissionner devant la menace proférée par les Allemands d'exclure les Juifs des AJ, contre laquelle le régime ne réagit pas.

Réduit à ses propres forces, soumis à un contrôle bureaucratique tatillon et permanent, le SGJ recueille une audience limitée dans le Gard. Il est loin d'enrégimenter tous les jeunes. Avec les Chantiers, ses organisations ne dépassent guère les trois mille personnes, et, sans eux, elles tombent au-dessous de mille en dépit des efforts de propagande. D'où l'indispensable appui — et si possible relais — demandé aux mouvements confessionnels, dont on voit la fonction stratégique dans la politique de l'État français, d'autant que leur poids est loin d'être négligeable ici.

La collaboration entre Vichy et les Églises à propos de la jeunesse est en effet à double sens. Le gouvernement se montre prêt à accepter une large part d'autonomie de celles-ci, ce qui est d'ailleurs à la fois dans son intérêt et réaliste. Jean Girbeau, évêque de Nîmes depuis 1924, est décidé à apporter le concours de ses mouvements, qu'il contrôle bien depuis la création de la Fédération de la jeunesse catholique en 1926, mais à condition de conserver justement ce contrôle : « Quand il s'agit de collaborer avec les autres mouvements de jeunesse d'origine gouvernementale, ce qui est d'ailleurs notre désir et notre devoir, il faut avoir soin de bien marquer et sauvegarder l'unité de tous nos mouvements et dans chaque mouvement l'unité de la Fédération » (*L'Éveil du Gard* — mensuel de l'Action catholique —, février 1941). De même, après avoir réorganisé le comité diocésain de la Fédération des jeunes du Gard, dont la direction est confiée à Louis Larbot, président de la

JOC départementale, et dans laquelle le chanoine Jullian assure la direction des Œuvres d'hommes et de jeunes gens, il prend soin de bien mentionner « qu'aucune section ne doit traiter avec les délégués du ministère de la Jeunesse [...] sans en référer à la Fédération et celle-ci au comité diocésain ». L'évêque redoute « le confusionnisme qui serait au détriment de tous » et interdit aux dirigeants catholiques de se situer sur le terrain politique : il craint l'absorption de sa Jeunesse par les Compagnons, ignorant leur force réelle. De leur côté, les protestants ont créé le Conseil protestant de la jeunesse (CPJ) le 24 juillet 1940 pour donner à leurs mouvements de jeunesse une cohésion et une unité spirituelle qui assurent à ces derniers une liaison organique avec l'Église réformée, peu évidente avant la guerre, mais aussi qui les protègent de « toute tentative d'infiltration des idéologies totalitaires ».

Georges Lamirand comprend et partage largement les réticences des Églises. Mais il leur impose en échange un cadre administratif, un axe politique et une participation active. Le cadre, c'est l'agrément officiel qui oblige les différentes organisations à se regrouper, à accepter les principes de la Révolution nationale, à avoir des prises de position et des activités communes. Il est accordé à l'ACJF et au CPJ en décembre 1941. Si le SGJ cherche à former par lui-même ses cadres locaux à l'École régionale de Sumène, il se tourne naturellement vers les Églises, notamment catholique, pour en obtenir, car il souffre d'une pénurie en hommes et en compétences. Des membres de la JOC et de l'UCJG sont contactés pour en former. Les délégués cantonaux de la jeunesse sont catholiques ; l'un d'eux, à Quissac, est scout de France depuis 1926. Les formateurs de centres d'entraide viennent des organisations confessionnelles, qui ont les leurs (l'UCJG à Aubord près de Nîmes). L'encadrement des Chantiers est militaire et catholique, et l'évêque pousse à la création de groupes d'amitié chargés de continuer l'apostolat chrétien dans les Chantiers, auxquels il invite les jeunes, surtout jocistes, à s'inscrire. Jeunes catholiques et protestants participent aux campagnes de solidarité d'hiver du Secours national. En novembre 1942 apparaissent des équipes de Jeunesse secours qui s'occupent du ravitaillement et du chauffage des familles nécessiteuses et regroupent tous les mouvements de jeunes. C'est que le SGJ peut compter sur une masse de jeunes autrement plus étendue que les siens propres. En juin 1941, le comité diocésain évalue à trois mille huit cents ses garçons encadrés, le nombre des jeunes filles catholiques serait de trois mille six cents, tandis que celui des jeunes protestants atteindrait mille trois cent soixante (UCJG et Éclaireurs unionistes surtout), soit un total huit fois supérieur à celui des Compagnons[2]. Et l'écart continue à se creuser en 1943 au profit des Scouts et des Éclaireurs unionistes.

Toutefois, l'adhésion n'est pas identique selon les confessions. Celle de Mgr Girbeau aux valeurs de Vichy ne fait aucun doute : elles sont conformes à son tempérament conservateur politique et théologique. Jusqu'au bout, il incitera sa jeunesse à l'obéissance, à l'ordre moral, au dévouement à Pétain. Il obtient l'accord sans réserve des mouvements non spécialisés qu'il contrôle bien par des cadres actifs et la presse juvénile, mais aussi de la JAC, sensible au thème du retour à la terre. La JOC est moins acquise, plus réticente envers la Charte du travail et, en 1943, envers le STO, auquel l'évêque se montre cependant favorable : en juin 1941, par exemple, la JOC refuse de donner des renseignements à la police sous prétexte qu'elle n'a reçu aucune information du secrétariat national de Lyon. Plus que les autres mouvements, elle se montre sensible à l'antisémitisme officiel, surtout à partir de 1942. Mais c'est sans doute la seule organisation catholique à marquer quelques réserves.

Il n'en est pas de même des protestants. Certes, il est indéniable que le conformisme des dirigeants (par exemple les pasteurs Brunel et Brustin, respectivement commissaire régional des Éclaireurs unionistes et président du comité directeur de l'UCJG) s'est volontiers plié aux thèses du SGJ. Quand le pasteur Boegner, président national de l'ERF et du CPJ, vient à Nîmes faire une conférence sur le thème « Les protestants et la Révolution nationale », le 17 février 1941, c'est pour rappeler les dispositions bienveillantes de l'État français envers l'Éducation nationale et lancer un appel aux mouvements de jeunes pour refaire une France propre, grande et prospère. On comprend dans ces conditions que, bien que s'étant largement appuyé sur les dirigeants et mouvements catholiques, le SGJ ait utilisé le concours des réformés également et n'ait pas, semble-t-il, attisé la rivalité interconfessionnelle. Il a même voulu leur association étroite. Mais, si l'évêque accepte celle-ci pour « les œuvres d'intérêt national ou social », il redoute aussi l'œcuménisme dont fait preuve la jeunesse protestante et n'applique pas les recommandations des réunions (de l'Arbresle par exemple) où les mouvements des deux confessions rejettent ensemble en 1941 les discriminations résultant des lois antisémites.

Cependant, l'appui des jeunesses protestantes n'est qu'apparent. Déjà, au 35e synode national de l'Église réformée de France à Valence en avril 1943, les organisations réformées s'inquiètent de n'encadrer que la moitié du potentiel de jeunes protestants : dans la Vaunage, pour ne citer que cet exemple régional, six cents jeunes sont encadrés et quatre cents ne le sont pas. Il est question de créer une Fédération des groupements paroissiaux rattachés directement à l'Église réformée pour qu'ils échappent à l'emprise de l'État. Au congrès national des Éclaireurs unionistes, tenu à Nîmes à la Toussaint 1942, avec de six cents à huit cents participants (dont le pasteur Boegner et le commissaire national Jean de Gastembide), on évoque la faim du peuple de France, l'Allemagne occupante, la victoire anglaise. Bien que prévenu contre certains milieux protestants du Gard, le préfet Chiappe n'a accepté l'invitation d'y participer qu'à cause de la présence du général de La Porte du Theil et de Dunoyer de Segonzac, « afin de m'assurer de la parfaite correction des sentiments des participants vis-à-vis de la Révolution nationale ». Mais la retransmission du culte sera interdite d'antenne le dimanche suivant. La presse des jeunes comporte de nombreuses allusions, à partir de citations bibliques, à la situation présente[3].

Dans ces conditions, l'invasion de la zone sud marque un tournant dans le *modus vivendi* entre Vichy et les jeunesses confessionnelles. Le durcissement du régime (STO, Milice), le changement de titulaire au SGJ, la présence physique de l'occupant expliquent le changement de climat dans leurs relations. D'abord, l'agrément imposé par le régime est dénoncé le 2 juin 1943 sous prétexte qu'il ne peut subsister deux zones comme auparavant, l'une d'agrément et l'autre d'interdiction. Félix Olivier-Martin invite néanmoins à garder les relations avec le SGJ et maintient son aide aux mouvements. Mais la confiance a disparu. Ainsi, l'évêque manifeste de l'inquiétude, voire une certaine hostilité, envers les Équipes nationales, créées en septembre 1943, qui ne cachent pas que, sous l'autorité du préfet et du commissaire à la jeunesse, elles désirent grouper tous les jeunes des mouvements existants dans une organisation unique. Le spectre de la jeunesse unique réapparaît. Certes, avec deux responsables — une cheftaine protestante de louveteaux et un chef scout catholique —, le SGJ essaie de rassembler les Églises sous son égide. Mais Mgr Girbeau est sur ses gardes. Il ne veut à aucun prix une intégration dans les Équipes permanentes qui envisagent de coordonner et diriger les activités civiques et sociales, c'est-à-dire politiques, et il n'accepte de participer aux Équipes temporaires que dans le cadre d'actions de protection de la population face aux événements de guerre (bombardements, évacuation, accueil). Si les jeunes filles catholiques collaborent aux Jeunesses secours, c'est avec leurs propres organisations et instruction, et toute mission non sanitaire ou sociale nécessitée par la guerre doit être signalée à la direction des œuvres. La hantise d'une jeunesse d'État et la présence allemande amènent l'évêque à cantonner plus que jamais ses mouvements dans des activités traditionnelles (retraites fermées, récollections, camps) et à s'enfermer dans un univers hors du temps et de l'espace.

Il faut dire que le climat se dégrade vite à partir de l'automne 1943. Le mouvement Compagnon se vide de sa propre substance. Désorganisé par la démission en août de son chef Huon, non remplacé, il n'a plus d'activité. Ses manifestations passent inaperçues, ses stages attirent peu de jeunes, les crédits fondent. Il s'oppose aux autres formations et même au SGJ et est finalement dissous en janvier 1944. Les membres des cités préfèrent en majorité rester hors des mouvements. Ceux qui veulent continuer s'inscrivent aux Équipes nationales, aux scouts, voire aux Francs-gardes miliciennes. Certains poursuivent leur action d'entraide. Mais le STO décapite un peu plus les directions des organisations. Surtout, l'évacuation de la zone côtière à partir de janvier 1944 perturbe beaucoup les relations entre mouvements. À Nîmes, après les bombardements de mai 1944, trente-cinq mille personnes sont déplacées. Les jeunes sont dispersés, les troupes réduites et les cadres trop peu nombreux. Les Chantiers sont obligés de se replier. Le commissariat et l'école régionale s'installent dans le Cantal (à Vic-sur-Cère), comme le groupement du Vigan (à Maurs), tandis que celui de l'Ardoise est fixé en Lozère (à Marvejols). Inversement, le Gard accueille les jeunes Savoyards du groupement de Villars-de-Lans (Isère) à Saint-Gilles. Mais l'état d'esprit est nettement antigouvernemental. Les jeunes ne veulent pas travailler pour la Wehrmacht et désertent. Jeunes agriculteurs et étudiants multiplient les demandes de sursis pour ne pas partir. Les Chantiers sont à leur tour supprimés en juin 1944. De tous les mouvements de Vichy, seule la Milice exerce encore un vague attrait par sa propagande dans les lycées, et ce faible résultat tranche lui-même sur l'insigne faiblesse des jeunesses collaborationnistes, où l'on peut à peine mentionner les Jeunes francistes. En définitive, en cette fin de régime, ne demeurent plus de l'édifice bâti, en matière de politique de la jeunesse, que les Équipes nationales, plus préoccupées de sauvetage de la population que de jeunesse unique, et les centres de préapprentissage liés aux comités d'organisation professionnels. Les jeunesses confessionnelles sont tentées par la résistance, surtout les routiers protestants, qui signalent les mouvements de trains et les positions allemandes dans la région nîmoise aux mouvements de résistance, cependant que renaissent les jeunesses politiques socialistes et communistes.

L'influence de Vichy sur la jeunesse gardoise est restée finalement limitée. L'embrigadement politique est faible ; il s'est contenté d'entretenir le patriotisme dans les Chantiers, et jusqu'à la fin de 1942 seulement.

La propagande civique des Compagnons est un échec. Les objectifs du régime paraissent mieux atteints dans deux autres domaines : la prise en charge des chômeurs par les centres d'entraide et d'apprentissage, et surtout les secours aux populations touchées par la guerre. C'est que, dans ces deux missions assignées aux organisations de jeunes que sont le travail et la solidarité, Vichy rencontre le concours des jeunesses confessionnelles qui acceptent les principes de la Révolution nationale, à des degrés divers, certes, et selon une adhésion qui varie beaucoup des catholiques aux protestants, mais à condition de bénéficier d'une réelle autonomie. Cette revendication signifie en fait un refus d'une intégration politique. Mais, inspiré au début par le personnalisme de Mounier[4] et poussé par le besoin de recruter des cadres expérimentés et des troupes suffisantes, le SGJ accepte le compromis. Lorsque, incité par les circonstances et cédant à la dérive totalitaire à partir de 1943, le régime remet celui-ci en cause, la convergence objective d'intérêts avec les jeunesses confessionnelles faiblit beaucoup et, sans cesser totalement, cède la place à la méfiance, voire, chez les protestants, à l'hostilité feutrée mais active.

Antoine Prost suggère une idée qui demande à être vérifiée avec Vichy : l'accès à l'encadrement des mouvements de jeunesse dans l'entre-deux-guerres a permis une certaine intégration sociale de la jeunesse grâce à la pédagogie de la responsabilité[5]. Malgré la reprise en main idéologique et même confessionnelle, on peut se demander si l'évolution ne se poursuit pas durant la guerre. Les dirigeants des organisations restent des jeunes, même si les adultes désirent maintenir leur tutelle. Il semble que les efforts du régime et des Églises pour l'exercer aient été en partie neutralisés. Passé le temps de l'endoctrinement officiel et du conservatisme religieux et politique, pourra alors venir, après la guerre, celui de l'émancipation des jeunes.

Armand Cosson

NOTES

1. Les sources de ce travail viennent de quatre origines :
– celles du cabinet du préfet qui sont en cours de reclassement dans la série I W aux Archives du Gard ;
– la presse politique *(Le Républicain du Gard)* et religieuse (notamment *La Semaine religieuse de Nîmes* et *L'Éveil du Gard,* mensuel de l'Action catholique) ;
– le livre, qui est une excellente synthèse, de Wilfred D. Halls, *Les Jeunes et la politique de Vichy,* Paris, Syros, 1988, 502 p. ;
– le dernier ouvrage sur la question, Pierre Giolitto, *Histoire de la jeunesse sous Vichy,* Paris, Perrin, 1991, 698 p.

2. Voir Richard Pech, *La Jeunesse catholique dans le Gard (1900-1942), mémoire de maîtrise,* Montpellier, 1985, 113 p. Et Sylvie Galtier, *Contribution à l'étude de la Fédération française des éclaireuses unionistes,* mémoire de maîtrise, Montpellier, 1988.

3. Georges Casalis, « La jeunesse protestante en zone non occupée (1900-1942) », *in Églises et Chrétiens dans la Deuxième Guerre mondiale. La France,* Lyon, Presses universitaires de Lyon, 1982, pp. 101-115.

4. Bernard Comte, « À propos de l'action d'E. Mounier dans les organisations de jeunesse aux débuts du régime de Vichy (1940-1941) », *in Mouvements de jeunesse. Chrétiens et Juifs : sociabilité juvénile dans un cadre européen – 1799-1968,* Paris, Cerf, 1985, pp. 347-360.

5. Antoine Prost, « Jeunesse et société dans la France de l'entre-deux-guerres », *Vingtième Siècle. Revue d'histoire,* 13, janvier-mars 1987, pp. 35-43.

6.

Le syndicalisme ouvrier et la Charte du travail

Pendant la Seconde Guerre mondiale, dans la plupart des pays démocratiques, les pouvoirs publics se sont assuré, à un niveau encore jamais atteint, la collaboration des représentants des travailleurs et des employeurs au sein d'organismes tripartites. En Grande-Bretagne et aux États-Unis, c'est volontairement que les organisations décident d'interdire la grève ou de renoncer à des conflits risquant de compromettre l'effort de guerre [1].

En France, le moment n'a sans doute jamais été aussi propice à une évolution des relations professionnelles. Les communistes sont hors du jeu syndical depuis le pacte germano-soviétique, la CFTC est encore assez largement imprégnée par les idées corporatistes, les ex-confédérés CGT sont eux-mêmes en proie au doute et à l'incertitude : en 1940, ils suppriment l'article premier des statuts sur la lutte des classes, remplacent ceux consacrés à la grève par d'autres, empruntés à la législation sur la conciliation et l'arbitrage, suspendue en 1939, et proposent « une collaboration loyale [...] de toutes les forces organisées de l'économie au service de la patrie gravement menacée », dans l'esprit d'union sacrée qui avait prévalu pendant la Première Guerre mondiale [2].

À cet esprit de collaboration va pourtant succéder rapidement, au sein de la CGT, la division et la méfiance, puis l'hostilité et la haine entre les différentes tendances. L'arrivée de René Belin au ministère de la Production industrielle et du Travail ressuscite un clivage déjà ancien. L'ancien dauphin de Léon Jouhaux [3], connu pour ses idées pacifistes et son anticommunisme radical, marque son entrée en fonctions par la dissolution des confédérations ouvrières et patronales, dont la CGT, sa propre organisation. À Nîmes, en octobre 1940, il profite du désarroi des militants pour faire voter à un nombre important de responsables d'unions départementales et de fédérations, et par l'intermédiaire de membres de son cabinet présents à la réunion, une motion de soutien au nouveau régime. Entre « Syndicats », la tendance de la CGT qu'il dirigeait, et les amis de Léon Jouhaux, le divorce se consomme.

Les ex-centristes, désormais à l'écart, vont développer une critique de plus en plus acerbe de la politique du gouvernement. Elle aboutit à la création, avec la CFTC, du Comité d'études économiques et syndicales et au manifeste du 15 novembre 1940 qui, tout en reconnaissant l'évolution nécessaire du syndicalisme vers une collaboration accrue avec le patronat et l'État, marque la profonde irritation des amis de Léon Jouhaux face aux initiatives du nouveau régime. C'est d'ailleurs à partir de ce comité que se constitue l'un des tout premiers mouvements de Résistance : Libération Nord, le bulletin du comité servant de couverture à l'envoi du journal clandestin *Libération*.

La Charte du travail

C'est autour de la Charte du travail, promulguée dans des circonstances ubuesques en novembre 1941 [4], que le jeu des relations État-syndicalisme va se développer.

Incomplet, inachevé, ce texte porte la marque des idées contradictoires qui se sont exprimées pendant sa gestation. Il juxtapose deux formes d'organisation professionnelle. La première admet — dans des conditions très restrictives — la création d'associations professionnelles mixtes et de corporations. Ces organismes mixtes, qui réunissent de manière non différenciée employeurs et salariés, sont soutenus par les traditionalistes regroupés autour du colonel Cèbe [5]. La seconde est le fruit d'un compromis entre les représentants de l'ex-CGT [6], le grand patronat et le ministère du Travail. Au sein du Comité de l'organisation professionnelle, les discussions avaient révélé leur souhait commun de réaliser un nouvel équilibre, fondé sur des syndicats représentatifs des catégories sociales dans leur ensemble déléguant leurs chefs responsables pour négocier d'homme à homme dans un cadre permanent strictement professionnel [7].

Le « monde du travail » est divisé en vingt-neuf familles professionnelles organisées de bas en haut, du local au national. Le groupement de base est le syndicat, désormais unique, obligatoire et catégoriel. Ses attributions sont très restrictives : il encadre ses « ressortissants », il transmet et exécute les décisions corporatives, il étudie les questions professionnelles en vue de la présentation de suggestions corporatives et recherche « éventuellement » des solutions à appliquer à ses membres. Cette limitation des droits syndicaux, d'autant plus grave qu'elle s'accompagne de la suppression du droit de grève, va de pair avec une double tutelle, tant de l'État que des comités sociaux professionnels[8].

Le syndicat, à qui le Front populaire avait confié un rôle majeur dans l'organisation des relations professionnelles, n'est plus qu'un organe mineur du nouveau droit du travail, nécessaire à l'encadrement des salariés dont on craint l'indiscipline naturelle.

Le comité social professionnel est la « pierre angulaire » de la nouvelle organisation. Outre les questions d'ordre social (retraites, emploi, amélioration des conditions d'existence), il possède surtout des attributions qui lui permettent d'établir les règlements relatifs à l'embauchage et au licenciement, à l'hygiène et à la sécurité du travail, de négocier des conventions collectives[9] et partiellement les salaires. Au niveau local, chaque comité social est composé de façon tripartite par des représentants de la catégorie employeurs, de la catégorie ouvriers et employés, et enfin des autres catégories (techniciens, agents de maîtrise, cadres et ingénieurs). Ces représentants sont « pris », terme fort peu juridique, dans les bureaux des syndicats. Ils désignent leurs représentants au niveau régional, ceux-ci choisissant les membres du comité social national. L'État est représenté dans chaque comité social national par un commissaire du gouvernement qui peut exercer un droit de veto pour paralyser l'exécution de décisions qui ne lui conviendraient pas. Le gouvernement peut également dissoudre ou suspendre un comité social et désigner une délégation provisoire de gestion qui se substitue au comité suspendu et exerce tous les pouvoirs. C'est donc un dispositif bien cadenassé, dans lequel l'autonomie des professions — la grande utopie corporatiste des années 1930 — n'est plus qu'un leurre qui caractérise la Charte du travail. Ne lit-on pas, d'ailleurs, dans le rapport préliminaire à la Charte, imprimé avec la loi, que les syndicats « vivront et fonctionneront sous l'autorité des comités sociaux et en s'inspirant des doctrines qui ne sauraient être elles-mêmes que celles du gouvernement » ? L'institution des comités sociaux d'entreprise, dispositif résiduel du nouvel ordre professionnel, ne vient pas contrarier cette tendance dominante.

Des réactions divergentes

La Charte va mobiliser l'attention des syndicalistes français jusqu'à la Libération.

Les communistes ex-CGTU, dans *La Vie ouvrière* clandestine, condamnent la Charte du travail et les institutions qu'elle met en place. Parallèlement, ils considèrent les syndicats comme des lieux de développement des revendications ouvrières, puis patriotiques, qu'ils expriment. Malgré les réticences des militants, l'entrisme dans les syndicats légaux est la position constante des syndicalistes communistes, résultat de la tactique de « combinaison du légal et de l'illégal [10] ».

Les syndicalistes chrétiens, « corporatistes de doctrine, ayant toujours eu pour idée-force, pour " mythe inspirateur " l'organisation professionnelle, admettent sans peine, selon leur secrétaire général, la nécessité d'un ordre nouveau imposant à l'économie les disciplines salutaires d'humanité, de justice et de fraternité [11] ». Pourtant, une majorité se dégage progressivement contre la Charte. Lors d'une importante réunion du 27 juin 1943, contrairement aux positions prises par l'épiscopat français, trente-quatre unions départementales (contre seize) et huit fédérations (contre trois) adoptent un texte qui, tout en rappelant « certaines dispositions heureuses » de la Charte, décide de s'abstenir de toute participation à la mise en place des syndicats uniques et à leur fonctionnement. Dans les mois qui suivent, cette position est adoptée par treize unions départementales et deux fédérations supplémentaires [12]. La question du syndicat unique a constitué la pierre d'achoppement de la participation de la CFTC. Sans cette disposition, fondamentale il est vrai, quelle aurait été la position des syndicalistes chrétiens ?

La CGT, quant à elle, une fois levée l'hypothèque communiste, se retrouve assez vite divisée en trois tendances. Les principaux amis de Jouhaux, exclus du Comité de l'organisation professionnelle chargé d'élaborer la Charte du travail, formule qu'ils faisaient leur [13], émettent des réserves grandissantes à l'égard de la Charte, mais n'en conduisent pas moins une présence technique auprès du gouvernement, comme c'était l'usage depuis 1914. Parallèlement, ils s'engagent rapidement dans la Résistance, certaines structures syndicales servant de couverture à leur activité clandestine.

À Paris, différents groupes essaient de s'assurer le soutien de la classe ouvrière et recrutent d'anciens syndicalistes CGT. Ce sont les groupements corporatifs du PPF, souvent actifs en province. C'est le Front social du travail, groupuscule pronazi dirigé par Francis Desphilippon, responsable avant la guerre des groupes d'entreprise de la SFIO. Le mouvement collaborationniste parisien néo-syndicaliste le plus influent est celui qui se constitue autour de *L'Atelier* et du Centre syndicaliste de propagande. Animé par Gabriel Lafaye et René Mesnard, anciens néo-socialistes, on y trouve d'anciens responsables confédéraux comme Aimé Rey et Georges Dumoulin et quelques secrétaires fédéraux. La création du Centre syndicaliste de propagande, très lié au Rassemblement national populaire, entraîne rapidement le départ de trois des syndicalistes les plus en vue de *L'Atelier* : Roy, secrétaire fédéral de la métallurgie, Perrot, membre du cabinet de Belin, et Guiraud, ancien responsable important de la région parisienne, qui refusent la mainmise de Déat et de ses amis sur le journal. Fin 1940, le clivage s'affirme nettement : il y a d'un côté les fédéraux, derrière Belin et le comité syndical de coordination, que Perrot, Roy et Guiraud n'avaient d'ailleurs jamais quitté, et de l'autre les Parisiens derrière Marcel Déat. Les critiques que ces derniers adressent à la Charte sont sévères. Ils la considèrent comme « une grossière duperie » et manifestent, au nom de l'anticapitalisme et du « socialisme communautaire » dont ils se réclament, leur hostilité au nouveau texte. L'attitude de *L'Atelier* change pourtant complètement avec le retour au pouvoir de Pierre Laval. Celui-ci est considéré comme le garant d'une authentique Révolution nationale éloignée des aspirations réactionnaires des milieux vichyssois. *L'Atelier* passe alors au soutien puis à la défense de la Charte. Écartés des commissions de l'article 77 chargées de mettre en œuvre la nouvelle organisation professionnelle, les syndicalistes de *L'Atelier* et du Centre syndicaliste de propagande, aussi bruyants que peu nombreux, investissent, avec le soutien du gouvernement, les nouveaux lieux de pouvoir ouvrier — du moins les voient-ils ainsi — que sont le Comité d'information ouvrière et sociale, le Comité ouvrier de secours immédiat, le Conseil supérieur du travail[14].

Le dernier groupe, de loin le plus nombreux, est constitué par la majorité des secrétaires fédéraux et des secrétaires d'union départementale. Les « fédéraux » ont lutté avec Belin contre les corporatistes du cabinet du maréchal Pétain. Certains ont participé aux travaux du Comité d'organisation professionnelle. Ils soutiennent donc le texte, mais critiquent les limites apportées aux possibilités d'action syndicale, la disparition des unions interprofessionnelles, la division des travailleurs en catégories cloisonnées, la possibilité de constitution d'associations professionnelles mixtes et de corporations. Ils émettent des réserves sur la nouvelle formule des salaires ou la centralisation des professions en grandes familles. En revanche, ils approuvent la création des comités sociaux et celle des syndicats uniques et obligatoires, caractères capables à leurs yeux de régénérer un syndicalisme moribond [15].

Le syndicalisme revendicatif est bien mort en 1940. Il est devenu un organe administratif, capable de répondre techniquement à la puissance patronale. Le cadre ouvrier n'est plus l' « énergumène [...] criant le plus fort » et menaçant de « pendre le patron », il est devenu un technicien « qui sait parler à son patron avec la force que lui procurent la courtoisie, la correction et même l'élégance dans la présentation », et qui, pour être efficace, doit « garnir son arsenal de circulaires, de connaissances techniques, de références de droit et de jurisprudence [16] ».

À la base, les réactions sont bien différentes. Deux enquêtes menées dans les régions en 1942 [17], destinées à éclairer les pouvoirs publics sur l'état d'esprit de la population et particulièrement des groupements professionnels, concluent :

— l'activité des syndicats est pratiquement nulle ;

— l'attitude des syndicats ouvriers va de l'indifférence à l'inquiétude, voire à l'hostilité, surtout dans les milieux influencés par la propagande communiste. Ils craignent le retour du paternalisme, critiquent la suppression des structures horizontales et le mode de désignation des responsables des syndicats et des comités sociaux, ainsi que des comités sociaux d'entreprise que les employeurs s'empressent de créer dans la logique Travail-Famille-Patrie : priorité aux plus anciens, aux plus productifs, aux pères ou mères de famille nombreuse, aux anciens combattants.

L'analyse, département par département, de l'attitude des secrétaires d'unions départementales en place après l'exclusion des communistes de la CGT, bien que difficile et incomplète, montre que rares sont ceux qui ont marqué rapidement leur désapprobation à l'égard du nouveau régime [18]. Si onze secrétaires seulement sont sanctionnés à la Libération par la Commission nationale de reconstitution des organisations syndicales de travailleurs [19], c'est parce que d'autres cas sont jugés par les commissions départementales, qui ne sont pourtant pas, de droit, compétentes.

Les sanctions ne rendent d'ailleurs qu'imparfaitement compte de la nature des relations que nombre de syndicalistes entretinrent avec le régime de Vichy puisque ne furent jugés que ceux qui avaient participé volontairement à la production au service de l'ennemi, à la mise en œuvre du STO et à la suppression des libertés syndicales. Furent déchus ceux qui participèrent aux journaux *L'Atelier* et *Au travail,* aux commissions provisoires d'organisation, au Comité ouvrier de secours immédiat et au Comité d'information ouvrière et sociale. Échappèrent à la répression certains signataires de textes collectifs de soutien au régime [20] ou ceux, très nombreux, qui acceptèrent de cautionner par leur présence les commissions tripartites de l'Office des comités sociaux [21].

En réalité, la frontière est souvent incertaine entre partisans et adversaires de la Charte. Pour certains, il peut y avoir une évolution — le soutien initial se transformant en opposition — ou une combinaison entre participation à certaines institutions et engagement dans la Résistance. La participation à l'Office des comités sociaux est par exemple difficile à interpréter. Certes, constatant l'utilité des comités sociaux d'entreprise en matière de ravitaillement, les structures syndicales clandestines ne donnent pas de consigne de boycott. Pour autant, certains militants s'y refusent catégoriquement, en rejetant les subtiles distinctions entre bonnes et mauvaises institutions.

Le soutien est plus net encore pour les fédérations. Trente-huit secrétaires de fédération furent sanctionnés par la commission nationale, chiffre d'ailleurs inférieur d'une dizaine au nombre total de « fédéraux » ayant soutenu le régime, selon les propres critères de la commission [22]. Parmi ceux-ci, seize secrétaires généraux. Au total, pour ceux dont il est possible aujourd'hui de reconstituer la biographie, c'est une nette tendance au soutien à la Charte qui se dégage. Comment expliquer ce phénomène ?

État faible ou État fort ?

Sans doute ne faut-il pas négliger totalement les questions matérielles. Maintenir les organisations en vie, pour une génération de notables gestionnaires du syndicalisme, signifie la possibilité de continuer à percevoir des revenus de l'activité syndicale [23]. Pourtant, il se passe quelque chose de plus profond.

Les syndicalistes participationnistes trouvent avec Vichy matière à exprimer leur antiparlementarisme. Derrière celui-ci, il y a une conception non pas apolitique, mais pan-politique du syndicalisme qui devient, dans l'esprit de Pelloutier et des bourses du travail dont ils se réclament, un moyen supplétif du politique dans l'organisation de la société [24].

Le pacifisme joue également un rôle dans les convergences État-syndicalisme. Mais le véritable ciment idéologique du participationnisme est l'anticommunisme. Sans doute n'a-t-on pas encore bien mesuré à quel point la lutte acharnée entre communistes et réformistes après 1936 au sein de la CGT, la progression rapide du PCF dans le mouvement syndical et le soutien de celui-ci au pacte germano-soviétique ont contribué à pousser des hommes de gauche à Vichy.

Au-delà des racines historiques, le calcul d'un nombre important de syndicalistes est de faire « la part du feu ». Ils négocient clandestinement des augmentations de salaires avec les pouvoirs publics à la barbe de l'occupant, aident les réfractaires au STO ou interviennent pour faire libérer certains militants emprisonnés. On ne saurait pourtant parler à ce sujet de double jeu. Le soutien à la Charte s'exprime chez les participationnistes indépendamment de l'aide apportée aux parias du régime.

Pour tenter de comprendre, il faut s'essayer à montrer la modernité de Vichy, en particulier dans le nouveau rôle que l'État français entend confier aux élites syndicales.

D'une certaine manière, le pouvoir est à prendre. Loin des trahisons parlementaires et des ambitions politiques personnelles, il y a désormais l'espoir d'un État vraiment représentatif des aspirations de la société que les syndicalistes, dans la pureté originelle de leurs convictions, et débarrassés de la menace communiste, sont les mieux à même de représenter [25]. Ce qui les fascine, ce n'est pas la tradition rénovée, le corporatisme mis au goût du jour, c'est bien la représentation d'un État dépolitisé, au-dessus des classes. En somme, un État sans politique [26].

Dans la relation triangulaire État-patronat-syndicats, seul le patronat a conservé sa puissance d'antan. C'est donc dans une symbiose État-syndicats qu'il faut chercher des solutions. N'est-ce pas d'ailleurs ce qui se passe déjà ? Les ministres qui se succèdent au chevet de cette Charte qui n'arrive pas à prospérer ne sont-ils pas entourés, dans leur cabinet, par une majorité de syndicalistes, comme d'ailleurs le secrétaire général au Travail ? L'Office des comités sociaux ne désigne-t-il pas quasi exclusivement des responsables d'unions départementales CGT comme chargés de mission ou inspecteurs[27] ? Seule la représentation d'un État faible, petit à petit investi par le syndicalisme, permet de comprendre le soutien à la Charte. Certes, elle est décevante, mais elle laisse la porte ouverte à de multiples possibilités, et elle vaudra ce que valent ceux qui l'appliquent. Si ce sont des syndicalistes, tous les espoirs ne sont-ils pas permis ?

Dans cette perspective, la Charte est conçue comme le moyen de tisser un lien organique entre le pouvoir et les masses, et de faire ainsi de Vichy un État populaire, en contact permanent avec la réalité ouvrière. Le rêve d'un État syndical, privilégiant l'intérêt général contre les ambitions du capital, d'une syndicalisation de la fonction étatique, implique dès lors son pendant : l'étatisation de la fonction syndicale. En somme, le vieux rêve saint-simonien d'un gouvernement des producteurs[28].

Jean-Pierre Le Crom

NOTES

1. Anonyme, « Les méthodes de consultation des employeurs et des travailleurs appliquées pendant la guerre aux États-Unis et en Grande-Bretagne », *Revue internationale du travail,* octobre 1945, pp. 341-369, et BIT, conférence de l'OIT, *La Collaboration entre gouvernements — employeurs — travailleurs en temps de guerre,* New York, 1941.

2. Georges Lefranc, *Les Expériences syndicales en France de 1939 à 1950,* Paris, Aubier, 1950, p. 38.

3. Il est présenté comme le successeur désigné de Léon Jouhaux en 1933 dans Georges Lefranc, « Le courant planiste dans le mouvement ouvrier français », *Le Mouvement social,* 54, janvier-mars 1966, p. 75.

4. Jacques Julliard, « La Charte du travail », *in* René Rémond (dir.), *Le Gouvernement de Vichy, 1940-1942,* Paris, Presses de la FNSP, 1972, pp. 166 et 167.

5. Le colonel Cèbe est d'abord chargé de mission à la vice-présidence du Conseil puis chef du cabinet civil du maréchal Pétain.

6. Dont les représentants (Roy, Savoie, Bard et Foulet) sont soigneusement choisis par le gouvernement.

7. Comité de l'organisation professionnelle, procès-verbaux des séances, Arch. nat., F 22 1835.

8. L'État désigne, dans un premier temps, les membres des conseils d'administration, organise leur fonctionnement en imposant le vote à bulletin secret, la délibération à la majorité des membres présents, l'interdiction d'exercice de plus de deux mandats successifs ou encore le renouvellement des bureaux syndicaux

par fractions pour mettre les organismes « à l'abri des brusques changements survenant dans les masses ».

9. Si tant est qu'une personne morale unique puisse conclure une convention collective !

10. Sur l'attitude des syndicalistes de sensibilité communiste face à la Charte, voir les numéros spéciaux de *La Vie ouvrière* de novembre 1941 et novembre 1942, l'ouvrage d'André Tollet, *La Classe ouvrière dans la Résistance,* Paris, Messidor-Éditions sociales, 1984, et l'ouvrage collectif, « Le mouvement syndical dans la Résistance », *Cahiers de l'Institut CGT d'histoire sociale,* novembre 1984.

11. Gaston Tessier, « Le syndicalisme chrétien devant les récents événements », *Droit social,* 1, 1941, p. 35.

12. Gérard Adam, *La CFTC, 1940-1958, histoire politique et idéologique,* Paris, Cahiers de la FNSP, A. Colin, 1964, pp. 16-36. Sur ce point, voir également Michel Launay, « Le syndicalisme chrétien et la Charte du travail », in *Églises et chrétiens dans la Seconde Guerre mondiale,* actes du colloque de Lyon, Lyon, PUL, 1982, pp. 189-209.

13. Lettre d'Albert Gazier au maréchal Pétain, 1er mai 1941 : « Les employés parisiens attendent avec impatience qu'une véritable *Charte du travail* (souligné par l'auteur) leur permette, sur le terrain professionnel dont ils ne veulent plus s'écarter, de défendre librement leurs droits et de remplir leurs devoirs envers la Nation. » Archives de l'UD CGT-FO de Loire-Atlantique (copie), Centre de documentation du mouvement ouvrier et du travail, Nantes, FO 107(2).

14. Dominique Durrleman, « *L'Atelier,* hebdomadaire du travail français : des syndicalistes dans la collaboration », *Cahiers de l'Institut Maurice Thorez,* 14, juillet-août-septembre 1975, pp. 117-159.

15. Louis Bonpierre, *La Vie industrielle,* 14 et 18 novembre 1941.

16. Jean Pennanéac'h, *Abattre les cloisons, briser les chaînes.* Autobiographie non datée, publiée par l'auteur, 64 p., conservée au Centre de documentation du mouvement ouvrier et du travail (Nantes), PEN. 2(66).

17. Arch. nat., F 22 1788 et 1789.

18. En l'état de nos connaissances : Armand (Bouches-du-Rhône), Petit (Côte-d'Or), Le Levé (Morbihan), Vivier-Merle (Rhône), Doucet (Lot), Forgues (Haute-Garonne), Peneau (Loire-Inférieure), Chéreau (Ille-et-Vilaine), Collot (Hérault), Marcelot (Nièvre), Pujos (Orne), Pottier (Sarthe), Fourcade (Hautes-Pyrénées).

19. CGT, *Compte rendu des travaux de la Commission nationale de reconstitution des organisations syndicales de travailleurs,* Versailles, 1946, 45 p.

20. Comme l' « Appel aux travailleurs » du 1er mai 1942, signé par vingt-six secrétaires fédéraux et dix secrétaires départementaux (tous n'ont pu être touchés), qui demande « un rajustement des salaires » et des mesures de répartition plus judicieuse des produits alimentaires pour « enrayer les propagandes pernicieuses et criminelles des adversaires du régime qui doit naître » et affirme « l'attachement [des signataires] à l'esprit de la Charte du travail ».

21. L'Office des comités sociaux est un organisme national chargé d'aider à la constitution des comités sociaux d'entreprise et, plus largement, de remplir un rôle « technique » de diffusion d'informations sur la Charte. Il possède des commissions tripartites dans 76 départements. 31 secrétaires généraux d'unions départementales ex-CGT y participent. De plus, 6 en sont les secrétaires administratifs rétribués. La plupart des chargés de mission ou inspecteurs de l'Office sont des syndicalistes ex-CGT qui continuent — ou non — leur activité syndicale.

22. S'il est difficile d'établir l'importance de ces quarante-huit personnes, ils représentent néanmoins la majorité de ceux qui exercent une activité syndicale pendant l'Occupation.

23. Sur l'interprétation de cette question chez les socialistes, voir Marc Sadoun, *Les Socialistes sous l'Occupation,* Paris, Presses de la FNSP, 1982, p. 282.

24. Dominique Durrleman, *op. cit.,* p. 119.

25. C'est de cette façon qu'il faut comprendre, exemple parmi d'autres, la résolution votée à la fin du congrès de l'UD CGT du Maine-et-Loire, en 1943 : « Le congrès croit fermement que le mouvement ouvrier doit délibérément sortir des sentiers battus et élargir son champ d'activité. Il est capable d'étudier les problèmes d'ordre général qui peuvent se poser à l'administration d'un grand pays comme le nôtre. Aussi bien que d'autres, les militants peuvent apporter aux questions sociales, aux questions politiques, les réponses que commandent le bon sens et l'équité. »

26. Pour reprendre le titre d'un livre de Michel Bouvier, Paris, Librairie générale de droit et de jurisprudence, 1986, 246 p.

27. Par exemple Mersch (Bas-Rhin), Déaud (Maine-et-Loire), Dumoulin (Nord), Jeannin (Doubs), Guiraud (Gironde), Avril (Dordogne), Philippo (Nord).

28. Jacques Rancière, « De Pelloutier à Hitler, syndicalisme et collaboration », *Les Révoltes logiques,* 3, 1977, pp. 23-61, dont nous reprenons ici en partie l'analyse très stimulante.

7.

La hiérarchie catholique

Au lendemain de la Libération, l'Église de France, devant la mise en accusation dont elle était l'objet de la part de nombreux résistants chrétiens et incroyants, s'est empressée de se défendre en plaidant non coupable. De son côté, l'historiographie de Vichy a amplement insisté sur la collusion de fait et la connivence à l'égard des principes entre la hiérarchie catholique et la Révolution nationale. À l'appui de cette interprétation, on a pu apporter maints et maints arguments : déclarations officielles des autorités ecclésiastiques, comportements concrets, sympathies politiques, etc. [1].

En sens inverse, certains porte-parole de la hiérarchie ont cru pouvoir soutenir que l'Église de France, tout en respectant — et appliquant — la doctrine traditionnelle depuis saint Paul, à savoir la soumission au « pouvoir établi », n'en a pas moins maintenu une autonomie « sans inféodation » et a même affirmé ses désaccords quand des principes essentiels de la doctrine chrétienne étaient en jeu[2]. On ne saurait trouver meilleur exemple de ce discours apologétique visant à laver l'Église de France de tout reproche d'intelligence avec le régime que le livre de Mgr Guerry, *L'Église catholique en France sous l'Occupation.* L'ouvrage, publié dans l'atmosphère de l'après-libération, avait pour objet de réfuter les critiques multiples et souvent cinglantes dont l'épiscopat avait été abreuvé. Néanmoins, un historien aussi pondéré et peu suspect qu'André Latreille n'a pas hésité à écrire de ce plaidoyer qu'il le considérait « comme un modèle d'improbité apologétique[3] ». Récemment, et de manière plus subtile, le cardinal Lustiger a affirmé, à propos de l'attitude de la hiérarchie durant cette période, que les évêques, sur les enjeux fondamentaux concernant la personne humaine et notamment la persécution antisémite, avaient su maintenir intactes les exigences de la conscience chrétienne[4]. En revanche, pour ce qui est des prises de position face aux débats du temporel, l'épiscopat s'était trouvé dans la même situation d'incertitude et de confusion que la masse des Français[5].

Le débat est donc loin d'être clos, même s'il paraît aujourd'hui difficile de contester l'adhésion et le soutien donné par les autorités ecclésiastiques au régime de Vichy (cependant — il convient de le redire clairement —, l'Église n'a jamais collaboré avec l'ennemi)[6]. C'est pourquoi il n'est pas sans intérêt pour l'intelligence de cette période troublée, et à l'encontre de visions par trop schématiques et simplistes, d'apporter quelques réflexions et compléments, et d'esquisser quelques distinctions et nuances sur ce sujet controversé, passionnel et rebattu.

Première observation : ce qui fait problème à propos de l'adhésion de l'Église de France au nouveau régime, ce n'est pas tellement la période de l'été 1940 — de Bordeaux à Montoire. À cette date, l'épiscopat s'associe à l'immense majorité des Français qui acceptent, avec le soulagement que l'on sait, de remettre entre les mains du maréchal Pétain le destin de la France vaincue. Sans doute affirme-t-il un peu vite et un peu haut la doctrine traditionnelle d'obéissance aux détenteurs légitimes du pouvoir, de soumission à l'autorité. Mais de telles déclarations ne soulèvent aucune contestation. Au demeurant, pour les catholiques, la présence à Vichy du nonce apostolique, Mgr Valerio Valeri, c'est-à-dire du représentant du souverain pontife, ne laisse pas d'autre option[7]. S'ajoute le fait que les évêques appartiennent à une génération très marquée par la Première Guerre mondiale. Tous étaient d'ardents patriotes — nombre d'entre eux l'avaient prouvé sur les champs de bataille et leurs lettres pastorales de l'hiver 1939-1940 en font foi. Certains avaient même conservé la nostalgie de la fraternité des tranchées. Pour eux, qui mieux que l'illustre vainqueur de Verdun pouvait prétendre incarner la volonté de venir au secours de la patrie blessée ? De surcroît, ce guide inespéré séduit la hiérarchie, qui apporte aussitôt un fervent appui à son programme de redressement moral. De Vichy, Mgr Valerio Valeri a beau recommander la prudence aux évêques, ceux-ci n'en tiennent pas compte, et du coup l'Église de France sert de caution à une Révolution nationale rejetant sur la IIIe République la responsabilité de l'effondrement militaire et moral du pays[8].

Cependant, le ralliement de la hiérarchie n'est pas entièrement désintéressé. Très vite, les autorités religieuses bénéficient du bon vouloir du nouveau gouvernement, comme l'admet avec une franchise qui frise le cynisme le directeur de l'Action populaire, le père jésuite Desbuquois, lui-même un familier de Vichy, dans un texte publié après la guerre : « J'ai trouvé [à Vichy] l'occasion d'obtenir quelque chose pour l'Église de France, je saisis cette occasion[9]. » Plus qu'une stricte politique de marchandage de l'ordre du donnant-donnant, ce qui intéresse avant tout la hiérarchie, c'est que désormais soit garanti un climat favorable au christianisme et que soient favorisées les institutions chrétiennes, ainsi que l'écrivent au pape les cardinaux et archevêques le 15 janvier 1941 : « Nous entendons maintenir l'intégrité de la doctrine, de la morale et de la discipline chrétienne [...]. Nous sommes fermement résolus à maintenir selon toutes nos possibilités nos institutions (culte, séminaires, écoles, œuvres diverses et Action catholique)[10]. »

À la lecture de ce programme émanant de hauts représentants d'une Église « catholique », c'est-à-dire universelle, on est frappé de l'esprit « de clocher » qui l'anime. À l'image du nouvel État français, ils paraissent se contenter du repli sur la seule France, en marge du drame international. Nulle mention du fait que la guerre continue, nul signe de solidarité avec les autres pays occupés et leurs Églises nationales (on peut d'ailleurs voir là l'origine des reproches que les évêques feront plus tard aux *Cahiers du Témoignage chrétien* de publier les documents officiels d'autres épiscopats, par exemple les épiscopats belge et hollandais contre le travail forcé en Allemagne). Certes, les relations avec les autres pays et même avec le Vatican sont difficiles (pour le Vatican c'est Mgr Valeri qui fait office de conseiller et de messager). Mais il ne semble pas, d'après ce qu'on sait, que les cardinaux de France aient souhaité atteindre à Rome le cinquième cardinal français, Mgr Tisserant, en poste au Saint-Siège. En revanche, d'après les archives allemandes, Mgr Tisserant aurait fait parvenir au cardinal Suhard une lettre en date du 11 juin 1940 pour l'informer de la démarche qu'il avait entreprise, en décembre 1939, auprès de Pie XII, pour le supplier de « faire une encyclique sur le devoir des chrétiens d'obéir au *Dictamen* de la conscience, car c'est le point vital du christianisme ». Lors de la perquisition brutale et prolongée opérée par les Allemands rue Barbet-de-Jouy du 26 au 29 juillet 1940, la Gestapo aurait saisi cette lettre, dont le cardinal Suhard ne semble pas avoir parlé[11].

Autre caractéristique de la période 1940-1941 ; parallèlement à cette sorte de désengagement vis-à-vis du conflit mondial et à ce repli sur les affaires de l'Église de France, on peut noter que sont mises en sourdine les vigoureuses prises de position de naguère à l'encontre des deux grandes idéologies totalitaires, solennellement condamnées en 1937 par les encycliques de Pie XI : le nazisme et le communisme. Alors que, dans les déclarations épiscopales de 1939-1940, la légitimité de la guerre avait été justifiée non seulement par le patriotisme mais aussi, expressément, par la défense des valeurs et de la civilisation chrétiennes contre le néo-paganisme hitlérien, maintenant les conflits idéologiques paraissent estompés. Tandis qu'en raison de la censure, allemande et française, il est interdit de parler du national-socialisme et que l'encyclique *Mit brennender Sorge* a disparu des étalages des librairies et des rayons des bibliothèques, on s'abstient également de citer *Divini Redemptoris*. Au moment où la propagande officielle s'en montre friande, on peut noter que les condamnations du communisme ne sont pas fréquentes. De même, après l'invasion de l'Union soviétique, la hiérarchie évite soigneusement de s'engager dans la « croisade » antibolchevique, préférant garder le mutisme là-dessus.

Comme l'exprime la lettre de janvier 1941 des cardinaux et archevêques au pape, le souci premier de l'Église, c'est la bonne santé de ses institutions. De fait, dans l'ensemble, le bilan se révèle satisfaisant ; la liberté religieuse est sauvegardée (si l'on met à part les territoires annexés d'Alsace et Lorraine), les églises n'ont jamais été aussi pleines, les œuvres paroissiales prospèrent, les mouvements d'Action catholique encouragés et soutenus par le pouvoir sont en plein essor ; enfin l'enseignement libre (écoles primaires, collèges secondaires, instituts catholiques) et les congrégations religieuses ont bénéficié d'avantages substantiels. Par ailleurs, l'Église, partout présente, partout sollicitée, se sent considérée. Officiels du régime, civils et militaires, notables fréquentent les cathédrales et les basiliques. Ne va-t-on point voir disparaître la « France sans Dieu » ? Symbole de cette harmonie retrouvée : la journée du 15 août 1942 au Puy-en-Velay, apothéose de l'union du pouvoir et de la religion. Ce pèlerinage national de la jeunesse catholique auprès de la Vierge du Puy est en effet une somptueuse manifestation de ferveur religieuse et patriotique, en présence de hautes personnalités de l'Église et de l'État (y compris la Légion), avec lecture des messages de Pie XII et de Pétain et homélie de clôture par le cardinal Gerlier, qui rappelle l'invitation lancée naguère par le chef de l'État à un redressement moral et spirituel.

Cependant, en vue d'éclairer les débats et les enjeux auxquels a eu à faire face la hiérarchie catholique, il est une instance privilégiée vers laquelle nous voudrions maintenant tourner notre attention, car elle joue un rôle déterminant dans le processus de prise de décision à l'intérieur de l'Église : il s'agit de l'Assemblée des cardinaux et archevêques (ou ACA).

Créée au lendemain de la Première Guerre mondiale, l'ACA avait pour mission d'examiner les grands problèmes posés par l'actualité à l'Église de France et de publier des déclarations destinées à faire connaître à l'opinion les positions de la hiérarchie catholique. Dans la mesure où c'était là l'unique organisme officiel autorisé à engager la hiérarchie, on comprend toute l'importance que revêtaient ces textes, malgré les rigueurs de la censure et les précautions de style (d'ailleurs, certains historiens n'ont pas manqué déjà d'y recourir [12]). Signe supplémentaire de cette importance, les apologistes de l'Église n'ont pas laissé, pour leur part, de citer, à l'appui de leur argumentation, celles des déclarations qui allaient dans leur sens en attestant de tel ou tel bon choix des autorités religieuses, en omettant soigneusement tel ou tel message susceptible de ternir leur cause [13].

Au lendemain de la défaite, l'assemblée est constituée de quatre cardinaux et dix-huit archevêques. Les quatre cardinaux sont le cardinal Liénart (cinquante-quatre ans et le plus ancien cardinal), président de l'Assemblée, le nouvel archevêque de Paris, Mgr Suhard (soixante-six ans), qui vient de succéder au cardinal Verdier mort en avril 1940, le cardinal Baudrillart, recteur de l'Institut catholique de Paris (âgé de quatre-vingt-trois ans, il mourra le 19 mai 1942), enfin l'unique cardinal de la zone non occupée, le cardinal Gerlier (soixante ans). Le vieil archevêque de Cambrai, Mgr Chollet, est le secrétaire en titre de l'ACA, mais il est secondé par l'évêque coadjuteur, Mgr Guerry, plus jeune et plus actif. Parmi les archevêques, signalons ceux de Besançon (Mgr Dubourg), Bordeaux (Mgr Feltin), Rennes (Mgr Roques) et Toulouse (Mgr Saliège). Jusqu'en 1943, la ligne de démarcation oblige les membres de l'ACA à tenir à chaque convocation deux assemblées, l'une à Paris (à laquelle participe généralement le cardinal Gerlier), l'autre en zone sud (qui, dans la plupart des cas, entérine les conclusions parisiennes).

À la tête de l'ACA s'imposent trois figures : les trois cardinaux pastoraux, Suhard, Liénart, Gerlier, car Mgr Baudrillart — le seul haut dignitaire ecclésiastique à prêcher la collaboration avec l'Allemagne — n'a, en raison de cette attitude, aucune audience [14]. Traditionnellement, c'est l'archevêque de Paris qui fait figure de chef de l'épiscopat. D'autre part, c'est lui qui a à entretenir des relations officielles avec le commandement des forces d'occupation, avec l'ambassadeur Abetz et avec le représentant du gouvernement de Vichy à Paris, Fernand de Brinon. Il lui faut donc affronter des situations délicates et pleines d'embûches. Tout en manifestant une totale confiance à l'égard du maréchal Pétain, « Français sans reproche qui ne sait que servir », Mgr Suhard fait preuve de la plus grande prudence [15]. Sollicité en février 1941 pour faire partie du Conseil national, l'archevêque se récuse discrètement et se fait remplacer par son auxiliaire, Mgr Beaussart. Néanmoins, lorsqu'il se rend à Vichy à deux reprises, en octobre 1941 et en octobre 1942, il en revient conquis par ses rencontres avec le Maréchal [16]. On ne sait pas si, au cours de sa visite d'octobre 1942, il s'est entretenu des persécutions contre les Juifs. On connaît en revanche sa démarche en faveur des universités catholiques, demande que les deux autres cardinaux reprennent à leur compte, ce qui amènera le gouvernement de Vichy à accorder des subventions.

Sur la prudence extrême du cardinal Suhard, un épisode peu connu jette une lumière significative. À la suite de la publication, en novembre 1941, d'un opuscule intitulé *La Conscience catholique en face du devoir civique actuel* et écrit par l'abbé Lesaunier, supérieur du séminaire des Carmes, un certain émoi s'était manifesté dans les milieux catholiques favorables à la Résistance. En effet, dans cette brochure dûment nantie de l'*imprimatur* de l'archevêché, l'auteur écrivait : « Je reconnais sans réticence l'autorité et le gouvernement du maréchal Pétain, je ne suis ni gaulliste ni anglophile, je me soumets sans récriminer aux autorités occupantes. »

Pressé d'intervenir, le cardinal Suhard demande, quelques mois plus tard, au père Fessard, célèbre théologien jésuite, d'écrire un texte en réponse à ce pamphlet. Le jésuite s'exécute volontiers et rédige un document d'une centaine de pages : *La Conscience catholique devant la défaite* [17]. Or rien ne s'ensuit, et, après la guerre, le père Fessard confessera : « J'ai eu la triste surprise de constater que mon travail n'avait servi à rien, puisque, après novembre 1942 comme avant, la “ légitimité du pouvoir établi ” continua d'être affirmée, sans les distinctions nécessaires, par l'ensemble de la hiérarchie [18]. »

De son côté, le cardinal Liénart devait sa célébrité dans les milieux catholiques aux positions qu'il avait prises en 1936 en faveur des jocistes et des syndicalistes chrétiens, et sur lesquelles il n'avait pas hésité à braver la fureur du grand patronat du Nord. À la même époque, il avait condamné la campagne de calomnies qui avait poussé le maire de Lille, Roger Salengro, à se donner la mort[19]. Homme de conviction et de courage, il s'était porté aumônier volontaire du 201e régiment d'infanterie pendant la Première Guerre mondiale et avait été décoré en 1917 par le général Pétain lui-même. En juin 1940, alors que les autorités civiles, à l'exception du préfet, abandonnaient la ville, il était resté au milieu de la population et avait contraint le clergé à en faire autant.

La personnalité du cardinal Gerlier offrait un complet contraste avec celle du cardinal Suhard. Ancien dirigeant de l'ACJF, ancien avocat du barreau parisien, l'archevêque de Lyon méritait sa réputation de billant orateur, alors que le cardinal Suhard, volontiers sentencieux, usait souvent d'un ton professoral. Toutefois, les deux prélats avaient en commun une haute idée de leur charge et une conscience élevée de leurs responsabilités. Dans ses souvenirs réunis en prison, Pierre Pucheu oppose les deux prélats qu'il avait fréquentés dans ses fonctions de ministre de l'Intérieur. Pour lui, l'archevêque de Lyon incarnait l'Église combattante, tandis que le cardinal Suhard représentait l'Église prudente et négociatrice, infiniment plus souple mais pourtant tenace. Le cardinal Gerlier ne dissimulait nullement sa profonde hostilité au nazisme, en échange de quoi les Allemands le détestaient — ils appelaient le primat des Gaules le « primat de De Gaulle[20] ». Pourtant, l'ancien adjudant de la guerre de 1914 vénérait le maréchal Pétain, et, tout comme l'archevêque de Paris — mais avec plus de retenue —, il lui resta fidèle jusqu'au bout. Malgré tout, seul l'évêque de Lille eut, en 1945, lors du procès de Pétain, le courage de ses convictions en adressant un appel à la réconciliation nationale au président du tribunal[21]. C'est d'ailleurs lui qu'André Latreille a qualifié de « type exemplaire du grand prélat vichyssois[22] ».

Un quatrième ecclésiastique a joué un rôle éminent pendant ces années : Mgr Chappoulie, qui, de l'été 1941 à la Libération, assure la liaison régulière entre les prélats des deux zones et la nonciature apostolique à Vichy. En outre, il remplit une sorte de mission diplomatique, sans précédent, en tant que « délégué des cardinaux et archevêques de France auprès du gouvernement ». Grand admirateur du maréchal Pétain, qui le reçoit régulièrement, Mgr Chappoulie entretient d'excellentes relations dans les milieux gouvernementaux. Négociateur avisé, souple quoique circonspect, il se tient en contacts réguliers avec Mgr Valerio Valeri. En 1943, il rend plusieurs visites à Laval, notamment pendant les mois où se met en place le STO. Au cours de l'été 1943, il est amené à peser de tout le poids de l'Église pour empêcher que soit prise une mesure visant à dénaturaliser les Juifs ayant acquis la citoyenneté française depuis 1927.

C'est le 21 août que Mgr Chappoulie écrit une lettre adressée à Jean Jardel, secrétaire général du chef de l'État[23], et cette missive, que Serge Klarsfeld compare au cri de Mgr Saliège en août 1942, impressionne vivement le Maréchal, d'autant que le prélat y rappelle les protestations de l'épiscopat en 1942 et laisse prévoir de semblables réactions : « Aujourd'hui, déclare-t-il, de nouvelles déportations provoqueraient parmi les catholiques une vague accrue d'émotion et de tristesse et il est probable que les évêques se croiraient tenus de faire une fois encore entendre leur voix[24]. » En même temps, Mgr Chappoulie, donnant une superbe leçon de morale à son correspondant, affirme, de façon assez inattendue, la thèse de la continuité de l'État en France : « L'un des principes essentiels de la morale chrétienne consiste dans le respect de la parole donnée, la fidélité aux engagements pris en pleine conscience et liberté. Le gouvernement de la République française [...] avait décidé d'accorder à des étrangers qu'elle avait librement accueillis sur le territoire national la citoyenneté française. Aujourd'hui, le Maréchal de France, en acceptant de céder à la pression qui s'exerce sur lui, manquerait, me semble-t-il, à l'engagement solennel pris par le gouvernement de la République s'il retirait en bloc la nationalité française à des hommes et des femmes sous le seul prétexte de leur race, race qui n'était un mystère pour personne au moment de leur naturalisation. » Trois jours après réception de cette lettre, le Maréchal opposa un refus catégorique et définitif à la loi que lui réclamaient les Allemands. Pétain n'ignorait pas, par ailleurs, que l'opinion publique réagirait de manière très négative à de nouvelles démissions devant l'occupant.

Deux assemblées de l'ACA comptent parmi les plus importantes, dans la mesure où elles ont défini, pour les fidèles et l'opinion, la position des cardinaux et archevêques : celle du 24 juillet 1941, qui a servi de texte de référence pendant toute l'Occupation, « sorte de vulgate théologique de l'épiscopat de France[25] » ; celle du 9 mai 1943 sur le STO. Une précédente assemblée, tenue à Paris, sous le coup de l'émotion causée par les arrestations massives de Juifs les 16 et 17 juillet 1942, opte pour la rédaction d'une lettre de protestation du cardinal Suhard au Maréchal, mais ce texte est resté ignoré du public.

Il y avait eu toutefois une première réunion de l'ACA à Paris dès le 28 août 1940. À cette occasion, les archevêques de la zone nord avaient exprimé leur souhait d'apporter au relèvement du pays blessé un concours loyal, mais en se tenant à l'écart de toute politique. Après avoir assisté à cette séance, le cardinal Gerlier convoque à Lyon, trois jours plus tard, une conférence semblable. Mais l'intérêt particulier de cette réunion réside dans une adjonction à l'ordre du jour. La question, qui ne figurait pas dans les délibérations parisiennes, concerne les mesures en cours de préparation à Vichy à l'encontre des Juifs de zone non occupée[26] et les projets de Statut des Juifs qui circulaient sous le manteau. Au cours de la réunion, toutefois, le cardinal Gerlier, qui a rencontré le Maréchal le 16 août, déclare qu' « il convient de ne pas critiquer le gouvernement, mais de le soutenir et de l'aider sur notre terrain dans son œuvre positive de reconstruction de la patrie ». À propos de la « question juive », s'appuyant sur le principe énoncé à Paris que l'Église ne s'autorise jamais à intervenir dans le domaine politique, l'assemblée décide... de se taire et de ne pas intervenir, encore que, à en croire une dépêche de Mgr Valerio Valeri à la secrétairerie d'État, lui-même et la hiérarchie auraient rappelé à Vichy « le point de vue chrétien[27] ». C'est là un exemple des démarches discrètes auprès des responsables gouvernementaux que les autorités religieuses ne manqueront pas d'effectuer à de nombreuses reprises jusqu'en 1944, mais on ne connaît pas l'effet de ces requêtes qui, au surplus, du fait de leur caractère secret, restent ignorées des fidèles et n'exercent aucune influence sur l'opinion publique. En fin de compte, l'Église persiste dans son mutisme officiel lorsque sortent le statut du 3 octobre 1940, puis celui du 3 juin 1941. Toutefois, on peut estimer, à la suite du cardinal de Lubac, que l'ACA, dans sa déclaration du 24 juillet 1941, a fait une allusion voilée au deuxième statut, en rappelant « le sens du respect de la personne humaine, de sa dignité, de ses libertés essentielles ; réprouvant toute injustice, tous excès, envers qui que ce soit[28] ».

Sur le plan général des rapports entre l'Église et l'État, les relations, durant l'année 1941, continuent d'être aussi confiantes qu'elles l'avaient été en 1940, d'autant que le régime a consenti des avantages sérieux à ses partenaires en matière d'enseignement, de congrégations religieuses, d'associations diocésaines. Aussi est-ce dans un climat d'entente que l'ACA élabore sa déclaration du 24 juillet 1941 [29]. Sans doute les mots sont-ils subtilement pesés, puisque, en un langage ecclésiastique prudent et réservé, on y recommande un « loyalisme sincère et complet », mais « sans inféodation » envers « le pouvoir établi ». Malgré tout, la hiérarchie s'engage nettement derrière le Maréchal puisqu'il est demandé aux fidèles de réaliser « autour de lui l'union de tous les Français » et de l'aider dans l'œuvre de redressement qu'il a entreprise sur les trois terrains de la famille, du travail et de la patrie. Sur un point, toutefois, il faut noter une phrase mettant en garde le pouvoir sur les limites de l'engagement de l'Église à ses côtés. Il s'agit du problème de la jeunesse, à un moment où l'on agitait à Vichy un projet de jeunesse unique. Là-dessus la position des cardinaux et des archevêques est très tranchée. Il est clairement indiqué qu'ils ne sauraient transiger devant la menace de suppression des mouvements de jeunesse catholiques et qu'ils y mettraient leur veto. C'est le mot d'ordre : « Jeunesse unie au service du pays, oui ; jeunesse unique, non. »

Ces textes publics de la hiérarchie, s'ils s'adressent à la fois à l'opinion et au gouvernement, ont un autre but : fournir au clergé des instructions afin de couper court aux prises de position individuelles (qui risquent d'être divergentes), car la ligne définie doit recueillir l'adhésion et l'obéissance de tous, clergé et fidèles. Aussi, par mesure de prudence, après avoir laissé dans un premier temps les prêtres s'engager dans la Légion, l'épiscopat de zone sud, lors de l'assemblée lyonnaise du 5 septembre 1941, demande à ceux qui ont accepté des fonctions de responsabilité de s'en retirer discrètement et de ne plus assumer la moindre charge. Ce que semblent surtout redouter les cardinaux et archevêques, ce sont les initiatives en ordre dispersé, car ils n'ignorent évidemment pas les profondes divisions qui se sont fait jour entre chrétiens à propos du régime, de la collaboration, de la « dissidence ». Aussi élaborent-ils des consignes à l'intention du clergé paroissial, tenu d'obéir à ses chefs hiérarchiques [30].

Au sein même de l'ACA se manifestent certains désaccords, parfois connus à l'extérieur. Par exemple, à propos de la Charte du travail. À la suite de la publication, au *Journal officiel* du 24 octobre 1941, de la loi instituant la Charte du travail, les cardinaux et archevêques se réunissent le 23 décembre pour adopter à ce sujet une position commune. Ce n'est pas sur les principes de la Charte elle-même que portent les divergences, puisque l'épiscopat lui reconnaît une conformité avec la doctrine sociale de l'Église et avec les théories du catholicisme social telles que La Tour du Pin les avait exprimées dans *Vers un ordre social chrétien*. De là une large approbation donnée à la Charte. En revanche, certains s'inquiètent de la menace de création d'un syndicat unique (qui sera adopté par décret du 28 août 1942) et donc des risques de disparition des syndicats chrétiens. Après tout, depuis des décennies, l'Église de France n'avait-elle pas encouragé, par peur du socialisme et du communisme, les travailleurs catholiques à se constituer en syndicats chrétiens ? Dès lors, va-t-on abandonner les principes défendus avant la guerre pour souscrire aux demandes du gouvernement de Vichy ? Peut-on consentir à la mort des syndicats chrétiens sous le prétexte que l'unité syndicale se révèle désormais sans grand risque dans la mesure où le communisme est jugulé ? D'un côté on voit l'archevêque de Bordeaux, Mgr Feltin, soutenir sans hésitation la position gouvernementale, ce qu'exploitent au maximum les services de la propagande puisque sa lettre pastorale d'octobre 1942 est éditée en brochure par le ministère de l'Information et largement diffusée[31]. Pour lui, « on ne peut pas dire que le syndicalisme unique soit mauvais en lui-même et que l'Église le condamne ». De l'autre côté, des voix s'élèvent en sens inverse au cours de la séance de l'ACA, si bien que le cardinal Liénart parle de « flottement » au sein de l'Assemblée : lui-même se réjouit que finalement le « souhait » du pluralisme syndical soit maintenu. Avec lui, Mgr Saliège et l'archevêque de Bourges, Mgr Fillion, ont appuyé les syndicalistes chrétiens hostiles au syndicat unique[32].

À vrai dire, ce qui commandait surtout l'attitude des cardinaux et archevêques, c'était leur volonté commune de fidélité à la personne du Maréchal, bien plutôt que le souci de parler à l'unisson. Mais, au fil du temps et en fonction des événements, le consensus s'est effrité, comme en témoignent deux épisodes divergents. En septembre 1941, devant les attentats qui commencent en région parisienne (attentat de Fabien au métro Barbès le 21 août, coups de pistolet de Collette contre Laval et Déat le 27, etc.), le cardinal Suhard décide de protester. Comme en écho au récent message du Maréchal sur le « vent mauvais », l'archevêque de Paris déclare à son clergé : « Nous sommes douloureusement affecté des agressions qui, depuis quelques semaines, se succèdent sur notre sol — qui troublent profondément l'ordre public — et qui attirent d'inévitables représailles[33]. »

En sens inverse, en 1943, devant le cas de conscience posé à des centaines de milliers de familles par la mesure du gouvernement de Vichy instaurant le Service du travail obligatoire, l'ACA, par une déclaration du 9 mai, se rallie à la position prise unilatéralement par le cardinal Liénart deux mois plus tôt. L'évêque de Lille, le 21 mars, en l'église Saint-Maurice, avait affirmé avec netteté : « Je ne dis pas que ce soit un devoir de conscience d'accepter le Service obligatoire du travail [...]. On peut donc s'y dérober sans péché. Je n'ai pas davantage à conseiller le départ. Nous sommes devant la contrainte[34] » (déclaration naturellement reprise, orchestrée et utilisée aussitôt par la Résistance). Or l'ACA adopte une formulation singulièrement plus timide. S'adressant aux jeunes chrétiens, elle leur explique qu'ils sont « soumis à une contrainte [...] qui ne constitue pas pour eux une obligation de conscience ; s'ils veulent être forts, ils donneront à leur épreuve toute sa valeur rédemptrice, ils seront les soutiens de leurs frères ». De plus, dans leur souci d'épargner les autorités de Vichy, les membres de l'ACA en arrivent contre toute vérité à prétendre, à propos de la contrainte que représente le STO, que le gouvernement français s'est efforcé de « la rendre plus humaine ». Ils récidivent dans leur déclaration du 17 février 1944, à propos de la réquisition des femmes et jeunes filles : « Nous n'ignorons point les dispositions par lesquellees les pouvoirs établis s'efforcent de limiter les conséquences sociales de pareilles mesures[35]. » Malgré tout, c'était la première fois que les cardinaux et archevêques de France (qui se retrouvaient aussi pour la première fois en séance plénière après la disparition de la ligne de démarcation) adoptaient publiquement sur un enjeu crucial une ligne contraire à la politique du gouvernement. Du reste, le texte de la déclaration fut constamment « différé » par les services de la censure. Aussi, nombreux furent les évêques qui en donnèrent eux-mêmes lecture dans leur cathédrale (ce fut le cas du cardinal Suhard à Notre-Dame de Paris).

Après cet acte d'indépendance, faut-il parler de revirement lorsque les cardinaux et archevêques, au cours de la réunion du 20 octobre, condamnent sévèrement ceux qu'ils appellent des « théologiens sans mandat » et qui se permettent, dans des tracts clandestins, d'exprimer à propos du STO des condamnations contraires aux consignes de l'épiscopat[36] ? Mgr Guerry a oublié de signaler cette prise de position de l'ACA, lui qui fait grand cas de la déclaration du 9 mai, qu'il qualifie d'objection de conscience.

À une autre occasion, en février 1944, les divergences éclatent entre les membres de l'ACA. Leur réunion donne lieu, au sujet du travail en Allemagne, à de vifs débats, avec d'un côté un cardinal Gerlier assez remonté et exigeant une position de fermeté, appuyé par Mgr Théas, représentant Mgr Saliège absent, Mgr Moussaron, archevêque d'Albi, et Mgr Petit de Julleville, archevêque de Rouen, de l'autre côté les cardinaux Suhard et Liénart, qui plaident pour la modération et la prudence. Selon certains témoignages, l'atmosphère aurait été très tendue[37].

À s'en tenir aux déclarations officielles de l'ACA, on doit tout de même signaler le silence gardé sur le drame des Juifs en France. « Me taire serait manquer à mon devoir d'évêque », s'écrie le cardinal Liénart le 21 mars 1943 à propos du STO. Mais alors comment apprécier la position prise par les archevêques de zone nord réunis le 22 juillet 1942, peu de jours après la rafle du Vel'd'Hiv ? « Nous ne pouvons étouffer ce cri de notre conscience », déclare le cardinal Suhard. L'assemblée, pourtant, se contente de faire porter par Mgr Chappoulie un message adressé au maréchal Pétain et exprimant son émotion. Cette lettre, très respectueuse pour le chef de l'État et qui restera évidemment ignorée du public, a été jugée « *piuttosto platonica* » par le nonce apostolique.

En réalité, ce qui a secoué l'opinion et réussi à provoquer un sursaut de la conscience catholique, ce furent les lettres pastorales écrites en août et septembre 1942 par six archevêques et évêques de zone sud et lues publiquement dans les paroisses de leurs diocèses. Ces six prélats, sans se consulter, et chacun avec son style, ont émis une protestation solennelle, au nom de leur conscience d'hommes et de chrétiens, protestation dont l'historiographie récente a bien montré le retentissement considérable[38].

Pour être juste, on doit aussi tenir compte des démarches entreprises personnellement et dans la discrétion par tel ou tel pasteur auprès soit du gouvernement à Vichy, soit des autorités allemandes, en vue de sauver des victimes ou d'obtenir la libération de détenus[39].

Ainsi s'explique, pour une part, la bonne conscience que la hiérarchie catholique a continué d'éprouver même après la Libération, sans parvenir à comprendre ce qui lui était reproché, comme en témoignent de multiples déclarations de l'automne 1944. Après tout, les évêques n'avaient-ils pas sauvegardé la vie de l'Église en une période tragique et n'était-ce pas là leur premier devoir de pasteurs ? D'autre part, en s'abstenant de déclaration publique — en conformité avec la politique du silence de Pie XII lui-même —, n'avaient-ils pas protégé aussi les fidèles, puisque, selon Mgr Valeri, les membres de l'ACA redoutaient par-dessus tout que leurs audaces ne se retournent contre les mouvements de jeunesse et l'Action catholique à laquelle ils tenaient « comme à la prunelle de leurs yeux » ? Éclairante à cet égard est la déclaration de Mgr Fleury, évêque de Nancy, en septembre 1941 : « Du moment qu'un gouvernement ne touche ni à la foi ni aux mœurs, qu'il reconnaît et respecte Dieu et la personne humaine, l'Église se tait[40]. » On comprend dès lors le jugement porté par un éminent historien du catholicisme, le chanoine Aubert, lors d'un colloque récent : « Les intérêts de l'Église passent avant la conscience chrétienne[41]. »

S'il n'entre pas directement dans le cadre de cette communication d'étudier l'attitude de la hiérarchie envers ce que Vichy appelle « la dissidence » — et de ce qu'elle-même s'obstine à appeler du même nom puisque le mouvement met en danger le rassemblement des Français autour du Maréchal —, néanmoins, il n'est pas inutile d'en dire quelques mots. Ainsi, le cardinal Liénart met sur le même plan les « dissidents » et les collaborateurs : « N'écoutez ni Londres ni Paris, dit-il le 25 octobre 1940[42]. » Et il précise en avril 1941, déplorant la division des esprits : « Pour l'Angleterre, le cas de Gaulle, pour l'Allemagne, le cas Déat, pour la France, il y a Pétain. » D'autres prélats suivent la même ligne : « Toute dissidence à l'intérieur comme à l'extérieur [...] est un malheur et une faute », explique Mgr Piguet, évêque de Clermont-Ferrand, en 1941[43]. Quant à l'archevêque de Reims, la résistance est pour lui un péché[44].

S'il est une carence pastorale à laquelle a conduit l'obstination de l'épiscopat à confondre résistance et terrorisme, c'est à coup sûr à propos du problème de l'envoi d'aumôniers dans les maquis, ce que réclament à cor et à cri les chefs de la Résistance, à commencer par les responsables de l'Armée secrète. Jusqu'au bout, la hiérarchie hésite devant la crainte de la « guerre civile ». Il a fallu l'intervention de Rome en juin 1944, à la demande du cardinal Tisserant, pour que les évêques de France accordent aux combattants des maquis cette élémentaire assistance spirituelle[45].

Quant aux deux dernières manifestations publiques des cardinaux en 1944, elles se sont bien vite retournées contre eux.

D'abord, l'appel lancé à l'épiscopat britannique et à l'épiscopat américain protestant contre les bombardements alliés sur le sol français et leur demandant de les faire suspendre. Cet appel, qui ne manqua pas de remplir de satisfaction les autorités françaises et allemandes, provoqua une sévère riposte du Conseil national de la Résistance. Celui-ci, « interprète authentique de la France en guerre », après avoir relevé qu'il s'agissait là d'une attitude « unilatérale » de la part des cardinaux, rappela que bien d'autres vies innocentes étaient menacées par la sauvagerie de l'envahisseur et de ses alliés et demanda au contraire aux prélats de condamner publiquement les crimes commis par « des ennemis barbares et des Français infâmes ». « Il n'est pas possible, concluait le CNR, que la barbarie et la trahison conjuguées puissent s'abriter plus longtemps derrière la pourpre des successeurs de ceux qui furent, à l'heure des premières grandes invasions, les défenseurs de nos cités. »

L'autre — et ultime — manifestation se produit à l'occasion de l'assassinat de Philippe Henriot, abattu à Paris le 28 juin 1944 par un commando de la Résistance. À cet ancien responsable de la Fédération nationale catholique, le gouvernement Laval et les autorités d'occupation accordent des funérailles « nationales » à Notre-Dame. L'archevêque de Paris, estimant qu'il s'agit à la fois d'un catholique et d'un ministre mort dans l'exercice de ses fonctions, donne l'absoute, assisté de Mgr Chappoulie et de Mgr Beaussart ; cependant, il refuse de prononcer une allocution. Partout, le gouvernement fait célébrer des messes officielles qu'il est difficile aux autorités ecclésiastiques de refuser, mais les évêques se divisent. Les uns président le service (Mgr Feltin), d'autres y assistent (le cardinal Gerlier, qui refuse toutefois de participer à l'absoute et qui, en privé, critique le cardinal Suhard), ou prononcent l'oraison funèbre (Mgr Delay, en dépit du conseil du clergé résistant de son diocèse). D'autres s'abstiennent d'y assister : c'est le cas de Mgr Rastouil à Limoges, qui fut ensuite mis en résidence surveillée par la Milice, mais relâché au bout de trois jours sur intervention du nonce.

L'évêque de Lille et l'archevêque de Toulouse, pour leur part, avaient refusé en 1943 d'assister à une conférence de Philippe Henriot. Malgré tout, même si des divergences ponctuelles se font jour dans le haut clergé, la ligne générale est restée la même jusqu'à la fin.

Renée Bédarida

NOTES

1. Une abondante bibliographie traite de ce problème. Nous nous limitons ici aux actes des trois colloques « Églises et chrétiens de la Deuxième Guerre mondiale » : *Églises et chrétiens dans la Deuxième Guerre mondiale. La région Rhône-Alpes,* Lyon, PUL, 1978 ; « Églises et chrétiens pendant la Seconde Guerre mondiale dans le Nord-Pas-de-Calais », *Revue du Nord,* 237, avril-juin 1978, 238, juillet-septembre 1978 ; *Eglises et chrétiens dans la Deuxième Guerre mondiale. La France,* Lyon, PUL, 1982, ainsi qu'au livre de Jacques Duquesne, *Les Catholiques français sous l'Occupation,* Paris, Grasset, 1986 (2e édition).

2. Mgr Roques, « À propos de l'attitude de l'Église vis-à-vis du gouvernement de Vichy », *Semaine religieuse de Rennes,* 17 septembre 1944 ; cardinal Liénart, Allocution du 15 octobre 1944, *Semaine religieuse de Lille,* 19 octobre 1944 ; Mgr Piguet, « Quelques aspects de la résistance spirituelle contre le nazisme », 11 février 1946 ; J. Marteaux, *L'Église de France devant la révolution marxiste,* Paris, Table ronde, tome II, p. 93 ; Paul Vergnet, *Les Catholiques dans la Résistance,* Paris, Éd. des Saints-Pères, 1946 ; André Deroo, *L'épiscopat français dans la mêlée de son temps, 1930-1954,* Paris, Bonne Presse, 1955.

3. Mgr Guerry, *L'Église catholique en France sous l'Occupation,* Paris, Flammarion, 1947. A Latreille, *Revue du Nord, op. cit.,* p. 290. Voir dans le même numéro, Alain Cherrier et Yves-Marie Hilaire, « L'épiscopat français a-t-il collaboré ? Les rebondissements d'une polémique et la genèse du livre de Mgr Guerry », p. 397.

4. André Latreille écrit à propos de Mgr Guerry : « Mgr Guerry [...] veut commencer par établir que les évêques ont défendu partout, et uniformément, les droits de l'homme. Or cela est le point le plus contestable : ils ont défendu avec beaucoup de ténacité la liberté du chrétien, quelquefois avec beaucoup de mérite, ils ont compati à toutes les misères des hommes, mais dire qu'ils ont défendu les droits de l'homme pendant toute cette période, c'est quand même difficile à prouver », *Revue du Nord, op. cit.,* p. 290.

5. Jean-Marie Lustiger, *Le Choix de Dieu,* Paris, Éditions de Fallois, 1987, pp. 104-106.

6. Voir la contribution d'Étienne Fouilloux. Quant au pamphlet de Jean Cotereau, *L'Église a-t-elle collaboré ?,* publié en 1946 avec une préface de Maurice Nadeau, il répond affirmativement à la question posée, mais il envisage exclusivement la collaboration avec le régime de Vichy.

7. Cet argument est développé dans la brochure de Maurice Lesaunier, prêtre de Saint-Sulpice, *La Conscience catholique en face du devoir civique actuel,* Paris, Paillard, 1941, p. 15 : « Puis-je mieux faire que me ranger aux côtés du souverain pontife ? Qu'a fait le pape Pie XII ? Quel gouvernement a-t-il reconnu pour le gouvernement légitime de la France ? Auprès de qui a-t-il envoyé le nonce, son représentant officiel ? Est-ce auprès de De Gaulle ? »

8. Mgr Saliège, *Témoignages, 1939-1944,* Paris, Éditions Témoignage chrétien, 1945. Le 23 juin 1940 : « Pour avoir chassé Dieu de l'école, du prétoire, de la nation, Seigneur, nous vous demandons pardon ; pour avoir spolié nos religieux et nos religieuses, pour avoir dépouillé l'Église [...], pour avoir supporté une littérature malsaine [...], Seigneur, nous vous demandons pardon. »

9. P. Droulers, *Le Père Desbuquois et l'Action populaire, 1919-1946,* Paris, Éditions ouvrières, tome II, 1981, p. 352.

10. Lettre des cardinaux et archevêques à Sa Sainteté le pape Pie XII, 15 janvier 1941. *La Vie catholique,* documents et actes de la hiérarchie, 1940-1941, p. 61.

11. E. Jäckel, *Zur Politik der Heilige Stuhle in Zweiten Weltkrieg. Ein ergänzende Dokument, die Geschichte in Wissenschaft und Unterricht,* 1964, t. XV, pp. 197-203.

12. François Delpech, « L'épiscopat et la persécution des Juifs et des étrangers d'après les procès-verbaux de l'ACA et les dossiers Guerry », *Église et chrétiens..., op. cit.,* pp. 281-287.

13. Exemple : la déclaration publiée dans *La Croix,* le 4 octobre 1943, dénonçant les « théologiens sans mandat » dont « d'ordinaire les conclusions sont opposées à l'autorité et à la légitimité du régime ». Théologiens anonymes mais bien connus de l'épiscopat. *Cf.* Renée Bédarida, *Les Armes de l'Esprit, Témoignage chrétien, 1940-1944,* Paris, Éditions ouvrières, 1977, p. 189.

14. Qualifié par l'ambassadeur Charles-Roux d' « enfant terrible des cardinaux », le cardinal Baudrillart écrivait déjà en 1936 : « Je crains l'Allemagne d'Hitler, mais je crains encore plus le bolchevisme russe. » Cet oratorien, ancien normalien et académicien, détestait l'Angleterre (à cause de Napoléon), et, après l'armistice, il commence à prôner la collaboration dans la presse parisienne (notamment dans *Le Cri du Peuple,* en décembre 1941). *Cf.* Léon Papeleux, « Note à propos de l'affaire Baudrillart » *La Revue d'histoire ecclésiastique,* 1, 1987, p. 50.

15. *Semaine religieuse de Paris,* juin 1940. En septembre 1941, lors d'une retraite pastorale du clergé parisien, il recommande une certaine réserve : « Il ne s'agit ni de s'inféoder à un régime, ni de se répandre en éloges démesurés sur les personnes ou leurs actes, mais purement de reconnaître dans les dépositaires du pouvoir, l'autorité. L'Église, toujours, respecta l'autorité », *Semaine religieuse de Paris,* 27 septembre 1941.

16. Au retour de son premier voyage, il écrit : « Le Maréchal fut pour moi d'une exquise délicatesse dans les termes par lesquels il voulut bien louer ma sagesse et me dire à quel point il comptait sur mon appui. [...] Ce fut une éclaircie dans ma vie et, j'ose l'espérer, une bonne journée pour l'Église. » En octobre 1942, il est frappé par « le souci [de Pétain] de redonner au pays une âme », Jean Vinatier, *Le cardinal Suhard (1874-1949),* Paris, Le Centurion, 1983, p. 130.

17. Gaston Fessard, *Au temps du prince esclave,* Paris, Critérion, 1989, p. 101, note 11.

18. Gaston Fessard, *Le Figaro,* 29 novembre 1967. Dans un entretien avec l'auteur, le père Fessard rapporta une conversation qu'il avait eue avec le cardinal. Ce dernier l'avait questionné : « Vous ne craignez pas le communisme ? — Oui, mais il faut d'abord penser au nazisme. — Croyez-vous que nous sommes en danger ? », demanda alors Mgr Suhard (entretien du 2 février 1975).

19. Il dénonça les « attaques infamantes et passionnées » et s'éleva contre « une presse qui se spécialise dans la diffamation », *Semaine religieuse de Lille,* 29 novembre 1936.

20. Pierre Pucheu, *Ma Vie,* Paris, Amiot-Dumont, 1948, pp. 288-289.

21. *Semaine religieuse de Lille,* 9 septembre 1945.

22. *Revue du Nord, op. cit.,* p. 286.

23. En particulier, Mgr Chappoulie écrit : « Si les Juifs qui ont reçu la nationalité française depuis 1927 s'en voient privés en vertu d'un texte signé par le chef de l'État, ils deviendront du coup apatrides. Les autorités d'occupation procéderont alors à leur arrestation en masse et à leur déportation [...] vers l'Est européen », *Église et chrétiens... La France, op. cit.,* pp. 289-290.

24. Serge Klarsfeld, *Vichy-Auschwitz. Le rôle de Vichy dans la solution finale de la question juive en France. 1943-1944,* Paris, Fayard, 1985, p. 106 et pp. 330-331.

25. Hubert Claude, « La hiérarchie catholique, le gouvernement de Vichy et l'occupant dans la zone réservée », *Revue du Nord,* 237, avril-juin 1978, p. 262.

26. Le 27 août 1940, Vichy abroge la loi Marchandeau qui punissait la presse attaquant des personnes pour motifs raciaux ou religieux. Deux lois (16 août et 10 septembre) réglementaient l'accès aux professions médicales et au barreau.

27. Lettre de Mgr Valerio Valeri au cardinal Maglione, le 4 octobre 1940 : « Nei limite del possibile la gerarchia, ed io stesso indirettamente, abbiamo fatto presente il mode di vedere cristiano. » *Actes et documents du Saint-Siège relatifs à la Seconde Guerre mondiale,* 4, Vatican, 1967, p. 173.

28. En revanche, le cardinal de Lubac, à propos du silence de l'été 1940, reconnaît que ce fut « une lourde erreur », Henri de Lubac, *Résistance chrétienne à l'antisémitisme, souvenirs, 1940-1944,* Paris, Fayard, 1988, p. 55 et p. 78. On songe ici à Pascal : « Le silence est la plus grande persécution, jamais les saints ne se sont tus. » *(Pensées,* section XIV, n° 920).

29. « Il faut que soient maintenues dans leur pureté et leur intégrité les sources où s'alimente en partie le génie de la France : le dépôt de la foi, nos écoles, l'enseignement religieux et l'Action catholique. »

30. « Les cardinaux et archevêques de la zone occupée, réunis à Paris au milieu de janvier 1941, ont mis au point, à l'adresse du clergé des diocèses représentés à la réunion, quelques directives destinées à assurer l'efficacité de l'action du clergé dans l'œuvre de redressement religieux et moral du pays. » Le rédacteur cite ensuite la déclaration du 24 juillet ; il poursuit : « Ces deux documents fournissent à tous les prêtres [...] les consignes et les directives officielles de leurs chefs hiérarchiques », *La Vie catholique,* 1940-1941, p. 121. Mais tous les prêtres ne se soumettaient pas. Dans ses notes intimes, Mgr Suhard écrit le 13 décembre 1940 : « À l'occasion d'une conférence au clergé dans laquelle j'avais émis l'idée d'un rassemblement des Français autour du maréchal Pétain, je reçois de Mgr Chevrot (curé de Saint-François-Xavier) un document extrêmement sévère où il déclare 1° vouloir cesser la conférence de Notre-Dame, et 2° être en désaccord avec moi au sujet du rassemblement des Français autour du Maréchal », Jean Vinatier, *op. cit.,* p. 125.

31. *Les Syndicats et la Charte du travail,* lettre pastorale de Mgr Feltin, archevêque de Bordeaux, écrite le 2 octobre 1942, État français, ministère de l'Information, secrétariat général à la Propagande, deux éditions.

32. Le 19 juillet 1943, le cardinal Liénart parle à la clôture de l'École normale ouvrière et donne son approbation au refus du syndicat unique, tout en se refusant à se désolidariser des évêques qui ont encouragé l'acceptation du syndicat unique. Il estime qu'il parle en « évêque de Lille » plutôt qu'en tant que membre de l'ACA. *Semaine religieuse de Lille,* 23 juillet 1943.

33. *Semaine religieuse de Paris,* 27 septembre 1941.

34. *La Vraie Pensée de S. Ém. le cardinal Liénart au sujet du Service obligatoire,* tract de 4 pages, BN 8°Lb^{58}174.

35. *Cf.* André Deroo, *op. cit.,* p. 102.

36. *La Croix,* 4 octobre 1943, *cf.* note 13.

37. Lettre de l'abbé de Naurois à l'auteur, 11 août 1984 ; lettre de Mgr Théas au cardinal Gerlier ; voir aussi la thèse de J.-L. Clément sur le cardinal Saliège, université de Paris IV, 1990.

38. Toutes ces lettres se trouvent dans *Témoignage chrétien, 1941-1944, Cahiers et Courriers,* réédition intégrale en fac-similé, 1980, tome I, pp. 209-213.

39. « Je ne dis pas ce que je fais, écrit le cardinal Suhard dans son journal. En protestant de manière spectaculaire je ne courrais aucun risque : on ne met pas le

cardinal de Paris en prison ; mais ce seraient nos vicaires et nos militants qui paieraient pour moi. » *Cf.* J. Vinatier, *op. cit.*, p. 158.

40. *Semaine religieuse du diocèse de Nancy,* 28 septembre 1941.

41. *Revue du Nord, op. cit.*, 237, p. 391.

42. *Cf.* Hubert Claude, *op. cit.*, p. 257.

43. *Semaine religieuse de Clermont-Ferrand,* 6 septembre 1941.

44. « Un catholique français commet un péché [...] s'il prend le parti des rebelles, de ceux qui refusent de reconnaître le chef de l'État et qui se révoltent contre son autorité. » Mgr Marmottin, archevêque de Reims, *Notre Journal,* 25 janvier 1942.

45. C'est le cardinal Tisserant qui est intervenu pour obtenir du pape une assistance spirituelle « aux hommes du maquis ». Au lendemain de la libération de Rome, une lettre de la secrétairerie d'État, en date du 13 juin 1944, a répondu affirmativement à l'intervention du cardinal français. « Sa Sainteté [...] a daigné disposer que l'épiscopat français pourvoie à l'assistance spirituelle en question [...]. Le nonce apostolique en France a été aussitôt informé de cette souveraine disposition », *Documentation catholique,* 19 novembre 1944, 8, p. 15.

8.

Le clergé

Depuis un quart de siècle, la corporation historienne s'est beaucoup préoccupée de l'attitude des catholiques français entre la défaite de 1940 et la libération de 1944-1945. On peut aisément distinguer, dans son abondante production, trois étapes historiographiques successives. Vingt ans après des événements qui continuent de troubler les consciences croyantes paraît la première étude échappant au duo antagoniste polémique-apologétique. Elle n'est d'ailleurs pas due à la plume d'un historien de métier, mais à celle d'un journaliste. *Les Catholiques français sous l'Occupation,* de Jacques Duquesne, ont néanmoins fait date, au point d'être réédités récemment, sans refonte appréciable malheureusement[1].

Puis un travail proprement historique s'est développé, au cours des années suivantes, par une série de colloques d'ambition géographique variable. Dès 1970, la contribution pionnière de Claude Langlois à celui de la Fondation nationale des sciences politiques sur *Le Gouvernement de Vichy* détecte avec sagacité la position des évêques face au nouveau régime dans les bulletins diocésains de la zone non occupée[2]. Les équipes lyonnaise et lilloise d'histoire religieuse prennent ensuite le relais de façon plus systématique[3], avant qu'une rencontre nationale ne dresse un bilan provisoire, à Lyon en 1978[4]. Chacune de ces manifestations fait une large place aux sentiments pour Pétain et sa Révolution nationale, qui ne sont toutefois que l'un des centres d'intérêt : une histoire de la Résistance spirituelle s'y construit aussi peu à peu.

L'apport de telles recherches est considérable. Elles présentent cependant deux limites. Partant des Églises en général et du catholicisme en particulier, elles utilisent pour l'essentiel une documentation accessible d'origine ecclésiale : presse nationale et périodiques locaux. On y trouve donc surtout le point de vue des milieux ecclésiastiques dirigeants, malgré le complément que fournissent les publications de plusieurs mouvements de laïcs[5]. Un tel parti n'a rien d'illégitime : dans une institution aussi hiérarchisée que l'est alors l'Église catholique, les directives épiscopales sont indispensables à la compréhension du comportement des diocésains. Resterait à savoir comment s'élaborent ces directives, ce qui a peu été étudié et qui renvoie, entre autres, à la description des entourages épiscopaux : celui de Mgr Saliège à Toulouse est manifestement plus réservé envers Vichy que celui de Mgr Chevrier à Cahors[6]. Une franche ouverture des archives diocésaines aux chercheurs permettrait sans nul doute d'avancer sur ce point. Si l'opinion des évêques et des principaux cadres laïcs nous est assez bien connue, celle du clergé ordinaire demeure autrement floue. D'abord parce qu'il doit calquer son attitude publique sur celle de ses supérieurs ; mais également parce que les organes de formation continue sacerdotale qu'étaient *L'Ami du clergé* ou *Prêtre et apôtre* cessent de paraître pendant la tourmente.

Une troisième génération d'études, plus récente et plus localisée que les précédentes, a pourtant trouvé d'autres sources, d'origine interne comme les bulletins paroissiaux, mais surtout d'origine externe : l'ouverture, encore parcimonieuse, des fonds départementaux éclaire le jugement des pouvoirs publics quant à l'état d'esprit du clergé et des fidèles vis-à-vis des événements, des hommes et des institutions. Un rapport de préfet n'est bien sûr pas parole d'Évangile, mais il équilibre utilement les sources habituelles d'origine purement ecclésiale. Ainsi disposons-nous d'ores et déjà de sondages pertinents, publiés ou inédits, sur les Alpes-Maritimes, les Côtes-du-Nord, la Loire, la Haute-Loire, la Lorraine, le Lot, le Nord-Pas-de-Calais, la région Rhône-Alpes et le Var[7]. En dépit de leur dispersion et de leur inégal intérêt pour notre propos, ils permettent tous d'atteindre, en deçà de l'ordinaire du lieu et des principaux leaders d'opinion, les prêtres et les fidèles du rang. Tel est l'appoint majeur de la décennie 1980, qui attend maintenant un essai de synthèse.

Faute d'avoir ici les moyens et la place de tenter celui-ci, nous nous contenterons de proposer, en l'état de la documentation, trois séries de remarques qui oscillent entre l'hypothèse et l'esquisse de conclusion plus affirmée. La première ne sort qu'en apparence des limites strictes du cadre fixé par l'Institut d'histoire du temps présent. Elle relève en effet l'absence quasi complète de sympathie du clergé français, dans sa masse et aux divers échelons, pour les vainqueurs de 1940. Tout ce qu'on peut saisir de l'opinion des prêtres entre la déclaration de guerre et l'effondrement du front français est déjà dépourvu d'ambiguïté. Certes, l'exaltation paraît ici ou là moindre qu'en 1914 [8] ; mais la guerre reste fréquemment présentée comme une véritable croisade de la civilisation chrétienne contre la barbarie. Il ne s'agit pourtant pas seulement de la reprise du combat avec l'Allemagne éternelle : d'abord, parce que le communisme a rejoint le germanisme dans le camp adverse ; ensuite et surtout, parce que la polémique ecclésiastique s'en prend assez souvent au paganisme persécuteur du IIIe Reich hitlérien [9]. Les mises en garde de l'encyclique *Mit brennender Sorge* du 14 mars 1937 ont à l'évidence été assimilées.

La réciproque est d'ailleurs vraie, qui renforce encore cette hostilité préalable. Les vainqueurs du printemps 1940 ne cachent pas leur suspicion à l'encontre des autorités catholiques, suspicion que traduisent les perquisitions accompagnées de saisies documentaires au siège de plusieurs organismes confessionnels, à commencer par les évêchés de Lille et de Paris. La persécution s'étend sans tarder aux territoires qu'annexe le Reich. Comme bon nombre de cadres français, l'évêque de Metz, Mgr Heintz, est expulsé avant une partie de son clergé [10]. La situation est encore plus tendue dans le diocèse voisin de Strasbourg, où les réfugiés vers « l'intérieur » ne sont pas autorisés à rentrer : les nazis ferment la cathédrale au culte catholique [11]. Au cours des années ultérieures et jusqu'à la Libération, les rapports des divers services de renseignements allemands déplorent plus ou moins vivement, mais de façon quasi unanime, la réserve ou la réticence du clergé et des fidèles envers la politique du IIIe Reich dans la France occupée [12]. Les milieux préfectoraux confirment, même lorsque l'évêque du lieu ne se montre pas hostile au souci de coopération affiché par Vichy [13].

L'opposition cléricale à celle-ci est donc d'autant plus forte que l'emprise allemande est plus directe et l'autorité de l'État français plus lointaine. Dans la zone interdite du Nord-Pas-de-Calais, par exemple, la germanophobie, nourrie des souvenirs de la première occupation, apparaît très répandue, et l'anglophilie très précoce. L'évêque d'Arras, Mgr Dutoit, favorable au principe de la collaboration depuis Montoire, y semble bien isolé [14]. En zone occupée, de même, la question majeure n'est pas tant celle de l'attitude face au nouveau régime, parfois idéalisé du fait de son impuissance, que de l'attitude face aux Allemands. Il paraît donc impossible de traiter le point de vue clérical sur Vichy comme un tout, sans tenir compte de l'éclatement géopolitique imposé au pays. À bien des égards, notre sujet concerne d'abord et avant tout la zone dite libre jusqu'en novembre 1942.

Parfois montées en épingle, les exceptions à la défiance envers l'occupant sont au total peu nombreuses et pas très significatives. Elles intéressent, pour l'essentiel, trois milieux cléricaux assez bien typés. Vient en premier lieu le cas de prêtres engagés depuis longtemps dans les mouvements de revendication régionaliste, culturels et politiques, contre la centralisation parisienne. Sauf en Alsace, où certains d'entre eux assument, sous tutelle allemande, la continuité ecclésiale menacée, des circonstances apparemment favorables n'accroissent guère leur audience. Gantois en Flandre comme Perrot en Bretagne essuient le triple désaveu des autorités d'occupation, qui ne les prennent pas au sérieux, de celles de Vichy, qui craignent tout nouveau séparatisme, et de la hiérarchie catholique, aussi ferme à Lille qu'à Quimper [15]. Un deuxième courant se laisse emporter, à la différence de l'Église de France dans son ensemble, vers l'approbation de la croisade nazie contre le communisme. Son noyau le plus consistant n'est autre que la collaboration mystique d'Alphonse de Chateaubriant, dont *La Gerbe* convainc quelques lecteurs ecclésiastiques. Le plus connu d'entre eux est le vieux cardinal Baudrillart, recteur de l'Institut catholique de Paris, qui sacrifie brutalement un patriotisme sourcilleux à la phobie de la révolution, dans des interventions publiques diversement appréciées [16].

Le groupe le plus intéressant est néanmoins celui que constituent les inconditionnels du maréchal Pétain, prêts à suivre son gouvernement, après avril et novembre 1942, sur les chemins aventurés de la collaboration politique et policière. À la suite du chef Joseph Darnand et de l'idéologue Philippe Henriot, ils soutiendront la Milice et couvriront ses pires excès. Rares sont en revanche parmi eux les militants ou sympathisants des formations politiques parisiennes de collaboration. À Toulouse, toutefois, le Parti populaire français et le Francisme trouvent quelques sympathies cléricales, notamment celle de l'abbé Sorel, membre du Conseil national de Vichy [17]. La contre-épreuve est d'ailleurs nette : souvent issus d'une gauche anticléricale, les cadres de ces formations critiquent vertement l'obstruction chrétienne, en matière de répression raciale notamment [18].

Le seul fait qu'une fidélité absolue au Maréchal puisse conduire quelques prêtres à la collaboration active pose néanmoins problème et renvoie au nœud de la question : le degré d'adhésion du clergé catholique au nouvel ordre politique et social. Mais la polémique a trop confondu cette adhésion avec une Collaboration à majuscule, et l'apologétique le refus de celle-ci avec une Résistance au moins implicite, pour que ne s'impose pas le détour de la dissociation. Aucune confusion initiale, d'ailleurs : comme l'évêque de Nice, Mgr Rémond, une forte majorité du clergé « adhère très sincèrement au régime de Vichy », mais « est révoltée par toute idée de collaboration »[19]. Il faut donc, à cet égard, se montrer net. Le corps sacerdotal n'a pas collaboré avec l'occupant, sauf à la marge ; il n'a pas ménagé non plus son soutien au Maréchal ni à la Révolution nationale. Les deux aspects, que les historiens sont aujourd'hui tentés de lier quand ils s'interrogent sur la nature du régime issu de la défaite, lui apparaissent, avant 1942 du moins, tout à fait distincts, comme à une grande partie de ses ouailles d'ailleurs.

Les divers travaux cités antérieurement n'ont guère laissé d'ombre sur ce soutien. Les compléments ponctuels à venir permettront sans doute d'affiner encore la mise au point ; mais ils n'en bouleverseront pas les traits principaux. D'un tel soutien, on connaît bien la chronologie fine originelle : prudence de l'été 1940, assortie d'une grande ferveur patriotique ; puis ralliement sans ambiguïté de l'automne ; enthousiasme enfin, qui culmine au cours de l'hiver 1940-1941[20]. On en devine aussi la géographie : hors de certains évêchés en zone occupée, la faveur cléricale se manifeste surtout au sud de la ligne de démarcation, là où rien ne semble oblitérer l'autorité directe de Vichy. Il serait tentant, pour pousser plus loin l'analyse, de comparer le degré d'adhésion des populations, mesuré par les préfets, avec l'intensité de la pratique religieuse. Mais la « vague blanche » du Var ne perd-elle pas de son ampleur du fait des ralliements massifs de notables « rouges » anticléricaux[21] ? L'intérêt de l'opération n'est donc pas évident.

Une typologie ecclésiastique des soutiens est également possible. La chaleur de l'adhésion épiscopale tient peut-être moins à la fonction d'autorité qu'à l'appartenance à une génération formée au temps de l'anticléricalisme triomphant, puis passée par l'épreuve, finalement réparatrice, de la Grande Guerre. Les prêtres les plus maréchalistes sont souvent des hommes d'âge mûr qu'a marqués de façon indélébile la double expérience contradictoire de la Séparation et des tranchées. On décèle ici ou là moins de flamme parmi la jeune génération des vicaires et de certains stalags[22]. La classique distinction entre clergé séculier et clergé régulier est-elle opératoire ? Pas vraiment. Le clivage passerait plutôt entre les prêtres du rang, des paroisses, des écoles, des œuvres ou des missions, tout acquis à Pétain, et le clergé intellectuel des facultés catholiques ou des grands ordres et congrégations, plus partagé. Au sein des frères prêcheurs comme la Compagnie de Jésus, les divergences sont notoires entre l'engagement vichyste d'un Forestier ou d'un Doncœur et les réserves précoces à l'encontre de toute dérive pro-nazie d'un Maydieu ou d'un de Lubac.

Les raisons conjuguées du soutien ont bien souvent été mises en lumière et hiérarchisées. Vient d'abord la traditionnelle soumission au pouvoir établi, soumission d'autant plus aisée que l'État français manifeste à l'endroit de l'Église catholique de bonnes dispositions qui rompent avec la défiance laïque, à peine écornée, de la défunte République. Ces bonnes dispositions conduisent d'ailleurs nombre de clercs, et non des moindres, à franchir le pas qui sépare l'établissement de la légitimité sans s'encombrer outre mesure de précautions canoniques. La soumission s'accompagne bientôt d'un attachement sentimental à la personne du Maréchal, qui a eu naguère comme subordonnés des prêtres encore sous le charme : le cas du cardinal Liénart n'est, à cet égard, que le plus fameux. Il peut naître de cet attachement une sorte de syncrétisme par lequel Pétain, sous l'effet d'une insistante propagande, se rapproche des autels dans le sillage de Jeanne d'Arc, quand ce n'est pas du Bon Dieu[23].

De façon plus réfléchie, une large fraction du clergé partage avec l'État français la détestation des « mensonges qui nous ont fait tant de mal » et de leurs propagateurs. Sans attendre l'invitation de Vichy, la presse confessionnelle de zone sud montre du doigt le laïcisme, la franc-maçonnerie et le communisme, ce qui lui permet d'égratigner au passage la démocratie parlementaire et la République laïque. L'antisémitisme n'y affleure qu'à l'état de traces, contre Léon Blum notamment, ou bien englobé dans une xénophobie plus diffuse[24]. Mais l'Église catholique et l'État français n'ont pas en commun que des adversaires. On ne répétera jamais assez combien la première, loin d'éprouver le besoin d'un quelconque ralliement, se réjouit ouvertement de voir enfin les plus hautes autorités de l'État accepter les conceptions catholiques sociales définies par Léon XIII dans *Rerum novarum* un demi-siècle auparavant. Travail organisé, famille exaltée et patrie restaurée : le cardinal Gerlier a de bonnes raisons d'inscrire la devise de Vichy dans le droit fil du catholicisme intransigeant. Comment douter d'un régime qui affiche de telles intentions ? Ajoutons, pour faire bon poids, les concessions obtenues ou attendues de Vichy, et l'on comprendra pourquoi la plupart des clercs ne lui marchandent pas leur appui.

Mais leur adhésion, pour convaincue qu'elle soit, est sans doute moins inconditionnelle qu'il n'y paraît à première vue. Le récent pardon de Pie XII n'a pas effacé, dans les milieux cléricaux, la terrible leçon que fut, en 1926-1927, la condamnation de l'Action française par Pie XI. Leur large appui initial au régime de Vichy n'est donc en aucun cas un retour vers le « politique d'abord » de Maurras. Au contraire ! C'est l'unanimisme antipoliticien du nouveau pouvoir qui séduit prêtres et évêques. En soutenant Pétain, ils n'ont pas le sentiment de pousser une faction contre une autre, mais d'aider la France en mal de restauration. Aussi leur déception est-elle vive quand apparaissent, sous la houlette paternelle du Maréchal, des luttes de clans plus feutrées mais non moins féroces qu'avant 1940. D'autant que certains de ces clans sont hostiles à tout regain de cléricalisme et réprouvent les concessions faites au catholicisme. Non seulement celui-ci doit bientôt défendre les acquis récents, mais il doit protéger son autonomie des empiétement d'un État à velléités totalitaires. Devenus plus souvent conflictuels, les liens se distendent lentement. On s'aperçoit alors qu'ils n'ont sacrifié ni les droits éminents de la religion ni les intérêts matériels de l'Église.

D'où une chronologie du refuge dans l'abstention qui n'est pas étrangère aux péripéties nationales ou internationales, mais qui n'en possède pas moins sa logique propre et ses points de passage spécifiques. La réaction laïque menée sous Darlan par Carcopino marque, dès le printemps 1941, les limites du projet de réconciliation scolaire esquissé par Chevalier. Un an plus tard, l'Église catholique et ses appuis au sein du régime écartent, non sans mal, la tentative de jeunesse unique dont Pucheu s'est fait le champion. Les rafles de Juifs font monter la tension dans certains diocèses, à l'été 1942, mais pas dans tous, loin de là[25] ! Puis vient, début 1943, le cas de conscience que pose le Service du travail obligatoire : subi comme une contrainte, il est le plus souvent accepté en tant que défi apostolique. Quant aux bombardements alliés et aux excès de certains maquis, ils raniment çà et là les braises d'un pétainisme mal en point, début 1944[26].

Dans chacun des cas, il a fallu choisir. Et cette multiplication des sollicitations sur le temps court a provoqué parmi les clercs, de façon compréhensible, des évolutions divergentes. Un maréchalisme militant de 1940 ne préjuge aucunement de l'attitude ultérieure : d'abord pétainiste fervent, l'archiprêtre de la cathédrale de Cahors devient un résistant respecté[27]. En sens inverse, les importantes lézardes de 1941-1943 transforment la fidélité maintenue au régime en un courant d'opinion particulier dont se démarque désormais la prudence épiscopale. Il serait intéressant d'ausculter plus à fond ce pétainisme endurci à travers *Soutanes de France,* organe des prêtres anciens combattants que dirige le bouillant abbé Bergey, curé de Saint-Émilion[28]. La persistance d'un tel loyalisme dans une conjoncture en rapide évolution explique certaines dérives cléricales vers la collaboration : chanoine Polimann à Verdun[29], abbé Sorel à Toulouse ou chanoine Viguié à Cahors. Mais le gros du clergé, sans adopter de position tranchée, conserve assez longtemps la nostalgie de l'élan unitaire initial derrière Pétain ; d'où les nombreux portraits de celui-ci qui ornent encore les locaux confessionnels à la veille... ou au lendemain de la Libération.

Cette indiscutable adhésion du cœur suffit-elle à prouver que l'Église catholique fut l'une des courroies de transmission utilisée par l'État français, sinon la principale[30] ? Pour tirer au clair cette question, une inversion des priorités de la recherche s'impose. Depuis un quart de siècle, les chantiers d'histoire religieuse ont proposé une évaluation plausible du degré de soutien ou de résistance vis-à-vis du régime. En revanche, les études contemporaines sur ce dernier ont assez peu travaillé le versant étatique du problème. Qu'est-ce que Vichy attendait du catholicisme ? En espérait-il autre chose qu'un appui de principe et un écho à sa propagande ? A-t-il consacré beaucoup d'efforts au règlement de la question religieuse, voire à l'intégration de l'Église catholique dans son dispositif de gouvernement ? Nos lumières sur toutes ces questions demeurent incertaines.

À défaut d'une véritable histoire des rapports institutionnels Église-État sous Vichy, qui exigerait le croisement des archives publiques et des archives ecclésiastiques, quelques observations serviront de pierres d'attente. Le projet de concordat d'origine *épiscopale,* retrouvé naguère par François Delpech dans les papiers du secrétaire de l'Assemblée des cardinaux et archevêques, Mgr Chollet, a-t-il été vraiment discuté ? Il ne semble pas[31]. En revanche, sont attestées des négociations prolongées sur l'enseignement[32], ainsi que deux accords ponctuels : le premier porte agrément officiel des mouvements de jeunesse confessionnels (décembre 1941) et le second aménagement du statut des congrégations (avril 1942). Ni à propos de l'école ni à propos des religieux l'Église n'a obtenu pleine satisfaction. Mais André Lavagne, chef du cabinet civil du Maréchal et défenseur sourcilleux des droits de l'État, ne fait-il pas remarquer à son interlocuteur catholique, Mgr Chappoulie, sur le second point, qu'« un bon tiens vaut mieux que deux tu l'auras[33] » ? La nomination de Chappoulie comme représentant mandaté de la hiérarchie française à Vichy ne clarifie pas complètement un écheveau de relations dans lequel interviennent côté pouvoirs publics, outre les ministres et hauts fonctionnaires responsables, l'entourage immédiat de Pétain ; côté Église catholique, outre les instances officielles, de grands prélats comme les cardinaux Gerlier, Liénart et Suhard.

Le régime, pour sa part, a eu le souci épisodique d'obtenir une caution religieuse sur certains points, particulièrement contestés, de sa politique. Tel est le sens du rapport de l'ambassadeur au Vatican Léon Bérard après le second Statut des Juifs, rapport daté du 2 septembre 1941. La controverse qui se poursuit quant au fond du problème — Bérard pouvait-il effectivement se prévaloir d'une quelconque indulgence romaine ? — laisse intacte une certitude : Vichy a éprouvé le besoin, pour apaiser les consciences sourcilleuses, de solliciter l'aval du Saint-Siège. La thèse de la prudence curiale, qui semble devoir l'emporter[34], est confortée par le peu de perméabilité du Vatican au nouveau cours en matière de nominations épiscopales. Certes, les treize promus de 1940-1944 accentuent plutôt le penchant loyaliste de la hiérarchie française ; mais seule l'élévation au siège de Cahors du curé de Saint-Louis de Vichy, Paul Chevrier, en septembre 1941, peut-être considérée comme une faveur explicite concédée au régime[35].

Le retour dans les allées du pouvoir, après la longue absence républicaine, de catholiques notoires, est un autre signe de l'incontestable amélioration des relations Église-État sous Vichy. Il traduit une volonté de présence tout à fait cohérente avec la pétition de principe pour le nouveau régime[36]. Mesurer cette présence n'est pas facile, même à l'échelon national. Comment distinguer en effet les croyants qui s'engagent au nom de leur foi de ceux qui suivent simplement leurs inclinations politiques antérieures ? Les « catholiques d'abord » s'impliquent par priorité dans les secteurs caritatifs, éducatifs et sociaux, où s'accomplit une vocation qui répugne à la politique politicienne. Fondateur des Équipes sociales, Robert Garric demeure animateur du Secours national ; le philosophe chrétien Jacques Chevalier tient les rênes de l'Instruction publique de décembre 1940 à février 1941 ; le secrétariat général à la Jeunesse et les mouvements qui en dépendent sont peuplés d'anciens des Équipes sociales (Georges Lamirand) ou du scoutisme (Henry Dhavernas)... Et l'enquête devrait être poursuivie à l'échelon local par le relevé des militants catholiques nommés dans les différentes instances remplaçant les assemblées élues : Madeleine Delbrêl est ainsi promue conseillère municipale d'Ivry-sur-Seine.

Mais la répartition classique des tâches subsiste : les clercs demeurent délibérément en fond de scène. Certains d'entre eux jouent néanmoins un rôle d'inspiration ou d'encadrement spirituels non négligeable. Les jésuites de l'Action populaire ne sont pas pleinement satisfaits de la Charte du travail ; ils en approuvent cependant le principe, après y avoir pas mal travaillé[37]. Le dominicain Forestier est aumônier national des Chantiers de jeunesse. Quant à son collègue jésuite Paul Doncœur, son audience à Vichy dépasse de beaucoup sa fonction d'aumônier de la Route des Scouts de France. Mais rares sont les clercs en première ligne, comme le prouvent et l'exemple de la Légion, des combattants et celui du Conseil national. Le chanoine Polimann, député de la Meuse, appartient au directoire de la Légion dans laquelle d'assez nombreux prêtres anciens combattants assument des responsabilités locales. Mais une hiérarchie sur le repli ne tarde pas à juger ces fonctions incompatibles avec la réserve sacerdotale : l'Assemblée des cardinaux et archevêques de zone sud préconise le retrait, début septembre 1941[38]. Le chanoine Polimann est également membre du Conseil national, nommé en janvier de la même année, tout comme son confrère de Toulouse l'abbé Louis Sorel. Mais le cardinal-archevêque de Paris-Suhard, croit devoir décliner semblable honneur : sa démission reste toutefois discrète ; il est remplacé par l'un de ses auxiliaires, Mgr Beaussart. Seul celui-ci peut prétendre parler en quelque manière au nom du catholicisme. Mais son autorité n'a rien de comparable à celle du pasteur Marc Boegner, président de la Fédération protestante de France, qui joue dans la même instance un rôle nettement modérateur des tentations autoritaires[39].

Présence inédite et parfois massive, certes ; mais présence le plus souvent médiate et toujours prudente : l'image de la courroie de transmission politique paraît donc excessive. Celle de la courroie de transmission idéologique, en revanche, peut être retenue, jusqu'en 1941-1942 du moins. Après la défaite, la majeure partie du clergé français joue à fond la convergence morale et spirituelle, plus que politique, entre le triptyque chrétien « péché-épreuve-conversion » et le triptyque vichyste « erreur-défaite-redressement [40] ». Sur ce fondement ambigu et circonstanciel, les soutanes se pressent autour du Maréchal en visite, tandis que les autorités civiles reprennent le chemin des cérémonies religieuses. Le pèlerinage de la jeunesse au Puy, pour le 15 août 1942, marque tout à la fois le sommet de cette osmose et son chant du cygne [41]. Il prouve à nouveau combien l'attachement psychologique des milieux catholiques au climat consensuel de l'hiver 1940-1941 peut survivre au détachement progressif que suscite son éclatement sous les coups d'ambitions politiques opposées.

Au total, la formulation déjà ancienne de Jean-Paul Cointet n'a donc pas mal vieilli : « Le nouveau régime, dans son aspiration à l'unanimité nationale à la faveur d'un malheur commun, a tout naturellement voulu se concilier la grande force de l'Église, en offrant à celle-ci l'occasion de mettre un terme aux dernières séquelles de la grande crise des années 1880 puis 1900. En retour, l'État attend de l'Église un appui sans défaillances. Mais, rapidement, il en arrive à redouter de celle-ci des empiétements jugés excessifs dans des domaines relevant de son autorité. Quant aux nouvelles orientations étatiques, elles alarment un épiscopat et un état-major laïc qui entendent demeurer maître des positions acquises [42]. » Vichy n'est pas un État clérical, mais un régime tiraillé entre des groupes de pression dont la plupart se méfient des prétentions cléricales. L'Église de France n'est pas prête, malgré son engouement pétainiste initial, à lui sacrifier ses convictions ni ses intérêts propres. Il y a donc, inévitablement, déception mutuelle. Les pouvoirs publics ne tardent pas à déplorer l'ingratitude d'une fraction croissante du monde catholique. Tout en se réfugiant de plus en plus dans l'expectative, celui-ci conserve longtemps, jusqu'à la Libération et ses lendemains parfois, la nostalgie de l'idylle avec un régime enfin respectueux de la doctrine sociale de l'Église.

Sur ce parcours, tout à la fois bref et heurté, l'adhésion des évêques a sans doute été plus visible que celle de leur clergé ; et l'adhésion de celui-ci moins partagée que celle de ses ouailles. Mais en l'absence d'une mesure fiable de l'opinion catholique, tout dosage de ce type demeure hasardeux. Ce clergé, qui dispose, juste après l'effondrement du pays, d'une audience plutôt accrue, a tenu sa place dans la diffusion du culte de Pétain et des principaux thèmes de la Révolution nationale, en zone sud et avant 1942 surtout. Là réside sans doute son rôle historique majeur pendant la terrible épreuve. En revanche, il ne nous semble pas avoir occupé à Vichy la place que pouvait lui valoir son ascendant moral, du fait de réticences croisées et cumulatives : crainte du cléricalisme ; refus de se départir, même en faveur d'un tel régime, d'une certaine réserve.

Reste une dernière question, probablement iconoclaste, mais que des études comparatives ultérieures gagneraient à élucider : le clergé catholique a-t-il été plus ou moins séduit par Vichy, plus ou moins influent à Vichy que d'autres élites sociales et idéologiques françaises — professions de santé, barreau, voire enseignement secondaire ou supérieur ? Les débats internes aux milieux laïcs, moins étudiés que pressentis, justifient de futures enquêtes dans ces directions[43]. Avec l'examen de l'appréciation gouvernementale des problèmes religieux sur archives publiques, la réinsertion de l'opinion catholique, scrutée à la loupe pour des raisons internes compréhensibles, dans l'ensemble de l'opinion nationale permettra de relancer une recherche qui risquerait de patiner si elle s'enfermait plus longtemps dans les églises, presbytères ou sacristies.

Étienne Fouilloux

NOTES

1. Paris, Grasset, 1966 ; même éditeur, 1986.

2. « Le régime de Vichy et le clergé d'après les " Semaines religieuses " des diocèses de zone libre », *Revue française de science politique,* XXII (4), août 1972, pp. 750-774.

3. *Églises et chrétiens dans la Deuxième Guerre mondiale. La région Rhône-Alpes,* Presses universitaires de Lyon, 1978 ; « Églises et chrétiens pendant la Seconde Guerre mondiale dans le Nord-Pas-de-Calais », *Revue du Nord,* avril-juin 1978, pp. 225-465 et juillet-septembre 1978, pp. 475-733.

4. *Églises et chrétiens dans la Deuxième Guerre mondiale. La France,* Presses universitaires de Lyon, 1982.

5. Alain-René Michel, *La JEC, Jeunesse étudiante chrétienne face au nazisme et à Vichy (1938-1944),* Presses universitaires de Lille, 1988.

6. Pierre Laborie, *Résistants, vichyssois et autres. L'Évolution de l'opinion et des comportements dans le Lot de 1939 à 1944,* Paris, Éditions du CNRS, 1980, pp. 201-219 ; Jean-Louis Clément, *Monseigneur Saliège archevêque de Toulouse, 1929-1956,* thèse de doctorat inédite, université de Paris IV, 1990.

7. Outre les titres cités en notes 3 et 4, nous avons utilisé : Jean-Louis Panicacci, *Les Alpes-Maritimes de 1939 à 1945,* Nice, 1989 ; Christian Bougeard, *Le Choc de la guerre dans un département breton : les Côtes-du-Nord des années 1920 aux années 1950,* thèse de doctorat inédite, université de Rennes II, 1986 ; Monique Luirard, *La Région stéphanoise dans la guerre et dans la paix (1936-1951),* Saint-Étienne, 1980, pp. 327-336 ; Auguste Rivet, « Les chrétiens de la Haute-Loire dans la Révolution nationale et sous l'Occupation allemande (1940-1944) », *Revue d'Auvergne,* 1982, pp. 387-420 ; Pierre Laborie, *op. cit. ;* Michel Rousseau, *Douai pendant la Seconde Guerre mondiale 1939-1945,* thèse de doctorat inédite, université de Lille III, 1980 ; Monique Luirard, « Le clergé et l'adhésion à la Révolution nationale. Le cas du diocèse de Lyon (1940-1942) », *Bulletin du Centre d'histoire régionale de l'université de Saint-Étienne,* 2, 1975, pp. 45-63 ; Jean-Marie Guillon, *La Résistance dans le Var,* thèse de doctorat inédite, université de Provence, 1989.

8. Rivet, *op. cit.,* p. 390.

9. Laborie, *op. cit.,* pp. 71-72 ou 104-105 ; Panicacci, *op. cit.,* p. 51 ; mais *La Croix du Midi* (Toulouse) maintient une germanophobie classique, Clément, *op. cit.,* pp. 185-186.

10. Antoine Sutter, *Mgr Joseph Heintz (1886-1958),* Metz, 1987.

11. Voir Lothar Kettenacker, « La politique de nazification de l'Alsace », *Saisons d'Alsace,* 65, 1978, et 68, 1979.

12. Hans Umbreit, « Les services d'occupation allemands et les Églises chrétiennes en France », *Revue du Nord,* avril-juin 1978, pp. 299-330 ; Charles Klein, « Le clergé et les chrétiens de France tels que les voyaient certains dirigeants nazis sous l'Occupation », *in Églises et chrétiens dans la Deuxième Guerre mondiale. La France, op. cit.,* pp. 383-397.

13. « Le Clergé n'est pas pour une collaboration franco-allemande malgré les instructions de Mgr Serrand », note le sous-préfet de Guingamp à l'été 1943, Bougeard, *op. cit.,* p. 881.

14. Hubert Claude « L'évêque, le maréchal, la collaboration 1940-1945 », *Revue d'histoire de la Seconde Guerre mondiale,* 135, juillet 1984, pp. 47-86.

15. Étienne Dejonghe, « Un mouvement séparatiste dans le Nord et le Pas-de-Calais sous l'Occupation », *Revue d'histoire moderne et contemporaine*, janvier-mars 1970, pp. 50-77 ; Alain Deniel, *Le Mouvement breton (1919-1945),* Paris, Maspero, 1976.

16. Yves Marchasson, « Autour du cardinal Baudrillart », *in Églises et chrétiens dans la Deuxième Guerre mondiale. La France, op. cit.,* pp. 227-236. Sur les relations Baudrillart-Chateaubriant, Paul Christophe, *1939-1940, Les Catholiques devant la guerre,* Paris, Les Éditions ouvrières, 1989, pp. 61-94.

17. Jean-Louis Clément, « Un conseiller national de Vichy : l'abbé Louis Sorel (1880-1943) », *Annales du Midi,* juillet-septembre 1989, pp. 261-273.

18. Claude Lévy, « La presse collaborationniste de Paris et de Bordeaux et l'Église de France », *in Églises et chrétiens dans la Deuxième Guerre mondiale. La France, op. cit.,* pp. 443-450.

19. Panicacci, *op. cit.,* p. 134.

20. Yves-Marie Hilaire, « L'été 1940 : l'effondrement et le sauveur », *in Églises et chrétiens dans la Deuxième Guerre mondiale. La France, op. cit.,* pp. 79-90.

21. « Celle-ci [l'Église] a le triomphe discret [...] d'autant que nombre

d'anticléricaux rivalisent dans l'affirmation de leur fidélité au nouveau pouvoir », Guillon, *op. cit.*, p. 31.

22. Monique Luirard, *Églises et chrétiens dans la Deuxième Guerre mondiale. La France, op. cit.*, pp. 231 et 252.

23. Sur ce véritable culte, Laborie, *op. cit.*, pp. 209-210.

24. Marie-Geneviève Massiani, « *La Croix* sous Vichy », *in Cent Ans d'histoire de* La Croix *1883-1983,* Paris, Le Centurion, 1988, pp. 301-321. Le quotidien assomptionniste est moins virulent que nombre d'hebdomadaires locaux comme *La Défense, La Croix du Lot* ou *La Croix de Savoie.*

25. Le préfet du Var écrit le 1er octobre 1942 : « L'évêque lui a déclaré qu'il estimait n'avoir pas à prendre parti dans la question du rassemblement des Juifs et qu'il considérait que la manière dont les opérations avaient été conduites dans son diocèse était empreinte de toute l'humanité qu'il devait chrétiennement souhaiter », Guillon, *op. cit.*, p. 119 ; celui du Lot confirme le 30 octobre : « J'ai obtenu des autorités ecclésiastiques qu'elles s'efforcent d'empêcher la diffusion des paroles prononcées par les archevêques de Lyon et de Toulouse », Laborie, *op. cit.*, p. 235. Mgr Gaudel (Fréjus) et Mgr Chevrier (Cahors) ont tous deux été promus en septembre 1941.

26. Regain signalé à Douai par Michel Rousseau, *op. cit.*, p. 235.

27. Laborie, *op. cit.*, p. 216 (note 48).

28. Lévy, *op. cit.*

29. Pierre Barral, « Le clergé lorrain sous l'Occupation », *in Églises et chrétiens dans la Deuxième Guerre mondiale. La France, op. cit.*, pp. 91-100.

30. Luirard, *ibid.*, p. 167.

31. François Delpech, « Le projet de concordat de l'été 1940 », *ibid.*, pp. 185-188.

32. Robert Vandenbussche, « La politique scolaire du cardinal Liénart pendant l'Occupation », *Revue d'histoire de l'Église de France,* t. 65 (175), juillet-décembre 1979, pp. 279-299.

33. Michèle Cointet, *Le Conseil national de Vichy,* thèse d'État, version intégrale, université de Paris X, 1984, p. 842.

34. Nous ne suivons donc pas l'analyse de Giovanni Miccoli, « Resistenza cristiana all' antisemitismo », *Rivista di storia e letteratura religiosa,* 2, 1989, pp. 308-333 ; nous en restons à l'interprétation de Jean-Marie Mayeur, « Les Églises devant la persécution des Juifs en France pendant la Seconde Guerre mondiale », *Commentaire,* 14, été 1981, pp. 254-263.

35. Marc Minier, *L'Épiscopat français du Ralliement à Vatican II,* Padoue, 1982, pp. 137 et 139.

36. « J'ai toujours estimé, mais je crois plus fermement que jamais, que nous devons nous prêter dans les circonstances présentes à toute collaboration que n'excluent pas les principes dont nous sommes les gardiens. Nous avons trop souffert de l'attitude inverse, et le devoir de soutenir l'effort du Maréchal est trop évident pour que nous puissions hésiter », écrit le cardinal Gerlier à l'évêque du Puy Mgr Martin, le 14 octobre 1940, Rivet, *op. cit.*, p. 391, note 3.

37. Paul Droulers, « Catholiques sociaux et Révolution nationale (été 1940-avril 1942) », *in Églises et chrétiens dans la Deuxième Guerre mondiale. La France, op. cit.*, pp. 213-225.

38. Jean-Paul Cointet, « L'Église catholique et le gouvernement de Vichy. Église et Légion », *ibid.*, pp. 435-441.

39. Michèle Cointet, *op. cit.*, pp. 255-258 (de façon plus générale, son chapitre « Le Conseil national et la question de la jeunesse » comporte de nombreuses notations sur les relations Église-État, pp. 837-914).

40. Vocabulaire emprunté à Marie-Geneviève Massiani, *op. cit.*, pp. 310-311.

41. Christian Faure, « Pèlerinage ou mise en représentation de la ferveur

populaire : le pèlerinage de la jeunesse du 15 août 1942 au Puy-en-Velay », *Cahiers d'histoire,* 1, 1986, pp. 23-39.

42. *Op. cit.*, pp. 440-441.

43. Jean-Paul Martin, « Aperçus sur la Ligue de l'enseignement et les œuvres complémentaires de l'école (1940-1942) », *Les Cahiers de l'animation,* 49-50, 1985, pp. 87-97.

Septième partie

L'OPINION

1.

L'opinion française des années 1930 aux années 1940. Poids de l'événement, permanence des mentalités

Le présent rapport comporte avec la plupart des autres communications une différence essentielle qu'il tient de la mission que lui assigne son intitulé : l'étendue de son champ chronologique. Pardessus la césure de 1940, qui constitue le point de départ des autres études, il jette un trait d'union entre l'avant-guerre et l'après-désastre et réunifie la période. De surcroît, les deux thèmes qu'énonce son sous-titre proposent une alternative qui est au cœur du colloque tout entier et dessine une problématique sous-jacente à toute interprétation du régime de Vichy et à toute tentative de définir ses relations et ses correspondances avec la société et l'opinion publique.

La question est capitale : l'instauration de ce régime et l'inspiration de la révolution qu'il a entreprise n'ont-elles été qu'un simple accident, interrompant momentanément la continuité de l'histoire, pur produit d'un événement qui serait lui-même un accident, l'effondrement de l'armée française devant la machine de guerre allemande ? Doit-on penser alors que, si le sort des armes en avait décidé autrement et si le cours des opérations militaires avait pris un autre tour, la République serait sortie de l'épreuve confirmée comme elle l'avait été, vingt ans plus tôt, par la victoire de 1918, qui avait ruiné l'allégation selon laquelle la démocratie n'était pas capable de conduire une guerre et moins encore de la gagner ? Ou faut-il, au contraire, admettre que, ayant entraîné l'effondrement de la République et créé un vide, la défaite n'a été que l'occasion attendue, espérée même par certains, pour la résurgence de tendances profondes de l'esprit public qui, en toutes circonstances, n'auraient pas renoncé à renverser un régime détesté et à tenter de restaurer un ordre contraire à la société moderne ? Auquel cas l'histoire du régime du maréchal Pétain, loin d'être un accident sans avenir ni signification, relèverait d'une continuité profonde.

Observons avant tout examen que les deux interprétations ne s'excluent pas : il n'y aurait assurément pas eu de changement de régime sans le désastre qui foudroya notre armée, mais aussi les tendances qui se déployèrent à la faveur de la défaite ne sont pas nées de rien. Aussi la tâche qui nous échoit est-elle moins de choisir l'une de ces interprétations et d'argumenter contre l'autre que de tenter d'apprécier l'importance et d'évaluer le poids respectifs de l'événement et de ce que Jean-Louis Crémieux-Brilhac appelle judicieusement dans son livre sur *Les Français de l'an 40* le « bagage mental » qu'ils transportaient avec eux et qui concourait à former leur opinion et à conditionner leurs comportements. Est-il besoin de préciser que, du fait de sa généralité et de son tour nécessairement problématique, le thème de ce rapport fera davantage appel à une réflexion interrogative qui se nourrira de la connaissance de l'ensemble des travaux qui portent sur la période que d'une investigation de caractère érudit à partir de sources inédites ? On voudra donc bien accepter le caractère schématique et parfois conjectural de cette tentative de reconstitution du paysage mental des Français des années 1930.

Même si l'on ne retient pas la thèse de l'accident inopiné et que l'on écarte en conséquence l'idée d'une rupture totale qui ferait de Vichy un épisode sans plus de racines que de lendemains, on n'insistera jamais trop, pour comprendre les sentiments et les réactions des Français en 1940, sur le poids spécifique de l'événement : il a, pour un temps au moins, bouleversé le paysage, altéré les jugements, infléchi les conduites. C'est le propre de toute grande épreuve. Or il n'y a probablement pas de plus terrible épreuve pour un peuple que la défaite de ses armées : c'est dans l'échelle des crises la catastrophe suprême. Peu importe qu'on ait été auparavant pacifiste ou militariste, qu'on ait détesté la guerre ou qu'on s'y soit résigné comme à une fatalité découlant de la nature des choses, ou même qu'on se soit dit patriote ou qu'on se soit cru indifférent à la destinée de son pays, la défaite crée chez tous un traumatisme profond et durable. Elle atteint en chacun quelque chose d'essentiel : une certaine confiance dans l'existence, une fierté de soi et du groupe auquel on appartient, un amour-propre indispensable. À cet égard, l'effondrement de notre résistance militaire au printemps 1940 a créé un choc aux répercussions duquel aucun Français n'a pu se soustraire. Invasion, débâcle, exode, occupation : autant de mots chargés de souvenirs douloureux, et qui sont comme autant d'expressions du malheur national.

Les circonstances qui ont accompagné l'événement en ont amplifié la résonance dans les consciences et redoublé l'impact par un effet de surprise. Rien ni personne n'avait préparé les Français à une telle éventualité ; au contraire, tout conspirait à leur donner une confiance absolue dans l'issue du conflit et à les persuader qu'ils étaient invincibles. Seules faisaient exception quelques minorités, mieux informées de notre impréparation ou de l'effort du IIIe Reich, ou moins naturellement portées à l'optimisme, ou encore qui pour des raisons idéologiques désapprouvaient l'entrée en guerre. Mais tous les autres Français étaient parfaitement convaincus de la supériorité des Alliés sur l'Allemagne. Et le monde entier partageait notre certitude que l'armée française était la première du monde : n'était-elle pas venue à bout, vingt ans plus tôt, de l'Allemagne ? Verdun avait démontré la valeur militaire et la ténacité du soldat français. La propagande officielle reposait précisément sur l'affirmation que la victoire était assurée : « Nous vaincrons parce que nous sommes les plus forts. » Elle visait plus à rassurer qu'à mobiliser les énergies. Elle entretenait de ce fait une certitude tranquille. Et le 10 mai 1940, quand la guerre prend, à l'initiative de l'Allemagne, un tout autre tour, personne ou presque ne doute de l'issue des combats. D'où la stupeur qui résulte du contraste entre l'attente confiante et le désastre.

Soudain, les vérités qui paraissaient les mieux établies vacillent. À qui se fier désormais ? Le décalage entre l'attente et l'événement discrédite d'un coup tous les discours antérieurs et disqualifie leurs auteurs ; qu'ils se soient trompés de bonne foi ou qu'ils aient sciemment trompé les Français, peu importe : dès lors qu'ils se sont à ce point mépris sur la capacité de la France à repousser une invasion, pourquoi les croire sur d'autres sujets ? Même les Allemands ne sont pas conformes à l'image que la propagande cherchait à accréditer : c'est pour beaucoup un choc de découvrir cette armée de jeunes hommes vigoureux. Les Français ont eu aussi alors le sentiment d'être abandonnés : le départ des autorités, qui a parfois précédé le leur, l'impuissance inévitable des administrations à faire face à un phénomène d'une aussi grande ampleur que le déplacement de millions de personnes, à assurer leur subsistance, leur hébergement, leur transport, accentuent encore l'impression de déréliction. Les Français sont, à la fin de juin 1940, comme des orphelins qui n'ont plus personne à qui faire confiance. Cet état d'esprit a eu une grande part dans l'élan qui les porte vers Philippe Pétain ; ils étaient prêts, en dehors de toute orientation politique ou idéologique, à se tourner vers un homme qui n'avait pas menti, qui refusait de les abandonner dans leur détresse et qui annonçait sa volonté de partager leur malheur, comme à souscrire à la dénonciation de ces mensonges qui leur avaient fait tant de mal et de ceux qui les avaient trompés.

La conjonction d'un événement dramatique et de l'effet de surprise libère des sentiments élémentaires et laisse le champ libre à la remontée du fond des âges de réactions instinctives et ataviques enfouies sous les comportements façonnés par l'éducation et inculqués par la culture politique.

Premier de ces sentiments élémentaires qui forment le soubassement de la personnalité nationale, un attachement viscéral, physique, charnel — pour emprunter à Péguy un mot dont le discours officiel de la Révolution nationale fera un usage immodéré et discutable — à la terre de France. En 1940, la France est encore presque majoritairement une nation de ruraux : c'est moins de dix ans plus tôt, lors du recensement de 1931, que la fraction de la population vivant dans des communes regroupant moins de 2 000 habitants agglomérés au chef-lieu était passée pour la première fois au-dessous de la barre des 50 %. Et encore, de combien de millions de Français qui habitent des bourgs de 4 000 ou 5 000 habitants ou de petites villes le mode de vie et l'état d'esprit demeurent-ils ceux d'une société rurale ? Sans compter que beaucoup de ceux qui sont venus en ville depuis la guerre chercher du travail, exercer un métier, entreprendre des études, ont gardé des attaches avec le village où ils sont nés et restent proches de leurs origines paysannes. Ils gardent pour leur petite patrie un sentiment familier. Ou ils le redécouvrent à l'occasion de la grande épreuve. Cet attachement à la terre avait eu une grande part en 1914-1918 dans la ténacité du poilu : il défendait sa terre contre l'envahisseur.

Ce lien plus que millénaire explique que le plus grand nombre, en juin 1940, n'ait pu concevoir comme un choix raisonnable de poursuivre la guerre : à partir du moment où le territoire national était envahi et occupé, le combat avait perdu sa raison d'être. La conscience de la plus grande France n'était pas assez forte pour que l'idée de continuer la guerre dans l'empire apparût comme autre chose que chimérique. La France était tout à l'intérieur de ses frontières hexagonales. Le Maréchal avait raison : on n'emporte pas la France à la semelle de ses souliers ; la plupart lui sont reconnaissants de ne pas partir à l'étranger. Ce sentiment jouera contre les émigrés et ceux qu'on taxe de dissidents.

Il explique aussi que certains thèmes des *Messages* du Maréchal aient trouvé le chemin des esprits et de secrètes connivences dans les cœurs ; ainsi l'éloge de la terre qui, elle, ne ment pas, ou encore les comparaisons agraires entre les emblavures qui remplacent la friche et le relèvement de la patrie.

Mais cet attachement au sol de la patrie rend bientôt insupportable la présence de l'ennemi, le spectacle d'une armée d'occupation qui parade dans les rues, contrôle les allées et venues, entrave la libre circulation à l'intérieur du territoire. Cette situation, qui est la conséquence la plus évidente de la défaite, suscite un réflexe de rejet avant tout raisonnement argumenté, par une réaction d'instinct qui vient du fond des âges et que l'histoire a élevée au rang de tradition : l'ennemi doit être bouté dehors. C'est une forme élémentaire de patriotisme.

Avancer ce vocable, c'est soulever une question qui est au cœur de notre sujet : quelle était au printemps 1940 la force du sentiment patriotique ? Plus ou moins fort que les divisions sociales, les affrontements partisans, les oppositions idéologiques ? Il est difficile de répondre à la question ; c'est peut-être la raison pour laquelle elle est rarement formulée en ces termes. Nous ne disposons pas d'indicateurs qui permettent de mesurer avec certitude l'intensité du patriotisme et moins encore sa diffusion dans l'ensemble du corps social. Il paraît plus facile d'y répondre pour la première guerre parce que l'événement a tranché. Mais si, en 1917, les choses avaient tourné autrement et si la France avait perdu la guerre, on serait dans la même perplexité que pour 1940. C'est dire qu'il serait illégitime de conclure de la défaite de 1940 à la carence du patriotisme. De surcroît, les reproches que les différents camps se jetèrent à la tête après le désastre, ainsi que les choix contraires faits par les uns et les autres, ont encore embrouillé la perspective et fait perdre de vue qu'à la racine de ces choix il y eut généralement un motif que l'on peut dire patriotique, même s'il leur inspira des engagements contradictoires.

À la différence de 1914, le patriotisme doit, dans les années 1930, composer avec un adversaire redoutable : l'horreur de la guerre. L'énormité des pertes humaines, le prix à payer pour la victoire ont laissé un souvenir ineffaçable. On redoute un nouveau massacre ; la guerre est détestée. Il n'y eut pas, dans l'entre-deux-guerres, de sentiment plus fort que l'attachement à la paix par aversion pour la guerre. Toutes les familles de pensée communient dans la même réprobation de l'aventure belliqueuse, si elles divergent, jusqu'à s'opposer, sur les meilleurs moyens de prévenir le retour de l'hécatombe et de fonder durablement la paix.

Mais l'escalade des crises provoquées par Hitler a balayé les hésitations et fini en 1939, après le coup de Prague du 15 mars, par imposer à presque tous la conviction qu'il n'y a plus d'autre moyen d'arrêter l'entreprise de domination allemande que de s'y opposer par les armes. Les premiers sondages d'opinion opérés en 1938-1939 par le tout jeune Institut français d'opinion publique offrent quelques précieux repères sur l'évolution de l'opinion française devant l'éventualité d'un nouveau conflit; c'est un indicateur indirect du patriotisme. Au lendemain de la signature des accords de Munich, à la question : « Pensez-vous que la France et l'Angleterre doivent désormais résister à toute nouvelle exigence d'Hitler ? » 70 % répondent oui, 17 % non. Il y a plus significatif encore : en juillet 1939, à la question « Pensez-vous que, si l'Allemagne tente de s'emparer de la ville libre de Dantzig, nous devons l'empêcher, au besoin par la force ? » il s'en trouve 76 % pour dire oui, alors que la question implique clairement l'acceptation de la guerre, contre 17 % qui répondent non, et 7 % qui s'abstiennent.

Ces indications trouvent confirmation dans ce que l'on sait de l'état d'esprit des millions de Français qui répondent, dans les premiers jours de septembre 1939, à l'ordre de mobilisation. Le nombre des insoumis est infime : moins de un pour mille. Si la masse des mobilisés ne manifeste aucun enthousiasme — mais Jean-Jacques Becker n'a-t-il pas démontré que le départ d'août 1914 en chantant et la fleur au fusil était une légende ? —, la meilleure définition de leur état d'esprit est sans doute la formule du préfet du Rhône, Émile Bollaert, qui le situe à mi-chemin entre la résignation et la résolution. Et on se souviendra, avant de parler de défaillance du sentiment patriotique, que, dans les six semaines de la campagne de France, les pertes de l'armée française ne furent pas inférieures à ce qu'elles furent dans les phases les plus sanglantes de la Première Guerre et que près de cent mille jeunes Français payèrent de leur vie la défense malheureuse du sol de la patrie.

La défaite relança la controverse entre pacifistes et partisans de la résistance à Hitler par les armes. L'événement parut avoir tranché en faveur des premiers. Le pacifisme a en tout cas joué un grand rôle aussi bien dans ce qu'il est convenu d'appeler l'attentisme du grand nombre que dans le choix par une minorité de la collaboration avec l'occupant : paradoxalement, quelques-uns des pacifistes les plus déterminés de l'avant-guerre se firent les champions de la solidarité avec l'aventure guerrière de l'Allemagne.

Ces grands sentiments furent vécus différemment et avec des degrés d'intensité inégaux selon les points du territoire. Sous le choc de la défaite, la diversité de la France retrouve une importance inattendue. La convention d'armistice a engendré une partition du territoire en plusieurs zones qui ne communiquent pas entre elles. La division principale oppose les zones où l'occupant règne en maître et réglemente la vie quotidienne et la zone dite libre où l'effet majeur de la défaite et son signe, la présence d'une armée ennemie, ne seront pas visibles avant le 11 novembre 1942. Cette différence en induit une autre dans l'opinion : au sud de la ligne de démarcation, on pouvait de bonne foi avoir l'impression de vivre dans un pays libre, sous l'autorité d'un gouvernement souverain. Cette illusion n'était pas possible dans le reste de la France. Les décisions des autorités d'occupation ont porté à sept ou huit le nombre des portions de territoire séparées les unes des autres par des lignes difficilement franchissables. Sans parler des trois départements alsaciens et lorrain annexés au Reich, les deux départements du Nord et du Pas-de-Calais sont rattachés administrativement à la Kommandantur de Bruxelles. Une ligne court de Dunkerque à la frontière espagnole, à quelques kilomètres en arrière du littoral, qui isole complètement cette zone interdite de l'intérieur des terres. Une autre ligne part de l'embouchure de la Somme pour rejoindre la frontière suisse, qui sépare une quinzaine de départements, picards, champenois, bourguignons, du reste de la France. On n'oubliera pas les quelques parcelles de territoire soumises à l'occupation italienne. La France est ainsi écartelée en plusieurs ensembles qui réagissent différemment aux événements. Les souvenirs s'ajoutent à ces différences pour dicter les comportements à l'égard de l'occupant. Ainsi, dans les quelques départements du Nord et de l'Est qui avaient été tenus quatre longues années séparés de la communauté nationale et soustraits à l'autorité du gouvernement par la ligne du front, l'occupation de la Première Guerre avait laissé de durables et cruels souvenirs qui ne prédisposaient guère leurs habitants à croire au mirage de la collaboration.

Au reste, pour une majorité de Français, la réaction naturelle à la présence de toute armée étrangère par la loi du vainqueur se double de celle suscitée par un vieux fonds d'animosité contre les Allemands, entretenu par les invasions successives depuis deux cents ans. La victoire de 1918, si elle a effacé les conséquences territoriales de la défaite de 1871, n'a pas éteint entièrement la défiance et le ressentiment. Les efforts sincères de quelques familles de pensée après 1918 pour surmonter l'hostilité et rapprocher les deux peuples n'ont connu qu'une audience limitée et un succès restreint. L'antigermanisme est demeuré latent et fort répandu. La défaite et la domination de l'occupant ont tôt fait de réveiller ces sentiments anciens. Les Français connaissant mal le national-socialisme et n'y voyant souvent qu'un avatar du pangermanisme, leur animosité vise plus l'Allemand que l'hitlérisme. C'est la persistance, ou la résurgence, de ce sentiment antiallemand qui explique le trouble d'une grande partie de l'opinion au lendemain de la rencontre de Montoire et la brusque chute de la popularité du Maréchal : le discours sur la collaboration a déconcerté, et la poignée de main à Hitler choqué. Mais le renvoi de Laval, à qui on impute la responsabilité de ce faux pas, rassurera et rétablira momentanément la confiance dans le Maréchal.

Mais que les attitudes à l'égard des pays qui continuent le combat ne soient pas nécessairement la reproduction de comportements anciens et qu'elles puissent être influencées par la nouveauté de la situation, les sentiments à l'égard de l'Angleterre en apportent la preuve. L'anglophobie était un des sentiments les plus traditionnels, en particulier dans les régions où la marine recrutait depuis des siècles ses équipages. Les récits sur l'opération de Dunkerque, où les Britanniques évacuèrent les leurs avant de sauver les Français, puis le crime de Mers el-Kébir contre la marine française, habilement exploités par la propagande officielle, attisèrent un temps la rancune contre l'Angleterre. Mais ils n'empêchèrent pas la majorité de l'opinion de faire des vœux pour la Grande-Bretagne, de se réjouir de sa résistance, d'applaudir à son courage. Une des provinces qui manifesta le plus sa sympathie pour les Britanniques ne fut-elle pas la Bretagne, qui avait si souvent dans le passé été opposée à la Navy ?

Passer de la référence à ces dispositions d'esprit et à ces sentiments élémentaires, qui composent une structure stable et sont l'héritage d'une longue histoire, à la supputation de ceux qui sont le legs de la période immédiatement antérieure, c'est avancer en terrain découvert et se risquer dans le domaine des conjectures. C'est aussi nécessairement évoquer des réactions moins unanimes ou moins massivement majoritaires, parce qu'elles portent davantage la trace des controverses et reflètent les divisions de l'esprit public. Aussi ne devra-t-on pas prendre les notations qui suivent comme décrivant un état d'esprit général, en l'absence de données assez sûres pour permettre d'accompagner chaque indication de coefficients qui en évalueraient l'incidence et la diffusion.

On ne risque cependant pas d'énoncer une affirmation contestable si l'on soutient que, dans les semaines qui suivirent la débâcle et l'arrêt des combats, il y eut un rejet quasi général de la politique, identifiée aux débats parlementaires, aux rivalités de partis et aux divisions de l'opinion. Les parlementaires eux-mêmes participent à cet état d'esprit et font leur *mea culpa*. L'événement n'a pas créé ce rejet du politique, qui correspond à une tendance ancienne d'une certaine culture politique française, mais il l'a exaspéré et légitimé en lui fournissant un argument apparemment sans réplique : si la France a été battue, c'est à cause des divisions qu'elle a entretenues au lieu de mettre l'accent sur l'unité. Maurras flétrit alors le temps « où les Français ne s'aimaient pas », et le discours officiel invite les Français à faire taire leurs divisions, à se serrer autour du Maréchal et à faire prévaloir l'unité sur tout autre sentiment. Il y a lieu de croire que, dans les premiers temps, ce thème a rencontré l'adhésion du plus grand nombre. Au reste, les partis étaient en hibernation depuis le début de la guerre, et les syndicats étaient eux-mêmes entrés sur la voie du déclin depuis l'échec de la grève du 30 novembre 1938 : les trois quarts des syndicats avaient disparu avant même le déclenchement du conflit.

Le paradoxe, qui met en évidence l'une des contradictions du régime de Vichy, et qui lui aliénera peu à peu une partie des sympathies initiales, est que son appel incantatoire à l'unité va s'accompagner de toute une série de dénonciations et inspirer une politique de proscription, comme si l'unité ne pouvait être cimentée que par l'exclusion. Au lieu de prêcher le pardon des offenses et l'oubli des divisions de la veille, de travailler à rassembler tous les Français sans tenir compte de leurs opinions et de leurs comportements antérieurs, le régime va pratiquer une politique de revanche et de discrimination à l'encontre de catégories entières de Français suspects d'être de mauvais Français. Ces exclusions sont dictées concurremment par des préjugés anciens d'ordre idéologique et par des réactions aux événements de la proche histoire.

Ainsi de la critique des institutions représentatives et de la dénonciation des parlementaires comme responsables du malheur de la patrie. Ce réquisitoire rencontre sans doute une large adhésion, pas seulement parce que tout peuple a besoin, dans un pareil désastre, qu'on lui désigne des coupables, mais aussi parce que l'antiparlementarisme fait partie de notre culture politique : il est presque aussi ancien que le système parlementaire lui-même et constitue une différence avec l'état d'esprit des démocraties anglo-saxonnes. L'opinion est toujours prête à croire que les députés font passer leur intérêt personnel ou celui de leur parti avant l'intérêt supérieur du pays. Aussi les accusations portées contre les Chambres de la République par un régime qui avait intérêt à pousser le tableau au noir ont-elles, au moins dans les premiers temps, trouvé créance.

Les mises en accusation plus ciblées n'ont probablement pas rencontré une aussi large adhésion. La dénonciation de la politique des gouvernements de Front populaire, même si elle a recueilli curieusement l'approbation de nombreux hommes de gauche et si elle devait paraître justifiée aux électeurs de droite, ne pouvait obtenir l'adhésion sans réserve de tous ceux qui avaient voté en 1936 pour le Front populaire et qui lui gardaient de la reconnaissance pour tout ou partie de son œuvre législative et pour son inspiration. L'anticommunisme a probablement suscité une plus large adhésion, mais il importe de bien considérer que l'une de ses significations dans le contexte de juin 1940 est d'être une réaction patriotique à l'encontre d'un parti et d'un groupe de Français assez dénaturés pour ne s'être pas désolidarisés de l'Union soviétique devenue l'alliée de l'ennemi, et pour avoir pratiqué une sorte de défaitisme — même si l'on ne sait pas alors les tentatives de la direction clandestine du parti pour faire reparaître *L'Humanité* et obtenir des autorités d'occupation la possibilité de reprendre une activité à ciel ouvert. Quant à la mise au pilori de la franc-maçonnerie, à l'interdiction des sociétés secrètes et à l'obligation faite aux fonctionnaires de déclarer leur éventuelle appartenance aux loges, si elles ont donné satisfaction à une droite conservatrice catholique qui attribuait à la maçonnerie la responsabilité principale de ses propres échecs et des malheurs de la France, le reste de l'opinion, n'étant ni personnellement concerné ni idéologiquement sensibilisé, y prêta-t-il grande attention ?

Que dire de l'opinion par rapport à la politique antisémite du nouveau régime ? Le sujet est controversé. On a fait remarquer, à juste titre, que le premier Statut des Juifs du début octobre 1940 avait été une initiative spontanée du gouvernement de Vichy, qui n'avait en la circonstance cédé à aucune pression des autorités d'occupation. À une réserve près, rarement mentionnée : dans les derniers jours de septembre, les Allemands avaient commencé en zone occupée à prendre des mesures discriminatoires contre les Juifs, en particulier pour les commerces et les propriétés. Le gouvernement applique simplement les préceptes de l'antisémitisme d'État, dont l'Action française avait fait la théorie. Mais qu'en a pensé l'opinion, dont il est habituel de dire qu'elle était dans une large mesure antisémite avant 1939 ? Comment le savoir avec quelque précision ? Au risque d'aller à l'encontre d'idées reçues auxquelles la répétition a fini par conférer l'apparence de l'évidence scientifique, j'inclinerai pour une révision en baisse de telles affirmations. Plusieurs travaux récents, certains dus à des historiens israéliens, tendent à réduire sensiblement l'étendue et la force de l'antisémitisme dans l'entre-deux-guerres. Lazare Landau, dans son livre *De l'aversion à l'estime. Juifs et catholiques en France de 1919 à 1939,* avait déjà montré que l'antisémitisme avait singulièrement régressé dans les milieux catholiques. La thèse récente, soutenue à l'Institut d'études politiques par Charles Millman, sur les ligues nationalistes et catholiques dans l'entre-deux-guerres, le confirme pour la Fédération nationale catholique, dans les publications de laquelle il n'a relevé aucune trace d'antisémitisme, mais au contraire des condamnations répétées du racisme. Il étend sa démonstration aux ligues de droite : à l'exception de l'Action française, dont la fureur antijuive ne s'est pas démentie, et du Francisme, qui s'est converti à l'antisémitisme à partir de 1935, dans toutes les autres, à commencer par les Croix-de-Feu, le souvenir de l'Union sacrée, l'attachement à la fraternité des tranchées, l'adhésion au thème de la pluralité des familles spirituelles ont exorcisé le spectre de l'antisémitisme : les combattants juifs sont honorés, associés, et accèdent souvent à des postes de responsabilité. Reste que, dans les années 1930, l'impact de la crise économique et plus encore l'accession de Léon Blum à la direction du gouvernement ont indiscutablement restitué à l'antisémitisme une virulence qu'il avait perdue depuis la Grande Guerre. Quant au jugement de l'opinion sur les premières mesures antisémites du gouvernement de Vichy, le premier statut ne provoque presque pas de réactions, mais a-t-il seulement retenu l'attention d'une population encore prostrée et tout à ses préoccupations immédiates — inquiétude sur le sort des prisonniers, recherche d'emploi, souci du ravitaillement ? Peut-on conclure de son silence, dont on voit du reste mal comment elle aurait pu le rompre sous ce régime où toute expression est censurée, à l'indifférence et plus encore à l'hostilité ? Le second statut soulèvera déjà plus de réactions hostiles, et de nombreux rapports administratifs signalent dès 1941 des manifestations de sympathie à l'égard des Juifs et des critiques de la politique gouvernementale.

En règle générale, les travaux qui s'appuient sur les documents d'archives français concourent à rectifier la chronologie et à avancer la date à partir de laquelle on relève des signes d'opposition. Tous les rapports sur l'évolution de l'opinion préparés pour le présent colloque vont dans ce sens. Après l'accablement des premiers mois, l'accaparement par les problèmes matériels immédiats et l'élan de confiance vers la personne du Maréchal, des secteurs de l'opinion commencent à se détacher et à prendre de la distance par rapport aux objectifs et au discours de la Révolution nationale. Au reste, n'est-ce pas dès le milieu d'août 1941 que le chef de l'État déclare qu'il sent se lever un « vent mauvais » ? Pour qu'il soit conduit à en faire ainsi état dans une déclaration radiodiffusée, il faut que les prodromes en aient été perceptibles depuis quelque temps et que ces sentiments se soient formés plus anciennement encore, sans doute moins d'un an après l'instauration du nouveau régime. Il paraît donc raisonnable d'affirmer que l'opinion avait commencé de se reprendre dès le premier semestre de 1941. Avait-elle jamais tout à fait désespéré de l'avenir, renoncé à recouvrer un jour son indépendance et sa grandeur ? Tout ce que l'on sait de l'intérêt avec lequel elle a suivi la bataille d'Angleterre, sa joie à apprendre les défaites de l'Italie en Grèce à l'automne 1940, autorisent à se poser la question.

Si l'événement a bouleversé le paysage mental, au point que les individus n'ont pas eu les comportements que leur passé laissait prévoir, il a aussi fait resurgir avec une force insoupçonnée des sentiments profonds et traditionnels : patriotisme élémentaire, rejet de l'occupant, antigermanisme, amour de la terre.

René RÉMOND

2.

Vichy et ses représentations dans l'imaginaire social

La dépendance entre l'état de l'opinion et les événements auxquels elle se trouve directement confrontée tient de l'évidence. Évidence qui peut cependant se révéler trompeuse et qui surtout en dit moins qu'il n'y paraît. Le poids de la conjoncture immédiate, même dans des situations de bouleversements aussi exceptionnels que celle qui marque les origines de Vichy, ne peut suffire, en effet, à expliquer comment les choix collectifs se décident, s'expriment et se modifient. S'il est indispensable d'en passer par là, et de chercher à mettre l'enseignement des faits en relation avec l'évolution des esprits, il est rare que l'historien trouve dans la seule influence des uns les raisons de l'autre. L'explication est en général moins logique et moins limpide. L'analyse des réactions désordonnées qui semblent, en surface, traduire l'expression incertaine du sentiment collectif n'apporte que des réponses partielles. Elle ne permet pas d'accéder aux divers niveaux de la dialectique qui pèse en profondeur sur les logiques du mouvement de l'opinion [1] et lui donne sa cohérence interne.

Sans qu'il soit possible d'entrer ici dans le détail des problèmes de formulation et de méthode [2], on peut seulement rappeler que, spécialement pour des phénomènes de ce type, connus pour leur complexité et leur volatilité, le choix de l'angle d'approche conditionne le niveau d'analyse. Sous-estimer la complexité des faits d'opinion et écraser les perspectives augmente d'autant les risques de méprise dans l'interprétation de ces mêmes faits [3]. Observer les fluctuations de l'opinion à partir de ses réalités apparentes ou de la reconstruction « objective » de ses manifestations renvoie à la conception globale que l'on se fait, consciemment ou non, du concept lui-même. Choisir, par exemple, d'appréhender l'opinion de l'extérieur sous-entend tacitement toute une série de présupposés sur sa nature et sur son mode de fonctionnement.

C'est d'abord accorder, par nécessité, une place privilégiée à l'expression de l'explicite, au détriment du non-dit et des ressorts cachés du mental collectif pourtant souvent plus significatifs. C'est également, pour expliquer le processus de construction des attitudes, faire référence à un schéma théorique préalable qui implique l'existence de liens de causalité entre le fait, la réaction au fait, et les effets de l'un et l'autre sur les comportements collectifs. Le tout dans un enchaînement de type rationnel où l'évolution des esprits répondrait à des orientations cohérentes et progresserait selon des tracés de type linéaire. C'est attribuer, par là, un fonctionnement logique et raisonné à des manifestations de psychologie collective qui évoluent incontestablement selon d'autres règles. C'est entrer enfin dans un découpage du temps mental qui peut se révéler artificiel, parce que trop calqué sur une périodisation établie en fonction du rythme saccadé et des ruptures spectaculaires du temps politique [4].

Si cette démarche rationnelle reste la plus proche des cadres de pensée familiers à l'historien, elle néglige un peu la nature spécifique des faits d'opinion. Elle escamote en particulier l'une des constatations essentielles qui découlent d'une analyse de leur mode de formation : la vérité de l'événement retenue par ceux qui le vivent, au moment et là où ils le vivent, celle qui fait réagir et éventuellement agir les hommes, cette vérité-là n'est pas seulement, sauf exception, la réalité « objective » du fait établie *a posteriori* par les historiens. Elle est, dans un contexte précis mais jamais identique, celle de la représentation qu'ils s'en font [5]. Cette représentation donne au fait sa réalité sociale, produit d'une interaction entre une part idéelle et une part matérielle, dans des proportions qui varient selon les conditions de sa réception [6].

Les représentations mentales occupent donc une position stratégique dans la structuration des attitudes collectives. Elles constituent une articulation décisive entre le poids intrinsèque des héritages culturels et la puissance d'impact des événements extérieurs, entre la modification des équilibres internes sous les pressions contraires de rapports de forces qui reflètent les tendances profondes de l'univers mental et tout un enchaînement d'effets mécaniques liés à l'interaction d'influences multiples. Indissociables du travail de structuration de l'opinion, elles sont l'un des reflets de sa complexité et peuvent donc devenir elles-mêmes, à ce titre, objet d'analyse pour l'histoire. C'est précisément sur ce terrain des réseaux de l'imaginaire social, dans l'élucidation de leur mode de fonctionnement, que l'historien peut amener le plus à la compréhension des comportements collectifs. C'est là, de manière spécifique, par sa capacité à appréhender globalement le caractère multiforme des phénomènes d'opinion et à les situer dans l'épaisseur des causalités et du temps, qu'il peut tenter de mettre en évidence les ressorts déterminants de leur évolution.

La superposition et le chevauchement des systèmes de représentations, à travers lesquels il est capté, donnent ainsi à l'événement sa *réalité sociale*. Les fonctions qui découlent de ce statut mais en sont également un des agents, les effets engendrés et leurs rebondissements, structurent les schémas et les lignes de force des perceptions collectives. La résultante de leurs interférences forme ce que l'on peut appeler l'imaginaire social. La notion ne recouvre pas un simple artifice sémantique consistant à resservir un contenu inchangé sous un emballage rénové : l'imaginaire social n'est pas l'opinion publique. Il n'en est pas non plus une simple composante. Il est à la fois cela et bien plus, un monde à lui tout seul, d'une tout autre dimension. En intervenant comme tel dans la formation de l'opinion, il devient un outil efficace pour accéder à sa compréhension, une sorte de miroir de l'intérieur où l'historien peut apercevoir un peu mieux quelques-uns des éléments moteurs qui commandent un dispositif parfois obscur parce que en grande partie immergé.

Toujours indispensable à l'élucidation des phénomènes d'opinion, le détour par les réseaux des représentations collectives s'impose avec une pertinence particulière dans le cas de Vichy. Pendant les années noires, de manière peut-être plus accusée qu'à l'ordinaire en raison de tous les dérèglements liés à une situation de crise, les Français vivent la réalité des faits, au quotidien, à travers les prismes de leur imaginaire social. La débâcle, on le sait, ne fournit pas toutes les clés pour comprendre les orientations de l'opinion dominante entre 1940 et 1944. Les interrogations soulevées par les logiques anesthésiantes du repli, de la résignation et du souci d'autoconservation, ou par l'attirance vers les zones refuges du marais attentiste, semblent relever également d'autres niveaux d'explication. De ceux sans doute auxquels Marc Bloch faisait allusion en écrivant, à propos de l'effondrement de juin 1940 et de l'impossibilité d'en rester au « domaine militaire » : « C'est plus loin et plus profond qu'il faut chercher les racines d'un malentendu trop grave pour ne pas devoir compter parmi les principales raisons du désastre[7]. » Impossible en effet de réfléchir sur les rapports entre les Français et Vichy sans porter attention, avec les réajustements constants imposés par les impératifs de la chronologie, à la « réalité imaginaire » du temps, celle de Vichy vu du côté de sa réception, celle des perceptions qui peuplent l'univers de la France ordinaire. Impossible, sans prendre en compte, non seulement les représentations du nouveau régime, de ses objectifs et de son chef, mais aussi tout le jeu réciproque et compliqué des fonctions et de leurs effets. Fonctions de Vichy dans la formation de l'imaginaire social des Français, fonctions de celui-ci dans les représentations que, en retour, la France moyenne se fait de Vichy, effets de ce va-et-vient incessant sur les attitudes et leur évolution.

Dans cet esprit, mais dans l'impossibilité de concilier le champ couvert par la problématique avec les dimensions du propos, les aspects abordés ont été limités à deux objectifs essentiels. S'efforcer en premier lieu de dégager la part de la continuité et de la contingence dans les diverses strates d'où émergent en 1940 les caractéristiques majeures de l'imaginaire social. Ensuite, à travers l'analyse de leurs mécanismes de formation, essayer de mettre en évidence quelques-unes des logiques de pensée qui vont s'exercer sur l'opinion lors de la mise en place des représentations fondatrices de Vichy.

L'univers mental des Français : héritages et conjoncture

La règle qui vaut de manière générale pour l'histoire du régime doit s'appliquer avec plus de rigueur encore à l'étude des comportements sous Vichy. C'est de l'amont qu'il faut les observer. C'est de là, exclusivement, que l'on peut tenter de comprendre, d'expliquer, voire de juger. Les lignes de pente qui vont progressivement s'affirmer derrière les réactions incertaines de l'opinion commune sont indissociables du contexte mental dans lequel elles commencent à se dessiner et, par là, des systèmes de représentations qui les conditionnent. Aussi est-il inconcevable d'en aborder l'étude sans replacer les choix effectués dans la sensibilité collective des débuts de l'été 1940 et sans chercher à discerner les éventuelles « prédispositions particulières[8] » qu'elle peut dissimuler. Reconstituer, à travers la diversité de ses composantes, ce que pouvait être l'univers mental de la nation au cours de cette période décisive est un préalable indispensable à une analyse des comportements collectifs. Il faut essayer de savoir ce qui a pu alors se passer dans les têtes, comment et quand les choses s'y sont passées. D'où la nécessité de s'interroger sur les représentations que les Français pouvaient alors se faire de la situation intérieure et extérieure, des problèmes dans lesquels ils se trouvaient englués, des hommes et des solutions susceptibles, aux yeux de l'opinion moyenne, de modifier le cours d'un scénario de catastrophe.

Il coule de source que les systèmes de pensée qui conditionnent ces représentations sont profondément marqués par le traumatisme de l'effondrement. Ils n'en sont pas pour autant le produit exclusif. Comme cela a déjà été indiqué, tout n'a pas commencé, dans les esprits, avec les ruptures spectaculaires de juin 1940. L'immense désastre qui met la France en état de choc joue le rôle d'un puissant révélateur, mais il ne peut pas tenir lieu d'explication systématique et globale à ce qui va suivre. Les ambiguïtés du ralliement massif au Maréchal, les engrenages du renoncement par accommodation, la mécanique paralysante du consentement à l'inévitable, les replie-ments médiocres, les nuances pastel et parfois équivoques d'un attentisme prolongé, les marques d'indifférence face à l'exclusion et à la répression, les contradictions ou les balancements d'une ambivalence persistante ne résultent pas seulement des détresses de l'exode et des désarrois de la défaite. Ces quelques traits de comportement, comme la plupart de ceux que reflètent les miroirs de la France ordinaire entre 1940 et 1944, sont l'aboutissement d'un cheminement plus long et plus complexe. Ils se sont aussi formés ailleurs et sous l'effet d'autres facteurs où interfèrent, dans un équilibre changeant, des pesanteurs culturelles, les pressions de la conjoncture et les retombées immédiates des faits quotidiens. Trois grands foyers d'influence recoupent ainsi, selon leur propre rythme, trois grandes phases inégalement étalées dans le temps :

— influence des héritages du passé, des strates profondes et de leurs zones d'ombre, de l'immense lassitude de 1918 jamais surmontée [9], de la situation d'anomie amenée et entretenue par la crise d'identité nationale. Avec, après 1936, un climat dégradé par les engrenages de la peur et ses dérives inquiétantes ;

— influence d'une conjoncture de belligérance ambiguë et en particulier des logiques déconcertantes de la drôle de guerre. Elles permettent à des attitudes latentes, momentanément refoulées lors du sursaut provoqué par la fermeté de Daladier au cours des derniers mois de paix, de remonter à la surface et de s'y exprimer ;

— influence du temps bref, de la surprise, de la brutalité et de la concentration exceptionnelle des événements pendant les semaines tragiques de mai et juin 1940. La montée de l'irrationnel amplifie les dérèglements et les porte à leur paroxysme.

Engrenages de crise

La recherche des ressorts qui commandent les réactions de l'opinion amène à observer et à mettre en perspective les évolutions souterraines qui se préparent en amont. Une lecture attentive des représentations mentales qui affleurent entre l'échec du Front populaire et le déclenchement des hostilités permet de déceler des indices convergents. Ils laissent deviner des tendances prêtes à émerger pour peu que les circonstances s'y prêtent ou que des sollicitations extérieures les y encouragent. La plongée dans le passé des années 1930 pour y repérer les signes éventuels d'éléments de continuité dans l'état d'esprit ne doit pas prêter à malentendu. Elle ne se rattache à aucune explication déterministe et ne suggère aucune fatalité dans les mécanismes du mental collectif. Il va de soi que les comportements qui se dévoilent à partir de juillet 1940 ne pouvaient pas être prévus et qu'ils ne sont en aucun cas l'aboutissement implacable de la situation de crise qui précède.

Cela étant, le poids des antériorités est indéniable, et l'imaginaire social des Français, en 1940, porte les traces de leur influence. Plus ou moins explicitées, imbriquées dans les réseaux des représentations, elles vont peser, au moment des choix, sur les comportements. Les lourdeurs du vieillissement démographique aggravées par la mémoire obsédante de l'hémorragie de 1914-1918, les tensions et les craintes de 1936 exacerbées par le miroir espagnol, le durcissement du contentieux social sur fond de crise économique, de divisions syndicales et de revanche patronale, l'absence de consensus clair sur la priorité des menaces extérieures sont quelques-uns des indices apparents, sommairement rappelés, qui soulignent la fragilité du tissu national. Ils ne mériteraient pas une attention particulière si ne venaient s'y ajouter d'autres effets corrosifs, plus souterrains, qui contribuent à la détérioration diffuse des repères de l'identité nationale et à l'installation d'un trouble persistant dans les esprits. Quelques exemples peuvent l'illustrer. Ainsi, le croisement et l'accumulation des diverses logiques de la peur — peur sociale, peur de la guerre, de l'étranger, du complot, de la modernité, etc. — favorisent les aveuglements de tous les pacifismes, cécité compliquée et amplifiée par les prolongements pervers de l'antibolchevisme ou, à un degré moindre, par ceux d'un antifascisme mal circonscrit. La difficulté mentale à adhérer à l'idée de guerre et aux retournements qu'elle exige s'en trouve accrue d'autant [10]. Relayant celui de la peur, dans lequel il se glisse, tout un imaginaire de la décadence nourrit des dérives xénophobes et antisémites. Les figures emblématiques du Juif et de l'étranger « indésirable », souvent recoupées par l'obsession du complot bolchevique [11], tiennent lieu de raisonnement et préparent les logiques de l'exclusion. Les divisions de la nation, le désordre des idées, la confusion idéologique, les perspectives réductrices des regards myopes qui s'obstinent à ramener tous les problèmes aux dimensions rétrécies de l'Hexagone, l'usage abusif des facilités d'explication offertes par les fausses solutions puisées dans les gisements inépuisables de l'irrationnel tissent tout un réseau serré d'engrenages agissant dans la même direction. Bien avant l'armistice, ils préparent insidieusement un terrain sur lequel Vichy va pouvoir s'appuyer.

Les logiques de la drôle de guerre

Dans les diverses phases de cet enchaînement, le climat détestable et les incohérences de la drôle de guerre tiennent un rôle déterminant. La lutte contre l'ennemi intérieur entretient l'incertitude sur la dénonciation du danger prioritaire. Elle détourne en partie l'attention et ajoute à la perplexité. L'absence de buts de guerre clairement définis et affirmés, le niveau déplorable du débat politique et des pratiques parlementaires inchangées, les insuffisances de la préparation psychologique aggravées par une manipulation grossière des esprits, les réticences à modifier énergiquement, dans le quotidien, le confort des habitudes de vie, la logique déprimante de l'inaction et les rumeurs aussi extravagantes que démobilisatrices qui en découlent accentuent à leur tour le trouble ambiant. Elles rongent ce qui reste de détermination dans l'opinion.

Il faut insister, dans la mécanique de ce lent relâchement, sur le retour en force de la confusion et sur les effets du climat d'attente, avec tout son environnement de doutes, d'oscillations, d'inertie, de spéculations et de projections sur l'avenir [12]. Dans les perspectives à long terme imposées par une vision globale de la conduite de la guerre, le choix d'une stratégie attentiste, du côté des Alliés, peut apparaître comme justifié et cohérent. À l'échelle d'un pays où le niveau fragile du moral balance entre la résignation et la résolution, les logiques passives de l'attente contribuent à prolonger les incertitudes du débat intérieur sur le thème inchangé de « la guerre ou non », selon l'expression de Jean-Louis Crémieux-Brilhac. Venant s'ajouter aux autres poussées, elles exercent elles aussi, dans le même sens et de façon souterraine, des effets non encore directement perceptibles mais porteurs de germes dévastateurs.

Commotion et désintégration

Les paniques, les détresses et les médiocrités de l'exode, la violence et l'étendue de la défaite, les craquements de l'armature du pays achèvent le travail de sape. Même si l'essentiel a été dit sur les sentiments de désarroi, d'anéantissement et d'humiliation, on n'insistera jamais assez sur l'intensité du séisme qui terrasse la nation et déboussole les âmes. Les élans et les rejets sur lesquels les Français fondent leurs attitudes sont indissociables de cet état de choc. La confrontation des pseudo-certitudes anesthésiantes d'un passé encore tout proche aux réalités visibles du désastre ne fait que l'aggraver. Entre autres prises de conscience immédiates, la découverte des procédés de désinformation utilisés pendant la drôle de guerre amplifie les réactions agressives qui découlent du sentiment d'avoir été lourdement trompé [13]. Elles accentuent la volonté d'en finir au plus vite avec un régime auquel les pratiques mensongères sont sommairement associées. Les amalgames répondent au besoin urgent d'explication, et les nouveaux responsables, après le 17 juin 1940, ne se privent pas d'exploiter toutes les ressources du précieux filon. Au rythme précipité des événements, à la multiplicité des drames et des problèmes quotidiens, il faut ajouter tout un faisceau convergent de pressions morales (autour de l'idée de culpabilité et d'expiation) et de pressions idéologiques (autour de la discipline nécessaire à la reconstruction de l'unité de la nation) pour tenter de saisir un contexte psychologique favorable à tous les dérèglements. La situation se révèle en particulier extrêmement propice à la puissance de conviction de la rumeur et à son développement comme mode majeur de communication. Les fantasmes de la cinquième colonne en sont une des nombreuses manifestations. Dans de telles conditions, il faut rappeler que disserter sur les choix supposés de l'opinion moyenne en juin et juillet 1940 n'a guère de signification. La lucidité reste le privilège d'une minorité, avec peu de chances de se faire entendre. Pour le plus grand nombre, les représentations qui nourrissent alors la sensibilité collective ne font que traduire les signes d'une immersion caractérisée dans les refuges de l'irrationnel. Les théories du complot, l'explication par la trahison, la recherche de coupables au profil adéquat sont les indices de dérapages que Vichy va habilement canaliser en ramant dans le sens du courant.

Vichy et l'imaginaire social : fonctions et modes de fonctionnement

Tout en donnant l'apparence de tenir un discours de rupture, Vichy emprunte le tracé le plus court, le long de la ligne de pente. Il se glisse dans un moule dont il adopte les formes, encore mal dégrossies, pour mieux en fixer les contours. La France de Vichy s'emboîte dans les systèmes de pensée dominants, dans les logiques, les peurs, les attentes contradictoires et les rejets qui structurent l'imaginaire social aux lendemains de la défaite. Dans ce sens, et le phénomène est accentué par les dérives irrationnelles que produit le contexte précédemment décrit, les rapports entre la population et le nouveau régime relèvent, pour une part, de l'ordre de l'imaginaire. Elles sont et vont rester longtemps marquées par les conditions historiques dans lesquelles elles s'instaurent. Le jeu des rapports de forces, qui, en temps normal, traduit les données du débat politique, par référence aux repères et aux clivages habituels, n'intervient plus, ici, que de manière secondaire dans la formation des jugements. Le poids des représentations y devient déterminant. La compréhension des attitudes, après le rôle qui revient aux facteurs contingents, passe par la mise en évidence de mécanismes d'une autre nature qui interviennent dans leur élaboration.

La relation qui se tisse en 1940 entre la population et Vichy ne peut pas être dissociée des modes de fonctionnement de l'opinion. Elle passe par l'idée que les Français se font du rôle et du statut du nouveau régime, de ce que, mentalement, ils en attendent. Sans pouvoir renouer en quelques phrases tous les fils d'un réseau embrouillé[14], il faut au moins souligner, dans la mise en place des systèmes de représentations, la part importante du rapport dialectique entre Vichy comme agent de construction de l'imaginaire social — y compris dans sa volonté organisée de conditionner les esprits — et Vichy comme produit des représentations mentales qu'il a contribué à faire émerger ou à créer. C'est à la fois à partir des fonctions que le nouveau régime et son chef remplissent dans l'opinion, et de l'influence qu'elles exercent sur les mécanismes de fonctionnement de cette opinion, que s'organisent et évoluent les représentations collectives de Vichy.

Ces fonctions forment un tout cohérent, dans un système d'ensemble. Elles sont multiples, en partie répétitives, et leur inventaire systématique tournerait au catalogue. Il a paru préférable de les regrouper autour des cinq thèmes majeurs qui forment, dans l'opinion, le noyau de ce que l'on pourrait appeler les représentations fondatrices de Vichy.

La fonction de salut public vient en premier lieu, inséparable des fonctions de prise en charge et de stabilisation. Vichy est ressenti à la fois comme une solution de rupture et de rechange, avec des repères puissants d'une apparente continuité, comme le moyen d'échapper, dans l'immédiat, aux vertiges du vide. Son existence est une réponse rassurante au besoin de certitudes, et la présence tranquillisante du Maréchal apparaît comme la plus solide de toutes. Le sentiment d'avoir contracté une sorte de dette à l'égard du sauveur est, parmi les nombreuses ambiguïtés du temps, une de celles qui, psychologiquement, va peser le plus longuement.

La fonction de sauvegarde et de protection suit logiquement et se confond souvent avec les précédentes. Elle se rattache aux fortes perceptions de Vichy comme refuge et comme rempart, avec tout un ensemble de sous-dominantes proches. On sait à quel point elle conditionne l'évolution des attitudes, et les aléas de la représentation du « Vichy protecteur » ou du « Maréchal bouclier » constituent l'une des clés du basculement ultérieur de l'opinion.

La fonction pédagogique donne satisfaction à un besoin impératif d'explication et de clarification. Vichy dit au plus grand nombre ce qu'ils ont envie d'entendre, réprimandes paternelles y compris. À la confusion, aux divisions, aux ressentiments, aux interrogations et aux doutes répondent des lignes de partage rigoureuses, des jugements tranchés, des opinions catégoriques, des consignes précises, des interdits, des valeurs traditionnelles : l'ordre, le travail, la discipline, l'autorité du chef... sans oublier les vertus d'un retour au bon sens d'une culture de la ruralité identifiée aux racines de la nation.

La fonction de légitimation tient un rôle essentiel. Elle donne une reconnaissance à certains courants d'opinion et attribue une logique d'efficacité politique à leurs inclinations suspectes. La transformation des comportements d'exclusion en fondement d'une stratégie nationale de redressement ou, par le culte de la résignation paysanne, l'élévation du consentement à l'inévitable au rang des vertus civiques constituent deux exemples caractéristiques des équivoques que masquent l'indifférence et l'attentisme.

La fonction de rassemblement dans l'union retrouvée est primordiale dans le processus de ralliement au régime. Elle fait de Vichy, dans les premiers mois, le seul garant possible de la cohésion nationale. La superposition des deux images découle du rejet sans appel des divisions antérieures et de la volonté, largement partagée, de reconstruction du tissu national. Elle constitue l'un des ressorts essentiels du mouvement d'adhésion et indique, en même temps, de façon exemplaire, la fragilité des bases sur lesquelles il repose. L'identification de Vichy à l'idée-force de l'unité nationale, représentation fondatrice par excellence, devient un enjeu capital. Il condamne le régime à la réussite, avec, dans le cas contraire, une image déchirée et l'échec assuré.

L'observation vaut sur un plan général. L'existence de Vichy, dans l'opinion, est tributaire des prismes à travers lesquels ses représentations se sont construites et fixées. Elle est, dans une large mesure, le produit de l'imaginaire d'une nation humiliée, coupée de ses repères, à la recherche d'une identité perdue, d'une France assommée, repliée et malade de la peur. Les fonctions sociales et symboliques qui, attribuées spontanément à Vichy, donnent les raisons de sa force apparente sont celles-là mêmes qui, dans les logiques de l'imaginaire social, déterminent aussi la fragilité de son devenir.

Pierre Laborie

NOTES

1. Par convention, et faute de mieux, il semble préférable de s'en tenir à l'usage de la notion d'opinion, dans le sens le plus large de l'expression. En dépit des efforts d'élucidation menés par les historiens sur l'emploi du terme dans le champ spécifique de leur discipline, l'utilisation du concept d'opinion publique reste une source permanente de malentendus avec certains spécialistes en sciences sociales. Voir les jugements sur l'approche naïve des historiens dans Patrick Champagne, *Faire l'opinion, le nouveau jeu politique,* Paris, Éditions de Minuit, 1990 (coll. « Le sens commun »).

2. Impossible de dissocier discours et méthode quand on aborde l'étude des phénomènes d'opinion. Voir Jean-Jacques Becker, « L'opinion », *in* René Rémond (dir.), *Pour une histoire politique,* Paris, Le Seuil, 1989, pp. 161-183, ou encore Pierre Laborie, « De l'opinion publique à l'imaginaire social », *Vingtième Siècle. Revue d'histoire,* Presses de la FNSP, 18, avril-juin 1988, pp. 101-117.

3. Allusion aux interprétations répandues sur l'attitude dominante des Français sous Vichy et l'Occupation, attitude réduite à celle d'un suivisme aveugle et d'un opportunisme sommaire calqué sur le déroulement des événements extérieurs. Sur l'ensemble de ces problèmes, je me permets de renvoyer à mon ouvrage, *L'Opinion française sous Vichy,* Paris, Le Seuil, 1990 (coll. « L'univers historique »).

4. L'analyse des systèmes de représentations indique que si les réactions de l'opinion sont toujours datées et doivent être rattachées à une chronologie minutieuse, elles résultent pourtant, entre autres facteurs, du croisement des temporalités (pris dans le sens « braudélien » du terme) : effets des longues durées, pressions de la conjoncture, stimulations du temps immédiat, effets de reconstruction de mémoire, effets d'anticipation en fonction de projections divinatoires sur l'avenir. Cette imbrication constante comporte, pour l'historien, des clés essentielles à toute interprétation des attitudes.

5. Pour éviter toute confusion sur le sens donné ici à la notion de représentation mentale, il faut préciser qu'il ne s'agit pas de celles qui fondent et caractérisent les reconstructions de la mémoire sociale. Le phénomène étudié est celui qui se manifeste dans le présent de l'événement, dans son vécu apparemment immédiat. Il reste cependant que, pour une part, la mémoire collective joue dans cette perception. Voir la note 4 sur le croisement des temporalités.

6. Voir Maurice Godelier, *L'Idée et le matériel,* Paris, Fayard, 1984, et Pierre Laborie, « Histoire politique et histoire des représentations mentales », *Cahiers de l'IHTP,* 18, 1991, pp. 105-114.

7. Marc Bloch, « La déposition d'un vaincu », *in L'Étrange Défaite,* Paris, A. Colin, édition de 1957.

8. Selon l'expression de Marc Bloch. Voir *Apologie pour l'histoire ou métier d'historien,* Paris, A. Colin, 1974.

9. Voir les travaux et les analyses de Jean-Jacques Becker sur l'épuisement de la nation et son incapacité à assumer, vingt-cinq ans après, une nouvelle épreuve.

10. Idée développée avec pertinence par Jean-Louis Crémieux-Brilhac dans *Les Français de l'an 40,* t. I, Paris, Gallimard, 1990.

11. Voir, par exemple, Ralph Schor, *L'Opinion française et les étrangers, 1919-1939,* Paris, Publications de la Sorbonne, 1985 ; Yves Lequin (dir.), *La Mosaïque France, Histoire des étrangers et de l'immigration en France,* Paris, Larousse, 1988, et Serge Bernstein et Jean-Jacques Becker, *Histoire de l'anticommunisme en France, 1917-1940,* tome I, Paris, Olivier Orban, 1987.

12. On peut se référer, entre autres, à Jean-Paul Sartre, *Les Carnets de la drôle de guerre,* Paris, Gallimard, 1983 ; Georges Friedmann, *Journal de guerre, 1939-1940,* Paris, Gallimard, 1987, ou Simone de Beauvoir, *Journal de guerre, septembre 1939-janvier 1941,* Paris, Gallimard, 1990.

13. On peut noter que, dans une mise en demeure adressée le 26 mai à Paul Reynaud, le maréchal Pétain exige que rien de ce qui est dit ne puisse porter atteinte à l'armée, « rempart matériel et moral du pays ». Il précise, entre autres considérations : « Il faut remplir les journaux et la TSF de la vaillance constante de nos troupes et de leurs chefs. C'est, comme en 1914-1918, une des conditions essentielles de notre salut. » Des extraits de ce texte, où Pétain dénonce déjà les fautes commises pendant vingt-deux ans (goût de la vie tranquille), sont publiés par Jean-Louis Crémieux-Brilhac dans le tome I de *Les Français de l'an 40, op. cit.*

14. Par convention, tout ce qui concerne spécifiquement les relations entre les Français et le maréchal Pétain n'est pas abordé. Il est évident qu'il s'agit pourtant d'un point capital, mais son analyse nécessiterait à elle seule des développements considérables.

3.

L'évolution de l'opinion publique de 1940 à 1944

Aucun historien sérieux n'accepte la légende des 40 millions de pétainistes de 1940 qui se seraient transformés plus ou moins rapidement en 40 millions de gaullistes-résistants en 1944.

Doit-on, pour autant, suivre la thèse de Robert O. Paxton, qui affirme qu' « il faudra attendre le printemps 1943, après l'occupation totale du pays et l'établissement du STO, pour que la population devienne résolument hostile à Vichy[1] », ou rejoindre celle de John F. Sweets, qui suggère que Vichy est déjà très impopulaire dès l'année 1941[2] ? Il est vrai que l'étude de l'opinion publique entre 1940 et 1944 est fort malaisée. Vichy se présente à l'opinion sous un triple visage : un maréchal prestigieux, un projet d'ordre nouveau et une succession de gouvernements. L'opinion n'évoluera-t-elle pas de façon sélective en fonction de chacun des aspects de Vichy ?

La France est divisée, jusqu'en novembre 1942, en plusieurs zones où le poids de la guerre, de l'Occupation et de Vichy se font sentir différemment. La zone interdite du Nord est particulièrement marquée par une occupation rigoureuse, menacée d'annexion et isolée. Relativement moins brutalisée par l'occupant, la zone occupée n'en est pas moins soumise aux exigences allemandes, qui passent avant les enjeux de la Révolution nationale. La zone libre constitue un terrain privilégié pour la construction du nouveau régime. Les conditions spécifiques des différentes zones n'entraîneront-elles pas des contrastes sensibles entre les états d'esprit de leurs populations, avant et même après l'occupation totale du pays ?

En nous appuyant principalement sur les quatre contributions départementales ou régionales présentées à ce colloque, et en les complétant par d'autres travaux fondamentaux comme ceux d'Étienne Dejonghe, Marcel Baudot, Monique Luirard, Pierre

Laborie[3], en utilisant aussi les archives du Loiret[4], nous essaierons d'abord de déterminer les grandes périodes de l'évolution de l'opinion ordinaire des différentes zones. Nous tenterons ensuite de mettre en évidence les constantes de cette opinion, ses fluctuations secondaires ou occasionnelles, voire des rythmes d'évolution variant en fonction de particularités locales ou selon les milieux sociaux. Enfin, nous chercherons à faire apparaître les ressorts, les motivations et la portée des principales mutations de l'opinion de la France profonde.

Malgré l'absence de sondages, grâce à la confrontation de diverses sources françaises (rapports des préfets, des sous-préfets, des Renseignements généraux, du contrôle postal, des maires), britanniques et américaines (services secrets), allemandes (commission d'armistice, autorités militaires), il nous paraît possible de distinguer six, voire sept grandes périodes dans l'évolution de l'opinion.

La première période serait celle de l'été 1940. La majorité des Français accepte l'armistice, se rassemble derrière Pétain et accueille avec confiance ou indifférence le changement de régime. En zone libre, comme l'indique dans son premier rapport le préfet des Alpes-Maritimes, la population semble prête « à approuver les réformes même les plus hardies si elles devaient éviter le retour des erreurs commises[5] ». En zone occupée, le consensus pétainiste ne semble pas moins large qu'en zone libre. Dans l'Eure, même si un quart de la population reste dans l'opposition, un autre demeure dans l'expectative, et la moitié de la population est prête à suivre le Maréchal dans l'élaboration de nouvelles institutions. La seule exception à cet unanimisme maréchaliste est l'attitude de l'opinion dans la zone rattachée du Nord : même si elle accorde sa sympathie à la personne du « glorieux soldat », elle refuse rapidement l'armistice et manifeste des sympathies gaullistes.

La deuxième période irait de l'automne 1940 au printemps 1941 et serait marquée par une certaine divergence d'évolution entre la zone libre et la zone occupée. En zone occupée soumise au vainqueur, plus encore dans la zone interdite exploitée par celui-ci, mais aussi dans les régions de la zone libre limitrophes de la ligne de démarcation et donc proches de la réalité de l'Occupation, Montoire réveille l'opinion, qui rejette la collaboration. L'opinion dissocie son refus de la politique gouvernementale de son attachement au Maréchal. En zone interdite, la cassure entre l'opinion et

Vichy s'exprime par divers moyens de protestation, campagne de « V » et de croix de Lorraine. À l'opposé, dans la plus grande partie de la zone libre, le consensus vichyssois apparaît encore sans fissure même si la population est antiallemande. Dans les Alpes-Maritimes soumises à l'hypothèque italienne, l'opinion soutient le régime, et pense qu' « une politique de collaboration ne pouvait débuter par la cession de Nice[6] ».

Le printemps 1941 ouvrirait une troisième période qui s'étendrait jusqu'à décembre 1941. Le prestige du Maréchal paraît se maintenir tant en zone occupée qu'en zone libre, mais il s'effondre dans le Nord rattaché ; la fracture entre l'opinion et le régime s'opère en zone occupée ; en zone libre, le consensus s'effrite avec l'aggravation des restrictions. Dans les Alpes-Maritimes, la population manifeste contre les visées italiennes et l'insuffisance du ravitaillement, et si elle est encore favorable au gouvernement, sinon au régime, c'est de peu : 40 % de « nationaux », 20 % d' « apparemment nationaux », 25 % d' « indifférents » et 15 % de « partisans du Front populaire »[7]. En Auvergne, dès janvier 1941, l'opinion publique n'est plus entièrement derrière Pétain, et son enthousiasme commence à décliner dans la première moitié de l'année. Dans la Dordogne, la population reste indifférente à la Révolution nationale et accorde de moins en moins sa confiance au gouvernement. En zone occupée, celle-ci n'existe déjà plus ! En Bretagne, qui accueille dans l'indifférence, voire avec hostilité, les ministres en visite, s'est levé le « vent mauvais » dénoncé par Pétain dans son discours du 12 août 1941. En juin 1941, le sous-préfet des Andelys (Eure) constate dans son rapport que « les véritables et sincères tenants du nouveau régime ne sont [...] qu'une infime poignée[8] » et que « seule la présence sur notre sol de troupes d'occupation contient pour le moment la poussée révolutionnaire latente ». À la fin de 1941, s'il subsiste, sauf en zone interdite, un maréchalisme de base largement fondé sur le sentiment, l'opinion a décroché presque partout par rapport à la Révolution nationale. En zone occupée plus encore qu'en zone libre, elle prend ses distances avec la politique gouvernementale et se réfugie dans l'attentisme critique.

Janvier 1942-novembre 1942 représenterait une quatrième période pendant laquelle, en dépit de l'image encore positive de Pétain, le divorce entre les Français et Vichy se dessine en zone libre tandis qu'il est fortement prononcé en zone occupée. En zone libre, après le retour de Laval en avril 1942, le reflux du pétainisme accompagne le rejet de la collaboration. Dans les Alpes-Maritimes, en mai 1942, le préfet reconnaît qu'il n'y a plus que « 20 % d'Azuréens se situant sans réserve derrière le Maréchal[9] ». En Auvergne[10], dans l'arrondissement de Thiers, où se trouve pourtant Châteldon, le fief de Pierre Laval, le sous-préfet estime en août 1942 que la population est à 60 % « gaulliste sinon favorable aux Anglo-Saxons », 10 % « communiste » et seulement 30 % « loyale ou indifférente ». En octobre 1942[11], d'après les services britanniques, une majorité de Français soutient de Gaulle comme un symbole de la résistance, alors même qu'il n'y a qu'un petit nombre de gaullistes actifs.

En zone occupée, les derniers attentistes virent au rejet du régime. Dans l'Eure, en juillet 1942, selon le sous-préfet de Bernay, « la grande majorité de l'arrondissement est favorable au mouvement de dissidence de la France libre ». Affirmer, comme Robert O. Paxton, que « le gaullisme souleva donc moins d'enthousiasme en 1941 et 1942 qu'en 1940 » paraît pour le moins discutable[12] ! En fait, en zone occupée, l'opinion hostile à l'occupant dès 1940 a déjà basculé au cours de l'été 1942. Elle commence en zone libre à marquer son hostilité au gouvernement, et le gaullisme est en passe d'acquérir la sympathie de la grande majorité des Français.

Avec l'occupation de la zone libre en novembre 1942, commencerait une cinquième période qui durerait jusqu'à l'été 1943. La population de l'ancienne zone libre opère la coupure définitive avec le gouvernement de Vichy et rejoint la population de la zone occupée dans une commune hostilité qui se déclare et se manifeste dorénavant par des signes visibles, particulièrement contre le STO. Dans la Dordogne[13], le préfet constate que « les gens commencent à dire tout haut ce qu'ils disaient en sourdine, à braver ce qui leur apparaît comme les vestiges d'un régime qui ne durera pas ». Ainsi, le printemps 1943 ne serait pas le moment où la population devient hostile à Vichy, mais plutôt celui où son hostilité, rentrée et intériorisée dès 1942, s'extériorise et s'exprime ouvertement. L'image de Pétain est encore sauvegardée, mais les Français n'ont plus pour lui qu'un attachement affectif. Dans le Loiret, en mai 1943, selon le sous-préfet de Pithiviers, « sa figure semble déjà passée dans l'histoire et ne plus avoir d'action immédiate[14] ».

Toutefois, ferait exception à ce rejet de Vichy par la plupart des Français l'évolution d'une partie de l'opinion nordiste. Dans le Nord, où le mythe pétainiste rassembleur et protecteur contre l'occupant ne s'était pas imposé et ne bénéficiait d'aucun soutien populaire, et où la résistance animée par les communistes progresse fortement, un pétainisme refuge gagne certains milieux de notables qui craignent une crise révolutionnaire et des lendemains sanglants.

Ce serait dans une sixième période (septembre 1943-juillet 1944) que, à l'exemple du Nord, cette appréhension de la guerre civile et des combats libérateurs s'imposerait dans l'opinion de tout le pays. La quasi-totalité de la population, épuisée, attend la libération avec impatience mais non sans une inquiétude qui varie selon les régions et la position sociale. Le mois d'août 1944 pourrait en fait représenter à lui seul une septième période où l'opinion, soulagée, passe subitement de l'abattement à l'explosion de joie.

Cette périodisation de l'évolution de l'opinion doit cependant être nuancée. L'opinion présente certaines constantes et subit aussi, en raison d'une sensibilité extrême à une conjoncture agitée, des fluctuations secondaires : le rythme de son évolution varie en fonction de particularités locales et des milieux sociaux.

Deux constantes fondamentales sont partagées par la grande majorité des Français : la germanophobie et l'anglophilie. Les Allemands sont et restent des ennemis. Dès 1940, l'antigermanisme est virulent dans la zone réservée du Nord, mais, en zone libre comme en zone occupée, à partir de l'automne 1940, l'opinion rejette la collaboration. Sauf dans le Nord, qui manifeste déjà des sympathies gaullistes, ce refus de la collaboration peut aller de pair avec le maréchalisme.

Le refus de la collaboration ne cesse de se renforcer au cours des années. En zone libre, dans les Alpes-Maritimes, d'après le contrôle postal, en mai 1941, les adversaires de la politique de collaboration sont plus nombreux que ses partisans. Même dans l'été 1941, le retournement de l'Allemagne contre l'URSS n'entraîne pas de revirement dans l'opinion au nom de l'antibolchevisme, tout au plus dans certains milieux possédants une moins grande antipathie pour les nazis. En zone occupée, comme dans le Loiret, dans son rapport du 3 avril 1942, donc avant même le retour de Laval au pouvoir, le préfet souligne que, « dans son ensemble, la population n'a jamais été aussi éloignée qu'aujourd'hui d'une “ collaboration avec l'Allemagne ”[15] ». La germanophobie constante a pour pendant une anglophilie non moins permanente qui repose avant tout sur l'espoir d'une victoire britannique. Elle est particulièrement vive dès l'été 1940 dans le Nord. Après avoir douté un instant de l'Angleterre, les Français des autres zones ont, à partir de l'automne 1940, la certitude que les Anglais tiendront. À la fin de 1940, l'Intelligence Service constate avec satisfaction que les Français sont probritanniques malgré Mers el-Kébir et l'affaire de Dakar. En 1941, après un certain désarroi causé par les événements de Syrie, l'opinion se ressaisit vite et souhaite une victoire anglaise. Même à la fin de 1941, à l'apogée de la puissance militaire allemande, les Français n'abandonnent pas leur anglophilie. En 1942, s'ils les déplorent, ils ne condamnent pas les bombardements anglais sur la région parisienne. Le débarquement anglo-canadien de Dieppe qui échoue le 18 août 1942 suscite jusque dans le Gard « des espoirs insensés ». Prétendre, comme Robert O. Paxton, que « l'hostilité grandit en 1942 envers la Grande-Bretagne tout autant qu'envers l'Allemagne[16] » ne correspond pas à la réalité d'une opinion qui reste anglophile.

L'anglophilie est renforcé d'américanophilie. Quand les Alliés débarquent en Afrique du Nord, l'opinion interprète l'initiative américaine non comme une agression mais comme une tentative de libération.

Certes, en 1943, dans le Nord, durement soumis aux bombardements, et surtout pendant l'hiver 1943-1944, dans toute la France occupée, la popularité des Alliés faiblit parmi une population épuisée et lasse d'attendre un débarquement sans cesse promis et toujours retardé. Mais cet affaiblissement n'est que l'expression d'un désappointement et de la frustration engendrés par la poursuite de la guerre ; il n'ébranle pas la sympathie profonde pour les Alliés.

Constamment germanophobe et anglophile, et amorçant dès 1941 son décrochage vis-à-vis du régime, l'opinion commune, qui fait le plus souvent un distinguo entre le Maréchal et son entourage, commence à moduler ses jugements sur le chef de l'État et la politique gouvernementale. Toutefois, ses fluctuations ne sont pas des revirements et ne contrecarrent pas le processus irréversible de rupture.

De la personne de Pétain, l'opinion perçoit deux images : celle du Maréchal glorieux et celle du chef de l'État. Tantôt les deux images coïncident, tantôt elles se dissocient, et, selon les périodes, chacune peut s'imposer ou s'estomper. Dans l'été 1940, sauf dans la zone réservée du Nord, le Maréchal-chef d'État bénéficie d'un très large consensus populaire. Montoire ébranle l'image du chef d'État, mais celle-ci remonte, en zone occupée comme en zone libre, à son plus haut niveau en décembre 1940 après le renvoi de Laval, interprété à tort comme l'abandon de la collaboration. Espérant un double jeu de Pétain, l'opinion n'est guère rassurée par Flandin ; certains gardent en mémoire le télégramme de félicitations qu'il a adressé à Hitler comme aux trois autres signataires des accords de Munich. La nomination de Darlan, en février 1941, est bien accueillie en zone libre, car il est perçu comme l'homme du Maréchal, et Pétain reste populaire parce qu'il paraît tenir la barre. En zone réservée, toutefois, l'opinion tient Darlan pour un deuxième Laval. En 1941, la poursuite de la politique de collaboration par Darlan, que Pétain cautionne par ses déclarations, entraîne une baisse de son prestige de chef d'État. En 1942, après le retour de Laval et l'accentuation de la collaboration, en zone occupée, le prestige personnel du Maréchal est en nette régression. En zone libre également : ainsi, à Clermont-Ferrand, « la population parle peu ou pas du tout du Maréchal ». Le débarquement des Alliés en Afrique du Nord et l'invasion de la zone libre ruinent le crédit de Pétain comme chef d'État. La vénération de sa personne peut subsister, mais elle n'est plus liée au pouvoir qu'il exerce. À la fin de 1943, la crainte de la guerre civile le fait momentanément réapparaître comme capable de réaliser encore l'union des Français. Ensuite, ceux-ci ne lui manifestent plus que de la pitié. En avril-mai 1944, lors de sa tournée en zone nord, Pétain est diversement accueilli : avec indifférence en Haute-Normandie, avec ferveur à Paris, Orléans et Nancy. Selon Yves Durand[17], beaucoup saisissent l'occasion de chanter *La Marseillaise* et d'exprimer leur patriotisme à la barbe des occupants...

Contrairement à Pétain, Laval ne bénéficie jamais d'un grand crédit, mais sa profonde impopularité passe par des phases d'atténuation et d'aggravation. L'opinion accueille avec méfiance son retour au pouvoir en avril 1942, mais le considère comme un moindre mal par rapport à l'arrivée éventuelle d'un Doriot ! En mai-juin 1942, elle espère en ses talents de négociateur. Son discours du 22 juin où il souhaite la victoire de l'Allemagne, en annonçant la relève qu'aggravera le STO, le fait replonger dans la plus grande impopularité. Toutefois, à la fin de 1943, selon le préfet du Loiret, « l'impossibilité de faire dans une France occupée une autre politique que celle du président Laval est plus fréquemment reconnue qu'il y a un an. De plus, la crainte du bolchevisme et la répulsion qu'inspirent les méthodes terroristes [...] ont fait bénéficier le président Laval de la désaffection que subit dans certains milieux la propagande gaulliste [18] » ; en mars 1944, le sous-préfet de Montargis écrit que ses administrés « se rapprochent peu à peu, non pas tellement parce qu'ils lui accordent leur confiance mais qu'ils ont le désir de se sentir protégés [19] ».

En zone occupée comme en zone libre, des particularités locales entraînent des différences d'intensité et des décalages dans le rythme d'évolution de l'opinion.

À l'intérieur de la zone réservée du Nord, la « zone rouge », bande d'une quinzaine de kilomètres de profondeur contrôlée par des unités opérationnelles, est, dès l'été 1940, la plus gaulliste, parce que la plus bombardée. En zone libre, près de la ligne de démarcation comme dans la Dordogne, la population éprouve la réalité de l'occupation (familles séparées, exploitations agricoles coupées en deux, rupture économique avec Bordeaux) et refuse rapidement la collaboration. Le réveil de l'opinion en zone occupée et dans les départements de la zone libre limitrophes de la ligne de démarcation est favorisé, paradoxalement, par la presse collaborationniste qui critique Vichy. C'est vraisemblablement ce qui joue pour les habitants de la Dordogne, qui peuvent lire les journaux de Bordeaux. Un autre ferment d'une prise de conscience précoce en zone libre (on le perçoit aussi bien à Clermont-Ferrand qu'à Périgueux) tient à la présence de réfugiés. Les Alsaciens et Lorrains, tout particulièrement, espèrent la défaite de l'Allemagne et sont précocement à l'écoute des radios étrangères, dont ils diffusent de bouche à oreille les informations, d'autant que, dès novembre 1940, le gaullisme fait des progrès certains dans ces milieux repliés.

Le décrochage plus rapide de l'opinion par rapport à Vichy dans certaines régions peut également s'expliquer par le maintien de traditions politiques de l'avant-guerre. En Bretagne, par exemple, il est plus précoce dans le Finistère, en pays bretonnant et de tradition bleue. La rupture semble aussi s'opérer plus tôt dans les villes et les régions industrielles que dans les campagnes et les régions agricoles. On notera toutefois que, dans le Nord, l'hostilité à l'occupant est plus précoce dans les régions maritimes que dans les milieux ouvriers un peu plus hésitants, du moins jusqu'à l'automne 1940. À cette date, tous établissent la relation entre occupation étrangère et régression sociale.

La position sociale est une autre variable à prendre en considération. Le monde ouvrier, dans son ensemble, rompt le plus tôt et le plus totalement. À dire vrai, il n'est jamais réellement gagné par le régime, qui multiplie en vain promesses et sollicitations, d'autant que les contraintes de la guerre, notamment le marché noir, accentuent les clivages sociaux.

Auprès de ménagères accablées par les restrictions et le marché noir, il semblerait que l'administration de Vichy, sinon le gouvernement, soit, en dépit de sa politique familiale, devenue rapidement impopulaire. Dans le Nord, les manifestations de ménagères se multiplient de l'été 1940 au printemps 1941. En zone libre, dans les Alpes-Maritimes, à l'initiative des communistes, elles commencent en mars 1941 et se renouvellent au cours de l'année. Le problème du ravitaillement constitue l'un des moteurs principaux du fonctionnement de l'opinion.

C'est le monde ouvrier du Nord qui le premier passe à la résistance active. La direction communiste y est d'ailleurs assez réservée à l'égard de la neutralité « anti-impérialiste ». Dans cette zone réservée où, dès l'été 1940, l'occupant procède au transfert de travailleurs dans le Reich, le nombre des manifestations et des débrayages croît avant que n'éclate la grande grève des mineurs de mai 1941.

En zone occupée comme en zone libre, la Révolution nationale laisse indifférent le monde ouvrier, qui boycotte les cérémonies du 1er mai 1941. L'application de la Charte du travail et la mise en place des comités sociaux se révèlent inefficaces. La relève, l'instauration du STO poussent les ouvriers à une résistance plus active. Les manifestations se multiplient, et, en 1943, si la situation révolutionnaire du Nord ne se retrouve pas dans l'ensemble du pays, les ouvriers entendent de plus en plus allier « libération de la patrie et victoire sociale ». À en croire le préfet du Loiret, « la lutte des classes serait prête à renaître à la première occasion[20] ».

Le monde paysan échappe dans une large mesure aux problèmes du ravitaillement, et la propagande officielle le valorise comme le principal pilier du régime. Il ne faut pas pour autant surestimer la profondeur et la durée du soutien paysan à Vichy. Dans la zone réservée du Nord, la paysannerie, soumise aux réquisitions, se révèle anglophile et gaulliste dès l'été 1940. En zone occupée, les paysans, également victimes des exigences allemandes, sont rapidement hostiles à la collaboration. Dès 1941, le sous-préfet de l'arrondissement d'Orléans note cet état d'esprit : « Sans qu'ils soient des partisans actifs de M. de Gaulle, ils souhaitent avant tout la libération de leur région[21]. » L'adhésion des paysans à la Corporation paysanne est beaucoup plus tacite que réelle, malgré le poids de l'office de Landerneau, de Dorgères ou des notables corporatistes. En zone libre, dès 1941 également, les paysans sont mécontents de la réglementation complexe et d'une administration qui tance leur égoïsme. Certes, en zone occupée, dans l'été 1942, la relève laisse espérer aux ruraux le retour des cultivateurs prisonniers, mais celui-ci ne compense pas — loin de là — le départ des artisans ruraux et des manœuvres agricoles. La relève soulève ainsi une hostilité qui s'accentue avec l'invasion de la zone libre. En décembre 1942, le préfet du Loiret constate : « Le paysan, l'ouvrier et le bourgeois ont depuis peu de jours » réalisé une véritable union sacrée « contre l'occupant[22] ». Dans l'ancienne zone libre de l'Auvergne, comme dans la Dordogne, les paysans sont « en train de tourner casaque[23] ». L'instauration du STO allait radicaliser les oppositions.

Assurément, à l'été 1940, les notables et les milieux bourgeois se rallient dans leur ensemble au gouvernement du Maréchal et au régime de Vichy. Les milieux professionnels et patronaux déclarent soutenir les réformes. Font cependant exception les notables de la zone réservée, qui se refusent à soutenir le nouveau régime dès qu'émerge la collaboration d'État. Malgré le renvoi de Laval en décembre 1940, ils prennent toutes leurs distances, mettant même en cause la personne du Maréchal, au point que ses portraits disparaissent d'un bon nombre de magasins. Dans les autres zones, les notables restent fidèles au Maréchal mais leur unanimisme s'effrite dès 1941, quand bien même l'attaque du Reich contre l'URSS est présentée par la propagande comme une croisade « anticommuniste ». L'épuration municipale se transforme en crise municipale en 1941 dans les Alpes-Maritimes, et en Bretagne en 1942. Le mécontentement gagne les entrepreneurs et les artisans, qui s'aperçoivent vite que les comités d'organisation et l'Office central de répartition des produits industriels fonctionnent au profit des grandes entreprises et des usines protégées. En zone libre, en mai 1941, le chef de la sûreté de Clermont-Ferrand note que « la bourgeoisie aussi bien que les intellectuels dans leur majorité ne suivent pas le gouvernement dans sa politique étrangère ». Toutefois, semble bien renaître, notamment dans les milieux bourgeois du Nord, un certain pétainisme par crainte de la crise révolutionnaire. Cela dit, si la propagande de Philippe Henriot dénonçant le danger communiste ébranle l'opinion des notables, globalement, elle ne la retourne pas.

Donnons quelques indications complémentaires en prenant en compte l'âge, la situation scolaire, les milieux associatifs...

Les lycéens et les étudiants surtout semblent bien réagir précocement un peu partout en France. Dans la zone rattachée du Nord, dès la rentrée scolaire de 1940, lycéens et collégiens font preuve d'un esprit frondeur contre l'occupant et affichent leurs sympathies gaullistes et anglophiles, et, en janvier-mars 1941, période de la plus grande peur du recrutement forcé, des jeunes gens partent chez de Gaulle ou se cachent. Soulignons que la manifestation des étudiants et lycéens parisiens, le 11 novembre 1940, n'est pas un fait isolé. Au printemps 1941, les jeunes Bretons ne manquent pas une occasion de manifester leur opposition non seulement à l'occupant mais aussi à la politique de Vichy. En zone libre, à Clermont-Ferrand, où s'est repliée l'université de Strasbourg, selon les autorités locales, le gaullisme pénètre chez les étudiants dès novembre 1940 et gagne la majorité des étudiants et des lycéens au printemps suivant.

À l'été 1940, les anciens combattants semblent acquis à la politique de redressement moral du régime, et le lancement de la Légion des combattants paraît rencontrer un franc succès à la fin de 1940, plus marqué en zone libre qu'en zone occupée. Dans celle-ci, à la fin de 1940, les anciens combattants de 1914, s'ils ont confiance dans le héros de Verdun, sont en revanche peu favorables à la politique de collaboration. En zone libre, après le retour de Laval en 1942, la Légion commence à décliner et subit une véritable crise d'effectifs...

Restent à évoquer le poids des événements et l'ambivalence des grandes mutations de l'opinion.

À l'été 1940, l'ampleur et la rapidité de la défaite sont décisives pour le ralliement des Français au Maréchal, sauf dans le Nord. Coupé du reste de la France par l'offensive allemande, celui-ci ne vit pas l'effondrement ultime de l'armée française et de la nation. Le traumatisme de la catastrophe y est atténué, et surtout l'opinion estime vite que le nouveau régime ne protège pas contre une occupation brutale. Sans sous-estimer le poids de l'événement, soulignons cependant que l'installation de Vichy est facilitée, comme le montre Pierre Laborie, par les logiques prévichystes (tendances xénophobes, crise des valeurs, antibolchevisme...) que Vichy va savoir exploiter[24].

Le refus unanime antiallemand du Nord et l'unanimisme pétainiste du reste de la France présentent des ambivalences et ne reposent pas sur des motivations communes à toutes les populations. Dans le Nord, si les ouvriers et les notables sont anglophiles et antiallemands, ils ne forment pas une véritable union sacrée. Les ouvriers associent leur anglophilie et leur germanophobie à l'espoir d'une victoire sociale alors que les notables soupçonnent les Allemands de laisser monter l'agitation sociale et refusent la politique étrangère de Vichy tout en adhérant à son œuvre restauratrice. Dans les autres zones, la quasi-totalité de la population fait d'abord confiance au patriotisme de Pétain, mais bientôt la grande majorité des Français sont, selon Jean-Pierre Azéma, des pétainistes passifs[25]. Désorientés, aspirant surtout au redressement du pays, culpabilisés par la propagande et submergés par le quotidien, ils ne sont pas en situation d'exprimer un libre choix et acceptent, faute d'alternative crédible, le nouveau régime comme une solution d'attente. Beaucoup, d'ailleurs, ne réalisent pas qu'il y a un changement radical de régime. Selon Georges Potut, préfet de la Loire, on vivait « sur la lancée de la IIIe République, avec les mêmes cadres de fonctionnaires, avec les mêmes habitudes administratives, et la présence du maréchal Pétain à la tête de l'État, au moins dans la première période, n'apparaissait pas comme quelque chose de très différent de celle des chefs de gouvernement exerçant les pleins pouvoirs comme ce fut le cas de Poincaré, de Doumergue[26] ». Il y a donc bien un consensus maréchaliste, mais qui repose sur des malentendus.

À l'automne 1940, Montoire, qui entraîne une véritable déchirure en zone réservée et les premières fissures en zone occupée, fait germer en zone libre les premiers doutes. Les espoirs dans l'assouplissement de la ligne de démarcation sont déçus, et l'arrivée de 70 000 Lorrains expulsés produit une impression fâcheuse. Au Français moyen, il apparaît surtout que la défaite qui a donné naissance au nouveau régime n'est pas inéluctable. Quelques mois après l'installation de Vichy, l'opinion ne s'engage pas derrière un régime qu'elle tient pour provisoire.

En 1941, c'est le problème du ravitaillement qui passe au premier plan des préoccupations des Français. Les privations accentuent, selon les rapports des préfets l' « apathie », la « léthargie politique ». Toutefois, semble beaucoup trop exagérée l'interprétation de Robert O. Paxton qui assimile cette apathie à une acceptation du régime et qui considère que les Français se sont conduits en majorité comme des « collaborateurs » au sens fonctionnel du terme.

En réalité, cette apathie traduit une dégradation de l'opinion publique, qui amorce ou continue, selon les zones, son décrochage du régime.

Ces attentistes n'en sont pas moins attentifs à l'extension de la guerre dans les Balkans, en Syrie, en Afrique du Nord, en URSS... et espèrent pour chaque nouveau théâtre la défaite allemande.

Les Français deviennent-ils pour autant des « résistants » au sens fonctionnel du terme ? John F. Sweets[27] estime que cette expression ne convient pas plus que celle de collaborateurs « fonctionnels » pour décrire le comportement de la grande majorité des Français, ceux-ci étant confrontés à des choix difficiles aux conséquences parfois tragiques. À la fin de 1941, l'attentisme refuge s'est transformé en attentisme refus du régime.

Alors qu'avec la fin de la période de froid une certaine détente se manifeste, tout au moins dans les villes, le retour de Pierre Laval au pouvoir en avril 1942 entraîne le basculement de l'opinion. Les éléments qui jalonnent cette rupture sont le discours du 22 juin, la mise en place de la relève et les rafles massives de Juifs en juillet et août. La politique antisémite de Vichy, qui n'avait pas soulevé de réactions en octobre 1940, contribue ainsi à faire passer l'opinion du refus du régime à l'opposition au gouvernement.

Cette opposition au gouvernement devient déclarée et ouverte à la fin de 1942 et au début de 1943. Les événements qui suscitent cette mutation de l'opinion sont le débarquement allié en Afrique du Nord et la défaite allemande à Stalingrad ; ce qu'aggravent l'occupation de la zone libre, l'établissement du STO — qui fait disparaître le mythe protecteur sur lequel le régime prétendait fonder sa légitimité — et la création de la Milice, sans parler des problèmes du ravitaillement.

L'assouplissement de la ligne de démarcation en février 1943 et le ralentissement des départs pour l'Allemagne en avril 1943 ne déterminent pas d'apaisement durable. L'énervement de l'opinion continue, et la tension peut se muer en violentes manifestations, voire en révolte. Cela ne signifie pas pour autant que les Français sont devenus une « nation de résistants ». Et même si les maquis se gonflent de réfractaires, les résistants actifs et combattants restent une minorité.

Du moins, la Résistance bénéficie de plus en plus de la complicité et du soutien de la population. Partout, les autorités se heurtent à une véritable conspiration du silence.

Cependant, le ralliement de l'opinion à la France libre et à la Résistance, tout comme le ralliement à Pétain en 1940, ne peut être assimilé à un véritable engagement. Sans aucun doute, une majorité de Français est restée fidèle à la République, ou plutôt l'idéal républicain au sens large renaît à mesure que l'autoritarisme de Vichy s'accentue. C'est ce que remarque, chez les cultivateurs du Loiret, le chef de cabinet du préfet, faisant fonction de sous-préfet de l'arrondissement d'Orléans : « Il ne faut pas se cacher, cependant, qu'il y a encore des idées fondamentales auxquelles ils tiennent. C'est ainsi que le bruit lancé par la presse et la radio de la suppression dans les mairies du buste de la République a causé un véritable émoi [...] à plusieurs reprises, des maires, me montrant ce texte, m'ont dit avec un accent de regret : " Alors, vous allez nous l'enlever ? "[28] » Au cours de l'automne 1942, à Clermont-Ferrand, on entend de plus en plus le mot république. Dans l'ensemble, la population reste donc attachée au régime républicain.

Cela dit, sa sympathie pour le gaullisme ne repose pas sur une motivation strictement politique. Le gaullisme symbolise le refus de la défaite, la voloné de lutte, la défense de l'honneur, et, en octobre 1942, il apparaît pour beaucoup de personnes comme une forme « de pensée antiallemande plus qu'une politique ou un programme[29] ». Et Giraud peut en tirer bénéfice. En mai 1945, d'après le sous-préfet de Pithiviers, « les difficultés d'aboutir à un accord entre le général Giraud et le général de Gaulle provoquent une impression fâcheuse dans le public, qui craint de voir renaître les querelles intestines qui, chacun s'accorde à le reconnaître, ont été à l'origine de nos désastres[30] ». On souhaite ardemment que l'entente Giraud-de Gaulle soit durable pour le grand bien du pays. À l'automne 1943, d'après le préfet du Loiret, « le triomphe de la tendance gaulliste sur la tendance giraldiste, la politique russophile de l'ex-général de Gaulle et la nomination de nouveaux membres du Comité d'Alger ont suscité de nombreux commentaires[31] ». Le ralliement de l'opinion à la France libre et à la Résistance paraît même encore plus ambivalent entre septembre 1943 et juillet 1944.

L'opinion, qui en 1943 souhaite la victoire des Anglo-Saxons comme le moyen le plus rapide de parvenir à la paix, perd, en octobre 1943, l'espoir d'un débarquement avant l'hiver. Les difficiles conditions de vie réapparaissent au premier plan des préoccupations d'une population qui subit son quatrième hiver de guerre. En janvier 1944, pour le sous-préfet de Pithiviers, « les points sensibles du baromètre de l'opinion sont incontestablement l'estomac et le portefeuille[32] ».

Au début de 1944, les populations, surtout dans les régions susceptibles de devenir un théâtre d'opérations, redoutent le débarquement autant qu'elles le souhaitent. Leur attitude face aux mouvements de Résistance est ambivalente. Comme le note le préfet du Loiret, « si le mouvement de résistance paraît généralement approuvé quand il ne fait que s'opposer aux forces d'occupation, par contre, le terrorisme est désapprouvé par la majorité d'une opinion calme et beaucoup plus préoccupée de son ravitaillement ou de ses intérêts que des assassinats de " collaborateurs ". Les actes de sabotage sont également désapprouvés par une population qui a par-dessus tout le goût de l'ordre[33] ». Si cette réprobation des violences n'entraîne aucun revirement en faveur du gouvernement, l'opinion, qui a peur de représailles, accepte la répression du « terrorisme », à condition qu'elle soit française, et distingue entre banditisme et Résistance.

Épuisée, craignant la guerre civile et les opérations militaires, elle « désire très candidement que la guerre finisse le plus vite possible par une sorte d'arrangement mystérieux entre les hauts responsables ou par un miraculeux coup de théâtre[34] ». Aspirant massivement à la victoire des Alliés et à la libération du territoire, l'opinion ne semble pas adhérer pour autant à l'esprit rénovateur de la Résistance, et associe encore moins libération et révolution. En août 1944, l'explosion de joie, expression d'un immense soulagement, estompe momentanément les ambivalences qui seront à l'origine de certaines désillusions de l'immédiat après-guerre.

Au terme de ce rapport de synthèse qui présente beaucoup trop d'incertitudes et de lacunes, dégageons cependant quelques conclusions provisoires.

Même si un maréchalisme de base et de sentiment subsiste quasiment jusqu'à la fin, le régime de Vichy, sinon le gouvernement, est impopulaire dès 1941 pour une grande majorité de Français.

En fonction des conditions spécifiques à chaque zone, suivant les particularités locales et selon les milieux sociaux, le rythme du décrochage et plus ou moins rapide. La rupture avec le gouvernement de Vichy intervient au cours de l'année 1942, avant même l'occupation de la zone sud et l'établissement du STO. Des fluctuations secondaires peuvent freiner ou atténuer ce processus de rupture, mais n'entraînent en aucun cas un véritable revirement. Cette rupture, présente dans les esprits, ne se traduit cependant pas en actes. Certes, en 1943, la masse des Français, germanophobe, anglophile et républicaine, n'est plus inerte et assure de son soutien une Résistance qui ne cesse de se renforcer tout en restant minoritaire. Mais ce soutien n'est pas un véritable engagement. Pour l'opinion commune le non-passage à l'action serait peut-être la véritable constante de cette période tragique car reposant sur des ambivalences, le ralliement à Pétain, puis celui à de Gaulle ne sont pas sans réserves.

Jean-Marie FLONNEAU

NOTES

1. Robert O. Paxton, *La France de Vichy, 1940-1944,* Paris, Le Seuil, 1973, p. 231.

2. John F. Sweets, *Choices in Vichy France,* New York-Oxford, Oxford University Press, 1986. Voir aussi Yves Durand, *La France dans la Deuxième Guerre mondiale, 1939-1945,* Paris, Armand Colin, 1989.

3. Marcel Baudot, *L'Opinion publique sous l'Occupation : l'exemple d'un département français, l'Eure, 1939-1945,* Paris, PUF, 1960. Étienne Dejonghe, « Le Nord isolé : Occupation et opinion (mai 1940-mars 1942) », *Revue d'histoire moderne et contemporaine,* tome XXVI, janvier-mars 1979, pp. 48-97. Étienne Dejonghe et Daniel Laurent, *Libération du Nord et du Pas-de-Calais,* Paris, Hachette, 1974. Pierre Laborie, *Résistants, vichyssois et autres. L'évolution de l'opinion et des comportements dans le Lot de 1939 à 1945,* Paris, Éditions du CNRS, 1980. « L'évolution de l'opinion publique », *in La Propagande sous Vichy 1940-1944,* Paris, Musée d'histoire contemporaine, 1990. *L'Opinion française sous Vichy,* Paris, Le Seuil, 1990. Monique Luirard, *La Région stéphanoise dans la guerre et la paix (1936-1951),* Centre d'études foréziennes, 1980.

4. Archives départementales du Loiret (ADL), rapports du préfet, des sous-préfets, des Renseignements généraux, de la gendarmerie, des agents cantonaux, des maires.

5. Archives nationales (AN), F1 C111 1137, rapport du préfet, 27 juillet 1940, cité par Jean-Louis Panicacci, « L'évolution de l'opinion publique : les Alpes-Maritimes » (voir plus loin).

6. AN, F1 C111 1137, rapport du préfet, 1er novembre 1940, cité par Jean-Louis Panicacci.
7. Arch. dép. des Alpes-Maritimes (ADAM), cabinet après 1940, DWERS n° 42, 10 septembre 1941, cité par Jean-Louis Panicacci.
8. Rapport du sous-préfet des Andelys, 28 juin 1941, *in* Marcel Baudot, *op. cit.*, pp. 224-226.
9. AN, F1 C111 1137, rapport du préfet, 5 mai 1942, cité par Jean-Louis Panicacci.
10. Archives du Puy-de-Dôme, MO 6473 n° 433, rapport du sous-préfet de Thiers, 4 août 1942, cité par John F. Sweets, « L'évolution de l'opinion publique : l'Auvergne » (voir plus loin).
11. Public Record Office (PRO)/FO 371, France 1942, liasse n° 81, ref. 2 7673/81/17, août 1942. French morale, cité par John F. Sweets.
12. Robert O. Paxton, *op. cit.*, p. 230.
13. Archives de la Dordogne, Rapport du préfet, septembre 1943, cité par Marie-Thérèse Viaud, « L'évolution de l'opinion publique : la Dordogne » (voir plus loin).
14. ADL 29644, Rapport du sous-préfet de Pithiviers, 26 mai 1943.
15. ADL 36220, Rapport du préfet, 3 avril 1942.
16. Robert O. Paxton, *op. cit.*, p. 230.
17. Yves Durand, Intervention le 29 août 1974, colloque *La Libération de la France,* Paris, Éditions du CNRS, 1976, p. 366.
18. ADL 26220, Rapport du préfet, 3 décembre 1943.
19. ADL 26223, Rapport du sous-préfet de Montargis, 29 mars 1944.
20. ADL 340646, Rapport du commissaire général des Renseignements généraux, 20 janvier 1943.
21. ADL 26220, Rapport du sous-préfet d'Orléans, 15 juillet 1941.
22. ADL, Rapport du préfet, 3 décembre 1942.
23. APdD MO 5755, « Une loi à réviser », le président de la section pomologique de la corporation paysanne du Puy-de-Dôme, 1er mai 1943, cité par John F. Sweets.
24. Pierre Laborie, « 40 millions de pétainistes ? », *L'Histoire,* 129, janvier 1990, pp. 136-139.
25. Jean-Pierre Azéma, « Vichy, repères historiques », *Les Cahiers de l'animation,* 49-50, 1985.
26. Georges Potut, *Le Gouvernement de Vichy,* pp. 103-104.
27. John F. Sweets, *op. cit.,* p. 169.
28. ADL 26220, Rapport du sous-préfet d'Orléans, 15 mai 1941.
29. ADdD MO 7191, Rapport du commissaire de police du IIe arrondissement de Clermont-Ferrand, 24 août 1942, cité par John F. Sweets, *op. cit.,* p. 157.
30. ADL 29644, Rapport du sous-préfet de Pithiviers, 26 mai 1944.
31. ADL 6276, Rapport du préfet, 5 décembre 1943.
32. ADL 29644, Rapport du sous-préfet de Pithiviers, janvier 1944.
33. ADL 6276, Rapport du préfet, 5 février 1944.
34. ADL 29644, Rapport du sous-préfet de Pithiviers, janvier 1944

4.

Études départementales et régionales

I. L'Auvergne

L'étude de l'opinion publique — même dans les circonstances les plus favorables — est un exercice qui relève davantage de l'intuition que de la science exacte. Actuellement, dans les pays dotés d'une presse libre, où fleurissent les instituts de sondages équipés de systèmes informatiques sophistiqués et où les médias convoquent des « experts » en tout genre, il est cependant fort difficile de savoir avec certitude ce que pensent les gens de tel homme politique ou de tel événement. Il suffira d'évoquer l'un de ces nombreux « retournements » électoraux qui ont pris au dépourvu nos observateurs politiques contemporains pour se convaincre de l'aspect hasardeux de l'entreprise pour qui tente de mesurer l'opinion publique avec précision.

S'agissant du régime de Vichy, l'évaluation des comportements est compliqué du fait de l'occupation du pays par une puissance étrangère qui contrôle la presse et par le poids d'un gouvernement autoritaire s'efforçant activement de diriger l'opinion et de réprimer l'opposition. Quiconque a eu l'occasion de lire la presse française de la période s'est vite rendu compte — ne serait-ce qu'à travers son conformisme général — que, tout en apprenant beaucoup de choses sur la nature du régime de Vichy, il était impossible d'en tirer le moindre indice concernant l'état de l'opinion publique. Il existe heureusement d'autres ressources pour faciliter la tâche de celui qui veut néanmoins tenter de suivre l'évolution de l'opinion sous Vichy. En effet, les agents du régime attachaient beaucoup d'importance à l'opinion publique et de ce fait suscitèrent de très nombreux rapports de police et de gendarmerie. La correspondance postale et les communications téléphoniques étaient régulièrement interceptées et faisaient ensuite l'objet de commentaires transmis par les préfets au gouvernement. Sans perdre de vue l'origine de ces rapports de préfets ni les motivations de leurs auteurs, membres des services de police locale, ils n'en constituent pas moins une source de documentation fort riche concernant l'évolution des comportements de la population. S'y ajoutent des rapports spécifiques, par exemple ceux des agents chargés de surveiller quotidiennement les marchés, et qui offrent un panorama continu, tout au long de l'Occupation, des fluctuations de l'opinion sur un point aussi crucial que celui du ravitaillement.

Concernant l'Auvergne, ces archives françaises offrent le guide de loin le plus précieux pour une étude de l'opinion publique. Cependant, les archives des observateurs de la commission allemande d'armistice y apportent un important complément pour les deux premières années de la période de Vichy, ainsi que les rapports des unités militaires d'occupation stationnées dans la région après l'invasion de la zone sud. Les services de renseignements britanniques et américains fournissent aussi à l'occasion quelques aperçus utiles sur les variations des états d'esprit dans la France occupée. On constatera par là qu'un nombre considérable de personnes, chacune ayant des motivations différentes, se sont intéressées à l'opinion des Français pour tenter de la mesurer, sans que cela signifie pour autant que tous ces observateurs aient véritablement compris ce qui se passait dans l'esprit des Auvergnats durant la Seconde Guerre mondiale. La possibilité ainsi offerte au chercheur de mettre en parallèle des observations de source française, allemande, britannique et américaine accroît considérablement sa capacité à comprendre les dévelopement de la situation en Auvergne. Que nous disent donc ces archives sur l'évolution de l'opinion publique ?

Tout d'abord, une lecture minutieuse des documents montre que l'étendue et la durée du soutien populaire offert au maréchal Pétain et au régime de Vichy ont été souvent exagérées. Le désormais classique ouvrage de Robert Paxton sur l'histoire de Vichy, par exemple, soutient que l'opinion publique « offrait un large consensus légitimant ainsi toute participation active au régime » et que c'est seulement au printemps 1943 que l'opinion se retourna contre le régime. L'apathie de la population, la léthargie publique, l'acquiescement de la majorité des Français durant la période signifieraient — selon Paxton — qu'ils « étaient des " collaborateurs " au sens fonctionnel du terme[1] ». Je ne connais pour ma part aucun travail sérieux sur Vichy qui prétende que le régime ait bénéficié d'un support populaire significatif au-delà de la date retenue par Paxton. À ce moment-là, les Allemands avaient envahi et occupaient la France entière, et Vichy avait institué le très impopulaire Service du travail obligatoire (STO). Mes propres recherches m'incitent à penser que le gouvernement de Vichy avait perdu la faveur du public bien avant 1943 ; le régime était très impopulaire en Auvergne dès la fin de la première année de son instauration en été 1940. Lors de l'invasion de la zone sud par les Allemands en novembre 1942, le soutien à Pétain et à ses promesses d'un « ordre nouveau », dont il avait largement bénéficié pendant quelques mois, ce soutien n'était plus qu'un lointain souvenir pour un régime cherchant désespérément à affirmer sa légitimité face à une indifférence massive et à une hostilité grandissante à ses projets[2].

Si des études antérieures ont donné des analyses trompeuses concernant la rapidité avec laquelle Vichy est devenu impopulaire en Auvergne et ailleurs, c'est en partie le résultat de la confiance accordée par leurs auteurs aux rapports de préfets et aux « synthèses » mensuelles qu'en extrayaient le ministère de l'Intérieur. L'accès à la documentation locale permet au chercheur de nuancer des opinions bâties d'après ces rapports de préfets ou ces synthèses dont les auteurs « filtraient » de manière substantielle la formulation originelle des données fournies par les observateurs locaux. Prenons par exemple la situation en août 1942. Sur la foi de rapports de gendarmerie et de tournées d'inspection de communes isolées du district dont ils avaient la charge (en particulier Châteldon, la ville natale de Pierre Laval), les officiels locaux et le sous-préfet de Thiers firent parvenir au préfet du Puy-de-Dôme un réquisitoire cinglant contre la politique de Vichy, reflétant l'opinion de la population locale (estimée à 60 % « sinon gaulliste, du moins favorable aux Anglo-Saxons », à 10 % « communiste » et à seulement 30 % loyale à la Révolution nationale ou indifférente)[3]. Le préfet du Puy-de-Dôme, qui s'était rendu lui-même dans les villes chefs-lieux du département, fit parvenir à son tour au préfet régional une note résumant les griefs principaux exprimés par la population, en mettant l'accent sur les aspects économiques de ces griefs. Mais le préfet régional préféra pour sa part insister, dans son rapport destiné à Laval, sur « *le calme et le bon esprit* des populations visitées, malgré les difficultés de la situation actuelle[4] », prétendant que les problèmes saillants pouvaient être en partie résolus par l'action du gouvernement. En définitive, la synthèse d'août 1942, sans escamoter complètement quelques dangers potentiels (une hostilité aux rafles des Juifs y est notée en zone sud), conclut que, en dépit des « mêmes symptômes de méfiance systématique et d'indifférence », les Français ont conscience que la politique actuelle du gouvernement est la seule voie possible et que la population dans son ensemble n'est opposée au régime ni activement ni violemment[5].

À certains égards, la note ministérielle sur l'opinion publique n'était pas totalement inexacte — le régime de Vichy n'était certainement pas confronté alors à une levée révolutionnaire massive —, mais, concernant l'état de l'opinion publique en zone sud à l'été 1942, les conclusions tirées dans cette note étaient totalement trompeuses. N'en est-il pas de même lorsque des rapports de police locale font état d'une manifestation « spontanée » de quatre cents à cinq cents personnes, place de Jaude à Clermont-Ferrand (les gens chantaient *La Marseillaise* et criaient « Vive de Gaulle » et « À bas les Boches »[6]) et que le gouvernement interdit formellement « toute manifestation publique ou privée, de quelque nature que ce soit, susceptible de porter atteinte à l'ordre public », en faisant précisément référence à « des incidents [...] produits à l'occasion du 14 juillet dans plusieurs villes de la zone libre[7] », tandis qu'on pourrait supposer, comme l'écrit *Le Moniteur* du 15 juillet 1942, que « la fête nationale a été célébrée dans le recueillement et la dignité », ainsi que l'avait recommandé le gouvernement ?

Plusieurs mois plus tôt, en mars 1942, le maréchal Pétain était venu à Clermont-Ferrand, en compagnie de l'amiral Darlan, présider les cérémonies d'inauguration de la Corporation paysanne du Puy-de-Dôme. À l'instar des journaux vichystes (contrôlés par le gouvernement), qui, s'adressant à tous les Clermontois, les avaient invités à pavoiser leurs maisons et à venir nombreux acclamer Pétain lors de sa visite, le commissaire de police principal de la ville, faisant rapport à ses supérieurs hiérarchiques, écrit : « Dans tous les milieux, il [le voyage de Pétain] a été commenté favorablement. Aucune note discordante n'est venue troubler cette réception, et, malgré la froideur bien connue des Auvergnats et les difficultés présentes, le chef de l'État a été acclamé chaleureusement[8]. » Dans *Le Moniteur,* journal appartenant à Pierre Laval, on peut lire que l'enthousiasme « indescriptible » manifesté par les

Clermontois est bien la preuve que ces derniers « ne méritent pas toujours la réputation de froideur qui est la leur[9] ». Ni dans les journaux ni dans le rapport du commissaire principal on ne trouve trace des réserves exprimées par les services de la police locale, qui avaient décrit cette journée en termes plus mesurés. Un membre de la Police des sociétés secrètes note que, le matin même de l'arrivée des deux chefs du gouvernement de Vichy, il avait été distribué aux Clermontois des tracts d'une rare violence contre Pétain et Darlan. Le commissaire de police du Ier arrondissement rend compte de « la chaleur des acclamations qui accueillirent le Maréchal et les nombreux " Vive Pétain ", " Vive la France " qui s'élèveront de la foule au passage du cortège ». Mais, voulant confronter ses propres impressions avec celles de collègues occupant d'autres positions sur le terrain à l'occasion des cérémonies, il ajoute : « Pourtant, j'ai pu constater, tant à l'aller qu'au retour, d'une part que ces acclamations n'étaient pas unanimes, certaines personnes étant demeurées impassibles, d'autre part je n'ai pu relever à aucun moment une acclamation à l'égard de l'amiral Darlan[10]. »

S'efforçant très visiblement de fournir une interprétation aussi favorable que possible, le commissaire du IIIe arrondissement conclut en disant que chacun a été heureux de la présence de Pétain, alors même que son commentaire sur la visite proprement dite est plus nuancé : « Si la foule n'a pas trop extériorisé sa joie de recevoir chez elle le chef de l'État par des vivats, des cris de bienvenue, une satisfaction réelle se lisait cependant sur les visages[11]. » Bien entendu, chacun ne voyait que ce qu'il avait envie de voir. Les responsables locaux de la Légion française des combattants avaient estimé nécessaire de réunir ses membres pour les préparer à la circonstance et de les faire répéter afin qu'ils ne manquent pas d'acclamer Pétain avec force aux moments stratégiques... faisant ainsi la preuve du peu de confiance accordée par les vétérans de la Grande Guerre au comportement de certains des leurs[12].

Dès janvier 1942, ayant pour mission de mener une discrète enquête relative à l'attitude de toutes les personnalités du département susceptibles d'exercer une « influence morale » sur leurs compatriotes, la police indique que les élites locales se partagent en deux groupes égaux, le premier étant considéré comme « hostile », « méfiant », « réservé » ou « indifférent », le second étant classé comme « apparemment favorable », « loyal » ou « sûr ». Il est frappant de noter que seulement treize d'entre les quarante-sept notables ayant fait l'objet de cette enquête furent classés parmi les « sûrement » loyaux au gouvernement[13]. Il ressort des témoignages, et de manière décisive, que, dans l'ensemble, la population manifesta en cette occasion à l'égard du gouvernement de Vichy moins d'enthousiasme encore — tant s'en faut — que les notables. Les rapports de la police locale font ressortir clairement qu'en Auvergne la population montra fort peu d'enthousiasme pour l'ordre nouveau proposé par Vichy et pour sa prétendue Révolution nationale. Des marques d'hostilité active à l'encontre du pouvoir s'exprimèrent nettement dès les premiers mois du régime. En 1941 déjà, l'écœurement gagne les esprits, touchant de plus en plus de monde, et, en 1942, il est quasiment impossible d'y recruter le moindre soutien ni la moindre faveur, quels que soient les programmes annoncés. À l'automne 1942, lors de l'invasion totale de la France, la figure la plus populaire de Vichy — le maréchal Pétain — va perdre la plupart de ses zélateurs. Cela est attesté par les autorités locales, qui notent à ce moment-là que de nombreux commerçants clermontois font disparaître discrètement le portrait du Maréchal des murs de leur boutique[14].

Il semble certain, dès lors, que l'opinion publique en Auvergne se détourna de Pétain et du régime de Vichy bien plus tôt qu'on ne l'a dit et écrit. Bien entendu, pour une étude plus fine, il serait important d'analyser séparément les réactions particulières de groupes tels que les ouvriers, les étudiants, les élites, etc., mais, pour celui qui étudie le cas de l'Auvergne, l'impression dominante est que — malgré la propagande d'un régime qui sollicitait ses suffrages, prétendant en faire l'armature sociale et morale de la nation —, la paysannerie elle-même perdit ses illusions plus vite qu'on ne le pense. Commentant l'opinion d'un membre de la Corporation paysanne du Puy-de-Dôme qui écrivait en mai 1943 que les fermiers « sont en train de tourner casaque, comme on disait dans le bon vieux temps[15] », Raymond Grasset, le ministre de la Santé de Vichy, premier chef de la Légion du Puy-de-Dôme, tente de prévenir le danger qui menace sérieusement, selon lui, les projets de renouveau national du Maréchal, en écrivant : « À l'heure actuelle, dans la classe paysanne, le mécontentement, qui n'a cessé de grandir ces derniers mois, a atteint une ampleur dont ceux qui vivent en dehors des milieux terriens ne se font aucune idée[16]. »

L'ultime et vaine tentative de la Légion consistant, en 1943 et 1944, à mettre sur pied des Groupes de légionnaires paysans (GLP) offre l'intéressant exemple du repliement de cette institution dans une tentative élitiste face à l'hostilité populaire envers la Révolution nationale. Dans le même temps, cette tentative avortée constitue ouvertement un aveu d'échec de la part de Vichy, dont les efforts de propagande n'ont pas réussi à lui assurer le concours de la paysannerie. Au printemps 1943, la Légion du Puy-de-Dôme prit l'initiative de désigner dans chaque section des responsables chargés du domaine rural, mais ce programme se développa très lentement. Après plusieurs mois d'efforts, vingt-neuf sections seulement (sur un total de plus de quatre cents) avaient proposé les noms de responsables locaux ; c'est alors que le Comité de service civique lança des instructions destinées à activer le processus. Mais, dans la pratique, un an après que leur création eut été décidée, quantité de GLP n'avaient toujours pas tenu leur première réunion. Bien sûr, il était un peu difficile de réunir des groupes fantômes. En février 1944, répondant à de nombreux interlocuteurs éplorés, responsables de sections locales de la Légion, qui lui écrivaient « rien à faire avec les paysans », Mallet, inspecteur départemental des Groupes de légionnaires paysans, exhortait les officiels locaux à pousser plus avant leurs efforts : « Peu importe que vous ayez peu d'éléments au départ. Ce n'est pas une question de masse, loin de là, c'est une question d'élite. Il faut donc que vous ameniez quelques légionnaires paysans actifs, convaincus, à s'intéresser à notre mouvement. Vous aurez peut-être du mal à les trouver, en raison des temps agités que nous vivons. Mais ils existent, ne seraient-ils que trois ou quatre [17]. »

Pour l'instant, il était nécessaire d'oublier la masse, « trop amorphe et figée dans l'attente d'hypothétiques et miraculeux événements qui redonneraient à notre patrie grandeur, bien-être et richesse d'antan, sans effort de sa part ». En dépit des comportements d'une majorité accablante, il restait « un petit nombre de paysans de bonne volonté — oh, un très petit nombre », qui avaient conservé leur attachement au Maréchal et à ses doctrines. C'était ces hommes-là qu'il fallait dénicher un à un et qu'il fallait former « de façon à constituer le levain qui régénérera la France de demain [18] ».

Outre le milieu social, de nombreux facteurs intervinrent, accélérant le revirement de l'opinion publique qui se détournait de Vichy. Les développements de la guerre proprement dite, avec l'échec allemand dans la bataille d'Angleterre, l'invasion de l'URSS par les nazis et la victoire des Soviétiques à Stalingrad :

tous ces événements eurent un réel impact en France. Parallèlement, certains actes émanant du gouvernement de Vichy, comme l'instauration du Service du travail obligatoire ou le fameux discours de Laval du 22 juin 1942, dans lequel il déclarait souhaiter la victoire de l'Allemagne, suscitèrent de nouvelles vagues de ressentiment envers le régime. Sans parler de l'invasion de la zone sud en novembre 1942, qui atterra ceux qui avaient bénéficié de la relative liberté de la zone dite libre. Si l'on en croit les fonctionnaires de la police de Clermont-Ferrand, même les changements de saisons agissaient sensiblement, bien que temporairement, sur les états d'esprit. Voici ce que remarque le commissaire de police principal en mars 1942 : « L'approche de la belle saison semble avoir détendu les esprits, et, malgré les difficultés réelles auxquelles doit faire face la population, on peut, sans faire preuve d'un optimisme excessif, noter un état d'esprit meilleur qu'au cours du mois précédent [19]. » Parallèlement, on peut observer des mouvements de flux et de reflux de l'hostilité au régime manifestée par la population, au gré des départs des ouvriers français en Allemagne, alors même que l'impopularité du gouvernement de Vichy s'était accentuée auprès d'une majorité grandissante depuis la promulgation du STO. En avril 1943, un observateur, tout en décrivant l'atmosphère générale comme « toujours déplorable », poursuit : « Toutefois, un apaisement s'est produit [...] par suite des départs moins fréquents et moins nombreux pour l'Allemagne [20]. »

Quelles que fussent les combinaisons de facteurs et de motivations, c'est la quasi-totalité des Auvergnats qui en fin de compte tourna le dos à Vichy et rejoignit les rangs des partisans de Charles de Gaulle et de la Résistance qu'il incarnait. En octobre 1942, le commissaire de police du IIe arrondissement de Clermont-Ferrand écrit : « Le gaullisme apparaît pour beaucoup de personnes comme une forme de pensée antiallemande plus qu'une politique ou un programme [21]. » Précédemment, en mars 1942, un observateur, rendant compte aux autorités britanniques en Suisse, affirme que de Gaulle et son mouvement « ont en France un très grand prestige dans de larges couches de la population, surtout dans le peuple et par-dessus tout dans la jeunesse de tous les milieux sociaux ; ils symbolisent en effet le refus de la défaite, la volonté de lutte, la défense de l'honneur. Si cela était possible, des centaines de milliers de jeunes gens rejoindraient de Gaulle [22] ».

L'ensemble des représentants britanniques de l'armée, du corps diplomatique et des services de renseignements estiment à l'unanimité qu'un changement marqué de l'opinion publique en France se fait sentir après le retour au pouvoir de Laval au printemps 1942. Jusque-là, les sentiments antiallemands étaient évidents, mais la passivité et l'apathie l'emportaient. À l'automne 1942, bien que le nombre de gaullistes soit encore relativement faible, « une majorité de Français » disait-on, soutenait de Gaulle « comme symbole de la résistance[23] ». C'est à ce moment-là que les autorités de la police de Vichy se mirent à considérer que de Gaulle représentait une sérieuse récusation de la légitimité du régime. La police clermontoise, qui manifestement suivait régulièrement les émissions de la BBC à l'instar de la grande majorité de ses compatriotes, déploya ses forces massivement afin d'empêcher la population de suivre les consignes données par de Gaulle à l'occasion de la fête nationale et d'autres commémorations patriotiques, consistant à descendre dans la rue pour y manifester de façon symbolique. Et il s'agissait bien d'un soutien d'ordre symbolique, mais de poids, que le gaullisme avait apporté en France au moment de l'invasion de la zone sud en novembre 1942, offrant aux Français une alternative de plus en plus attirante face au régime de Vichy.

Cela ne signifie pas pour autant que les Français, qui commençaient à se tourner vers de Gaulle et la Résistance avec un enthousiasme grandissant en 1942, aient constitué littéralement la « nation de résistants » qu'en fit la légende de l'immédiat après-guerre. Ceux d'entre eux qui rejoignirent effectivement les mouvements de résistance furent toujours une minorité distincte ; mais, durant les deux dernières années de l'Occupation, les résistants actifs purent agir dans un climat général infiniment plus sensible et favorable à leurs desseins qu'à ceux de Vichy et encore moins à ceux de la petite minorité de collaborateurs actifs[24]. En raison du nombre relativement faible d'opérations violentes effectuées par la Résistance avant 1944, certains historiens de cette période ont été conduits à sous-estimer la force et l'accélération de la montée de l'hostilité à Pétain et à son régime. C'est pourquoi, en conclusion de cette rapide analyse de l'évolution de l'opinion publique en Auvergne, il n'est pas inutile de rappeler une fois encore la convergence frappante que l'on observe à la lecture des rapports relatifs au comportement des Clermontois, que ces rapports soient d'origine britannique, allemande ou française. La majorité de la population avait pratiquement perdu toute sympathie pour le régime de Vichy bien avant que ce dernier se soit illustré par la mesure la plus impopulaire de l'avis de tous : l'introduction du

STO. C'est aussi pourquoi le fait de mettre l'accent sur l' « attentisme » d'une majorité de Français, sur leur apparente indifférence, leur apathie, leur acquiescement au régime, et de les décrire comme des « " collaborateurs " au sens fonctionnel[25] » — surtout lorsqu'on connaît la très forte connotation émotionnelle et idéologique du mot « collaborateur » —, revient à ne pas faire la distinction indispensable entre pensée et action. Ne pourrait-on pas tout aussi bien interpréter l'apathie et l'indifférence comme une manifestation d'opposition plutôt que de soutien à un régime politique s'efforçant tout particulièrement de susciter dans tous les domaines un enthousiasme pour ses programmes et pour ses chefs ? Fort de l'échec patent de la Révolution nationale, si l'on devait choisir la meilleure façon de décrire les sentiments de la plupart des Français sous Vichy, l'expression « résistants fonctionnels » semblerait plus appropriée que celle de « collaborateurs fonctionnels », encore que ni l'une ni l'autre ne rendrait compte de la réalité. Qu'ils aient ou non souhaité se tenir à l'écart du conflit politique, des milliers d'hommes et de femmes furent placés, quelques-uns rarement, d'autres quotidiennement, selon le lieu de leur résidence et selon les circonstances, devant des choix simples en apparence, mais dont les conséquences pouvaient atteindre une dimension tragique ou absurde en raison des conditions particulières dues à l'occupation. Prenons l'exemple d'un gendarme demandant dans un village : « Avez-vous vu Pierre X cette semaine ? » Que devait répondre le boulanger, le facteur ou la femme du fermier ? Comment pouvaient-ils savoir si la question n'était qu'un prélude à l'habituelle invitation à partager un apéritif ou bien si elle présageait le dépôt de sa convocation de départ pour le STO, auquel Pierre tentait de se soustraire ? Était-on vraiment un « collaborateur » ou un « résistant » dans la France de 1943 au simple vu de la réponse donnée à la banale question d'un gendarme ? Peut-être parviendrons-nous à saisir un peu de l'horreur que fut l'Occupation pour les Français en prenant conscience qu'en cette époque tragique aucune question posée n'était jamais fortuite ni innocente. D'ailleurs, la police en Auvergne se plaignait constamment d'une « véritable conspiration du silence[26] », conspiration dont tous les Auvergnats se faisaient les complices. Ce serait se fourvoyer que d'affirmer que leur silence faisait d'eux des résistants actifs, mais cette absence de coopération avec les agents du gouvernement de Vichy témoigne d'un refus populaire d'apporter son soutien au régime. Bien certainement, les responsables, à

Vichy, comprirent la situation en ces termes. Il n'est que de lire les commentaires éplorés des officiels qui, à tous les niveaux, se plaignent constamment que les Français n'aient pas compris l'importance d'un ralliement aux programmes du gouvernement, qu'ils se soient refusés à faire les « bons » choix, etc., soulignant ainsi le fait que les Français appréciaient de moins en moins le régime de Vichy au fil des mois. Si de nombreuses personnes avaient été jetées dans le plus grand désarroi par la défaite de 1940 et s'étaient montrées de prime abord férocement critiques envers la IIIe République et soucieuses de changement, elles n'entendaient pas, malgré tout, accepter n'importe quel changement. Si cette majorité donna temporairement l'image d'une population apathique et résignée, elle ne cessa pas de réfléchir pour autant, et l'opinion qui en résulta était généralement défavorable au gouvernement de Vichy.

John F. Sweets
(traduit par Marianne Ranson)

NOTES

1. Robert O. Paxton, *Vichy France, Old Guard and New Order, 1940-1944,* New York, Alfred A. Knopf, 1972, pp. 235, 240-241. (Traduction française, *La France de Vichy 1940-1944,* Paris, Le Seuil, 1973, pp. 225, 230-231.)
2. Pour une étude plus approfondie de la thèse présentée ici, *cf.* John F. Sweets, *Choices in Vichy France,* New York, Oxford University Press, 1986, chapitre 6, « Public Opinion at the Grass Roots ».
3. MO6473, 4 août 1942, N° 433, sous-préfet de Thiers, à Monsieur le Préfet délégué, Archives du Puy-de-Dôme, Clermont-Ferrand (cité ci-après : APdD).
4. MO6474, 31 juillet 1942, Guerrin à Brun, et 3 août 1942, Brun à chef du gouvernement, ministre de l'Intérieur, APdD (c'est moi qui souligne).
5. MO7152, « Synthèse », août 1942, APdD.
6. MO7188, 22 juillet 1942, intendant de police à Monsieur le Général Conquet, « Compte rendu mensuel » ; 14 juillet 1942, préfet régional à Monsieur le Chef de gouvernement, « Compte rendu journée du 14 juillet » ; et intendant de police à Monsieur le Préfet régional ; MO7161 Dossier « 14 juillet », APdD.
7. MO4861, 27 juillet 1942, le chef du gouvernement, ministre secrétaire d'État à l'Intérieur à Monsieur le Préfet régional de Clermont-Ferrand, APdD.
8. MO7191, 27 mars 1942, Rapport mensuel, commissaire central à Monsieur l'Intendant de police, APdD.
9. *Le Moniteur,* 23 mars 1942.
10. MO7191, 24 mars 1942, commissaire de police du Ier arrondissement de Clermont-Ferrand à Monsieur l'Intendant de police, APdD.

11. MO7191, 25 mars 1942, commissaire de police du IIIe arrondissement de Clermont-Ferrand à Monsieur l'Intendant de police (c'est moi qui souligne), APdD.
12. MO6422, 17 mars 1942, Grasset, « 3e Circulaire spéciale », concernant la cérémonie du 22 mars 1942 à Clermont-Ferrand, APdD.
13. MO6439, 8 janvier 1942, préfet du Puy-de-Dôme à M. le Chef du gouvernement, ministre de l'Intérieur, APdD.
14. MO7191, 15 décembre 1942, commissaire divisionnaire, chef des Renseignements généraux, à Monsieur le Directeur des Renseignements généraux (Vichy), APdD.
15. MO5755, 1er mai 1943, « Une loi à réviser », le président de la section pomologique de la Corporation paysanne du Puy-de-Dôme, APdD.
16. MO5770, R. Grasset, « Étude psychologique concernant le rapport du ravitaillement et la paysannerie », APdD.
17. MO5758, 3 février 1944, A. Mallet à M. Vasseur, délégué à la propagande à Sauxillanges, et au président de la Légion à Champeix, dans le dossier contenant la correspondance de G. Sardier, APdD.
18. *Ibid.*
19. MO7191, 27 mars 1942, commissaire central de la ville de Clermont-Ferrand à Monsieur l'Intendant de police, APdD.
20. MO7191, 24 avril 1943, Rapport mensuel, commissaire central à Monsieur le Préfet délégué, APdD.
21. MO7191, 24 octobre 1942, commissaire de police du IIe arrondissement de Clermont-Ferrand à Monsieur le Préfet du Puy-de-Dôme, APdD.
22. Public Record Office (PRO)/FO 371, ref. z 3116/81/17, chancellerie de Berne au French Department, 8 mars 1942, rapport de M. Viple sur l'opinion en France.
23. (PRO)/FO 371, France 1942, liasse n° 81, réf. z 7673/81/17, 7 octobre 1942, « Le moral des Français ». Voir aussi dans la même liasse, z 6129/81/17, note du 3 août 1942, W. Strang, qui note : « Au début, en tout cas, le général de Gaulle sera l'autorité française prédominante sur le territoire libéré de la France métropolitaine. »
24. *Cf.* John F. Sweets, *Choices in Vichy France, op. cit.,* chapitre 8, « Resistance and Liberation ».
25. Robert O. Paxton, *La France de Vichy 1940-1944, op. cit.,* p. 225.
26. MO6357, 5 juin 1943, Renseignements généraux n° 2711, chemise juin, juillet, août 1943 ; et MO7191, 25 août 1943, Rapport mensuel, commissaire central à Monsieur le Préfet délégué, APdD.

II La Bretagne

Région rurale en majorité acquise à la droite modérée en 1936 (trente députés contre le Front populaire, quatorze députés de gauche), la Bretagne est occupée en trois jours en juin 1940. Dans la débâcle, qui a drainé plus d'un million de réfugiés, et face à l'effondrement de la IIIe République, le maréchal Pétain fait figure de recours dans cette Armorique où l'influence de l'Église et la pratique religieuse demeurent fortes.

Cependant, le facteur déterminant qui fait rapidement passer au second plan les enjeux de la Révolution nationale est la présence de l'occupant. En effet, la Bretagne a été très marquée par les pertes de la Grande Guerre et présente un intérêt stratégique évident (avec ses ports de guerre et la proximité de l'Angleterre) [1], tant pour les Allemands que pour les Anglais. Dès sa naissance, le régime de Vichy va se trouver tiraillé entre le patriotisme de la population, qui rejette l'occupant, et les exigences sans cesse croissantes des Allemands (prélèvements en hommes ou en denrées, zone côtière interdite, grands chantiers, répression des actions de résistance). Pourtant, le « maréchalisme de base » (Jean-Pierre Azéma), paraît bénéficier de sérieux atouts en 1940.

L'état de l'opinion publique en 1940-1941

Comme le reste des Français, les Bretons sont traumatisés par la rapidité et l'ampleur de la défaite, et accablés par le nombre élevé de prisonniers (environ cent trente-sept mille) [2]. Sans doute fait-on confiance à Pétain ; cependant, des hommes convoyés par des pêcheurs (de Paimpol, de Camaret, de l'île de Sein, etc.) gagnent déjà une Angleterre porteuse d'espoirs. Mers el-Kébir, pourtant exploité par la propagande vichyssoise, n'eut pas, une fois l'émotion retombée, un impact si profond malgré le nombre de marins bretons tués.

Bien que les ports militaires soient bombardés par la RAF et des bateaux de pêche coulés (sept dans le Morbihan d'avril à juillet 1941), des cris « Vive l'Angleterre ! » fusent de la foule lorsqu'un cadavre d'aviateur anglais est débarqué à Lorient le 28 juillet 1941. Les obsèques d'aviateurs anglais et le fleurissement des tombes sont le signe d'une anglophilie profonde dans de nombreuses communes tout au long de la guerre. De même, à partir de l'automne 1940 et au printemps 1941, les inscriptions gaullistes, les croix de Lorraine, les V de la victoire fleurissent sur les routes et les murs. Est-ce contradictoire avec des sentiments maréchalistes, voire pétainistes ?

Assurément, notables et élus se rallient au régime, à l'été 1940, dans une région à majorité modérée et de droite. Une fois l'État français instauré, aucune personnalité n'a manifesté publiquement son opposition au nouveau régime. Cependant, le vote des pleins pouvoirs, le 10 juillet 1940, a mis en lumière la spécificité finistérienne : si cinquante parlementaires présents ont accordé leur confiance à Pétain, sept Finistériens s'y sont refusés (un sénateur radical, maire de Brest révoqué en décembre 1941, et six députés : deux démocrates-populaires (PDP), deux radicaux-socialistes, deux SFIO, dont Tanguy-Prigent).

Rapidement, à partir de l'automne 1940 et après Montoire, l'écoute de la BBC et les premières démissions de maires pour « état de santé » et raisons « d'âge » dans les Côtes-du-Nord (8 octobre 1940) traduisent un malaise diffus.

Le ralliement des notables au régime n'en est pas moins favorisé par une épuration municipale limitée à quelques grandes villes et à des municipalités de gauche en général, à majorité radicale (Vannes et Dinan, Saint-Malo et Brest), parfois parce que le maire est franc-maçon (Saint-Brieuc). Mais plusieurs socialistes préfèrent démissionner plutôt que de voter des adresses de félicitations au Maréchal (Nantes, Lorient, Saint-Nazaire). Ainsi, au cours de l'année 1941, les révocations de maires sont limitées : au 1er avril, dans une vingtaine de communes sur deux cent soixante et une dans le Morbihan, où 97 % des municipalités ont voté des motions de confiance au Maréchal. Une quinzaine de municipalités sont aussi révoquées dans le Finistère en raison, dans plusieurs cas, de critiques émises contre le régime. Dans les Côtes-du-Nord, dix-huit municipalités radicales (4,3 %) ont été épurées en 1940-1941 (Trégor et région de Dinan). L'épuration municipale limitée n'est pas responsable du décalage entre l'opinion et le régime qui apparaît alors.

La fracture de l'année 1941

La nomination de notables acquis à la Révolution nationale dans les commissions administratives, au Conseil national, se fait dans l'indifférence tant ces hommes ont peu de pouvoirs vis-à-vis des préfets. Pourtant, Vichy a désigné d'anciens parlementaires ralliés pour lui servir de relais dans la population : un ancien député PDP dans les Côtes-du-Nord, un radical et provisoirement un socialiste dans le Morbihan. Souvent même, ces nominations accentuent le clivage entre le pays réel et le régime.

Le préfet des Côtes-du-Nord reconnaît que le conseil départemental nommé en mai 1943 compte des « revenants » de la politique, écartés par le suffrage universel (20 % d'aristocrates conservateurs sans grande assise politique dans un département à majorité radicale). D'ailleurs, 38 % des personnes désignées n'assisteront à aucune réunion. Cet exemple illustre le discrédit du régime en 1943, y compris parmi les notables de droite.

De plus, à partir de 1942, l'épuration municipale se transforme en crise municipale tant les démissions de maires et d'élus s'accélèrent, au point que les autorités doivent souvent les supplier de rester.

En mars 1941, selon le préfet des Côtes-du-Nord, il « est extrêmement difficile de connaître les réactions véritables de l'opinion » même si le prestige du Maréchal reste intact. Mais l'aggravation de la situation économique suscite une « irritation latente ».

La coupure entre l'opinion et Vichy est évidente au milieu de l'année 1941 : les visites de ministres ont lieu dans l'indifférence générale quand elles ne sont pas houleuses. En mai, les réunions du secrétaire d'État à la Jeunesse Lamirand en faveur de la Révolution nationale déclenchent de bruyantes réactions des élèves de Vannes et de Lorient. Les jeunes ne manquent pas une occasion de manifester leur opposition non seulement aux occupants mais aussi à la politique de Vichy.

Quelques instituteurs publics sont révoqués pour hostilité au régime ; dans le Finistère, on oublie de chanter *Maréchal, nous voilà !* et des portraits du chef de l'État portant la mention « Vive de Gaulle ! » sont signalés notamment à Saint-Brieuc[3]. En revanche, les partisans de l'école confessionnelle ne peuvent qu'apprécier une politique qui leur est favorable, en accord avec une hiérarchie catholique plutôt prudente, exception faite de Mgr Serrand, évêque de Saint-Brieuc, pétainiste jusqu'au bout.

Au reste, il est difficile de prendre pour argent comptant, l' « adhésion unanime » au régime signalée par le préfet lors d'une visite de Darlan à Saint-Brieuc et à Quintin en octobre 1941, lorsque d'autres sources (Renseignements généraux, gendarmerie) parlent de « réserve » et de « critiques » d'anciens responsables et lorsque le préfet lui-même fait état au cours de l'été d'une « crise de confiance » dans les campagnes, puis de « vague d'irritation » en novembre à propos d'une cérémonie d'inauguration de la Corporation paysanne à Landerneau. D'ailleurs, on a dissuadé Darlan de poursuivre son voyage jusqu'à Brest, car « l'évolution de l'opinion publique est inquiétante ».

Le « vent mauvais » dénoncé par Pétain le 12 août 1941, s'est bien levé sur la Bretagne, et l'affaire des otages de Châteaubriant ne va bien sûr rien arranger. Cependant, la coupure paraît plus précoce dans l'ouest de la péninsule, en pays bretonnant et dans les villes et les régions de tradition bleue, comme en témoignent aussi les phases de l'organisation de la Résistance.

De nombreux signes traduisent la méfiance d'une fraction importante des Bretons à l'égard d'un régime qui s'enfonce dans la collaboration (renvoi des affiches pour la Saint-Philippe le 1er mai 1941 à Ploemeur, Morbihan, faute de colle !...).

À cet égard, la bataille de la propagande est significative. Les rapports du XXVe corps d'armée allemand notent crûment : « La population ne croit que ce que dit la radio anglaise. La presse et la radio françaises n'ont guère de crédit dans l'opinion publique qui les voit au service de la propagande allemande », opinion sans cesse confirmée par les préfets. Une enquête du second semestre 1941 dans les Côtes-du-Nord fait état d'une population « nettement intoxiquée par la radio dissidente » dans le Trégor (à 75 % dans certains cantons du littoral plus électrifiés). Le phénomène se répand en 1942 et à l'été 1943, et l'écoute est si générale que l'occupant envisage de réquisitionner les postes de TSF.

En outre, la médiocrité de la propagande radiophonique

vichyssoise est sans cesse soulignée, et l'on n'accorde guère de crédit à une presse soumise à la censure allemande.

L'enquête de la fin 1941 dans les Côtes-du-Nord fournit des estimations chiffrées de l'état d'esprit : dans l'arrondissement de Saint-Brieuc, l'attentisme prévaut, notamment pour les deux tiers des Briochins, mais un tiers est déjà défavorable au régime. Dans celui de Guingamp, plus du quart de la population le rejette nettement, tandis que l'anglophilie est quasi générale à Lannion comme dans l'ensemble du Finistère. Enfin, à Dinan, au début de 1942, de nombreux fonctionnaires (des instituteurs) font état de leur attachement à l' « ancien régime » républicain ; la présence à la tête de la commune d'un notable apparemment acquis au régime n'y change rien.

Les réactions à la Révolution nationale

La volonté de remodeler la société française dans un sens autoritaire n'est sans doute pas pour déplaire en 1940 aux milieux de droite, d'autant plus que certains milieux radicaux-socialistes, inquiets des progrès accomplis par le PCF en 1936, ont apporté un soutien immédiat au régime.

En 1940, certaines réformes économiques et sociales paraissent bien accueillies par les milieux professionnels et patronaux, mais l'exemple des Côtes-du-Nord montre que la chambre de commerce prend rapidement ses distances. Entrepreneurs et artisans s'aperçoivent vite que les comités d'organisation, l'Office central de répartition des produits industriels, etc., fonctionnent au profit des grands industriels et des usines protégées alors que les pénuries s'aggravent. La mise en place de comités sociaux dans quelques rares entreprises est longue et peu efficace.

Seule la Corporation paysanne, organisée par Guébriant en s'appuyant sur l'office de Landerneau (puissant dans le Finistère et dans les Côtes-du-Nord) et profitant de l'audience de Dorgères en Ille-et-Vilaine et de notables corporatistes dans le Morbihan, connaît en 1941 un début d'organisation. Mais les prélèvements agricoles effectués avec l'appui de la Corporation et la dégradation continue des conditions de culture signifient l'échec d'un projet corporatiste qui pouvait intéresser une partie des agriculteurs et satisfaire les agrariens. L'appui de la paysannerie à la Corporation a été beaucoup plus tacite que réel, exception faite de l'engagement personnel de certains notables liés à Landerneau pour des raisons idéologiques et économiques.

D'ailleurs, la propagande pour le « retour à la terre » se solde par un échec, et lorsque Mgr Serrand s'engage personnellement dans la « bataille du blé » au printemps 1942, relayé régionalement par *L'Ouest-Éclair* (journal démocrate-populaire avant la guerre), il n'est pas suivi par ses ouailles paysannes. En septembre 1943, le sous-préfet de Guingamp précise que le clergé n'est pas pour la collaboration franco-allemande en dépit des instructions de l'évêque.

Si une grande partie du clergé, très influent en Bretagne, a été pétainiste en 1940-1941, les attitudes évoluent. Par exemple, Mgr Roques, archevêque de Rennes, a prêché l'union et la discipline derrière le gouvernement devant six mille pèlerins le 26 juillet 1941, au pardon de Sainte-Anne d'Auray. Or, un an plus tard, la présence de soixante mille personnes en un lieu où se trouve un mémorial des morts de 14-18 transforme la cérémonie en manifestation patriotique.

De même, les espoirs des régionalistes et des partisans de la langue et de la culture bretonnes ont été rapidement déçus. Dans cette province à forte identité culturelle et linguistique, une quarantaine de grands notables (politiques, religieux, de l'économie et d'associations culturelles) adressent en décembre 1940 au maréchal Pétain un placet réclamant le retour « à une autonomie administrative » de la province mais dans le cadre de l'État et de l' « unité française ». Il s'agit de se distinguer nettement des séparatistes du Parti national breton (PNB) qui avaient espéré l'indépendance de la Bretagne à l'été 1940 (dirigés par deux pro-nazis, Mordrel et Debauvais, écartés par les Allemands en décembre 1940, car trop coupés de la population).

Pendant des mois, *L'Heure bretonne,* le journal du PNB, s'en prend violemment au régime de Vichy, utilisant une habile propagande sur les problèmes de ravitaillement, avant d'évoluer en 1943 vers des positions fédéralistes : « Un État breton autonome dans le cadre d'un État français fédéral » (14 mars 1943). L'audience du journal dépasse largement l'impact militant du PNB (deux mille cinq cents à trois mille adhérents au plus), qui est le principal parti collaborationniste en Bretagne.

Quant aux régionalistes, qui peuvent s'appuyer sur *La Bretagne,* le journal de Yann Fouéré (qui a pris aussi le contrôle de *La Dépêche de Brest*), ils sont eux aussi vite déçus. En effet, le 30 juin

1941, les « technocrates » de Vichy créent une région économique de Bretagne réduite à quatre départements, sans la Loire-Inférieure, récusant ainsi l'histoire. Et ce n'est pas l'annonce, un an plus tard, d'un statut spécial et l'intallation, le 12 octobre 1942, d'un comité consultatif de Bretagne de vingt-deux membres, sans pouvoir réel, qui permet au préfet de regagner la confiance de notables désabusés et d'une population de plus en plus hostile à la politique du gouvernement.

La rupture de 1942

Si, en 1942 et en 1943, une partie de la population respecte encore la personne du maréchal Pétain, les hommes et la politique de son gouvernement sont totalement déconsidérés alors que les difficultés quotidiennes et la répression ne cessent de s'aggraver. Partout, la population exprime une opposition croissante à la politique de collaboration.

Au printemps 1942, la Révolution nationale et son idéologie ont vécu en Bretagne. Le sous-préfet de Dinan souligne cet échec le 30 avril : l'opinion publique, profondément républicaine, ne se laisse pas séduire par la propagande en faveur de l' « ordre nouveau », car « personne ou presque n'a compris le besoin d'ordre, de discipline, personne ou presque ne s'est encore dit qu'une victoire anglaise conduirait tout droit au communisme ». En clair, l'anticommunisme ne prend plus, et même, en 1943-1944, l'opinion bretonne se réjouira des succès de l'Armée rouge.

Aussi bien, le retour au pouvoir de Laval est immédiatement rejeté par l'opinion, et le lancement de la relève dans la région est difficile. Les exigences allemandes initiales ne sont que partiellement couvertes (de 56 à 79 % selon les départements) par la réquisition, et les départs provoquent dans de nombreuses gares des manifestations aux cris de « Laval au poteau ! », aux chants de *La Marseillaise* et de *L'Internationale.*

Au même moment, le débarquement en Afrique du Nord suscite une « vive satisfaction » dans les Côtes-du-Nord et de l' « allégresse » dans le Morbihan, tandis que les milieux encore fidèles au maréchalisme sont fort troublés par la « trahison » de Darlan (à Saint-Brieuc et à Dinan). Au « désarroi », aux « divergences » sur l'attitude à adopter succèdent la joie lors du sabordage de la flotte et l'approbation du passage à la dissidence à Guingamp et ailleurs.

D'aucuns, cependant, regrettent, comme dans le Finistère, que la flotte n'ait pas rejoint l'Afrique du Nord.

Assurément, les pétainistes se font de plus en plus discrets, et les adhérents du groupe Collaboration hésitent à reprendre leur carte, réduisant encore le petit noyau activiste des partis collaborationnistes.

Le gouvernement Laval n'a jamais joui d'un grand crédit mais la politique antisémite, la création de la Milice (qui ne se manifestera en Bretagne qu'en avril 1944) et surtout le STO font basculer dans le rejet du régime les attentistes encore nombreux. Dans une région très catholique où il y a peu de Juifs, on n'accepte pas les arrestations des Juifs dont on ignore la destination. Ainsi le préfet du Morbihan écrit-il le 3 août 1942 : « L'opinion est presque unanime à critiquer le port obligatoire de l'étoile jaune, [...] les opérations d'internement au Vélodrome d'hiver », car « toute atteinte à la liberté individuelle est difficilement admise ».

De même, les recensements pour le STO donnent lieu à de nombreux incidents, et, au début de l'été 1943, les campagnes bretonnes abritent plusieurs milliers de réfractaires de plus en plus mollement recherchés par la gendarmerie.

La Résistance s'organise et se développe en 1942, mais surtout en 1943. Des préfets (dans le Finistère, dans les Côtes-du-Nord, dans le Morbihan) et beaucoup de fonctionnaires d'autorité sont en liaison avec les mouvements en 1943. Ils s'efforcent d'administrer sans trop céder à l'occupant. En réalité, le régime de Vichy ne contrôle plus une population acquise à la « dissidence » (toutes classes confondues), exaspérée par les difficultés, en butte à une occupation de plus en plus lourde. Par exemple, la bourgeoisie de Guingamp, au cœur d'une zone résistante, refuse ouvertement de voter une motion de dévouement au maréchal Pétain à la section de la Croix-Rouge en avril 1943.

Dès l'été 1943, on espère un débarquement allié, et des rumeurs insistantes en ce sens, alimentant quelques craintes, circulent en septembre 1943. Somme toute, les institutions et les services créés par Vichy s'étiolent dans l'indifférence générale ; les hommes les plus engagés cherchant souvent à se dédouaner.

Au printemps de 1944, la situation est mûre pour une insurrection généralisée, et, à l'exception de quelques zélés collaborateurs, la quasi-totalité de la population attend impatiemment la libération du pays même si elle craint les combats et l'épuration qui a déjà commencé. Plusieurs milliers de FFI bretons participent à leur libération aux côtés des Américains. Les autorités de Vichy se sont dissoutes ou ont rejoint les résistants, et elles n'opposent aucune résistance à une relève du pouvoir préparée de longue date : les nouveaux pouvoirs s'installent en quelques jours avant même l'arrivée des Américains[4].

Si la Bretagne présente apparemment, au départ, des atouts pour l'installation d'un régime comme celui de Vichy, avec d'importants relais chez les notables, dans l'Église et la presse, les Bretons n'acceptent pas l'occupation, et la politique de collaboration d'État est dès lors sujette à caution. Rapidement, le patriotisme et l'anglophilie, avec son prolongement gaulliste, constituent l'autre versant de l'antigermanisme, voire de l'antinazisme. Les gouvernants — surtout Laval — qui jouent la carte allemande sont bientôt discrédités, même si nombreux sont ceux qui continuent à faire confiance au maréchal Pétain. La mise en œuvre de la Révolution nationale ne peut alors rencontrer qu'indifférence, puis sombrer dans la rhétorique et la propagande, car les réalités quotidiennes commandent. Au cours de l'année 1941, à un rythme différent selon les régions, selon les villes et les campagnes, selon les traditions politiques, le décrochage entre le régime de Vichy et l'opinion publique s'opère (suivi de près par les préfets). L'année 1942 est véritablement celle de la rupture, alors que la politique de fascisation du régime et de collaboration à outrance en 1943 et 1944 ne cesse d'élargir le fossé en alimentant la Résistance.

Christian Bougeard

NOTES

1. Christian Bougeard, « L'intérêt stratégique de la Bretagne pendant la Seconde Guerre mondiale », *La Bretagne : hier et aujourd'hui, Historiens et Géographes,* 318, mars-avril 1988, pp. 47-54.

2. Ouvrages utilisés : Jacqueline Sainclivier, *La Bretagne de 1939 à nos jours,* Rennes, Éditions Ouest-France, 1989, et *L'Ille-et-Vilaine dans la guerre (1939-1945),* Édition Horvath, 1986; Roger Leroux, *Le Morbihan dans la guerre 1939-1945,* Mayenne, J. Floch éditeur, 1978; Georges-Michel Thomas et Alain Legrand, *Le Finistère dans la guerre,* I, *L'Occupation,* Paris-Brest, Éditions de la Cité 1979; Christian Bougeard, *Le Choc de la guerre dans un département*

breton : les Côtes-du-Nord des années 1920 aux années 1950, université de Rennes II, thèse d'État, 1986.

3. Dans une école de la vallée de L'Elorn (Finistère), un instituteur a placardé le portrait du Maréchal à l'envers, car le sens n'a pas été indiqué par l'instruction ! Le 27 mai 1941, une institutrice de Pont-de-Buis répond à Lamirand que le moral est excellent car le *Bismarck* vient d'être coulé par les Anglais...

4. Christian Bougeard, « La transition des pouvoirs en Bretagne à la Libération », *Mémoires de Bretagne,* t. LXVI, 1989, pp. 237-249, et communications de Jacqueline Sainclivier et Marie-Hélène Butler sur l'Ille-et-Vilaine et de Christian Bougeard sur les Côtes-du-Nord au colloque de l'IHTP sur les pouvoirs à la Libération (décembre 1989), à paraître.

III. La Dordogne

Département rural de petites propriétés paysannes, la Dordogne n'a que de petites industries dispersées, mais à Périgueux les ateliers SNCF regroupent deux mille cinq cents ouvriers. Lors des élections législatives de 1936, la majorité des voix s'est portée sur les candidats du Front populaire [1].

La guerre et l'occupation ont provoqué d'importants bouleversements territoriaux, car la ligne de démarcation divise le département : les communes du nord-ouest sont rattachées à Angoulême, en zone occupée, tandis qu'à l'ouest vingt-cinq communes girondines, dont Sainte-Foy-la-Grande, le sont à Bergerac. Elle désorganise le département sur le plan économique en le coupant de Bordeaux, sa zone d'approvisionnement, alors que la réorientation vers Marseille se révèle difficile à cause de l'éloignement et de l'absence de bonnes liaisons routières et ferroviaires. Elle bouleverse également la vie quotidienne des populations limitrophes : familles séparées, exploitations agricoles coupées en deux, impossibilité de se rendre aux foires traditionnelles, si importantes en milieu rural.

Les bouleversements sont aussi humains car l'occupation a fixé dans le département environ cinquante mille réfugiés (sur une population totale de trois cent quatre-vingt-six mille neuf cents). Ce sont principalement des Alsaciens et Lorrains installés surtout à Périgueux et Bergerac, des israélites (alsaciens ou étrangers) à Périgueux, où ils constituent le tiers d'une population qui double pendant l'Occupation.

Ces deux éléments ont une réelle influence sur les réactions de l'opinion publique. La ligne de démarcation, la proximité de la zone occupée donnent immédiatement aux Périgourdins, particulièrement à ceux du Bergeracois et du Nontronnais, la réalité de l'occupation et une information diffusée par les journaux bordelais en décalage avec celle fournie par les journaux de la zone libre.

Quant aux réfugiés, fermement convaincus de la défaite inéluctable de l'Allemagne, leur rôle est essentiel dans la diffusion de l'information puisée dans les radios étrangères (anglaise, américaine, suisse) et propagée par le bouche-à-oreille, rôle contre lequel les autorités départementales s'avouent dès 1940 désarmées.

Ces facteurs locaux sensibilisent très tôt la population périgourdine aux événements internationaux, aux choix faits par Vichy. Les sources utilisées pour cette étude, le fonds du cabinet du préfet, en révèlent d'autres : les difficultés de la vie quotidienne, surtout dans les villes, les mesures économiques. Ces différents facteurs ont déterminé l'évolution d'une opinion publique qui se dégrade progressivement avec deux tournants significatifs en 1941 et en 1943.

L'automne 1940 : la fin du silence

L'intérêt majeur se porte alors sur les événements extérieurs. Les Périgourdins, dans leur majorité, espèrent en la victoire de la Grande-Bretagne. Simple germanophobie pour les autorités, l'anglophilie est réelle et se manifeste ouvertement, comme dans ce cinéma de Bergerac où des applaudissements saluent le drapeau anglais sans soulever de protestations dans le public[2].

Les mesures gouvernementales furent peu commentées et même complètement ignorées. C'est l'entrevue de Montoire qui provoqua le réveil. Il y eut d'abord un peu d'hésitation, explicable par la situation locale : l'espoir de l'assouplissement de la ligne de démarcation qui étouffe le département. Mais, très rapidement, ce fut l'hostilité dictée par ce que l'on savait des brimades allemandes en zone occupée, illustrées par l'arrivée en Périgord des Mosellans à la mi-novembre. Le refus de la collaboration fut net, surtout de la collaboration militaire, y compris chez ceux qui faisaient confiance au Maréchal[3].

À la mi-décembre, le renvoi de Laval, impopulaire et critiqué car il est identifié à la collaboration, profite largement à Pétain. Les circonstances du remaniement, la fermeté du message ont à la fois surpris et rassuré. Cela est interprété comme la manifestation de l'autorité réelle de Pétain[4]. Si Flandin ne rassure guère, en revanche la nomination de Darlan est bien accueillie car l'amiral est perçu comme l'homme du Maréchal qui mènera une politique française sur la base des conditions d'armistice.

Ainsi, de décembre 1940 au printemps 1941, un consensus semble se constituer autour de Pétain, bien que les réticences sur la politique extérieure demeurent. Cependant, la visite du général Laure à Périgueux en mars 1941 en révèle les limites : lors de l'inauguration de la place du Maréchal-Pétain, les acclamations sont peu nourries et peu chaleureuses. Ce n'est peut-être pas uniquement lié, comme l'affirment certains rapports, au tempérament peu expansif des Périgourdins[5].

1941, premier tournant significatif : une dégradation importante de l'opinion publique

Au printemps, les facteurs en sont économiques : cherté de la vie, aggravation des problèmes de ravitallement dans les villes ; de ce fait, les cérémonies du 1er mai à Périgueux manquent de spontanéité chez les ouvriers, ce qui inquiète le préfet alors que la propagande communiste reprend et que la ville a toujours connu un fort vote communiste. Dans les campagnes, les paysans protestent contre les mesures de réglementation et leur complexité. Ce mécontentement ne cède pas de terrain : en novembre, les rapports fustigent l'individualisme et l'égoïsme des paysans.

C'est à l'automne que se produit, dans les villes, un véritable revirement de l'opinion. Les lettres interceptées par le contrôle postal montrent que la confiance encore accordée à Pétain s'étend de moins en moins au gouvernement. Deux raisons principales ont joué : tout d'abord, l'interdiction de capter les radios étrangères dans les lieux privés est interprétée comme une atteinte à la liberté individuelle ; ensuite, le départ à la retraite de Weygand est très mal accueilli, car la population y voit une emprise aggravée de l'Allemagne, dont on craint qu'elle ne s'installe en Afrique. À cette occasion, comme en juin 1941 lors de la cession des bases militaires en Indochine au Japon, la population manifeste le désir que le gouvernement se montre aussi ferme envers les exigences allemandes qu'envers celles des Britanniques en Syrie.

Quant à la politique de collaboration, elle ne fait aucun progrès. Confronté à cette réalité, le sous-préfet de Bergerac, dont l'arrondissement est déjà le secteur névralgique du département, suggère la création d'un journal régional, édité à Périgueux, pour combattre la propagande étrangère et contrebalancer l'information des journaux bordelais, qui arrivent à Bergerac avant ceux de Limoges ; or ces journaux ne se privent pas d'attaquer le gouvernement et le Maréchal ; ils diffusent, en pages générales, non soumises à la censure, des informations qui troublent les lecteurs par le ton et le contenu inhabituels, nourrissant leur esprit critique[6].

À la fin de 1941, la Dordogne est en marge de la Révolution nationale. La Légion s'y est constituée très lentement, sans enthousiasme, et l'esprit légionnaire n'existe pas[7]. En novembre 1941, la Charte du travail ne rencontre qu'indifférence chez les ouvriers. D'une façon générale, toutes les conférences organisées par le délégué à l'information drainent des publics restreints.

1942 : la rupture se dessine

La personnalité du préfet Rivière, nommé en décembre 1941, domine cette année. Son style tranche nettement sur celui de ses prédécesseurs ; autoritaire, il est convaincu que le contact direct avec la population et les explications suffiront à lutter contre ce qui n'est qu'incompréhension. Malgré l'activité déployée, à son départ, en décembre 1942, la tendance n'a pas été inversée.

Les rapports montrent tous une image positive de Pétain, toujours évoqué en termes affectifs. En avril, le retour de Laval n'est pas apprécié, car il fait craindre un engagement militaire contre les Anglo-Saxons. Cependant, si en mai les rapports notent un mieux, ce n'est pas un revirement, mais un nouvel état d'esprit qui fait préférer Laval à Doriot, dont on redoute l'arrivée au pouvoir. Laval est perçu comme la dernière chance, alors que les paysans voient en lui le libéral. Mais son crédit se dégrade assez vite. Le discours du 22 juin inquiète les cinquante mille réfugiés ; la rafle des israélites étrangers, en août à Périgueux[8], choque une population qui pourtant a manifesté auparavant des sentiments hostiles à l'égard d'un groupe jugé trop nombreux, trop concentré dans cette ville et accusé de faire du marché noir. Mais, dans tous les milieux, y compris dans le clergé, l'opération policière soulève la réprobation, car elle viole la tradition du droit d'asile, et les motivations de cet acte jugé inhumain ne sont pas perçues.

La Relève provoque immédiatement l'hostilité des ouvriers.

Malgré la multiplication des conférences sur les lieux de travail, les engagements sont rares. En décembre, aux ateliers SNCF, la désignation de cinquante ouvriers déclenche non seulement des critiques mais aussi un long débrayage. Ce n'est qu'en octobre que les milieux paysans, après avoir espéré la libération des prisonniers, affichent à leur tour une opposition à une mesure susceptible de prolonger la guerre au moment où les Allemands éprouvent des difficultés à Stalingrad et en Égypte.

Tout au long de cette année, de nombeux incidents montrent que la rupture est intervenue pour certains, qui n'hésitent pas à la manifester ouvertement. C'est ainsi que Mgr Louis, évêque de Périgueux, est absent en juin de la projection du film *Vous avez la mémoire courte* comme de toutes les manifestations de propagande. Pour la fête de Jeanne d'Arc à Villamblard (Bergeracois), le maire et les enfants des écoles sont absents[9]. Le 12 juillet, à Belvès (Sarladais), au cours de la fête de la Jeunesse, l'orateur évoque toutes les révolutions françaises et oublie la Révolution nationale[10].

En novembre, le franchissement de la ligne de démarcation par les Allemands ne surprend pas. C'est à la fois l'espoir d'une intervention étrangère et le désarroi qui porte beaucoup de Périgourdins à penser que seul Laval peut maintenir une souveraineté française sur la zone libre[11].

1943 : la rupture

L'opinion se dégrade rapidement entre mars et septembre, où le préfet remarque que « les gens commencent à dire tout haut ce qu'ils disaient en sourdine, à braver ce qui leur apparaît comme les vestiges d'un régime qui ne durera pas[12] ». À côté de l'aggravation des problèmes de ravitaillement, le facteur essentiel de la rupture a été le STO.

Rupture d'abord avec le gouvernement. Pourtant, en février, l'annonce de l'assouplissement de la ligne de démarcation, attendu depuis si longtemps, a réjoui ; mais la détente est fugitive, car, en même temps, les autorités d'occupation multiplient les arrestations[13], et le recensement de la main-d'œuvre inquiète. Des incidents éclatent dans les cinémas : quintes de toux, sifflets, rires accueillent les actualités sur l'assouplissement de la ligne. En mars, selon le contrôle postal, ce sont six cent trente lettres qui dénoncent le STO. Toutes manifestent un violent énervement prêt à se muer en révolte. Au fil des semaines, le nombre des défaillants augmente, et les arrestations sont rares, car la population se tait[14]. Laval est violemment contesté pour l'aggravation du tribut, les arrestations dans la Dordogne, le STO. Il est désormais l'homme qui a trahi, et même ceux qui le soutiennent encore se taisent[15].

Bien que les Renseignements généraux rappellent inlassablement la vénération, l'attachement, la confiance qu'inspire le Maréchal, le contrôle postal note une diminution des lettres le concernant. Dès mars, il est atteint par les critiques adressées au gouvernement, car il laisse faire une politique qui engage la France dans la guerre au moment où il ne faudrait pas aider les Allemands. En juin, il est tenu, à cause de ses déclarations, pour responsable de cette politique. C'est dans les milieux paysans que se produit le revirement significatif. Malgré le refus de la collaboration, les récriminations à propos des mesures économiques, ils avaient conservé du respect pour l'homme de Verdun. Le STO les a fait basculer : Pétain perd son crédit et sa popularité. Le Maréchal semble alors disparaître de l'univers des Périgourdins : peu de lettres parlent encore de lui, et ses portraits disparaissent des vitrines.

Octobre 1943-août 1944 : une nouvelle phase dominée par la Résistance

En octobre, ce sont les premières exécutions sommaires, et la peur se développe. Il y a alors un bref retour de confiance vers le Maréchal, capable de faire l'union des Français. Mais, dès décembre, c'est à nouveau l'indifférence qui touche un gouvernement incapable de rétablir l'ordre. Désirant le retour à l'ordre, les Périgourdins ne font cependant rien qui puisse aider les autorités[16].

En 1944, la coupure s'accentue. Le préfet reconnaît en janvier que le gouvernement fait l'objet d'une franche hostilité. Pour beaucoup, le pays est désormais dirigé par l'Allemagne. À ce moment-là, la population souhaite un gouvernement qui ferait régner à la fois l'ordre, l'entente et les libertés. Face à la Résistance extérieure, dans sa majorité, elle préfère Giraud à de Gaulle.

Mais les Périgourdins s'intéressent avant tout à la situation locale, qui s'aggrave à partir de mars : actions des maquis, représailles sanglantes des Allemands renforcés par la Légion nord-africaine et la Milice. L'intervention de la Milice est condamnée, comme est condamnée sa sélectivité dans les opérations de maintien de l'ordre.

L'attitude face aux maquis est complexe. À la sympathie succèdent la peur des représailles et la demande d'une répression énergique mais uniquement française, distinguant bandits et réfractaires. Si les actions contre les voies ferrées et les biens sont critiquées, les exécutions de collaborateurs sont approuvées[17].

En mai, le préfet avoue que le département lui échappe totalement au profit d'une Résistance qui y a trouvé un milieu favorable. En juin, le débarquement tant attendu est accueilli dans le calme, et la Dordogne entre dans les combats de la Libération.

Cette chronologie, proche de celle dégagée par Pierre Laborie pour le Lot, s'articule autour de l'année 1941. C'est à ce moment que s'amorce avec le gouvernement une rupture qui se dessine en 1942. Mais une grande partie de la population continue de manifester à Pétain de l'attachement et du respect. Son image est celle du sauveur, du rassembleur au-dessus du quotidien, qui est le lot du gouvernement, seul tenu pour responsable des abus et des erreurs, et ce jusqu'au moment où le STO détériore son image en 1943, année de la rupture définitive. Cependant, à la fin de l'année, il connaît un regain de faveur quand il apparaît comme le seul capable de maintenir l'union entre les Français. Cette popularité prolongée n'exclut pas un manque d'adhésion, une indifférence à l'œuvre de la Révolution nationale.

Quelques constantes marquent la période. Tout d'abord, une germanophobie généralisée à l'égard de ceux qui sont et restent des ennemis, ce qui explique le refus catégorique dès 1940 de la politique de collaboration, qui n'a jamais été comprise par l'ensemble de la population, même lorsque les autorités lui parlent de réconciliation. Ce refus se mue très vite en révolte avec la relève puis avec le STO, comme en témoignent les défaillances et la complicité de la population.

Ensuite, il y a l'anglophilie, qui reste l'attitude de la majorité malgré des fluctuations liées aux événements de Syrie en 1941. Progressivement, l'espoir de la victoire, dont beaucoup n'ont jamais douté, se reporte sur les États-Unis. Les bombardements, ce qui ne cesse d'étonner les autorités, ne sont jamais condamnés : passé le premier moment d'émotion, ils sont excusés par la nécessité. À plusieurs reprises, les Périgourdins dénoncent l'attitude du gouvernement, qui n'oppose de résistance qu'aux Britanniques (Syrie, Madagascar).

Les différentes parties du département, qui juxtapose des régions très diverses, n'évoluent pas au même rythme. À Périgueux, dont la population est très variée et où les conditions de vie sont très difficiles dès 1940, l'évolution de l'opinion est plus rapide, plus tranchée que dans les campagnes du Nontronnais et du Sarladais, lesquelles ne réagissent qu'aux mesures économiques et aux événements militaires. Le Bergeracois, pays de tradition protestante, agrandi des communes girondines, apparaît dès 1940 comme l'arrondissement le plus remuant, il inquiète les préfets successifs. La population y est frondeuse, prompte à manifester son opposition, rétive à l'information officielle, à laquelle elle préfère celle venue de la zone occupée et surtout de l'étranger. La situation y est telle qu'en janvier 1943 le sous-préfet demande l'annulation de toutes les conférences de propagande, qu'il juge plus dangereuses qu'utiles. En 1943, toutes les parties du département se rejoignent à cause du STO.

Marie-Thérèse Viaud

NOTES

1. Élections de 1936 : sur six députés, cinq pour le Front populaire, dont deux communistes.

2. Rapport du sous-préfet de Bergerac du 27 novembre 1940 : « Il est vrai que cet incident se place avant le bombardement de Marseille. Mais il y avait Mers el-Kébir, Dakar, et il y a les bombardements fréquents du Bec d'Ambès et de la région bordelaise, que l'on n'ignore pas à Bergerac. »

3. Rapport du sous-préfet de Nontron du 11 décembre 1940.

4. Rapport du commissaire de police de Périgueux du 31 décembre 1940 : « Notre chef n'est donc pas un instrument passif de la politique inspirée par son entourage. »

5. Rapport du commissaire spécial du 28 mars 1941 ; rapport du commissaire de police de Périgueux du 17 mars 1941.

6. *Petite Gironde,* 27 mars 1941, déclaration de Brinon en première page : « [Le Maréchal] est convaincu que la France se doit de participer à la création du nouvel ordre européen, et c'est pourquoi il souhaite d'y pouvoir travailler avec l'Allemagne victorieuse. »

7. Rapport du sous-préfet de Nontron du 30 janvier 1941.

8. Deux cent soixante-treize arrestations, deux cent quarante-deux expulsions en zone occupée.

9. Rapport du délégué à la propagande du 26 mai 1942.
10. Raport du délégué à la propagande (juillet 1942) : « Et il n'a même pas fait acclamer le nom du Maréchal. »
11. Rapport de synthèse du préfet pour l'année 1942.
12. Rapport du préfet, septembre 1943.
13. Treize en février, quarante-huit en mars.
14. Du 17 juin 1943 au 25 septembre 1943 : deux mille cent cinquante-deux convoqués, mille vingt-trois défaillants, mais : 91,5 % de défaillants — en juillet et 100 % en septembre ; douze arrestations pendant toute la période.
15. Rapport de gendarmerie, août 1943.
16. Rapport du préfet de décembre 1943 : à Terrasson, le maquis s'empare des tickets de rationnement en présence de cent cinquante personnes. Aucune ne fournit le moindre renseignement.
17. Rapports des Renseignements généraux de janvier à mai 1944.

IV. Les Alpes-Maritimes

Afin de mieux comprendre l'évolution de l'opinion azuréenne, il convient de signaler cinq facteurs pouvant l'influencer : le modérantisme politique (vingt-quatre conseillers généraux de droite sur trente) ; le fait que Pétain soit considéré comme un Azuréen d'adoption depuis son installation à Villeneuve-Loubet en 1920 ; l'anglophilie traditionnelle due au lancement de la Côte d'Azur par les Britanniques ; la menace italienne, concrétisée par les revendications territoriales formulées en 1938 et réactualisées par l'occupation de Fontan et Menton ainsi que par la démilitarisation de cent quarante-neuf communes par la convention d'armistice de Villa Incisa ; l'extrême dépendance alimentaire des Alpes-Maritimes à l'égard des autres départements français.

Au vu des sources consultées[1], nous avons délimité cinq périodes : juillet 1940-février 1941, marquée par le consensus intérieur et l'hypothèque transalpine ; mars-décembre 1941, marquée par l'effritement du consensus, les premières manifestations contre le ravitaillement et les grandes manifestations d'inspiration antitransalpine ; janvier-octobre 1942, marquée par le reflux du maréchalisme et le développement des sentiments hostiles à la collaboration ; novembre 1942-août 1943, marquée par l'occupation italienne et le rejet du STO ; septembre 1943-août 1944, marquée par l'occupation allemande et le rejet de la satellisation du pays.

L'opinion accepta sans rechigner l'armistice de Rethondes tout comme le changement de régime, auquel le quotidien conservateur *L'Éclaireur* avait préparé ses lecteurs et en faveur duquel quatre parlementaires sur cinq votèrent. Tout au plus la police reconnut-elle qu'une petite minorité était « hostile à la nouvelle Constitution et [craignait] une dictature militaire[2] ». Tous les notables du département soutinrent le nouveau régime et transmirent des vœux de réussite au Maréchal. Le 14 juillet, *L'Éclaireur* publia une adresse de deux cents Français de Villeneuve-Loubet à leur « illustre voisin », exprimant leur entière confiance dans les actions qu'il jugerait utile d'entreprendre « pour le salut et le relèvement de la France », leur rejet de « la politique mensongère et de la franc-maçonnerie » et leur foi dans « l'instauration du devoir et du sacrifice de tous pour l'honneur de la France ». Le premier rapport préfectoral indiquait que la population était « prête à approuver les réformes même les plus hardies si elles [devaient] éviter le retour des erreurs commises » et qu'elle faisait « pleine confiance au maréchal Pétain[3] ». L'application des lois nouvelles et des premières mesures d'épuration ne souleva pratiquement pas d'opposition. Le lancement de la Légion fut un franc succès, la section départementale étant la première du « royaume du Maréchal » par la date de sa constitution (6 octobre) comme par le nombre de ses adhérents (50460).

En revanche, les Azuréens redoutèrent les conséquences de l'armistice de Villa Incisa, ce qui entraîna d'importants retraits de fonds (52 millions de francs, contre 8 millions de dépôts) jusqu'au 15 juillet. L'italianisation de Menton et l'éventualité d'une « marche sur Nice » entretinrent une vive agitation des esprits, notamment lorsque des rumeurs fixèrent la date de l'occupation. Le préfet Ribière signala au gouvernement que l'émotion était devenue moins vive « après l'entrevue du chef de l'État et du Führer et particulièrement après les déclarations du maréchal Pétain, qui ont rassuré l'opinion, persuadée qu'une politique de collaboration ne pouvait débuter par la cession de Nice[4] ». Ayant visité de nombreux villages proches de la ligne d'armistice, le préfet indiqua au gouvernement combien il avait été frappé et ému par les manifestations de loyalisme et d'attachement à la patrie qui lui avaient été données, ajoutant *in fine* : « Comme partout la figure du Maréchal crée l'unanimité sur la France nouvelle et sa personne[5] . »

À partir de mars 1941, on assista à un effritement du consensus intérieur, essentiellement dû à l'épuration municipale et aux problèmes alimentaires. Le préfet se fit l'écho de cette évolution :

« L'unanimité de l'opinion, quand il s'agit du chef de l'État, cache cependant de vives dissensions entre les divers éléments de la population, quand on considère les problèmes de politique intérieure et extérieure[6]. » La dissolution de 34 municipalités et l'élimination de nombreux conseillers dans les cent vingt-sept municipalités maintenues, souvent remplacés par des éléments n'ayant pas une bonne image (militants du PPF ou militaires trop autoritaires), portèrent un premier coup à l'unanimisme. Certes, les critiques contre le gouvernement décelées par le contrôle postal demeurèrent limitées (de 5 à 11 %), de même que la propagande gaulliste (de 2 à 8 %), mais la police n'en releva pas moins trente-sept diffusions de tracts par la Résistance[7]. Le nouveau régime ne parvint pas à séduire la classe ouvrière, le préfet reconnaissant que les ouvriers souhaitaient « la victoire de la Russie » et demeuraient « en dehors de la Révolution nationale, pas hostiles mais suspects[8] ». Les difficultés d'approvisionnement eurent des retombées politiques puisque l'on enregistra les premières manifestations de ménagères à La Colle-sur-Loup en mars, à Cannes en août et à Cap-d'Ail en octobre, à l'initiative de comités populaires suscités par les communistes. Le préfet alerta à plusieurs reprises le gouvernement sur les conséquences désastreuses pour l'opinion publique de la situation alimentaire, affirmant notamment que c'était un problème « d'ordre gouvernemental » risquant de se transformer « en un problème politique que la proximité de l'Italie [rendait] particulièrement grave[9] ». Toutefois, la situation de l'opinion était encore favorable au gouvernement, sinon au régime, une estimation de la gendarmerie donnant 40 % de nationaux, 20 % d'apparemment nationaux, 25 % d'indifférents et 15 % de partisans du Front populaire[10]. Deux meetings tenus au palais des Fêtes de Nice obtinrent un grand succès, 8 000 personnes écoutant Paul Marion et 6 000 Jacques Doriot. Des manifestations réunissant de 30 000 à 50 000 personnes eurent lieu à Nice à l'occasion de la fête de Jeanne d'Arc, du premier anniversaire de la Légion et de la venue de l'amiral Darlan, ce qui valut au chef-lieu le surnom de « Fille aînée de la Révolution nationale ». Il semble que la réussite de ces manifestations ait tenu davantage à la volonté des Azuréens d'affirmer leur attachement à la France qu'à des motivations purement idéologiques, ainsi que l'indiqua le directeur de cabinet du préfet : « Dans l'enthousiasme des populations pour la Révolution nationale, il y avait pour une bonne part un réflexe patriotique qui traduisait leur conviction que le maréchal Pétain était le mieux placé pour les protéger d'une annexion italienne[11]. » La fête de Jeanne d'Arc tourna au plébiscite anti-italien, ainsi que le reconnut la commission d'armistice italienne : « Les âmes de tout le département se sont mobilisées pour opposer la solidarité nationale française au danger des revendications italiennes », et le défilé des légionnaires, le 31 août, lui inspirait cette réflexion désabusée : « Il semble que, pour les Français, on fasse passer avant les divisions politiques le souci d'affirmer le caractère français de la région niçoise face à l'Italie[12]. » Aussi la défaite de l'Axe était-elle souhaitée, de même que l'échec de la collaboration : « La politique de collaboration avec l'Allemagne est très discutée. Ses adversaires sont plus nombreux que ses partisans. La victoire anglaise est toujours souhaitée d'une part par les anglophiles de conviction et d'autre part par ceux qui la désirent comme un moyen et un moindre mal[13]. »

Le début de l'année 1942 fut marqué par un net reflux du maréchalisme, vraisemblablement provoqué par la combinaison du malaise social, de l'intervention américaine et de la résistance soviétique, largement exploitée par un PCF renaissant. Le préfet alerta aussitôt le gouvernement de cette modification : « Jusqu'à maintenant, je vous avais signalé que je considérais dans l'ensemble que l'état d'esprit du département était bon et que le gouvernement pouvait compter sur la population des Alpes-Maritimes. Je ne dirais plus de même aujourd'hui[14]. » Le mois suivant, après avoir souligné que le prestige du Maréchal demeurait incontesté, il indiquait que l'incertitude dans laquelle était laissée l'opinion favorisait la propagande « de ceux qui [espéraient] le retour au régime des partis et [souhaitaient] la victoire russe », ajoutant qu'il y aurait lieu « de ne pas laisser le monopole du patriotisme à nos adversaires[15] ». La Légion constitua un révélateur de cette crise de l'opinion, puisque 40 % de défections furent enregistrées et que le deuxième anniversaire ne rassembla que 5000 membres. Cela n'empêcha pas le succès de deux meetings tenus au palais des Fêtes de Nice par Philippe Henriot et Paul Marion (8000 auditeurs le 11 mai et 6000 le 28 octobre), mais un processus irréversible était enclenché, stimulé par les carences de l'administration vichyssoise, poussant à bout les consommateurs, et par le retour au pouvoir de Pierre Laval, générateur de deux mesures attestant un alignement sur le Reich : la rafle des Juifs étrangers, malgré la censure, suscita bien des remous, et la Relève, laquelle, si elle fit disparaître le chômage, apparut rapidement comme une escroquerie aux retours dans un département où avaient eu lieu près de 3000 départs ! Le préfet reconnut qu'il n'y avait plus que 20 % des Azuréens « se situant sans réserve derrière le Maréchal », soit autant que les « partisans déclarés de la victoire anglaise », les 60 % restants étant considérés comme prêts à se rallier « au gouvernement qui leur [fournirait] un maximum de bien-être [16] ». L'agitation irrédentiste en Italie contribua également au détachement de l'opinion, ainsi que le résuma le maire de Nice : « Devant choisir entre sa foi révolutionnaire-nationale et sa nationalité, le Niçois n'hésite pas. Il veut rester français, et il s'éloigne de ceux dont la politique semble vouloir abandonner Nice et sa région [17]. » La Résistance profita de cette situation pour étoffer ses effectifs, distribuer cinquante-trois tracts, plastiquer vingt-trois permanences de mouvements collaborateurs, descendre dans la rue (des centaines de manifestants scandant « Vive de Gaulle », « Mort à Laval et à Hitler » le 14 juillet à Nice), inciter les ménagères à la révolte (manifestations à Cannes en janvier, à Beausoleil et à Cap-d'Ail en juillet).

L'occupation italienne — qui induisait une annexion à moyen terme —, le sabordage de la flotte à Toulon, le rapprochement des Alliés et leur volonté de coopérer en Algérie avec des vichyssois modérés, la première grande défaite de la Wehrmacht à Stalingrad — contemporaine de la création de la Milice et du STO — furent autant d'événements marquant le rejet du régime. Ils n'entraînèrent pas l'adhésion complète de la population à l'esprit rénovateur de la Résistance, mais bien plutôt son aspiration massive à la victoire des Anglo-Saxons désormais installés en Méditerranée, ce qui rassurait les plus modérés au moment où l'Armée rouge enregistrait des succès significatifs et continus sur le front de l'Est, ce qui rendit vains les efforts de la Milice pour apeurer les bourgeois. Le nouveau préfet, Jean Chaigneau, signala que l'hostilité manifestée à l'encontre de l'occupant s'étendait au gouvernement, auquel il était reproché « de ne pas faire suffisamment d'efforts pour soutenir ses ressortissants et s'interposer entre ses habitants et les troupes étrangères [18] ». Avec le renversement de Mussolini, le rejet du régime s'accrut, ainsi que l'indiqua le préfet : « Il ne faut pas se dissimuler que la très grande majorité de la population n'est pas favorable au gouvernement ; seule la personne du Maréchal conserve, auprès de beaucoup, la valeur d'un symbole et apparaît quelque peu au-dessus de la mêlée [19]. » La Résistance doubla ses effectifs, diffusa quatre-vingt-trois tracts, abattit neuf collaborateurs et réunit un millier de manifestants, le 14 juillet, place Masséna. Elle s'impliqua beaucoup dans la lutte contre le STO — permettant à la moitié des requis d'échapper au départ — et rallia des vichyssois modérés comme le maire de Nice.

L'installation de la Wehrmacht, la chasse aux Juifs et aux réfractaires du STO, les évacuations forcées, la brutalité de la répression nazie et la collusion des miliciens avec les nouveaux occupants ne firent que renforcer la haine à l'égard du Reich et le rejet de Vichy, assimilé à un régime fantoche, Laval et Darnand devenant les bêtes noires des Azuréens : le négrier et le SS. Les collaborateurs ne se firent plus d'illusions, estimant à plus de 90 % la proportion des Azuréens qui les condamnaient. Une interception concernant le commissariat aux Questions juives illustre bien ce désenchantement : « Le commissariat déserte. Nous sommes considérés comme des pestiférés[20]. » Les deux meetings les plus suivis ne rassemblèrent que huit cents personnes, le noyau dur de la collaboration. Plusieurs maires nommés par Vichy critiquèrent celle-ci ou présentèrent leur démission, et, le 26 mai 1944, le conseil départemental manifesta des réticences pour voter une motion de confiance au gouvernement. La Résistance portera son effectif à trois mille six cents membres en juin et abattit trente collaborateurs, tandis que les gendarmes désertaient pour rejoindre les maquis.

Jean-Louis Panicacci

NOTES

1. Rapport du préfet, des Renseignements généraux, de la gendarmerie, du contrôle postal, des maires.
2. Arch. dép., Cabinet après 1940, divers n° 36.
3. AN, F1 CIII 1137, Rapport du 27 juillet 1940.
4. Id., Rapport du 1er novembre 1940.
5. Id., Rapport du 6 mars 1941.
6. Arch. dép., Rapports du préfet, 10 mai 1941.
7. Id., 166 W 18 (contrôle postal) et 7 (tracts).
8. AN, F1 CIII 1137, Rapport du 4 octobre 1941.
9. Id., Rapports des 24 septembre, 4 octobre et 4 décembre 1941

10. Arch. dép., cabinet après 1940, divers n° 42, 10 septembre 1941.
11. Témoignage de Pierre Chaussade, 5 avril 1979.
12. Archivio centrale di Stato, Notiziario des 16 mai et 15 septembre 1941.
13. Arch. dép., 30W 6891, contrôle postal, 31 mai 1941.
14. AN, F1 CIII 1137, Rapport du 5 février 1942.
15. Id., Rapport du 4 mars 1942.
16. Id., Rapport du 5 mai 1942.
17. Arch. dép., Rapports au préfet, 16 mai 1942.
18. AN, F1 CIII 1137, Rapport du 12 juillet 1943.
19. Id., Rapport du 8 septembre 1943.
20. Arch. dép., 166 W 19, interception 3227 du 30 septembre 1943.

5.

La crise française vue d'outre-Manche

Only a man harrowing clods
In a slow silent walk,
With an old horse that stumbles and nods
Half asleep as they stalk.

Only thin smoke without flame
From the heaps of couch grass,
Yet this will go on the same
Though Dynasties pass.

Yonder a maid and her wight
Come whispering by;
War's annals will cloud into night
Ere their story die.

(Thomas Hardy, *In Time of « The breaking of Nations »*, 1915)

(Rien qu'un homme hersant la terre / Dans une marche lente et silencieuse / Avec son cheval qui trébuche et se balance / Ensommeillés alors qu'ils s'en vont /
Rien qu'une légère fumée sans feu / Montant des tas de chiendent / Pourtant, tout cela va continuer de même / Bien que les dynasties se succèdent /
Là-bas, une jeune fille et son amant / Passent en murmurant / Les annales de guerre vont s'effacer dans la nuit / Avant que leur histoire ne s'éteigne.)

On cite ce poème de Thomas Hardy écrit au moment de la Grande Guerre [1] chaque fois que l'on souhaite opposer la « pérennité de la nature humaine » au caractère éphémère des conflits et des guerres entre nations. Mais cela nous rappelle que, précisément en temps de guerre et de désastres nationaux, on se tourne pour se protéger vers des modèles immuables et vers les valeurs de base des relations humaines.

Nombreux sont les exemples que l'on peut trouver, au moment de l'exode de mai-juin 1940, chez ceux qui cherchaient refuge physiquement au sud de la Loire et se raccrochaient métaphoriquement aux images représentant « la nature essentielle de l'homme ». Si illusoires qu'elles fussent, ces images traduisaient le désespoir d'un peuple cherchant à se rassurer dans un monde où les valeurs politiques et sociales attachées à la République semblaient avoir échoué.

De la mi-mai à la mi-juin 1940, la population française a vécu davantage de rumeurs que d'informations. Nombre de ces rumeurs reflétaient la profonde ambivalence envers l'autorité qui avait marqué les années 1930. Si bien que d'un côté le bruit courait que Reynaud s'était enfui avec la caisse de la Loterie nationale, de l'autre on s'imaginait que les autorités allaient bientôt reprendre la situation en main. Très vite, cependant, prévalut à l'égard des maires et des préfets de l'administration et du gouvernement une atmosphère de ressentiment qui se nourrissait des informations — les unes réelles, les autres fantaisistes — selon lesquelles, dans bien des villes envahies, les autorités avaient été les premières à partir, laissant les gens se débrouiller seuls.

Selon une étude approfondie de l'exode, entreprise peu après l'événement par une équipe d'universitaires de Rennes, une part de la panique trouvait son origine dans les carences de l'administration — mais comme ce travail n'a été publié qu'après la guerre, il n'a pas pu servir à la propagande en faveur de Vichy[2]. Cependant, ce qu'il montre en termes mesurés (et que l'on retrouve dans la plupart des souvenirs de l'exode, qu'ils aient été publiés au temps de Vichy ou depuis), c'est ce que la population à perçu, l'attitude de ceux qui occupaient des fonctions d'autorité comme le summum de l'irresponsabilité. Ainsi, dans le récit amer d'un ouvrier métallurgiste, Georges Adrey, qui en 1941 se disait socialiste et pacifiste, les autorités de haut en bas sont accusées de négligence et de trahison. Ayant poussé une brouette remplie de ses affaires de Paris à Orléans, il affirme n'avoir trouvé dans aucune des localités traversées un fonctionnaire capable de le renseigner ou de le conseiller. Après avoir décrit la peur, le chaos, la confusion, le pillage (sur lesquels nous avons maintenant des données détaillées), il conclut avec colère que le gouvernement avait tout simplement abandonné les populations aux Allemands[3].

Écrivant après la Libération, Jérôme Tharaud a pu décrire l'exode comme un phénomène inédit depuis les invasions barbares du IVe siècle et déclarait que sur la route de Tours on avait l'impression de n'être guère plus qu'une feuille balayée par un tourbillon : un sentiment de futilité et de désespoir, au milieu d'incessants va-et-vient, avec des « gendarmes ou des civils armés de bâtons qui nous refoulaient sans cesse dans un dédale de boue, dont nous n'arrivions pas à sortir[4] ».

En 1940, en Angleterre, on pouvait se sentir confronté à la perspective sinon à l'imminence d'une catastrophe similaire. Chaque jour ou presque, on s'interrogeait sur ce qui se passerait si les Allemands débarquaient ; inévitablement, le sort de la France servait de mise en garde. Articles de journaux, émissions de radio, opuscules et livres ne se contentaient pas de décrire la défaite militaire des armées alliées, ils cherchaient aussi des explications, ce qui impliquait des études historiques, des essais sur les mentalités françaises, des analyses de la IIIe République, de ses faiblesses et de ses trahisons, sans parler de maints récits alarmants relatant les tribulations d'une population désorientée et terrorisée par la *Blitzkrieg*[5]. La presse en général se montrait bienveillante envers les Français, et les critiques de style agressif et nationaliste étaient rares.

Pour Alexander Werth, le plus fin connaisseur de la vie politique française, ce qui était premier dans la série tragique des événements de 1934 à 1940, c'était la détermination du peuple français de sauver ses fils du massacre d'une autre guerre mondiale. En témoignaient le « pacifisme de la France provinciale » et le concept d'une « guerre sans effusion de sang », si « profondément ancré dans l'esprit de nombreux Français » — sans que ceux-ci soient défaitistes — et renforcé par les illusions dont se nourrissait le gouvernement[6].

Chez Percy Philip, journaliste écossais et correspondant du *New York Times,* qui avait prolongé son séjour en France pendant trois mois après la défaite, interviewant des ministres de Vichy et voyageant dans la zone sud, on trouvait un point de vue un peu différent : toutes les catégories sociales s'étaient insurgées contre le caractère « excessivement politique de la vie sous la IIIe République ». Si bien qu'une vaste majorité « voulait une révolution politique pour éliminer la politique ». Percy Philip mettait en cause les fonctionnaires, qui, après les politiciens, étaient les personnages les plus détestés dans l'opinion : accusés de « se cacher derrière les règlements, ils personnifiaient une insensibilité bureaucratique étouffante et une impéritie marquée par le manque d'initiative [...] qui caractérisaient les dernières années de la République et étaient responsables en grande partie de la chute finale[7] ».

C. F. Melville, francophile de longue date tout comme Werth et Philip, rédigea juste après Montoire un livre intitulé *Guilty Frenchmen*. Y sont dénoncés Bonnet, Weygand, Laval, Pétain et les « petits collabos français » de Paris, ainsi que les échecs du système politique d'avant-guerre, lorsque « les politiciens professionnels se succédaient dans le jeu éternel d'une ronde infernale ». Tandis que « la majorité des Français, les citoyens ordinaires et respectables, haussaient les épaules et déclaraient que la politique et les politiciens, c'était de toute façon une affaire sale et ça ne les concernait pas[8] ».

Quant à Sisley Huddleston, correspondant en France du *Times* et du *Christian Science Monitor* dans les années 1930, par ailleurs écrivain prolifique, bien connu sur la scène parisienne littéraire et artistique et dans les milieux diplomatiques, célèbre par sa francophilie, il s'établit après la défaite dans une petite résidence à Monaco. Là, il s'identifia si complètement au sort de la France qu'il adopta la nationalité française et se mit à donner dans toute la zone sud des conférences sur le thème « Pourquoi j'ai choisi d'être Français ». Dans les articles qu'il envoyait de France et qui ont été réimprimés après la guerre, il soulignait invariablement la double attente des Français : le ravitaillement et le besoin d'un chef. « À coup sûr, écrit-il, on n'a pas prêté suffisamment attention à l'aspect humain de cette débâcle sans précédent. L'essentiel, en 1940, [...] était de nourrir cette multitude affamée. Nous avons beaucoup trop tendance à penser en termes de politique quand nous devrions penser en termes de simple humanité. » L'appel au chef, poursuit-il, n'était que l'expression des valeurs françaises fondamentales, car la France « est avant tout le village où l'on est né, la ville où l'on a travaillé, la terre collée à la semelle de ses chaussures et que l'on ne peut emporter. La considérable et débordante popularité de Pétain provient essentiellement de ce qu'il personnifiait les sentiments les plus profonds du Français ordinaire[9] ».

Cette brève évocation de l'opinion française et du phénomène du pétainisme montre, comme je l'ai indiqué par ailleurs[10], à quel point dominaient l'hostilité à l'égard des politiciens et des fonctionnaires, la quête d'un chef charismatique et une certaine nostalgie pour les valeurs de la terre. Ici, les analyses des contemporains et celles des historiens coïncident. Le problème est de savoir dans quelle mesure l'opinion de l'époque peut être identifiée avec les idées et la politique de Vichy.

On peut noter en Angleterre, après Dunkerque et au temps du *Blitz,* nombre de réactions analogues à celles qui prévalaient en France au même moment. On minimise trop souvent la colère ressentie par les soldats rapatriés après la défaite écrasante et humiliante subie en Belgique et en France. L'opinion publique anglaise, tout en louant l'héroïsme des marins et des pêcheurs venus avec leur flottille évacuer les soldats britanniques et français à Dunkerque, opposait le succès de ces gens ordinaires à l'échec des politiciens, diplomates et militaires. Un opuscule anonyme, *Guilty Men* (Les Coupables), blâme les hommes de Munich d'avoir mené la Grande-Bretagne au bord du désastre. « Comment se fait-il, vous demandez-vous, que les fils les plus courageux de Grande-Bretagne aient été poussés dans un tel péril ? [...] Esprit invincible contre des armes invincibles. Les chances n'ont pas été égales. Voici en trois mots le fin mot de l'histoire : chair contre acier. La chair des héros, mais rien que de la chair. C'est l'histoire d'une armée condamnée avant même d'entrer en guerre [11]. » En quelques semaines, on vendit 250 000 exemplaires de ce *J'accuse,* tant cette indignation était partagée. C'est ce qui a donné naissance au livre de Melville cité plus haut.

Autre symptôme de cet état d'esprit : les témoignages de première main rassemblés par *Mass Observation* [12]. On y souligne les carences des administrations lors du *Blitz,* on y critique les autorités locales (notamment à Southampton), promptes à quitter leur poste dès la nuit tombée afin de se réfugier à la campagne : le parallèle est facile avec les réactions de la population française au cours de l'exode. Selon Tom Harrisson, l'un des fondateurs de *Mass Observation,* il y eut en Angleterre beaucoup plus d'expression de peur et même de panique que la mémoire collective ne l'a retenu [13].

De même, on a oublié à quel point le peuple britannique, en 1940, révérait lui aussi les valeurs de la vie rurale. Par exemple, le très populaire *Picture Post,* hebdomadaire illustré, intégrait délibérément des photographies de la campagne. Son numéro du 22 juin 1940 qui comporte un reportage photographique complet sur l' « épopée de Dunkerque », s'achevait sur l'image d'une flottille remontant la Tamise avec pour légende : « La fin de l'histoire : le retour à la maison des petits bateaux » ; il se poursuit par une double page représentant une idyllique image de campagne : « Sous le soleil d'un bel été, les champs et les bois de la Grande-Bretagne, les champs et les bois pour la sauvegarde desquels nous combattons. C'est cela, la Grande-Bretagne. C'est le pays qui a résisté aux envahisseurs depuis neuf cents ans. C'est la terre pour laquelle nous nous battons [14]. » Autrement dit, c'est vers cette campagne que les soldats et les petits bateaux s'en retournaient symboliquement et non point vers les villes industrielles, où vivait la plus grande partie de la population.

En publiant en 1940 l'autobiographie d'un ouvrier agricole, Fred Kitchen, intitulée *Brother to the Ox* (« Frère du bœuf »), l'éditeur J.-M. Dent indiquait qu'il y avait, « particulièrement en ce moment, une réelle valeur dans ce récit honnête et viril d'une vie humble mais productive [15] ». Comme l'a démontré Alun Howkins dans une étude sur l'image de la campagne durant la Première Guerre mondiale, il existait une vieille tradition en période de guerre : une tradition qui assimilait le fait d'être anglais avec les doux paysages du Sud [16]. On est moins renseigné sur la Seconde Guerre mondiale, mais diverses données permettent de penser que le peuple français de 1940 n'était pas le seul à évoquer la protection et les avantages de la terre...

Si inégale soit-elle, la comparaison entre le mode de pensée des peuples français et britannique en 1940 nous permet de mieux comprendre les réactions populaires en face des désastres militaires au cours du XXe siècle, et de proposer des conclusions quant à la psychologie, au langage et aux images de telles réactions. Mais ce qui a caractérisé les hommes de Vichy, c'est qu'ils ont cherché à s'approprier les réactions populaires de 1940 comme si celles-ci signifiaient une conversion politique à la droite nationaliste, en vue de trouver une légitimité pour le nouveau système politique, pour l'idéologie de la Révolution nationale et pour la politique de Montoire. Cette appropriation eut pour résultat d'assimiler à un programme politique spécifique ce qui n'était que des réactions générales. Les historiens à leur tour, après la guerre, ont trop souvent perpétué cette assimilation, de telle façon que cette nostalgie de la terre, cette méfiance à l'égard de la politique et de la bureaucratie, cette admiration du chef ont été purement et simplement qualifiées de vichyssoises, alors qu'une analyse plus fine aurait montré que ces attitudes comportaient un potentiel politique diffus.

Il est nécessaire d'insister sur ce point, si l'on veut comprendre non seulement ce qu'était Vichy, mais également la nature des mouvements et des idées qui l'ont combattu. Tant l'hostilité envers les autorités établies que l'appel à un leader charismatique, qui dominent le discours populaire en 1940, ont une signification fondamentale pendant toute la période de l'Occupation. Dans son livre, *Regeneration,* écrit en 1940, Denis Saurat, professeur à l'université de Londres et directeur de l'Institut français, n'a que mépris pour la politique de masse, qu'il rejette en des termes rappelant Ortega y Gasset, et va jusqu'à affirmer qu'il serait illusoire d'attendre quelque action efficace de la part d'une assemblée parlementaire. Le chef, selon lui, « est créé de manière spontanée, et seuls les événements comme ceux dont nous sommes les témoins au cours de ces années peuvent révéler le chef[17] ». Il serait aisé d'étiqueter ce livre comme vichyssois, mais la lettre-préface du général de Gaulle indique bien que ce texte se situe dans une opposition résolue à Vichy. De fait, l'attente d'un chef charismatique a conduit à de Gaulle aussi bien qu'à Pétain.

On peut en dire autant des mouvements de Résistance en France. Combien de chefs de mouvement, de réseau ou de maquis ont incarné l'image charismatique du chef que l'on se faisait en 1940 ! Jacques Canaud a ainsi pu intituler un chapitre de son étude sur *Les Maquis du Morvan :* « Rôle, importance et mythe du chef[18] ». Débattre de cette question, ou même simplement la soulever, souligne bien que Vichy était un choix et non une nécessité.

À propos du discours sur la terre, même si celle-ci revêt une signification particulière dans le discours de l'exode, même si la perception du phénomène a peut-être encouragé Pétain et Vichy à élaborer leur politique de retour à la terre, on doit signaler une autre utilisation politique de ce discours. En janvier 1942, par exemple, la revue *La France libre* présentait une série de photographies intitulée « Ici la France », avec le portrait d'un paysan labourant la terre derrière ses deux chevaux sous un ciel sans nuage. Cette photographie, qui aurait pu servir d'illustration au poème écrit en 1915 par Thomas Hardy, ressemble de manière frappante à celle dont se sert Vichy en 1941 dans une publication intitulée *La France nouvelle travaille :* signe que les Français en exil à Londres avaient autant besoin d'une image représentant sécurité et pérennité que les réfugiés jetés sur les routes de France. Mais, tandis que Vichy utilisait l'image à des fins politiques pour justifier la Révolution nationale, *La France libre* s'en servait comme modèle d'un univers pacifique et tranquille détruit par le nazisme et la collaboration [19]. Cette sensibilité au thème de la terre a ensuite été reprise par les maquisards comme un thème mobilisateur. Peut-être auraient-ils convenu avec Sisley Huddleston que « la France est avant tout le village où l'on est né [...] la terre collée aux semelles de ses chaussures », mais ils auraient sans aucun doute rejeté l'idée selon laquelle cette attitude justifiait Vichy.

L'opinion en France, et de façon moindre en Grande-Bretagne, a évolué en trois temps : d'abord un état de choc, puis la colère, enfin le désir d'être rassuré ; des psychologues y ont vu une analogie avec les réactions d'une famille ou d'un individu au décès brutal d'un proche [20].

Beaucoup ont choisi et soutenu Vichy en 1940. Une minorité a trouvé les moyens d'exprimer une opinion opposée. On ne doit donc pas présumer que tous les autres étaient vichyssois par défaut. Dans son ouvrage *France in Defeat,* Percy Philip était déjà sûr, à l'automne 1940, de l'impopularité de Vichy dans la zone sud [21]. Certes, il avait de bonnes raisons de l'exagérer, mais alors que penser du rapport du préfet de la Côte-d'Or en date du 20 novembre 1940 ? « La population rejette sur le gouvernement la responsabilité de la forme qu'a prise l'occupation. Toutes les espérances sont tournées vers l'Angleterre [22]. » Il est vrai qu'un seul rapport ne peut représenter l'opinion générale, mais cela donne à réfléchir. Établir un lien entre l'opinion publique française en 1940 et le régime de Vichy est essentiel, mais dégager ce lien d'une corrélation simple et inéluctable l'est tout autant. Seule la liaison des deux éléments permet une compréhension complète des choix auxquels les Français étaient alors confrontés.

Roderick KEDWARD

NOTES

1. Florence Emily Hardy, *The Later Years of Thomas Hardy,* Londres, Macmillan, 1930, p. 178.
2. André Meynier, *Les Déplacements de la population vers la Bretagne en 1940-1941,* Rennes, Les Nourritures terrestres, 1950, p. 36.
3. George Adrey, *Journal d'un replié,* Debresse, 1941, p. 47.
4. Abel Renault et Jérôme Tharaud, *L'Exode, mai-juin 1940,* Paris, Flammarion, 1944 (préface).
5. Voir en particulier *Why France Fell. The Lessons for Us,* Londres, Union of Democratic Control, 1940, et C. Denis Freeman et Douglas Cooper, *Panic,* Londres, Cresset Press, 1941.
6. Alexander Werth, *The Last Days of Paris,* Londres, Hamish Hamilton, 1940, p. 254.
7. Percy Philip, *France in Defeat,* Londres, Frederick Muller, 1941, pp. 28-29 et 40.
8. Cecil F. Melville, *Guilty Frenchmen,* Londres, Jarrolds, 1940, p. 116.
9. Sisley Huddleston, *Pétain, Patriot or Traitor?,* Londres, Andrew Dakers, 1951, pp. 74-75, 76-77. Dans ce livre, Huddleston s'attache à expliquer la raison pour laquelle il est devenu pétainiste. Selon lui, le Maréchal a protégé pendant quatre ans l'unité essentielle du pays. Ce livre constitue l'une des plus vigoureuses plaidoiries en faveur de Pétain en n'importe quelle langue.
10. Voir mon article « Patriots and Patriotism in Vichy France », *in Transactions of the Royal Historical Society,* Londres, 1982, pp. 174-192.
11. « Cato », *Guilty Men,* Londres, Victor Gollancz, 1940, pp. 14-16. Michael Foot était l'un des trois journalistes anonymes.
12. *Mass Observation* est un précieux guide sur le comportement et les attitudes de la société britannique durant toute cette période. Les archives sont conservées à l'université de Sussex, à Brighton.
13. Tom Harrisson, *Living through the Blitz,* Londres, Collins, 1976, p. 334.
14. *Picture Post,* 22 juin 1940, pp. 9-17.
15. Fred Kitchen, *Brother to the Ox,* Londres, Dent, 1940, livre précédé d'une lettre du duc de Portland. On trouvera d'autres exemples de redécouverte de la vie rurale à cette époque dans les ouvrages suivants (que je remercie mon collègue Alun Howkins de m'avoir signalés) : A. G. Street, *The Gentleman of the Party,* 1936; Adrian Bell, *Corduroy, Silver Ley, The Cherry Tree,* 1936; Flora Thompson, *Lark Rise,* 1939, *Over to Candleford,* 1941, et *Candleford Green,* 1943; H. J. Massingham, *A Countryman's Journal,* 1939; J. Wentworth Day, *Farming Adventure. A thousand miles through England on a horse,* 1943.
16. Alun Howkins, « The Discovery of rural England », *in* Robert Colls et Philip Dodd (dir.), *Englishness : Politics and Culture, 1880-1920,* Londres, Croom Helm, 1986.
17. Denis Saurat, *Regeneration,* Londres, Dent, 1940, p. 43.
18. Jacques Canaud, *Les Maquis du Morvan,* Château-Chinon, Académie du Morvan, 1981, pp. 89-99.
19. *La France libre,* 15 janvier 1942, supplément photographique. *La France nouvelle travaille,* Éditions du secrétariat général de l'Information, 1941.
20. Voir Peter Marris, *Widows and their Families,* Londres, Routledge and Kegan Paul, 1958; E. Kübler-Ross, *On Death and Dying,* New York, Macmillan, 1969, et divers ouvrages de C. Murray Parkes.
21. « Tandis que je voyageais et passais dans les villes de Marseille, Montluçon,

Toulouse et Pau, j'ai remarqué partout les mêmes sentiments — de mépris pour Vichy et d'attente anxieuse de la victoire de l'Angleterre. » (Percy Philip, *France in Defeat,* pp. 91-92.)

22. AN, F1C III 1148, le préfet accuse la population de la Côte-d'Or de ne pas faire face à la gravité de la situation. D'après lui, les gens continuent de réagir comme ils le faisaient avant la guerre, parce que « toutes les mesures nouvelles que prend le gouvernement, dans quelque domaine que ce soit, ne sont pas acceptées sans récriminations ».

Huitième partie

LES FRANÇAIS DANS LA FRANCE DE VICHY : SOCIÉTÉ ET VIE QUOTIDIENNE

1.

L'impact du régime sur la société : ses dimensions et ses limites

« France de Vichy » ou « France sous Vichy » ? L'alternative a dès l'origine constitué un fil conducteur dans la problématique d'ensemble du colloque. Elle avait pour objectif d'échapper autant que possible à une illusion rétrospective. Parce que le souvenir de Vichy continuait d'obséder notre présent, parce que son projet de transformation radicale de la société française avait longtemps été négligé ou sous-estimé par l'historiographie, par un effet naturel de balancier, n'avait-on pas désormais tendance à surestimer parfois l'ampleur de son emprise réelle sur les structures sociales et la vie quotidienne des Français, voire à considérer que, des intentions à la pratique et de la pratique aux effets concrets, existaient des liens mécaniques ?

Sans prétendre épuiser ici le sujet, ni même esquisser une synthèse, cette communication a pour seul objectif de formuler différemment certaines questions touchant les dimensions et les limites du projet « révolutionnaire », là où Vichy a tenté explicitement des réformes structurelles dont l'ambition était de dépasser la situation provisoire et contingente de l'Occupation et de s'inscrire dans la durée. Cependant, il serait vain de dissimuler les difficultés : l'historiographie de la période s'est plus volontiers penchée sur les aspects politiques et idéologiques du régime que sur l'analyse sociale des Français sous l'Occupation. En outre, il est malaisé de départager — lorsqu'on peut les mesurer — les changements dus à la conjoncture et ceux que l'on peut imputer au régime proprement dit. Néanmoins, en dépit de ces obstacles, la question mérite d'être posée, car l'héritage (réel ou fantasmé) de Vichy reste un nœud de notre conscience nationale. Elle est posée ici sous l'angle des rapports entre État et société, tels que Vichy les a envisagés et tels qu'ils se sont manifesté, avec ou sans sa marque de fabrique, en considérant ici certains aspects de sa politique économique et sociale, son attitude à l'égard du phénomène et du droit associatif, sa politique culturelle ou encore l'impact de l'antisémitisme d'État.

L'évolution historiographique

Ce questionnement n'est aujourd'hui ni gratuit ni fortuit. Longtemps, la Révolution nationale a été un parent pauvre dans une historiographie peu diserte sur le régime de Vichy dans son ensemble. Si l'on excepte les articles précurseurs de Stanley Hoffmann, il a fallu, on le sait, attendre les années 1970 pour que soit prise au sérieux la tentative de « révolution culturelle » opérée par Vichy. Le colloque de la Fondation nationale des sciences politiques, en 1970, s'y était attelé tant bien que mal, mais c'est Robert O. Paxton qui va opérer le plus clairement la rupture épistémologique essentielle. La Révolution nationale et la collaboration d'État étaient les deux volets d'une même politique et le résultat d'une même analyse de la situation géopolitique de 1940, et ce au-delà des nuances ou des divergences doctrinales. Cette Révolution nationale a entraîné des espoirs, une effervescence intellectuelle et une série de réformes dont la France des années 1970, marquée par l'empreinte du gaullisme, a totalement perdu le souvenir. Elle a profondément imprégné la société française : « Avec le recul du temps et dans une optique sociale, au-delà des hommes eux-mêmes, on s'aperçoit qu'il y a continuité beaucoup plus que rupture entre Vichy et les gouvernements qui lui succèdent[1]. »

Paxton souligne ainsi qu'existe une continuité entre Vichy et l'après-guerre, et non pas sur la moyenne durée, c'est-à-dire des années 1930 aux années 1950, comme on le lui a fait dire trop souvent. Cela signifie sans ambiguïté, d'une part, que la Révolution nationale a constitué une rupture majeure dans l'histoire sociale de la France — c'est Paxton lui-même qui insiste sur ce point —, et, d'autre part, que son héritage pèse d'un poids relativement lourd dans la société française à l'orée des « Trente Glorieuses ». S'ajoute à cela un détail qui a son importance. Traduit en français en 1973, l'ouvrage a perdu son titre originel *Vichy France. Old Guard and New Order, 1940-1944* — référence directe à l'une des analyses centrales du livre, celle des contradictions du régime entre traditionalistes et technocrates — pour devenir *La France de Vichy,*

1940-1944, laissant implicitement entendre au public français que l'ensemble du pays était sous l'emprise du régime et qu'un tel qualificatif ne se cantonnait pas aux seules sphères du pouvoir et des élites, sens premier du titre anglais. Mal comprise ou enserrée dans un contexte polémique, cette notion de « France de Vichy », devenue aujourd'hui un lieu commun, a pu donner l'impression que toute la société française avait été conditionnée par l'existence d'un régime qui pourtant, sous réserve d'inventaire plus affiné, n'avait d'influence réelle que sur deux cinquièmes du territoire, les trois autres étant sous la domination d'un occupant autrement plus présent et contraignant[2]. Si l'importance politique et idéologique de la Révolution nationale n'était plus à démontrer, un acquis essentiel, restait à s'interroger sur son emprise effective.

Ce questionnement s'inspire également du renouveau historiographique des études sociales sur l'Allemagne nazie. Entamé voilà une quinzaine d'années, ce renouveau a mis en évidence des phénomènes peu connus, voire insoupçonnables il y a encore peu. Loin d'avoir été sous la domination complète et absolue du nazisme, la société allemande a généré des réflexes de « résistance », des tentatives d' « immunisation » contre l'encadrement totalitaire : c'est ce que certains auteurs, notamment Martin Broszat, ont appelé la *Resistenz,* terme contesté, emprunté au vocabulaire médical qui dénomme ainsi la production d'anticorps face à une agression externe, mais terme qui a pour avantage de mettre en évidence un phénomène distinct de la résistance effective (*Widerstand*), résistance consciente, politique, dans certains cas armée, voire de la « résistance civile[3] ». Ces études ont souligné la permanence de certaines traditions, notamment religieuses, facteur dont le caractère autonome est le plus clairement perceptible et qui génère les oppositions les plus vives à l'emprise du nazisme sur les esprits et les consciences. De même, continuent de subsister des structures sociales et des inégalités traditionnelles de la société allemande que le nazisme ne parvient pas réellement à réduire, alors que cette réduction est explicitement inscrite dans son programme. Enfin, l'un des auteurs les plus marquants de ce courant, Ian Kershaw, a pu démontrer qu'une « " opinion populaire ", indépendante de l' " opinion publique " façonnée par Goebbels, a continué d'exister sous l'uniformité monolithique des images de propagande du IIIe Reich[4] ». L'intérêt de ces études est de montrer la relative continuité de la

« société civile » dans un système totalitaire qui a précisément pour ambition de la détruire ou, du moins, de la déstructurer.

Le nazisme a bénéficié d'un règne de douze ans pour transformer la société allemande. Vichy, lui, n'a eu au mieux que quatre ans, et, pour être plus proche de la réalité chronologique, à peine deux ans pour imposer sa Révolution nationale dans des conditions plus que précaires. Or, sans vouloir comparer le régime de Vichy avec le national-socialisme, ne peut-on pas supposer que ce qui est vrai pour le nazisme, à savoir la permanence de formes d'autonomie et d'inerties sociales dans l'un des systèmes les plus coercitifs qui aient jamais été, le sera *a fortiori* dans le cadre de la Révolution nationale vichyste, faiblement relayée dans le tissu social, cantonnée sur une portion réduite du territoire, obligée souvent de composer avec des traditions républicaines fortement implantées dans les structures et les mentalités, et, surtout, totalement dépendante de l'évolution de la guerre et de l'occupation ? La question, en forme d'analogie, semble donc légitime, mais la réponse, contrairement aux apparences, est loin d'être simple.

S'il est vrai que la Révolution nationale rencontre des obstacles de taille, elle n'en dispose pas moins au départ, à l'été 1940, après le choc tétanique de la défaite, de quelques atouts non négligeables : la formidable popularité de Pétain, lieu géométrique de cette Révolution, le soutien de la hiérarchie catholique (et l'on sait désormais, grâce à l'historiographie allemande, que le facteur religieux est sans doute l'un des plus déterminants en la matière), le soutien d'une majorité des chefs d'entreprise de la plus grande partie de l'administration, l'inertie des classes sociales les moins proches *a priori* du régime, à commencer par les ouvriers[5], enfin, l'absence totale d'alternative politique crédible. Plus encore, Vichy bénéficie de cette énorme attente des Français à l'égard de l'État, en réaction contre les faillites réelles ou supposées des élites de la IIIe République : c'est là son atout essentiel, qui lui permet, au début, d'entamer une révolution sociale sans user de moyens aussi contraignants que d'autres « révolutions nationales » en Europe, même si les Français qui acclament le Maréchal ne perçoivent pas immédiatement le sens réel des transformations souhaitées par le nouveau régime, lui-même tiraillé entre tendances rivales.

Société corporative et économie dirigée

La politique économique et la politique sociale sont parmi les domaines où Vichy a le plus manifestement cherché à imprimer sa marque originale. Refus de la lutte des classes, défense des « communautés naturelles », l'idéologie du « Travail, Famille, Patrie » n'avait à l'époque rien d'innocent et ne signifiait aucunement une simple valorisation des valeurs familiales ou nationales (quelle idéologie est « contre » le travail ou « contre » la patrie ?...). Ces trois termes fétiches résumaient en un slogan populaire et simple une véritable doctrine organiciste de la société, inspirée à la fois (et non sans de fortes contradictions) du nationalisme maurrassien et du « planisme » des années 1930.

Or l' « avancée » la plus manifeste sous Vichy — au-delà de toute appréciation morale — a été l'extension notable du champ d'intervention de l'État, en particulier dans le domaine de la politique économique. Rupture qualitative, continuité avec les années trente ou « conversion » de l'État, comme l'a suggéré récemment Michel Margairaz[6], c'est encore un autre débat. Notons simplement ici que la première transformation réside d'abord dans la manière avec laquelle la puissance publique appréhende désormais les questions économiques et, indirectement, les questions sociales. C'est la conséquence à la fois d'une économie de pénurie, de la menace que fait peser l'occupant sur la richesse française et, de façon simultanée, d'une idéologie dirigiste qui considère que l'État doit désormais — et pas simplement dans le provisoire de l'occupation — intervenir directement dans les processus d'échanges, notamment en contrôlant la répartition des ressources.

Les premières, les plus notables et les plus durables des réformes menées par les « technocrates » de Vichy se sont donc situées d'abord à l'intérieur de la sphère étatique, à commencer par une certaine rationalisation des mécanismes de décision publique, entamée en fait dès avant la guerre et pendant la phase de réarmement, avec Raoul Dautry. Dans cette catégorie, on peut ranger le renforcement de l'appareil statistique, donc la volonté d'une meilleure connaissance des données macro-économiques, grâce aux collectes opérées par les comités d'organisation (CO) et l'Office central de répartition des produits industriels. On peut citer également la création d'instances interministérielles, tels le Comité économique interministériel, la liaison régulière entre les Finances et la Production industrielle, ou encore la Délégation générale aux relations économiques franco-allemandes, dirigée par Jacques Barnaud, organismes tous destinés à formuler une stratégie et une politique communes, au-delà des rivalités traditionnelles entre ministères. Ce type d'instances, qui répondait dans le court terme aux urgences de la conjoncture, a laissé des traces durables dans le comportement tant des agents que des administrations économiques et techniques : nombre de ces innovations seront reprises, mais modifiées dans leur esprit, à la Libération. Elles ont été fortement tributaires de la nature autoritaire du régime, en particulier le caractère « technicien » des ministres, nommés en fonction de leurs « compétences » et non pas d'un équilibre politique de type parlementaire, mais « compétences » qui leur conféraient, ainsi qu'à l'ensemble des rouages administratifs subalternes, des pouvoirs très étendus.

La deuxième innovation réside en revanche plus au cœur des relations entre État et société. Le régime a en effet tenté de modifier les rapports entre la puissance publique et le monde du travail et de la production. On en connaît les trois réalisations majeures : les comités d'organisation, la Charte du travail et la Corporation paysanne. Or toutes les trois, pour des raisons similaires, ont évolué dans le même sens, creusant un fossé entre les intentions idéologiques, les pratiques effectives et les effets à moyen terme.

Premièrement, ces trois réalisations ont consacré formellement et concrètement la défaite des tendances corporatistes. Celles-ci prônaient une organisation intégrée des professions, sur un mode « vertical » comme tous les corporatismes, mais elles souhaitaient cependant une décentralisation des décisions à l'échelon sectoriel et régional, une harmonie entre l' « économique » et le « social », et une relative autonomie à l'égard de l'État, très différente par exemple du système nazi. Or c'est exactement l'inverse qui s'est produit. Les tendances dirigistes du régime l'ont très largement emporté sur les tendances corporatistes. Les comités sociaux de la Charte du travail n'ont jamais obtenu, ni par la loi ni dans la pratique, un quelconque pouvoir de décision sur l'activité économique des entreprises, prérogative laissée à la seule discrétion des comités d'organisation et des chefs d'entreprise. Au contraire, la loi du 4 octobre 1941 consacrait une séparation nette entre l' « économique » et le « social ». De même, par le pouvoir de nommer et de révoquer les présidents des comités d'organisation, par le contrôle très strict de la répartition des matières premières — le problème crucial à l'époque —, les administrations économiques, au premier rang desquelles le ministère de la Production industrielle de Jean Bichelonne, ont limité autant que possible l'autonomie des chefs d'entreprise, à cette réserve près qu'a existé — mais pas toujours, on y reviendra — une relative concordance de vues entre les principaux responsables des CO et les ministères économiques. La nécessité d'une autonomie ne s'est donc posée que dans quelques cas isolés[7]. Enfin, si l'on suit les conclusions d'Isabel Boussard, la Corporation paysanne n'a pu empêcher sa mise sous tutelle par l'État, d'abord parce qu'un tel système supposait idéalement l'établissement d'un « État corporatif », sur le modèle portugais par exemple, et ensuite parce que, dans un contexte de pénurie et d'économie de guerre (économie de guerre allemande, donc indirecte, sur laquelle l'État français n'avait pratiquement aucune prise), les décisions importantes relevaient en dernier ressort du ministère de l'Agriculture et du Ravitaillement[8]. Néanmoins, malgré cette emprise étatique forte, il n'en reste pas moins que les comités d'organisation et la Corporation paysanne ont en partie renforcé le syndicalisme patronal d'un côté et agricole de l'autre, contribuant ainsi à créer des interlocuteurs mieux organisés, sinon plus puissants, face à l'État. En ce sens, Vichy est plus une étape vers le « néo-corporatisme » d'après-guerre qu'un aboutissement des idéaux corporatistes de l'avant-guerre.

Deuxièmement, la création de nombreux ordres professionnels s'inscrivait elle aussi, en apparence, dans la logique corporatiste : loi du 7 octobre 1940 instaurant l'ordre des médecins, le statut des pharmaciens ainsi que le statut des dentistes, loi du 31 décembre 1940 instaurant l'ordre des architectes ou encore celle du 18 février 1942 instaurant l'ordre des vétérinaires. Or, et c'est un point assez rarement souligné, ces ordres professionnels résultaient moins d'une volonté étatique que d'une demande des professions elles-mêmes. Danièle Voldman le montre bien pour l'ordre des architectes, qui fut créé « explicitement pour protéger la profession par une restriction à son accès[9] ». Certes, la logique des ordres professionnels les place en première ligne pour appliquer les principes d'exclusion du régime, qui se manifestent notamment par le fait que certaines professions soient réservées aux seuls Français (certains parleraient aujourd'hui de « préférence nationale »), et que d'autres se voient imposer des quotas (par exemple 2 % dans les cas des architectes) de citoyens français d'origine juive. Concrètement, leur politique, fut plus que malthusienne : près de trois mille refus pour six mille adhésions entre 1940 et 1944 au sein de l'ordre des architectes. Mais il est important de souligner ici que la nature autoritaire du régime ne permet en définitive que l'inscription dans le droit d'aspirations anciennes qui se manifestent hors de l'État. De surcroît, les principes d'exclusion exceptés, l'établissement de statuts professionnels plus ou moins rigides correspond à une tradition française bien ancrée (que l'on pense aux corps de la fonction publique) et à un besoin social récurrent. Rien de surprenant donc à ce que ces ordres aient été maintenus après la Libération. Mais peut-on dans ce cas parler d'une réalisation proprement « vichyste » ?

Troisièmement, dans le court terme, ces réformes d'ordre structurel ont suscité de très nombreuses réticences, voire des résistances. Parmi les grands chefs d'entreprise, elles furent rares tant l'osmose entre le grand patronat et l'appareil dirigiste de Vichy a été grande. Philippe Mioche rappelle toutefois le cas des sidérurgistes — secteur qui profite assez peu des conditions de l'Occupation — qui tentent de contourner la dissolution du Comité des forges en respectant au sein du nouveau Comité d'organisation de la sidérurgie « la tradition professionnelle » et « le poids des héritages ». Par ailleurs, l'hostilité viscérale de François de Wendel tant à l'égard de l'occupant qu'à l'égard de Vichy constitue une exception notable dans l'attitude générale du grand patronat de l'époque [10]. En revanche, les comités d'organisation ont suscité une profonde hostilité de la part des petites et moyennes entreprises et de la part des artisans, qui sont souvent les premiers sacrifiés dans les plans de restructuration qui s'opèrent dans certaines branches. Si l'on en croit l'une des rares études consacrées à l'artisanat, les discours du Maréchal et l'attention soutenue que Vichy semble porter à cette catégorie sociale n'ont eu que peu d'effets, ou des effets inverses à ceux recherchés : « Le “ Statut de l'artisanat ”, comme avant lui la Charte du travail, a changé la situation des artisans mais faiblement. Il les a privés de leur unité et de leur indépendance professionnelle et leur a dénié tout contrôle effectif sur les ressources. [Mais], en dépit de ces prises de position, Vichy n'a rien produit de notable dans la modification des fortunes des artisans [11]. »

Cependant, les concentrations forcées, point le plus sensible car il signifie souvent la disparition d'unités de production, voire d'entreprises, doivent moins à une volonté de rationaliser la production, encore moins à une politique de « planification », qu'aux circonstances immédiates de l'occupation, en particulier la pénurie, la sélection de fait opérée par la dépendance à l'égard des commandes de l'économie de guerre allemande, et, après 1942, par l'application du STO [12]. Il n'en reste pas moins que les intéressés en rendent le régime responsable. D'où les attitudes d'inertie et de résistance à l'égard des comités d'organisation : refus de répondre aux questionnaires sur la marche des entreprises, établissement d'un marché parallèle pour la fourniture de certaines matières premières, pétitions envoyées à Vichy, etc. Parmi les très nombreuses protestations des PME — qui constituent le tissu le plus dense des entreprises françaises de l'époque —, on peut en citer une, adressée directement à Pierre Laval, le 11 septembre 1942. S'insurgeant contre la loi du 17 décembre 1941 dénommée improprement « plan d'aménagement de la production » et qui, pour cause de pénurie d'énergie et de matières premières, permet la fermeture autoritaire par les CO de certaines entreprises, le représentant d'une association de PME écrit : « Les CO dans lesquels sont généralement d'abord représentées les affaires les plus importantes ayant bien souvent des attaches étrangères [c'est-à-dire avec l'occupant] n'ont fait, à la suite de la promulgation de la loi, aucune des enquêtes, aucun des travaux préparatoires qui auraient pu permettre la préparation de ce plan. » Et il adjure le chef du gouvernement de « bien vouloir personnellement étudier d'urgence cette affaire et donner à nouveau les directives nécessaires pour que la concentration soit faite suivant un plan logiquement établi en revenant sur toutes les décisions prises jusqu'à présent [par les CO] dans un sens contraire aux intentions de votre gouvernement [13] ». Sans prendre ce type de réaction à la lettre (certaines petites entreprises et certains artisans ont pu s'enrichir grâce à l'économie parallèle, en dépit des organismes de contrôle), leur nombre croissant à partir de 1942 et, surtout, la prise en compte du problème par Vichy (circulaires comminatoires de la Production industrielle adressées aux CO, nomination de Léon Gingembre, représentant des PME au cabinet de Bichelonne, en mai 1944), il est clair que le système dirigiste, loin de corriger les inégalités sectorielles et le fossé qui séparent la capacité de survie des grandes entreprises et celle des PME, a largement contribué au contraire à les accroître. De surcroît, on a souvent souligné les lenteurs et inerties engendrées par le système autoritaire de répartition, qui s'est fondé essentiellement sur une base scripturale : les répartiteurs ne disposaient pas des quantités physiques mais s'interposaient entre fournisseurs et clients, en exigeant de multiples bordereaux, autorisations, bons-matières, etc. Dans quelle mesure peut-on parler, dans cette optique, de « modernisation », et comment ne pas émettre l'hypothèse que le système dirigiste, improvisé, fruit de compromis idéologiques et largement conditionné en définitive par l'occupant, a contribué dans certains cas à désorganiser un peu plus les circuits d'échange et de distribution sans pouvoir, dans le même temps, réellement contrôler efficacement l'économie générale du système ? L'un des problèmes qui se poseront à la Libération et dans les années d'après-guerre sera précisément de liquider le passif de l'économie dirigée, à commencer par le développement pléthorique dû à la guerre des administrations économiques, dont le ministère de la Production industrielle.

L'indéfinissable frontière entre l'État et la société

Les résistances au dirigisme n'ont pas été seulement l'occasion de montrer la lourdeur du système et le poids des contraintes objectives. Elles ont enclenché également un débat de fond sur la définition de l'État et sur la frontière qui le sépare de la « société civile ».

Un chef d'entreprise, peu connu des historiens économistes, est resté en revanche célèbre chez les juristes pour avoir déposé un recours en Conseil d'État contre une décision d'un comité d'organisation qu'il jugeait arbitraire. Il a laissé son nom à une jurisprudence importante, l'arrêt Monpeurt, du 31 juillet 1942, qui permet d'évaluer les enjeux soulevés par les réformes économiques et sociales de Vichy [14]. En avril 1941, dans le cadre d'un « plan de rationalisation » qui préfigure la loi du 17 décembre 1941 sur l' « aménagement de la production », le CO des industries du verre décide la concentration forcée des entreprises de tubes de verre. Le sieur Monpeurt, propriétaire des verreries d'Alfortville, en appelle alors au ministère de la Production industrielle, organisme de tutelle, et lui demande de rapporter la décision, qu'il estime illégale. Le ministère refuse, et Monpeurt dépose un recours auprès du Conseil d'État. L'affaire est loin d'être anodine, car c'est toute la légalité des réformes économiques de Vichy qui est en jeu. Bien que la requête ait été rejetée, le fait capital est que le Conseil d'État se soit déclaré compétent pour juger de la décision du comité d'organisation et donc pour statuer sur sa nature juridique, qui n'avait pas été définie par la loi du 16 août 1940. Les CO, comme le souligne Jean Marcou, étaient de véritables « Martiens du droit[15] ». Dans cet arrêt, le Conseil d'État précise en effet : « Les CO, bien que le législateur n'en ait pas fait des établissements publics, étaient chargés de participer à l'exécution d'un service public, et les décisions qu'ils étaient amenés à prendre dans la sphère de ces attributions, soit par voie de règlement, soit par des dispositions d'ordre individuel, constituaient des actes administratifs[16]. » C'était prendre à la lettre l'esprit qui a présidé aux réformes souvent improvisées à la hâte de Vichy, à savoir la dévolution de certaines prérogatives publiques à des personnes ou à des organismes pouvant relever de la sphère privée. Cette confusion ou ces incertitudes sur la nature des CO est même l'une des causes essentielles des refus et des résistances qu'ils ont engendrés : non seulement les grandes entreprises en ont été les principales bénéficiaires, mais de surcroît leurs dirigeants ont pu agir en utilisant des moyens de contrainte relevant de l'autorité étatique. De là à croire que Vichy constituait une revanche des « trusts », il n'y a qu'un pas, franchi à l'époque par beaucoup, à tel point que Pétain se sentira obligé d'entonner lui aussi son couplet célèbre contre la « féodalité des trusts » dans son discours du 12 août 1941.

L'important est que cet arrêt (comme d'autres de même nature qui ont suivi, tel l'arrêt Bouguen du 2 avril 1943, du nom d'un médecin en conflit avec le nouvel ordre) a battu pour la première fois en brèche la conception traditionnelle de l'État en France, défini notamment par Carré de Malberg, qui postulait l'existence d'une « personne-État », personne morale de droit public, distincte des individus, gouvernants ou citoyens, dépositaires de la souveraineté. Au contraire, « la politique pétainiste tendait à encourager le dépassement d'une conception libérale et républicaine de la société fondée sur la stricte délimitation entre le public et le privé[17] ». Reconnaissant que des organismes non publics pouvaient se substituer à l'État, cet arrêt tendait à entériner la fin d'une conception de l'État comme entité délimitée : « Avant, il y avait l'État et la société, désormais il y aura l'État-société[18]. »

Or cette conception, qui a prévalu dans la plupart des réformes économiques et sociales de Vichy, relève de trois logiques idéologiques parfois contradictoires, si l'on met un instant de côté les contraintes d'une conjoncture dramatique :

— la théorie organiciste de la société déjà citée, qui cherche à intégrer les corps intermédiaires et qui s'exprime dès août 1940 dans la plupart des actes législatifs et politiques du régime ;
— l'apparition, ici et là, de « tentations totalitaires » dans les formes d'encadrement de la société, qui vise à un contrôle absolu de celle-ci par l'État, sinon à sa disparition (c'est pour cela que le terme « tentation » semble plus approprié que celui de « tentative ») ;
— enfin, la prise en compte de l'héritage républicain, sur lequel il est difficile de revenir et qui oblige donc, plus qu'à une « révolution », à des adaptations, même si elles se font sur un mode autoritaire. Le rôle joué par le Conseil d'État, constamment sollicité par les ministères, est à cet égard significatif[19].

On a vu plus haut le sort des conceptions organicistes que concurrencent, dans les domaines économiques, les conceptions dirigistes. Les deux autres logiques apparaissent, elles, nettement dans la politique menée par le régime à l'égard des associations.

Vichy et le principe associatif

Les associations constituent un bon indicateur des dynamiques du changement social, et singulièrement de la part d'autonomie du social qui peut subsister dans un régime autoritaire. Précision liminaire et significative : en zone occupée, les Allemands ont interdit l'activité des associations autres que celles fondées sur le droit public (ordonnance du 28 août 1940). Et, de fait, la dynamique associative s'effondre dans les premières années de l'Occupation en zone occupée, comme en témoigne l'évolution des déclarations d'associations nouvelles à la préfecture de police de Paris[20] :

1938	1 112	
1939	801	
1940	158	
1941	38	
1942	137	(assouplissement de l'ordonnance allemande)
1943	198	
1944	779	
1945	2 139	
1946	2 144	

En revanche, et contrairement à ce que l'on aurait pu croire, loin d'interdire toute vie associative, Vichy a adopté une voie médiane, voire ambivalente. D'un côté, il a très explicitement maintenu le principe de la liberté d'association définie par la loi de 1901, héritage républicain s'il en fut, de l'autre, il a « épuré » les associations existantes, cherchant d'une part à les contrôler et de l'autre à les utiliser.

« La restauration, dans le nouvel État français, de l'autorité émasculée par les abus et la licence devait entraîner, non point la suppression du principe de la liberté d'association, mais l'organisation d'un contrôle plus précis des groupements humains à la formation desquels la loi du 1er juillet 1901 avait ouvert l'écluse[21]. » Il ne s'agit pas là d'une excroissance libérale, mais d'une volonté de fédérer les énergies individuelles dans la perspective de l' « intérêt public », un objectif dont l'État seul ne veut ou ne peut se charger.

Mais si la loi de 1901 est maintenue, son esprit est singulièrement modifié. Parmi les interdictions, rappelons celle des « sociétés secrètes » et des loges maçonniques (loi du 13 août 1940), celle des syndicats et associations professionnelles (consécutive à la loi du 16 août 1940 créant les comités d'organisation), celle de toute association « dont les agissements se seront révélés contraires à l'intérêt général du pays » (loi du 11 juillet 1941). À noter, dans ce dernier cas, que la même loi abroge (article 7) celle du 10 janvier 1936, déposée par le gouvernement Laval, et qui avait interdit les groupes de combat et milices privées « menaçant l'intégrité du territoire national ou la forme du régime », loi appliquée, on le sait, à l'encontre des ligues à partir du 18 juin 1936. Cela pour rappeler que, constamment, bien que le régime se targue de défendre l' « unité nationale », il est rarement exempt de réflexes revanchards, même s'ils sont en contradiction avec les principes qu'il essaie de promouvoir. Parmi les encouragements donnés à la vie associative, on peut citer ceux concernant les associations familiales (loi du 29 décembre 1942) ou encore les démarches entreprises par le gouvernement Darlan pour assouplir le régime instauré par les Allemands en zone occupée[22]. Cherchant à réactiver les associations de nature caritative, comme la Croix-Rouge française (réorganisée par la loi du 7 août 1940), Vichy obtiendra partiellement satisfaction : l'ordonnance allemande du 11 août 1942 accepte la délivrance d'exemptions d'interdiction à des associations reconnues d'utilité publique. Enfin, parmi les tentatives d'encadrement, on peut citer les regroupements des associations d'anciens combattants au sein de la Légion française des combattants (loi du 29 août 1940). De même, et toujours dans le registre de la propagande, le secrétaire d'État Paul Marion a explicitement encouragé l'utilisation de la loi de 1901 pour favoriser des initiatives locales et décentralisées. C'est le cas des Centres de propagande de la Révolution nationale ou encore de l'Association pour la formation de propagandistes de la Révolution nationale[23]. Le secrétariat d'État obtient même l'accord du cabinet du Maréchal, car ces organismes, dès lors qu'ils sont constitués en associations « loi de 1901 », avaient, de par « leur indépendance, [...] la faveur du public, ce qui leur permettait une action qui n'eût pas été acceptée d'organismes dépendant directement du gouvernement[24] ». On touche là au cœur des pratiques de Vichy, qui vise à l'encadrement social, avec, comme dans le cas de Marion — mais c'est vrai également de certains technocrates du ministère de la Production industrielle —, une tentation totalitaire manifeste, c'est-à-dire la volonté de contrôler la société civile et de la restructurer en fonction d'une idéologie bien identifiée et d'objectifs imposés par un État tout-puissant. Mais, dans le même temps, on perçoit les limites de l'emprise du régime, qui ne peut à lui seul, et fautes d'élites et de relais suffisants, imposer par ses seules structures sa politique et son idéologie.

Les conceptions organicistes ou les tentations totalitaires ont en outre dû composer avec l'héritage républicain, tant était faible la marge de manœuvre du régime en regard de ses ambitions de transformation sociale. Par exemple, toucher à la loi de 1901, c'était explicitement raviver de vieilles luttes intestines, dont la querelle scolaire et la querelle religieuse. Or le régime a très vite évolué en la matière, révélant des contradictions internes souvent signalées. Lors de l'offensive cléricale, jusqu'en février 1941, Vichy abroge le fameux article 13 sur l'obligation faite aux congrégations religieuses d'obtenir une autorisation pour exister légalement et l'interdiction faite aux congrégations non déclarées d'enseigner, interdiction devenue générale par la loi du 7 juillet 1904, elle aussi abrogée (loi du 3 septembre 1940). Mais dès le gouvernement Darlan s'opère une contre-offensive laïque[25]. En matière de congrégations religieuses, tant le gouvernement Darlan que le gouvernement Laval exigent explicitement des garanties, après avis du Conseil d'État, qui joue lui aussi, semble-t-il, la continuité républicaine en ce domaine : « Si la loi lève l'interdiction, [...] elle ne soustrait pas les congrégations à aucune des obligations qui leur sont imposées tant par les lois déterminant les conditions de leur existence que par les lois relatives à l'enseignement public et privé [26]. » Autrement dit, les congrégations doivent obéir à la loi commune ; celles qui ont une autorisation doivent la renouveler et celles qui n'en ont pas doivent en faire la demande explicite. En aucun cas l'autorisation ne sera automatique. Résultat de la lenteur administrative ou faible dynamisme desdites congrégations, il ne semble pas que les velléités cléricales du début aient produit des effets réels. Pour ne prendre qu'un indicateur, le paysage des écoles privées (élémentaires et maternelles) à Paris intra-muros ne semble pas avoir été grandement modifié. Au contraire, il semble qu'il y ait une tendance à la baisse du nombre d'écoles et du nombre de classes pour une population scolaire relativement stable [27] :

Écoles privées (maternelles et élémentaires) à Paris

	Écoles	Classes	Élèves
1938	281 dont 74,3 % filles	1164	32824 dont 64,9 % filles
1939	267 dont 72,6 %	1162	35628 dont 66,4 %
1940	124 dont 72,5 %	390	11023 dont 65,7 %
1941	167 dont 71,8 %	619	18319 dont 66,3 %
1942	218 dont 71,5 %	911	28145 dont 63,5 %
1943	228 dont 69,3 %	883	31529 dont 60,8 %
1944	219 dont 69,4 %	1029	34982 dont 60,5 %
1945	203 dont 68,9 %	1029	34586 dont 66,1 %
1946	216 dont 69,9 %	1082	33961 dont 66,3 %
1947	196 dont 67,8 %	1033	32454 dont 59 %

Dans le même ordre d'idées, on peut rappeler l'embarras du gouvernement Darlan devant les conséquences de la réouverture du dossier des rapports entre État et Église. À titre d'anecdote, on citera ce chassé-croisé de circulaires sur le rétablissement spontané d'emblèmes religieux à l'école ou dans les mairies, qui signale la difficulté de maîtriser un héritage pour le moins conflictuel au sein de la société française. Le 15 avril 1941, Darlan rappelle aux préfets que ces initiatives « sont contraires au principe de neutralité qui demeure la base de la législation ». En aucun cas elles ne peuvent être tolérées à l'école, « qui reçoit des enfants de toutes les confessions », et elles ne peuvent être acceptées dans les mairies que lorsque existe « une large approbation de la population ».

Ailleurs, elles risquent « de blesser des convictions au détriment de la concorde nationale ». Mais, quelques mois plus tard, le même Darlan s'insurge auprès des mêmes préfets contre l'interprétation ultra-laïque que certains ont donnée de la précédente circulaire : « Inspirée par un juste souci de tolérance mutuelle, [elle] ne signifiait pas que fût interdite la présence de ces emblèmes à l'intérieur d'édifices publics, quand celle-ci, fondée sur la tradition locale, avait reçu la pleine approbation de la population. Cette règle a été observée même en 1903. À plus forte raison ne saurait-il être question d'y déroger quand la civilisation chrétienne est aujourd'hui inscrite au programme de l'enseignement primaire public[28]. »

Manifestation assez exemplaire de la difficulté de maîtriser plusieurs éléments contradictoires : la nécessité d'une « concorde nationale » à laquelle le régime aspire par idéologie, à laquelle il est contraint car en permanence à la recherche d'une légitimité forte, et alors même qu'il sait que son projet « révolutionnaire » va déclencher ici et là des germes de guerre civile ; la difficulté de trouver un compromis entre ceux qui pressent à la rupture avec l' « ancien régime » et ceux au contraire qui veulent en utiliser toutes les ressources, tant pour opérer cette rupture de manière progressive que pour enraciner les réformes dans la continuité de l'État de droit, avec lequel Vichy n'a jamais voulu rompre explicitement, même s'il l'a fait implicitement ; la volonté de contrôler étroitement toutes les plages d'autonomie laissées au corps social, mais qui suppose des relais et un soutien qu'il n'a pas.

Des espaces culturels de liberté

Ces contradictions se manifestent dans un domaine récemment exploré par les historiens : celui des pratiques et des politiques culturelles sous l'Occupation[29]. Comme ailleurs, le régime de Vichy se préoccupe là de renforcer les structures étatiques existantes, afin tout à la fois d'encourager les initiatives privées et de développer certaines activités, dont la pratique du sport ou la réactivation de cultures folkloriques régionales[30], et de les canaliser à son profit. À l'instar de l'industrie ou du commerce, les industries du spectacle — cinéma, théâtre et autres — ont été organisées au sein de comités d'organisation sous la tutelle de l'État et dotées d'attributions importantes, dont le contrôle d'accès à la profession. De même, à l'échelon administratif, les directions ministérielles ont été repensées et renforcées, telle la Direction des beaux-arts, ou le commissariat à l'Éducation générale et au Sport, supposés être les leviers culturels de la Révolution nationale. Ces initiatives étatiques sont concomitantes d'un dynamisme culturel qui anime l'ensemble de la société française, zone nord comme zone sud. Pour l'expliquer, on a invoqué la politique des Allemands, soucieux de ne pas rompre les liens sociaux traditionnels afin de conserver, en zone occupée, un ordre aussi « normal » que possible. On a souvent invoqué aussi les circonstances psychologiques de l'Occupation, le désir d'évasion des lecteurs ou des spectateurs, dont le nombre s'accroît de façon significative, la créativité nouvelle des artistes que favorisent les « vertus du dénuement[31] », c'est-à-dire les pénuries de tous ordres, créativité perceptible aussi bien dans la mode, dans les émissions radiophoniques ou dans la production cinématographique[32]. Vichy, loin d'être en reste, tente lui aussi de profiter de ce foisonnement culturel. Il encourage même des « espaces culturels de liberté », lieux d'une expression relativement ouverte, surprenante en tout cas *a priori* dans la perspective autoritaire du régime. Parmi ces lieux, on peut citer très succinctement les expériences menées par Radio-Jeunesse en matière d'innovation radiophonique, les activités de l'association Jeune-France, l'une des toutes premières tentatives de décentralisation culturelle, ou, dans un autre registre, certains laboratoires d'idées, à la fois proches et autonomes du régime, comme l'école des cadres d'Uriage, au moins à ses débuts. Or, dans l'analyse au cas par cas de ces initiatives, on retrouve les mêmes ambivalences. S'il autorise et laisse se développer à ses marges des formes d'autonomie culturelle, notamment dans le cadre d'associations « loi de 1901 », c'est afin de mieux les contrôler, d'essayer de les récupérer à son profit et d'éviter d'imposer par la contrainte sa révolution culturelle. Mais, en ce domaine plus qu'ailleurs, et si l'on en croit de nombreux auteurs, Vichy s'est révélé relativement incapable d'inscrire sa Révolution nationale dans le tissu culturel et artistique : échec dans la constitution d'un « art maréchaliste » officiel, production théâtrale ou filmique qui, pour l'essentiel, évite d'aborder (saufs rares exeptions) des thèmes politiques et idéologiques, à commencer par le nationalisme d'exclusion et l'antisémitisme[33]. Par ailleurs, ces « espaces de liberté » et cette bride laissée aux initiatives privées ne durent qu'un moment, avant que le régime, devant la faible adhésion à la Révolution nationale (sinon au maréchalisme), ne sombre dans la voie de la contrainte et de la répression. Il existe donc bien en ce domaine des formes d' « autonomie sociale », et, au total, il est probable que le dynamisme créatif de l'Occupation n'a qu'une faible relation directe avec le projet politique du régime, qui ne fait que les accompagner.

Cependant, il faut nuancer cette assertion et ne pas conclure du faible impact immédiat de la révolution culturelle vichyste une totale imperméabilité de la société française. Tout d'abord, en reprenant l'une des conclusions de Pascal Ory, là où le régime laisse le plus de traces, en matière culturelle, c'est là où il a poursuivi, consciemment ou non, la politique du Front populaire : souci de la jeunesse, encouragement à la diffusion populaire d'une culture savante, moyens accrus donnés à l'État[34], c'est-à-dire en définitive là où il cherche le moins ouvertement la rupture avec l'ordre ancien et prend en compte les évolutions structurelles objectives de la société française, quel que soit par ailleurs le poids de la conjoncture ou de l'idéologie. Ce qui est vrai de la culture est partiellement vrai également en matière de politique économique ou de politique démographique. Il est donc extrêmement difficile, à ce stade, de distinguer l'empreinte des derniers gouvernements de la IIIe République de celle laissée par Vichy. Ensuite, parler d'autonomie de certaines pratiques sociales ne signifie pas que ces pratiques soient systématiquement en opposition avec le projet idéologique du régime. Bien au contraire, et c'est là un point essentiel, nombre de secteurs de la société, nombre d'associations ou d'individus, même sans adhérer explicitement au régime ni en être des relais officiels, ont progressivement intégré certaines valeurs de la Révolution nationale, les reprenant à leur compte et les entretenant sans être pour autant des propagandistes zélés. C'est vrai par exemple dans la production filmique : si celle-ci n'est pas marquée du sceau de l'idéologie, à l'inverse de la production allemande par exemple, elle n'en charrie pas moins des thèmes comme la glorification de la famille, de l'enfance, ou l'attachement au sol, thèmes déjà très présents dans le cinéma d'avant-guerre. C'est vrai dans nombre d'associations culturelles, ce qui explique d'ailleurs leur relative marge d'autonomie.

Autrement dit, il ne suffit pas de déceler l'absence de liens directs entre le régime d'un côté et les pratiques sociales de l'autre pour conclure définitivement à sa faible emprise. Celle-ci a été plus forte dans les têtes que dans les corps ou dans les institutions, d'autant que, dans certains cas, elle était précisément en phase avec les mentalités d'une partie de la société française — minoritaire ou pas, c'est encore une autre question.

Les effets de l'antisémitisme d'État

L'antisémitisme de Vichy, « redécouvert » depuis quelques années, offre en ce sens un bon indicateur des effets de la politique du régime et de ses interactions avec un environnement social partiellement, mais partiellement seulement, conditionné par le climat xénophobe de la fin des années trente. Forme la plus radicale et la plus lourde de conséquences immédiates de la Révolution nationale, l'antisémitisme officiel provoque en effet des réactions contradictoires.

Il est entré dans les faits grâce à une « intériorisation » progressive plus que par une propagande gouvernementale, peu développée en la matière (contrairement aux idées reçues[35]), moins encore par une contrainte idéologique forte. Le processus a fonctionné par un respect, de la part des juristes, des fonctionnaires et de l'ensemble des acteurs sociaux, du droit et de la législation en vigueur. Le cas des juristes est le plus caractéristique de cette « intériorisation », car ils ont eu la charge de commenter, donc de « banaliser », la législation antisémite en la faisant entrer dans les canons et la jurisprudence du droit français : « La doctrine, dès lors qu'elle acceptait de suivre le législateur sur son terrain et de raisonner avec les concepts et à l'intérieur du cadre logique définis par lui, entérinait par là même, quels que fussent par ailleurs ses sentiments profonds, la désignation des Juifs comme catégorie à part. [...] Elle a donc facilité la mise en œuvre de la politique antisémite de Vichy et l'acceptation des persécutions à venir[36]. » Il en va de même de tous les services économiques chargés de l'aryanisation des entreprises juives, qui ont « intégré » tant bien que mal la législation antisémite et l'ont fait correspondre aux objectifs de politique économique à court comme à moyen terme. Cette banalisation de mesures aussi évidemment en rupture avec les traditions françaises a été le fait non d'antisémites patentés, mais de juristes reconnus ou d'inspecteurs des finances respectables. Par ailleurs, il est inutile d'insister sur les complicités requises pour faire fonctionner le système : recrutement d'administrateurs provisoires en quantité, de comptables, d'enquêteurs chargés de recenser les biens juifs et, bien sûr, d'acheteurs, rarement bien intentionnés (certains, toutefois, l'ont été). Quant aux policiers et aux gendarmes, eux aussi ont dû « intérioriser » avec suffisamment de force ces lois pour accepter la charge des rafles et celles des camps d'internement.

Dans le même temps, les lois antisémites ont désorganisé quelque peu le tissu social. Le cas le plus flagrant est la politique d'aryanisation et celle des interdictions professionnelles. La liquidation de quelques grandes entreprises considérées comme « juives » a menacé, dans certains cas, le fragile dispositif dressé par Vichy pour limiter les appétits de l'occupant : à la faveur des aryanisations, les Allemands ont cherché à pénétrer le capital d'entreprises françaises, telles les Galeries Lafayette (on découvre d'ailleurs souvent à cette occasion que lesdites entreprises sont d'abord « françaises » avant d'être « juives »), au grand dam du ministère des Finances et de celui de la Production industrielle. Ces derniers ont cherché à tout prix à limiter cette pénétration et surtout à rationaliser tant bien que mal un processus dominé par des facteurs totalement irrationnels, d'où leur lutte incessante avec les sbires du commissariat général aux Questions juives, indifférents aux considérations économiques. Nombreuses ont été par exemple les protestations d'artisans (notamment dans les métiers de la joaillerie) qui se plaignaient de la disparition d'une main-d'œuvre hautement qualifiée et se voyaient de la sorte menacés de devoir cesser leurs activités. À l'inverse, la législation antisémite a modifié le paysage de certaines professions, en accélérant certaines promotions sociales consécutives au vide laissé par les exclusions : le cas le plus connu — il n'est sans doute pas le seul — est celui des métiers du cinéma.

Mais, au risque de choquer, peut-on affirmer que ces effets ont été durables hormis dans quelques secteurs bien précis ? La législation de Vichy, sans parler de sa politique de collaboration en matière de répression, a incontestablement contribué à la disparition de 76 000 Juifs étrangers et français. Il est incontestable également que la politique d'aryanisation, qui a touché environ 10 000 entreprises françaises, a fait office de redistribution sauvage de biens et liquidités, contribuant à quelques fortunes rapides — dans une bien moindre mesure, toutefois, que le marché noir. Mais, d'une part, l'attitude de Vichy à l'égard des Juifs est l'un des facteurs qui a fait évoluer l'opinion de la méfiance à l'hostilité à partir de 1942, période qui voit s'accentuer en même temps que la répression les manifestations de solidarité et les protestations de tous bords. D'autre part, ces mesures touchent d'abord les Juifs étrangers et ceux qui, implantés récemment en France, n'étaient pas intégrés au même titre que les citoyens juifs français de souche : c'est l'un des facteurs, on le sait, qui a pesé lourd dans l'attitude ambiguë et fortement contestée de l'UGIF. Les effets sociaux durables (on ne parle pas des victimes) de la politique antisémite de Vichy ont sans doute été moins importants que ses conséquences éthiques et morales. Si ce volet de la Révolution nationale pétainiste disparaît des consciences et des mémoires après le retour des déportés, en 1945, c'est sans doute par refoulement, mais bien aussi parce que peu de Français ont pu en mesurer concrètement les conséquences, à l'inverse de ce qui s'est passé en Allemagne ou en Pologne, pays où toute la population juive ou presque a disparu. En revanche, si son souvenir est revenu avec une telle brutalité depuis une vingtaine d'années, c'est parce que aujourd'hui les nouvelles générations comme les anciennes ont pris conscience de la dimension symbolique et de la tache durable que constitue, dans l'histoire de France, cet antisémitisme officiel.

À qui « profite » la Révolution nationale ?

C'est en dernier ressort, une question qui mérite d'être posée, même si une réponse satisfaisante semble impossible. On ne dispose que de statistiques éparses, pas toujours fiables et portant le plus souvent sur une période englobant l'immédiat avant-guerre et les débuts de la reconstruction. De plus, se pose là une difficulté déjà rencontrée : comment faire la part du bilan général de la guerre et de l'occupation et celle qui peut revenir en propre au régime ? Néanmoins, quelques données chiffrées permettent de rappeler certaines tendances lourdes.

En termes de revenus nationaux, on dispose d'une évaluation en 1947[37]. (Voir le tableau page suivante.)

Calculés en francs courants, ces chiffres ne reflètent pas la situation réelle de 1946. Dans la mesure où la valeur du franc en 1946 est égale à environ 16 % de celle de 1938, on obtient une tout autre évaluation. La constance apparente de la part des revenus salariés masque en fait les profondes inégalités de situation : « Le maintien de la part des salariés ne correspond pas à une égale répartition des sacrifices, une réduction proportionnelle du pouvoir d'achat étant d'autant plus sensible qu'elle porte sur des revenus plus faibles. » En outre, ces chiffres sont calculés avant les prélèvements fiscaux : « Or, malgré la progressivité, ceux-ci frappent plus durement les salariés qui sont à peu près les seuls imposés sur leurs revenus réels[38]. » On peut appliquer le même type de raisonnement aux revenus des pensions et retraites, stables, voire en légère régression en francs constants.

Répartition des revenus distribués
(bruts, impôts non déduits, en milliards de francs courants)

	1938	(%)	1946	(%)
Du travail	150	40	924	40
Revenus « mixtes »	137	37	1 092	47,5
Capital mobilier	21	5,5	37	1,5
Propriété bâtie	15	4	– 25	– 1
Propriété non bâtie	7	2	30	1,5
Dette État/Collect.	18	5	33	1,5
Pensions, retraites	20	5,5	112	5
Assurances sociales	3	1	96	4
TOTAL	371	100	2 299	100

La part des revenus du capital, sous toutes leurs formes, « est en forte régression », en particulier ceux de la propriété bâtie dans la mesure où les loyers sont inférieurs aux dépenses théoriques de remise en état des immeubles. Le seul poste manifestement en hausse, tant en valeur qu'en proportion, celui des « revenus mixtes », car il reflète, au dire des comptables nationaux, toutes les opérations illicites du secteur clandestin. D'ailleurs, les chiffres portant sur la répartition des revenus par branches d'activité au coût des facteurs (c'est-à-dire avant impôts ou subventions) révèle à quel point les revenus du commerce pèsent sur le niveau des prix, et à quel point ce secteur, avec, de façon moindre, l'agriculture, a vu sa part augmenter artificiellement dans le revenu national.

Cela étant, on peut compléter ces informations (qui intègrent, rappelons-le, les années 1944-1946) par d'autres statistiques, notamment les bénéfices nets de quelques grandes sociétés du secteur industriel, pendant la période de l'Occupation proprement dite. Si l'on en croit l'Institut de conjoncture, qui analyse un échantillon de 300 sociétés françaises, réparties en 22 branches industrielles, les bénéfices nets déclarés figurant au bilan et au compte des profits et pertes sont passés de l'indice 100 en 1938 à l'indice 114 en 1943, dernière année positive avant les pertes de 1944, soit « une assez grande stabilité[39] ». En termes différenciés, seuls quelques secteurs connaissent une progression très nette : les banques, en tête (de 100 à 214), les houillères (de 100 à 128 en moyenne), les matériaux de construction (de 100 à 179), etc.

Durant l'Occupation, l'appauvrissement a donc été relativement général mais très sélectif ; seuls s'en sortent réellement les secteurs qui bénéficient du marché noir, des situations de pénurie, ou qui ont été insérés, de gré ou de force, dans l'économie de guerre allemande.

En termes de catégories sociales, rares sont celles qui tirent leur épingle du jeu. Les paysans, les plus souvent mis à l'index ? Pas vraiment, nous dit Michel Cépède : « Malgré le marché noir, les recettes des petits agriculteurs français n'ont pu augmenter dans de grandes proportions », et, comme ils constituent la plus grande partie des exploitants, « on ne peut guère parler d'enrichissement de la classe paysanne ». Quant aux gros exploitants, « chez lesquels on peut penser que les ressources ont augmenté plus rapidement que chez les autres, il faut considérer que le système des impositions pesait plus lourdement sur eux que sur les petits et moyens agriculteurs, car la dissimulation leur était plus difficile, en sorte que, si les plus gros bénéfices réalisés pendant l'Occupation par la vente des produits agricoles doivent être recherchés dans cette catégorie d'exploitants, il faut aussi s'attendre à ce que la masse de leurs revenus monétaires n'ait pas atteint le volume que d'aucuns leur attribuent[40] ».

Les artisans ? Sauf exception, ils ont souffert des inégalités et de la tutelle des comités d'organisation pour l'attribution de l'énergie et des matières premières. Les ouvriers ? Il est peu probable que, parmi les salariés, ils aient été les mieux lotis : sous l'Occupation, le niveau des salaires nominaux est d'environ 40 % plus élevé que celui de 1938, soit très inférieur aux salaires réels[41]. Il faut noter que ce sera là une préoccupation constante de Vichy, qui tente à de multiples reprises d'assouplir le blocage des salaires imposé par l'occupant, facteur de nombreux troubles sociaux. Les petits épargnants ? Le montant des dépôts des Caisses d'épargne en 1944 est, en francs constants (1937), le même qu'en 1938-1939, la baisse se situant surtout entre 1944 et 1946[42].

Quant à la bourgeoisie, sa situation est très différenciée. D'un côté, on l'a vu, les revenus du capital régressent fortement en termes de revenus nationaux : encore s'agit-il de la situation de 1946, donc deux ans après la fin de l'Occupation et période de très forte dévaluation monétaire. D'un autre côté, si l'on regarde d'autres indicateurs, on peut modérer cette assertion. Le cours des valeurs françaises à revenu variable est passé de l'indice moyen annuel 100 en 1938 à l'indice 613 en 1944 (124, en francs constants), même si Sauvy nous met en garde contre des interprétations hâtives : les valeurs n'ont que peu de rapports avec la valeur réelle des actions, compte tenu des conditions du marché (comment réinvestir cet argent ?) et de l'obsolescence générale du matériel[43]. Le nombre de successions et donations supérieures à 1 million de francs (la tranche la plus élevée) est passé de 1 600 en 1938 à 5 000 en 1944 (ce dernier chiffre ne couvrant pas tout le territoire). Quant au total en valeur de cette même tranche, en francs courants, il est, en 1944, de 285 % plus élevé qu'en 1938, soit très largement supérieur à l'inflation[44].

Que conclure de ces indications éparses ? Compte tenu de sa faible marge de manœuvre sur une conjoncture économique qui lui échappe, le régime n'aurait eu en définitive que peu d'influence sur la répartition de la richesse (ou de l'appauvrissement relatif). S'il parvient à aider certains secteurs industriels à maintenir un niveau d'activité et de rentabilité, il ne peut empêcher la baisse générale du niveau de vie des catégories qu'il a le plus choyées dans ses discours : les petits exploitants agricoles, les artisans, auxquels il faut ajouter la situation des enfants et des vieux, catégories démographiques les plus touchées par les pénuries alimentaires et par la baisse relative des revenus malgré les aides du régime (allocation de salaire unique aux mères seules, retraite des vieux travailleurs à partir de soixante-cinq ans, etc.). Prônant le retour à la terre et la solidarité sociale, mettant en réalité en place des structures dirigistes sans précédent dans l'histoire de la France, le régime de Vichy n'aurait-il contribué qu'à maintenir le capital des plus grandes entreprises françaises (et encore de manière sélective), sans pouvoir empêcher l'enrichissement de grands trafiquants du marché noir et de quelques gros exploitants agricoles ?

En définitive, la seule innovation réelle et durable du régime, celle où la rupture, ou plutôt l'accélération, est la plus nette et la plus systématique réside dans la conception de l'État, dans son organisation interne, dans l'extension de son champ d'intervention et dans la nature de celle-ci. Encore faut-il tempérer cette affirmation en précisant que la greffe vichyste mord d'autant mieux que le terrain sur lequel elle s'opère a déjà été balisé par ses prédécesseurs, notamment — non sans paradoxes — le Front populaire. Mais cette innovation ne produit que peu d'effets patents à court terme. Elle conditionne en fait les politiques d'après guerre, après qu'elles auront été reformulées dans un cadre idéologique et dans un environnement mental et politique totalement différents. De surcroît, la plupart de ces innovations relèvent moins de l'idéologie vichyste proprement dite que de la prise en compte, par certains décideurs publics — « technocrates » ou non —, d'évolutions lourdes de la société française qu'ils perçoivent et estiment devoir être prises en compte, malgré les circonstances, malgré les tendances traditionalistes qui poussent à la contre-révolution radicale et immédiate.

En revanche, il est clair que Vichy n'a pas eu le temps d'imprimer sa marque à la société française, même s'il est incontestable qu'il a réfléchi à la chose, en tentant à la fois de s'inscrire, de manière tactique, dans une certaine continuité de la République, afin de ne pas brusquer le corps social, et d'utiliser à son profit tant des initiatives privées qui allaient dans son sens que l'intégration progressive et spontanée des valeurs proprement pétainistes par les acteurs sociaux.

Au fond, l'impact effectif de la Révolution nationale et de Vichy sur la société française (si l'on excepte bien sûr le bilan des répressions et persécutions) est moins de l'ordre du réel que de l'ordre de l'imaginaire et du symbolique. Ce qui explique que la survivance d'un « syndrome de Vichy » soit concomitante d'un faible héritage tant idéologique que structurel.

Henry Rousso

NOTES

1. Robert O. Paxton, *La France de Vichy, 1940-1944,* Paris, Le Seuil, 1973, p. 310.

2. De cette lecture, que nous sommes nombreux, parmi les historiens français (et les éditeurs), à avoir popularisée, Robert Paxton n'est en rien responsable.

3. Voir Martin Broszat, « Resistenz und Widerstand », *in* Martin Broszat (dir.), *Bayern in der NS-Zeit,* 6 vol., Munich, Oldenbourg, 1977-1983, vol. IV, pp. 691-709 ; Günter Plum, « Widerstand und Resistenz », *in* Martin Broszat, Horst Möller (dir.), *Das Dritte Reich. Herrschaftsstruktur und Geschichte,* Institut für Zeitsgeschichte, Munich, Beck, 1983, pp. 248-273 ; Klaus-Jürgen Müller, « La résistance allemande au régime nazi. L'historiographie en République fédérale », *Vingtième Siècle. Revue d'histoire,* 11, juillet-septembre 1986, pp. 91-106. Sur la notion de « résistance civile », voir Jacques Semelin, *Sans armes face à Hitler. La résistance civile en Europe, 1939-1943,* Paris, Payot, 1989.

4. Ian Kershaw, *Popular opinion and political dissent in the Third Reich. Bavaria, 1933-1945,* Oxford, Clarendon Press, 1984, p. 378, (1re éd., 1983). La parenté avec les analyses et les conclusions de Pierre Laborie, *L'Opinion française sous Vichy,* Paris, Le Seuil, 1990, est à cet égard frappante.

5. Il n'en est que très peu question ici, l'IHTP préparant en collaboration avec le Centre de recherche sur l'histoire des mouvements sociaux et du syndicalisme (Paris I) un colloque sur les ouvriers sous l'Occupation, sujet très mal connu.

6. Michel Margairaz, *L'État, la direction des Finances et de l'Économie en France (1932-1952). Histoire d'une conversion,* 6 vol., thèse de doctorat d'État, Paris I, 1989, publiée sous une forme légèrement remaniée, en 1991, par le Comité pour l'histoire économique et financière de la France, Imprimerie nationale (2 vol.), sous le titre : *L'État, les finances et l'économie. Histoire d'une conversion (1932-1952),* préface de François Bloch-Lainé.

7. Voir dans cet ouvrage la communication de Michel Margairaz, « L'État et la décision économique » (p. 327).

8. Isabel Boussard, *Vichy et la Corporation paysanne,* Paris, Presses de la FNSP, 1980, p. 311.

9. Voir la communication de Danièle Voldman, « Les architectes sous l'Occupation » (p. 609).

10. Voir la communication de Philippe Mioche, « Les sidérurgistes » (p. 597), et Jean-Noël Jeanneney, *François de Wendel en République. L'Argent et le pouvoir, 1914-1940,* Paris, Le Seuil, 1976.

11. Steven M. Zdatny, « The Corporatist Word and the Modernist Need : Artisans ans Political Economy in Vichy France », *European History Quarterly,* 16, 1986, pp. 170-171.

12. Robert Frank, Henry Rousso, Alain Beltran (dir.), *La Vie des entreprises sous l'Occupation. Une enquête à l'échelle locale* (à paraître), notamment chapitres 1 et 2. Cet ouvrage est le fruit d'une enquête collective menée par les correspondants départementaux de l'IHTP.

13. Lettre à Lasseray, représentant des « Entreprises de bonnêterie, de parfumerie et d'entreprises de radio-électricité », à Pierre Laval, 11 septembre 1942, fonds du ministère de la Production industrielle, AN, F 12 9966.

14. Voir Jean Marcou, *Le Conseil d'État sous Vichy (1940-1944),* thèse de doctorat d'État en droit, Grenoble II, 2 vol., 1984, p. 325 et suiv.

15. *Ibid.,* p. 330.

16. Arrêt Monpeurt, 31 juillet 1942. *Recueil des arrêts du Conseil d'État statuant en contentieux des décisions du tribunal des conflits de la Cour des comptes et du Conseil des prises,* 112, 2e série, 1942, pp. 239-240.

17. Jean Marcou, *op. cit.,* p. 331.

18. *Ibid.,* p. 346.

19. Sur la signification de ce rôle, outre Jean Marcou, voir dans cet ouvrage la communication de Jean Massot, « Le Conseil d'État » (p. 310).

20. *Annuaire statistique de la Ville de Paris, 1938-1941,* vol. II, p. 336 et *1942-1947,* vol. II, p. 462.

21. « Le droit d'association et l'État nouveau », *Les Documents français,* 5, mai 1944, p. 13. (Numéro spécial : « L'Église et l'État ».)

22. Dans une « Note pour le préfet Ingrand », 30 juin 1941, qui fait état des consignes de Darlan adressées à la Délégation générale du gouvernement français dans les Territoires occupés, fonds du ministère de l'Intérieur, AN, F 1[a] 3652, « Cultes et associations ».

23. Denis Peschanski, « Vichy au singulier, Vichy au pluriel, une tentative avortée d'encadrement de la société (1941-1942) », *Annales ESC,* 3, mai-juin 1988, p. 645.

24. Dossiers sur le Centre d'information et de propagande, fonds du secrétariat d'État à l'Information, AN, F 41 86 (communiqué par Denis Peschanski).

25. Sur ce point, voir entre autres Michèle Cointet-Labrousse, « La politique scolaire du gouvernement de Vichy », *in Églises et chrétiens dans la Deuxième Guerre mondiale,* vol. 2 : *La France,* Presses universitaires de Lyon, 1982, p. 171.

26. Avis du Conseil d'État sur la loi du 3 septembre 1940 (rapporteur : Canet) adressé au ministère de l'Intérieur le 22 septembre 1941, AN, F 1[a] 3652.

27. *Annuaire statistique de la Ville de Paris, 1938-1941,* vol. II, p. 311, et *1942-1947,* vol. II, p. 433.

28. Circulaires de l'Amiral de la Flotte, ministre de l'Intérieur, aux préfets, 15 avril 1941 et 18 juillet 1941, AN, F 1[a] 3652.

29. Voir « Politiques et pratiques culturelles dans la France de Vichy », *Les Cahiers de l'IHTP,* 8, juin 1988 ; nouvelle édition : Jean-Pierre Rioux (dir.), *La Vie culturelle sous Vichy,* Bruxelles, Éditions Complexe, 1990.

30. Voir Christian Faure, *Le Projet culturel de Vichy. Folklore et Révolution nationale,* Lyon, éd. du CNRS/Presses universitaires de Lyon, 1989.

31. Pierre Schaeffer, *Les Antennes de Jéricho,* Paris, Stock, 1978, p. 272.

32. Voir Dominique Veillon, *La Mode sous l'Occupation,* Paris, Payot, 1990 ; Hélène Eck (dir.), *La Guerre des ondes. Histoire des radios en langue française pendant la Seconde Guerre mondiale,* Paris - Lausanne - Bruxelles - Montréal, Colin - Payot - Complexe - Hurtubise, 1985 ; François Garçon, *De Blum à Pétain. Cinéma et société française, 1936-1944,* Paris, Le Cerf, 1984 ; Jean-Pierre Bertin-Maghit, *Le Cinéma sous l'Occupation de 1940 à 1946,* Paris, Olivier Orban, 1989.

33. Laurence Bertrand-Dorléac, *Histoire de l'Art. Paris, 1940-1944,* Paris, Publications de la Sorbonne, 1986 ; Serge Added, *Le Théâtre en France dans les années Vichy, 1940-1944,* 2 vol., thèse de doctorat, université de Reims, 1990.

34. Pascal Ory, « La politique culturelle de Vichy : ruptures et continuités », *in Pratiques et politiques culturelles..., op. cit.,* p. 147.

35. Voir Laurent Gervereau et Denis Peschanski (dir.), *La Propagande sous Vichy, 1940-1944,* Nanterre, Édition de la BDIC, 1990.

36. Danièle Lochak, « La doctrine sous Vichy ou les mésaventures du positivisme », *in Les Usages sociaux du droit,* Paris, PUF, 1989, p. 277.

37. R. Froment et P. Gavanier, « Le revenu national français », *in La France économique de 1939 à 1946, Revue d'économie politique,* septembre-octobre et novembre-décembre 1947, p. 921 et suiv.

38. *Ibid.,* p. 922.

39. Institut de conjoncture, décembre 1945, document « confidentiel » reproduit par Jean-Paul Scot, « Essai sur le mouvement de la production, du profit et de l'exploitation en France de 1939 à 1945 », *Cahiers d'histoire de l'Institut Maurice Thorez,* 16, 1976, p. 106.

40. Michel Cépède, *Agriculture et alimentation en France durant la Seconde Guerre mondiale,* Paris, Éditions Génin, 1961, p. 346.

41. Voir Alfred Sauvy, *La Vie économique des Français de 1939 à 1945*, Paris, Flammarion, 1978, et INSEE, *Annuaire statistique de la France, Résumé rétrospectif*, 1966, p. 424.
42. Henri Anglade, « Les Caisses d'épargne », dans *La France économique...*, *op. cit.*, p. 1175.
43. Alfred Sauvy, op. cit., p. 170, et INSEE, *op. cit.*, p. 542.
44. INSEE, *op. cit.*, p. 531.

2.

Étude de cas : les sidérurgistes

Les sidérurgistes français sont attaqués par la presse de Paris, par la presse allemande, par Radio-Londres, puis, à la Libération, par l'extrême gauche[1]. Grande est la tentation de faire de la sidérurgie une victime expiatoire des malheurs du temps, car le poids symbolique et réel de cette industrie et de ses dirigeants longtemps sûrs d'eux-mêmes est fort.

Les sidérurgistes ont les apparences contre eux. Ils ont d'anciens collègues à Vichy (Pierre Pucheu et Jean Bichelonne, entre autres). Avec son Comité des forges, la profession est organisée en oligarchie corporatiste depuis 1864. Les idées conservatrices sont dominantes chez les maîtres de forges. Toutes les conditions semblent réunies pour que cette industrie et ses dirigeants vivent la période de l'Occupation en symbiose avec le régime de Vichy. Cette contribution voudrait démontrer que ce n'est pas le cas.

Le poids de l'occupant

Comprendre la sidérurgie sous Vichy, c'est d'abord mesurer le poids de l'occupant. L'importance de la Lorraine et du Nord dans la géographie de la branche et le rôle stratégique de la sidérurgie font que, plus que toute autre industrie, la sidérurgie française est massivement spoliée.

Dès l'été 1940, les usines sont partagées entre six espaces administrés de façons différentes[2]. La Moselle est annexée. Les entrepreneurs et les cadres français sont interdits de séjour. Le contrôle allemand est total, et nombre d'usines sont arrêtées (Jœuf) ou contraintes à une activité réduite (Thionville). La zone ORAMMS (Office de répartition de l'acier en Meurte-et-Moselle sud) est placée sous le contrôle de Hermann Roëchling. Les usines de cette zone sont dirigées par des Allemands, et elles sont restituées à leurs propriétaires français en février 1944 à l'issue d'une laborieuse négociation[3]. Certaines usines, comme celle des Aciéries de Pompey, sont surexploitées sans investissements neufs. Cette situation est aussi dommageable que les arrêts prolongés en Moselle, car une usine sidérurgique qui ne fonctionne pas s'abîme autant qu'une usine qui tourne trop. Les sidérurgistes de la zone OCLA (Organisation commerciale des usines sidérurgiques de Longwy-Ardennes) conservent la responsabilité de leurs usines ; mais ils sont sous le contrôle d'un commissaire allemand à Longwy. Les usines du Nord relèvent du commandement militaire allemand de Bruxelles et sont administrées par une organisation professionnelle créée par l'occupant, Sidenor.

Seules les zones dites du Centre-Ouest (le reste des territoires occupés) et du Centre-Midi (la zone non occupée), soit 22 % de la production de laminés en 1939, dépendent peu ou prou de l'administration de Vichy et restent placées sous la responsabilité de leurs propriétaires. Encore faut-il préciser que deux entreprises dont la production est particulièrement sensible, Le Creusot et Imphy (Nièvre), voient s'installer des missions militaires allemandes dès 1940.

Très tôt, les entreprises de la zone occupée consacrent l'essentiel de leurs activités aux commandes allemandes. Celle du Centre-Midi produisent surtout pour la zone sud jusqu'en 1943. Leur situation est modifiée avec l'accord Bichelonne-Schieber du 11 mars 1943. Le Commissariat allemand spécial pour l'industrie sidérurgique en France non occupée *(sic)* (*Stab,* dirigé par Hinderer), et son homologue, le Commissariat français pour la production des usines sidérurgiques (CPUS, dirigé par André Rossin), cherchent à intensifier la production en remplaçant en partie les usines allemandes menacées par les bombardements alliés. Roëchling pense avoir trouvé un contexte particulièrement favorable à Saint-Étienne : « Il existe les conditions supposées de qualité pour la production d'acier de haute valeur, également sous l'angle des connaissances techniques, à un degré tel que ce cas s'est peut-être rencontré seulement dans le protectorat. Aucun territoire occupé n'offre des conditions analogues[4]. » En quelques mois, cet optimisme disparaîtra.

Ces diverses contraintes ont des conséquences contradictoires pour les sidérurgistes. La maison de Wendel est victime d'une exclusive émanant de Berlin, et la spoliation a l'apparence du définitif. Mais François de Wendel croit, dès mai 1941, à la défaite allemande et espère que le moment des réparations viendra. En attendant, il gère les quelques établissements qu'il conserve sous son autorité (Hauts fourneaux de Rouen et surtout la profitable entreprise Carnaud à Basse-Indre), comme les autres sidérurgistes.

La situation des sidérurgistes des zones ORAMMS et Sidenor fait que ceux-ci produisent pour l'Allemagne sans avoir de responsabilité dans cette décision et qu'ils peuvent ainsi réaliser des profits tout en préservant leurs équipements et leurs personnels de la gestion pillarde de l'occupant.

Seules les entreprises de la zone sud (sans Le Creusot et Imphy) et, dans une moindre mesure, ceux de la zone OCLA conservent une indépendance au demeurant limitée par la collaboration économique de l'État français.

Ainsi, à l'exception de cette minorité d'entreprises, c'est la quasi-totalité de la branche qui est victime de l'occupation, à des degrés divers et sous des formes différentes. Les sidérurgistes disposent de très peu de moyens pour s'opposer ou seulement limiter les effets de l'occupation.

Certains espèrent améliorer la situation de la branche en discutant avec les représentants allemands en France. Il faut dire que Roëchling est un vrai professionnel et qu'il est bien connu de ses homologues français, et que von Hofäcker, qui sera exécuté en 1944 par Hitler, exprime des idées sur l'avenir différentes du discours officiel. En août 1943, il évoque devant Humbert de Wendel une reconstruction commune et rationnelle des sidérurgies allemande et française. Pour François de Wendel, il s'agit là d'une « rêverie un peu fumeuse et bien germanique[5] », et la discussion n'ira pas plus loin.

Par ailleurs, et selon les propos de Jean Raty devant François de Wendel en février 1941, il semble que les sidérurgistes soient déçus de l'attitude du gouvernement de Vichy vis-à-vis de l'occupant. Revenant de la commission de Wiesbaden, Raty affirme qu'il ne trouve « aucun appui du côté de Vichy qui lâche tout sans même essayer d'utiliser certaines concessions comme monnaie d'échange ». Le développement de la collaboration économique est interprété dans la sidérurgie comme une acceptation par Vichy des spoliations dont sont victimes les industriels.

L'attitude des entrepreneurs face à ces situations est fort diverse, les choix politiques l'emportant sur les déterminations économiques.

Les sidérurgistes et Vichy

Les sidérurgistes n'ont pas, à l'égard du régime de Vichy et de l'Allemagne, une attitude différente de celle de la grande bourgeoisie française. La variété des comportements et des opinions s'étend de Marcel Paul, dirigeant de Pont-à-Mousson, dont les prises de position proallemandes ont choqué (pour François de Wendel, il s'agit « d'une attitude invraisemblable »), à Eugène Roy, vice-président du Comité d'organisation, qui s'est « affilié au CNR avant Stalingrad[6] ».

La position de François de Wendel à l'égard de Vichy est particulière. Il se perçoit lui-même comme le porte-parole de la grande industrie en France ; son influence parmi les sidérurgistes est entravée, mais demeure considérable. La défaite est pour lui un drame ; il réprouve l'armistice et considère que le combat peut continuer depuis l'Afrique du Nord. Il se réjouit de la résistance anglaise, de l'entrée en guerre des États-Unis, et scrute les succès soviétiques. Son patriotisme est sans faille et sa certitude de la défaite allemande établie dès 1941. Lors de son unique entrevue avec le maréchal Pétain pendant l'Occupation, le 25 mai 1941, il déclare : « La France du Nord croit à la victoire anglaise et moi aussi. »

Son patriotisme rencontre son libéralisme pour critiquer radicalement la politique économique du gouvernement. Rien ou presque ne trouve grâce à ses yeux : ni la création du comité d'organisation, ni la politique financière, ni l' « absurde » loi sur les sociétés anonymes, encore moins la Charte du travail : « C'est complètement fou. Que dirait-on si c'étaient des socialistes qui présentaient tout cela ? » François de Wendel dispose d'une grille de lecture cohérente : le gouvernement de Vichy prolonge l'œuvre étatiste du Front populaire : « Un gouvernement qui s'obstine à faire de l'hitlérisme sans renoncer aux formules du Front populaire » (4 mai 1941). De la défaite à la libération, sans se renier, il campe sur ses positions patriotiques et libérales. Il en vient à formuler des appréciations positives sur les hommes de gauche, ce qui, sous sa plume, ne manque pas de sel : « J'ai trouvé plus de foi patriotique chez les gens de gauche que chez les autres — foi évidemment plus fondée sur une certaine idéologie que sur le sentiment national —, mais foi tout de même et foi indispensable pour mener à bien le bon combat » (mai 1941).

Il demeure profondément conservateur, et cela contribue à son isolement. La seule amitié politique qu'il maintienne est celle de Louis Marin, mais il ne le suit pas quand ce dernier rallie la France libre, car il se défie du général de Gaulle et plus encore de son entourage. Il aspire à une « rénovation » de la France et rencontre en cela certaines orientations de la Révolution nationale, mais son intérêt pour le nouveau régime trouve sa limite immédiate (dès 1940), car il considère que ce n'est pas quand « la France est sous la botte » qu'il faut entreprendre de la rénover, et il le dit en ces termes au maréchal Pétain.

Vichy et la profession

Pour les sidérurgistes, le premier résultat de l'action du gouvernement de Vichy est la dissolution de leur Comité des forges. C'est une décision « peu glorieuse » pour François de Wendel, un « coup de poignard » dans le dos des sidérurgistes lorrains qui négocient la restitution de leurs usines spoliées. Présidant le Comité depuis 1918, il estime que son éviction sur initiative de Vichy accrédite la perte de la sidérurgie lorraine.

Le projet de supprimer l'UIMM (l'Union des industries métallurgiques et minières depuis 1901) pour constituer deux nouvelles structures professionnelles (la famille métallurgique et la famille mécanique) présente, pour plusieurs sidérurgistes, l'avantage d'être séparés des mécaniciens, avec lesquels leurs désaccords sont fréquents. Toutefois, la dissolution de l'UIMM ne sera jamais effective, du fait des difficultés d'application de la Charte du travail.

La nouvelle organisation mise en place par Jean Bichelonne comporte trois pôles. Le premier est la Direction de la sidérurgie sous la tutelle d'Henri Coqueugnot. Cet ingénieur civil des Mines a fait une partie de sa carrière dans le groupe Schneider avant d'être directeur de l'UCPMI (établissement sidérurgique lié à Renault) en 1933 ; il est remplacé en octobre 1941 par Robert Baboin, ingénieur du corps des Mines, lequel aura Roger Martin comme adjoint à partir de 1942. Second pôle : l'Office central des fers, fontes et aciers (OFFA), présidé par Emmanuel Fayol, et enfin le Comité d'organisation de la sidérurgie, le Corsid.

De novembre 1940 à octobre 1944, date de son autodissolution, le Corsid est présidé par Jules Aubrun. Cet austère ingénieur du corps des Mines a exercé à la banque Lazard après avoir fait un bref passage dans les établissements Schneider. Dans les années trente, il remplit la fonction d'arbitre professionnel des ententes, et c'est pourquoi il est appelé au Corsid. Il préside, arbitre, mais ne décide pas.

Avec lui siègent Léon Daum, ancien ingénieur du corps des Mines, directeur des Aciéries de la marine et Homécourt, Eugène Roy, des Aciéries de Longwy, et Jean Dupuis, de Châtillon-Commentry. En septembre 1941, Paul Francou de Marrel les rejoint. Ainsi, le Corsid comporte quatre représentants du Centre-Midi et un de l'Est. Les véritables « patrons » de la nouvelle organisation professionnelle sont Roy et Daum. Le premier est chargé de la négociation avec les Allemands pour le retour des usines ORAMMS ; le second est le représentant de la sidérurgie du Centre-Midi [7].

Les dirigeants du Corsid ont le souci de ne pas brusquer la tradition professionnelle dont ils sont eux-mêmes issus. Ils instituent une commission générale du Corsid en mars 1941 : c'est une quasi-reconduction de la commission du Comité des forges. Seuls sont écartés Alfred Lambert-Ribot, symbole politique du Comité des forges, et des sidérurgistes israélites, comme Jules Bernard et Alexis Aron.

Le président du Corsid est conscient des limites de son rôle et du poids des héritages. Lorsqu'il ouvre la séance de la commission générale du Corsid, il a le soin de laisser le fauteuil présidentiel à son ancien titulaire, François de Wendel, et se place modestement en face. C'est un geste de courtoisie dont la valeur symbolique est forte : au sein de la profession, la hiérarchie créée par Vichy cède le pas à la tradition corporative [8]. La commission, renouvelée tous les ans, se transforme sensiblement pour des raisons biologiques. La majorité des membres du Comité des forges en 1939 ont eu entre cinquante et soixante ans en 1919 ; au début de la guerre, ils sont âgés de soixante-dix à quatre-vingts ans. La profession rajeunit relativement : Aubrun a cinquante-neuf ans en 1940, Daum cinquante-trois et Roy cinquante-sept. Le poids des représentants du Nord et du Centre-Midi ainsi que celui des ingénieurs du corps des Mines s'accroît (Aubrun et Daum).

La phase la plus active du Corsid va de sa création, le 9 novembre 1940, à septembre 1941. Au cours de cette première période, il dispose d'un moyen d'action qui lui permet de déployer ses projets rationalisateurs. Il s'agit de liquider les « contrats d'intensification de la production sidérurgique » passés avant l'armistice dans le cadre de la loi du 11 juillet 1938 sur la nation en temps de guerre. Des crédits importants doivent être réaffectés, et le Corsid voudrait obtenir des accords de fusion et de rationalisation en contrepartie du renouvellement des crédits. C'est en particulier le cas dans la Loire, où le Corsid envisage même de se passer de l'assentiment des patrons-propriétaires en imposant dans certains cas ses solutions techniques. Son dirigisme trouve l'occasion de s'exprimer dans la négociation de ces financements. Toutefois, cet élan rationalisateur se heurte immédiatement à la volonté d'indépendance d'entrepreneurs, comme aux Aciéries de Saint-Étienne ; il rencontre le scepticisme puis l'ironie des grands noms de la profession, Schneider en tête. Au total, il n'y a pas eu de fusion d'entreprises sidérurgiques pendant l'Occupation.

En septembre 1941, l'intermède rationalisateur du Corsid s'achève, et son président, Jules Aubrun, qui n'est ni un idéologue ni un ambitieux, accepte un retour de fait au fonctionnement antérieur du Comité des forges. Eugène Roy devient vice-président délégué général du Corsid, et cette nomination accompagne la transformation du Corsid en un rouage de l'assemblée professionnelle (commission générale). Cette évolution s'accentue en décembre 1942 : Aubrun et ses collègues avancent l'idée d'une démission collective du Corsid. Mais l'assemblée professionnelle, consultée, considère que les responsables des comités d'organisation de la sidérurgie et des charbonnages (Aymé Lepercq) sont « très bien » et qu'ils apportent des garanties qu'une démission ferait perdre. Alors, le Corsid n'est plus l'instrument du dirigisme de Vichy, mais éventuellement un bouclier contre l'action gouvernementale. Il poursuit son existence, mais il est en fait devenu autonome par rapport à Vichy.

La législation du nouveau régime, c'est aussi l'aryanisation des entreprises. Au SCAP (Service des administrateurs provisoires)[9], Pierre-Eugène Fournier étudie avec application les entreprises sidérurgiques. Ainsi, les Forges et Aciéries de Nord et Lorraine ont 0,0625 % de leur capital social détenu par des « personnes israélites », Nord et Est, 2,5 % des actions nominatives. Le directeur général, Alexis Aron, démissionne le 31 décembre 1940, suivi par deux administrateurs le 9 janvier 1941 (Jules Bernard et Mathieu Goudchaux). Les Aciéries de Pompey sont menacées d'une administration provisoire mais parviennent à y échapper, car la famille Fould fait valoir ses services rendus à la France. L'aryanisation économique ne suscite pas de tollé dans la profession, où il existe une certaine tradition antisémite [10]. Cette législation est à l'origine d'opérations financières comme celles concernant les Aciéries du Nord à Marseille ou Saint-Chamond-Granat à Courbevoie. En revanche, les mesures contre les personnes suscitent l'indignation — « de la barbarie pure », écrit François de Wendel en décembre 1941 —, et la profession (Aubrun) intervient pour faire libérer Aron ainsi que d'autres victimes.

La collaboration économique impulsée par le gouvernement de Vichy, en particulier par Jean Bichelonne, suscite des réactions contradictoires. En septembre 1942, les Allemands proposent, par l'intermédiaire de Bichelonne, l'échange des laminoirs de Jœuf et de Caen contre une participation de la profession aux « affaires russes ». François de Wendel proteste : « Nous ne mangeons pas de ce pain-là. [...] On se demande ce qui peut se passer dans le cerveau d'un major de l'X. » De Wendel veut être réquisitionné pour obtenir ensuite des réparations et parvient à empêcher la profession de s'engager dans une négociation à ce sujet. Son intransigeance rallie peu à peu ceux qui — comme Schneider — ont envisagé un moment de céder des intérêts aux Allemands.

La création du CPUS, mentionnée plus haut, est une initiative plutôt bien accueillie, car elle promet une garantie des approvisionnements et des débouchés. Mais, dès juin 1943, les industriels de la Loire s'inquiètent de l'attitude des pouvoirs publics, qui semblent vouloir se défausser de leurs responsabilités et laisser les sidérurgistes en tête à tête avec l'occupant. Les relations deviennent mauvaises : l'administrateur allemand nomme un représentant direct dans chaque entreprise, et Bichelonne reproche au président des Aciéries de Firminy, Marcel Dumuis, sa « mauvaise volonté ».

Si certaines initiatives du nouveau régime sont reçues initialement de façon contradictoire, toutes sont progressivement rejetées par une profession qui tourne le dos à Vichy.

L'œuvre du Corsid

De 1941 à août 1944, le Corsid a adopté deux cent quatre-vingts décisions. La grande majorité de ces décisions sont conjoncturelles (prix, matières premières, et surtout administration du Corsid !). Les autorisations de travaux neufs accordées aux entreprises reflètent les compétences du Corsid et la capacité d'investissement de certaines entreprises. Sur quarante-huit décisions concernant les travaux neufs (à l'exclusion des logements ouvriers), douze proviennent de l'Est [OCLA]) (25 %), dix-neuf du Nord (40 %) et dix-sept du Centre-Midi (35 %). Trois entreprises se détachent nettement. L'une dans l'Est, les Aciéries de Longwy, dirigées par Eugène Roy (sept travaux neufs), et deux dans le Nord : Denain et Anzin (six travaux neufs) et Aciéries du Nord et de l'Est (cinq). D'une façon générale les trésoreries sont en bonne position en 1941, car le gouvernement de Vichy a réglé les commandes de 1938-1939 et beaucoup de sociétés ne peuvent réinvestir. De plus, certaines entreprises dégagent des profits importants, celles du Nord en particulier, ce qui n'est pas étranger à l'aisance financière qu'elles connaissent pendant la guerre et dont elles bénéficieront à la Libération lors de la création d'Usinor.

Le Corsid fait procéder à des études à long terme : la réorganisation de la sidérurgie du Centre ; l'équipement en laminoirs à large bande ; l'avenir de la sidérurgie en général ; la construction d'une usine complète en Afrique du Nord ; l'organisation sociale de la profession ; le matériel sidérurgique ; les dommages de guerre ; les jeunes ingénieurs ; l'apprentissage ; le laboratoire technique.

L'inflation des rapports et du volume des dossiers est en partie une conséquence de l'inactivité forcée de quelques-uns de ces industriels. Les thèmes d'études à long terme sont approuvés par la Direction de la sidérurgie, sinon dictés par elle, en collaboration avec le corps des Mines. Ces études sont diversement reçues par la commission générale du Corsid.

Le rapport sur l'usine d'Afrique du Nord suscite un véritable tollé. Personne ne veut se lancer dans l'aventure, ou du moins personne ne veut l'annoncer publiquement, car Pont-à-Mousson a des projets à Oran. Le rapport sur l'avenir de la sidérurgie française est rédigé par Marin Guillaume, directeur de l'École des mines ; il reflète bien la préoccupation majeure des corpsards d'alors : exploiter rationnellement la minette lorraine afin d'éviter un « dramatique » épuisement. C'est un débat ancien : le corps des Mines reproche aux sidérurgistes de ne pas exploiter la couche supérieure de minerai pauvre, et l'Occupation est l'occasion pour lui de faire avancer ses idées sur le sujet. Le rapport sur la réorganisation de la sidérurgie de la Loire, le premier en date, est une parfaite illustration de la volonté conjointe, en 1941, de la Direction de la sidérurgie et du Corsid de rationaliser la sidérurgie du Centre. Il provoque la protestation des intéressés.

Toutes les études à long terme ne suscitent pas des réactions aussi négatives. Celles qui rencontrent des préoccupations antérieures des sidérurgistes font leur chemin. C'est en particulier le cas du rapport sur le laboratoire technique de la sidérurgie, dont la réalisation est décidée. C'est là une conséquence de la poussée technicienne qui s'exerce avant et pendant la période de Vichy ainsi que le reflet du poids accru des ingénieurs du corps des Mines dans la profession [11]. C'est aussi le cas de la réflexion sur les « tôleries », nom que les sidérurgistes donnent alors aux grands laminoirs. L'évidence du retard français dans le domaine des produits plats s'impose à la profession, et elle observe avec attention les études du Corsid sur les trains de laminoirs. Pour ces deux dernières questions, le Corsid a directement contribué à la préparation de l'avenir.

Ce tableau de l'activité de la profession sous Vichy serait incomplet s'il ne présentait pas la contribution d'Alexis Aron [12]. Contraint de démissionner des Aciéries du Nord et de l'Est, il se réfugie en zone sud. Depuis sa retraite, il entreprend de rédiger de vastes synthèses sur l' « organisation mondiale de la sidérurgie ». La première — non retrouvée à ce jour — part de l'hypothèse d'une victoire allemande ou d'une paix de compromis ; la seconde, achevée en juin 1943, se fonde sur la victoire alliée. L'idée centrale est celle d'un « comité suprême de la sidérurgie », organisme mondial qui, en liaison avec le désarmement, gérerait la sidérurgie et ses matières premières dans le cadre d'une vaste entente, à la manière de l'Entente internationale de l'acier. Aron ajoute que si la formule mondiale paraît trop ambitieuse, il est possible de se replier sur l'Europe, ou sur l' « Europe occidentale ». De façon plus précise pour la sidérurgie française, Aron rédige un rapport en date du 31 janvier 1944 et propose une rationalisation d'ensemble de la branche en s'inspirant du modèle de la Bethleem Steel américaine (1920) et des Aciéries réunies allemandes (Vereinigte Stahlwerke AG, 1926). Il se montre critique à l'égard des parts de marché fixées à l'avance, qui débouchent sur « la cristallisation des situations individuelles », c'est-à-dire sur une entente malthusienne. Il entend développer la solidarité financière entre les sociétés afin d'empêcher ces blocages. Il prévoit une réorganisation générale de la sidérurgie française avec six groupes régionaux solidaires entre eux.

Aron est resté en relations régulières avec le Corsid, et ses différents rapports ont été adressés à Jules Aubrun. Ces projets sont critiqués au sein de la profession pour leur dirigisme, mais seront soutenus par Robert Lacoste à la Libération, lequel désignera Aron pour diriger l'Office professionnel qui remplace le Corsid. C'est sur la base du plan Aron que s'engagera, en 1946, la discussion du plan Monnet pour la sidérurgie... L'avenir de la sidérurgie française a donc été — pour partie — préparé par un industriel juif réfugié en zone sud et en collaboration avec le Corsid. Nous sommes bien loin de Vichy...

Dans le contexte d'une spoliation massive et immédiate de la sidérurgie, une minorité de la profession rêve de rationaliser la production sidérurgique dans le réduit du Centre-Midi. C'est la période où le Corsid est dans Vichy.

Ces espoirs ont été rapidement déçus, et le reste de la profession, stimulé par le patriotisme intransigeant de François de Wendel, prend le contrôle du Corsid après l'automne 1941. Alors les sidérurgistes sont sous Vichy. Puis la profession prépare l'avenir, mais sans compter sur Vichy.

Philippe MIOCHE

NOTES

1. *Radio-Londres,* le 18 septembre 1940 ; *Deutsche Allegemeine Zeitung,* le 2 novembre 1942 ; *L'Humanité,* le 15 septembre 1944.

2. Jean Frémond, « Les industriels allemands de l'acier et le bassin minier lorrain (1940-1942) », *Revue d'histoire moderne et contemporaine,* 19, 1972, pp. 27-44 ; Gérard Pierre, « Le protectorat industriel allemand en Meurthe-et-Moselle », *Revue d'histoire de la Seconde Guerre mondiale,* 105, 1977, pp. 9-28 ; Claude Prêcheur, *La Lorraine sidérurgique,* SABRI, 1959.

3. La gestion de ces usines par l'occupant s'étant révélée désastreuse, les Français ne montrent pas beaucoup d'empressement à les récupérer, dans l'espoir de toucher des dommages de guerre. Roger Martin, *Patron de droit divin,* Paris, Gallimard, 1984.

4. Compte rendu manuscrit en français rédigé par Hermann Roëchling pour son cousin Ernest Roëchling sur la visite à Saint-Étienne des 17 et 18 mars 1943. La délégation est composée de Hermann Roëchling, du colonel von Hofäcker, du capitaine Scheppers, de R. Baboin (Dirsid) ; elle visite Marrel, Saint-Étienne, Saint-Chamond, Firminy, Unieux. Voir aussi Monique Luirard, *La Région stéphanoise dans la guerre et dans la paix, 1936-1951,* Saint-Étienne, Presses universitaires de Saint-Étienne, 1984.

5. Nous avons pu consulter la source exceptionnelle que représentent les carnets de François de Wendel grâce à M. le président de Marine-Wendel et à M. François de Wendel, que nous remercions ici. Ces documents ont été consultés et utilisés par Jean-Noël Jeanneney dans sa thèse *(François de Wendel en République. L'argent et le pouvoir 1914-1940,* Paris, Le Seuil, 1976).

6. Sur l'attitude de Marcel Paul, voir Martin, *op. cit.*, p. 123. Sur Eugène Roy (1884-1949), nous utilisons une plaquette biographique publiée à son décès.

7. Sur Léon Daum et Marine-Homécourt, voir Philippe Mioche, Jacques Roux, *Henri Malcor, un héritier des maîtres de forges,* Lyon, Éditions du CNRS, 1988.

8. Ce ne sera plus le cas lors de la première réunion de la Chambre syndicale de la sidérurgie rue de Madrid en 1946 ; le président Aubrun occupe alors le siège du président et François de Wendel s'installe de l'autre côté de la table.

9. Henry Rousso, « L'aryanisation économique. Vichy, l'occupant et la spoliation des Juifs », *Yod,* 1982, 15-16, pp. 51-79.

10. Des exemples de cette tradition dans Alain Baudant, *Pont-à-Mousson 1918-1939,* Paris, Publications de la Sorbonne, 1980.

11. Philippe Mioche, « Un tournant dans l'histoire technique de la sidérurgie : la création de l'Irsid. Compétition et collaboration entre l'État et l'industrie », *Histoire, économie et société,* 1, 1989, pp. 119-140.

12. Nous exprimons ici notre gratitude à la famille d'Alexis Aron, qui a bien voulu nous confier les archives en sa possession.

3.

Étude de cas : les architectes

« Quand le bâtiment va, tout va... » La crise économique des années 1930 avait durement frappé les métiers de la construction[1]. Mais, tandis que le secteur, demeuré en France artisanal et fragile, subissait les conséquences de la récession générale, les plus lucides des bâtisseurs — architectes, ingénieurs, géomètres, entrepreneurs — disaient vouloir restructurer leurs professions, seule façon, selon eux, de surmonter les difficultés du temps. Prévoyant des changements dans les modes de la commande comme dans la conduite des chantiers, ils pressentaient que l'accroissement de la population urbaine allait modifier leurs conditions d'exercice et réclamaient une réglementation des métiers et des titres. C'est ainsi que le titre d'ingénieur fut protégé par la loi dès juillet 1934[2]. Pour les architectes, la première proposition de loi sur la profession et l'usage du titre fut déposée le 17 novembre 1933. Le 16 juin 1939, la Chambre des députés discutait encore un texte. Parallèlement, des débats théoriques et techniques accompagnaient les polémiques concernant la réception du Mouvement moderne en architecture, ses plus ardents défenseurs réclamant la réorganisation des enseignements pour les mettre en accord avec le développement urbain. Tout aussi vive, la discussion sur le régionalisme ou la défense de la qualité et de la tradition françaises montrait une profession préoccupée de son avenir, prête à entreprendre des réformes pour se protéger et se transformer[3]. Ainsi, qu'il y ait eu ou non reprise économique dans la branche en 1938[4], à la veille du conflit, l'ensemble du secteur se trouvait à un tournant et attendait que l'État prenne l'initiative de réformes.

Or la Révolution nationale faisait d'un nouvel agencement urbain et d'une autre manière de bâtir l'un des moyens de la rénovation du pays. Le nouveau régime était donc sensible aux nécessités de transformation des métiers de la construction, que ce fût sous l'angle de la protection des professions ou sous celui de la recherche et de l'innovation techniques. La période de Vichy et de l'Occupation a-t-elle permis une cristallisation des aspirations des bâtisseurs et rendu possibles, voire inéluctables, les changements qui s'amorçaient depuis deux décennies ?

Outre la convergence de vues entre l'État et les professionnels, la guerre donnait l'occasion de construire beaucoup et autrement, les destructions de la campagne de 1940 et les bombardements ultérieurs ayant créé d'immenses besoins. Parallèlement, Vichy offrait la possibilité de transformer le cadre institutionnel de la branche, d'autant plus que l'idée d'un recours à un État puissant en matière d'urbanisation, qui s'était assez largement répandue dans les années 1920 et 1930, semblait plus nécessaire que jamais dans une période de catastrophe et d'urgence. Dans les projets de restructuration des professions, l'instauration de la Charte du travail ravivait et légitimait les aspirations corporatistes des architectes, comme des autres acteurs. C'est ainsi qu'en 1941 se dessina un projet d'ordre national des arts graphiques tandis que la loi du 16 juin 1944 donnera le jour à l'ordre des géomètres experts. De plus, l'attention portée par le nouveau régime aux questions architecturales et urbanistiques pouvait permettre de tester les idées qui agitaient le milieu, tant sur la question du degré de dépendance des architectes vis-à-vis de l'État que sur leur importance dans la reconstruction des cités détruites et sur le problème, crucial, du choix des acteurs.

En même temps, l'occupation, à cause des conditions d'armistice, de la pénurie et de l'effort de guerre allemand, freinait considérablement la construction, soit que matériaux et main-d'œuvre fissent défaut du fait des prélèvements et des restrictions, soit que les autorités occupantes eussent interdit la poursuite des chantiers déjà entamés, surtout à partir de 1942[5]. L'Occupation fut donc une époque ambiguë. D'un côté, un intense moment de réflexion accompagnant une période grosse de changements ; de l'autre, des entraves aux réalisations, hormis à celles favorisées par l'occupant. Qu'a-t-on effectivement bâti pendant ces années noires dont la mémoire collective n'a retenu, en ce qui concerne le bâtiment, que la construction du mur de l'Atlantique ? Les architectes ont-ils eu une conduite spécifique, au plan professionnel ou dans leur prise de position politique ? D'un autre point de vue, le régime de Vichy a-t-il eu, dans le domaine de la construction, une certaine autonomie par rapport aux Allemands ?

Après la dissolution des syndicats et des associations, consécutive aux lois d'août et de novembre 1940[6], la création rapide de l'ordre des architectes par la loi du 31 décembre 1940 est l'aboutissement de plus d'une décennie d'efforts pour rénover la profession, puisque plusieurs projets et propositions de lois sur la réglementation du métier et du titre d'architecte avaient été élaborés depuis les années 1920. Cependant, la marque du nouveau régime s'y imprime par une inversion des préoccupations. Les projets antérieurs avaient été d'abord soucieux de définir les activités d'architecture et avaient renvoyé l'organisation concrète de la corporation aux textes d'application. Fin 1940, finies les hésitations sur les qualités qui définissent l'homme de l'art, sur l'essence de son activité, sur le caractère libéral ou commercial de son métier. C'est au contraire à la structure qu'est consacré l'essentiel des nouvelles dispositions. À l'heure de la Révolution nationale, l'important est d'écarter les usurpateurs. Désormais, porter le titre et exercer légalement implique une adhésion à l'ordre des architectes, dont le rôle consiste avant tout à surveiller l'accès à la profession par l'attribution d'une inscription. Celle-ci doit être sollicitée par le postulant auprès d'un conseil supérieur, seul juge de la compétence des futurs membres, obligatoirement français, en possession de leurs droits civils et, critère primordial, titulaires d'un diplôme dont les modalités d'attribution seront définies en février 1941[7]. Confirmant la tendance exprimée depuis les années 1930, être architecte suppose désormais l'obtention du diplôme délivré par un petit nombre d'écoles agréées[8]. Cette procédure permet d'éliminer tous ceux qui n'ont pas suivi la formation noble des études d'architecture et qui, géomètres, métreurs, commis, dessinateurs, ingénieurs ou entrepreneurs, exercent le métier d'architecte sans en avoir le titre.

En dépit de mesures transitoires, des dispenses et des exceptions à la règle, cette nouvelle réglementation restreignit singulièrement le nombre des architectes[9]. Entre 1940 et 1944, l'ordre a enregistré un peu plus de 6000 adhésions, rejetant environ 1200 postulants pour insuffisance de compétence ou manque de pureté raciale (les Juifs étant acceptés dans les limites d'un quota de 2 %). En fait, le tri fut sans doute plus important (2 à 3 milliers d'exclus supplémentaires) puisque ces chiffres ne tiennent pas compte de tous ceux qui, ayant eu une autre formation technique et exerçant auparavant la profession sans avoir le diplôme d'architecte, se trouvaient éliminés d'office[10].

Malgré quelques hésitations, l'ordre, explicitement créé pour protéger la profession par une restriction de son accès, ne fut pas dissous à la Libération et présidera, quasi inchangé, aux destinées des architectes jusqu'à nos jours. Mais, tout occupée à protéger légalement le titre de ses adhérents, l'organisation corporatiste avait sous-estimé le danger de concurrence venant des autres bâtisseurs, moins préoccupés de posséder le titre d'architecte mais empressés à emporter des marchés. C'est pourquoi la protection par la réglementation du titre fut une victoire à la Pyrrhus. En 1945, l'ordre n'évitera pas l'intervention croissante des autres corps dans l'acte de bâtir, quand les besoins de la reconstruction privilégieront technique et industrialisation, marginalisant l'aspect créatif du métier d'architecte au profit de la maîtrise d'œuvre et de la standardisation.

À court terme, cependant, la création de l'ordre ayant tranquillisé les architectes sur la sauvegarde de leurs droits professionnels et moraux, restait à assurer le pain quotidien. Certains auraient souhaité devenir indispensables en rendant obligatoire le recours à leurs services pour toute opération de construction. Mais avant tout préoccupée de son art, la majorité des porteurs du titre avait tendance à s'intéresser à des chantiers monumentaux, singuliers, relativement onéreux. Beaucoup dédaignaient ainsi un volant considérable d'affaires, le tout-venant de la construction ordinaire, pour lesquelles du reste ils n'étaient pas sollicités. Dans la mesure où ni la loi ni la pratique n'obligeaient un particulier à construire avec un permis sous la conduite d'un architecte, la plus large part de la construction leur échappait, la moitié environ des affaires traitées en France relevant, à l'époque, du domaine privé [11].

La commande publique pouvait-elle pallier ce manque ? Durant l'été 1940, l'annonce par l'État qu'il prenait en charge à la fois la réparation des destructions de guerre et les problèmes immobiliers généraux suscita quelques espoirs. Des architectes de renom investirent immédiatement les nouvelles institutions créées à cet effet [12]. Dès lors, au sein des différents groupes professionnels, une partie des énergies fut consacrée à écarter les concurrents des opérations favorisées ou autorisées par les circonstances [13], et les chantiers de reconstruction comme les quelques programmes d'aménagement commandités par l'État et les collectivités publiques furent l'enjeu de luttes sévères entre architectes, ingénieurs, entrepreneurs et géomètres. La loi du 15 juin 1943 donna de ce point de vue satisfaction aux architectes : leurs présence et utilité reconnues, ils avaient une place prééminente dans les travaux de reconstruction et les chantiers publics, après avoir reçu l'agrément d'un gouvernement n'acceptant que les inscrits à l'ordre. Par ailleurs, l'établissement des demandes d'indemnisation pour les dommages de guerre nécessitait l'intervention d'experts eux aussi agréés. Malgré les déclarations de leurs représentants sur le devoir de créativité et le dédain éprouvé envers les cabinets d'affaires et les bureaux d'études, beaucoup d'architectes ont ainsi vécu pendant la guerre en surveillant les réparations d'immeubles, établissant les dossiers de dommages, aménageant les locaux pour la défense passive [14].

L'adhésion au régime du Maréchal semblait donc logique pour une profession persuadée de l'importance du rôle social de l'architecture, qu'un État fort, prenant en main l'édification des logis et des villes, devait aider à accomplir sa mission. De fait, si l'on excepte le Front national des architectes fondé au printemps 1943 et regroupant quelques praticiens communistes, on trouve peu de grands noms de l'architecture parmi les opposants à Vichy [15]. En revanche, on l'a dit, ils ont travaillé avec enthousiasme dans les nouvelles institutions de l'urbanisme. Pour le gros du bataillon, la profession ne semble pas s'être différenciée de l'évolution générale de l'opinion française [16]. Restait la question des occupants.

On n'abordera pas ici l'impact économique de l'occupation sur le secteur de la construction, ni les chantiers militaires [17], mais les rapports entre les architectes français et les services de la construction du *Militärbefehlshaber*. Les Allemands tentèrent, à partir de juillet 1941, de soumettre la France au même régime que le Reich : tous les travaux civils nécessitaient une entente préalable de l'Hôtel Majestic ou des *Feldkommandantüren* de façon à permettre à l'administration de s'assurer qu'ils répondaient à des besoins urgents ou indispensables [18]. La tâche de Vichy et des hommes de l'art fut dès lors absorbée dans des négociations pour obtenir ces autorisations ou essayer de les tourner. Le nombre de chantiers entrepris semble loin d'avoir été négligeable, mais seule l'étude quantitative, à peine entreprise, permettra de dire si le volume des travaux réalisés a été significatif.

Sur le plan des idées, l'idéologie nazie donnait à l'architecture un rôle fondamental dans l'instauration d'un ordre nouveau [19]. Les vainqueurs ont-ils tenté d'imposer aux pays conquis leurs idées dans l'art de bâtir ? En Belgique, par exemple, les Allemands sont directement intervenus dans les projets de reconstruction des villes détruites, et de même en Alsace [20]. Or il semble qu'en ce domaine l'État français ait réussi à préserver une autonomie de conception. Hormis les autorisations, les questions de contingentement et d'attribution de matériaux, les Allemands sont restés à l'écart des projets tant sur le plan théorique qu'esthétique. N'ayant pas été consultés, n'ayant pas cherché à l'être, ils n'ont participé ni à l'élaboration des premiers instruments de planification urbaine [21], ni aux débats entre aménageurs, et pas davantage aux discussions formelles. Comme si praticiens allemands et français, qui avaient eu avant la guerre des liens d'admiration mutuelle, s'étaient ignorés sous l'Occupation. Pour une raison qu'il faudra expliquer, l'architecture à Vichy a été une question franco-française. C'est sans doute ce qui explique à la fois la faiblesse de l'épuration à la Libération, et le sentiment de continuité que gardent en toute conscience les acteurs de l'époque : ce sont les fondements de la France d'après guerre qu'ils ont bâti sous l'Occupation [22].

L'étude du groupe professionnel des architectes entre ainsi dans le débat historiographique sur la place des années Vichy dans l'histoire sociale et politique française. Sans banaliser le régime de Vichy, on peut cependant l'étudier dans une continuité qui, des années 1930 au début des Trente Glorieuses, a amorcé le passage de la France traditionnelle et paysanne à celle des villes et des grands ensembles. Quel rôle pouvaient jouer des artistes créateurs dans un État de technocrates et d'ingénieurs ? Au cœur de la Révolution nationale, et nonobstant leurs engagements politiques et leurs stratégies personnelles, c'est à cette interrogation que les architectes se sont trouvés confrontés.

Danièle Voldman

NOTES

1. Cette communication donne les toutes premières conclusions d'une recherche en cours menée avec Frédérique Boucher sur « L'architecture, les architectes et la construction au temps de Vichy et de l'Occupation (1940-1944) ». Sur l'évolution de cette profession au XXe siècle, voire Raymonde Moulin, Françoise Dubost, Alain Gras, Jacques Lautman, Jean-Pierre Martinon, Dominique Schnapper, *Les Architectes, métamorphose d'une profession libérale,* Paris, Calmann-Lévy, 1973.

2. André Grelon (dir.), *Les Ingénieurs de la crise, titre et profession entre les deux guerres,* Paris, Éditions de l'EHESS, 1986.

3. Sur les vélléités des géomètres et des ingénieurs à vouloir jouer l'ensemble des rôles offerts par les métiers du bâtiment, Viviane Claude, « Le chef d'orchestre, un cliché de l'entre-deux-guerres. Contours d'une rhétorique inquiète », *Les Annales de la recherche urbaine,* 44-45, décembre 1989.

4. Sur cette controverse, voir Michel Lescure, *Les Banques, l'État et le marché immobilier en France à l'époque contemporaine, 1820-1940,* Paris, Éditions de l'EHESS, 1982, et Dominique Barjot, *La Grande Entreprise française de travaux publics, 1883-1974. Contraintes et stratégies,* thèse d'État, université de Paris IV, 1989.

5. Danièle Voldman, « Le bâtiment, une branche sollicitée », à paraître en 1992 dans l'ouvrage collectif dirigé par Henry Rousso, Robert Frank et Alain Beltran sur les entreprises pendant la guerre.

6. Il existait en 1939 un grand nombre d'associations et d'amicales professionnelles. Plusieurs survivent aux ordres de dissolution, en particulier la puissante SADG (Société des architectes diplômés par le gouvernement).

7. Arrêté du 17 février 1941 « réorganisant l'enseignement de l'architecture », *Journal officiel,* 5 avril 1941.

8. Au plan national l'ENSBA, l'ENSAD, l'École spéciale d'architecture, celle des travaux publics, et l'École des beaux-arts de Toulouse, les écoles d'architecture de Bordeaux, Lille, Lyon, Marseille, Rennes, Rouen et de l'Ile-de-France (Paris).

9. Étaient dispensés du diplôme les constructeurs ayant exécuté d'importantes œuvres d'architecture, les architectes patentés au 1er septembre 1939, les architectes fonctionnaires ayant au moins cinq années d'exercice à la même date, les commis ayant plus de douze ans d'ancienneté dans un cabinet patenté. Des examens furent organisés entre 1941 et 1943 pour ceux qui ne répondaient à aucun de ces critères.

10. Le comptage définitif n'étant pas achevé, on avance ici une approximation faite à partir des procès-verbaux des séances du conseil national de l'ordre. Ces procès-verbaux ont été dépouillés grâce à l'obligeance de Francine Boulay, que je remercie de son accueil.

11. Appréciation du conseil supérieur de l'ordre, séance du 5 novembre 1941, non encore recoupée par d'autres sources.

12. Sur les services d'architecture et d'urbanisme du commissariat à la Reconstruction et de la DGEN, Rémi Baudouï, *Planification territoriale et reconstruction, 1940-1946,* thèse de 3e cycle, Paris XII, Institut d'urbanisme de Paris, Paris, 1984 ; Danièle Voldman, « Reconstruire pour construire, ou de la nécessité de naître en l'an 40 », *Annales de la recherche urbaine,* 21 janvier 1984.

13. Yves Durand, « Chantiers et projets urbains sur les ruines de juin 1940. L'exemple des villes sinistrées du Loiret », *Revue d'histoire de la Seconde guerre mondiale,* 79, juillet 1970.

14. Les archives privées des cabinets d'architectes concernant la période sont difficiles à atteindre. Je remercie particulièrement Jean Astruc de m'avoir permis d'étudier les archives de son père Henry Astruc, qu'il est en train de classer.

15. Jean-Louis Cohen, *L'Architecture d'André Lurçat, autocritique d'un moderne,* thèse, EHESS, Paris, 1985.

16. Cela est énoncé à titre d'hypothèse, les recherches n'étant sur ce point pas assez avancées.

17. Danièle Voldman, « Le bâtiment... », art. cit

18. AN, Fla 3669.

19. Marc Cluet, *L'Architecture du IIIe Reich. Origines intellectuelles et visées idéologiques,* Berne, Peter Lang, 1987 ; Rémi Baudouï, « L'architecture en France

des années 1930 aux années 1940 ; conflits “ idéologiques ” et continuités formelles de la crise à la Libération », Pierre Milza et Fanette Roche-Pézard (dir.), *Art et fascisme,* Bruxelles, Éditions Complexe, 1989.

20. *Les cahiers de la Cambre. Architecture,* 3, 1986 ; Bénédicte Leclerc, « Urbanisme national-socialiste en France, les projets pour le Nouveau Strasbourg, 1940-1944 », *Histoire de l'art,* 1-2, 1988.

21. Philippe Mioche, *Le Plan Monnet. Genèse et élaboration, 1941-1947,* Paris, Publications de la Sorbonne, 1987.

22. Danièle Voldman, « Reconstructors' tales : an exemple of the Use of oral Sources in the History of Reconstruction after the Second World War », Jeffry M. Diefendorf (Éd.), *Rebuilding Europe's Bombed Cities,* London, Macmillan, 1990.

4.

Le clair-obscur du quotidien

« On n'ose plus prononcer le mot de bonheur dans ces temps torturés. Et pourtant, des millions d'êtres, aujourd'hui, sont à sa recherche, et ces années ne sont pour eux qu'un sursis qui n'en finit plus, et au bout duquel ils espèrent que leur bonheur à nouveau sera possible. Qui donc pourra les en blâmer ? Et qui pourrait dire qu'ils ont tort ? Que serait la justice sans la chance du bonheur, de quoi servirait la liberté à la misère ? »

Albert Camus apostrophe ainsi les survivants du cauchemar dans son éditorial de *Combat* du 22 décembre 1944[1]. À la veille du dernier Noël d'épreuve, il parle sans doute, et plus que jamais, au nom de ceux qui sont entrés dans cette guerre « pour défendre justement une certaine idée du bonheur », « assez farouche et assez pur pour qu'il nous parût mériter de traverser d'abord les années du malheur » : au nom des meilleurs, ceux « qui se sont désignés et qui sont tombés ». Il pense d'abord aux drames de la séparation, aux prisonniers et aux déportés qui attendent leur délivrance, aux innocents frappés, aux amours brisées, aux dialogues d'ombre et aux pauvres morts : à tous ces « signes misérables de l'époque » qu'il faudra garder en mémoire pour ôter « de sa sécheresse à notre lutte » et donner « toute sa cruauté au malheur de la France et à la tragédie de ses enfants séparés ». Seule l'amertume du sacrifice donne le goût de ce bonheur-là.

Serait-ce pourtant trahir l'auteur du *Malentendu* que d'appliquer aussi ses interrogations à tous ceux qui ne se sont pas désignés, qui sont restés à quai sans tenter la traversée ? À cette masse disparate de Français suffoquant dans la temporalité — atone, nauséeuse, déroutante, désespérante ou désarmante, c'est selon — du quotidien, mais qui entretenaient aussi, à leur manière, la braise du bonheur ? Camus a trop bien dit, après le 8 mai 1945, les faiblesses d'un pays qui n'avait « plus droit à la fatigue » : son cri résonne en amont comme une petite musique de nuit pour années noires.

On s'étonnera peut-être de l'alliance ainsi postulée entre un appétit de bonheur, tenace sans doute mais si fragile, et une quotidienneté de guerre nécessairement monotone et qu'on suppose entêtée des seules urgences de la survie. À cette interrogation, on répondra platement qu'une hypothèse de travail, même ténue, vaut mieux que l'absence d'hypothèse.

Car il faut rappeler d'entrée de jeu que le poids du quotidien, au jour le jour du survivre, dans l'affreuse patience accablée d'un temps suspendu, a été bien peu pris en charge et en compte dans l'historiographie des années 1940-1944. À quelques exceptions près — dont celle, notoire, des travaux de Pierre Laborie sur l'opinion publique[2] —, trop rares sont ceux qui ont solidement lié tout au long dans leur problématique de recherche l'examen en majesté des engagements antagonistes d'une minorité et l'analyse en contrepoint du silence présomptif de tous les autres Français, sauf à flanquer, à tout hasard, les chapitres hauts en couleur exposant ces affrontements, tenus à raison pour indiscutablement constitutifs de « la période », d'une collation au pittoresque assez laborieux, passablement monographique et descriptive jusqu'à plus soif, des cours du rutabaga, de l'épaisseur des semelles de bois et des ruses du marché noir. En bref : a-t-on jamais vraiment pensé la vie quotidienne du pays occupé, et, à travers son examen, a-t-on assez utilement contribué à donner un statut historique bien clair à plus de 38 millions de Français[3] ?

On observera au passage que, dans cette nonchalance historiographique, les méandres de la mémoire collective ont sans doute pu dériver un peu plus à leur aise. Des cohortes imposantes de braves gens dorlotant les héros obscurs de la Résistance, mobilisées pour les besoins de la reconstruction du pays à partir de juin 1945, jusqu'aux « quarante millions de pétainistes » ou à ce ramassis d'attentistes douteux qu'on nous montra en noir et blanc trente ans plus tard, des héros aux salauds sans chagrin ni pitié, des quémandeurs d'*Au bon beurre* aux transporteurs des valises bien suintantes de *La Traversée de Paris,* des indigènes sourds et muets vaquant si paisiblement à leurs occupations du côté de Pithiviers ou de Beaune-la-Rolande aux néo-zazous ravagés de rétro-swing, bien des cas de figure ont été reconstruits en mémoire. Et il ne sera pas impossible, on l'espère, de montrer un jour combien leur élaboration a tiré une bonne part de sa force et de sa couleur du souvenir lancinant des difficutés et des ambivalences de la vie quotidienne à l'heure de Vichy[4].

Redoublons donc la question : en négligeant de donner du sens à la quotidienneté du temps de guerre, les historiens n'auraient-ils pas aussi trop passivement suivi, l'arme au pied sur la rive, la pente facile de ces divagations mémoriales et contribué ainsi, inconsciemment, à retarder le travail du deuil ? Or pourra-t-on jamais liquider les séquelles et les « syndromes » de cette « guerre franco-française » de 1940-1944 qui colle encore à l'âme de ce pays, sans avoir dit une bonne fois aux générations des enfants et des petits-enfants ce que signifia pour tant de parents désarmés « avoir vécu l'Occupation » ?

Les quelques tentatives des historiens pour la maîtriser n'ont peut-être pas toujours su, en outre, se doter de l'appareil conceptuel le plus opératoire pour appréhender ce quotidien et mieux l'ériger en objet d'histoire. Faute sans doute de fréquenter assez assidûment une sociologie qui a pourtant tenté de formuler rétrospectivement les termes du bouleversement contemporain de la société de consommation ou de loisirs, celle d'un Lefebvre, d'un Morin, d'un Dumazedier ou d'un Maffesoli, faute d'avoir perçu aussi qu'existaient une ethnologie des brousses hexagonales, une sémiotique point trop inacessible, une bonne vieille psychologie collective, de jeunes sciences de la communication ou un art de peser l'économie souterraine, cette histoire a pris le risque d'en rester aux attendus méthodologiques assez datés d'une honorable collection de la maison Hachette[5].

L'occasion offerte par la réflexion collective que ce livre expose ne doit-elle pas être saisie pour dire qu'il y a urgence à relire le *Rabelais* de Lucien Febvre ou *L'Invention du quotidien* de Michel de Certeau, à piocher dans l'arsenal des sciences sociales sœurs, à élaborer quelques programmes de travail, pour investir en ordre moins dispersé et avec des armes plus affûtées le continent du quotidien ? En y explorant les grands secteurs de la vie sociale, le travail, la famille, la sphère privée, les loisirs, la piété, la culture et la communication ; en y détaillant le jeu du cyclique ou du répétitif hérités face à une modernité et à des modèles inouïs qui les bousculent ; en tentant d'y lire les interférences entre l'histoire tragique qui se fait et la civilisation des mœurs ; en soulignant l'exceptionnalité de ces années de restrictions dans la course séculaire des Français vers un mieux-être qui fut peut-être la meilleure formulation de ce bonheur dont parlait Camus. En sachant surtout que cette histoire-là aurait l'ambition, assez folle, de mieux saisir l'événement et ses ruptures en testant leurs échos et leurs effets au plus intime du corps social, dès lors, vient de nous dire Jean-Louis Crémieux-Brilhac, « [qu'] à chaque niveau et dans chaque milieu, ce sont les individus qui sont l'énigme [6] ».

Le texte de François Marcot qu'on trouvera dans ce livre démontre combien cette histoire-là pourrait être éclairante, pour peu qu'on consente à ne faire de la quête du pain de chaque jour ou de la morgue du crémier-roi ni un ajout erratique ni une simple toile de fond grisâtre. Les Francs-Comtois qu'il décrit sont certes assez atypiques, puisqu'ils craignent plus que d'autres Français l'imminence d'une annexion brutale au Grand Reich. Leur désespérance et leur amertume ne sont pas tout à fait celles que les travaux d'Étienne Dejonghe ont dès longtemps observées chez les habitants du Nord-Pas-de-Calais rudement attachés au commandement militaire allemand de Bruxelles : là-bas, des structures sociales originales et des solidarités particulières ont donné une autre allure au combat du quotidien [7].

Pourtant, cette Franche-Comté est un exemple, qu'on devrait tenter de généraliser [8], de cette contradiction dont le régime de Vichy ne sortira pas, de cet effet quasi immédiat — dès les premiers mois de 1941, quand la gêne s'est généralisée et qu'on sort de l'hébétude du second semestre de 1940 — d'une situation de dénuement sur ce qu'on nomme, avec force circonlocutions de guerre, l'opinion publique : « C'est d'abord sur le terrain du quotidien que Vichy perd la confiance des Français », conclut François Marcot. Premier enseignement, et très précieux : la bataille du quotidien « ne se déroule pas à huis clos » ; ses combattants s'insinuent précocement dans le champ politique et idéologique ; ses aléas marquent le cours des choses et hantent tous les responsables. Plus qu'un test, qu'un front secondaire ou qu'une guérilla sans espoir, elle est un vecteur stratégique, un élément constitutif du conflit généralisé.

Le tourment du quotidien ne contribue pas seulement à ruiner peu à peu — tous les croisements de chronologies fines, région par région, seraient naturellement les bienvenus pour conforter cette analyse — l'autorité et même la légitimité de l'État français. Il a des effets dévastateurs sur maintes structures sociales où s'exerçaient des pouvoirs hiérarchisés.

C'est clair, par exemple, dès que la fraude sur les réquisitions et les bienfaits monnayés du marché brun, noir ou gris, selon la tête du client, ont donné du relief social à ceux que le préfet du Doubs nomme joliment en février 1944 « la classe capitalisatrice ». Paysans, commerçants ou industriels, ces contribuables modèles qui raflent les bons du Trésor, ces gros finauds qui jouent Vichy contre Vichy en conservant un pied dans les groupes de répartition tout en refusant de s'engager plus avant en faveur de la Révolution nationale, qui disent très haut leur bonne conscience d'entrepreneurs paternels en évitant le chômage à leurs employés, ces agriculteurs qui « résistent » dans le secret de l'abattage de nuit et le forcing de la patate n'ont qu'une obsession : que faire de notre argent ?

Cette « angoissance » existentielle (on sait que les dépôts dans les caisses de crédit agricole sont passés de l'indice 100 en 1938 à l'indice 743 en décembre 1944 et, l'inflation aidant, à l'indice 1717 en décembre 1946) eut partout des effets que l'on n'a guère mesurés encore sur ceux pour qui la question, hélas, ne se posait pas : haines tenaces au sein des communautés rurales, tensions dans les organisations professionnelles, oppositions parfois violentes entre citadins et ruraux, ravages de l'argent facile dans les consciences. Et cette logique perverse du « bon beurre » perdurera après 1945 au plan économique — avec des investissements un peu voyants dans la reconstruction immobilière, la prolifération du petit et du moyen commerce ou la rondeur soudaine de certains héritages — comme dans la vie sociale, quand la rancœur du temps de guerre transparaît dans maints conflits du travail, que des quartiers urbains peuvent connaître une sourde lutte pour le tri des bons ou des mauvais commerçants, que des solidarités anciennes sombrent corps et biens, sans même parler des réunions de famille tendues.

On rétorquera que les modestes satisfactions du « système D », les vagabondages vélocipédiques du « marché gris », les charmes du jardinage de proximité, les assiduités auprès de cousins éloignés ou d'anciens copains de travail capables d'expédier à date fixe des colis familiaux, les solidarités du palier, de la cité, du quartier, de la « boîte » ou de la paroisse, ont tissé d'autres liens, rafraîchi maintes sociabilités ou resserré bien des affections qui s'étaient relâchées. Ainsi auraient été ravaudées, vaille que vaille, les déchirures et compensées, sans disparaître, désunions et rancunes. C'est incontestable, encore que difficilement mesurable car élaboré dans l'intimité individuelle ou familiale, sauf à entreprendre l'audition systématique des survivants dans une gigantesque collecte de témoignages oraux, tout à fait hors de portée de la bourse des historiens.

Il faudrait donc se résoudre à multiplier des micro-histoires significatives, entendre d'humbles sagas familiales, entreprendre enfin une collation un peu sérieuse des journaux intimes[9], des carnets de la ménagère et des correspondances privées par un appel très large et décentralisé à la fouille des greniers et des armoires auquel la puissance de nos médias pourrait offrir tout l'écho qui convient. Sans négliger l'étude des traces littéraires, cinématographiques, musicales et radiophoniques de cette volatilité du social et des recompositions délibérées que le malheur des temps lui offrit : telle nouvelle de Marcel Aymé, tel mot d'Antoine Blondin, tel clin d'œil des Actualités françaises peuvent en dire long, et la famille Duraton, après tout, a laissé parfois entendre qu'elle avait connu l'Occupation.

Entendons-nous. Il ne s'agit pas de sombrer dans l'échantillonnage laxiste ou l'énumération sans but, de juxtaposer à tout hasard des notations intimistes dont l'addition serait médiocre. Mais plutôt de faire feu de tout bois sur des thèmes précis et concrets.

Ainsi, l'étude de Dominique Veillon dit fort bien, par exemple, tout ce qu'on pourrait attendre de la stricte application à la vie quotidienne en 1940-1944 d'une histoire des femmes qui a conquis depuis quinze ans, cahin-caha, ses lettres de noblesse. Car avec elles la chronologie prend aussi une autre acuité. Culpabilisées et moralement « rachetées » dans le lamento doucereux de la propagande vichyste que répercute assez docilement la presse féminine, elles ont joué sans aucun doute un rôle majeur dans les décrochages successifs de l'opinion, déçue et bientôt aigre. Elles ont, mieux que les hommes probablement, fait souffler le « vent mauvais ». Et leur amertume revendicatrice gonflera en 1942 et 1943 à proportion de la rareté du textile, du pain et de l'argent.

L'effroi proprement dit montera de surcroît, quand les femmes constateront les premiers effets du rationnement sur la santé de leur famille, qu'elles subiront l'humeur agressive des J3 affamés et scruteront l'œil brillant des petits sans lait. Et que dire des subtiles modifications de l'équilibre familial dont nous soupçonnons tout juste l'ampleur, quand la mère se substitue au père absent ou défaillant, baisse plus ou moins les bras face à l'adolescent bouillant[10], ne peut plus rien pour les grands-parents ou se replie jalousement sur la marmaille ? Les femmes, n'en doutons pas, ont été au premier rang dans la perception d'un gommage des repères familiers, dans l'intériorisation d'une sorte d'apesanteur sociale du temps de guerre. Ce constat fut déroutant pour les consciences jusqu'en 1945. Mais peut-être, gravé dans les souvenirs, fut-il assez utile, quelques années plus tard, quand la société française passa si aisément à une croissance économique et à une consommation de masse, vécues toutes deux si souvent et si intensément, dans l'humble bonheur de la voiture, de l'équipement ménager et du « living » : ce fut alors le temps de la revanche, enfin, sur les années « sans ». Bien étudié, le quotidien de guerre pourrait être au passage un excellent indicateur pour mieux comprendre la France des années 1950 et 1960.

Ajoutons, pour finir, que cette histoire sociale et mentale de la vie quotidienne perdrait une bonne part de son efficience si on ne la concevait pas comme très largement et très hardiment socio-culturelle. Sur ce point, une table ronde de l'Institut d'histoire du temps présent a tenté une première approche en 1988 : on voudra bien se reporter à la publication qui en a été faite [11].

On y trouvera le jeu habituel des ambivalences. Mais aussi quelques enseignements sur une évolution, notamment, des pratiques culturelles, qui ont été délibérément élargies, décentralisées et massifiées pendant la guerre. On y repérera de très nettes continuités entre les années 1940 et la culture de masse qui poindra dans les années 1950 ; des traits bien singuliers aussi, qui en disent beaucoup sur la pathologie et les sursauts d'un corps social bousculé par la guerre. Et, à tout le moins, la marque une ambition qui monte : relire un jour la vie quotidienne des années noires à travers le prisme du culturel. Pour donner à cette histoire d'un clair-obscur, dont on ne peut hélas à cette heure que saisir des linéaments, toute sa verdeur, toute sa puissance révélatrice, qui troubleront peut-être certaines idées reçues sur le temps de Vichy [12].

Jean-Pierre Rioux

NOTES

1. Albert Camus, *Essais,* Paris, Gallimard, 1965, p. 299 (coll. « La Pléiade »).

2. Pierre Laborie, *L'Opinion française sous Vichy,* Paris, Seuil, 1990.

3. Voir Jean-Pierre Rioux, « Survivre », *L'Histoire,* 80, juillet-août 1985, pp. 84-100 ; « Ambivalences en rouge et bleu : les pratiques culturelles des Français pendant les années noires », *in* Jean-Pierre Rioux (dir.), *La Vie culturelle sous Vichy,* Bruxelles, Éditions Complexe, 1990, pp. 41-60 ; « L'exode : un pays à la dérive » puis « Les rutabagas sont arrivés », *L'Histoire,* 129, janvier 1990, pp. 64-70 et 128-135.

4. Ce qui reviendrait, en somme, à compléter par l'analyse des représentations du quotidien le travail d'Henry Rousso dans *Le Syndrome de Vichy de 1944 à nos jours,* Paris, Seuil, 1990. Une enquête en cours de l'Institut d'histoire du temps présent sur « Le temps des restrictions, 1939-1949 » devrait apporter bientôt du matériau neuf à ce propos.

5. Il y a une heureuse exception à cette règle : Yves Durand, *La Vie quotidienne des prisonniers de guerre dans les stalags, les oflags et les kommandos (1939-1945),* Paris, Hachette, 1987. Mais on passera sous silence trop de récits disparates et peu démonstratifs : par exemple, dernier en date, Gérard Boutet, *Ils ont vécu l'Occupation,* Paris, Jean-Cyrille Godefroy, 1990.

6. Jean-Louis Crémieux-Brilhac, *Les Français de l'an 40,* vol. I : *La guerre, oui ou non,* Paris, Gallimard, 1990, p. 19.

7. Voir en particulier sa communication à un séminaire de l'Institut d'histoire du temps présent, le 18 janvier 1988.

8. En reprenant d'abord l'examen des situations dans le Lot de Pierre Laborie, le Loiret d'Yves Durand, la Loire de Monique Luirard, les Côtes-du-Nord de Christian Bougeard ou le Var de Jean-Marie Guillon.

9. Sur le modèle, bien sûr, des enquêtes de Philippe Lejeune.

10. Voir les remarques en pointillé de Michel Fize, *La Démocratie familiale. Évolution des relations parents-adolescents,* Paris, Presses de la Renaissance, 1990.

11. Voir Jean-Pierre Rioux (dir.), *La Vie culturelle sous Vichy, op. cit.*

12. C'était un des souhaits de Jean-Pierre Azéma dans sa position de thèse de doctorat d'État sur *La France des années sombres (1938-1948),* Paris, Institut d'études politiques, multigr., pp. 98-99.

5.

La vie quotidienne des femmes

Parce qu'elles sont considérées comme les gardiennes du foyer, les femmes, durant les années noires, sont les premières à subir les soubresauts de la défaite dans un domaine qui est traditionnellement le leur : la vie privée et domestique. En intervenant par une législation draconienne dans des secteurs où jusque-là chacune était libre de son choix en fonction de ses moyens — qu'il s'agisse de faire son marché, d'acheter un vêtement ou de travailler —, l'État se montre sous un jour plus autoritaire que tutélaire. En souhaitant également redresser la barre du laisser-aller dont est coupable, à ses yeux, une grande partie de la population féminine, Vichy annonce clairement son programme : c'est à une révolution morale que chacune est conviée. Comment les femmes ont-elles vécu la grisaille quotidienne, coincées entre les exigences qui leur étaient imposées et la réalité de tous les jours ?

Dès l'armistice, les discours pétainistes en font foi, tout le monde est mobilisé pour le relèvement du pays. Les premiers temps, le climat général étant à la désignation de coupables, le méaculpisme se répand, et il est de bon ton de pratiquer son examen de conscience. Au chapitre des doléances revient l'attitude des femmes, accusées d'être sorties de leur rôle et de vouloir singer les hommes « dans tous leurs tics » : cigarettes, cheveux courts. Au premier rang des griefs s'inscrit le port du pantalon, mais les moralistes partent également en campagne contre tout ce qui est censé détourner la femme de ses devoirs de mère et d'épouse, dénonçant pêle-mêle, le travail à l'extérieur, l'influence désastreuse du cinéma américain qui a entraîné l'adoption d'un maquillage excessif, la mode des cheveux platinés. À cause de ces idées néfastes, la famille a connu de mauvais jours et il est temps de réagir. Une nouvelle image, celle d'une femme forte, tournée vers les autres, se dessine, plus conforme aux vœux du gouvernement, où le devoir passe au premier plan : la frivolité est incompatible avec la régénération morale. Le pays ne peut se reconstruire qu'avec l'aide de toutes et que si l'on abandonne certaines pratiques.

C'est dans ce contexte que s'inscrivent les difficultés quotidiennes : approvisionnement, habillement... Personne n'ose nier leur existence, mais, dans l'esprit de Vichy, et selon la propagande officielle, ces problèmes réels peuvent et doivent être transcendés, car c'est une façon comme une autre de se racheter ; ce rôle de rachat est présenté comme un élément constitutif de la vocation des femmes. Le sacrifice et le dévouement font plus que jamais partie du décor, et la presse féminine donne le ton. « Faisons un sévère examen de conscience et constatons que beaucoup ont recherché le moindre effort, le moindre risque », les lois rudes de la vie ont leur revanche, elles s'imposent aujourd'hui, lit-on dans *Le Petit Écho de la mode* d'août 1940, qui compte un nombre important d'abonnées en province ; on relève le même son de cloche dans *Mode du jour,* qui écrit en juin 1941 : « Les temps sont révolus où la femme pouvait n'être qu'une poupée maquillée. La débâcle est venue, entraînant la souffrance, et la souffrance nous a appris à nous connaître. »

Hormis une minorité de privilégiés qui ne se sent pas concernée et continue à mener le même train de vie qu'avant la défaite — sorties au théâtre ou au restaurant, réceptions mondaines, inaugurations d'expositions, visites chez les grands couturiers —, la majorité est bientôt atteinte dans ses droits vitaux.

En l'espace d'une saison, on passe d'une économie d'abondance à une économie de pénurie. Les réquisitions allemandes, le manque de main-d'œuvre, la division de la France en plusieurs zones, le marché noir en sont les causes directes. Dès septembre 1940, le système du rationnement se généralise pour les produits alimentaires. La population se voit divisée en plusieurs catégories suivant l'âge et (théoriquement) suivant les besoins. Des cartes sont délivrées par les mairies, qui donnent droit chaque mois à tant de matières grasses, tant de viande, de sucre, etc.

En tant que maîtresses de maison, la plupart des femmes sont concernées par cette législation. Au premier rang, les mères de famille, qui ont fort à faire, engluées dans les problèmes quotidiens. À elles de faire la queue à la mairie pour se procurer les fameux titres d'alimentation, à elles aussi de suivre de près la répartition mensuelle des denrées, le déblocage de tel ou tel produit en fonction de l'âge des enfants. Suroccupées, elles sont plus que jamais confinées dans les soins du foyer, partagées entre les courses, la cuisine, la couture et l'éducation des enfants, et cela n'est pas pour déplaire aux moralistes de Vichy.

La journée d'une femme est fort remplie ; elle débute généralement de bonne heure par la quête alimentaire, assortie de la corvée des queues. Apparues à l'état embryonnaire dès l'été, les files d'attente s'allongent au cours de l'hiver 1940 sous un froid glacial et deviennent vite un cauchemar, en particulier pour les personnes âgées. Ainsi, malgré un équipement spécial baptisé « costume de queue » et composé d'un triple lainage, d'un capuchon, d'un fichu, d'un manchon, cette institutrice montmartroise à la retraite affronte avec peine ces longs stationnements et ne peut éviter de terribles engelures. La grande pénitence a commencé. « Je n'oublierai jamais la queue que j'ai faite devant la boucherie Houdy un certain samedi [de janvier 1941]. Il faisait nuit noire. La neige tombait à gros flocons. Du haut de la rue Tholozé, j'apercevais des ombres circulant dans la nuit avec des lanternes et j'avais tout à fait l'impression d'un départ pour la messe de minuit. Devant la grille, une cinquantaine de personnes déjà alignées regardaient à travers les barreaux le boucher, tel un officiant au surplis blanc devant son étal-autel[1]. »

« La France est revenue deux cents ans en arrière », se lamente, à la fin de 1941, une vieille épicière, installée dans un petit village d'Ile-de-France. Autrefois, sur mes étagères, les paquets se pressaient les uns contre les autres : on n'aurait pu glisser un doigt entre les boîtes de conserve. Aujourd'hui, tout est vide dans ma boutique[2]. » Ce simple constat illustre les difficultés rencontrées pour se nourrir. Alors qu'autrefois il fallait à la ménagère au plus une heure pour faire les courses, celle-ci, surtout en ville, doit consacrer aux emplettes la majeure partie de la journée, comme en témoigne cet emploi du temps d'une Parisienne en octobre 1942 :

« 7 h 30 — Chez le boulanger. Achat de pain. Il y aura des biscottes à 11 heures.

9 heures — Jour de viande. Le boucher prévient qu'elle ne sera distribuée que samedi.

9 h 30 — Chez le crémier. Il ne recevra le fromage qu'à 17 heures.

10 heures — Chez le tripier. Mon numéro 32 passera à 16 heures.

10 h 30 — Chez l'épicier, il y aura des légumes à 17 heures.

11 heures — Retour chez le boulanger. Il n'y a plus de biscottes[3]. »

Au total six déplacements, quatre heures et demie d'attente pour rien, puisqu'il faudra recommencer l'après-midi sans que la démarche soit assurée d'aboutir. En ville, le poids des courses est tel que les femmes, même les plus élégantes, ne peuvent sortir sans cabat, le fin du fin étant d'assortir celui-ci à leur tenue.

Dans l'escalade de la misère, il y a des degrés. En règle générale, les citadins sont plus mal lotis que les ruraux : ceux-ci peuvent agrémenter leur ration quotidienne grâce aux ressources du jardin potager ou du poulailler familial. Indépendamment des zones, la valeur des tickets varie au jour le jour, d'une région à l'autre et suivant les hasards de la distribution, le Nord et le Midi comptant le triste privilège d'être classés pendant toute la période parmi les plus défavorisées. D'après une enquête, « en novembre 1942, à Paris, même la viande de cheval n'existe plus. Au même moment sur la Côte d'Azur, la viande a été généreusement distribuée, quelquefois même le double de la ration officielle, cela est dû aux difficultés de transport et à la sécheresse persistante qui ont nécessité l'abattage excessif du bétail[4] ». Un mois plus tard, à Marseille, les marchés des faubourgs ont disparu les uns après les autres, une clientèle de femmes âgées se presse sur le marché populaire du Vieux Quartier. Les étals sont mal approvisionnés. La viande est inexistante. Les pommes de terre, les oignons, les aulx, les châtaignes sont contingentés. La grogne est générale.

À partir de 1942, pour ceux qui en ont la possibilité, parce que ayant des parents à la campagne, les colis familiaux apportent un complément indispensable et facilitent la vie d'une famille en fournissant un peu de beurre, un lapin ou une poule qu'il n'est pas question de consommer au rythme d'avant-guerre. Il faut faire durer en économisant les stocks de haricots et de pâtes ou se résoudre à acheter des plats tout faits à condition de ne pas être trop exigeant sur leur composition. Au total, les femmes doivent se débrouiller avec les moyens du bord et supporter les doléances du mari et des enfants, perpétuellement affamés.

Malgré l'appauvrissement continuel de la France, la situation alimentaire des familles tend à s'améliorer courant 1943, chacune étant à peu près parvenue à « s'organiser ». Il n'en va pas de même des célibataires, étudiantes ou employées, qui, ne disposant pas de circuits parallèles, ou n'ayant pas de temps à consacrer aux courses, en sont réduites à tromper leur faim en mangeant des crêpes de sarrazin ou de mauvaises galettes vendues sans tickets. Quant aux vieilles gens, elles sont tributaires de l'arrivage irrégulier de lait écrémé qu'elles partagent avec les enfants en bas âge.

À partir de janvier 1941, la vie se complique encore un peu plus, atteignant un domaine auquel les femmes, surtout les jeunes, sont particulièrement sensibles : l'habillement. La vente libre de chaussures est supprimée, et un système de bons à retirer à la mairie est mis en place. Dès lors, pour se chausser, chacun doit être muni de documents qui lui donnent droit à une paire de chaussures de travail ou de ville, ou à une paire de galoches. Pour les maîtresses de maison commence un casse-tête quasi insoluble : trouver un cordonnier qui accepte de ressemeler une paire de chaussures que l'on aurait naguère jetée, mais qui peut à la rigueur servir à condition d'être rafistolée. Edmée Renaudin, par exemple, qui élève six enfants, a bien du mal à s'en tirer et vit dans la crainte de pieds qui grandissent trop vite ; elle finit par accepter qu'un artisan transforme en les rallongeant l'unique paire de souliers devenus trop courts que porte l'un de ses fils âgé d'une dizaine d'années. Cela lui fait des « chaussures à la poulaine », confie-t-elle, mais qu'importe [5] !

Bon gré mal gré, le problème des chaussures courantes est assez vite résolu avec l'apparition de la semelle de bois que mettent au point les fabricants, dès le premier semestre 1941. Toutes les fantaisies, même les plus incroyables, sont permises : vendus sans tickets, cothurnes, sabots, socques de toutes sortes dont le dessus est recouvert de paille, de raphia ou de tissu synthétique envahissent les rues martelées par le clic-clac des semelles de bois. Si les jeunes filles adoptent volontiers cette mode qui leur offre la possibilité de varier leurs chaussants, les générations qui les précèdent se montrent carrément hostiles, rebutées par la rigidité des semelles. Elles préfèrent, et de loin, épuiser leur réserve de souliers même démodés.

En juillet 1941, le moral déjà affecté des Français baisse encore d'un cran avec l'entrée en vigueur de la carte de vêtement. Désormais, tout achat vestimentaire est subordonné à un système de points textiles (100 points au total) qui donne droit à telle ou telle pièce suivant un barème déterminé. Encore est-il précisé, dès la mise en service, qu'il est impossible de satisfaire aux besoins de tous et que trente points seulement sont immédiatement utilisables[6]. Que faire avec trente points ? Tel est en définitive le seul problème qui hante des milliers de femmes. Pour économiser le contingent alloué, on vide les greniers, on se débrouille avec les chutes de tissus ; dans un vieux costume d'homme, on taille une jupe de dame et une culotte de garçonnet, on décroche des rideaux pour faire des robes fleuries, etc. Les magazines féminins regorgent d'idées et jouent un rôle de service, donnant des conseils pratiques, alignant les astuces. Bien des jeunes filles utilisent la possibilité qui leur est faite d'échanger des robes démodées contre des points textiles pour acquérir l'indispensable jupe-culotte qui accompagne le moyen de transport le plus répandu à l'époque : la bicyclette.

Dans ce contexte où se procurer le strict nécessaire est un exploit, il devient difficile de rester coquette. Cependant, les femmes déploient des trésors d'ingéniosité pour s'adapter : elles se teignent les jambes lorsque les bas sont défaillants, deux foulards (en vente libre) deviennent une jupe paysanne pour l'été. Un chapeau neuf, un brin fantaisiste, permet de faire illusion et de renouveler sa garde-robe. Plus que jamais la mode est aux accessoires : sacs, ceintures sont la coqueluche de la jeunesse. Une lycéenne, Michèle Bood, transforme un kilt écossais devenu trop court pour elle en besace et se taille ainsi un franc succès auprès de ses camarades qui l'envient. L'heure est à la débrouillardise et aussi à la provocation. Face au conformisme ambiant, devant le règne de la pénurie, quelques jeunes citadines — rejoignant leurs camarades masculins — traduisent par leurs vêtements leur ras-le-bol ! Elles portent de courtes jupes plissées, des souliers épais, ont les cheveux longs. On les nomme les zazous[7].

Au fil du courrier adressé au Maréchal, le mécontentement de la population grandit : en 1940-1941, les auteurs des lettres sont prêts à excuser « le sauveur de la patrie », et s'en prennent à son entourage, accusé de lui cacher la vérité. Lorsque, en 1942, il devient difficile d'obtenir des bons de laine de layette, la colère se déchaîne car les mères se sentent atteintes dans ce qu'elles ont de plus cher, leurs enfants[8]. À la même époque, quelques femmes âgées se plaignent de ne pouvoir obtenir le fil nécessaire à leurs raccommodages ou de ne trouver en vente libre que des tissus de mauvaise qualité qui rétrécissent au moindre lavage. À partir de 1943, comme il est difficile de trouver d'autres matériaux que la fibranne ou la rayonne, l'amertume est générale.

Comme pour le ravitaillement, les diversités régionales jouent leur rôle. Dans les départements agricoles tels que le Gers, les familles rurales ont le plus grand mal à s'habiller correctement, on constate que la possibilité mise en place d'échanges de vêtement contre des points textiles ne peut être utilisée tant les vêtements usés jusqu'à la corde sont bons à aller au rebut. Faute de chaussures convenables, bien des paysannes ont repris l'habitude d'utiliser des sabots en bois. Elles sont imitées par d'ex-citadines réfugiées à la campagne, trop contentes d'enfiler des bas de laine rêches.

Suivant les catégories sociales, les problèmes quotidiens sont plus ou moins cruciaux. Les ménages modestes sont les plus touchés. Le 1er mars 1943, le journal *La Croix* paraissant à Limoges publie les résultats d'une enquête sur la situation tragique des familles ouvrières dans le centre de la France, et particulièrement sur celles des femmes [9]. Deux cents familles ont été interrogées, et l'on peut lire les résultats suivants : « Les femmes de la classe ouvrière ont des santés chancelantes parce qu'elles sont aux prises avec de trop lourdes difficultés matérielles. Depuis de longs mois, cela dure et cela menace de durer encore. » Lorsqu'elle cherche à se procurer du ravitaillement, outre la psychose des queues, la ménagère se heurte tout de suite à l'obstacle insurmontable : l'argent. S'il arrive que l'on distribue des rations supplémentaires, beaucoup ne les prennent pas, l'argent leur fait défaut. Recommencer la lutte chaque jour pour équilibrer le budget est trop dur pour ces femmes qui n'en ont plus la force.

Dans ces familles, on n'a pas la possibilité d'épuiser le contingent textile alloué, le père a bien du mal à acheter l'indispensable bleu de travail, et la mère peut à peine renouveler l'essentiel pour les enfants tant les prix ont grimpé. Quant à elle, elle se contente d'user de vieilles nippes. D'après une étude d'Étienne Dejonghe, la situation est analogue chez les familles des mineurs du Nord.

Une catégorie déterminée, celle des femmes de prisonniers de guerre [10], se heurte également à de graves difficultés. Du fait de l'armistice, beaucoup de ménages se trouvent brutalement séparés puisque 1,3 million d'hommes, dont 760 000 mariés et pères de famille, sont maintenus en captivité en Allemagne ; pour la majorité des épouses, à la souffrance d'être séparées des leurs s'ajoutent souvent d'épineux problèmes matériels. Les difficultés financières sont la règle et bien des esseulées se trouvent dans un état de précarité voisin de la pauvreté. Certaines n'ont pour vivre que l'allocation militaire versée par le gouvernement, soit 20 francs par jour à Paris en juillet 1942, 10 à 15 francs ailleurs. D'autres, bien que chargées d'enfants en bas âge, sont obligées de prendre un emploi (blanchisserie ou couture) souvent mal payé. Les moins malheureuses remplacent le chef de famille à la tête d'un commerce ou d'une ferme et travaillent durement sans être toujours considérées. Les plus heureuses sont celles qui continuent à percevoir le traitement du mari.

Cette pénible existence matérielle donne lieu parfois à des révoltes de mères de famille ; répondant aux mots d'ordre qui leur sont donnés, dans plusieurs localités de la région parisienne, mais également en province, des groupes de ménagères manifestent devant les mairies aux cris de : « Du pain pour nos enfants, du charbon pour que nos petits ne meurent pas de froid[11] ! »

À cela s'ajoutent des difficultés morales qui pèsent de tout leur poids. Ainsi, les femmes d'ouvriers n'en peuvent plus d'entendre leurs enfants se plaindre du froid ou de la faim. La mortalité infantile fait des ravages, et certaines sont à bout de souffrances, au bord de la crise de nerfs.

L'anxiété est le lot de celles qui ont un mari prisonnier : sans nouvelles régulières, elles vivent dans l'angoisse perpétuelle de savoir leur compagnon malade. De plus, elles supportent mal le poids de la solitude. D'après une enquête menée après la guerre auprès de 73 femmes, une vingtaine ont confié que le plus dur pour elles était de vivre dans un isolement forcé. « J'avais l'impression d'être une fille mère, explique E.S., on ne me recevait pas quand on recevait des ménages. » Ce sentiment de ne plus avoir d' « existence sociale » est partagé par beaucoup. Non seulement il leur semble que les plus belles années de leur vie de femme sont gâchées, mais, en plus, que toute sociabilité normale leur est momentanément interdite du fait de la captivité de leur mari. Les femmes de prisonniers de guerre ont leurs propres associations où elles se retrouvent pour discuter de leurs préoccupations, mais elles restent confinées entre elles.

Celles qui ont des enfants ou qui habitent chez leurs parents ou beaux-parents avouent leur détresse de ne pouvoir aborder les vrais problèmes, faute d'interlocuteurs compréhensifs. Il n'est pas question de se laisser aller devant les enfants ou dans le courrier adressé au mari ; cependant, la famille ne se montre pas d'un secours efficace et souvent cherche à exercer un droit de tutelle. Des tensions éclatent entre les diverses générations.

S'ils permettent de mieux supporter la séparation, les enfants sont parfois une source de conflits, en particulier les adolescents, dont l'éducation pose problème. Investies du rôle de chefs de famille, les mères doivent remplacer l'absent, décider et punir seules. En certains cas, elles se heurtent à l'attitude des grands-parents, enclins à une indulgence excessive, d'où d'interminables discussions. Le fait est que l'on constate, chez les J3 séparés de leur père, un taux élevé de délinquance.

Autre souffrance à supporter et qui suscite la jalousie : la vue des autres couples, ceux qui ne sont pas séparés par la guerre. Si, dans l'enquête de 1945, on relève peu d'allusions aux problèmes sexuels, le courrier des lecteurs de la presse féminine de l'époque révèle leur existence. Cependant, l'unanimité est totale sur un point : aucune aventure féminine n'est tolérable, les femmes n'ont pas d'excuses, alors qu'il est demandé aux épouses d'être indulgentes envers l'infidélité du mari.

La relève — si elle permet le retour de 90 747 prisonniers — est l'occasion d'espoirs déçus et d'une amertume grandissante. Mal informées, des mères, des épouses croient qu'en échange du départ volontaire en Allemagne d'un membre de leur famille leur fils ou mari reviendra, et la colère est à son comble de constater qu'il n'en est rien. La conséquence directe de la relève est de creuser un peu plus le fossé existant entre les différentes couches de la population.

Il est aussi une injustice mal ressentie dont sont victimes les femmes mariées fonctionnaires : pour lutter contre le chômage, la loi du 11 octobre 1940 [12] leur interdit de travailler dans une quelconque administration, sauf dérogation accordée à titre exceptionnel, par exemple à celles dont le mari n'est pas en état de subvenir aux besoins du ménage ; quant aux femmes âgées de cinquante ans, elles sont théoriquement mises à la retraite [13], ce qui entraîne un surcroît de difficultés matérielles pour celles qui n'ont pas accompli leur temps de service et ne touchent pas l'intégralité de leur retraite. L'ambiguïté demeure quand ailleurs il est précisé que « le recrutement ou l'emploi de femmes mariées dont le travail s'exerce d'une manière discontinue à proximité de leur domicile et ne les met pas dans l'impossibilité d'accomplir les travaux du ménage [14] » n'est pas interdit ! Toutes ces mesures visent à un seul objectif : réduire l'activité de la femme à l'extérieur pour l'inciter à se consacrer à son foyer et à ses enfants.

L'occupation allemande traîne avec elle son cortège de vexations et d'humiliations. L'une des conséquences directes est d'imposer, *via* le gouvernement de Vichy, une série de mesures autoritaires qui, visant l'ensemble des Français, bouleversent les conditions de la vie quotidienne féminine en l'accablant de contraintes. Cette politique cadre finalement assez bien avec le moralisme larmoyant de Vichy et avec son hypocrisie. L'art de la propagande gouvernementale consiste à transformer des épreuves comme la faim, les queues, le froid et les difficultés de toutes sortes en un châtiment général et mérité qui serait nécessaire pour aboutir à une régénération du pays. Si l'établissement de cartes de rationnement alimentaire n'entraîne pas de révolte immédiate, l'instauration de bons de chaussures en janvier 1941 et de cartes textiles en juillet de la même année est mal ressentie dans la population féminine. Celle-ci supporte mal cette intrusion dans un domaine naguère réputé pour le choix qu'il offrait et sa qualité. Pour beaucoup, c'est le point de départ d'un revirement. La situation empirant fin 1942, les femmes se détachent peu à peu d'un régime qui leur apporte privations et souffrances sans contrepartie aucune.

Dominique VEILLON

NOTES

.1 Journal de guerre d'une institutrice montmartroise, 2, septembre 1940 à février 1942, Archives IHTP.
2. « Deux cents ans en arrière », *La France libre,* 15 septembre 1941, enquête menée par une journaliste américaine.
3. « La vie en France », *Les Documents français,* 15 février 1943.
4. *Ibid.*
5. Edmée Renaudin, *Sans fleur ni fusil,* Paris, Stock, 1979.
6. Commission de la carte de vêtement, AN PV 1941, F 12 10499.
7. Sur cette question, voir le mémoire de maîtrise d'Emmanuelle Rioux, *Les Zazous,* université de Paris X-Nanterre, 1987.
8. AN, Layettes, F 12 10205.
9. Enquête de Mme Marcelle Mazeau, *La Croix,* lundi 1er mars 1943.
10. Pour cette partie, je dois beaucoup au travail de Sarah Fischman, *The Wives of french Prisonners of War, 1940-1945,* PHD, Harvard University, mai 1987.
11. Des révoltes de femmes éclatent dès l'hiver 1940 à Rueil, Montreuil, Ivry ; en 1941, on signale des rassemblements de femmes à Amiens, à Lyon, à Marseille, à Grenoble. Témoignage d'Yvonne Dumont, colloque de l'UFF, Paris, 1974.
12. Cette loi ne fait qu'entériner une situation de fait, comme en témoigne le discours tenu en juillet 1940 par l'inspecteur d'académie de l'Isère devant la promotion de jeunes institutrices du lycée de Grenoble : « Vous êtes en possession de diplômes qui, vous le pensiez, allaient vous ouvrir les carrières que vous espériez [...] mais les hommes occupent déjà presque toutes les situations

disponibles et en trouver une sera difficile. Vous avez heureusement un autre rôle à remplir [...] celui d'épouse, de mère, d'éducatrice. » Cité par P. Giolitto, *Histoire de la jeunesse sous Vichy,* Paris, Perrin, 1991, p. 58. Sur le problème des femmes et du travail sous Vichy, voir dans ce même volume la contribution de Miranda Pollard : « La politique du travail féminin » (p. 240).

13. Selon les témoins de l'époque, les dérogations et les aménagements sont plus fréquents qu'il n'y paraît, en particulier la mise à la retraite des femmes de 50 ans. Devant la pénurie de professeurs, par exemple, et le mécontentement grandissant, le gouvernement revient sur l'application de la loi courant 1942.

14. Loi relative au travail féminin, *Journal officiel de la République française,* 27 octobre 1940.

6.

Étude régionale : la Franche-Comté

Le 13 août 1940, ayant sans doute senti souffler un premier « vent mauvais », Pétain proclame sa volonté de régler les problèmes quotidiens des Français : « Notre souci des réalisations à échéance lointaine ne nous fait pas négliger les problèmes qui nous prennent en quelque sorte à la gorge et qui appellent des solutions de toute urgence » : le ravitaillement, le rapatriement des réfugiés, le sort des prisonniers...

Justement, le quotidien angoisse les Francs-Comtois, qui se sentent abandonnés et craignent l'annexion de leur région [1]. Inutile de détailler les multiples perturbations engendrées par la présence de l'occupant. Ce qui compte, c'est leur caractère massif et voyant. Quelques faits concrets, limités à la question du ravitaillement : après avoir réquisitionné les casernes de Lure et Vesoul, les Allemands exigent, en octobre 1940, 1 100 armoires, 1 250 assiettes, 2 350 couvertures. Dans le Doubs, 8 000 quintaux de foin sont réclamés mensuellement. À ces réquisitions, imputées aux « frais d'occupation », s'ajoutent les achats directs : 300 000 marks sont présentés au change chaque semaine à la Banque de France de Besançon [2]. Le préfet de Haute-Saône fait remarquer que ces pratiques rendent difficilement recevable le principe même de la collaboration : « La population, qui est forcément au courant de ces demandes, puisqu'elle contribue à les satisfaire par voie de réquisitions, a ainsi tendance à considérer que la collaboration est " à sens unique ", et je dois donc réagir contre ce sentiment, qui ne correspond évidemment pas au sens de l'entrevue de Montoire [3]. » Regroupés dans le temps et dans l'espace, ces prélèvements frappent les esprits, l'occupant est jugé responsable de la pénurie. En Franche-Comté occupée, la rupture intervient dans les premiers mois de 1941 ; elle se manifeste par une série d'incidents (sabotages de câbles, refus de vente, rixes) que les autorités françaises et allemandes interprètent comme un rejet de l'occupation-pillage, ainsi le *Feldkommandant* de Besançon : « L'esprit de la population française se dégrade. Motifs : manque de résultats de la collaboration, difficultés pour les familles à se regrouper, détérioration quotidienne des conditions de vie[4]. »

L'impopularité de la pénurie retombe sur le régime de Vichy, qui instaure le rationnement tandis qu'il prône la collaboration. C'est, nous semble-t-il, d'abord sur le terrain du quotidien que Vichy perd la confiance des Français. Si le régime est entraîné dans le discrédit, c'est parce qu'il gère la pénurie et qu'il tente d'expliquer, contre une « évidence » aussi visible que les prélèvements allemands, qu'elle s'explique par le blocus anglais, réalité lointaine et inacceptable par les occupés. Le préfet du Doubs a bien vu le piège qui s'est refermé sur l'administration : pour l'opinion, les difficultés du ravitaillement ne peuvent avoir que deux causes, « la mauvaise organisation du Service du ravitaillement et les prélèvements massifs des autorités d'occupation » ; il en tire la leçon : « Toutes les campagnes qui peuvent être faites par la presse ou par la radio sur ces différents sujets laissent simplement l'impression dans le public que l'administration française cherche à couvrir d'explications fallacieuses les concessions qu'elle a dû faire à l'autorité occupante[5]. » Lorsque la population se replie sur les seuls problèmes de la vie quotidienne, comme se plaisent à le répéter les rapports des préfets de Franche-Comté et de France[6], cela ne signifie pas pour autant qu'elle se place en dehors du champ des réalités « politiques ». C'est ce qu'exprime le préfet du Jura non occupé, où la prise de conscience est plus lente, mais de même nature : « C'est d'après les résultats en la matière [le ravitaillement] qu'est jugée l'action des pouvoirs publics[7]. »

Différent selon les couches sociales, le quotidien influence de façon variable les relations avec Vichy. Pour tous ceux qui ont quelque chose à vendre, la pénurie est source d'enrichissement, comme l'atteste l'évolution des comptes de la Banque populaire du Jura[8] :

Exercice	Comptes débiteurs	Comptes créditeurs
1937	14,5 MF	27,5 MF
1941	7,6 MF	89,3 MF
1943	6,2 MF	125,4 MF

Le problème de ceux qui disposent de liquidités est de savoir comment les utiliser et surtout ne pas les perdre. D'où la flambée des prix fonciers et immobiliers — placements traditionnels s'il en est — mais aussi l'empressement et le zèle à payer ses impôts, qu'on n'avait jamais vu de mémoire de trésorier-payeur général : dès avril 1942, 170 des 174 contribuables du Jura susceptibles d'effectuer des versements anticipés de leurs impôts l'ont fait, ce qui révèle aux yeux du TPG « l'aisance de la trésorerie des gros contribuables, en forte majorité commerçants ou industriels, et leur souci de se conformer aux lois fiscales[9] ». Ces contribuables achètent aussi des bons du Trésor et souscrivent aux placements de toute nature garantis par l'État, ce qu'observe, un brin ironique, le préfet du Doubs : « La classe capitalisatrice, paysans, commerçants, industriels, accorde assez bien sa confiance au gouvernement en matière financière tout en ne partageant pas ses opinions politiques [...], s'appuyant sur le fait qu'en France jamais un gouvernement n'a renié les dettes du précédent[10]. »

En effet, la défection politique des notables ne fait alors plus de doute, ils ont démissionné en bloc des mouvements de collaboration[11] et, en mai 1943, refusent, au conseil départemental, de voter une motion de confiance et même de dévouement au Maréchal. Longtemps fidèles au régime et fiers de décorer leur magasin pour l'anniversaire de la Légion, les boutiquiers du Jura tirent le rideau sur leurs convictions : « Les commerçants évitent le plus possible de montrer leur opinion. Comme tous les gens qui possèdent, ils font montre de prudence et de discrétion, sinon d'indifférence », note le commissaire de police de Saint-Claude[12]. Il semblerait même que « nombre d'entre eux souhaitent une prolongation de la guerre, sans toutefois oser le faire savoir ouvertement[13] ». Ils ont eu l'occasion d'en vérifier les avantages pécuniaires à l'automne 1943 quand l'espoir d'un débarquement fait croire à une prochaine libération : « Une baisse est constatée sur le prix de certains objets [...] certains stocks commencent à sortir des magasins[14]. » Ce n'est pas ici le lieu d'analyser les raisons de la rupture entre Vichy et les possédants, disons seulement que les questions relatives aux pénuries n'en sont pas exclues. Le discrédit du régime devenu évident, il faut se démarquer de lui afin de n'être pas entraîné dans son inévitable chute : les lendemains doivent continuer à chanter. Se retirant des organismes les plus compromettants, les notables demeurent présents dans les comités économiques et groupes de répartition, où l'on constate, dans « tous les groupements professionnels, [une] propension naturelle à soutenir leurs intérêts personnels [15] ». On fait la grève des cérémonies et des motions, pas celle des comités ni des placements.

Les paysans occupent une place particulière, ils jouissent de la considération que leur manifeste le plus célèbre des fils de paysans de France, Pétain. Ils le lui rendent bien, élevés à la dignité de nourriciers de la patrie et confortés par les avantages matériels qu'ils tirent de leur position de producteurs ; ils tiennent leur revanche sociale, morale et financière. Les gens de la ville ont besoin d'eux. Tout cela est connu ; interrogeons-nous plutôt sur ce qui, dans le quotidien, vient perturber la lune de miel avec Vichy. L'enrichissement connaît ses limites matérielles : que faire de son argent faute de produits pour la culture ou l'habitat, faute de terres à acheter ? Le régime, qui semblait si bien les comprendre, exige ce qu'ils sont le moins bien disposés à supporter : déclarations, contrôles et impositions. Pour l'administration, qui accompagne les impositions de leçons de morale, elles sont un devoir de solidarité ; pour les paysans, une remise en cause de leur liberté, de leur travail et de leur propriété. On assiste, en Franche-Comté comme partout, à une véritable guerre des livraisons, guerre globalement perdue par l'État en dépit des amendes, confiscations, internements administratifs, pressions sur les maires (qui préfèrent parfois démissionner), campagnes des sous-préfets, curés, instituteurs. On n'a pas assez insisté sur le fait qu'aux yeux du paysan il n'y a pas de « marché noir ». En pratiquant la vente parallèle, il dispose simplement du fruit de son travail et échappe à l'injustice, il poursuit le long combat des paysans contre l'administration, celui des Mandrin d'antan contre les gabelous d'aujourd'hui, les messieurs du Ravitaillement général. Les réquisitions allemandes, par leur brutalité et leur injure au patriotisme, aggravent cette opposition aux impositions. Elles sont vite confondues dans la même réprobation parce que suspectées d'être mêlées : Vichy livrerait aux Allemands les produits imposés — là encore, il paie le prix de la collaboration. Le refus de l'imposition trouve dans le patriotisme une légitimité supplémentaire. Tout cela s'exprime sous la plume des responsables agricoles jusque dans le journal clandestin *Franche-Comté Libération :* « Certainement, les paysans mangent mieux que les gens des villes. Mais il serait inconcevable que les producteurs de produits alimentaires n'en profitent pas, s'en privent pour le seul résultat d'augmenter les expéditions vers l'Allemagne... Quant à la " richesse " des paysans c'est d'une exagération grotesque... Cette relative prospérité apparente est entièrement factice. Les billets serrés dans les tiroirs ne l'ont été que par l'impossibilité d'acheter même l'indispensable[16]. » Nous ne disons pas que le revirement des paysans, qui coïncide assez bien avec l'instauration du STO et l'apparition des maquis, ne doit rien à un patriotisme sincère, mais qu'y contribue aussi leur perception du quotidien. Même exagéré, ce jugement du préfet du Jura traduit bien un aspect de la réalité : « Cette opposition à la politique de collaboration idéalise les égoïsmes. [...] On se dérobe aux impositions de ravitaillement, car on ne veut pas approvisionner les armées occupantes. Mais les cultivateurs et les commerçants acceptent volontiers de vendre au soldat allemand pour peu qu'il consente à ignorer les taxes[17]. »

Dans les rapports officiels, on s'étonne que les milieux ouvriers « souffrent le plus et protestent le moins[18] ». Si, contrairement aux autres, ils ne récriminent pas, c'est probablement parce qu'ils n'attendent rien de l'administration ni du gouvernement; leur hostilité s'exprimera dans la Résistance. La dureté des temps s'accompagne chez eux d'un sentiment très profond d'injustice. Tous signalent la violence de l'opposition des villes aux campagnes : « La population des villes nourrit à l'égard des paysans une animosité qui ne tarderait pas à s'exprimer dangereusement si ces derniers ne sont pas bientôt contraints à renoncer à un égocentrisme cultivé à plaisir, grâce auquel le marché noir est alimenté intensément[19]. » Quelques rares incidents sont mêmes signalés : dans le pays de Montbéliard, au printemps 1941, « les habitants des villes se répandaient dans les campagnes [...]. Certains ouvriers allaient jusqu'à menacer les cultivateurs quand ils n'obtenaient pas ce qu'ils voulaient[20] ». Ce sentiment d'injustice engendre un puissant courant égalitaire. Il s'exprime avec rancœur dans les lettres anonymes, sous le masque hideux de la délation personnelle ou les cris de douleur des marginaux de la faim : leurs pitoyables protestations contre ceux qui « mangent des gâteaux », « donnent de la farine à leur cochon » ou « boivent du vin bouché » en disent long sur la rancœur accumulée contre les « riches ». C'est le même égalitarisme qui se manifeste dans la presse clandestine franc-comtoise ; plus « politisé », il a meilleure figure idéologique et associe systématiquement le nazi, le pillard, le collaborateur et les traîtres de Vichy. Le patronat a souvent paré aux dangers d'un futur règlement de comptes en finançant les comités sociaux et leurs restaurants d'entreprises (pratique très développée dans le Haut Jura). Peugeot va sans doute le plus loin dans la gestion de la solidarité : repas servis aux ouvriers (environ 100 000 par mois), transformation du terrain de golf de la maison en jardins ouvriers, envoi de colis aux prisonniers et travailleurs de l'entreprise en Allemagne, achat de denrées (pommes de terre...) revendues à perte aux employés à qui l'on fait bien savoir que l'administration n'est pour rien dans l'attribution de ces secours. Vichy doit assumer seul la responsabilité de la pénurie.

Pourtant, sur le terrain, il doit laisser les citoyens se débrouiller : « Le marché se fait presque essentiellement à petite échelle pour des besoins individuels ; on en parle sous le nom de " marché gris[21] ". » Il est difficile de connaître la proportion de ce qui échappe à la réglementation, car les transactions ne laissent pas de traces ; sauf l'abattage clandestin, si l'on est perspicace comme cet inspecteur du ravitaillement qui a eu l'idée de mettre en relation le volume du cuir provenant de l'abattage officiel et celui récupéré par les tanneurs. Pour le premier semestre 1943, il estime que l'abattage clandestin est au moins équivalant à l'officiel[22] !

Voilà qui donne une idée de l'ampleur de la désobéissance civique : complicité du vendeur et de l'acheteur, du maire qui délivre des faux certificats, des gendarmes peu enclins à s'aliéner la population et suspectés par l'autorité de se ravitailler eux-mêmes directement. Tout le monde fraude et assume fièrement.

L'autorité de l'État, sa légitimité morale sont ainsi mises en cause. Les Français discréditent l'État quand ils trouvent du ravitaillement et le rendent responsable de la pénurie quand ils n'en trouvent pas ! Le régime a très tôt perdu la bataille du quotidien auprès de l'opinion publique. Cette bataille ne se déroule pas à huis clos, elle occupe l'un des multiples fronts du champ politique que toute réflexion sur Vichy se doit de prendre en compte.

François MARCOT

NOTES

1. Trois des quatre départements comtois sont en zone interdite ; le Jura est coupé par la ligne de démarcation qui laisse le sud du département en zone libre tandis que le nord est traversé par la ligne Nord-Est.
2. AN, AJ 41 370, rapport du préfet du Doubs du 11 novembre 1940.
3. Arch. dép. de Haute-Saône, 24M20, rapport du 12 novembre 1940.
4. AN, AJ 40 946, rapport du 22 février 1941.
5. AN, F 1 CIII 1151, rapport du 4 avril 1942.
6. Voir synthèses des rapports des préfets, AN, F 60 503, 504, 505.
7. AN, F1 CIII 1159, rapport du 5 juin 1942.
8. Arch. dép. du Jura ; 304 W142.
9. *Ibid.,* rapport du TPG du Jura du 24 avril 1942.
10. AN, F1 CIII 1151, rapport du 3 février 1944.
11. Voir F. Marcot, J.-P. Massonie, « Les collaborateurs dans le Doubs (analyse factorielle) », *Revue d'histoire de la Seconde Guerre mondiale,* 115, juillet 1979, pp. 27-54.
12. Arch. dép. du Jura, 304 W137, rapport du 18 janvier 1944.
13. Rapport du commissaire des Renseignements généraux du Jura du 23 mars 1944 [MRD].
14. Arch. dép. du Jura, 304 W116, rapport du commissaire de police de Lons du 24 septembre 1943.
15. Arch. dép. du Jura, 304 W289, rapport du directeur des services agricoles du Jura.
16. N° 4 de mai 1944, cité *in* F. Marcot, *Les Voix de la Résistance : tracts et journaux francs-comtois,* Besançon, Cêtre, 1989.
17. Arch. dép. du Jura, 304 W112, rapport du 1er septembre 1943.
18. Synthèse des rapports des préfets de zone libre, février 1942.
19. AN, AJ 41 373, rapport du sous-préfet de Dole, 5 novembre 1941.
20. Arch. dép. Doubs, M1058, rapport du commissaire de police de Montbéliard.
21. AN, *op. cit.,* rapport du préfet du Jura, 1er juin 1941.
22. AN, dossier IGR, 80, rapport du 8 septembre 1943.

Neuvième partie

SINGULARITÉ DE VICHY DANS L'EUROPE HITLÉRIENNE ?

1.

Vichy et les expériences étrangères : esquisse de comparaison

Le 11 juillet 1940, évoquant l' « abandon » puis l' « agression » de l'ancien allié britannique, Pétain déclarait : « La France demeure seule en face de son destin[1]. » Cette qualification des événements dévoilait, en vérité, un choix moins circonstanciel et plus fondamental, celui d'un repli et d'une clôture de la France dans son « pré carré ». Par là était annoncée une rupture inédite avec l'universalisme de la Révolution et de la République (et même de la monarchie, fille de l'Église, ou du Second Empire, héraut du principe des nationalités). Par là, aussi, était impliqué le refus de toute solidarité avec les autres pays d'Europe occupés ou menacés par l'Allemagne hitlérienne.

Ce choix de l'isolement et du particularisme se reflète, curieusement, jusque dans l'appréhension actuelle de ce passé. Vichy est volontiers représenté, dans la mémoire publique, comme un régime d'exception, une parenthèse de reniement dans le cours d'une histoire nationale à vocation universaliste. L'historiographie ne manque pas, elle, de relier cet épisode à ce qui l'a précédé et à ce qui l'a suivi, marquant lignes de continuité comme points de ruptures et d'innovations. Mais elle ne s'attaque pas explicitement, en revanche, au problème du caractère exceptionnel ou non de Vichy dans l'Europe nazie, sans doute parce qu'elle reste tributaire du cadre national, au mieux de celui des relations bilatérales avec l'un ou l'autre des vainqueurs.

La France de Vichy eut-elle en partage de vivre une expérience sans pareille dans l'Europe nazie ? Que Pétain ait voulu emprunter une voie particulière et mener une politique d'égoïsme sacré ne signifie pas qu'il y ait réussi, encore moins qu'il était possible d'y parvenir, s'il est vrai que cette guerre dont il voulait extraire et isoler son pays avait, dès le départ, comme l'avait vu de Gaulle, un potentiel d'extension mondiale, et aussi, ce que ne voulut pas voir non plus de Gaulle, qu'elle était de nature à la fois nationale et transnationale.

En esquissant un rapprochement avec les autres expériences de l'époque, il sera sans doute plus facile de situer en quoi consiste la singularité ou, mieux, la spécificité de l'expérience de Vichy. L'exercice aura malheureusement, et par nécessité, des limites étroites, dans la mesure où il faudrait d'autres compétences pour maîtriser l'histoire de tant de pays, et sur tant de facettes, dont beaucoup n'ont encore reçu des historiens qu'une attention limitée.

Dans les pages qui suivent, on se bornera à sérier les problèmes et à souligner certains aspects par le moyen d'une perspective qui déborde la comparaison étroite des régimes. Les inspirations doctrinales, les orientations idéologiques, les dispositifs institutionnels n'ont de sens que rapportés à une situation globale qui impose ses contraintes et dont l'inclusion permet seule de comparer utilement les réponses apportées. On mesurera mieux la spécificité de l'expérience française en l'évaluant au croisement de la stratégie de l'occupant, des projets et de la pratique du régime, enfin de la réceptivité et des attitudes de la société civile.

La France dans la stratégie de l'occupant

La situation des pays qu'il vint successivement à occuper, Hitler la régla, en bonne partie, par des expédients dictés par ses intérêts politiques et stratégiques du moment. En conséquence de quoi l'Europe nazie ressemble à un *patchwork,* tant les régimes d'occupation y sont divers, encore que la guerre, en se prolongeant, allait atténuer quelque peu les contrastes en durcissant partout les formes de la domination, de l'exploitation et de la persécution. Dès le départ, pourtant, se laissent apercevoir des orientations qui renvoient aux conceptions fondamentales de Hitler sur le futur ordre européen. C'est par rapport à ces conceptions et à leur application qu'il faut apprécier la place dévolue à la France[2].

L'Europe, au zénith de l'hégémonie nazie, comprenait, outre les pays restés à l'écart du conflit, des pays alliés et des pays occupés (on laisse de côté les territoires annexés ou incorporés au Reich). Parmi les pays alliés, l'Italie fasciste occupait le premier rang, suivie par les États de l'espace danubo-balkanique. Sous l'effet des poids relatifs, tous glissèrent dans un statut de satellites de l'Allemagne, y compris l'Italie après la chute de Mussolini et la création de la

République de Salo. Ces pays n'en avaient pas moins retiré de leur acoquinement, en ses heures fastes, de substantiels gains territoriaux. Sont aussi à ranger dans cette catégorie les États nés des coups de boutoir nazis, la Croatie et la Slovaquie, pays à la fois alliés et satellites.

Parmi les pays sous occupation allemande, il faut mettre à part ceux du Sud-Est européen, qui n'appartenaient pas au *Lebensraum* originellement défini et où Hitler fut entraîné à la suite de la déconfiture italienne en Grèce. La Yougoslavie comme la Grèce, après dépeçage partiel au profit des voisins, furent soumis à un condominium germano-italien ; leur sort ultérieur restait à déterminer.

Dans les autres pays occupés, on peut distinguer trois catégories. D'abord, les pays slaves de l'Est européen, qui, dans l'immédiat, subissaient l'occupation la plus brutale et se trouvaient promis à un sort bien pire encore dans l'avenir. Destinées à être réduites au statut d'ilotes analphabètes et dénationalisés (c'est à quoi tendait, par exemple, la fermeture des écoles secondaires et des universités polonaises), les populations de Pologne et d'Union soviétique devaient, un jour, être expulsées de leurs territoires et poussées vers la Sibérie ; seule une petite partie, jugée racialement « valable », serait germanisée et garderait sa place aux côtés des colons allemands appelés à prendre possession des terres conquises.

En comparaison, les Tchèques connaissaient une situation moins dure puisqu'ils conservaient un gouvernement, devenu, il est vrai, simple courroie de transmission des ordres de l'occupant. Mais ce n'était qu'un accommodement temporaire, adopté faute de mieux dans la situation qui précéda l'éclatement de la guerre européenne. Hitler refusait, comme pour les pays plus à l'est, d'envisager la moindre collaboration politique (ainsi refusa-t-il les volontaires que le gouvernement tchèque lui offrait pour sa campagne de Russie). Plus tard, on procéderait, ici aussi, à l'expulsion d'une partie de la population et à la germanisation de l'autre ; la Slovaquie aurait probablement connu le même sort après une victoire allemande totale.

Ensuite, les pays du Nord-Ouest européen (Danemark, Norvège, Pays-Bas), pays dits « germaniques » et dont le sort était l'absorption dans le grand Reich, même si cet objectif ne fut pas proclamé sur les toits. Ces populations devaient « redécouvrir » leur parenté raciale avec les Allemands et abandonner leur identité séparée (il est significatif que Hitler ait accordé aux officiers allemands l'autorisation de se marier dans ces pays).

Ici encore, les impératifs de l'heure avaient introduit de la variété. Il existait un net contraste entre la Norvège et les Pays-Bas d'une part, où avait été installée une administration civile dirigée par des commissaires du Reich et qui était donc sous forte influence du Parti nazi et de la SS, et d'autre part le Danemark, où la supervision était assurée par un plénipotentiaire du ministère allemand des Affaires étrangères : le gouvernement danois avait choisi, en effet, de ne pas résister à l'envahisseur en échange d'une promesse de respect de sa souveraineté et de son intégrité. En Belgique, enfin, où la division entre Wallons et Flamands posait un problème particulier, Hitler avait imposé, comme en France, une administration militaire plutôt qu'un commissaire du Reich, en attendant que la fin de la guerre lui permît de statuer en toute indépendance (le sort des Flamands, peuple germanique, ne faisant pas de doute).

La France formait une catégorie à elle seule, ne serait-ce que parce qu'elle était, ou avait été, une grande puissance, la seule à être vaincue et occupée par l'Allemagne nazie. Mais la raison essentielle est autre. Les pays appartenant aux deux premières catégories étaient destinés à disparaître à la fois en tant qu'États et en tant que nations : par l'emploi de la force nue en Europe orientale, en tuant les élites et en réduisant en esclavage la société ; par l'emploi de méthodes de « rééducation » et de germanisation, qui ne seraient pas exclusives de la contrainte, dans les pays du Nord-Ouest européen.

La France, elle, n'était destinée à disparaître ni comme État ni comme nation ; elle devait passer d'un statut de puissance à un statut d'impotence. Une large mutilation territoriale (au nord-est d'une ligne allant de l'embouchure de la Somme au lac Léman), des mesures de démilitarisation, l'occupation permanente de points stratégiques, l'imposition de handicaps économiques en auraient fait un pays croupion hors d'état de gêner le Reich[3].

Ces objectifs fondamentaux, Hitler dut les mettre sous le boisseau en raison du cours imprévu pris par la guerre. En juin 1940, il avait décidé, pour des motifs tactiques, d'accorder à la France un armistice relativement généreux, concédant notamment l'existence d'une zone non occupée, de façon à empêcher le gouvernement de quitter la métropole et d'apporter à l'Angleterre le renfort de sa flotte et de son empire.

Sur ce point, il obtint satisfaction, mais, comme il fut incapable de mettre l'Angleterre hors de combat, le cadre tactique délimité par l'armistice devint le cadre durable des relations franco-allemandes. À l'automne 1940, Hitler découvrit même les avantages d'une coopération française et se montra disposé à les exploiter, sans toutefois jamais se départir d'une méfiance fondamentale, et sans non plus se montrer disposé à sacrifier le moindre fruit de sa victoire. En échange de maigres concessions, il allait obtenir le concours de l'administration française et le maintien d'un glacis africain à bon marché contre l'Angleterre .

La politique d'occupation allemande en France suivit des maximes dont certaines valaient pour l'ensemble des pays d'Europe occidentale : assurer la sécurité des troupes d'occupation, autoriser l'utilisation la plus efficace des ressources locales pour l'effort de guerre allemand (l'économie française allait être la plus exploitée de l'Europe nazie). D'autres, en revanche, étaient spécifiques, liées au fait que la France demeurait un acteur disposant, jusqu'en novembre 1942, d'une autonomie de décision limitée mais réelle, de sorte qu'il n'y avait pas moyen de se dispenser d'une négociation continue avec elle. Cette situation se reflétait dans la structure duale de la présence allemande, un envoyé de Ribbentrop, Otto Abetz, doublant politiquement l'appareil de l'administration militaire, avant que la SS ne se taille une place à leurs dépens.

La mission d'Abetz était de garder en place le gouvernement français, de le tenir éloigné de la Grande-Bretagne, enfin de diviser les Français contre eux-mêmes. Vis-à-vis de Pétain, le jeu allemand revenait à danser sur la corde raide puisqu'il s'agissait de le retenir comme interlocuteur et de le rendre le plus maniable possible, sans toutefois l'affaiblir indûment. Ce fut un soulagement que de le voir rester en France après l'occupation totale ; selon Hitler, il devait être maintenu en place « comme une espèce de fantôme, regonflé de temps à autre par Laval quand il semble trop s'affaisser[4] ».

L'occupant ne se limita pas à empêcher le gouvernement français d'étendre à l'ensemble du pays ses organisations, et il ne se contenta pas de susciter et d'entretenir à Paris une opposition contre lui et ceux qu'il pensait être ses soutiens les plus sûrs, l'armée et l'Église. Il travailla aussi, et avec succès, à diviser l'opposition à Vichy même, en multipliant ses composantes et en les jouant les unes contre les autres[5].

Abetz fit, à cet égard, flèche de tout bois, y compris en cherchant à appâter les communistes, aboutissant au bout du compte à susciter, à côté de groupes d'extrême droite pronazis, une aile collaborationniste de gauche, qui allait d'ailleurs sortir progressivement du jeu lorsqu'il apparut qu'il n'était guère possible, à partir d'un certain point, d'être collaborationniste sans devenir fasciste. À l'égard des autres, la ligne fut poursuivie jusqu'au bout ; au début de 1944, Himmler s'opposa à l'unification des partis de la collaboration, qui aurait contrevenu aux directives de division données par Hitler. Dans les pays germaniques, après avoir tenté des formules plus larges, l'occupant avait, au contraire, favorisé un parti fasciste local, lui octroyant un monopole politique en échange d'une prestation de serment à Hitler.

Si l'on met à part le cas exceptionnel du Danemark, où la démocratie continua de fonctionner (des élections législatives eurent lieu au début de 1943), non sans quelques entorses toutefois, telle l'interdiction du PC, la France fut le seul des pays occupés où put s'affirmer un large éventail d'opinions politiques, le seul pays où l'occupant fit effort pour recréer les conditions d'un pluralisme politique et social, aussi incomplet et surveillé qu'il ait été.

Sur le plan culturel, la même constatation s'impose. Contrairement à ce qui était fait dans les pays slaves, il ne fut mené aucune politique d'étouffement culturel. Contrairement à ce qui se passa dans les pays germaniques, il n'y eut pas de politique de mainmise intégrale sur la vie culturelle. Des mesures furent prises pour éliminer les auteurs jugés inacceptables — les Juifs et les antinazis —, mais il n'y eut pas d'imposition des normes culturelles nazie, comme il arriva en Hollande, par exemple, où l'occupant créa de toutes pièces en novembre 1940 un « ministère de la Propagande et des Arts », sur le modèle de celui de Goebbels.

Même si l'occupant sut également faire en France la démonstration de ses capacités criminelles, il n'est pas douteux que le pays fut beaucoup moins durement traité que les pays slaves (Oradour arriva à la fin de l'occupation, il y en eut beaucoup d'autres à l'Est) et qu'il n'eut pas à craindre une perte d'identité nationale aussi fondamentale que les pays germaniques. Les alternatives de la « polonisation » et du recours à un Quisling local (il y aurait fallu un minimum de confiance qu'aucun Français ne méritait aux yeux de Hitler) ne s'inscrivaient ni l'une ni l'autre dans les perspectives allemandes (ce qui n'empêche pas que ces menaces parurent crédibles aux yeux de certains Français, ou qu'elles furent utilisées comme épouvantail par d'autres).

Vichy : le rêve d'une France neutre et rénovée

Dans l'Europe nazie, les chefs d'État et les gouvernements d'un certain nombre de pays envahis par les armées allemandes — Pologne, Hollande, Norvège, Belgique (sauf le roi Léopold) — avaient gagné Londres. Quatre pays occupés eurent, toutefois, à un moment ou à un autre, un gouvernement qui s'interposait entre la population et l'occupant : la France, le Danemark, la Bohême-Moravie et la Norvège.

À la différence du Danemark, la France changea de régime intérieur et de politique extérieure après la défaite ; contrairement à ce qui se passa en Norvège, où l'occupant hissa Quisling au pouvoir en février 1942, le nouveau pouvoir naquit en France d'une libre décision des représentants du peuple et détermina librement sa conduite extérieure. Après novembre 1942, le gouvernement de Vichy se rapprocha de celui de Bohême-Moravie, et la position de Pétain de celle de Hacha, l'hypothèse d'une évolution à la norvégienne, ou à la polonaise, n'étant, comme on l'a vu, qu'une hypothèse d'école, ou de parti.

La singularité de la France, pour le dire autrement, fut d'effectuer une double rupture : avec la démocratie en instaurant un régime autoritaire ; avec la politique extérieure du passé en optant pour une politique de collaboration avec l'Allemagne. Les deux ruptures, et les deux choix, pris ensemble, définissent la spécificité de l'expérience française.

Pour ce qui est de la collaboration, il est clair qu'elle ne fut pas l'apanage du gouvernement de Vichy. En Hollande et en Belgique, la collaboration se fit au niveau administratif par l'intermédiaire des secrétaires généraux des ministères (avec un problème non moins redoutable des limites politiques que devait observer cette collaboration administrative). Au Danemark et en France, la collaboration fut une politique d'État, mais que le contexte et les objectifs différencient fortement.

Dans le premier cas, le rapport des forces était désespérément en faveur de l'occupant, et les Danois choisirent de faire le dos rond en attendant une libération aussi lointaine qu'ardemment souhaitée. La collaboration fut une stratégie du moindre mal dont les bornes étaient clairement fixées, le gouvernement utilisant la promesse solennelle donnée par l'Allemagne comme charte de ses relations avec l'occupant.

Dans le second cas, la collaboration fut une politique adoptée publiquement par le gouvernement français au nom des intérêts exclusifs du pays et dans l'espoir d'adoucir les conséquences de la défaite. L'objectif n'était pas de basculer dans le camp allemand, mais d'obtenir, à défaut d'un traité de paix qui aurait permis à la France de sortir de la guerre, au moins des engagements pour l'avenir. C'était nourrir de singulières illusions sur le vainqueur.

On sait comment cette politique des gages et du lest aboutit à satisfaire toujours davantage les exigences allemandes moyennant de bien maigres contreparties, quand elles n'étaient pas insignifiantes, tant il importait à Vichy de garder l'apparence de la souveraineté. L' « État français » en vint ainsi à s'associer aux mesures répressives et criminelles de l'occupant, de la création des sections spéciales à l'instauration du STO et à la déportation des Juifs.

Vichy cherchait à passer d'un statut de vaincu à celui de partenaire du vainqueur, un partenaire placé hors du conflit, dans la position d'un neutre favorable comme l'Espagne ou, plus justement, d'un non-belligérant comme l'avait été l'Italie en 1939-1940. Refusant de choisir, l'engagement total aux côtés de l'Allemagne comme la Norvège de Quisling, ou de placer, comme le Danemark, des limites à sa coopération forcée avec l'occupant, Vichy finit dans la situation du gouvernement tchèque.

Le changement de régime en été 1940 fut décisif dans cette dérive. Notons qu'il avait eu lieu à un moment où la paix était attendue pour un proche avenir. Mais il n'y eut pas de changement de cap quand la fausseté de cette prévision devint évidente ; on s'obstina à vouloir réformer le pays au beau milieu d'une guerre qui continuait et qui s'étendait. Notons aussi que Hitler ne souhaitait aucunement que la France adoptât un régime autoritaire ; un gouvernement démocratique aurait mieux fait son affaire, démocratie étant pour lui synonyme de faiblesse et de décadence.

Entre la politique de collaboration et la politique de la Révolution nationale se noua un lien qui trouvait sa logique profonde dans l'acceptation de la défaite et qui entraîna les dirigeants français dans la spirale de la vassalisation. Il y avait, d'ailleurs, une complémentarité étroite entre l'une et l'autre : si, par sa politique de collaboration, Vichy aspirait à passer du camp des vaincus à celui des neutres ou des non-belligérants, il visait à établir à l'intérieur un régime de troisième voie entre les démocraties et les totalitarismes qui s'affrontaient, un régime dont les formules les plus proches étaient celles des neutres ibériques.

Le nouveau régime se flattait de trouver ses sources d'inspiration dans des traditions proprement françaises, mais il est évident que ces idées s'inséraient aussi dans un courant européen, de l'Atlantique à la mer Noire, un amalgame de nationalisme autoritaire, de corporatisme, d'anticommunisme et d'antisémitisme. Des convergences idéologiques, fortes et limitées, avec la puissance occupante poussèrent dans l'impasse de la collaboration et de la complicité avec les crimes nazis.

On regardait vers l'extérieur à Vichy, comme pour vérifier que les traditions françaises avaient vraiment de l'avenir. Mais plutôt que vers les régimes allemand et italien, on regardait vers l'Espagne de Franco et le Portugal de Salazar (la Slovaquie de Mgr Tiso intéressait les curieux). Dans ces régimes autoritaires, l'armée et l'Église tenaient également une place centrale, le passé y était à l'ordre du jour, tout comme les saines valeurs rurales. Au surplus, on s'y défiait du totalitarisme — même la Phalange en Espagne se trouva rapidement domestiquée ; sur ce point, Vichy fut encore plus prudent, refusant l'instauration d'un parti unique d'État.

Il reste que les admirateurs des « modèles » ibériques paraissaient oublier certaines réalités. L'armée avait, dans ces pays, une tradition d'intervention politique sans équivalent en France ; quant à l'Église, elle y était fondamentalement réactionnaire et obscurantiste, avec une emprise sur le système éducatif que même les plus cléricaux à Vichy ne pouvaient rêver de retrouver.

La France avait des traditions pluralistes, enracinées dans une société à la fois moderne et nourrie d'histoire, des traditions que l'élimination de l'espace démocratique ne pouvait faire disparaître comme par enchantement. Par rapport aux régimes voisins, Vichy eut, du coup, une figure bien à lui : composite et instable, avec un air de provisoire qui vint assez rapidement démentir sa prétention à restaurer le pays sur son prétendu socle intemporel, pour finalement dégénérer par l'exacerbation de la logique répressive qu'il contenait dès le départ et qui prit forme dans la Milice, radicalisation fasciste d'une composante originellement marginale et qui gagna en poids à la faveur de la décomposition du régime et grâce à l'appui allemand.

À vrai dire, on voit mal comment le régime aurait pu se stabiliser au milieu de la guerre qui continuait et qui faisait éclater l'incompatibilité entre son programme traditionaliste et la pratique étatiste et technocratique qu'imposait l'occupation. Il aurait été difficile d'implanter en France, même en temps de paix, un régime semblable à celui de pays périphériques et passéistes ; il était illusoire, étant vaincus et à demi occupés, de chercher un arrangement durable avec Hitler ; la poursuite simultanée des deux objectifs défiait la logique commune.

Les Français entre Vichy et l'Europe

L'existence du régime de Vichy eut-elle sur la société française des années noires des effets spécifiques ? Y eut-il, dans les réactions et les attitudes des Français face à l'occupation et à la guerre, quelque chose qui les sépare des autres sociétés soumises à l'occupation nazie ? Il n'est pas évident de cerner les critères qui permettraient d'évaluer de manière pertinente la propension à la collaboration ou à la résistance, et encore plus difficile de trouver des éléments de réponse comparables[6]. Des facteurs multiples entrent en jeu, qui se composent selon des formules changeantes, qu'il s'agisse du degré de cohésion politique et sociale, des expériences d'occupation antérieures, de l'intensité des préjugés nationaux, des attitudes enracinées envers l'autorité et l'administration.

Les Français avaient un gouvernement qui menait une politique de Révolution nationale et une politique de collaboration. Cela ne les empêcha pas de partager des tendances que l'on retrouve dans la plupart des pays occupés d'Europe occidentale, en particulier au début et à la fin de l'Occupation ; l'appréciation de leurs attitudes dans l'intervalle est moins évidente.

La défaite et l'occupation provoquèrent presque partout, semble-t-il, un choc qui, combiné à la désaffection relative envers la démocratie héritée de l'avant-guerre et au sentiment de devoir vivre durablement dans une Europe allemande, favorisa des aspirations à un rassemblement national par-dessus les partis ainsi qu'à un renforcement de l'autorité. Il y eut dans l'atmosphère de l'été 1940 un vide et un état de grâce, dont Vichy bénéficia, mais dont il y eut un pendant en Hollande, par exemple, avec la création de l'Union néerlandaise.

Ce mouvement antiparlementaire et corporatiste, favorable à une collaboration avec le vainqueur, attira les Hollandais en grand nombre, reflétant une disposition massive au rassemblement national au milieu d'un climat de discrédit des partis politiques et même de détachement envers le gouvernement, parti à l'étranger. On trouverait des éléments comparables en Belgique (que l'on pense aux critiques adressées au gouvernement belge ou à la prise de position du président du Parti socialiste belge, Henri De Man), mais qui furent désamorcés par l'attitude du roi. Au Danemark, la présence des autorités légitimes et la formation d'une union sacrée furent certainement décisives pour forger une cohésion et une solidarité sans équivalent dans l'Europe nazie[7].

Dans ces pays, le changement dans la situation militaire de l'Allemagne et l'expérience de l'occupation valurent bientôt un retour de faveur aux autorités exilées, d'autant plus que les monarques se prêtaient admirablement à incarner l'identité nationale. Leur présence à Londres symbolisait la priorité de l'indépendance nationale et faisait obstacle aux tendances d'adaptation au vainqueur, surtout après que celui-ci eut commencé à appuyer ouvertement les fascistes locaux.

On a parlé de « pétainisme » pour désigner l'état d'esprit qui avait fait le succès de l'Union néerlandaise. En France, à plus forte raison, le même phénomène de pétainisme spontané se produisit, mais il allait être canalisé et institutionnalisé par le nouveau régime. À la fin de l'Occupation, la très grande majorité des Français avaient rejoint le courant européen de lutte contre l'Allemagne, passant de la solidarité avec le gouvernement et son chef au lendemain de la défaite à son rejet et à la reconnaissance de la légitimité de celui qui avait rejoint Londres en rebelle, seul de son espèce parmi les représentants des autres pays occupés.

L'existence du nouveau régime français avait, dans l'intervalle, exercé des effets de séduction et de brouillage qui laissèrent les Français en route quelque part entre Vichy et l'Europe. Il est inutile de revenir sur les facteurs bien connus qui ont contribué à dissiper graduellement, et de façon différentielle, l'état de grâce de l'été 1940 et amené la majorité de la population à glisser vers le refus, puis dans l'opposition[8]. L'important est de rappeler que les Français furent les seuls, dans l'Europe occupée, à se trouver confrontés à un gouvernement qui, tout à la fois, était demeuré sur le territoire national, acceptait la défaite comme définitive et cherchait un accommodement avec le vainqueur.

Les choix étaient du coup moins simples puisqu'il s'agissait de se situer par rapport à l'occupant et par rapport au gouvernement français. On pouvait approuver le nouveau régime et sa politique extérieure, on pouvait les désapprouver tous deux ; mais on pouvait aussi approuver le premier et désapprouver la seconde, ou inversement.

Le divorce entre une opinion qui souhaitait, dans sa majorité, une victoire britannique et un gouvernement qui menait une politique de collaboration se produisit rapidement. Mais cela ne signifie pas qu'un bon nombre de Français refusaient toute collaboration et qu'ils n'auraient pas été reconnaissants au gouvernement s'il avait pu obtenir des allégements immédiats, à condition de ne pas avoir à les payer d'une tension ou, pire, d'un conflit avec l'Angleterre. L'absence de résultats tangibles, doublée du risque d'un basculement dans le camp allemand, montra l'illusion de cette politique du « meilleur de deux mondes », dont témoignent le mythe du double jeu et, de façon plus large, la popularité de Pétain.

Il exista, en effet, un phénomène Pétain, qui illustre bien la force de cet idéal du « meilleur de deux mondes ». Figure d'intégration du régime, figure de projection pour des aspirations et des attentes fort diverses, Pétain s'offrait en médiateur entre les accommodements du court terme et les espoirs pour le long terme, personnage au passé glorieux qui portait les promesses d'une nouvelle grandeur et qui dans le présent étendait sa protection sur les Français. Il demeura quelque chose de ce rôle de symbole de la patrie jusqu'à la Libération.

Il est clair que la figure de Pétain et sa politique renforcèrent un attentisme qui était de toute façon répandu et découragèrent le développement d'un esprit de résistance. Quant à la collaboration active, celle des groupements et des partis, elle fut à la fois alimentée et freinée par l'existence de Vichy. Alimentée par la politique de collaboration officielle et aussi par l'existence de la Révolution nationale, qui déclencha une dynamique de déçus et d'opposants. Freinée en ce qu'en s'opposant à Pétain les ultras de Paris se heurtaient à son capital de légitimité et de popularité. Au demeurant, selon tous les indicateurs disponibles, la collaboration semble avoir été nettement plus ample dans les pays de l'Europe du Nord-Ouest, ce qui incite à se détourner des imputations sommaires.

« La France demeure seule en face de son destin » : la spécificité de l'expérience de Vichy se trouve, en définitive, dans cette phrase inaugurale. C'est elle qui la distingue de l'expérience des autres pays de l'Europe nazie, c'est elle qui poussa l'État français dans une impasse intérieure et extérieure. Dans le suicide de l'Europe, Pétain fait pendant à Hitler, comme l'envers à l'endroit. Le second ne concevait d'alternative qu'entre la domination absolue et l'anéantissement total. Le premier se braqua sur une politique de repli et de ressourcement qui était foncièrement anachronique, comme si la Prusse d'Iéna gardait valeur d'exemple en plein milieu d'une guerre mondiale.

Philippe BURRIN

NOTES

1. Philippe Pétain, *Discours aux Français,* Paris, Albin Michel, 1989, p. 68.
2. Dans une littérature surabondante, voir notamment Norman Rich, *Hitler's War Aims,* Londres, Deutsch, 1974, 2 vol. ; Hans Umbreit, « Auf dem Weg zur Kontinentalherrschaft », *in Das Deutsche Reich und der Zweite Weltkrieg,* vol. 5/1, Stuttgart, Deutsche Verlags-Anstalt, 1988, pp. 3-348 ; Norbert Frei et Hermann Kling (dir.), *Der national-sozialistische Krieg,* Francfort-sur-le-Main, Campus, 1990.
3. Eberhard Jäckel, *La France dans l'Europe de Hitler,* Paris, Fayard, 1968, et Robert O. Paxton, *La France de Vichy,* Paris, Le Seuil, 1972.
4. Cité par F. W. Deakin, *The Brutal Friendship. Mussolini, Hitler and the Fall of Italian Fascism,* Londres, Weidenfeld and Nicolson, 1962, p. 95.
5. Sur les collaborationnistes, voir Pascal Ory, *Les Collaborateurs, 1940-1945,* Paris, Le Seuil, 1976, et Bertram M. Gordon, *Collaborationnism in France during the Second World War,* Ithaca, Cornell University Press, 1980.
6. Voir les panoramas d'Yves Durand, *Le Nouvel Ordre européen nazi 1938-1945,* Bruxelles, Complexe, 1990, et de Jacques Semelin, *Sans armes face à Hitler. La résistance civile en Europe 1939-1943,* Paris, Payot, 1989.
7. Voir plus bas les contributions concernant ces pays.
8. Voir Pierre Laborie, *L'Opinion française sous Vichy,* Paris, Le Seuil, 1990.

2.

Les modèles

I. L'Espagne : les racines du modèle franquiste

Il est exclu de prétendre résumer en quelques pages l'histoire de ce qu'on appelle le « franquisme », ou même, plus simplement, de dresser l'inventaire de ses particularités. Je voudrais seulement rappeler quelques points qui permettent de situer l'émergeance de ce régime particulier dans une certaine continuité historique espagnole, sur laquelle se fait sentir, dès le milieu des années 1920, le poids grandissant de modèles étrangers.

Une crise historique

Le premier point sur lequel je voudrais insister est la dimension historique proprement espagnole du régime de Franco. En d'autres termes, je pense que la guerre civile et son dénouement ne sont compréhensibles que comme aboutissement des « crises espagnoles » du XXe siècle, dont je rappellerai sommairement certaines des composantes.

Dans *Raza,* le roman que, sous le pseudonyme de Jaime de Andrade, il publia après la guerre civile — et qui fit l'objet d'une adaptation cinématographique en 1941 —, Franco faisait commencer les aventures de ses protagonistes en 1898, avec la défaite espagnole face aux États-Unis, à Cuba. L'intention était claire : il s'agissait de montrer qu'au *désastre* passé — comme l'historiographie espagnole l'appelle — répondait une renaissance présente ; mieux : que le soulèvement militaire de 1936 était, à sa façon, la réponse historique qu'une génération d'hommes attendait pour permettre à l'Espagne déchue de retrouver sa grandeur, le moyen donc de cette « régénération » que tant d'Espagnols avaient vainement appelée de leurs vœux au lendemain de la perte des dernières colonies.

Quelle que soit l'évidente manipulation idéologique que cette thèse supposait en 1940-1941, il n'en reste pas moins qu'elle est révélatrice d'un état d'esprit ou d'un sentiment : si, dans une perspective d'autolégitimation, Franco recourt à une telle construction, c'est sans doute parce que, à tort ou à raison (et je pense que c'est avec raison), il estime qu'elle a un poids et répond effectivement au sentiment d'une partie au moins de la nation. De fait, dans divers secteurs de la société espagnole, moins dans les couches populaires (où la perte de Cuba a été plutôt ressentie comme un soulagement que comme une débâcle parce qu'elle signifiait la fin de la guerre) que dans les couches moyennes, plus sensibles alors à une certaine image de « grandeur » perdue, le sentiment profond d'un échec est perceptible tout au long du premier tiers du siècle, qui alimente les meilleures réflexions historiques tout comme les pires désirs de revanche. C'est aussi que le fameux *désastre* avait fait toucher du doigt le retard historique du pays, que certains n'avaient pas hésité alors à attribuer au système politique lui-même.

De la sorte, la défaite de 1898 a vite été associée aux vices du parlementarisme (dans sa version espagnole, il est vrai, qui laissait moins de place à l'expression populaire qu'à la manipulation du *cacique*), aux faiblesses des partis politiques, à la corruption du ou des pouvoirs... Ainsi le rejet du parlementarisme hérité des courants antilibéraux du XIXe siècle se doublait-il dorénavant d'une dénonciation nouvelle d'un système parlementaire (notamment au sein de ces courants « régénérationnistes » qu'Enrique Tierno Galvan n'hésitera pas à qualifier de préfascistes) accusé d'avoir conduit le pays à la défaite en ne cherchant à préserver que les intérêts de quelques-uns (politiciens, hommes d'affaires véreux...) au détriment des nécessités vitales du pays, ou d'ignorer les aspirations populaires.

Bref, la démocratie parlementaire, déjà mal assise en Espagne par le cours du XIXe siècle, sort ébranlée du conflit et n'est toujours pas parvenue à acquérir une légitimité indiscutée lorsque triomphe la IIe République (en 1931), au point qu'anarchistes ou communistes s'en déclarèrent, dans un premier temps, les adversaires au nom de la révolution sociale, tandis que, bien entendu, de l'autre bord, la droite monarchiste ne désarmait pas dans son hostilité. Cette *tradition* autochtone de l'antiparlementarisme, qui demeurait forte à la veille de la guerre civile malgré les progrès réalisés entre 1931 et 1936, va être largement utilisée par Franco, mais sous la forme, apparemment *rénovée* et en tout cas mise au goût du jour, d'un corporatisme « organique » qui aboutira à des *Cortes* faussement représentatives et réduites au rôle de chambre d'enregistrement.

L'expérience historique de la défaite, bien que différente dans sa nature et ses circonstances, paraît pouvoir ainsi rapprocher Franco et Pétain. *Désastre* et *débâcle,* en tout cas, constituent une sorte d'arrière-fond d'amertume, de référence négative, d'humus intellectuel où a fleuri un monde de rancœurs accumulées qui a voulu faire du parlementarisme, vilipendé, la cause de tous les maux de la nation. Mais, du même coup, face à et contre un Parlement discrédité et des politiciens en déroute, il fallait un recours : chacun à sa façon, Franco et Pétain, riches de leurs lauriers supposés, s'offriront au pays.

La renaissance du militarisme

Dans le cas espagnol, c'est aussi que le fond antiparlementaire de la société, et plus particulièrement de nombreux milieux de droite, se double, depuis la fin du siècle dernier, d'un phénomène nouveau. Alors que la monarchie restaurée en 1874 avait, sous la direction du conservateur Canovas del Castillo, réussi vaille que vaille à subordonner l'armée au pouvoir civil, avec la crise coloniale antillaise et aux Philippines, puis la défaite militaire face aux *yankees,* se produisit ce qu'Unamuno dénonça au tournant du siècle comme une anthentique résurgence du militarisme. Entre 1895 (premiers incidents opposant militaires et presse) et 1906 (« *Ley de Jurisdicciones* »), la pression militaire sur le pouvoir civil ou judiciaire va grandissant et parvient à imposer certaines de ses vues. Mais deux facteurs vont plus particulièrement servir de terrain privilégié à l'intervention des militaires. Désireuses de prendre une revanche sur leur défaite antillaise, soucieuses d'apparaître comme les gardiennes vigilantes de l'intégrité territoriale du pays, qu'elles déclarent trop facilement menacée, les forces armées opposeront avec constance *leur* conception de l'unité nationale à toutes les revendications catalanistes qui s'affirment hautement à partir de 1900 (plus tard, l'affaire se compliquera encore, avec l'entrée en lice des Basques) et développent ainsi, dès le début du siècle, une conception plus *unitariste* que proprement centraliste de l'État, hostile aux statuts d'autonomie que la République accordera, et qui trouvera son expression achevée dans la devise franquiste « *una, grande y libre* » (l'Espagne *une,* grande et libre) et dans une très violente politique de répression (illustrée en particulier par l'exécution de Lluis Companys, président de la *Generalitat* catalane durant la guerre civile et livré par les Allemands à Franco).

Mais un deuxième facteur historique joue dans ce même sens d'une intervention croissante de l'armée dans la vie politique du pays : la question marocaine. D'escarmouches en catastrophes (Annual, 1921), la pénétration espagnole dans le Rif ne s'est pas faite sans mal, et ces difficultés ont fini par rejaillir sur l'organisation militaire elle-même. Tirant, tardivement, les leçons d'errements antérieurs et calquant en l'occurrence le modèle français, les autorités militaires espagnoles organisent progressivement au Maroc des unités professionnelles (légion, *regulares* marocains...) dont le commandement sera assuré dès lors par une nouvelle génération d'officiers, qui, très vite, vont devenir « les Africains » et développer un solide esprit de caste : c'est parmi eux que se recruteront bon nombre des principaux cadres militaires du soulèvement de 1936. Et, en tout premier lieu, Franco lui-même, qui gagnera ses premiers galons sur le sol marocain. Au total, cette montée en puissance de l'armée — et en son sein de groupes plus ou moins d'élite, formés sur le terrain, au Maroc — se produit au moment où est sensible l'affaiblissement progressif du gouvernement, peut-être même, après 1917 (grève générale révolutionnaire, juntes de défense...), du régime lui-même.

C'est dans ce contexte que certains militaires se sentirent, plus fortement que par le passé, investis de la mission de « sauver l'Espagne » en la tirant du gouffre où ils estimaient qu'elle se trouvait : le résultat sera le coup d'État de Miguel Primo de Rivera et l'installation de la dictature (1923-1930), qui, malgré d'évidentes dettes à l'égard du fascisme italien, reste cependant avant tout un régime militaire et apparaît ainsi comme une préfiguration du rôle que l'armée, le moment venu, était tentée de s'attribuer au nom de l'intérêt national. Celui-ci, pour la majorité des officiers, s'identifiait à leur conception unitariste de la nation et au conservatisme social. Dès lors, les différentes crises qui secoueront l'Espagne sous la République — et notamment, en 1934, la double commotion d'une révolution catalaniste à Barcelone et ouvrière dans les Asturies — ne feront qu'accentuer cette tendance et favoriser l'idée que l'armée deviendrait, le moment venu et par-delà les opinions personnelles de tel ou tel officier supérieur, l'ultime recours, d'où émanerait la figure tutélaire nécessaire à la recomposition du corps social.

Une Église de combat

Cette militarisation croissante de la vie politique espagnole tout au long du premier tiers du XXe siècle se double, sur un autre plan, d'une véritable contre-offensive cléricale face aux très fragiles tentatives de laïcisation de la société. Les observateurs ont pu noter ainsi que les effectifs de l'Église d'Espagne, qui avaient décru régulièrement entre la fin de l'Ancien Régime et la révolution de 1868, au contraire croissent à nouveau entre la Restauration (dont la Constitution reconnaissait le rôle officiel de la religion catholique) et la IIe République. Face à ce mouvement, les pouvoirs publics n'ont longtemps rien fait (à l'inverse de ce qui se produisit dans les autres pays européens). Il faudra attendre les premières années de ce siècle pour que s'esquisse une politique officielle d'inspiration plus laïque, bien insuffisante toutefois pour menacer réellement une Église qui, outre le fait d'être fortement militante dans un sens antilibéral (elle reste l'Église du *Syllabus* et tarde même à se reconnaître dans *Rerum novarum*), entend bien faire de l'Espagne la gardienne armée d'une catholicité dont elle-même serait l'avant-garde. Face aux États-Unis, en 1898, il y eut déjà des évêques pour prêcher la « guerre sainte » et la « nationalité catholique » des Espagnols confrontés à ces nouveaux barbares, ennemis de la vraie foi, qu'étaient les Nord-Américains. On voit par là que la fameuse lettre pastorale des évêques espagnols de 1937 faisant du soulèvement franquiste une nouvelle « croisade », plus qu'une innovation, était le prolongement, à usage intérieur cette fois, d'une conception finalement théocratique de la politique, dont les racines remontaient fort loin.

Ainsi, parallèlement à la montée du militarisme, on assiste dans l'Espagne du début du siècle à ce que nombre d'historiens espagnols qualifient de reclérisation de la société, qui va à l'encontre de tout ce qui tend à se passer dans d'autres pays européens et prépare le terrain à un interventionnisme actif de l'Église dans la vie politique et sociale de la nation, auquel, par ailleurs, répondra un anticléricalisme croissant et virulent. Au bout du compte, l'Église espagnole, alors fondamentalement antilibérale, s'était accommodée tant bien que mal du régime constitutionnel pour autant que celui-ci lui avait reconnu une fonction spécifique de contrôle social, notamment à travers l'appareil scolaire. Les lois laïques de la République furent dès lors dénoncées comme une attaque contre l'*identité* espagnole elle-même, en tout cas comme une remise en cause d'un système séculaire dont les deux piliers essentiels semblaient être rigidité dogmatique et ordre moral.

Une crise d'identité

Au bout du compte, dans la foulée de la crise du tournant du siècle, se déclenche en Espagne une sorte de processus régressif qui tend à faire de l'ensemble militaro-clérical l'axe autour duquel allaient se regrouper de plus en plus nettement les forces conservatrices de la nation. Pour ma part, je verrais dans ce retour à des formes de pouvoir archaïsantes le constat d'un échec, celui d'un *nationalisme politique* capable de réellement agglutiner les diverses composantes de la nation autour d'un projet commun et auquel l'armée, s'assimilant au tout de la nation, tente dès lors de se substituer. Ortega y Gasset, pour sa part, parlera, dès les années 1920, d'une inquiétante « invertébration » de l'Espagne. Ce n'était, en fin de compte, qu'une autre façon de dire que chaque région, chaque classe, chaque corporation tendait à placer son intérêt particulier au-dessus d'un hypothétique intérêt collectif ignoré ou, plus radicalement encore, nié. Dans l'esprit du philosophe, la réponse à la véritable crise que cette « invertébration » impliquait était à chercher du côté de la formation des futures élites, qui, animées de savoir et dotées des véritables pouvoirs qu'elles se devaient de conquérir, assumeraient la direction éclairée du pays afin de l'engager dans la voie juste de sa renaissance.

Toute une aile du républicanisme espagnol a puisé à cette source intellectuelle, et c'est largement elle qui triomphe effectivement en avril 1931 ; mais c'est aussi elle qui va échouer dans ses tentatives de réformes harmonieuses, face au refus du réel à se soumettre à sa pensée trop abstraite. Du coup, pour bien d'autres, et jusque parmi les disciples d'Ortega y Gasset, la leçon qu'on tirera sera celle d'un nécessaire recours à un pouvoir fort pour enfin « vertébrer » le pays et reconstituer par la force cet esprit national qui ne parvenait pas à s'imposer par la raison. Il serait certainement injuste d'imputer à Ortega y Gasset une quelconque paternité dans les idéologies du fascisme ; mais il serait non moins certainement erroné de ne pas voir que son discours, pourtant libéral, a aussi alimenté en arguments les idéologues du totalitarisme, au point que sont relativement nombreux les jeunes ortéguiens qui basculeront du côté de la Phalange à la veille du conflit.

Le poids du fascisme

La crise des années trente en Espagne peut se lire, on le voit, comme le terme d'un processus relativement long, né avec le siècle, qui favorise la montée des solutions autoritaires et plus précisément militaires, face à l'échec de plus en plus avéré des partis traditionnels de la droite. Si, dans l'ensemble, c'est surtout à l'armée que va revenir alors le rôle essentiel, il est clair cependant que le fascisme, au sens plein de ce terme, a joué un rôle de premier plan dans la mise en place et la structuration du régime franquiste.

De fait, on connaît mieux aujourd'hui, grâce à des travaux comme ceux d'Angel Viñas, Javier Tusell ou Ismael Saz (pour ne parler que des chercheurs espagnols), la participation active de l'Allemagne ou de l'Italie dans les conspirations antidémocratiques et antirépublicaines qui précèdent la guerre civile, et leur intervention directe dans cette dernière : relations amicales avec la dictature, financement de la Phalange de José Antonio Primo de Rivera, appui militaire sans faille au soulèvement franquiste... Mais le fascisme espagnol ne se limite pas à cette aide extérieure des puissances fascistes aux courants antidémocratiques : il a aussi une évidente dimension nationale. Ce n'est pas le lieu ici de revenir sur la constitution des partis et organismes propres au fascisme espagnol qui surgissent dans les années trente, mais reste à en mesurer l'importance dans l'organisation de l'État nouveau qui se met progressivement en place à partir de juillet 1936.

On le sait, l'un des premiers soins de Franco consiste à subordonner toutes et chacune des forces politiques de son camp à son autorité personnelle. La Phalange n'échappera pas à cette règle commune, même si elle semble pour un temps jouir d'un statut privilégié au sein de la coalition « nationaliste ». De ce point de vue, la détention de José Antonio Primo de Rivera (antérieure à la guerre) puis son exécution par les républicains ont constitué un élément plutôt favorable au franquisme naissant : il lui offrait un martyr et le débarrassait d'un rival... Plus généralement, on peut, sans trop de risques, affirmer que la Phalange unifiée avec d'autres forces telles que les *Juntas de ofensiva nacional-sindicalistas* (JONS) ou les « traditionalistes » carlistes est à la fois un repère essentiel dans le nouveau système, et pourtant un élément secondaire. D'autre part, en effet, le phalangisme, entendu dans son sens large, va fournir au nouveau régime une rhétorique (l'enflure impériale, l'appel aux masses...), une mise en scène et une gestuelle (le salut romain, par exemple, le goût de l'uniforme, les grandes parades), tout un décor enfin, qui culmine avec les cérémonies du *Valle de los Caidos* en honneur de José Antonio. Plus fondamentalement encore, il offre une série d'outils à l'action du pouvoir grâce à sa conception « moderne » de l'encadrement des citoyens, directement inspirée du précédent fasciste italien.

Ainsi verra-t-on peu à peu se créer, à côté des institutions proprement politiques du régime issu du soulèvement de 1936, des organismes destinés à régenter la société civile : *Frente de juventudes, Seccion femenina,* syndicats, bien sûr... sont d'emblée pensés comme les instruments d'un contrôle, parfaitement totalitaire, qui s'exerce ou cherche à s'exercer à tout moment de leur vie sur l'ensemble des Espagnols pour leur inculquer les principes de la discipline et de la hiérarchie, du respect des valeurs, le tout dans un cérémonial aux allures fréquemment paramilitaires (uniformes, salut au drapeau, etc.).

Si le cadre formel d'action ainsi offert au nouveau régime par la Phalange peut difficilement renier ses ascendances italiennes, reste pourtant que le contenu du message diffusé par ces institutions ou ces organismes présente des caractéristiques moins univoques. La Phalange a continué à parler longtemps de sa « révolution » — nationale, bien sûr — future et à espérer devenir la force motrice de l'État nouveau ; elle a, à l'occasion, réaffirmé son attachement au message laïc et « moderniste » de José Antonio, et parfois même mis en cause les pouvoirs excessifs que détenaient à ses yeux les représentants les plus archaïques de la société espagnole. Pour l'essentiel, toutefois, ses plus fidèles militants devront déchanter et assister au retour, dans les fourgons du « nationalisme » triomphant, de tout ce que l'Espagne comptait de traditionnel et de réactionnaire : de là naîtront certains désenchantements, qui conduiront de petits groupes de phalangistes « purs » à s'opposer au régime, avec plus ou moins de vigueur, et à déplorer sa « trahison » des principes originels.

Sans doute une périodisation affinée s'impose-t-elle ici, et, de ce point de vue, le « premier franquisme » — comme le baptise l'historiographie espagnole actuelle — présente peut-être des équilibres plus favorables à la Phalange que ceux qui domineront les périodes ultérieures : la situation n'était évidemment pas tout à fait la même en 1940, lorsque, à Madrid, on pouvait encore donner pour certaine une victoire militaire de l'Axe, ou en 1943, lorsque commença à se profiler à l'horizon une possible défaite allemande. Une certaine relève intérieure du personnel politique a suivi, qui a certainement joué au détriment des secteurs les plus nettement marqués par leurs sympathies à l'égard des deux grandes puissances fascistes européennes.

Mais, à ces variations près, qui sont plus dues aux aléas de la conjoncture internationale et aux nécessités diplomatiques qu'à d'authentiques évolutions idéologiques intérieures, la composante fasciste interne reste sensiblement stable du début à la fin du processus. Les phalangistes proprement dits seront efficaces dans leur rôle de supplétifs des forces de police, dans la politique de répression instaurée dès la guerre civile et qui se prolonge longtemps après sa conclusion ; ils joueront encore un rôle certain dans l'organisation de la propagande et de la censure ; ils seront souvent les inspirateurs des premières législations sur le travail, fondées sur un principe corporatif venu des textes de José Antonio. Ce poids acquis dans l'appareil de l'État ne doit pourtant pas faire illusion : les phalangistes devront laisser à l'Église sa prééminence sur tout l'appareil scolaire et une bonne partie de la presse, et surtout accepter que leurs propres organisations s'imprègnent de ces valeurs religieuses auxquelles les opposait, en théorie, toute une philosophie.

Bref, apparemment central dans le régime, auquel il fournit rapidement l'abondante bureaucratie dont il a besoin, le phalangisme est pourtant dans une situation subordonnée, sans capacité réelle autre qu'épisodique de s'opposer réellement à l'armée, qui réaffirme constamment son contrôle sur la société, et à l'Église, qui impose ses conceptions idéologiques et fournit, au prix de faibles concessions, l'essentiel de la doctrine du franquisme triomphant.

Pour sa part, revenu d'engagements qui l'avaient pourtant mené un temps à la direction des services de propagande du régime, Dionisio Ridruejo distinguera diverses dimensions dans le phalangisme : celui, « hypothétique », car jamais mis en œuvre, des jeunes désireux de changement et qui voulurent être fidèles au programme confus et rénovateur de José Antonio, et qui furent rapidement mis sur la touche ; celui d'un appareil politique d' « action directe » installé et aux ordres ; celui enfin des parvenus et des convertis de dernière heure... Il soulignera notamment ce qui constituait à ses yeux l'échec même du projet phalangiste : sa subordination idéologique aux forces conservatrices du pays, et pour commencer à Franco lui-même, que ne compensait nullement le pouvoir d'encadrement social qui lui était échu en partage. Bref, il dénoncera ainsi la transformation de la Phalange, parti politique structuré de militants convaincus (d'une cause, selon lui, perdue), en *Movimiento,* simple conglomérat d'arrivisme docile et de servilité intéressée. Cette faiblesse organique du parti, derrière son apparente omniprésence, est alors sans doute l'un des traits qui rapprochent le franquisme plus du régime de Pétain que de celui de Mussolini.

On l'a souvent dit, le « franquisme » est plus une pratique qu'une doctrine, et il s'implante progressivement, grâce à l'élimination successive de tous les rivaux possibles et à la subordination des divers groupes d'une coalition, initialement assez disparate, à l'autorité personnelle du dictateur. Capacité manœuvrière du général, subtilité des équilibres intérieurs, intelligence de l'évolution internationale, le franquisme est, en ce sens, d'abord le pouvoir de Franco et de son étonnante capacité à se survivre. Toutefois, on remarque que ce pouvoir personnel trouve ses forces et ses appuis au sein des groupes traditionnels de la société espagnole, au point que le trait essentiel de tout le premier franquisme est peut-être son caractère de véritable contre-révolution, qui vise non seulement les transformations réalisées par la « révolution » durant la guerre civile dans le camp républicain, mais aussi les réformes entreprises entre 1931 et 1936 par une république pourtant légaliste, et, par-delà, tous les acquis libéraux du XIXe siècle. « Terreur blanche », « restauration », le franquisme naissant semble correspondre d'abord au désir de revanche, face à la « grande peur » qui fut la leur, des classes traditionnellement dominantes, et en particulier de la propriété foncière, dans une société espagnole où la bourgeoisie la plus entreprenante avait souvent opté pour l'expression régionaliste. C'est sans doute cette composante sociale qui explique finalement l'extrême conformisme idéologique du franquisme, dont les valeurs sont celles de l'ordre, bien entendu, de la vertu apparente, d'une religion puritaine et obsessionnelle. Plutôt que d'exalter les faisceaux de licteur ou une quelconque croix gammée, c'est vers l'image de sainte Thérèse qu'on se tourne, avant de graver sur les monnaies « Franco, *Caudillo* d'Espagne par la grâce de Dieu » ou de se tourner vers les Rois Catholiques pour trouver le symbole omniprésent du nouveau régime : le joug et les flèches, dont les initiales, en espagnol, sont Y/F, comme celles d'Isabelle et Ferdinand.

Au total, donc, le franquisme naît d'un esprit de réaction aux changements que le XXe siècle impose à l'Espagne, il s'alimente des frustrations que l'histoire récente a fait naître, il cultive les références traditionnelles d'une société essentiellement rurale encore. Produit d'une histoire spécifique, il ne se laisse pourtant pas si simplement réduire à n'être que le produit particulier d'une « Espagne différente ». Fondamentalement, face à ce qui apparaissait comme la montée du danger révolutionnaire, cet assemblage particulier qu'est le franquisme manifeste à sa façon ce qui me semble avoir été la tendance générale à la *fascisation* des forces classiques des droites européennes, et c'est en ce sens qu'il a pu servir de référence. Sans rien renier, au contraire, des valeurs de la droite classique (ordre, religion, tradition), il incorpore fonctionnellement l'extrême droite fasciste ou fascisante, mais en la dépouillant de ses velléités révolutionnaires et en prenant soin de la subordonner à sa propre autorité. Techniquement « moderne », ce pouvoir est fondamentalement archaïque dans ses aspirations.

C'est sans doute dans cette dualité que résident son originalité, sa force, mais aussi sa valeur d'exemple. Comme la France de Vichy, l'Espagne de Franco est irréductible à un modèle proprement fasciste, mais elle parvient à réaliser la synthèse entre l'antilibéralisme essentiellement conservateur hérité du XIXe siècle et l'antilibéralisme soi-disant révolutionnaire du XXe siècle. La forme totalitaire que prend le pouvoir s'investit ainsi d'un contenu fortement imprégné de traditionalisme et d'une claire volonté de « retour aux sources » supposées de l'identité nationale. En Espagne, ce projet se résume alors en un mot : il constitue ce

« national-catholicisme » qui, sous l'égide d'un pouvoir militaire et policier rigide, se veut tout à la fois émanation de l'essence chrétienne de la nation, gardien de l'ordre social et moral, et substitut nécessaire à un « national-syndicalisme » initial un peu inquiétant et vite devenu compromettant.

Carlos SERRANO

II. Le Portugal : l'« État nouveau » de Salazar

« *Puisque j'ai les idées de Salazar et la tunique de Carmona, je ne vois pas pourquoi je me dédoublerais.* »

Maréchal Pétain [1]

La comparaison entre l'« État nouveau » *(Estado novo)* de Salazar et l'« État français » de Pétain soulève des problèmes complexes [2]. Alors que Vichy n'est pas arrivé au pouvoir de façon autonome puisque, comme projet, il n'a pu prendre le pouvoir avant l'invasion et la défaite, au contraire, au Portugal (comme en Italie et en Allemagne), un régime autoritaire s'est implanté après la Première Guerre mondiale de manière durable et sans pression externe significative. D'une part, si Vichy a été un régime singulier de par son processus de formation, il ne l'a pas été comme projet politique [3]. Au contraire, il a tenté de donner corps à un projet devenu commun en Europe dans la période de l'entre-deux-guerres [4]. Sans entrer dans le débat fascisme/autoritarisme, on peut considérer comme opératoires les différences existant entre les régimes qui ont constitué la référence du modèle fasciste (Italie et Allemagne) et ceux qui se rapprochent davantage du type idéal autoritaire (Portugal), dans le cadre du renversement de la démocratie libérale [5]. Si bien que Vichy et le salazarisme se révèlent plus proches l'un de l'autre qu'ils ne l'ont été du modèle nazi-fasciste de la fin des années 1930. Il n'est donc pas étonnant que la comparaison avec le Portugal ait été fréquemment faite [6].

On entend donc systématiser ici quelques éléments de comparaison entre les deux régimes, en privilégiant trois dimensions : les origines idéologiques d'inspiration politique, la structure du système politique, les rapports entre l'État et la société.

Les origines idéologiques

L'influence du modèle salazariste sur les projets de l'extrême droite française des années 1930, en particulier celle d'inspiration maurrassienne, est bien connue. Ceux qui ont renversé la IIIe République, à commencer par Pétain lui-même, l'ont revendiquée publiquement. En sens inverse, le plus important mouvement français d'extrême droite, l'Action française, principale source d'inspiration de son congénère portugais, l'*Integralismo lusitano,* a exercé une profonde influence au Portugal, influence qui n'a pas été étrangère au sentiment de parenté éprouvé par une partie de l'élite de Vichy. Nourri de l'*Integralismo lusitano,* qui avait constitué le mouvement idéologique antidémocratique déterminant au cours de la brève république parlementaire portugaise implantée en 1910[7], l'État nouveau a représenté immédiatement une double alternative : au libéralisme et au totalitarisme fasciste. Bien qu'issu du mouvement social catholique et non de l'intégralisme, le dictateur portugais n'a jamais caché sa dette envers Maurras et lui a même manifesté sa solidarité après la guerre en dépit des conditions adverses. René Rémond, d'ailleurs, a bien démarqué le régime de Salazar du fascisme, puisqu'il écrit : « Il n'est que de voir dans quels milieux en France il suscitait les sympathies les plus vives : dans les cercles de l'extrême droite maurrassienne et intégriste[8]. »

Au Portugal, la Ire République a marqué la faillite du processus de démocratisation fondé sur le programme des élites républicaines : suffrage universel, laïcité, nationalisme (pour se libérer de la tutelle britannique), défense du patrimoine colonial. Dès 1910, toute une législation de laïcisation accélérée a été promulguée, accompagnée dans les villes d'un fort mouvement anticlérical, ce qui provoque la rupture des relations avec le Saint-Siège. Ces mesures, en grande partie inspirées par celles prises en France cinq ans plus tôt par la IIIe République, ont un effet profond sur la hiérarchie catholique. Le suffrage ne devait jamais être élargi, tandis que le Parti démocrate, héritier pour une part du caciquisme électoral de la monarchie libérale, devenait rapidement le parti hégémonique.

L'intervention dans la Grande Guerre, défendue par les républicains comme moyen de protection du patrimoine colonial, puis les difficultés qui en ont découlé ont accentué la crise de légitimité du parlementarisme républicain. Le mouvement ouvrier, réduit mais aguerri, dominé par l'anarcho-syndicalisme, n'a pas manqué de faire peur aux classes possédantes du fait de l'incapacité notoire du régime républicain à promouvoir son intégration, mais il convient de ne pas exagérer le rôle du *bienio rosso* portugais dans la vague autoritaire qui a renversé le libéralisme. Il faut aussi faire la part des fractures économiques et sociales selon le modèle d'Organski, telles que les fractures ville-campagne, ou élites traditionnelles-élites modernes, typiques de la « société dualiste » du Portugal des années 1920, phénomènes plus importants à coup sûr que la fracture bourgeoisie industrielle-classe ouvrière [9].

Le coup d'État du 28 mai 1926, qui a mis un terme à la république parlementaire, n'a pas été seulement une intervention militaire de type prétorien dans la vie politique. Le libéralisme républicain a été renversé par une armée divisée et politisée à la suite de l'intervention portugaise dans la Première Guerre mondiale, qui avait suscité en son sein des fractions organisées, allant des républicains conservateurs aux catholiques sociaux, à l'extrême droite intégraliste et à quelques groupuscules fascistes particulièrement influents auprès des jeunes officiers [10]. Ces derniers, il ne faut pas l'oublier, ont constitué la base de la première dictature moderne établie au Portugal : la brève dictature de Sidónio Pais (1917-1918), qui, avec son populisme antiploutocratique, a préfiguré certains aspects du fascisme [11].

Parmi ces agents idéologiques, les principaux ont sans doute été les intégralistes et les catholiques. Les premiers, monarchistes traditionalistes, ont fait du corporatisme intégral l'alternative de base au libéralisme, en misant sur les valeurs rurales et nationales. Les seconds, tout en maintenant ces valeurs, ont adopté le corporatisme des encycliques pontificales, et, quoique monarchistes en majorité, ils ont manifesté une attitude pragmatique vis-à-vis de la formule républicaine. Ils ont toutefois partagé l'intransigeance antilibérale des intégralistes, avec un programme de renforcement de l'Église, en porte-parole de la hiérarchie, profondément secouée par l'anticléricalisme républicain [12].

Après avoir renversé le régime républicain, la dictature militaire a pris tout de suite des mesures favorables au bloc conservateur. Le Parti démocrate a été éliminé du pouvoir et ses dirigeants exilés, le mouvement ouvrier a vu supprimer le droit de grève et restreindre sa marge de manœuvre légale. L'Église, bien qu'avec prudence en raison de la présence de nombreux militaires et civils républicains, a approuvé le coup d'État et offert aussitôt certains de ses membres pour occuper d'éventuelles charges ministérielles.

Bien qu'étant un « régime d'exception », la dictature militaire s'est pourtant révélée assez instable, par suite d'une série de conspirations, de coups d'État et de rébellions traduisant une lutte pour l'hégémonie à l'intérieur de la coalition conservatrice. Les difficultés de consolidation d'un ordre autoritaire se sont succédées étant donné l'hétérogénéité du bloc conservateur. Curieusement, c'est déjà sous la dictature militaire que les fascistes ont bénéficié de quelque influence, étant donné leur présence dans le corps des jeunes officiers, et qu'ils ont créé des organisations autonomes[13]. C'est ce « pluralisme limité » qui a progressivement subi l'hégémonie d'un jeune politicien du petit parti du Centre catholique, nommé ministre des Finances en 1928 : Antonio de Oliveira Salazar.

En 1930, un décret-loi créait l'Union nationale (UN), organisation « antiparti » destinée à regrouper les forces appuyant le régime. En 1933, une nouvelle Constitution proclamait le Portugal « république unitaire et corporatiste ». Du compromis entre les principes libéraux et les principes corporatifs, ce qui est resté, c'est une dictature de fer du « président du Conseil », tandis que l'Assemblée nationale était dominée par l'Union nationale grâce au jeu d'élections contrôlées par le pouvoir.

Afin d'éviter tout risque de déperdition du pouvoir, même de la part d'une Chambre où régnait exclusivement le parti gouvernemental, on en vint à l'autonomie presque totale de l'exécutif. À la présidence de la République, cependant, se maintenait le général Carmona, garant des intérêts militaires. Les services de la censure éliminèrent tout germe de conflit, qu'il vînt de l'opposition ou de la minorité fasciste qui, au début, continuait de défier le nouveau régime. La police politique, réorganisée, fut utilisée avec une efficacité redoutable. Le tout « à partir d'en haut », sans démagogie fasciste excessive, en comptant davantage sur les généraux et colonels que sur les lieutenants, et plus avec le ministère de l'Intérieur qu'avec la rue. En 1934, en dépit de quelques soubresauts mineurs, le libéralisme politique était éliminé et les institutions républicaines remplacées.

Les chefs fascistes les plus récalcitrants furent exilés, mais la plupart des autres trouvèrent à s'employer dans des fonctions subalternes, surtout lorsque, quelques années plus tard, la guerre d'Espagne suscita des craintes chez les dirigeants. Les grandes figures républicaines s'éteignirent dans l'exil intérieur ou extérieur, après la brève période d'optimisme qu'avait provoquée le Front populaire espagnol. Quant aux dirigeants anarcho-syndicalistes, soit ils furent emprisonnés, soit ils partirent mourir en Espagne, laissant au jeune Parti communiste la direction de l'opposition clandestine.

Ce régime, institutionnalisé sous la direction de Salazar à partir de la dictature militaire, suscita en France l'admiration des milieux maurrassiens et catholiques traditionalistes, d'autant que son programme d' « ordre » évitait les composantes totalitaires et « païennes » présentes en Allemagne et en Italie.

Le salazarisme comme projet politique

En dépit du caractère pragmatique du dictateur, ce serait une erreur de minimiser, dans le salazarisme, le rôle du chef. En effet, Salazar, qui venait d'un milieu politique particulier mais bien définissait, s'appuyait sur une vision du monde et de la société, et c'est lui qui définit tout le projet politique du régime. Chef incontesté, il n'a laissé prendre aucune mesure, aucune loi, de la plus importante à la plus minime, sans son visa attentif, et ce, jusqu'à sa phase de décrépitude dans les années 1960.

Salazar a toujours conservé quelques principes fondamentaux : l'intégrisme catholique d'origine antilibérale, en réaction contre le mouvement de laïcisation de la Ire République, le refus intransigeant de la démocratie, la vision organique de la société. Tout en étant conscient du caractère inévitable de la modernisation, il a géré le pays de manière à maintenir ce que celle-ci menaçait. Tout le reste est venu par surcroît.

D'après la Constitution de 1933, l'Assemblée nationale était constituée de deux chambres : la Chambre des députés, élue au suffrage direct, et la Chambre corporative, qui devait représenter le sommet du système corporatiste. La première fut peuplée par l'Union nationale, la seconde, en l'absence des corporations, fut recrutée parmi les « forces vives » (à la manière du Conseil national de Vichy). Les premières élections législatives, organisées en 1934, avaient clairement pour objectif de légitimer le pouvoir en place.

En général, ces consultations électorales ont mis en évidence le caractère non mobilisateur du régime [14].

Il faut par ailleurs souligner le rôle du parti unique, l'UN, émanation de Salazar, créée par décret gouvernemental, dominée par l'administration et tantôt assoupie tantôt revitalisée suivant la conjoncture [15].

Il convient aussi de ne pas oublier que Salazar a formé le régime à partir d'une dictature militaire extrêmement instable et partagée entre de multiples clientèles politiques. Pour briser la résistance, venue soit des républicains conservateurs, soit des groupes fascisants, une première fonction de l'UN, lors de sa création, fut d'appuyer l'accaparement du pouvoir par le gouvernement, « en neutralisant toutes les forces susceptibles de disputer le pouvoir à Salazar », en légitimant le régime par des élections, en unifiant les diverses factions et en les obligeant à résoudre d'éventuels conflits à l'intérieur de l'UN elle-même, de façon à ne pas déstabiliser le régime [16].

Plusieurs auteurs ont souligné à juste titre l'absence de rôle idéologique, de propagande ou de mobilisation des masses de l'UN, ce qui d'ailleurs explique la quasi-disparition du parti au cours des années 1930, une fois remplie sa fonction d'intégration au régime. L'UN fut réorganisée en 1945 seulement, dans une conjoncture internationale difficile, alors que le régime devait permettre l'apparition d'une opposition, toujours contrôlée, au moment des élections, et dans la mesure où il fallait faire voter pour les listes gouvernementales [17].

Le parti n'a pas été non plus la voie exclusive d'accès au pouvoir, comme on le voit par le nombre des titulaires de charges élevées — des membres de la Chambre corporative aux ministres et secrétaires d'État — qui ne sont pas passés par lui. En revanche, il contrôlait l'accès aux échelons inférieurs de la fonction publique, pour lesquels il était indispensable d'en faire partie. Ainsi, « son importance augmentait à mesure que l'on passait de l'administration centrale à l'administration locale [18] ». D'ailleurs, sa composition sociale était caractérisée par le nombre des notables locaux : propriétaires et commerçants formaient dans les années 1930 la majorité des commissions locales [19]. Il n'y a donc eu aucune tension parti-État dans le salazarisme. Bien au contraire, la dépendance de l'État a marqué dès le début la vie du parti avec lequel il s'est souvent confondu.

Le même type d'équilibre se manifeste dans ce qui a été l'un des grands thèmes de propagande du régime : le système corporatif. Le corporatisme portugais, prévu dans la Constitution de 1933, a été défini et réglementé dans le Statut du travail national (ETN). L'influence du fascisme italien y est évidente, avec l'équivalent portugais de la *Carta del Lavoro,* mais elle a été nuancée par le catholicisme social, et la Constitution ne donnait pas aux « éléments organiques » le monopole envisagé par l'extrême droite[20].

Les organismes « primaires », définis dans l'ETN, étaient constitués par les « syndicats nationaux », les « maisons du peuple » et « des pêcheurs », et, pour le patronat, les *gremios.* Dans les professions libérales, on maintint les « ordres », mais avec certaines modifications qui brisaient leur autonomie et permettaient leur future intégration dans l'organisation corporative. Le discours qui accompagna la création du système tentait toujours de réaliser une synthèse entre le fascisme et le catholicisme social. Aussi était-il modéré par les valeurs catholiques exprimées dans la Constitution, qui érigeait en principe la limitation du « profit exagéré du capital » de façon à ce que celui-ci « ne dévie pas de sa fonction humaine et chrétienne ».

Les syndicats nationaux, créés par le sous-secrétariat d'État aux Corporations, sont strictement contrôlés par l'Institut national du travail et de la prévoyance (INTP) : une procédure très bureaucratique qui marque une rupture totale avec l'ancien syndicalisme. Dès le début, les SN sont soumis à un contrôle strict qui leur enlève toute initiative. Leurs statuts et leurs dirigeants doivent être approuvés par l'État. Prévoyant des infiltrations, le gouvernement peut dissoudre et punir les syndicats qui contreviendraient aux principes du Statut du travail national. La syndicalisation ne devient obligatoire qu'en certains cas, mais l'État peut décider d'établir des cotisations forcées, l'utilisation du produit de ces cotisations par les syndicats étant soumise aussi à autorisation.

Sur le plan culturel, est créée la Fédération nationale pour la joie au travail (FNAT), qui coordonne et produit, en collaboration avec le secrétariat de la Propagande nationale, l'activité du *Dopo Lavoro.*

Les décrets sur les *gremios,* visant à organiser les propriétaires, sont beaucoup plus modérés et prudents. Les anciennes associations peuvent conserver leur activité de façon transitoire, mais ce transitoire durera autant que le régime. L'organisation des *gremios* peut être soit volontaire, soit obligatoire : c'est l'État qui décide en fonction de la « discipline de la concurrence » et des « intérêts de l'économie nationale ». En fait, ce sont les stratégies d'intervention économique qui déterminent dans certains cas le caractère obligatoire et non point des critères de cohérence interne de l'édifice corporatif. Dans l'agriculture, le processus corporatif est presque total et les *gremios* sont organisés par produit (blé, vin, etc.). Dans l'industrie, les secteurs vitaux sont également contraints de s'organiser : ainsi les conserves de poisson et l'agroalimentaire. Mais ces *gremios* obligatoires sont dirigés par des organismes « précorporatifs » et même parfois par des organismes étatiques qui contrôlent toute leur activité.

Le rôle du système corporatif en ce qui concerne les *gremios* devient plus clair si on l'intègre dans la dynamique d'intervention de l'État dans l'économie[21]. En effet, il existe une quatrième catégorie d'organismes, considérés comme « précorporatistes » dans les lois de 1936 parce qu'ils doivent assurer la liaison entre l'État et les institutions naissantes : ce sont les « organismes de coordination économique », appelés théoriquement à disparaître au fur et à mesure que l'édifice corporatif se développera. Dans la pratique, ils vont prendre une importance croissante, disposant d'un contrôle total sur les *gremios* obligatoires de leur secteur. La stratégie d'intervention de l'État concerne surtout les secteurs exportateurs — importants pour la balance commerciale et l'entrée de devises — et les secteurs industriels en rapport avec les grands intérêts agricoles à protéger.

En ce qui concerne les « éléments organiques » du système, la Constitution de 1933 refuse le corporatisme intégral. En principe, elle essaie de concilier principes libéraux et principes corporatifs de représentation. Le président de la République et l'Assemblée nationale sont élus par le suffrage direct des « citoyens ». En fait, le parti unique monopolise la représentation politique et occupe le siège théorique du pouvoir législatif. Car, dans la pratique, l'Assemblée nationale se réunit très peu, et son rôle se limite, dans la plupart des cas, à approuver les lois préparées par le gouvernement. La Chambre corporative, quant à elle, n'a aucun pouvoir, même théorique, sa fonction étant purement consultative.

En l'absence des corporations proprement dites, chargées de représenter les « éléments organiques de la nation », les procureurs de la Chambre sont choisis par le Conseil corporatif, formé par Salazar et les ministres et secrétaires d'État des secteurs à représentation corporative. En fait, on note parmi eux une présence hégémonique des hauts fonctionnaires, des professeurs de droit et des militaires : une configuration qui ressemble davantage à un « collège des cardinaux » du régime qu'à une chambre des corporations[22]. C'est pourquoi les théoriciens du corporatisme, qui sont très nombreux dans les facultés de droit, se montrent très critiques vis-à-vis du rôle mineur de la représentation corporative dans le système politique. Marcello Caetano dira même que le Portugal « est un État corporatif en intention mais pas en réalité ».

Autre élément du tableau où s'impose la comparaison avec Vichy : les relations avec l'Église, puisque les deux régimes ont trouvé en elle un appui important et se sont édifiés en réaction contre le laïcisme républicain. L'Église portugaise n'a pas seulement contribué à l'élaboration de la matrice idéologique de l'*Estado novo,* elle en a aussi été « un instrument essentiel » et est restée « toujours soumise à la direction politique du régime[23] ». Pourtant, le concordat (prévu depuis 1933 mais signé seulement en 1940) a maintenu quelques-uns des principes de base de la séparation entre l'Église et l'État ; il n'a pas aboli le divorce, et a établi un contrôle relatif de l'État sur l'institution ecclésiastique. Comme l'a souligné Hermínio Martins, « alors qu'en Espagne le concordat de 1950 a virtuellement offert à l'Église tout ce qu'elle pouvait demander, le concordat portugais n'a pas transformé le Portugal en un État confessionnel, et l'Église n'a pas reçu de privilèges considérables, que ce soit sur le plan financier ou sur le plan scolaire[24] ». Malgré tout, on peut parler d'un programme de « christianisation » à travers les institutions du régime, en particulier l'action sociale et éducative.

Lorsque, en 1936, ont été créées des organisations directement inspirées du fascisme, telles la *Mocidade portuguesa* (organisation paramilitaire de jeunesse, dépendant du ministère de l'Instruction publique) et la *Legião portuguesa* (milice volontaire anticommuniste suscitée par la crainte du « péril rouge » espagnol), elles ont immédiatement été dotées d'une infrastructure religieuse. Il est vrai que, dans le cas de la jeunesse, sujet sensible pour les relations Église-État dans les régimes fascistes, on a pris soin de respecter l'autonomie des organisations catholiques et de reconnaître leur influence dans les organismes officiels.

L'association Église-État a toutefois dépassé largement la simple convergence d'intérêts. À la base, on trouvait un noyau idéologico-politique commun allant du corporatisme à l'antilibéralisme et à l'anticommunisme. Si « une partie de ces thèmes existent normalement dans toutes les idéologies conservatrices », ici ils « forment un tout, un véritable système[25] ».

L'État et la société

On a souvent souligné le caractère non mobilisateur du régime salazariste, ce qui est vrai si l'on entend par là l'absence d'encadrement totalitaire de la population. L'État nouveau, même à l'époque de l'apogée du fascisme, fut avant tout conservateur et préféra mettre sa confiance dans les instruments d'encadrement traditionnels (comme l'Église et les élites en place) plutôt que dans les organisations de masse. Il n'a toutefois pas manqué de créer un appareil social et culturel inspiré directement du fascisme.

En 1933 fut fondé le secrétariat de la Propagande nationale (SPN), dirigé par un intellectuel connu, António Ferro. Ferro n'avait rien à voir avec Salazar sur le plan culturel ; c'était un journaliste cosmopolite lié aux milieux futuristes et modernistes, et admirateur du fascisme depuis les années 1920. Disposant de la confiance du dictateur et dépendant directement de lui, Ferro a créé une machine dépassant de loin la simple gestion de l'image de Salazar. Bien qu'ayant peu en commun avec la mentalité intégriste provinciale du chef, ou justement à cause de cela, Ferro dota le régime d'un « projet culturel » qui sut habilement faire la synthèse entre l'esthétique moderne et la « réinvention de la tradition ».

Ainsi, c'est le secrétariat de la Propagande nationale qui a coordonné et alimenté la presse officielle, dirigé les services de censure, orchestré les manifestations de masse périodiquement organisées dans la capitale et pris en charge les fêtes destinées aux classes populaires. Comme si cela ne suffisait pas, il a en outre mis sur pied de multiples activités pour les élites et développé les relations culturelles avec l'étranger. Pour cela, il a su recruter des intellectuels et des artistes qui, sans cette médiation « moderniste », auraient été difficilement attirés par le profil du chef du gouvernement. Mais, dans cette synthèse entre modernité et tradition, la balance n'était pas égale : indiscutablement, le projet culturel salazariste voulait restaurer systématiquement les valeurs de la tradition.

Ici, on peut parler d'un véritable mouvement « ethno-folklorique » : concours du village « le plus portugais du Portugal », restauration des symboles de la reconquête chrétienne, revitalisation (et souvent pure invention) de groupes folkloriques locaux[26]. Le mouvement a culminé, au début des années 1940, avec l'Exposition du monde portugais, reproduisant les formes traditionnelles d'existence et les coutumes des populations de tout l'empire. Autre révélateur important : la promotion du cinéma portugais, à claire vocation populaire, faisant l'apologie des saines valeurs chrétiennes et de la famille, pauvre mais honorable.

L'orientation de la censure traduit également le type idéal « organiciste ». Dans une société où le conflit a été théoriquement aboli, rien de ce qui pourrait signaler sa survivance ne doit être publié. Le régime, toutefois, n'interdit pas systématiquement les publications de l'opposition. Celles-ci ont survécu au long des années 1930, très isolées et réduites à un public intellectuel. On a pu y débattre de la signification sociale de l'art ou du pacte germano-soviétique, à condition que ces discussions se maintiennent dans les étroites limites des cafés de Lisbonne, sans pouvoir parvenir à la classe ouvrière, puisque, dans son bastion provincial et rural, le dictateur pouvait tranquillement se reposer sur les modèles d'encadrement traditionnels. Comme Salazar l'a dit un jour, « politiquement il n'existe que ce que le public sait qu'il existe[27] ».

L'enseignement a bien entendu été l'objet d'une attention soutenue, presque maladive, de la part du régime. L'enseignement religieux a été réintroduit dans les écoles publiques avec une réglementation minutieuse, depuis l'obligation de mettre le crucifix dans les salles de classe jusqu'à la construction de nouvelles chapelles et à l'introduction de nouveaux programmes. Parallèlement, a prévalu toute une révision, dans un sens nationaliste et traditionaliste, de l'histoire portugaise. Malgré un souci réel de modernisation, les réformes de l'État nouveau ont manifesté une crainte évidente de l'alphabétisation et ont abouti à une véritable « stagnation de l'éducation[28] ».

On a vu plus haut qu'étaient apparues en 1936 deux organisations inspirées du fascisme qui ne figuraient pas dans les projets initiaux du régime. La *Mocidade portuguesa,* organisation de jeunesse qui remplaçait un mouvement officiel lancé en 1933, l'*Acção escolar vanguarda,* formé de volontaires, avait un caractère obligatoire. Orientée vers le monde des villes où des « vices dissolvants » corrompaient la jeunesse lycéenne, la *Mocidade portuguesa* n'a jamais eu le dynamisme de ses homologues fascistes, d'autant que, dès le départ, l'Église manifesta sa préoccupation envers cette initiative de l'État.

La *Legião portuguesa,* quant à elle, se constitua en 1936 en tant que milice anticommuniste, avec des fonctions paramilitaires et semi-policières. Certains de ses membres furent volontaires pour aller combattre en Espagne aux côtés de Franco. Une partie de la minorité fasciste portugaise, dûment encadrée par des officiers de l'armée, se regroupa dans cette Légion sous le contrôle étroit de l'État. Même si l'on ne saurait parler à ce sujet de « tension » fasciste sur le régime, il faut sans doute voir dans cette création un reflet de la crispation du salazarisme face au « péril rouge » menaçant le pays voisin. Pourtant, Salazar lui-même a toujours confiné la Légion dans un rôle mineur ; en 1939, les volontaires de retour d'Espagne furent reçus de façon presque clandestine. Progressivement, l'organisation a disparu.

Appuyé sur les notables provinciaux et sur l'Église, le régime a pu compter sur les élites traditionnelles pour maintenir l'ordre en entrecroisant habilement les fils de l'administration locale et du parti[29]. La coopération de l'Église a suffi pour maintenir la province dans un ordre qui se voulait immuable. Il n'y a même pas eu besoin de créer ou de transformer les syndicats paysans dans le cadre du système corporatif, étant donné leur inexistence dans le nord et le centre du pays. Dans le Sud, où dominaient les grandes propriétés rurales et où la pratique religieuse dans le prolétariat agricole était faible, la police devait se montrer plus attentive. Ailleurs, dans les campagnes, ce n'était pas nécessaire.

Les Maisons du peuple étaient les organismes corporatifs destinés au monde rural. Là aussi, l'organisation était fondée sur une vision « organique » de la société, « la famille des familles » devant rassembler tous les membres de la communauté. C'est pourquoi les propriétaires déjà membres des *gremios* avaient rang d' « associés protecteurs » des Maisons et y exerçaient en général la présidence.

Salazar a un jour déclaré à Henri Massis que son objectif était de « faire vivre le Portugal habituellement[30] ». Ce « maître mot », qui a tant enchanté son adepte français, résume, bien au-delà de la démagogie consciente qu'il renferme, l'esprit traditionaliste du salazarisme. Certes, on peut soutenir que la dictature de Salazar n'a pas connu la tension totalitaire du fascisme parce qu'elle n'en a pas eu besoin, étant donné la nature de la société portugaise de l'époque. Mais une telle interprétation n'est pas valable dans la mesure où cette tension a existé dans des sociétés encore moins industrialisées que la société portugaise des années 1930. Le salazarisme a donc été volontairement non totalitaire, laissant

« vivre habituellement » une grande partie de la population dès lors qu'elle ne s'immisçait pas dans la politique, domaine réservé à la minorité gouvernante.

Cependant, c'est une erreur de confondre le régime de Salazar avec une vulgaire dictature « pragmatique », du moins dans la période qui nous intéresse ici (1933-1945). En s'efforçant d'utiliser tous les instruments idéologiques et de contrôle social à sa portée pour encadrer la société — l'administration, l'école, le corporatisme, la propagande d'État, les élites locales, l'Église —, en renforçant la présence et le contrôle de l'État dans l'économie et en limitant l'autonomie des décideurs en ce domaine, le salazarisme a institué officiellement une vision « organique » de la société, et par là il a servi de référence et d'inspiration aux hommes de Vichy.

António COSTA PINTO

NOTES

1. Cité par Marc Ferro, *Pétain,* Paris, Fayard, 1987, p. 137.

2. Il n'y a pas d'étude comparée entre le salazarisme et Vichy. Voir Robert O. Paxton, « A França de Vichy sob uma Perspectiva Comparada », *in* AA. VV, *O Estado Novo. Das Origens ao Fim da Autarcia,* vol. I, Lisbonne, 1987, pp. 49-58, et Pierre Milza, *Le Fascisme français. Passé et présent,* Paris, Flammarion, 1987.

3. Alain-Gérard Slama, « Vichy était-il fasciste ? », *Vingtième Siècle. Revue d'histoire,* 11, juillet-septembre 1986, pp. 41-53.

4. Voir le très intéressant article de Michel Dobry, « Février 1934 et la découverte de l'allergie de la société française à la " Révolution fasciste " », *Revue française de sociologie,* XXX, 1989, pp. 511-553.

5. Juan Linz, « An Authoritarian Regime : Spain », *in* Erik Allardt et Stein Rokkan (dir.), *Mass Politics. Studies in Political Sociology,* New York, 1970, pp. 251-283, et « Totalitarian and Authoritarian Regimes », *in* F. Greenstein et N. Polsby (dir.), *Handbook of Political Science,* Reading, Mass., 1975, t. III, pp. 175-411.

6. António Costa Pinto, *The Portuguese New State and European Fascism,* Florence, 1991.

7. Sur l'intégralisme portugais, Manuel Braga da Cruz, « O integralismo lusitano nas origens do salazarismo », *Análise Social,* vol. XVIII (70), 1982, pp. 137-182, et António Costa Pinto, « A formação do integralismo lusitano : 1907-17 », *Análise Social,* XVIII (72-73-74), 1982, pp. 1409-1419.

8. René Rémond, *Les Droites en France,* Paris, Aubier-Montaigne, 1982, p. 202.

9. A. F. K. Organski, *The Stages of Political Development,* New York, 1965, et « Fascism and modernization », *in* S. J. Woolf (dir.), *The Nature of Fascism,* New York, 1968, p. 20.

10. Sur la politisation des militaires et l'influence de l'extrême droite, António José Telo, *Decadência e Queda da Iª República Portuguesa,* 2 vol., Lisbonne, 1980-1984 ; Maria Carrilho, *Forças Armadas e Mudança Política em Portugal no Séc. XX,* Lisbonne, 1985, et António Costa Pinto, « O Fascismo e a Crise da Iª República : os " Nacionalistas-Lusitanos " (1923-1925) », *Penélope,* 3, juin 1989, pp. 43-62.

11. Manuel Villaverde Cabral, « A Grande Guerra e o sidonismo : esboço interpretativo », *Análise Social,* 15 (58), 1979, pp. 373-392.

12. Sur le catholicisme social, voir Manuel Braga da Cruz, *A Democracia Cristã nas Origens do Salazarismo,* Lisbonne, 1980.

13. António Costa Pinto, « The Radical Right and the Military Dictatorship in Portugal : the 28 May League (1928-1933) », *Luso-Brazilian Review,* vol. 23, 1 (été 1986), pp. 1-15.

14. Sur les élections et leur rôle dans le salazarisme, *cf.* Philippe C. Schmitter, « The Impact and Meaning of " Non-competitive, Non-Free and Insignificant " Elections in Authoritarian Portugal. 1933-1974 », *in* Guy Hermet, Richard Rose and Alain Rouquié (dir.), *Elections Without Choice,* Londres, 1978, pp. 145-168 ; « The " Régime d'exception " That Became the Rule : Forty-Eight Years of Authoritarian Domination in Portugal », *in* Lawrence S. Graham et Harry Makler (dir.), *Contemporary Portugal. The Revolution and Its Antecedents,* Austin, 1979, pp. 2-46.

15. Sur l'Union nationale, voir Manuel Braga da Cruz, *O Partido e o Estado no Salazarismo,* Lisbonne, 1988, et le compte rendu de António Costa Pinto, *in Annales. Économie. Société. Civilisations,* XLIII, 3, 1988, pp. 691-693.

16. Arlindo Manuel Caldeira, « O partido de Salazar : antecedentes, organização e funções da União Nacional (1926-1934) », *Análise Social,* vol. XXII (94), 1986, p. 975.

17. Sur l'opposition au salazarisme après 1945, voir D. L. Raby, *Fascism and Resistance in Portugal. Communists, liberals and military dissents in the opposition to Salazar, 1941-1974,* Manchester, 1988.

18. *Cf.* Manuel Braga da Cruz, *O Partido., op. cit.,* p. 177.

19. *Cf.* Arlindo Caldeira, « O partido de Salazar... », art. cit., p. 960, et Manuel Braga da Cruz, *O Partido, op. cit.,* p. 234.

20. Sur le système corporatiste portugais, voir Philippe C. Schmitter, « Corporatism and Public Policy in Authoritarian Portugal », *Contemporary Political Sociological Series,* Sage Professional Series, vol. I, Londres, 1975 ; Manuel de Lucena, « A evolução do sistema corporativo português », vol. I, *O Salazarismo,* Lisbonne, 1976 ; Howard J. Wiarda, *Corporatism and Development. The Portuguese Experience,* Amherst, 1977.

21. Voir Fernando Rosas, *O Estado Novo nos Anos Trinta. Elementos para o estudo da natureza económica e social do salazarismo (1928-1938),* Lisbonne, 1986.

22. Philippe C. Schmitter, « Corporatism and Public Policy... », art. cit., p. 31.

23. *Cf.* Silas Cerqueira, « L'Église catholique et la dictature corporatiste portugaise », *Revue française de science politique,* vol. XXIII, 3 juin 1973, p. 504. Voir aussi Thomas C. Bruneau, « Church and State in Portugal : Crises of Cross and Sword », *Journal of Church and State,* vol. 18, 3, automne 1976, pp. 463-490, et Richard Robinson, « The Religious Question and the Catholic Revival in Portugal, 1900-1930 », *Journal of Contemporary History,* 12 (1977), pp. 345-362.

24. Herminio Martins, « Opposition in Portugal », *Government and Opposition,* vol. 4, 2, printemps 1969, p. 262.

25. *Cf.* Silas Cerqueira, « L'Église catholique... », art. cit., p. 504.

26. *Cf.* Joaquim Pais de Brito, « O Estado Novo e a Aldeia mais Portuguesa de Portugal », AA. VV, *O Fascismo em Portugal,* Lisbonne, 1982, pp. 511-532.

27. *Cf.* Oliveira Salazar, *Discursos, 1928-1934,* Coimbra, 1935, p. 259. Voir aussi Denis Peschanski, « Vichy au singulier, Vichy au pluriel, une tentative avortée d'encadrement de la société (1941-1942) », *Annales ESC,* mai-juin 1988, 3, pp. 639-661.

28. *Cf.* Maria Filomena Mónica, *Educação e Sociedade no Portugal de Salazar (a escola primária Salazarista, 1926-1939),* Lisbonne, 1978, p. 347.

29. *Cf.* Rui Ramos, « O Estado Novo perante os poderes periféricos : o governo de Assis Gonçalves em Vila Real (1934-1939) », *Análise Social,* vol. XXII (90), 1986, pp. 109-135.

30. Cité par João Medina, *Salazar em França,* Lisbonne, 1977, p. 50.

3.

Les pays occupés

I. La Belgique

Lorsque les armes se taisent, en juin 1940, le sentiment qui domine est la stupeur. S'y ajoute la rancœur. Il faut la foi du charbonnier ou un don de divination pour imaginer un redressement rapide. Le tableau qui s'offre est celui d'un ordre écroulé. L'effondrement est plus moral que matériel. Le trait qui émerge du tumulte des jours est l'incurie du pouvoir, suivie de son effacement. Rien n'a tourné comme prévu. On croyait refaire 1914, et c'est tout autre chose qui s'est passé. La défaite a été foudroyante et paraît sans rémission. La capitulation de l'armée belge a pu sembler une péripétie. L'élimination de l'armée française, elle, anéantit l'espoir.

Le comportement des autorités civiles n'a rien arrangé. Animées des meilleures intentions, elles ont accru le désarroi. L'ordre inopiné d'évacuer la réserve de recrutement a été le signal d'un départ en masse, et le gouvernement n'a pas osé enrayer la contagion. Des services publics se sont joints au mouvement. La moitié peut-être de la population s'est lancée sur les routes. Là-dessus, le cabinet a sonné l'alerte aux parachutistes, alimentant ainsi la hantise de la « cinquième colonne ». Les arrestations de « suspects », raisonnables en principe, ont tourné à la chasse aux sorcières. Le contrôle en a échapé à ses promoteurs, et ils ne s'en sont plus souciés. Les ministres ont d'ailleurs été pris eux-mêmes dans l'engrenage de l'exode. Ils devaient se soustraire à l'emprise de l'envahisseur. Leur départ était légitime. Mais ils laissèrent derrière eux un chaos administratif. Dans cette confusion, on eut vite fait d'assimiler replis obligés, fuites éperdues et défections.

Par comparaison, la présence du roi Léopold III, resté en

Belgique, fait figure d'exception admirable : sa popularité est immense. La capitulation a été accueillie avec soulagement par la majorité de la population. La diatribe du président du Conseil français, Paul Reynaud, soulève l'indignation. Les paroles sévères prononcées ensuite par le Premier ministre belge, Hubert Pierlot, sont entendues de la même oreille. Une lettre pastorale du primat de Belgique, le cardinal Van Roey, achève de fixer les esprits. Le pays occupé prend passionnément parti pour le roi. L'élan ferait oublier que le royaume est encore en guerre. Pour beaucoup de gens, les véritables ennemis sont Reynaud et Pierlot. La fureur qu'ils suscitent retombe sur le régime qu'ils représentent. Le crédit de la démocratie parlementaire est au plus bas. L'ébranlement est tel que la voie paraît ouverte à de grands changements.

Une majorité existe, qui ne demande qu'à s'écarter des sentiers battus. Mais il s'agit moins de l'émergence de courants jusqu'alors sous-jacents que de conclusions tirées des événements. La quête d'autre chose résulte de la défaite. Un désastre si général ne peut procéder que de causes elles-mêmes générales. Le penchant est dès lors de remettre en question les assises du système : d'une restructuration réussie dépend l'avenir du royaume. Le rétablissement pur et simple d'un mode de gouvernement qui vient de prouver sa faiblesse ne retient guère l'attention.

Le trait commun des réflexions est de viser à l'efficacité. Il s'agit toujours de renforcer l'exécutif et, par conséquent, l'autorité royale : le nombre des ministres est réduit, les partis sont abolis. L'inspiration corporatiste à l'italienne est évidente. Ces ébauches de réformes profondes sont l'œuvre d'individualités venues d'horizons différents. Henri De Man est l'une d'elles. Le président du POB (Parti ouvrier belge, nom que porte alors le Parti socialiste) offre l'exemple de la dérive d'un militant de gauche. Ce socialiste a si bien assimilé les méthodes de l'adversaire, pour mieux défendre la social-démocratie, qu'il a fini par les mimer en partie. Le vicomte Charles Terlinden est d'un tout autre bord. C'est un homme de droite, nationaliste notoire, professeur d'histoire à l'université catholique de Louvain. Le comte Maurice Lippens appartient encore à une autre fraction de l'éventail politique : sénateur libéral et tenu pour franc-maçon, il a été gouverneur général du Congo. Tous trois sont de fortes personnalités, imbues d'autorité. Entre leurs positions il y a des différences. Le souci commun est de sortir le pays de l'ornière. Ils le font à la fois selon leur tempérament et l'esprit du temps et en fonction d'une Europe tenue en tutelle par l'Allemagne. La domination de celle-ci leur paraît inéluctable. Ils conçoivent qu'il faille la subir et espèrent que l'alignement relatif des institutions de la Belgique lui vaudra des ménagements dans la réorganisation du continent. Aucun, toutefois, ne travaille pour l'Allemagne.

La pièce maîtresse de ce nouvel échiquier politique est assurément le roi Léopold III, figure charismatique autour de laquelle le système doit s'articuler. Mais il est captif : il s'est constitué prisonnier lorsqu'il a su que son armée serait envoyée en captivité. Les Allemands lui ont assigné le château de Laeken comme résidence. Il reçoit du monde, écoute, interroge, consulte, mais n'agit pas : un roi captif ne règne pas. Il est résolu à ne point se départir de cette attitude tant que le territoire belge servira aux opérations militaires. Il écarte les projets de formation d'un gouvernement : l'heure sonnera au moment des négociations de paix. Le sentiment général est que la guerre touche à sa fin. En attendant, la clé de voûte fait défaut pour édifier de nouvelles institutions.

D'autres freins jouent. Au lendemain de la capitulation, on a vu s'afficher une alliance du trône et de l'autel. Or l'Église catholique de Belgique ne pousse nullement à un changement de régime. Non pas qu'elle s'identifie avec ce qui existe, elle est au-dessus des systèmes politiques, mais elle n'a pas de comptes à régler. L'ordre établi depuis l'indépendance du royaume en 1830 lui convient. Elle y occupe une large place, ses institutions y foisonnent, elle en est un des piliers. Un changement n'apporterait pas forcément d'avantages supplémentaires. Mgr Van Roey a même tout lieu de craindre le contraire. Il est hostile au « néo-paganisme » du national-socialisme hitlérien. Certes, il ne s'agit pas de partir en croisade. Le cardinal est prêt à faire la part du feu, mais se montre déterminé à ne point tolérer d'atteinte à la mission apostolique de l'Église. On le voit lorsque le pouvoir occupant tente d'intervenir dans les nominations à l'université de Louvain. Le cardinal réagit immédiatement : « Si l'autorité militaire allemande devait maintenir ses prétentions, déclare-t-il, il est certain, et je tiens à l'avertir, qu'elle va au-devant d'un conflit avec le Saint-Siège. » Les Allemands n'insistent guère.

Dans son domaine, la haute finance s'efforce également de préserver l'essentiel. Une activité économique est nécessaire au pays. Le problème se pose en termes pragmatiques. Pour vivre, il faut manger ; pour manger, il faut importer ; pour importer, il faut vendre. Bref, il faut produire. La Belgique est un pays industriel, et son agriculture ne suffit pas à la nourrir. Elle est donc contrainte de commercer avec l'Allemagne. Mais il y a des règles à respecter : la première est d'éviter les fournitures de guerre, la seconde de ne pas mettre le profit au premier plan des préoccupations. L'objectif est de conserver l'outil et la main-d'œuvre pour des temps meilleurs. En somme, l'affaire est de ne point inciter les Allemands à démonter les usines ni à déporter les ouvriers, sans consentir pour autant des livraisons qui puissent être reprochées dans la suite aux industriels.

Cette politique conservatoire inspire la conduite de la plupart des grandes entreprises. Elle est baptisée « doctrine Galopin », du nom d'Alexandre Galopin, le gouverneur de la Société générale, le groupe financier le plus important de Belgique. Les Allemands l'appellent « le roi non couronné » tant son influence est profonde. Certes, la charte des rapports économiques avec le IIIe Reich ne naît pas du jour au lendemain. Néanmoins, elle prend très vite forme. Le problème est étudié de savoir quelles sont les chances de l'Allemagne de l'emporter. À considérer l'accès aux matières premières, elles doivent s'amenuiser à mesure que la guerre se prolongera. Encore faut-il, justement, qu'elle se prolonge. Au début de l'Occupation, la question est loin d'être tranchée. Il n'en est pas moins vrai que le monde de la grande industrie n'a cure de se ruer dans la collaboration économique. Il se garde aussi de promouvoir de vastes réformes institutionnelles. Chaque chose en son temps. Or l'été qui suit la défaite est le temps de l'incertitude.

Cette incertitude, ce n'est pas l'autorité d'occupation qui la dissipe. Hitler n'a pas fixé ses idées sur l'avenir de la Belgique, même s'il fait une distinction entre Flamands et Wallons. Sa prédilection va aux premiers. Pour le reste, la fonction de l'administration militaire qui gouverne la Belgique (et le nord de la France) est d'assurer l'ordre et la tranquillité. Le but est de servir au mieux les intérêts de l'Allemagne. La gestion ordinaire du pays demeure en mains belges. Hormis la Défense nationale et les Affaires étrangères, les départements ministériels ont repris leurs activités. Avant de partir, le gouvernement en a laissé la direction aux plus hauts fonctionnaires, les secrétaires généraux.

Que ce soit au niveau de l'État, des provinces ou des communes, l'occupant maintient les structures belges. Mais son emprise ne tarde guère à s'alourdir par le biais des nominations. Il s'ingénie à placer des gens proches de lui. C'est l'un des éléments du malaise qu'il crée. Bien que le rôle de l'administration militaire ne soit pas de faire de la politique, elle favorise des nominations politiques, et les tendances qu'elle soutient ne représentent qu'une frange de l'opinion.

Par traits successifs, l'occupation découvre son vrai visage. Les ambassadeurs encore en poste doivent quitter Bruxelles. Les valeurs étrangères, puis coloniales, sont saisies. La contribution de guerre se fait écrasante. Les prisonniers flamands rentrent mais non les Wallons. Les réquisitions se muent en pillage. Pour couronner le tout, la pénurie s'installe et les prix montent. Des plus riches aux plus pauvres, toutes les classes sociales sont touchées. Les autorités allemandes ont réussi ce tour de force de retourner contre elles la majorité d'une population au début prête à beaucoup d'abandons.

À l'été des grands doutes succède l'automne des premiers redressements. Le réflexe patriotique renaît. Les réactions sont « tricolores », il faut le souligner. L'occupant a cessé d'être d'abord le vainqueur. Il est devenu l'ennemi, et l'ennemi c'est l'Allemand. Sous sa botte, le peuple a faim. Les souvenirs de 1914 refont surface. Remontent aussi du passé les traditions de lutte dans l'ombre. Les formes qu'elle prend sont significatives : journaux clandestins, filières d'évasion, réseaux de renseignements. Elles rééditent ce qui s'est fait pendant la Première Guerre mondiale. Les animent des groupuscules issus de tous les milieux. Le sursaut est un fait de société comme l'a été l'abattement initial. Mais ne passe aux actes qu'une minorité de précurseurs de la Résistance. Leur activité est toutefois loin d'être négligeable. Ainsi, à la fin de l'année 1940 paraissent déjà près de cent journaux clandestins. L'écoute de la BBC entre dans les mœurs. Le fait dominant est que la guerre continue. L'Angleterre tient bon et même porte des coups. À Tarente et en Cyrénaïque, les Italiens en sont les victimes : l'attaque qu'ils ont lancée contre la Grèce tourne à leur confusion. L'Axe, si sûr de lui pendant l'été, paraît flotter. Sa victoire cesse d'être l'issue la plus plausible. L'hypothèse d'une paix de compromis gagne du terrain.

La société belge ne se reconnaît guère dans les fractions de l'opinion qui collaborent avec l'occupant. La politique de celui-ci contribue à les isoler. Le cas est flagrant dans le nord du pays. Le problème flamand tendait à se résorber, mais il y avait là pour le vainqueur des sensibilités à exploiter. L'administration militaire joue la carte du nationalisme flamand et soutient le Vlaamsch Nationaal Verbond (VNV). Mais dans la coulisse se dresse un pouvoir allemand concurrent. Le régime hitlérien a des hiérarchies parallèles. Le courant extrémiste représenté par la SS pousse ses propres pions. Son favori est DeVlag, la Duitsch-Vlaamsche Arbeidsgemeenschap, un cercle culturel germano-flamand peu influent jusqu'alors. La SS en fait son instrument politique en Flandre et inspire la création d'une milice, l'Algemene SS Vlaanderen. Le VNV sent son monopole menacé. Sa riposte est de prétendre à des titres à la reconnaissance allemande. Le 10 novembre 1940, le *leider* Staf Declercq affirme que son mouvement a réussi à réduire la résistance de l'armée belge pendant les combats du mois de mai. Il pose le VNV en parti de la trahison ! Son crédit n'y gagne ni auprès de l'occupant ni auprès du peuple. La tragédie interne du nationalisme flamand est de se démonétiser, comme en 1914-1918, en pactisant avec l'envahisseur. Il fait, en outre, un marché de dupes, car les Allemands le bernent. Ils ne l'encouragent que dans leur propre intérêt.

C'est du reste également vrai pour la collaboration d'expression française. Elle est encore moins suivie. Son chef de file est Léon Degrelle. Tribun plein de faconde, il a connu le succès en 1936, où il avait mobilisé les mécontentements. Mais son manque de fonds l'a mis, depuis lors, en perte de vitesse. L'occupant lui marque peu de considération. La SS lui suscite à lui aussi de la concurrence, mais celle-ci est négligeable. Pour se remettre en selle, il amorce une fuite en avant. Les milices qu'il constitue ne font pas long feu. Les Allemands y puisent de quoi étoffer des formations qu'ils contrôlent mieux. Entre la grandiloquence des discours du « chef » et la réalité qu'ils recouvrent, il y a un monde.

La collaboration est donc manipulée par l'occupant, qui l'exploite sans vergogne. Ceux qui la dirigent deviennent des otages entre ses mains. De l'extérieur, on ne s'en rend toutefois pas compte. Eux-mêmes seraient d'ailleurs les derniers à en convenir. Ils tiennent le haut du pavé, plastronnent et prennent les places, accumulant contre eux une somme de jalousie, de mépris et de haine. Mais, en dépit de l'importance qu'ils se donnent, ils sont et restent en marge de la société.

Le fait est qu'en Belgique aucune figure de proue ne se dresse pour engager le pays dans la voie d'une « Révolution nationale ». Le maître du terrain est l'Allemand. En face de lui n'existe pas de pouvoir politique belge. Il n'y a que des rouages administratifs.

Dans sa thébaïde de Laeken, Léopold III demeure tel un sphinx. Le 19 novembre 1940, il a vu Hitler, dont il attendait un allégement de l'occupation, le retour des prisonniers et un meilleur ravitaillement. Il n'a rien obtenu. Il sait qu'il n'y a guère à espérer des Allemands. De son côté, Hitler sait qu'il ne peut tabler sur le roi des Belges. Les positions sont figées. La société belge s'installe dans une manière de léthargie. Elle vit pour sa survie. La préoccupation capitale est de sortir de la période de turbulence dans le meilleur état possible. La philosophie est celle du moindre mal. Elle est également celle de la présence. Faire la part du feu est préférable à lâcher la bride aux agents de l'ennemi.

Par ailleurs, il est vain d'introduire des réformes dans un esprit qui n'est pas tout à fait celui du pouvoir occupant. Henri De Man s'y brûle les doigts. En doctrinaire, il a rêvé d'un monde meilleur. La défaite lui a donné à croire que le moment était venu de l'établir. Les Allemands le rappellent à la réalité. N'est possible que ce qu'ils veulent et comme ils le veulent. Il lui reste alors à se retirer sur la pointe des pieds. L'idée — qui n'est pas de lui — de placer une personnalité de qualité au-dessus des secrétaires généraux a dû être abandonnée aussi. Elle visait à renforcer l'autorité de l'administration belge devant l'occupant. La formule a été écartée. La société belge est une société sous surveillance.

L'année 1941 ne confirme pas les espoirs conçus à la fin de 1940. L'armée allemande sort de son apparente torpeur. La Yougoslavie, la Grèce, la Crète : autant de succès foudroyants. En Cyrénaïque également les Anglais se font battre. Tandis que la révolte éclate en Irak, ils doivent intervenir en Syrie ; le Moyen-Orient paraît s'embraser, la route des Indes semble menacée. L'épreuve est rude pour le moral. Néanmoins, il résiste. L'Angleterre, encore seule, se cramponne. Son exemple réconforte.

Et puis le vernis du système allemand a craqué. Le fameux « ordre nouveau » prend de plus en plus l'allure d'un nouveau désordre. Les centres urbains souffrent du manque de vivres et de charbon. Les ouvriers réclament à manger. Des femmes en cortège brandissent le drapeau noir de la famine. La collaboration jette le masque. Léon Degrelle crie *Heil Hitler!* Les Staf Declercq, Reimond Tollenaere et autres August Borms prônent l'incorporation de la Flandre dans un ensemble germanique dirigé par Hitler. Les positions ne prêtent plus au doute. L'ambiguïté communiste disparaît également. L'agression contre l'URSS rajuste l'appareil du Parti à la base. Pourtant, la guerre commence mal pour l'Armée rouge, et les Allemands volent de succès en succès. À la fin de l'année, les débuts des Américains ne sont pas plus brillants. Les Japonais collectionnent les victoires. Anglais et Hollandais en font aussi les frais. Cependant, aux portes de Moscou, l'armée allemande essuie un gros échec. L'Union soviétique n'est pas défaite : un front se maintient sur le continent européen. Pour la première fois, l'instrument de conquête du IIIe Reich donne des signes évidents de fatigue. Le retentissement de l'événement est considérable. Il marque un tournant du conflit.

L'année 1942 en est tout imprégnée. La guerre se radicalise. L'Allemagne peine, et ses pertes en Russie sont lourdes. Pour les compenser, elle doit puiser dans la main-d'œuvre. L'industrie se met à manquer de bras. Le Reich instaure alors dans les pays occupés le travail obligatoire, qui évolue rapidement vers la déportation des travailleurs en Allemagne. Il a plus que jamais besoin de la contribution des territoires conquis à son effort de guerre. Pour l'obtenir, il doit user de la contrainte. L'occupation se durcit. Elle prend des traits odieux. Les Juifs sont déportés. La guerre se politise. L'accent est mis sur l'idéologie : antisémite, antibolchevique, anticapitaliste. La collaboration, elle, se militarise. Léon Degrelle s'engage et combat sur le front de l'Est.

La Résistance aussi se militarise. Jusqu'alors elle a été essentiellement non violente. Réseaux de renseignements, filières d'évasion, journaux clandestins se sont multipliés. L'aide aux Juifs ainsi qu'à ceux qui se dérobent au travail obligatoire — les « réfractaires » — s'organise. Les rangs de la clandestinité grossissent. Mais surtout l'action armée prend une place croissante : sabotages et attentats se succèdent. Des agents de la collaboration périssent. Se devinent des mains communistes. Leur apport modifie l'esprit de la lutte, qui se fait âpre, directe, implacable. La riposte est de la même aune. La spirale de la violence se déploie.

La société en est secouée. Elle a fait du chemin. Les hésitations du premier été appartiennent à un passé révolu. Cependant, le climat qui se développe l'inquiète. L'outrance et l'incertitude sont quotidiennes. Néanmoins, il faut vivre ! L'héroïsme n'est pas le lot de chacun. Domine le souci de la nourriture : le ravitaillement constitue un problème lancinant. Les denrées sont rares, le marché noir prospère, qui comble des lacunes et bâtit aussi des fortunes. L'équivoque est complète. L'administration belge s'escrime à maintenir la distribution dans les circuits officiels, mais elle a peu d'autorité. Son étiquette nationale n'inspire guère confiance. Elle sert trop souvent de courroie de transmission aux volontés de l'occupant. La fraude se pare dès lors d'une vertu patriotique. Sévère pour tous les secrétaires généraux, l'opinion est très dure pour ceux d'entre eux que l'ennemi a choisis. Il n'empêche qu'ils ont, sans distinction, un statut national reconnu par les autres autorités légales du pays. Cela aussi, comme les fournitures au IIIe Reich, est inhérent à la politique du moindre mal. Savoir s'il y a une politique de rechange, qui ménage autant la population, est une autre question. Rares sont ceux qui se la posent.

Le gouvernement réduit qui siège à Londres désavoue naturellement les abandons et menace la collaboration de ses foudres. Il se garde de lancer le royaume dans l'aventure. L'existence du cabinet Pierlot en terre libre est largement approuvée, et sa légitimité paraît aller de soi. Les sentiments de 1940 sont oubliés. Il a fini par faire ce qu'il devait faire. On lui en sait gré. Mais, parce qu'il lui a fallu du temps, son prestige est faible. L'un des maux du pays est de ne pas se sentir guidé : il attend sa libération de l'étranger.

En attendant, il se débrouille. Il tourne les ordonnances de l'occupant avec une virtuosité sans précédent. Il le fait avec d'autant plus d'ardeur que, à dater de 1943, l'issue de la guerre devient de plus en plus certaine. La question est seulement de savoir quand la tuerie s'arrêtera. L'aspiration générale est d'en revenir au régime d'autrefois. La boucle s'apprête ainsi à être bouclée ; l' « ordre nouveau » est le fait de l'ennemi.

Sous l'Occupation, il y a une administration belge et non un système politique nouveau mis en place par la représentation nationale. La volonté du pays est d'être débarrassé de l'intrus et de restaurer les institutions légales. L'accord est total à cet égard entre Belges de l'intérieur et de l'extérieur. Le programme du gouvernement Pierlot est le rétablissement du régime parlementaire, et la Résistance n'a pas d'autre objectif. Elle combat pour contribuer à chasser l'occupant. Promouvoir une révolution politique n'est pas dans ses idées. La démocratie n'a jamais paru plus belle que sous l'occupation finissante.

Les derniers mois sont tellement durs, tellement tendus qu'il n'est même plus question d'éviter « le retour aux errements d'autrefois ». Simplement, dans la coulisse s'est négocié un pacte de solidarité sociale. Délégués des syndicats et du patronat sont convenus d'une procédure équitable pour éviter les conflits. Toutes les forces traditionnelles se préparent à reprendre leur rôle d'antan. Et chacun attend de la liberté recouvrée qu'elle apporte des « lendemains qui chantent ».

Jean VANWELKENHUYSSEN

II. Les Pays-Bas en 1940

L'invasion des Pays-Bas par les Allemands le 10 mai 1940, par-delà la violation de l'intégrité territoriale du pays, mit brutalement fin à l'illusion selon laquelle la nation était capable de préserver son indépendance et de rester en dehors de la guerre. Depuis la naissance du royaume au lendemain des guerres napoléoniennes, sa position internationale était caractérisée par la neutralité : une politique qui semblait en quelque sorte aller de soi puisque le pays n'avait été impliqué dans aucune guerre depuis 1815. Les Néerlandais avaient sans cesse justifié cette position sur un plan moral en présentant leur neutralité comme une « mission ». En 1939 encore, le Premier ministre De Geer opposait l'exemple des Pays-Bas neutres à celui des grandes puissances avec leur politique de force. La réalité, toutefois, était moins noble : il s'agissait surtout — en tant que petite puissance — de conserver à la fois l'autonomie nationale, le marché extérieur et les colonies.

La capitulation du 15 mai 1940 porta un coup fatal à l'indépendance du pays. La guerre de cinq jours avait coûté la vie à plus de deux mille militaires et à un nombre encore plus grand de civils du côté néerlandais. Le choc de la défaite engendra crainte et incertitude pour l'avenir. Toutefois, la vie quotidienne sembla reprendre son cours assez rapidement. Lors des premières confrontations avec les troupes occupantes, beaucoup furent frappés par le comportement « correct » des Allemands. La crainte d'une Saint-Barthélemy s'était révélée sans fondement. Il n'y eut pas d'arrestations en masse. Défaite et occupation étaient peut-être difficiles à digérer, mais la vie continuait.

À la déception de beaucoup de citoyens, la reine et les ministres s'étaient exilés en Angleterre. Sur l'ordre du gouvernement, c'était le commandant en chef des armées, le général Winkelman, qui exerçait l'autorité suprême. Sa liberté d'action était bien entendu limitée par l'occupant. Lorsque Winkelman fut interné — fin juin 1940 —, il ne resta comme hauts fonctionnaires que les secrétaires généraux des ministères. Selon les instructions gouvernementales, ils avaient pour tâche de continuer à gérer les affaires de leur département ministériel aussi bien que possible. De fait, dans la conjoncture du moment, ils jouissaient d'une grande liberté d'action : à quelques exceptions près, les autorités allemandes se limitaient pour l'instant à une supervision générale. L'impression d'une attitude conciliante de la part des Allemands fut renforcée par les propos tenus par le commissaire du Reich Seyss-Inquart le 29 mai lorsqu'il prit la tête de l'administration civile. Il soutint, entre autres idées, que le peuple néerlandais, en accomplissant sa tâche quotidienne, garantirait sa liberté dans l'avenir. Ces paroles soulevèrent l'espoir chez un peuple qui se sentait livré à l'occupant. C'est qu'il y avait un vide au niveau national chez les Néerlandais. Qui était capable de s'adresser au pays et de faire autorité en parlant de la situation nouvelle ? Qui était capable de prendre position au nom de ce peuple ? Voilà des questions qui restaient sans réponse dans l'incertitude des premières semaines qui suivirent la capitulation.

Car la capitulation représentait bien davantage qu'une défaite militaire : aux yeux de beaucoup, c'était toute la Hollande de l'avant-guerre qui était atteinte. D'ailleurs, les réactions divergeaient beaucoup, comme l'ont montré les travaux des historiens. Ainsi, on a parlé de « lune de miel » pour montrer combien les tensions furent rares entre la population et les Allemands en ces premiers mois d'occupation. L'historien le plus connu, Louis De Jong, parle de six semaines d'incertitude, après quoi il note « une reprise de conscience de soi ». Chez les hauts fonctionnaires on a fini par se résigner à la collaboration avec l'occupant. De ce point de vue, d'autres auteurs parlent de « pétainisme » et d' « attentisme ». À l'heure actuelle, la plupart préfèrent des termes tels que « accommodement », « opportunisme » ou « neutralisme[1] ».

Ces vues traduisent quelque chose de l'opacité de la situation au début de l'Occupation. Il est important de se rendre compte qu'à cette période l'opinion ne s'était pas encore cristallisée en une vision claire. Du côté allemand, on se gardait bien de parler de buts politiques tels que nazification et annexion. Du côté néerlandais, on cherchait et on tâtonnait pour découvrir quelles étaient les options possibles. Et là il y avait bien sûr des divergences. À un extrême, on prenait de son propre chef des mesures contre les Juifs, et d'un autre côté on constituait çà et là un embryon de résistance clandestine. En général, on acceptait (sans approuver !) la réalité de l'occupation. Des fonctionnaires comme les secrétaires généraux tentaient de conserver leur influence sur l'administration et ainsi de contribuer à la « survie » des Pays-Bas occupés.

Dans les milieux dirigeants, on s'inquiétait d'une certaine léthargie de la population. Il importait de faire comprendre à l'occupant que le peuple néerlandais possédait encore toute son énergie. Seule une prise de position claire, semblait-il, pouvait permettre de limiter autant que possible l'influence du national-socialisme allemand et néerlandais, compte tenu des conditions prévalant en Europe. Une certaine collaboration avec l'occupant semblait inévitable du fait de la position de force des Allemands. Cela relevait moins de la sympathie pour le national-socialisme que de l'espoir — à peine raisonné — de pouvoir recouvrer l'indépendance.

Dans cette situation, le vide de l'autorité, c'est-à-dire l'absence d'une voix commune à tous les Néerlandais, constituait une donnée fâcheuse. Absolument partout s'éveillait une aspiration à la coopération et à l'unité. Toutes sortes d'organisations, de l'industrie au monde du sport, se pressaient dans une véritable vague de fusions. Assez rapidement, ce désir de coopération et d'unité fit prendre conscience que c'était justement cela qui avait manqué aux Pays-Bas de l'avant-guerre : prise de conscience qui transforma chez beaucoup le choc de la défaite en un désir d'action pour l'avenir immédiat.

Le bouillonnement d'idées à propos de cet avenir rejoignait facilement les critiques qu'avait soulevées la situation sociale durant les années 1930. On trouvait les tenants d'une action commune en grand nombre parmi ceux qui avaient critiqué la société néerlandaise de l'avant-guerre. Sans être, pour la grande majorité, fascistes ou nationaux-socialistes, ils se sentaient renforcés par les succès remportés par les puissances autoritaires. Peu organisés, appartenant à des groupes divers, ils étaient d'avis qu'il fallait renforcer l'autorité du gouvernement. L'union nationale devait peser plus lourd que la division des partis politiques. En partant de là, ils étaient convaincus qu'on pourrait lutter plus efficacement qu'on ne l'avait fait jusque-là contre les conséquences de la crise économique.

Le général Winkelman, qui, jusqu'à la fin de juin 1940, représenta la plus haute autorité du côté néerlandais, n'était pas partisan, quant à lui, d'initiatives au niveau national. Selon lui, les larmes suscitées par le bombardement de Rotterdam suffisaient à créer une atmosphère d'union nationale. Chez les secrétaires généraux, en revanche, régnait une autre tendance : leur objectif était de laisser le plus possible l'administration aux mains des Néerlandais, sous l'autorité supérieure de l'occupant. Pour remplir cette tâche, ils jugeaient très utile de mettre sur pied une « action néerlandaise » propre.

En juin et en juillet, l'appel à une nouvelle initiative nationale s'accompagna de plus en plus du désir de rassembler ces efforts en un mouvement unique. Souvent, on ajoutait que les politiciens connus des « anciens » partis ne devaient pas être les seuls à jouer un rôle dans un tel mouvement. On devait aussi offrir leur chance à des hommes nouveaux, de préférence jeunes et brillants, venus de tous les secteurs et désireux de contribuer à la reconstruction nationale. Des appels en ce sens paraissaient dans les journaux protestants, catholiques et libéraux. Certains voulaient s'engager dans cette voie, même si cela impliquait, en raison des circonstances, d'exclure les « anciens » partis politiques. Aussi n'est-il pas étonnant qu'une opposition se soit manifestée de la part des leaders de ces partis.

Toutefois, le vide apparaissait si néfaste que de nombreuses tentatives eurent lieu pour arriver à un vaste mouvement d'union. Bien sûr, il faut mettre à part l'organisation des nationaux-socialistes et autres petits groupes fascistes hollandais, chez qui on se complaisait à s'ériger en « représentant national » de la nation en espérant — en vain pour l'instant — que les Allemands reconnaîtraient cette prétention. Mais la majeure partie des initiatives d'union étaient justement dirigées contre l'éventualité d'une usurpation du pouvoir par les nationaux-socialistes. On considérait les méthodes des nazis hollandais comme « non néerlandaises ». Une opinion partagée à la fois par les partisans et les détracteurs du mouvement d'union nationale. Car chez beaucoup, outre l'aversion pour les nationaux-socialistes, on trouvait une attitude très critique envers la société néerlandaise d'avant guerre.

L'héritage des années 1930

La société néerlandaise des années 1930 se caractérisait par la division de la population en un certain nombre de sous-cultures. Chaque groupe avait sa base religieuse ou idéologique et était uniquement organisé sur cette base. Les sociologues ont pris l'habitude d'utiliser la notion de « pilarisation » (segmentation) pour décrire ce phénomène. Chaque sous-culture, chaque « pilier » disposait de ses organisations propres pratiquement dans tous les domaines de la vie sociale. C'était par exemple le cas des syndicats, des mouvements de jeunesse, de la vie associative et de la presse. Il existait (et il existe toujours) des sociétés de radiodiffusion protestantes, catholiques, libérales et sociales démocrates. Les lignes de partage passaient à l'intérieur de la gauche et de la droite aussi bien qu'à l'intérieur des classes sociales. Ainsi, le mouvement ouvrier était lui aussi « pilarisé », tout comme les partis politiques.

La pilarisation avait d'importantes conséquences sur la culture politique. Tout d'abord, elle exerçait un effet de stabilisation. Lors des élections, il apparaissait que l'adhésion à un courant politique et la confession religieuse étaient étroitement liées. Les glissements de quelques sièges étaient rares : dans les années 1930, les partis catholiques et les divers partis protestants remportaient régulièrement environ 60 % des voix. Ils formaient des cabinets de coalition auxquels les libéraux étaient parfois associés. À la même époque, les sociaux-démocrates se détachèrent de plus en plus de leur passé révolutionnaire et du marxisme et abandonnèrent leur opposition à la maison royale et à la défense nationale ; ils participèrent pour la première fois au gouvernement en 1939.

La deuxième conséquence de la pilarisation était le caractère opaque et élitaire de la vie politique. D'où les critiques émises par ceux qui voulaient renforcer l'autorité gouvernementale : c'est ainsi qu'on pourrait lutter contre la pilarisation et contre les conséquences de la crise économique.

Vers l' « union nationale »

C'est dans ces milieux que vit le jour, à la fin de juin 1940, une initiative concrète pour lancer un mouvement d'union nationale. À la tête de cette Union néerlandaise on trouvait trois hommes : le jeune gouverneur de la province de Groningue, un psychotechnicien professeur d'université et le commissaire de police de Rotterdam. Tous trois avaient travaillé dans le domaine social, et aucun n'avait occupé le devant de la scène politique avant guerre. De tous les coins du pays leur parvinrent des encouragements.

Les leaders et les cadres des partis politiques recevaient eux aussi des exhortations pour structurer l'union nationale. Au début de juillet, les chefs des six grands partis délibérèrent sur une possible action commune dans ce sens. Des contacts avec les fondateurs de l'Union néerlandaise s'ensuivirent. Évidemment, de fortes divergences les séparaient, puisque les tenants de l'Union entendaient incorporer à leur programme les critiques portées sur le système des partis de l'avant-guerre. De plus, les responsables des partis politiques désapprouvaient le fait que l'Union néerlandaise ait demandé l'autorisation des Allemands (ce que les secrétaires généraux lui avaient pourtant représenté comme une condition nécessaire du succès de leur entreprise).

Le 24 juillet 1940, fut donc proclamée officiellement la création de l'Union néerlandaise *(Nederlandse Unie)*. Mais à cette date les chefs des partis n'y étaient plus associés, car, outre les divergences de points de vue, beaucoup soutenaient que, pour remplir le vide d'après la capitulation, les représentants des « anciens » partis n'étaient pas les chefs de file les plus compétents.

Au point de départ du « triumvirat » de l'Union néerlandaise, il y avait la « réalité » de l'occupation. C'était en se fondant sur cette réalité qu'il fallait passer aux actes, c'est-à-dire en premier lieu créer l'union nationale. Pas seulement pour le temps que durerait l'occupation, mais aussi pour plus tard. Après la paix, le pays ne devait pas retomber dans les erreurs de l'avant-guerre.

Dans le programme de l'Union on peut distinguer trois grandes lignes. Tout d'abord, l'accent était mis sur la « nouvelle tâche », c'est-à-dire que la société néerlandaise devait dans l'avenir connaître l'unité et la justice sociale. Le moyen pour atteindre ce but, ce devait être une forme d'organisation corporative — sans qu'on exprimât clairement ce que cela signifierait pour la démocratie politique. La deuxième grande ligne du programme conduisait à accepter la réalité de l'occupation, une réalité qui montrait que les Pays-Bas ne redeviendraient plus les Pays-Bas de l'avant-guerre. En troisième lieu, le programme posait comme principe qu'il fallait conserver soigneusement les valeurs néerlandaises telles que la liberté de conscience et la tolérance. Par là, on élevait une barrière contre les nationaux-socialistes néerlandais.

Le nouveau mouvement rencontra un succès foudroyant, puisque, au bout de quelques mois, il comptait entre huit cent mille et neuf cent mille membres : un chiffre énorme compte tenu des normes néerlandaises. Traduisant l'aspiration générale à l'union, le soutien fut d'autant plus grand qu'il apparut vite que les adhérents venaient de tous les secteurs de la population. Seuls les protestants orthodoxes, défenseurs acharnés de leurs propres organisations, se tinrent sur la réserve, participant à peine à l'Union. En revanche, on comptait bon nombre d'adhérents venus de la social-démocratie, bien que la majorité appartînt aux milieux catholiques, libéraux ou sans parti.

Par la suite, dans l'histoire de l'Union, on observe aussi bien des exemples d'accommodements avec l'occupant que des signes de résistance. C'est ainsi qu'elle soutint l'action allemande de secours *Winterhilfe* et que le journal de l'Union publia des articles se rapprochant dangereusement de l'idéologie nationale-socialiste, du moins en adoptant le même jargon. De plus, la direction de l'Union prit officiellement position contre la résistance clandestine, et soutenait également qu'il valait mieux que les Juifs néerlandais n'occupent pas de postes importants. En revanche, à l'automne de 1940, son hebdomadaire fut parmi les rares à protester contre les premières mesures contre les Juifs. De plus, le mouvement s'opposa à la nazification de la population en s'appuyant sur un nationalisme purement hollandais. Enfin, en juin 1941, l'Union refusa explicitement de soutenir l'attaque allemande contre l'URSS. À coup sûr, on n'avait rien contre l'anticommunisme, bien au contraire, mais on trouvait que les autorités allemandes n'avaient pas le droit d'exiger le soutien d'un peuple occupé et privé de gouvernement.

Ce moment sonna la fin de la relative liberté d'action de l'Union néerlandaise, dont l'hebdomadaire fut interdit. Entre-temps, dans plusieurs régions, des groupes de résistance locaux s'étaient formés sur les restes des sections de l'Union.

En conclusion, on doit souligner l'importance des premiers mois qui suivirent la capitulation. Car c'est au cours de cette phase que furent prises les positions qui allaient avoir des répercussions sur l'avenir. Expliquer ces choix en partant d'oppositions utilisées plus tard — par exemple entre collaboration et résistance — n'a guère de sens. Se servir d'un terme comme « attentisme » a aussi ses inconvénients, car le mot s'applique plutôt à une phase ultérieure de la guerre.

Pour éviter tout finalisme, il faut étudier en elle-même la phase suivant immédiatement la capitulation : comment, au cours de ces mois, les contemporains jugèrent-ils la nouvelle situation ? Quelles furent leurs réactions et leurs options ? Quels choix firent-ils ? C'est justement pour une étude comparative internationale que cette période est importante. Car c'est avant tout dans les premiers temps de l'Occupation qu'on observe l'interaction entre d'une part l'influence de la situation politique et sociale d'avant la guerre — avec des différences accentuées entre les différents pays d'Europe —, et d'autre part la nouvelle réalité de l'occupation — où l'on voit au contraire se dessiner des ressemblances entre ces mêmes pays.

Wichert TEN HAVE

NOTE

1. Faute de place, je ne renvoie pas ici à des ouvrages écrits en néerlandais. Dans la liste d'ouvrages qui suit on trouvera de nombreuses références à des ouvrages néerlandais :

J. C. H. Blom, « Nederland onder Duitse bezetting 10 mei 1940-5 mei 1945 », *in Algemene Geschiedenis der Nederlanden,* deel XV, Haarlem, 1982.

Gerhard Hirschfeld, *Fremdherrschaft und Kollaboration. Die Niederlande unter deutscher Besatzung, 1940-1945,* Stuttgart, 1984 ; trad. angl. : *Nazi rule and Dutch collaboration. The Netherlands under German occupation 1940-1945,* Oxford, 1988.

Louis De Jong, *Het Koninkrijk der Nederlanden in de Tweede Wereldoorlog. Deel IV, mei '40 maart '41,* La Haye, 1972.

E. H. Kossmann, « De lage landen van 1780 tot 1970 », *in Winkler Prins geschiedenis der Nederlanden, deel II,* Amsterdam, Bruxelles, 1977.

Ger Van Roon, *Protestants Nederland en Duitsland 1933-1941,* Utrecht, Anvers, 1973.

Werner Warmbrunn, *The Dutch under German Occupation 1940-1945,* Stanford, Londres, 1963.

Pour un aperçu en français :

Louis De Jong, « La Hollande pendant la guerre », *Revue d'histoire de la Deuxième Guerre mondiale,* 50, avril 1963. (Numéro spécial.)

A. H. Paape, « Le mouvement national-socialiste en Hollande », *Revue d'histoire de la Deuxième Guerre mondiale,* 66, avril 1967, pp. 31-60.

III. La Norvège en 1940

En Norvège comme un peu partout dans les pays occupés par le IIIe Reich, l'étude des années sombres a dû commencer, forcément, à la fin de la guerre, par l'exploration et l'élucidation d'une histoire demeurée jusque-là secrète. Pour des raisons particulières, comme par exemple la destruction organisée d'archives, il a fallu des efforts extraordinaires pour aboutir à une histoire purement événementielle, fondée sur des données qu'on osait considérer comme sûres. Avec la Résistance et la collaboration comme points de mire, l'intérêt des chercheurs s'est porté spontanément vers les actions et les motifs des acteurs, d'autant plus qu'il fallait souvent mettre leurs responsabilités en cause.

Je me propose donc de commencer par une description de certains épisodes et circonstances dans la Norvège de 1940, pour les relier ensuite à un contexte plus vaste d'idéologie politique, et pour essayer finalement d'expliquer leur genèse et les raisons de leur essor en 1940, puis de leur échec.

Parmi les multiples éléments faisant partie intégrante du concept « Vichy », on peut privilégier la technique politique consistant à faire liquider le régime parlementaire par le Parlement lui-même. En Norvège, le représentant le plus en vue de cette tendance fut un avocat réputé, Johan B. Hjort. Dès le lendemain de l'invasion, le 10 avril 1940, tandis que le gouvernement, qui s'était retiré dans une ville au nord d'Oslo, s'efforçait d'organiser, dans la mesure du possible, la résistance militaire contre les envahisseurs, Hjort se mit en rapport avec la légation d'Allemagne à Oslo pour discuter d'arrangements possibles sur le plan administratif et politique, et pour explorer les possibilités d'une issue sans conflit armé. Pour la postérité, il se présente avec une tête de Janus : d'une part, il a très gravement désavoué son gouvernement au moment fatidique ; d'autre part, il s'est incontestablement posé comme une alternative à Vidkun Quisling (lequel, par son initiative improvisée, venait de compromettre sérieusement le plan allemand consistant à arriver à une coopération avec certains organes représentatifs norvégiens). Tout bien considéré, le geste de Hjort représente sans aucun doute un effort délibéré pour instaurer un régime nettement pro-allemand, quoique pas ouvertement national-socialiste, c'est-à-dire, *mutatis mutandis,* un Vichy norvégien.

Ce premier effort a échoué. Le ministre d'Allemagne, Braüer, qui connaissait assez bien le climat politique norvégien, estimait à juste titre que ni Hjort ni Quisling ne seraient capables de rassembler des partisans en nombre significatif. Aussi lui est-il apparu impossible de produire d'autres candidats pour le rôle de collaborateur habile, consentant et compétent. Ce n'est pas ici le lieu de décrire en détail la situation embrouillée qui a prévalu les jours suivants. Qu'il suffise de dire que, à la suite d'une série d'échecs, Braüer fut rappelé à Berlin, en disgrâce, et que Hitler, furieux, chargea un vétéran du parti, l'un des durs de la *Kampfzeit,* le *Gauleiter* Joseph Terboven, d'aller en Norvège pour couper court aux complications et rétablir l'ordre.

Toutefois, avant de considérer cette nouvelle possibilité d'instaurer en Norvège un régime à la Vichy, il convient de donner un aperçu des idées politiques et sociales de Hjort et de son groupe. On y retrouvait pêle-mêle les thèmes de la communauté nationale, de la cellule familiale, du retour à la terre, bref, une échelle de valeurs fondée sur ce qui était censé être les qualités intrinsèques de la nation — pour ne pas dire ouvertement de la race. Cependant, si l'on compare avec le cas français, on observe de notables différences (et plutôt inquiétantes pour les pionniers de la résistance). En France, en effet, un tel courant d'idées relevait largement de la droite traditionnelle. Au contraire, en Norvège, on peut en retracer facilement le cheminement, qui conduit au « national-libéralisme », force motrice de l'ascension de la gauche : un courant étroitement associé à l'émancipation rurale et aux grands mouvements populaires du XIXe siècle, c'est-à-dire à l'essor, au triomphe et à la consolidation de la démocratie parlementaire elle-même, en même temps qu'à l'histoire de l'indépendance nationale au temps de la dissolution de l'union avec la Suède. On pouvait donc redouter, dans ces conditions, que l'héritage idéologique de l'émancipation démocratique et nationale fût encore de nature à attirer une partie de l'opinion, au bénéfice du groupe Hjort.

À la fin des deux mois de campagne militaire, autrement dit après la bataille de Narvik et l'évacuation des troupes alliées, on vit se poser à nouveau, et de manière plus pressante encore, la question des loyautés fondamentales des Norvégiens. Il était maintenant urgent de fixer, sur le plan politique et administratif, le statut et les modalités des relations de la Norvège occupée avec l'occupant.

La politique allemande, pour sa part, continuait à favoriser une solution de type vichyssois. À cet égard, il est remarquable que Braüer et Terboven — le diplomate de la vieille école d'un côté, l'*apparatchik* nazi de l'autre — aient opté pour la même formule : s'assurer la collaboration des autorités norvégiennes, en leur laissant un semblant d'autonomie, pour ensuite les entraîner graduellement jusqu'à l'asservissement. Comme en France, comme dans les territoires occupés en Europe occidentale en général, comme en Allemagne à l'époque de la *Machtübernahme,* il était de la plus haute importance pour le régime d'être doté d'une légitimité sous la forme en quelque sorte d'une généalogie respectable, afin d'établir, en mêlant pression et contrainte, une légalité que viendrait renforcer et embellir la propagande.

C'est dans ce contexte que la version norvégienne du modèle Vichy a trouvé sa seconde chance. Car, pour établir le dialogue qui permettrait de glisser comme en vol plané jusqu'à la collaboration complète, il fallait un partenaire autochtone capable de parler avec une autorité constitutionnelle. Or, justement, sur le plan constitutionnel, la chose n'allait pas de soi : le roi en conseil était en Angleterre, et la cour suprême se jugeait incapable de sortir du cadre de la loi fondamentale (la Constitution de 1814) ; pour ce qui est du Parlement, il était légitime de se demander s'il pouvait fonctionner en territoire occupé, d'autant qu'un certain nombre de représentants élus se trouvaient en Angleterre : leurs suppléants étaient-ils en droit de siéger au Storting ? À ces considérations s'ajoutait une donnée fondamentale : la déontologie commandait au Storting de n'agir que dans une liberté complète de délibération et d'action (même si, dans les premiers temps, le problème se trouva résolu sans discussion et sans poser de question de principe). Par la suite, lorsque, après l'évacuation de Narvik, le *Reichskommissar* décida de procéder à une initiative politique du côté norvégien, il apparut qu'il était devenu impossible, pour des raisons purement pratiques, de convoquer les membres du Storting.

Aussi un représentant du *Reichskomissariat* entama-t-il des pourparlers à Oslo avec un groupe de notables, le modèle Vichy étant — de manière pénible et déplaisante — à l'arrière-plan des négociations. On voit alors l'avocat Hjort rentrer en scène, tandis qu'est agitée l'idée du parti unique. Sans doute, dans la documentation actuellement disponible, le terme utilisé est-il plutôt celui de « parti nouveau », mais on voit difficilement quelle aurait pu être la mission d'un tel parti, sinon de remplacer les autres. Officiellement, la tâche essentielle de ce parti consistait à « neutraliser » Quisling, ce qui au demeurant correspondait à l'intention avouée du *Reichskommissar.* En soumettant son projet au président de la cour suprême, Paal Berg, Hjort fit valoir qu'il hésitait à accepter la lourde responsabilité de l'entreprise. Le président répondit diplomatiquement qu'il convenait de s'entendre avec ceux « qui seraient prêts à partager les responsabilités qu'impliquait la situation » — manière discrète de le renvoyer aux partis politiques existants, lesquels envisageaient un conseil national administratif sans aucune fonction politique. Le président Paal Berg serait d'ailleurs reconnu en 1943 par le gouvernement comme tête de la Résistance.

Dans cette même période de juin 1940, d'autres tentatives virent ici et là le jour en direction d'une solution de type hollandais, à savoir une coopération organisée dans un ensemble, comme l'Union néerlandaise. Mais ces projets n'ont pas abouti. Cependant, le groupe des notables — un groupe qui ne fut jamais formellement constitué mais qui comprenait un certain nombre de parlementaires de marque — continuait les pourparlers avec le *Reichskommissariat.* Au cours de ces tractations prolongées, le « modèle vichyssois » faillit triompher. Il s'en fallut même de très peu, puisque les négociations étaient à la veille d'aboutir lorsqu'elles furent soudain rompues au début de septembre 1940. Devant cette rupture au caractère irréparable, un des premiers résistants a pu noter dans son journal intime : « Enfin ! plus de vol plané… »

Il n'est pas sans intérêt de mesurer la balance des forces entre partisans et adversaires du « modèle vichyssois », en analysant d'un côté les données qui y poussaient, de l'autre l'enracinement des principes et des attitudes qui ont constitué l'infrastructure idéologique de la Résistance. À mon sens, on ne saurait expliquer l'échec du système Vichy en Norvège qu'en soulignant la primauté de la société civile dans la vie publique.

Du point de vue des occupants, la coopération formelle du Parlement constituait une condition de base indispensable. Or le Parlement ne fut pas convoqué comme il était prescrit et ne siégea pas en session plénière. Les représentants des partis politiques ne se réunissaient qu'en groupes, séparément. Le pouvoir législatif ne s'exerçait donc pas, bien que ce fût là l'assemblée la plus autorisée qu'on pouvait imaginer à l'époque et celle qui assumait maintenant les responsabilités. Un tel arrangement se prêtait d'ailleurs remarquablement aux apparences de la quasi-légalité. Les Allemands le savaient fort bien et comptaient en profiter, puisque c'est à ces groupes politiques représentatifs que le *Reichskommissar* présenta ses injonctions. Celles-ci, en principe, étaient le résultat des pourparlers conduits avec les notables ; en réalité, elles avaient été écrites sous la dictée des occupants, les négociateurs norvégiens devant céder de plus en plus de terrain, jusqu'à capituler totalement. Parmi les exigences du *Reichskommissar,* il y avait l'abdication du roi (par la suite il serait détrôné) et la formation d'un nouvel organe politique, le Riksråd (conseil national), auquel le Parlement serait entièrement soumis et subordonné. De surcroît, les membres de ce nouveau conseil se recruteraient eux-mêmes.

Comment expliquer l'audience initiale de cette politique de collaboration dans un pays où les idées de la Résistance allaient bientôt dominer ? La situation géopolitique en Europe y a certainement contribué pour beaucoup tout au long de ces semaines de crise. Rappelons que les négociations sérieuses ont commencé le 17 juin, dans le contexte de la défaite de la France et avec la perspective d'une Angleterre fort menacée. À bien des démocrates solides et convaincus, il put sembler impératif d'avaler leurs larmes et de faire contre mauvaise fortune bon cœur. Il faut y ajouter sans doute une certaine ignorance quant à la nature du régime national-socialiste et à l'univers mental des dirigeants du IIIe Reich. Par ailleurs, ne pouvait-on raisonnablement espérer que, une fois fixé un *modus vivendi* plus ou moins acceptable, ce petit pays septentrional, sans ressources importantes, serait laissé en paix avec ses harengs, ses pommes de terre et ses affaires domestiques ?

Autre ignorance — ou faut-il parler de manque d'imagination ? —, l'absence d'une tactique et d'une stratégie de résistance. Une fois la campagne militaire perdue, que restait-il à faire ? Chez les Norvégiens, il n'y avait nulle mémoire militaire collective analogue à celle des Belges, des Alsaciens et Lorrains ou des Rhénans. Du défaitisme, de l'apathie, de l'attentisme, il y en avait sûrement, mais aussi une grande perplexité devant le présent et la quête inquiète d'un signal et d'un programme d'action. Le signal le plus important est venu de Londres. La lettre du roi Håkon condamnant la politique de compromis — lettre distribuée partout comme un document clandestin — fut un incomparable catalyseur. Elle déclencha des forces dont on avait presque oublié l'existence, mais qui attendaient pour se réveiller un appel aussi retentissant.

Si donc les tentatives allemandes pour établir un régime de collaboration avec le soutien au moins apparent des autorités légitimes norvégiennes ont échoué, c'est d'abord et avant tout parce que les architectes de cette politique, le *Reichskommissar* Terboven et ses assistants, connaissaient mal la Norvège. Le *Reichskommissar,* convaincu que le pays, privé de ses cadres politiques traditionnels, ne serait plus qu'un corps amorphe et facile à manipuler et ainsi trouverait aisément place au sein de la nouvelle Europe d'Adolf Hitler, ne s'est pas rendu compte qu'en détruisant les structures purement politiques il allait découvrir, à la manière d'un apprenti sorcier, des forces profondes beaucoup moins malléables et moins maîtrisables.

En mettant fin aux compromis, la rupture de septembre 1940 a inauguré la prise de conscience de la société civile, en déclenchant un processus de désobéissance organisée et de refus individuel et collectif de la collaboration. Une infrastructure de résistance civile est alors déjà en place avec ses cadres, ses responsables, ses adhérents. Selon l'heureuse formule de Thomas Wyller, la société des organisations se trouvait prête à assumer les fonctions politiques. En Norvège, il y en avait de tous ordres : professionnelles, humanitaires, réformatrices. Leurs réseaux couvraient le pays dans toute son étendue, leur solidarité interne était leur raison d'être, leur rattachement au système parlementaire, constitutionnel et démocratique faisait partie intégrante de leur histoire. C'est pourquoi elles constituèrent le noyau de la minorité agissante qui, au bout de quelques mois, fournit la base durable d'une résistance nationale.

Médecins refusant de donner la préférence aux membres du parti pour les postes vacants dans les services médicaux, fonctionnaires de l'administration centrale ou locale n'acceptant pas de remplir les questionnaires portant sur leurs affiliations politiques, associations sportives suspendant leurs manifestations publiques pour protester contre la nomination d'un commissaire politique : les exemples sont multiples de cette résistance de la société civile. Le tout culminant avec la lettre de protestation contre la nazification du pays, signée par les présidents de quarante-trois organisations et remise au *Reichskommissar* le 17 mai 1941, jour de fête nationale et anniversaire de la Constitution. Les signataires représentaient environ sept cent mille adhérents — parmi lesquels deux cent mille du Conseil national des femmes. Bien sûr, il ne s'agit là ni de vote ni de sondage d'opinion, mais, dans un pays comptant au total 3,2 millions d'habitants, c'était tout de même une mobilisation considérable. Du reste, le *Reichskommissar* fit arrêter les signataires qui lui paraissaient les plus actifs, et les organisations furent dissoutes. Cependant, elles continuèrent d'exister clandestinement. Voilà pourquoi les organes dirigeants du front intérieur norvégien sont devenus, en un certain sens, « corporatifs ».

Ainsi, l'échec du « vichysme norvégien » et son effacement devant les forces profondes de la nation montrent bien comment, après qu'on eut fait table rase de la structure politique en place, la société civile retrouva sa fonction : celle de génératrice d'énergies nouvelles.

Magne SKODVIN

IV. Le Danemark : une collaboration d'État non idéologique

Décrire le statut légal du Danemark sous l'occupation allemande est chose malaisée. Le 9 avril 1940, ce pays fut attaqué par les troupes allemandes : la petite armée danoise, militairement impuissante et ne pouvant compter sur aucune aide extérieure, se trouvait dans une situation sans espoir. Le gouvernement décida donc d'accepter l'ultimatum allemand contenant la promesse de respecter la souveraineté danoise. Cela signifiait que le Danemark serait autorisé à conserver quelques éléments de son armée et de sa flotte, mais surtout que le pays continuerait à être gouverné par les autorités danoises selon la Constitution. Semblables offres furent présentées respectivement aux gouvernements norvégien, hollandais et belge, qui déclinèrent, décidant de poursuivre la lutte. À ce point de vue, le Danemark est un cas à part parmi les pays occupés par l'Allemagne durant la Seconde Guerre mondiale.

Le Danemark n'étant pas considéré comme un État belligérant, la Wehrmacht ne pouvait y installer une administration militaire comme elle le fit en Belgique et dans le nord de la France. Il n'eut pas non plus à subir d'administration civile du type des *Reichskommissariate* instaurés en Norvège et aux Pays-Bas : l'administration restait danoise, et les relations entre les deux pays devaient toujours emprunter la voie diplomatique. Du côté allemand, ce fut à Ribbentrop, alors à la tête de la Wilhelmstrasse, qu'échut la responsabilité des affaires danoises. Il fut représenté à Copenhague par le diplomate Cecil von Renthe-Fink, puis, à partir de l'automne 1942, par Werner Best. Afin de renforcer leur position au sein de l'équipe dirigeante nazie, ceux-ci reçurent le titre de « plénipotentiaire allemand », ce qui ne leur conférait aucune compétence particulière au Danemark.

À Berlin, on considérait toujours le Danemark comme un État souverain. C'était aussi le cas à Paris et à Londres, où les légations danoises furent autorisées à fonctionner, bien que les diplomates britanniques et français aient été expulsée de Copenhague. Le Danemark n'était donc pas un allié de l'Allemagne. Mais pouvait-il être considéré comme un pays neutre alors que son territoire tout entier était à la disposition de la Wehrmacht ? Les Alliés occidentaux auraient-ils voulu définir cette situation — ce qu'ils se sont gardés de faire — que cela aurait pu donner quelque chose comme : État fantoche, non belligérant, aux mains des Allemands.

Pour les Danois, ce qui comptait avant tout, c'était de préserver leur souveraineté en tant qu'État. La totale indépendance de ce petit pays à l'égard de l'Allemagne ne semblait plus faire le moindre doute, depuis des lustres, pour les quatre millions d'habitants composant sa population en 1940. Mais, en avril de la même année, tout sembla basculer. Aussi les efforts tendirent-ils vers un seul but : sauver l'indépendance danoise autant que faire se pouvait. Une collaboration active avec la puissance occupante allait être le prix à payer, quelle qu'en fût l'humiliation.

En dehors des très rares nazis et de la petite minorité allemande du Nord-Schleswig, personne au Danemark n'aimait les Allemands. Un siècle de luttes pour conserver la province frontalière du Schleswig, dont deux véritables guerres au milieu du XIXe siècle, avait alimenté de forts sentiments antiallemands. Dans les livres de classe, on lisait que l'Allemagne avait été de tout temps l'ennemie héréditaire (en réalité, la plupart des guerres du passé avaient été menées contre la Suède). Les ministres danois en fonction sous l'occupation n'avaient guère de sympathies pour l'Allemagne : politiquement opposés au national-socialisme avant l'invasion, ils virent leur hostilité renforcée par celle-ci.

En avril 1940, le Danemark était gouverné par un cabinet composé de sociaux-démocrates et de libéraux de gauche. Le cabinet fut aussitôt élargi pour former un gouvernement d'union nationale où les différentes tendances politiques étaient représentées, y compris les deux grands partis d'opposition : le Parti libéral et le Parti conservateur. Le Parlement donna son soutien à cette coalition à raison de plus de 90 %, à l'exclusion seulement des trois petits partis : communiste, national-socialiste et radical-paysan. Le social-démocrate Thorvald Stauning resta Premier ministre jusqu'à sa mort au printemps 1942, et ce fut un autre social-démocrate, Vilhelm Buhl, qui lui succéda. Cependant, dans la recomposition gouvernementale de juillet 1940, trois des douze portefeuilles avaient été dévolus à des personnalités non politiques, parmi lesquelles le ministre des Affaires étrangères, le diplomate Erik Scavenius.

En novembre 1942, sur l'insistance des Allemands, dont la pression allait s'accentuant depuis un mois, un nouveau pas fut franchi dans le sens d'une « dépolitisation », tandis que Scavenius, devenu Premier ministre, formait un nouveau gouvernement dont la moitié des membres n'avaient pas d'étiquette politique. Cela ne changea point le caractère fondamentalement parlementaire du système de gouvernement. Les ministres « sans étiquette », hauts fonctionnaires pour la plupart, furent choisis par les partis politiques : aucun nazi ou sympathisant ne fut admis. Aucune décision importante ne pouvait être prise contre l'avis du Parlement ou de son influent Comité des neuf, qui surveillait de très près tous les actes gouvernementaux. Selon le vœu exprimé par les Allemands, le gouvernement Scavenius devait recevoir du Parlement une autorité limitée, mais il n'en fit jamais usage. Jusqu'à la rupture définitive en août 1943, lorsque l'ensemble des autorités constitutionnelles cessèrent de fonctionner, le gouvernement danois resta foncièrement démocratique et parlementaire.

La question cruciale est de savoir pourquoi cet état de choses fut toléré par Hitler et ses exécutants. Comment le Danemark a-t-il pu réussir la gageure consistant à maintenir un gouvernement de type parlementaire, concept exécré des nazis, dans une Europe dominée par eux ?

Au printemps 1943, Werner Best tenta d'expliquer à Berlin que le Danemark n'était pas un pays où s'exerçait un régime parlementaire au sens où l'entendaient les Allemands mais qu'il s'agissait plutôt d'une sorte de démocratie villageoise. Cela ne trompa personne. Hitler et Ribbentrop étaient parfaitement conscients que ce pays était gouverné par des opposants politiques dont les sympathies allaient aux Alliés et qui ne collaboraient que par opportunisme.

La promesse faite le 9 avril 1940 aux Danois de maintenir leur souveraineté nationale ne comptait guère aux yeux des hauts responsables allemands. Les diplomates envoyés par Hitler à Copenhague n'en firent jamais état lors de discussions au cours desquelles ils cherchaient à remettre en cause la situation si particulière du Danemark. Mais, pour le ministère des Affaires étrangères du Reich, il était essentiel que le Danemark conservât sa qualité d'État souverain puisque sa propre compétence en dépendait ; Ribbentrop était sûr de perdre son pouvoir au Danemark si ce dernier était dépossédé de toute instance gouvernementale. Le seul problème, à ses yeux, était de savoir quel gouvernement préconiser.

Étant donné que l'équipe en place était issue d'une coalition nationale, la seule alternative qui s'offrait était celle du petit Parti national-socialiste danois dirigé par Frits Clausen. Celui-ci pourrait prendre un jour le pouvoir : cette suggestion de Ribbentrop à Hitler durant l'été 1940 entrait parfaitement dans les vues de ce dernier concernant la création d'un Grand Reich constitué par le *Herrenvolk* et devant inclure, outre les Danois, les Norvégiens, les Hollandais et les Flamands. La nazification des populations concernées en était la condition préalable, et c'est dans ce but que le pouvoir avait été confié en Norvège à des collaborateurs pronazis en septembre 1940 et qu'aux Pays-Bas on avait aidé les nazis hollandais à s'infiltrer progressivement dans l'administration. En octobre-novembre 1940, la Wilhelmstrasse envisagea une solution de ce type au Danemark, mais un tel projet se heurtait à plus d'obstacles que dans les autres pays.

L'instauration d'un gouvernement nazi était une mesure radicale et risquée. En Norvège, le *Reichskommissar* Terboven avait déjà constitué sa propre administration, et tout était en place pour prendre le relais si les choses se passaient mal. Pareil arrangement était inconcevable au Danemark, pays très attaché à sa souveraineté et où l'échec d'une tentative d'installation d'un gouvernement nazi avait toutes les chances d'entraîner, pour le ministère des Affaires étrangères du Reich, la perte de son influence et de son pouvoir. Quoi qu'il en soit, en novembre 1940, alors qu'il s'avérait que la guerre n'était pas terminée et que l'instauration d'une « Europe nouvelle » n'était pas encore la priorité du moment, Ribbentrop repoussa à plus tard la nazification du Danemark, mais celle-ci resta officiellement au programme de la politique étrangère allemande jusqu'au printemps 1943. Les nationaux-socialistes danois reçurent d'importants subsides au titre de la propagande ainsi qu'une assistance en matière d'organisation, dont le piètre résultat se limita à faire monter les suffrages en leur faveur (1,8 % des votants en 1939) à 2,1 % aux élections pour le renouvellement du Parlement en mars 1943. Renthe-Fink, en fin diplomate, avait exploité à fond l'éventualité d'une nazification du Danemark dans les rapports qu'il adressait à Ribbentrop et à Hitler. Tous ses efforts tendaient vers ce but, disait-il ; la collaboration avec l'actuel gouvernement n'était que provisoire ; sa conduite était dictée par des considérations d'ordre politique, économique et militaire (ces arguments étant évidemment destinés à faire prévaloir sa vision personnelle des choses). Relevé de ses fonctions en novembre 1942 et envoyé presque aussitôt à Vichy, ce fut à son successeur, Werner Best, qu'il échut d'enregistrer les piètres résultats des nazis danois aux élections de 1943.

L'absence d'alternative véritable donna au gouvernement danois un pouvoir de négociation avec les Allemands. Savoir s'il fit le meilleur usage de cette opportunité est une question qui reste pendante. Au cours de ces négociations, les Danois durent faire de nombreuses concessions. L'armée et la marine furent obligées de céder armement et équipement en quantité croissante jusqu'à leur dissolution finale en août 1943, après le retrait du gouvernement. En violation de la Constitution, le Parti communiste fut banni, et ses leaders arrêtés dans l'été 1941. La liberté de la presse fut considérablement entravée, avant même l'application de la censure allemande à partir d'août 1943. L'Allemagne avait accepté que le Danemark ne fût pas impliqué dans la guerre contre la France et l'Angleterre ; en juin 1941, elle obtint du gouvernement danois qu'il retire sa légation de Moscou et publie une déclaration de solidarité en faveur de la guerre menée par les Allemands — et les Finlandais — contre l'Union soviétique. En novembre de la même année, le Danemark se vit contraint de signer le pacte anti-Komintern, parce que le gouvernement finlandais avait posé cette condition comme préalable à sa propre signature. Ce fut l'un des nombreux points sur lesquels les divergences éclatèrent au sein du corps politique danois quant au bien-fondé de cette politique de compromis. Comment, au bout du compte, les autorités allemandes auraient-elles accueilli un refus d'obtempérer ?

Il leur arriva parfois d'entériner certains refus de la part des Danois. En octobre 1940, le gouvernement avait consenti à se séparer du ministre du Commerce, John Christmas Moller, un ardent antinazi, mais lorsque, en décembre de la même année, Renthe-Fink demanda le remplacement de Stauning par un Premier ministre sans étiquette, le gouvernement s'y opposa et obtint satisfaction.

Ce dernier exemple présente un intérêt tout particulier, car il illustre la faille qui existait dans l'attitude allemande vis-à-vis du Danemark. Renthe-Fink avait en effet voulu lier son offensive contre Stauning à des négociations commerciales, et il échoua. Ces négociations n'étaient pas du ressort du ministère des Affaires étrangères du Reich, mais de celui des ministères de l'Économie et de l'Agriculture, qui revendiquaient la priorité absolue en matière d'affaires économiques. En définitive, Renthe-Fink obtint pour tout résultat l'ajournement des négociations, et, lorsque le problème des échanges commerciaux revint sur le tapis quelques semaines plus tard, il ne fut plus question de clause politique. Les responsables allemands ne disposaient donc pas de moyens de représailles suffisants pour menacer sérieusement leurs homologues danois. L'industrie danoise dépendant totalement de l'Allemagne pour la fourniture de charbon et de matières premières, il eût suffit de contingenter ces livraisons pour faire réfléchir le gouvernement danois à deux fois. En fait, le plénipotentiaire allemand n'avait pour choix que la poursuite d'une politique de compromis reposant sur les concessions danoises. Ce fut, entre autres, le cas lorsque le Danemark souleva des objections concernant la signature du pacte anti-Komintern en novembre 1941. À la suite du refus danois de se séparer de Stauning, en guise de représailles et pour ne point perdre la face, le ministère des Affaires étrangères permit à la marine allemande de confisquer quelques navires de la flotte danoise, mais il ne put faire davantage.

En quelques rares occasions, le gouvernement danois réussit à tirer parti des divisions allemandes. Durant l'été 1940, la Wilhelmstrasse avait proposé l'institution d'une union monétaire et douanière germano-danoise ; sachant que ce projet n'avait pas la faveur du ministère allemand de l'Économie, le Danemark fut en mesure de rejeter la proposition. Cependant, la plupart du temps, les divers services allemands travaillaient en bonne intelligence. À Copenhague, le ministre plénipotentiaire devait tenir compte de l'avis des autorités économiques et militaires, qui revendiquaient la priorité de décision, chacune dans son domaine respectif, mais l'une et l'autre soutinrent ses efforts pour préserver l'existence d'un gouvernement de forme constitutionnelle et tâcher d'éviter les expériences nazies.

La liste des concessions consenties aux Allemands par les Danois pourrait être comparée à une spirale sans fin, sans aucune limitation semble-t-il. Aucun protocole d'accord ne fut jamais envisagé visant à formaliser cette politique de compromis. Le gouvernement danois en avait écarté l'idée, jugeant la démarche incompatible avec la protestation élevée le 9 avril 1940 contre l'invasion allemande. De surcroît, l'expérience montra rapidement aux Danois que l'on obtenait plus et mieux en menant des négociations au jour le jour et en traitant un cas après l'autre qu'en soulevant de grandes discussions de principe. Prenons l'exemple de la Wehrmacht, qui, arguant du droit de toute armée à se défendre, entendait faire valoir que toute action d'espionnage, de sabotage, etc., devait tomber sous le coup des cours martiales allemandes, alors que le gouvernement danois soutenait la position inverse, affirmant, au nom de sa souveraineté, que ces cas étaient du ressort de sa juridiction propre. Malgré le soutien apporté à la position danoise par Ribbentrop, la Wehrmacht ne céda point, elle accepta seulement que chacun des cas fasse l'objet d'une négociation séparée. Jusqu'à l'été 1942, à ce jeu, la balance pencha en faveur des Danois. Trois cas mineurs seulement furent laissés aux Allemands ; tous les autres, dont un cas sérieux d'espionnage, furent confiés à la justice danoise, et les condamnés furent envoyés dans des prisons danoises. Après cette date, la Wehrmacht s'empara de tous les cas importants et les condamnés furent envoyés dans des prisons en Allemagne. Malgré tout, le gouvernement s'arrangea pour éviter les exécutions, y compris pour des agens du Secret Operation Executive (SOE) parachutés au Danemark.

Chaque objet de discussion engageait la parole du gouvernement, si bien que la collaboration avec les Allemands étaient communément appelée « politique de négociation ». Dans les hautes sphères, on agitait rarement les questions de principe, mais en décembre 1941, on prit explicitement la décision de réserver trois domaines à exclure totalement des négociations : si les Allemands exigeaient une participation active du Danemark à la guerre, ou bien son adhésion au Pacte tripartite, ou bien encore l'institution d'une législation discriminatoire ou d'autres mesures contre les Juifs, la réponse serait un refus immédiat et définitif. À l'automne 1942, un quatrième cas fut ajouté de manière informelle à cette liste : l'introduction de la peine de mort. En août 1943, lorsque Werner Best — en application d'un ordre donné par Hitler — présenta cette dernière exigence au gouvernement danois, ce fut le signal, clairement compris de part et d'autre, que l'on avait fini de jouer au chat et à la souris.

En dépit des efforts déployés pour endiguer la montée de la

Résistance, celle-ci se développa tant et si bien qu'elle provoqua la rupture qui entraîna la cessation de la collaboration gouvernementale. Il n'y a aucun lien de continuité entre la collaboration des premiers temps et la résistance des dernières années de l'occupation. Les efforts du gouvernement pour protéger les citoyens danois s'appliquaient aussi aux résistants arrêtés, ce qui ne l'empêchait pas pour autant de faire tout ce qui était en son pouvoir pour contrecarrer la Résistance. Quels qu'aient pu être les sentiments de sympathie éprouvés à titre personnel, les dirigeants politiques considéraient les résistants comme des adversaires, ou à tout le moins comme des gens « irréfléchis » qui n'observaient pas la règle du jeu. Le gouvernement usait fréquemment de son autorité pour faire respecter la loi et l'ordre. Et son autorité sur la population danoise était tout à fait réelle.

En 1940, au Danemark comme dans d'autres pays occupés, certains s'interrogèrent à haute voix au sujet de la démocratie. Contre le régime parlementaire, les critiques se faisaient entendre plus fort qu'auparavant, et même les hommes politiques attachés à la démocratie préféraient parler de gouvernement « constitutionnel » ou de « consensus populaire », évitant les mots de « parlementarisme » ou de « démocratie ». Les préoccupations de l'heure étant d'ordre national, c'était le roi, et lui seul, qui symbolisait l'unité nationale. Mais, en 1941, la notion de démocratie avait retrouvé une grande faveur auprès de l'opinion publique. Un mouvement d'opinion s'empara de la presse et des assemblées diverses dans le pays tout entier, réclamant la démocratie à cor et à cri. L'unité nationale reçut pour nouvelle définition celle d'un rassemblement populaire autour « du roi, du gouvernement et du Parlement ». Sans doute une certaine hypocrisie accompagnait-elle ce déferlement. En raison de l'impopularité des concessions faites aux Allemands, leur responsabilité était attribuée aux ministres sans étiquette, en particulier à Scavenius. En revanche, les hommes politiques étaient populaires, comme on peut le constater à la lecture de la presse clandestine des débuts, d'origine essentiellement communiste, qui n'osait pas les attaquer.

En mars 1943, les élections pour le renouvellement du Parlement, qui confirmèrent la suprématie des partis représentés au gouvernement, furent un événement de dimension nationale ; par leur caractère de démonstration antinazie, d'abord, et par le taux record de participation, qui constitue une performance inégalée à ce jour au Danemark.

Les avis sont partagés sur l'interprétation qu'il convient de donner à l'apparent revirement de l'opinion publique quelques mois plus tard lorsque, en août, une vague d'agitation, accompagnée de grandes grèves dans plusieurs villes de province, déferla sur l'ensemble du pays. Il est vraisemblable que la majorité des gens ne vit pas de réelle contradiction entre collaboration et résistance : la première étant une nécessité pour survivre et la seconde la chose qu'il convenait de faire. Bien que les autorités, les responsables syndicaux et d'autres personnalités aient tenté l'impossible pour enrayer ces mouvements d'agitation, on constate avec étonnement que, dans de nombreuses motions ou résolutions adoptées par les résistants, aucune critique n'était formulée contre le gouvernement ni contre sa politique de collaboration. Seule la Wehrmacht était désignée comme l'adversaire. Preuve que la logique est rarement la caractéristique de l'opinion publique...

Quoi qu'il en soit, cette situation convainquit Hitler que le gouvernement danois n'avait plus l'autorité suffisante pour préserver et faire respecter la loi. Aussi le gouvernement fut-il soumis le 28 août à un véritable ultimatum. Le lendemain, celui-ci se démit de ses fonctions et se retira, ainsi que le roi et le Parlement. Aussitôt la police cessa ses poursuites contre la Résistance. L'état d'urgence fut décrété par la Wehrmacht, les Allemands décidèrent de saisir l'occasion pour organiser la déportation des Juifs du Danemark. Si plusieurs facteurs sont à l'origine de l'échec quasi total de cette entreprise soulignons cependant qu'il s'agissait là d'une décision en complète contradiction avec le comportement adopté jusque-là par les Allemands dans ce pays. Le Danemark n'était pas soumis à la férule de nazis forcenés tels que les *Reichskommissare* de Norvège et des Pays-Bas. Les interlocuteurs allemands étaient des fonctionnaires et des officiers qui tenaient à passer pour des Allemands corrects auprès de leurs collègues danois. Jusqu'en 1942, la justice danoise avait pu sans être entravée envoyer en prison des nazis danois pour cause de délation antisémite. Il n'était pas agréable de devoir changer de rôle du jour au lendemain. Un certain manque de zèle, un fonctionnaire allemand prévenant les Juifs, voilà qui illustre la situation équivoque des Allemands au Danemark.

Pendant le reste de l'Occupation, du milieu de 1943 au printemps 1945, les conditions au Danemark s'apparentèrent à celles des autres pays. La Gestapo prit le relais de la police locale. Exécutions et représailles sévirent contre la Résistance. Quelque chose, cependant, subsista de la période antérieure. En principe, la souveraineté danoise était toujours reconnue et le pays restait sous la responsabilité politique du ministère des Affaires étrangères. La situation du Reich ne permettait pas de trop changer les choses. À la place du gouvernement, une équipe composée de sous-secrétaires d'État permanents fut mise en place, et les négociations se poursuivirent. La seule différence, en fin de compte, résidait dans le fait que les objets de négociation se faisaient de plus en plus rares, les Allemands prenant leurs propres décisions. Mais on n'installa pas d'administration allemande. Les Danois furent épargnés, à l'exception de la police, dont les membres furent déportés en Allemagne en 1944, à la demande de la Gestapo exaspérée par leur manque de coopération.

Pour le Danemark, la collaboration politique eut des résultats plutôt positifs. Des vies furent épargnées, puisqu'il n'y eût aucune exécution avant août 1943 et que les Allemands n'imposèrent pas de service du travail obligatoire. La société danoise demeura intacte. L'administration, l'ensemble des institutions, la presse n'eurent pas à subir de nazification ni de prise en main par les forces d'occupation. L'économie put tourner, et les partis politiques eux-mêmes, à l'exception du Parti communiste, fonctionner légalement jusqu'à la fin de la guerre. À la Libération, il fallut réinstaller la police, l'armée et la marine, reconvoquer un Parlement (au sein duquel les communistes prirent les sièges occupés précédemment par les nationaux-socialistes) et constituer un nouveau gouvernement où soient représentées tant la résistance que la collaboration. Comme dans les autres pays occupés, il y eut une épuration dirigée contre les nazis danois et autres collaborateurs. Mais, dans l'ensemble, l'occupation laissa peu de cicatrices : la preuve en est qu'on en parle souvent comme d'une parenthèse dans l'histoire du pays.

Si l'on considère maintenant l'aspect négatif, on notera d'abord l'aide apportée à l'Allemagne grâce à la politique de collaboration. Même si les prélèvements allemands n'ont pas dépassé 15 % du PNB danois, il faut y ajouter le coût de l'occupation proprement dite. La collaboration économique ayant été la loi commune à tous les pays occupés, elle ne saurait être imputée au passif de la collaboration danoise, dont la forme reste par ailleurs bien spécifique. Il n'est pas impossible qu'elle ait même permis de freiner les exigences allemandes en matière de prélèvements — dont l'essentiel consistait en livraisons de produits alimentaires. Or, les occupants n'ayant pu établir de dispositif de contrôle de la production agricole, les Danois furent toujours en mesure d'assurer leur propre consommation, évitant ainsi un marché noir qui n'avait pas de raison d'être. Mais il est indéniable que les Allemands purent faire des économies de personnel.

Un autre point difficile à élucider est celui de savoir si, comme on l'a pensé à l'époque, la collaboration a véritablement retardé le développement de la résistance active, et en conséquence lui a fait du tort. Ce que l'on peut dire en tout cas, c'est qu'elle lui a donné un caractère particulier, l'absence de nazification et de travail obligatoire rendant la résistance civile superflue. La résistance danoise fut donc une affaire avant tout militaire, dont les sabotages constituèrent l'essentiel. Les grèves furent monnaie courante, car elles faisaient rarement l'objet de représailles allemandes. La grande grève qui paralysa Copenhague presque totalement durant l'été 1944 trouva un terme non par suite d'une campagne de répression et d'exécutions, mais grâce aux négociations menées par l'entremise des secrétaires généraux.

Même si la collaboration danoise a favorisé, selon l'opinion du cabinet britannique de l'époque, l'effort de guerre allemand, il convient de souligner que ce n'est pas ainsi que l'entendaient les Danois. En effet, si ces derniers souhaitaient la défaite de l'Allemagne, ils n'avaient pas pour autant l'intention d'y contribuer de quelque manière que ce fût. Ainsi, la collaboration au Danemark fut de nature strictement défensive, son seul but étant la protection de l'État et de la société quelle que puisse être l'issue de la guerre.

Henning POULSEN
(traduit par Marianne Ranson)

4.

Les trois satellites

I. L'État slovaque [1]

Le temps

Le temps de la guerre

L'État slovaque est né *avant* le déclenchement de la Seconde Guerre mondiale, et sa naissance n'a été liée ni au déroulement de cette guerre ni à une victoire (ou à une défaite) militaire, ni à une guerre civile. Le phénomène de la défaite y est pourtant présent, si nous comprenons l'accord de Munich et son acceptation comme la défaite de la démocratie parlementaire de la République tchécoslovaque.

Dès le début, l'État slovaque évolue en liaison étroite avec la stratégie nazie de guerre, avec ses choix politiques et économiques, avec ses victoires et ses défaites. Car la naissance de cet État est le résultat du choix hitlérien de créer un « modèle » pour les pays du Sud-Est européen, de présenter une « carte de visite » aux peuples slaves [2]. Le soutien nazi aux cléricaux « modérés » en conflit avec les « radicaux » voulant la nazification totale du pays à partir du début de 1941 (ce que certains auteurs comparent à la politique envers la Roumanie à propos de la Garde de fer ou bien dans le protectorat de Bohême-Moravie avec les radicaux de Vlajka [Drapeau], organisation fasciste) résulte d'un autre choix du Reich : assurer au maximum le fonctionnement de la production de guerre, où l'industrie d'armement slovaque joue un rôle non négligeable. Par la suite, en 1944, avec le déclenchement de l'insurrection nationale slovaque, l'Allemagne installe un système d'occupation comparable à celui du Danemark : l'État, fictivement souverain, existe toujours, mais son rapport avec le « protecteur » change.

Le temps de l'histoire slovaque

L'État slovaque représente la *première* formation étatique dans l'histoire de la nation slovaque — bien que le nationalisme moderne se soit vanté que le « premier État slovaque » fût la Grande-Moravie au IXe siècle.

La renaissance nationale des Slovaques, visant à la formation d'une nation moderne, débute au XIXe siècle. Mais, avant 1918, la société civile est peu développée, car le pays subit la domination séculaire et parfois brutale des Hongrois. La paysannerie représente alors l'écrasante majorité de la population, les villes sont presque inexistantes, et même, depuis 1875, les Slovaques ne peuvent posséder ni association culturelle nationale ni établissement d'enseignement secondaire.

À partir de 1918, date de la création de la République tchécoslovaque, la formation de la nation slovaque moderne s'accélère. Mais c'est un peuple traité encore en « non-nation », car la nouvelle république ne reconnaît qu'une seule nation « tchécoslovaque », dont la « tribu slovaque » possède un dialecte original. D'où le développement d'un grand mouvement désirant la reconnaissance de l'autonomie nationale, mouvement appuyé surtout par l'Église catholique, élément majeur de la société civile en Slovaquie. Ce désir aboutit d'ailleurs, immédiatement après Munich, à la création du gouvernement autonome avec l'accord de Prague.

L'État slovaque, créé en mars 1939, doit donc être perçu, en dépit de sa dépendance à l'égard de l'Allemagne nazie, comme le premier « État-nation » slovaque. Loin de se limiter aux possibilités ouvertes aux nouveaux « cadres nationaux » de remplacer les cadres de l'ancienne administration à majorité tchèque, les conséquences en sont considérables.

L'ESPACE

L'espace du « petit »

Après l'« arbitrage de Vienne » du 2 novembre 1938, qui privait la Tchéco-Slovaquie (nouvelle appellation de la République) de quelque 11 000 kilomètres carrés de territoire et d'environ 860 000 habitants en faveur de la Hongrie, la Slovaquie comptait 2 690 000 habitants. À la suite de nouvelles annexions par la Hongrie en avril 1939, sa superficie n'était plus que de 37 853 kilomètres carrés. À la fin de 1940, le nombre d'habitants avait baissé à 2 450 000. Il s'agissait donc d'un État numériquement petit à l'échelle européenne, et par surcroît d'un État non homogène du point de vue ethnique, car habité encore par des minorités, allemande, hongroise, tsigane et juive. C'est en particulier à la minorité allemande (Allemands des Carpates) que doit s'attacher une étude comparative. Si elle n'était pas spécialement nombreuse (128 000 personnes en 1938), celle-ci a eu un poids considérable dans la vie politique. Sauf une petite fraction, elle adhérait en effet au nazisme ; son parti, le *Deutsche Partei,* était puissant (60 000 membres environ) et comprenait des éléments armés. Aussi le *Führer* du parti participe-t-il au pouvoir, tandis que cette population allemande fournit de nombreux cadres à l' « occupation de l'intérieur », et sert d'auxiliaire au contrôle policier des nazis grâce à sa connaissance du pays.

L'espace géopolitique

L'État slovaque se délimite avant tout par rapport à son voisin tchèque. Il se trouve pourtant dans un espace où son existence est liée à l'incertitude. À ses débuts, il est exposé non seulement au choix géopolitique des nazis, mais — en liaison avec eux — aux revendications territoriales des autres voisins : la Pologne et surtout la Hongrie de Horthy, qui voudrait restaurer la domination impériale de jadis. Les démons de l'histoire séculaire demeuraient bien présents.

Le « choix du petit » est aussi lié aux manipulateurs extérieurs. Consciente des différentes éventualités et craignant en particulier le voisin hongrois, une grande partie de la représentation slovaque n'a pas désiré la création de l'État slovaque le 14 mars 1939. Faut-il rappeler que, de novembre 1938 à avril 1941, la Hongrie a successivement occupé la Slovaquie du Sud, l'Ukraine subcarpatique, la Transylvanie et une partie de la Yougoslavie ? Les dirigeants catholiques du nouvel État ont donc le souci d'obtenir des garanties de durée de la part de l'Allemagne hitlérienne, puisqu'ils misent sur la victoire de celle-ci.

La nature du régime

Une étude comparative travaille avec des catégories abstraites qui n'existent pas dans l'histoire réelle. Contentons-nous donc de saisir les traits essentiels du « pouvoir dénaturé » dès ses débuts :
1. L'État slovaque, enfant d'un régime totalitaire, est une dictature en complète opposition avec la démocratie parlementaire. S'il existe sous la tutelle nazie, il en est le « premier sous-locataire » (L. Liptak[3]). C'est ainsi qu'il suspend immédiatement les droits et les libertés civiques en s'en prenant d'abord à l'activité de gauche, celle des partis et syndicats communistes et sociaux-démocrates, des associations démocratiques. Il interdit et poursuit toute activité qui ne correspond pas à la « raison d'État », déclarée dans les lois et décrets. Dans cet État, il n'y a pas d'élections : les dernières, à caractère plébiscitaire et par ailleurs truquées, ont lieu en décembre 1938. Peu à peu, le pouvoir législatif de la Diète disparaît. Le pouvoir s'exerce avant tout par les décrets et arrêtés du gouvernement.

2. La structure du pouvoir évolue, certes, mais dès le début les données essentielles sont en place et à l'œuvre. Le régime s'appuie sur cinq forces.

D'abord le parti, HSLS (*Hlinkova slovenska ludova strana* — Parti populaire slovaque de Hlinka — dont cet abbé a été le fondateur). Ce parti, qui joue le rôle décisif (on aurait envie de dire « rôle dirigeant »), n'est pas un nouveau-né du régime, mais un outil de pouvoir présent dans la société slovaque depuis 1918. À son sujet, la Constitution du nouvel État est explicite : « La nation slovaque participe au pouvoir d'État par l'intermédiaire du HSLS » (§ 58). Pour prendre les décisions importantes, le régime pratique des « sessions du gouvernement et de la direction du parti ». Le pouvoir évolue vers le *Führer-Prinzip,* défini en 1942 dans la loi spéciale sur le HSLS[4].

En second lieu, il y a l'organisation paramilitaire *Hlinkova garda* (HG), ou Garde Hlinka, créée pendant l'été 1938 et comparable à la SA allemande. De nombreux conflits entre les forces de HG et la direction du parti jalonnent les trois premières années du pouvoir de l'État slovaque. En 1942, les Gardes Hlinka sont définitivement maîtrisés, et leur activité baisse visiblement. Mais on les voit réapparaître en 1944 dans les groupes en état d'alerte (POHG), chargés d'une besogne de répression.

Tertio, l'Église catholique, sa hiérarchie, son clergé politisé à la tête de la HSLS offrent tout un appareil au pouvoir. D'autant que ce clergé est très puissant au niveau local : tout l'enseignement, par exemple, lui est subordonné.

Quatrième force, l'armée, conçue par l'État slovaque à la fois comme le signe de son identité et de son autorité et comme l'attribut de son pouvoir. Dans les négociations menées au début de l'État slovaque avec les autorités nazies, le gouvernement slovaque s'est montré étonnamment combatif et a réussi à obtenir un accord garantissant une armée slovaque de 125 000 hommes en cas de guerre, plus un équipement prêt pour 25 000 autres. Cependant, l'engagement (relativement faible il est vrai) de l'armée slovaque d'abord contre la Pologne, puis contre l'Union soviétique (deux divisions, soit 50 000 hommes), réinstalle dans la société la terreur de la guerre. L'évolution de l'armée témoigne d'ailleurs de la crise du régime et de sa décomposition en 1944. De nombreux officiers contribuent à préparer l'insurrection nationale slovaque puis prennent part aux combats.

Enfin, il faut faire leur place aux agents de l'économie nationale. À cet égard, l' « aryanisation » du commerce et de l'artisanat se révèle efficace. Toutefois, l'industrie est presque complètement contrôlée par les banques et entreprises allemandes.

3. La nature du régime s'exprime aussi par la pratique de la répression.

Il est vrai que le régime se montre relativement modéré envers les opposants politiques, puisque, en l'espace de cinq années, le total des personnes arrêtées par la Centrale de sécurité d'État s'élève à deux mille deux cents (dont mille cinq cents environ pour « activité communiste illégale »), tandis que trois mille cinq cent quatre-vingt-quinze sont condamnées pour délits politiques par les tribunaux régionaux. Les verdicts, jusqu'à l'automne 1944, sont assez cléments, ne différant guère des condamnations pour « activité anti-État » d'avant la guerre. Cependant, le régime crée, à partir d'avril 1941, des « camps de travail ».

Contre les Juifs (qui représentent 4 % de la population), la persécution se concentre dès 1939 d'abord sur des critères religieux (appartenance à la religion juive avant 1918). Il s'agit d'éliminer les Juifs du commerce, de l'industrie, des professions libérales et de la fonction publique. En revanche, le Juif converti se voit reconnaître les mêmes droits que l' « aryen ».

Le critère racial est pourtant présent, et domine progressivement la politique antijuive. Des dizaines de lois, décrets et arrêtés, gouvernementaux ou ministériels, définissent le « cadre juridique » de la persécution : port de l'étoile jaune, interdiction de se marier avec des « aryens », interdiction de voter et d'être élu, interdiction de travailler dans la fonction publique ou dans les corporations publiques, interdiction d'exercer les métiers d'avocat, de médecin, de vétérinaire et de pharmacien (des exceptions étaient autorisées à titre temporaire). La liste des interdits, très longue et très détaillée, va jusqu'à celui de pêcher, de posséder un poste de radio, un appareil photo, des bustes des représentants nationaux ou des disques de chansons nationales... Au cours de la seule année 1941, le *Journal officiel* slovaque a publié cinquante et un décrets et arrêtés antijuifs.

En septembre 1941, la Diète vote un « code juif », préparant et justifiant la déportation de quarante mille Juifs qui seront envoyés dans des camps d'extermination en Pologne entre mars et mai 1942. Une loi sur la déportation des Juifs votée en mai 1942 permet de déporter jusqu'à la mi-octobre dix-huit mille autres personnes. Au total, donc, en 1942, environ cinquante-huit mille Juifs slovaques sont envoyés « pour travailler » en Pologne, en fait dans les chambres à gaz. Le gouvernement slovaque a versé aux autorités allemandes une prime de 500 reichsmarks pour chaque Juif « réinstallé » en Pologne.

Les déportations cessent à l'automne 1942. L'intervention du Vatican auprès des autorités slovaques paraît avoir été décisive. En mai 1944, la Diète vote une loi qui interdit les « transports » de Juifs ; ils sont désormais internés dans des camps slovaques, au régime relativement « modéré ». À partir de septembre-octobre 1944, quand l'armée allemande occupe le territoire slovaque en intervenant contre l'insurrection, le destin de ces internés est entre les mains des SS.

L'idéologie du régime

Peu d'études sont consacrées à l'analyse des bases idéologiques ou de la propagande de l'État slovaque. On peut pourtant tenter d'en saisir quelques traits essentiels.

1. L'État slovaque « démarre avec tout l'attirail d'une idéologie nationale, en apparence corporatiste et chrétienne », note à Londres un critique, Junosi, en 1944. Le nationalisme (antitchèque, puis antihongrois), marque sa naissance et son fonctionnement.

2. L'idéologie de l'État est profondément marquée par le cléricalisme, et l'Église catholique fournit de nombreux cadres au fonctionnement politique et spirituel du régime, à commencer par le chef du parti et de l'État, Mgr Tiso. Le préambule de la Constitution déclare : « La nation slovaque, sous la protection de Dieu tout-puissant, source de tout pouvoir et de tout droit, s'est maintenue depuis des temps immémoriaux sur le territoire qui marque son existence historique ; là, avec l'aide divine, elle a établi son propre État slovaque libre. » Cette idéologie n'exclut pas les anciens partisans du régime tchécoslovaque qui veulent collaborer à l'édification du « nouvel État » ; elle prône même une « réconciliation nationale » avec les protestants (souvent « tchécoslovaques »). Elle s'oppose par ailleurs aux « nationaux-socialistes » slovaques, éléments souvent laïcs et anticléricaux appartenant au HSLS et adeptes de l'idéologie nazie.

3. L'État slovaque est profondément anticommuniste et antisémite ; l'antisémitisme figure dans le programme du HSLS dès sa fondation en 1918. Les mesures antijuives sont qualifiées de « politique sociale contre les nouveaux riches ».

4. L'existence et le fonctionnement de l'État sont fermement justifiés par la théorie du « moindre mal » afin d'éviter des solutions jugées pires, telles que l'occupation directe par l'Allemagne, ou l'occupation polonaise (épouvantail agité pendant un certain temps, au printemps 1939), ou encore l'occupation hongroise.

5. Contre les tentatives voulant instaurer le « national-socialisme slovaque », Mgr Tiso et ses collaborateurs présentent un programme de « Slovaquie populaire ». Inspirés par le « solidarisme » catholique, ils refusent la division de la société en classes, prônant à la place le retour aux corps de métiers et aux corporations en fonction de l'appartenance à telle ou telle branche de production. « Au lieu d'être une nation de médiocres fonctionnaires de l'État, nous voulons devenir une nation de professions libres dans le domaine commercial et économique », déclare Mgr Tiso en 1939.

6. Sans rejeter publiquement les autres expériences fascistes, sans non plus cacher la nécessité de s'inspirer d'exemples étrangers, notamment de l'expérience italienne, le régime entend avant tout créer son « propre modèle », et donc aider à l'établissement d'une « nouvelle Europe », tout « en respectant la tradition chrétienne slovaque ». Quant à Hitler, il eut l'habileté de ne pas exiger de lui un alignement idéologique inconditionnel sur le nazisme[5].

La mémoire de l'État slovaque

Il serait tentant d'analyser la mémoire d'un régime totalitaire (autoritaire) au cours du règne d'un autre régime totalitaire (autoritaire). Cette étude est à faire et les éléments de réflexion seront nombreux[6].

La Slovaquie a longtemps vécu imprégnée de la « mémoire de révolte » de l'insurrection de 1944 : mémoire complètement occultée jusqu'au début des années 1960 (vu les exécutions ou l'emprisonnement des chefs de l'insurrection après 1948), ou partiellement occultée par la propagande d'après 1969. L'État slovaque était seulement défini comme une « dictature clérico-fasciste » brutale et sans merci.

Depuis 1989, les défenseurs de cet État du « moindre mal », souvent issus des rangs des émigrés rentrés d'Occident, agissent publiquement dans le pays. Ils présentent Mgr Tiso, condamné et pendu en 1947, comme la « victime des Tchèques et des communistes » et essaient de « réhabiliter » le premier État national des Slovaques. Les réponses à cette démarche ne se sont pas fait attendre. Un nouveau grand débat sur le passé récent a commencé, dont la connotation politique est claire : restaurer, aujourd'hui, un État slovaque indépendant ou vivre dans un État commun avec les Tchèques.

Karel Bartosek

NOTES

1. Trois études publiées en français offrent, d'une part les faits élémentaires sur la naissance et l'évolution de l'État slovaque proclamé le 14 mars 1939, « République slovaque » d'après la Constitution de juillet 1939 (appellation pourtant rarement utilisée dans le discours ou la presse de l'époque), d'autre part l'éventail des interprétations qui ont façonné, plus ou moins, la mémoire de cet État : Martin Vietor, « Aperçu de l'évolution de l'État slovaque », *Revue d'histoire de la Deuxième Guerre mondiale,* 52, 1963, pp. 39-60 (synthèse d'un juriste, marquée par l'approche de l'historiographie communiste de l'époque) ; Stanislav J. Kirschbaum, *Slovaques et Tchèques, Essai sur un nouvel aperçu de leur histoire politique,* Lausanne, L'Âge d'homme, 1987, 237 p., dont les pp. 147-230 contiennent des documents en annexe et une bibliographie (exemple de la sensibilité modérée de l'émigration slovaque engagée dans l'apologie de cet État) ; Jörg K. Hoensch, « La République slovaque, 1939-1945 », *in* Victor S. Mamatey, Radomir Luza (dir.), *La République tchécoslovaque 1918-1948, Une expérience de démocratie,* Paris, Librairie du Regard, 1987, pp. 257-280 (synthèse de qualité d'un spécialiste allemand écrite au début des années 1970).

2. Plusieurs études analysent en détail les hypothèses nazies envisagées et les raisons du choix final. Elles confirment ces propos de l'ambassadeur allemand à Bratislava, écrits après la défaite de la France et destinés au ministère des Affaires étrangères à Berlin : « La Slovaquie était la carte de visite que nous offrions aux petits pays de l'Europe du Sud-Est et en particulier aux peuples slaves : comment peut vivre, indépendant, un petit pays qui se met sous la protection du Reich de la Grande Allemagne. Il était clair que le jeu avec cette carte de visite avait des limites dans le temps, en fonction de l'évolution de la situation en Europe. [...] La nouvelle situation politique nous permet de retirer notre carte de visite. » (Traduit du slovaque ; Lubomir Liptak, *La Slovaquie au XX*e *siècle,* Bratislava, 1968, pp. 178 et 180.)

3. Voir le « traité de protection » et le « protocole confidentiel » économique, signés le 23 mars 1939, spécifiant les contours de l' « État protégé » par le IIIe Reich et analysés dans les différentes études.

4. Selon la loi n° 215, votée le 22 octobre 1942, le HSLS représente « l'organisation politique par l'intermédiaire de laquelle le citoyen slovaque participe à la direction et à l'administration de l'État ». Le principe « un parti, un chef » entre en vigueur, le « chef » ayant des droits très étendus.

5. Jörg K. Hoensch résume : « La Constitution slovaque, votée par la Diète le 21 juillet 1939, ne s'inspirait pas seulement des pratiques des régimes italien et allemand, mais reflétait également l'influence des encycliques sociales du pape, de la théorie corporatiste de l'Autrichien Othmar Spann, du système mis

en place en Autriche par Dollfuss et Schuschnigg et de la Constitution autoritaire du Portugal. » (art. cit., p. 264.)

6. Voir par exemple la thèse fondamentale d'Ivan Kamenec, *La Question juive dans la politique du gouvernement populiste en Slovaquie dans les années 1938-1945,* soutenue à Bratislava en 1971, qui n'a trouvé d'éditeur local qu'aujourd'hui, après l'abolition du pouvoir communiste.

II. L'État croate

L'État indépendant de Croatie (NDH en croate) figure parmi les rares États créés par l'axe Rome-Berlin au cours de la Seconde Guerre mondiale. Sa proclamation à Radio-Zagreb le 10 avril 1941 fut prononcée par le général Slavko Kvaternik au nom d'Ante Pavelić (qui se trouvait alors à Florence, où il attendait d'être transporté avec ses *oustachas* [1] en Croatie). C'est l'envoyé spécial du ministère des Affaires étrangères allemand, Veesenmmayer, qui joua le rôle de « sage-femme » dans la naissance du nouvel État, au moment où les blindés allemands se trouvaient aux portes de la capitale croate.

La naissance de l'État croate n'a donc pas été le résultat d'une insurrection armée nationaliste, celle des *oustachas,* qu'avait pourtant encouragée de longue date l'Italie fasciste, mais tout simplement le résultat de la *Blitzkrieg* menée par la Wehrmacht dans le cadre de la « directive n° 25 » contre la Yougoslavie. Le retour de Pavelić à Zagreb et son installation à l'hôtel du Ban (siège du gouvernement) [2] sont étroitement liés à la décision « irrévocable de Hitler de démembrer la Yougoslavie » (tout en considérant que les territoires au sud de la Drave faisaient partie de la sphère d'intérêts de l'Italie fasciste).

En effet, les accords conclus en 1939 entre Hitler et Mussolini incluaient la Yougoslavie dans la sphère d'influence italienne, et ce fut respecté — formellement au moins — jusqu'à la capitulation de l'armée yougoslave, après deux semaines de combats, et jusqu'à la proclamation de l'État *oustacha* en Croatie dans les fourgons de la Wehrmacht. Cependant, la diplomatie italienne, très sensible en cette matière, redoutait depuis longtemps la puissance du Reich et son expansion vers le sud (« *i Prussiani a Trieste!* »). Elle vivait dans une crainte constante pour ses positions dans le bassin danubien et dans les Balkans. C'est ainsi que la « réconciliation » italo-yougoslave de 1937 avait été causée en grande partie par les appréhensions de Rome devant la montée en puissance de l'Allemagne hitlérienne. En revanche, les dirigeants de Berlin affirmaient sans cesse, à cette époque, que leurs intérêts dans ces régions étaient purement économiques.

Dans l'été 1939, juste avant d'attaquer la Pologne, les Allemands ont soudain proposé à Mussolini de participer à la guerre projetée en attaquant la Yougoslavie, puis de la démembrer et d'occuper la Croatie, en particulier la province de Dalmatie, que l'Italie convoitait. Le Duce refusa, mais sans écarter complètement cette éventualité de ses calculs (Ciano note dans son Journal, le 22 août 1939, que, selon Mussolini, il ne fallait pas précipiter les événements, mais adopter une attitude d'expectative). Alors que, sur ordre du Duce, était formée une armée à cette fin sous le commandemœent du maréchal Graziani, Ciano avait commencé à mobiliser des amis croates, en Italie et en Croatie. C'est dans ce dessein qu'à deux reprises, le 23 janvier et le 10 avril 1940, il avait rencontré Pavelić en tant que leader des « amis croates ».

Toutefois, l'entrée de l'Italie en guerre en 1940 aux côtés de l'Allemagne a reporté à plus tard l'action envisagée contre la Yougoslavie, bien que les « membres du Comité national croate pour la libération et l'instauration de l'État indépendant de Croatie » de Zagreb aient adressé à Ciano, le 10 avril, un appel par lequel ils invitaient l'armée italienne (« invaincue et qui a fait ses preuves ») afin de restaurer, sous sa protection, l'État croate « millénaire ».

Ce fut alors Hitler qui dut calmer la combativité du Duce, car, la Grande-Bretagne n'ayant pas encore été mise « à genoux », il ne souhaitait aucune complication dans les Balkans. Mussolini, de son côté, placé devant le dilemme d'attaquer la Yougoslavie ou la Grèce, choisit cette dernière et lança ses troupes contre elle le 28 octobre 1940. Et ce sont les défaites italiennes en Grèce qui amenèrent l'Allemagne dans les Balkans.

La réaction de Hitler au coup d'État de Belgrade du 27 mars 1941 ainsi qu'aux manifestations antiallemandes qui suivirent fut ferme, rapide et radicale : « La Yougoslavie doit être démembrée. » Dans cette perspective, le Führer estimait que la Croatie devait être orientée vers la Hongrie, et c'est seulement Mussolini qui, en réponse à la lettre de Hitler lui annonçant sa décision d'attaquer la Yougoslavie, le prévint que, dans cette entreprise, il fallait tenir compte des tendances séparatistes croates représentées par Pavelić. C'est pour cela, et alors seulement, que Rome réactiva Pavelić et ses *oustachas* dispersés à travers l'Italie, et c'est alors aussi que Mussolini rencontra Pavelić, à deux reprises, le 29 mars et le 11 avril 1941.

À cette date, la diplomatie allemande, quant à elle, comptait plutôt sur le chef du Parti paysan croate, Maček, qu'elle essaya de persuader (sans lui en donner la raison) de ne pas entrer dans le gouvernement Simović formé au lendemain du coup d'État. À Berlin, en effet, on préférait jouer, si possible, la carte Maček, plutôt que la carte Pavelić, car on considérait — non sans raison — ce dernier comme un pion italien. Mais Maček ne voulut pas accepter la proposition (mission de W. Malettke), et c'est ainsi que Pavelić se trouva sans concurrent.

L'Allemagne et l'Italie reconnurent leur création le 15 avril, l' « État indépendant de Croatie », mais avec une réserve explicite précisant qu'il fallait distinguer la reconnaissance de l'État croate de la reconnaissance des frontières de cet État, qui restaient à discuter et à fixer. En fait, Berlin et Rome s'étaient mis d'accord sur la rédaction d'un télégramme par lequel ils reconnaissaient *de jure* le nouvel État, télégramme qui fut lu à Radio-Zagreb par Pavelić lui-même le 15 avril 1941, alors qu'il venait d'arriver, à l'aube et en cachette, dans la capitale croate. Puis, les 21 et 22 avril, eut lieu à Vienne une rencontre entre Ciano et Ribbentrop consacrée au partage du « butin yougoslave ». À cette occasion, Hitler, entièrement pris par la préparation du plan Barbarossa, fit savoir, le 22 avril, que l'Allemagne confirmait n'avoir aucun intérêt pour la Croatie *oustacha* et recommandait des négociations directes entre Rome et Pavelić sur les délimitations territoriales à venir.

Pavelić, à la fois chef du gouvernement et ministre des Affaires étrangères dans le « premier gouvernement national croate » formé le 16 avril, entreprit alors seul les pourparlers avec Rome. Après avoir paraphé avec le Duce le 7 mai à Trzic (Monfalcone, en italien) le projet du futur traité, il partit pour Rome à la tête d'une nombreuse délégation, afin de proposer à un prince de la maison de Savoie « la couronne de Zvonimir », c'est-à-dire la couronne croate[3], et de signer les « accords de Rome » le 18 mai.

Le communiqué officiel relatif à la signature de ces accords, publié par la presse *oustacha,* faisait état de la « création du royaume de Croatie ». À cette occasion, lors de l'audience qui lui avait été accordée par le roi d'Italie, le *Poglavnik* (c'est-à-dire le chef) *oustacha* proposa « au nom de la Croatie, conformément à la décision du Conseil d'État croate et du gouvernement de l'État croate, la couronne de Zvonimir à la maison royale de Savoie. Le duc de Spolète a été désigné comme titulaire de la couronne. Le peuple croate devra prendre ultérieurement, conformément à son droit traditionnel, la décision concernant l'élection du roi » (il était prévu que le duc de Spolète serait couronné sous le nom de Tomislav II).

Cependant, l'Allemagne, de son côté, cherchait à accélérer la reconnaissance internationale du nouvel État en coordination avec Rome.

Après les pays membres de l'Axe (Allemagne, Italie et plus tard Japon), ce fut le tour des autres pays de la « nouvelle Europe ».

Citons, dans l'ordre de la remise des lettres de créances et avec le nom du diplomate accrédité (d'après l'*Annuaire des membres du corps diplomatique* de Zagreb) : l'Allemagne le 22 avril 1941 (Kasche), la Hongrie le 4 juin (Marosy), la Roumanie le 4 juin (Buzdugan), l'Italie le 3 août (Casertano), la Bulgarie le 14 juillet (Meckarov), la Finlande le 23 septembre (Onni Talas), l'Espagne le 6 octobre (Gonzales Arnao), enfin la Slovaquie le 4 décembre (Cieker).

Tutelle italienne et tutelle allemande

L'État « indépendant » de Croatie fut dès le début partagé en deux zones d'occupation, une zone allemande et une zone italienne, selon une ligne de démarcation précise. Ces deux zones n'en firent qu'une après la capitulation de l'Italie en septembre 1943. Bien que Pavelić s'efforçât de conserver l'apparence de l'indépendance dans ses rapports d'allié avec Rome et Berlin, une telle occupation par les forces des armées et des polices de l'Axe ne pouvait pas être dissimulée. Mal informé sur l'attitude exacte de Hitler quant au partage des sphères d'influence entre l'Allemagne et l'Italie, Pavelić avait espéré rencontrer auprès du Führer un certain soutien pour contrecarrer l'emprise italienne. C'est pour cette raison qu'il avait fait savoir qu'il souhaitait être reçu par lui. La rencontre entre les deux hommes eut lieu le 6 juin 1941 au Berghof. Si, à cette occasion, Hitler donna le feu vert à Pavelić pour mener une politique de terreur, en revanche celle-ci gênait les diplomates et les généraux allemands en Croatie et dans d'autres régions de l'ex-Yougoslavie, car elle empêchait la pacification de ces pays. Hitler, de son côté, approuva la politique de Pavelić, car il savait pertinemment qu'elle devait séparer encore plus les deux principaux peuples yougoslaves, les Croates et les Serbes, porter un coup très lourd au « yougoslavisme » et empêcher la cristallisation sur des bases nouvelles d'un nouvel État commun réunissant les deux peuples.

Ce fut une nouvelle édition de l'ancienne politique de la Vienne impériale — « diviser pour régner » —, mais dans une version nouvelle, beaucoup plus sanglante, la version nationale-socialiste. Hitler, resté fidèle à cette ligne de conduite, fit par exemple savoir à Pavelić, à l'automne 1942, qu'il fallait éviter de donner l'impression que l'Axe souhaitait un rétablissement des formations étatiques détruites. Dans le même temps, il n'était nullement opposé à l'annexion de la Dalmatie par l'Italie, car une telle initiative constituerait de façon certaine un sujet de friction entre l'Italie et l'État croate, ce qui permettrait à l'Allemagne de jouer le rôle d'arbitre.

Ce n'est qu'après la capitulation de l'Italie le 8 septembre 1943, quand il ne fut plus obligé d'avoir des scrupules envers l'allié italien en tant qu'État protecteur du « royaume » croate, que Hitler songea à un lien plus étroit entre la Croatie et l'Allemagne. Tant qu'avait duré le condominium Rome-Berlin d'avril 1941 à septembre 1943, s'était poursuivie une rivalité sourde entre l'État protecteur et le puissant allié du nord, de plus en plus présent. D'autant que l'intensification de la lutte armée sur le territoire yougoslave avait obligé Hitler (qui avait un moment songé à se retirer totalement de cet espace sur le plan militaire) à engager la Wehrmacht de plus en plus dans ce secteur dont l'importance allait en croissant pour le commandement allemand : un intérêt renforcé encore par l'éventualité d'un débarquement allié sur la côte dalmate à partir de l'Italie, à travers l'Adriatique.

La présence de plus en plus marquée des Allemands en Croatie (qui, au début, s'intéressaient seulement à la ligne de communication Ljubljana-Zagreb-Belgrade en direction du sud vers la Grèce et du sud-est vers la Bulgarie) n'a cessé d'agacer le « protecteur » italien et de susciter de sa part soupçons, jalousie et même plaintes ouvertes. En même temps, les agissements du commandement italien sur le terrain s'écartaient de la ligne politique de l'État protecteur. En effet, leur but ultime était, semble-t-il, l'« albanisation » complète — c'est-à-dire l'annexion pure et simple — de la Croatie, sans tenir aucun compte de leur allié du nord. Aussi les chefs de la IIe Armée (Ambrosio, Roatta, Roboti) ont-ils cherché à s'appuyer sur les Serbes menacés de Croatie. C'est ainsi que la collaboration des autorités militaires italiennes avec les *tchetniks* de Draža Mihailović se fit de plus en plus étroite et ouverte.

Entre-temps, l'État croate avait signé le pacte Tripartite et offert ses forces armées à Hitler dans la campagne contre l'Union soviétique. Par la suite, il adhéra au pacte anti-Komintern, et, de plus, déclara la guerre à la Grande-Bretagne et aux États-Unis. Ainsi, il témoigna clairement son appartenance à « l'ordre nouveau » que bâtissaient les « grands guides », le Duce et le Führer. Si plus tard, après la capitulation de l'Italie, l'État *oustacha* s'est débarrassé de l'hypothèque italienne, il s'est retrouvé sous la domination et l'occupation totales de l'Allemagne.

Instructives à cet égard sont les quatre rencontres entre Pavelić et Hitler. Le premier « pèlerinage » du Poglavnik auprès du Führer eut lieu, on l'a vu, le 6 juin 1941 au Berghof. Pavelić obtint ce qu'il souhaitait, à savoir l'acquiescement à sa politique de persécution des Serbes. On sait que Hitler n'avait jamais caché ses sentiments antiserbes et que sa serbophobie concordait avec les orientations de Pavelić et de ses *oustachas*. Autrichien, élevé au temps de la monarchie des Habsbourg, il n'avait pas oublié l'attentat du Serbe Gavrilo Princip contre l'archiduc François-Ferdinand à Sarajevo en 1914 ; il demeurait convaincu de la responsabilité de la Serbie dans le déclenchement de la Première Guerre mondiale. À ses yeux, le coup d'État du 27 mars 1941 et la prise du pouvoir par le général Simović n'étaient que l'aboutissement de la même politique serbe. Lui-même avait vécu l'événement comme une humiliation personnelle. Ne déclara-t-il pas en 1944 à Milan Nedić, le chef du gouvernement collaborateur, que les Serbes « l'avaient mordu au cœur par deux fois » — c'est-à-dire en 1914 et en 1941 ?

Au cours de la deuxième réunion Hitler-Pavelić à Vinitza, en Ukraine, le 23 septembre 1942, Hitler demanda à son interlocuteur de prendre des mesures pour ramener le calme dans l'État croate, afin d'assurer la sécurité des communications ferroviaires, *via* Zagreb et Belgrade, en direction de la Bulgarie et de la Grèce. Par ailleurs, il confirma que l'Allemagne restait attachée au maintien au pouvoir du régime *oustacha*. De son côté, Pavelić, après avoir indiqué au Führer la localisation des principaux centres de la rébellion et avoir vivement critiqué son armée régulière *(les domobrans),* reconnut à l'Allemagne, en sa qualité de « chef *oustacha* », le droit de conduire des opérations militaires sur le territoire de son État « indépendant » en arguant qu'il ne disposait que d'une « armée improvisée ».

Au cours de la troisième rencontre, le 27 avril 1943 au château de Klessheim, près de Salzbourg, Hitler insista de nouveau sur la nécessité d'assurer les lignes de communication et d'approvisionnement à travers le territoire de l'État *oustacha.* Mais Pavelić, pour sa part, soutint qu'une nette amélioration était survenue dans la situation intérieure du pays. Alors qu'en septembre 1942 il avait dû reconnaître l'existence de nombreux foyers de rébellion au point d'admettre que les *oustachas* n'arriveraient pas à les mater seuls, il pouvait maintenant assurer le Führer que la résistance de « la plus grande partie des bandes de Tito » était brisée ; il ne subsistait que quelques poches isolées qui devaient être traitées par des actions conjointes de la police et de l'armée. En ce qui concernait l'armée régulière des *domobrans,* l'État croate disposerait avant l'automne de deux nouvelles brigades, une brigade de chasseurs et une brigade alpine, forces qui pourraient être utilisées en conjonction avec les détachements *oustachas.* Ainsi, il espérait pouvoir assurer l'ordre et la paix dans le pays par ses propres moyens au cours de l'hiver 1943-1944, ce qui permettrait de libérer les forces armées allemandes pour d'autres objectifs.

Enfin, le 18 septembre 1944, à un moment où la situation s'était considérablement dégradée, la dernière rencontre entre les deux hommes fut particulièrement significative. Tandis que Hitler alertait Pavelić sur la position de plus en plus difficile de l'Allemagne dans les Balkans, et affirmait la nécessité de se maintenir à tout prix en Hongrie, Pavelić lui fit part des deux crises que l'État croate venait de traverser. La première avait été provoquée par le retournement de la Roumanie. En effet, les intellectuels croates ainsi que deux membres du gouvernement (Lorković, le ministre des Affaires étrangères, et Vokić, celui de la Défense), ne croyant plus en la victoire, en étaient venus à soutenir qu'il fallait, avant que la guerre ne fût perdue, entreprendre quelque chose afin de permettre aux Anglais d'entrer en Croatie avant les Russes. Ces mêmes milieux, partisans de la théorie du « compromis » et qui avaient des relations avec l'ancien Parti paysan croate, proposaient de dissoudre les unités *oustachas* et de ne garder que les *domobrans,* car les Anglais, une fois aux portes de la Croatie, ne voudraient pas négocier avec « une armée du parti ».

La seconde crise, selon Pavelić, avait suivi la chute de la Bulgarie, et avait été plus grave, car la propagande ennemie avait prétendu que Zagreb allait tomber et que le Poglavnik allait être arrêté. La crise s'accompagnait d'un nombre croissant de sabotages, surtout sur les lignes de communication. Parallèlement, on pouvait noter un changement d'atmosphère dans les rangs des *domobrans,* surtout parmi les officiers qui avaient appartenu à l'ancienne armée yougoslave. On avait même assisté à des désertions de la part de certaines unités de *domobrans,* passées avec armes et bagages du côté des partisans de Tito. Certes, les partisans se trouvaient affaiblis, car l'amnistie proclamée par l'État croate le 26 janvier 1944 avait bénéficié à trente mille d'entre eux. Mais leur nombre s'élevait encore à cinquante mille, et Tito avait apparemment pu reconstituer son appareil politique et militaire. En réponse à Hitler, qui insistait une nouvelle fois sur la nécessité d'assurer coûte que coûte les communications ferroviaires, notamment celles reliant Zagreb à Belgrade, ainsi que Brod à Dubrovnik, *via* Sarajevo et Mostar, Pavelić maintint que la situation de l'État croate pouvait être stabilisée si l'on fournissait davantage d'armes aux *oustachas* et si les autorités allemandes arrêtaient toute aide, même indirecte, aux *tchetniks* du général Mihailović en Croatie. Le climat général en Croatie était bon, les communistes y étaient plutôt rares, même parmi les ouvriers ; les partisans recrutaient seulement parmi les intellectuels et parmi les « apprentis cordonniers », communistes par tradition ; dans les mines ou dans les entreprises industrielles, les ouvriers organisés étaient tous anticommunistes. Interrogé sur la possibilité de capturer Tito, Pavelić répondit que cela lui semblait très difficile, mais il ajouta qu'à son avis celui-ci n'était pas le vrai chef des partisans. Il l'avait connu personnellement lorsqu'il était avocat à Zagreb et considérait qu'il n'avait pas les qualités d'un meneur et que les communistes le mettaient en avant seulement parce qu'il jouissait d'un certain prestige en tant que Croate originaire d'une contrée limitrophe de la Styrie, région qui avait vu naître bon nombre de renégats croates ! Bref, le meilleur moyen de lutter contre Tito était encore de renforcer l'armement des fidèles *oustachas.*

Le résultat immédiat de cette rencontre entre Hitler et Pavelić fut la directive du commandement allemand du 20 septembre 1944, précisant aux forces armées allemandes que les *oustachas* demeuraient le fondement politique de l'État croate ; que tous les services allemands devaient les soutenir ; que la collaboration avec le mouvement *tchetnik* de Draža Mihailović (danger mortel aux yeux du gouvernement *oustacha*) devait progressivement cesser, enfin que la formation de nouvelles unités *oustachas* devait être facilitée en dissolvant éventuellement des régiments de *domobrans*. Mais, à ce stade, il n'était plus possible de sauver quoi que ce soit.

Cependant, à côté de ces entretiens au sommet, la tutelle quotidienne de Berlin et de Rome passait par la représentation diplomatique des deux puissances de l'Axe à Zagreb. Le Reich disposait de deux représentants dans la capitale croate : Siegfried Kasche, ministre plénipotentiaire et envoyé extraordinaire, et Edmund Glaise-Horstenau, général plénipotentiaire. Très rapidement les rapports s'envenimèrent entre les deux hommes, qui divergeaient profondément sur la politique à suivre envers l'État croate. La discorde ne cessa de régner entre eux, tandis qu'aux échelons inférieurs se faisait sentir la rivalité personnelle entre Ribbentrop et Himmler et entre la Wehrmacht et la SS.

Kasche était le produit typique du Parti national-socialiste. *Obergruppenführer* dans la SS, membre du Reichstag, il n'était qu'un dilettante dans le domaine des affaires étrangères. À la différence de son conseiller, von Troll-Obergfell, qui affichait une attitude plutôt froide à l'égard du régime *oustacha,* Kasche, du début à la fin, soutint sans réserve Pavelić et les *oustachas,* conservant avec entêtement sa confiance en l'avenir de l'État croate. Pourtant, avant de partir pour Zagreb en 1941, il avait été prévenu par le secretaire d'État de la Wilhelmstrasse, von Weizsäcker, des risques prévisibles de frictions entre les Croates et les Italiens. Aussi avait-il pour instructions, afin de ne pas avoir à se prononcer systématiquement en faveur des Italiens et par là à mécontenter les Croates, de se tenir à l'écart et de laisser libre cours à la prédominance italienne en Croatie dans toute la mesure où cela s'accordait avec les intérêts allemands. Or Kasche, au lieu de suivre cette ligne, ne cessa d'alerter Berlin sur les agissements des Italiens, sur leurs appétits territoriaux exagérés, sur leur aide au mouvement *tchetnik,* sur les déclarations antiallemandes des hauts dignitaires italiens à Zagreb, etc.

Le général Glaise-Horstenau était d'une autre étoffe. Ancien officier de l'armée impériale autrichienne, brillant et cultivé, il avait dirigé pendant des années les archives militaires à Vienne et avait écrit un intéressant ouvrage sur la fin de la double monarchie ; il s'était toujours intéressé aux questions politiques. Évidemment, il connaissait fort bien l'équipe des anciens officiers austro-hongrois d'origine croate qui occupèrent en 1941 les postes clés de l'armée régulière, celle des *domobrans,* avec à la tête Slavko Kvaternik, et au-dessous de lui les généraux Begić, Stancer, Laxa, Marić, Prpić. Hitler pouvait dire avec raison que Glaise-Horstenau tutoyait la moitié de la Croatie. En outre, cet Autrichien panallemand, originaire, comme le Führer, de BraunauamInn, avait une bonne connaissance du Sud-Est européen. S'il critiquait la politique italienne en Croatie, sa sévérité s'exerçait bien davantage à l'endroit du régime *oustacha* et de son chef, dont il n'hésitait pas à condamner les crimes, les méthodes barbares, la fragilité juridique, sans parler de l'incurie administrative. Très vite, Glaise-Horstenau se rendit compte que la grande majorité de la population refusait le régime. Tandis que les Serbes étaient traités en hors-la-loi, les Croates vivaient dans une grande insécurité quotidienne. Dans l'armée, les soldats estimaient la guerre fratricide, et les officiers doutaient du sens et du succès de leur mission. Quant au secrétaire d'État chargé de la Sécurité, Eugen Kvaternik, le fils du ministre de la Défense, c'était le personnage le plus détesté du pays. Enfin, s'ajoutaient à tout cela de graves difficultés économiques et financières.

Selon Glaise-Horstenau[4], l'État *oustacha* comprenait trois catégories de cadres. D'abord, les colonels *oustachas* (appelés *ras*, à l'instar des dignitaires éthiopiens) ; revenus en Croatie en 1941, c'étaient eux qui avaient la plus forte influence sur Pavelić. En second lieu, les politiciens pro-italiens ayant servi l'État dans ses débuts en 1941, mais écartés, par la suite. Enfin, des hommes plus jeunes, tels Lorković ou Kosak, qui soutenaient l'Allemagne, mais étaient en butte à l'hostilité des deux premiers groupes. Aussi le représentant du Reich pouvait-il conclure que Pavelić et son état-major vivaient uniquement grâce au soutien de l'Allemagne et que la haine envers les *oustachas* remontait jusque dans l'entourage du Poglavnik. Dans ces conditions, il fallait écarter les *oustachas* (solution depuis longtemps préconisée par le général Löhr qui commandait le Sud-Est européen) et tenter de coopérer avec le Parti paysan croate de Maček.

Du côté italien, il y avait trois représentants à Zagreb : Raffaele Casertano, ministre plénipotentiaire ; le général Oxilia, délégué militaire ; et E. Coselschi, représentant du Parti fasciste. Peu avant la capitulation de l'Italie, Casertano fut remplacé par Luigi Petrucci, et le général Oxilia par le général Gian-Carlo Re, tandis que Coselschi disparaissait de Zagreb. Casertano, en dépit de ses convictions fascistes, jugeait assez bien la situation du pays. Il n'arrêtait pas de souligner le peu d'empressement des dirigeants croates à remplir les obligations que le « royaume de Croatie » avait contractées à l'égard de l'Italie. C'est surtout le ministre des Affaires étrangères, Lorković, « germanophile notoire », qui s'attira les foudres de Casertano, encore qu'après la chute du pouvoir italien Lorković, sentant le vent tourner, se soit retourné, comme on l'a vu, contre ses protecteurs allemands et ait été démis de ses fonctions.

Pouvoir et société

Dans le gouvernement qu'il forma aussitôt après la proclamation de l'État indépendant de Croatie, Ante Pavelić garda pour lui-même les postes de Premier ministre et de ministre des Affaires étrangères. Non sans ruse ni habileté, il confia les autres départements ministériels aux *oustachas* les plus en vue. Le ministère de la Défense alla au général (puis maréchal) Slavko Kvaternik, ancien officier de l'armée austro-hongroise et gendre du leader séparatiste pro-autrichien Frank (qui était juif). Dans un premier temps, Pavelić soutint et flatta Kvaternik en toute occasion, car celui-ci lui servait auprès des Allemands, qui n'appréciaient guère le Poglavnik, considéré comme l'homme des Italiens. Au fils du général, Eugen Kvaternik, dit Dido, Pavelić confia la police, avec les tâches de répression, en recommandant la dureté. Très vite, ce « Heydrich *oustacha* » fut surnommé « Dido le sanglant ». Toutefois, comme, progressivement, Pavelić réussit à améliorer son image de marque auprès des Allemands, surtout auprès de Hitler, sa position devint plus solide. Dès lors, il se débarrassa des Kvaternik père et fils et les bannit du territoire croate. Ce n'est qu'alors que le jeune Kvaternik comprit le jeu du Poglavnik[5].

Au ministère de l'Intérieur fut nommé Artuković, qui avait trempé dans l'assassinat du roi Alexandre en 1934, tandis que le leader musulman de Bosnie, Kulenović, devenait vice-Premier ministre. Mais, parmi les chefs *oustachas,* c'était Budak qui, par sa personnalité, posait le plus de problèmes à Pavelić, dans la mesure où il était son principal concurrent en raison de sa notoriété (c'était un écrivain connu et un bon orateur) et de sa popularité (renforcée par le fait qu'il avait été victime d'un attentat monté contre lui par la police yougoslave). Aussi Pavelić se contenta-t-il de lui confier un ministère de moindre importance, celui de l'Éducation. Par la suite, Budak fut envoyé comme représentant diplomatique de la Croatie à Berlin, mais ce ne fut pas un succès.

Quant à l'ancien parti majoritaire, le Parti paysan croate, son attitude ne fut pas dépourvue d'ambiguïté — son aile droite avait d'ailleurs souvent flirté dans le passé avec les *oustachas*. Son chef, Maček, adopta une attitude plutôt ambivalente. D'un côté, il apporta un certain appui au nouvel État, en appelant à l'obéissance au nouveau pouvoir et en demandant aux supporters de son parti qui assumaient alors des fonctions dans l'administration locale de demeurer à leur poste et de collaborer avec le « nouveau gouvernement populaire ». Cette déclaration aida considérablement Pavelić et le régime *oustacha,* qui purent, avec l'aide de la « Défense » de Maček[6], consolider leur pouvoir en reprenant l'ensemble de l'appareil administratif du Banovina de Croatie. Par la suite, Maček opta pour le retrait de la vie politique : il quitta Zagreb pour s'installer dans sa propriété de Kupinec, non loin de la capitale, afin d' « observer et attendre ». Plus tard, en 1942, il fut jeté en prison par le régime, envoyé dans un camp de concentration, puis libéré pour être confiné, vers la fin de la guerre, dans sa maison de Kupinec.

Mais de l'autre côté, à Londres, le représentant officiel du Parti paysan croate, Juraj Krnjević, vice-Premier ministre du gouvernement yougoslave en exil, remit le 14 août 1941 à Anthony Eden un message à l'attention de Churchill. Dans ce message, Maček expliquait que, s'il était resté avcc son peuple, c'est parce que c'était son devoir. Mais la Croatie demeurait fidèle à la démocratie, à laquelle elle avait toujours aspiré ; ce serait une erreur grave que d'identifier la nation croate avec un gouvernement fantoche. Enfin, Maček exprimait son admiration pour le peuple britannique et pour son chef, sa conviction que la cause britannique était également celle du peuple croate, son espoir de servir les Alliés en ne collaborant pas avec le régime imposé à la Croatie mais en résistant.

Dès les premiers jours du régime, Pavelić mit en pratique, sous le nom de « politique nationale », un système de terreur. Avec l'aide du ministre de l'Intérieur Artuković, un plan fut progressivement et méthodiquement mis au point, visant à la liquidation des Serbes, des opposants croates (en particulier les éléments de gauche) et, à partir du 22 juin 1941, des communistes et de leurs sympathisants[7]. Très tôt également, pour plaire aux nazis, commença la persécution des Juifs. Toute une action de propagande fut engagée pour développer la haine envers les Serbes et les Juifs et pour préparer l'opinion aux *pogroms* organisés par les *oustachas* et les forces de police d'Eugen Kvaternik. Dès sa première entrevue avec Hitler en juin 1941, Pavelić avait obtenu le feu vert pour une politique de répression sanglante (Hitler avait textuellement déclaré : « Si l'État croate aspire pour de bon à la stabilité, il lui faudra conduire pendant cinquante ans une politique nationale intolérante, car une trop grande tolérance en ce domaine ne peut qu'engendrer de grands maux. »).

À la base du régime — qu'Eugen Kvaternik qualifiera plus tard depuis son exil argentin de « despotisme anarchique » —, il y a le « décret sur la défense de la nation et de l'État » signé par Pavelić le 17 avril 1941. D'après ce texte, celui qui lèse ou a lésé l'honneur et les intérêts vitaux de la nation ou qui, de quelque manière que ce soit, menace l'existence de l'État se rend coupable de crime de haute trahison. Dans ce cas, la peine sera la mort. Pour les procès découlant de l'application du décret sont créés des tribunaux d'exception statuant selon une procédure d'urgence. Un autre décret, le 30 avril 1941, traite de la citoyenneté, de l'appartenance raciale et de la protection du sang aryen, de l'honneur du peuple croate. On ne s'étonnera pas que Kasche fasse l'éloge de ces mesures, qu'il juge très proches de la législation allemande dont elles s'inspirent. Ainsi le régime *oustacha* peut-il dès le début prendre place dans l' « ordre nouveau » européen.

De la sorte s'est progressivement instaurée une pratique de la violence, à laquelle le régime prétendait donner une base juridique. La conséquence en a été une succession de massacres dont les principales victimes furent les Serbes et les Juifs. Toutefois, l'apparition puis le développement progressif d'une résistance tant aux *oustachas* qu'à l'occupant allemand et italien a entraîné un engagement militaire de plus en plus important de la part de ces derniers. Tandis que les forces allemandes se livraient aux représailles les plus sauvages contre la population civile, les *oustachas* pratiquèrent les mêmes méthodes dans leurs actions de « nettoyage ». Pour mater toute opposition, le régime entreprit d'organiser, à la manière de ses maîtres, des camps de concentration. Servant de camps d'internement et de travail — le plus tristement fameux est celui de Jasenovac —, ils ont été de véritables lieux d'extermination pour des dizaines de milliers de prisonniers de toute origine et de toute opinion politique.

Cependant, à la fin de 1941, les chefs *oustachas* considérèrent qu'il pourrait être politiquement opportun de convoquer le Parlement de Croatie, le Sabor (l'initiative avait été soutenue surtout par le ministre de la Défense, Slavko Kvaternik). Bien entendu, le rôle du Sabor ne serait que consultatif, comme le veut le droit des régimes autoritaires. Mais il y avait là une tentative pour faire évoluer l'État croate, si jeune mais déjà très hypothéqué, du stade d'une révolution sanglante et impitoyable vers des eaux plus calmes. Effectivement, Pavelić convoqua le Sabor le 23 février 1942, et les ministres commencèrent à présenter des rapports aux députés. Mais une surprise attendait le Poglavnik. Un groupe de députés, membres de l'ancien Parti paysan croate, adressa une requête écrite constatant que le président du parti, Maček, avait été « emprisonné depuis plusieurs mois » après avoir été emmené de sa maison de Kupinec « vers une direction inconnue ». Cette arrestation « n'était pas intervenue conformément aux règles juridiques en vigueur », car « aucune procédure judiciaire n'avait été entamée ». Les signataires faisaient état des mérites de leur président « dans la lutte pour l'indépendance et la liberté croates ». En conséquence, ils posaient la question de savoir où se trouvait Maček et si le gouvernement avait l'intention de le libérer : la réponse devait leur être communiquée au cours d'une réunion plénière du Sabor.

De fait, la réponse fut présentée par Pavelić lui-même lors de la séance de clôture du Sabor le 28 février 1942. Le dictateur expliqua que Maček avait été envoyé en résidence forcée afin de l'empêcher d'avoir des contacts avec les représentants du Parti paysan croate au sein du gouvernement yougoslave en exil à Londres ; il ajouta qu'une telle mesure était de nature à protéger Maček...

Mais le jeu « démocratique » de Pavelić n'a pas duré longtemps. Si les commissions du Sabor ont siégé encore un certain temps après la clôture de la session, le Sabor lui-même ne se réunit qu'une seule fois par la suite, le 10 avril 1942, à l'occasion du premier anniversaire de la proclamation de l'État croate. Encore en 1944, le dictateur exhalait son mépris pour la démocratie en traitant le système politique des États-Unis de « démocratie usée et minable ». C'est pourtant en zone américaine qu'en mai 1945, en se réfugiant dans une cachette préparée près de Salzbourg, il parvint à échapper à son sort...

Bogdan KRIZMAN

NOTES

1. Nom signifiant « insurgé », apparu pour la première fois dans les années 1870 en Herzégovine lors d'une rébellion contre le pouvoir ottoman. Il faut noter que le singulier *oustacha* donne en croate le pluriel *oustaché,* et non pas *oustachis.* Pour des raisons pratiques c'est la forme *oustacha(s)* qui sera utilisée dans ce texte, aussi bien pour le substantif que pour l'adjectif dérivé de ce nom.

2. « Nous y sommes et nous y restons », déclara Pavelić à cette occasion.

3. Dmitar Zvonimir, l'un des derniers rois croates, régna au XIe siècle (1075-1089), peu avant que la Croatie, affaiblie, n'acceptât l' « union personnelle » avec le royaume de Hongrie (1102).

4. Rapport du 24 avril 1943.

5. À la différence de son père, extradé après la guerre par les Alliés, jugé et exécuté en Yougoslavie, Eugen Kvaternik put échapper à l'extradition. Il a laissé un témoignage, accablant pour Pavelić, dans la *Revue croate* en 1952. À l'époque, le général Glaise-Horstenau commentait en ces termes la destitution de la « dynastie Kvaternik » : « Le *Poglavnik* avait recommandé à son ministre de la Défense de partir se reposer en Slovaquie, et il avait décidé de prendre lui-même le département de la Défense ; quant à Kvaternik junior, Pavelić avait déclaré que celui-ci souhaitait partir en Italie afin d'y " poursuivre ses études ". C'est ainsi que les deux Kvaternik (qui, par ailleurs, s'entendaient, comme chien et chat) furent bannis, sans trop de difficultés, " dans le désert ". »

6. Unités paramilitaires chargées du maintien de l'ordre en Croatie, formées après la création du Banovina de Croatie en 1939.

7. L'attaque de l'Allemagne contre l'Union soviétique a marqué la fin de la trêve tacite entre les *oustachas* et les communistes de Croatie.

III. La République sociale italienne

Dans la mesure où toute comparaison sert à mettre en lumière aussi bien les ressemblances que les différences, cette étude se fonde sur les deux postulats suivants :

1. le collaborationnisme est un phénomène commun à tous les pays d'Europe envahis par l'Allemagne nazie, ce qui confère à la Seconde Guerre mondiale le caractère d'une grande guerre civile européenne ;
2. dans ce cadre général, la République sociale italienne, ou République de Salò, constitue un cas particulier qui doit être distingué de celui des autres pays pour les raisons que nous allons exposer brièvement.

L'existence de la République sociale italienne (RSI) va du 8 septembre 1943 au 25 avril 1945. Le 8 septembre est la date de l'annonce de l'armistice conclu entre les Anglo-Américains et le gouvernement présidé par le maréchal Pietro Badoglio et constitué à la suite de la destitution et de l'arrestation de Mussolini le 25 juillet 1943. Le 25 avril 1945 correspond à la date de l'insurrection en Italie du Nord et à la libération totale du territoire national.

À l'annonce de l'armistice, on assista à la dissolution des forces armées italiennes. Les Allemands, presque sans coup férir, s'emparèrent de l'Italie depuis le nord jusqu'à Naples. Les Alliés, qui avaient déjà occupé la Sicile et l'extrême pointe de la Calabre, débarquèrent à Salerne, où ils rencontrèrent une forte résistance allemande, puis ils commencèrent à remonter lentement la péninsule. Naples fut libérée entre le 28 septembre et le 1er octobre (l'insurrection des « quatre journées »). Rome, où la présence du

Vatican empêcha toute tentative d'insurrection, fut libérée le 4 juin 1944. En août, avec l'aide des partisans, ce fut le tour de Florence. Pendant l'hiver 1944-1945, le front se stabilisa le long de la « ligne gothique », sur les Apennins, de la Toscane à l'Émilie.

Dans les territoires occupés par les Anglo-Américains, le gouvernement Badoglio se reconstitua d'abord à Brindisi, puis à Salerne, avec cette fois une participation des partis antifascistes. Après la libération de Rome, Badoglio fut remplacé par un vieux socialiste réformiste, Ivanoe Bonomi.

Dans les territoires occupés par les Allemands, réapparut un gouvernement fasciste dont la première réunion eut lieu le 27 septembre 1943 ; Mussolini, libéré par des parachutistes allemands et emmené dans un premier temps en Allemagne, proclama la naissance de la République sociale italienne. Les Allemands n'autorisèrent cependant pas le nouveau gouvernement fasciste à siéger à Rome. Mussolini, devenu chef de la République dans l'attente d'une assemblée constituante qui ne fut jamais convoquée, s'installa à Gardone Riviera, et les ministères se répartirent dans la zone du lac de Garde, avec pour centre Salò.

Le nouvel État fasciste ne fut reconnu que par le Japon, la Hongrie, la Slovaquie et la Roumanie. L'Espagne franquiste, qui avait commencé à se détacher des puissances perdantes, refusa de le reconnaître, manifestant par là une ingratitude humiliante à l'égard du fascisme italien. En ce qui concerne le Parti national fasciste, qui avait été dissous par Badoglio, il fut reconstitué sous le nom de Parti fasciste républicain.

La RSI n'exerça donc jamais son pouvoir sur l'ensemble du territoire italien. Rome demeura dans la situation ambiguë de « ville ouverte » en tant que « centre de la chrétienté », ce qui n'empêcha pas les Allemands de l'utiliser comme base de leurs arrières et les fascistes de faire leur réapparition. Le Trentin-Haut-Adige (Sud-Tyrol), plus la province de Belluno et la Vénétie Julienne (Trieste) plus la province d'Udine furent annexés de fait au Reich et devinrent respectivement le *Voralpenland* et l'*Adriatisches Küstenland,* dont l'administration était assurée par des hauts commissaires directement nommés par le gouvernement allemand.

Le gouvernement de la RSI fut malgré tout présent durant six cents jours dans la partie la plus riche et la plus peuplée de la péninsule. En effet, si l'Italie du Nord avait une superficie de seulement 128 816 kilomètres carrés par rapport aux 310 205 du pays tout entier, elle était peuplée de 20 082 541 habitants sur un total de 42 994 000. Le nombre de personnes employées dans l'industrie était de 2 273 636 sur un total de 3 254 416 ; la puissance utilisée était de 4 230 267 chevaux pour un total national de 5 920 921 (chiffres du recensement général de 1936 et du recensement industriel et commercial de la période 1937-1939).

La donnée fondamentale qui fait de la RSI un cas à part parmi les autres régimes collaborationnistes, tant dans les pays vaincus, comme la France, que dans les pays satellites, comme la Slovaquie, c'est que le fascisme a été inventé en Italie et que l'Italie a été soumise à un régime fasciste autochtone pendant plus de vingt ans. L'Italie fasciste avait, de plus, combattu pendant la première partie de la Seconde Guerre mondiale, à partir du 10 juin 1940, aux côtés de l'Allemagne nazie. Les défaites subies en Grèce et en Afrique du Nord, auxquelles il faut ajouter la catastrophe de l'armée envoyée en Russie, l'avaient par ailleurs rendue toujours plus dépendante des Allemands, marquant ainsi le début d'un processus de satellisation dans ce qui était en principe une alliance entre deux partenaires. Après la chute de Mussolini le 25 juillet 1943, les Allemands avaient imaginé l'opération Alaric, qui prévoyait l'occupation de l'Italie au cas, désormais tout à fait prévisible, où elle se serait rendue aux Anglo-Américains (on se souvient qu'Alaric était le roi des Goths qui avait pillé Rome en 410 ap. J.-C.).

Après avoir occupé une grande partie du pays, les Allemands se posèrent le problème de savoir s'il fallait le soumettre directement à leur propre gouvernement militaire, ou bien utiliser, comme intermédiaire de leur pouvoir, un nouveau gouvernement fasciste. La première solution était surtout soutenue par les militaires, impatients d'avoir enfin les mains libres, et correspondait d'ailleurs bien au mépris que nourrissaient les dirigeants allemands à l'égard du peuple italien. Ainsi, Goebbels écrivait dans son Journal, en date du 10 septembre, que Mussolini était « le dernier Romain, mais, derrière ce personnage imposant, un peuple de Tsiganes finira de pourrir ». Pourtant, ce fut la seconde solution qui l'emporta, par décision personnelle de Hitler. Il n'était en effet pas raisonnable, politiquement, de réduire le *senior partner* de l'Axe à la condition de simple terre de conquête ; cela n'aurait pas fait bonne impression sur les satellites qui restaient. De même, il ne paraissait pas non plus très opportun de montrer au peuple allemand combien le régime frère et aîné pouvait être inconsistant et d'une manière aussi irrémédiable. D'autre part, en vue de l'exploitation des ressources économiques et humaines de l'Italie occupée, il semblait plus expédient d'envisager la restauration d'une forme de gouvernement italien, qu'il convenait de tenir fermement, bien sûr, sous un contrôle direct.

Le fascisme italien s'était, dès ses origines, présenté comme une issue à la crise de la démocratie libérale et du parlementarisme qui se manifesta dans presque tous les pays d'Europe entre les deux guerres, en particulier dans les années 1930. Il s'était plu à faire figure de « troisième voie », nationale et totalitaire, entre le capitalisme et le communisme. Le prestige international dont il bénéficia durant sa phase ascendante tient d'ailleurs dans une large mesure à cette prétention. Par la suite, alors que, dans un pays comme la France, la « Révolution nationale » de Vichy, mettant entre parenthèses la défaite et l'occupation, pouvait faire figure d'expérience, certes préparée par une longue incubation, mais nouvelle au plan de l'exercice du pouvoir d'État, la RSI devait, en Italie, s'attacher à colmater une faillite désormais un peu trop évidente. Il ne s'agissait donc pas d'un faux départ, comme à Vichy ou dans le cas des petits satellites qui s'étaient précipités sur le char du vainqueur présumé, mais bien d'un épilogue tragique, épisode mineur de la catastrophe finale vers laquelle se précipitait l'Allemagne nazie.

De ce qui vient d'être dit, on peut à présent déduire certains caractères spécifiques de la RSI. D'abord, la faillite, après vingt ans d'exercice d'un pouvoir pratiquement absolu, poussa le fascisme ressuscité à rechercher sa propre identité dans ses origines. Des origines qui, avant le compromis avec la monarchie et l'Église, avaient été « tendanciellement républicaines » ; qui avaient été aussi violentes (du genre « anciens combattants irrationalistes ») et héritières de certains aspects de l'inquiétude futuriste ; qui avaient inauguré la pratique de l'écrasement des organisations ouvrières au nom du renforcement du capitalisme national. Pendant vingt ans, ce régime, sans rien renier de sa nature antidémocratique, s'était engagé dans des voies, à la fois plus complexes et contradictoires, qui continuent de faire l'objet des recherches des historiens. Lorsque l'heure suprême arriva, il sembla aux quelques fascistes qui l'étaient restés que le seul moyen de retrouver clairement une identité passait par un retour à la phase initiale du mouvement. D'où ce qu'on peut appeler le *mythe du retour aux origines*.

Parmi les anciens, Roberto Farinacci, avec son journal *Il Regime fascista,* fut le principal représentant de cette ligne. Le secrétaire du parti, Alessandro Pavolini, un peu plus jeune et doté d'une certaine prétention intellectuelle, personnifia les velléités d'une nouvelle milice politique sans scrupules, parvenant en juillet 1944 à militariser le parti tout entier pour l'engager dans la bataille finale contre l'antifascisme. Par ailleurs, à l'intérieur du fascisme républicain, il y eut aussi une ligne « modérée », héritière des compromis sur lesquels s'était appuyé le régime pendant vingt ans et disposée à préparer une passerelle vers l'après-fascisme. Mussolini s'efforça de retrouver, après une réussite de moins en moins probante, son vieux rôle de médiateur entre les deux tendances. Mais c'était une chose de jouer les intermédiaires en exerçant les pleins pouvoirs, c'en était une tout autre d'imposer sa ligne, alors que le charisme personnel du Duce s'était trouvé réduit à l'extrême et surtout irrémédiablement terni.

Un exemple frappant de ces contradictions est fourni par l'expérience de la « socialisation ». Celle-ci aurait dû représenter la réussite du fascisme « de gauche », qui serait ainsi retourné aux origines autrement que par une exaspération de la violence. Justement, un décret du 12 février 1944 organisa, dans ses grandes lignes, le passage de la gestion — et non pas de la propriété — des entreprises à un conseil composé en nombre égal de représentants du travail et de représentants du capital. En fait, ne furent socialisées qu'un petit nombre d'entreprises marginales, et ce n'est qu'*in extremis,* en mars 1945, que fut prise la décision de pousser en avant ce programme qui semblait vouloir, de manière aussi ambitieuse qu'irréaliste, remettre en question les alliances sociales traditionnelles sur lesquelles le fascisme s'était fondé.

En vérité, la socialisation fasciste rencontra deux obstacles insurmontables. Le premier fut l'hostilité décidée des bénéficiaires présumés de l'opération. C'est en mars 1944 que la classe ouvrière effectua sa première grande grève sous l'occupation allemande et sous la RSI, et par ailleurs elle sabota les élections des commissions internes prévues par les fascistes. Le second obstacle fut le faible enthousiasme de l'aile modérée du parti, auquel s'ajouta la méfiance des Allemands. Ceux-ci en effet tenaient beaucoup à maintenir la production industrielle italienne et voyaient d'un mauvais œil cette confusion inventée par la démagogie fasciste, en considérant que la voie la plus rationnelle consistait à établir des accords directs avec les industriels. Ces derniers, quant à eux, pratiquaient en général un équilibre difficile mais fructueux, une sorte de double jeu, dans lequel la classe sociale à laquelle ils appartenaient réussit à faire preuve d'une certaine autonomie. D'un côté, les industriels faisaient de bonnes affaires avec les occupants ; de l'autre, ils offraient une aide financière et d'autres formes de couverture aux mouvements de résistance, n'hésitant pas pour autant à faire appel à la force des fascistes ou des Allemands en cas de grève ou lorsque des initiatives ouvrières menaçaient de se déplacer du terrain de la lutte patriotique vers celui de la lutte des classes. Le raisonnement le plus perfide que tenaient les industriels, face aux ouvriers en grève à cause des licenciements, était le suivant : « Si aujourd'hui les usines peuvent travailler, c'est seulement grâce aux commandes allemandes. Il n'y a donc que deux solutions : ou nous fermons les usines, ou alors, pour ne pas être forcés de vous licencier, nous devons travailler pour les Allemands. Mais, dans ce cas, ne nous accusez pas d'être des collaborateurs, car vous l'êtes autant que nous. »

En fait, la production industrielle parvint, au début de l'été 1944, à un niveau honorable, aux environs de 50-60 % de la situation normale. Elle baissa ensuite rapidement, jusqu'à la paralysie quasi totale au printemps 1945, à cause du manque d'énergie et de matières premières que l'Allemagne n'était plus en mesure de fournir, et à cause aussi de la mobilisation croissante des ouvriers.

Tous les régimes battus tendent à attribuer leur défaite à des traîtres. La RSI ne fit pas exception. À Vérone, eut ainsi lieu le procès contre les membres du Grand Conseil fasciste, presque tous en fuite, qui, pendant la nuit du 25 juillet, avaient voté contre Mussolini. Il y eut cinq exécutions capitales le 11 janvier 1944 parmi lesquelles celle du comte Galeazzo Ciano, gendre du Duce et ex-ministre des Affaires étrangères. Mais, pour ce régime en chute vertigineuse, le cercle des traîtres qu'il aurait fallu punir s'élargissait démesurément, jusqu'à inclure non seulement ceux qui avaient été les cadres du régime pendant vingt ans, mais aussi pratiquement tout le peuple italien, coupable de ne pas avoir été à la hauteur des visées impériales que le fascisme lui avait assignées. Punir tout le vieil appareil fasciste était impossible politiquement. Punir tous les Italiens était un non-sens. La frustration causée par cette double impuissance fut à la base des manifestations de férocité désespérée qui furent l'une des caractéristiques de la RSI. Il est clair que, sans l'occupation allemande, la RSI n'aurait pas tenu plus d'une journée. Mais cela n'empêche pas que, à l'ombre des Allemands, les fascistes survivants aient ressenti le besoin, surtout vis-à-vis d'eux-mêmes, de réaffirmer qu'ils étaient toujours bien en vie. Si, le 25 juillet, ils avaient été obligés de se retirer sans gloire et de se taire, ils profitaient à présent de la nouvelle situation pour réapparaître et pour se remettre en mouvement. Certains d'entre eux le firent même sans attendre la constitution de la RSI, avec des initiatives locales qui se rattachent aux traditions des débuts du fascisme provincial, particulièrement dans le centre et le nord de l'Italie, ce qui donna de fortes connotations locales au fascisme fragmenté de la RSI.

Entre les fascistes de la RSI et les résistants se déroula ainsi un sanglant règlement de comptes qui concluait une partie engagée en 1919-1922. Alors, c'était le fascisme qui avait gagné, jouissant de l'appui des structures et d'une large partie de la classe dirigeante du vieil État libéral. Les antifascistes avaient été battus sans réussir à opposer une résistance suffisante. Les fascistes de la RSI, habitués au monopole de la violence tant légale qu'illégale, furent sincèrement surpris que les antifascistes, au lieu de se contenter d'attendre les Alliés, se battent cette fois-ci les armes à la main (cela s'était déjà passé à Guadalajara, pendant la guerre d'Espagne, qui, de ce point de vue, marque une inversion de tendance).

La lutte entre la Résistance et la RSI appartient donc à la catégorie des guerres civiles, une guerre civile qui se mêle à la guerre patriotique. Les ennemis contre lesquels se battaient les partisans, c'étaient les Allemands et les fascistes, souvent regroupés sous l'appellation de « nazifascistes », expression dans laquelle, pour ce qui est des Allemands, le qualificatif politico-idéologique intégrait la notion d'étranger envahisseur et d'ennemi traditionnel, finalement retrouvé après avoir été un allié illégitime.

La guerre fasciste de 1940-1943 n'avait pas réussi à créer une « génération longue » (au sens que Marc Bloch donne à cette expression). La double défaite, d'abord face aux Alliés, puis face aux Allemands (six cent mille soldats et officiers italiens furent déportés en Allemagne) en avait coupé les racines. Toutes les tentatives auxquelles eut recours la RSI pour tenter de faire appel à la solidarité dans le combat se trouvèrent ruinées par la réalité de la guerre civile — qui divisa surtout les anciens combattants. Parmi eux, les uns, les plus nombreux, voulaient frapper ceux qui les avaient entraînés dans une guerre insensée et ruineuse pour la nation tout entière ; les autres s'obstinaient au contraire à considérer leurs patrons allemands comme des alliés. Aussi soutinrent-ils la

RSI non seulement par conviction fasciste mais aussi par fidélité à une guerre menée aux côtés de leurs compagnons allemands, d'autant que certains d'entre eux croyaient encore à un retournement de situation qui amènerait à la victoire finale de l'Axe, grâce aux « armes secrètes » en construction en Allemagne ; mais, pour la plupart, ce fut un choix sans avenir et sans réelles espérances.

C'est ainsi que firent leur apparition et que se développèrent au sein de la RSI certains traits typiques du fascisme et de la culture fasciste. Avant tout, un nationalisme désormais limité à une fidélité à l'égard d'un passé dont on refusait d'admettre l'issue désastreuse et qui se réduisait donc à un mélange d'éléments biographiques et de tirades abstraites. C'est un trait qui rapproche, d'une manière générale, la RSI des autres collaborationnismes européens : tous « nationaux » et tous sous l'emprise d'une autre nation plus puissante et hégémonique, dont ils ne constituaient qu'un rouage.

L'absence de futur, évidente malgré l'optimisme de la propagande, et l'impossibilité de se venger du passé firent resurgir les composantes mortuaires de la culture fasciste. Le fascisme avait toujours eu parmi ses symboles préférés la tête de mort et le noir, héritage des Arditi, troupes de choc de la Grande Guerre. La hache des faisceaux, comme l'a fait un jour remarquer Georges Bataille, était l'instrument des exécutions capitales. Dépouillés de la bravade optimiste des débuts comme de l'apaisement qui suivit l'exercice tranquille du pouvoir, ces symboles retrouvèrent avec la RSI une atmosphère faite à la fois de sombre ennui et d'emportements nihilistes. *A cercar la bella morte* (« À la recherche de la belle mort ») est le titre qu'un fasciste de la RSI donna à son livre de Mémoires. Puisque la beauté disparaissait chaque jour un peu plus, il ne resta bientôt plus que la mort, considérée comme une valeur et comme le seul acte significatif de l'existence. « Que périsse tout ! Les hommes, les choses et les villes d'hier et d'aujourd'hui [...], mais que l'ennemi, en chevauchant nos cadavres, sente sur lui la condamnation du sang qui l'écrase », écrivit un jeune fasciste dans une lettre à sa mère.

Il était inévitable que, engagés dans cette voie, les fascistes parviennent à la cruauté que l'on sait envers leurs ennemis, dont la simple existence et plus encore la force d'âme étaient une preuve supplémentaire de leur propre échec. Tortures, représailles, pendaisons par la gorge à des crochets de boucher, exposition des cadavres sur le lieu des exécutions redevenues publiques devinrent pratique courante. Il s'agissait avant tout de faire voir non seulement aux Italiens, mais aussi aux Allemands, que les fascistes ressuscités étaient cette fois-ci capables de faire les choses sérieusement. Lorsque les fascistes commirent à Ferrare leurs premiers actes de représailles, laissant les cadavres amoncelés sur les trottoirs du château, Farinacci écrivit dans son journal : « Le mot d'ordre a été : œil pour œil, dent pour dent [...]. On croyait peut-être que nous n'aurions pas la force ni le courage de réagir. Maintenant, les faits ont parlé. »

La violence affichée avait toujours été présente dans l'histoire du fascisme. Car celui-ci avait découvert que la violence illégale, en tant qu'expression de rancune contre la société plutôt que du désir de la changer, pouvait être utilisée en réponse au besoin de sécurité et d'ordre suscité par la pagaïe de la guerre et par les tensions qui s'ensuivirent. Une fois devenu un régime, et en s'appropriant donc la violence légale, le fascisme n'avait jamais cessé de concilier, dans les limites du possible, le culte de l' « héroïcité destructrice » et tardivement romantique avec une certaine respectabilité. Ces deux attitudes étaient présentes, encore que dans des proportions variables, dans les classes moyennes sur lesquelles s'était massivement appuyé le fascisme.

Franz Neumann a fait du monstre biblique Behemoth le symbole du totalitarisme nazi interprété comme le chaos, face à l'ordre de fer hiérarchique et omniprésent symbolisé par l'autre monstre, Léviathan. On peut dire que le fascisme, né à l'image de Behemoth, avait, au cours de ses vingt années de pouvoir, de plus en plus pris, même si ce ne le fut jamais complètement, les traits de Léviathan. Au temps de la RSI, les rôles s'inversèrent, et Behemoth reprit dans une large mesure le dessus. La souveraineté ne fut pas seulement divisée entre fascistes et Allemands, elle fut aussi morcelée sans vergogne (et pas uniquement au niveau local) entre les multiples groupes armés qui parcouraient l'Italie comme les grandes compagnies d'autrefois : Brigades noires, Garde nationale républicaine, parachutistes, X Flottille MAS, SS italiens, Légion Ettore Muti, détachements de l'armée péniblement remis sur pied par le maréchal Rodolfo Graziani après avoir été entraînés en Allemagne, restes des carabiniers du roi passés au service de la République de Mussolini, polices variées et vêtues de manière tout aussi variée, ramassis de tortionnaires qui prenaient le nom de leur chef : Koch, Carità, les acteurs Luisa Ferida et Osvaldo Valenti.

Malgré tout, la RSI, pour le peu qu'elle a réussi à tenir debout, n'y est pas parvenue en s'appuyant simplement sur ses composantes les plus voyantes. Si l'écroulement du 8 septembre 1943 et l'éclipse des structures militaires et civiles de l'État ont d'un côté procuré un authentique sentiment de liberté chez la minorité importante ayant fait le choix de la Résistance, et de l'autre côté entraîné les conséquences que l'on vient de décrire pour la petite minorité ayant opté pour la RSI, le phénomène n'a provoqué qu'incertitude et désarroi parmi la masse des Italiens déjà fatigués par la guerre. Il y eut ainsi (pour reprendre une expression qui s'applique à une partie plus ou moins ample de la population espagnole pendant la guerre civile) une sorte de *tercera Italia* qui accepta de fait et sans enthousiasme l'obscure « normalisation » offerte par la RSI, en vue de combler l'inquiétant vide institutionnel qui s'était créé. Plutôt que de consentement à l'égard du fascisme républicain, il s'agissait surtout d'un besoin de se raccrocher au peu d'appareil administratif que le gouvernement de la RSI était parvenu à remettre en marche tant bien que mal et qui recommençait à assurer un minimum de services essentiels. Cet acquiescement pouvait correspondre à une gamme très variée de comportements, du collaborationnisme de fait à l'attentisme, une attitude très critiquée par les résistants actifs qui voyaient dans cette attente paresseuse de l'arrivée des Alliés un refus d'aider le destin pour s'en rendre digne. L'attentisme pouvait d'ailleurs voisiner parfois avec certaines formes de résistance passive, ce qui alimentait la mer dans laquelle se mouvaient les partisans.

Ainsi, la RSI, à côté de la facette de la violence rendue plus évidente par la guerre, fit également resurgir l'autre facette du fascisme : celle de l'ordre garanti aux dépens de la liberté. Encore que cette garantie apparût de plus en plus fugace à mesure qu'on approchait de la fin.

L'appareil administratif qui se mit au service de la RSI trouva dans la gestion de ce type de garantie la passerelle qui lui permit de passer, presque sans dommage, du fascisme à la démocratie républicaine. Ce fut là l'un des canaux à travers lesquels s'affirma la continuité avec l'État traditionnel, alors en reconstruction dans le Sud. L'État fut donc perçu comme distinct des régimes, y compris du régime fasciste, qui l'avaient successivement incarné. La faillite de l'épuration serait la preuve la plus évidente de ce phénomène.

La RSI n'essaya même pas de réaliser de grandes innovations dans le domaine de l'administration. La plus importante, qui resta interne au système du pouvoir fasciste, fut la fin, au moins sur le papier, du dualisme qu'avait toujours connu le régime, entre le préfet, chef de l'organisation de l'État pour la province, et le secrétaire fédéral, chef de l'organisation du Parti fasciste pour le même territoire. En fait, le régime avait privilégié le préfet ; mais loin d'avoir éliminé la rivalité, cela l'avait, dans certains cas, accentuée. La RSI fusionna les deux fonctions en une seule, en créant le poste de « chef de la province », placé à la tête de l'organisation tant de l'État que du parti. Cet hommage terminologique au *Führerprinzip* avait pour but de resserrer et de rendre plus cohérent le totalitarisme de l'État fasciste ressuscité. À la libération, ce seront les CLN (comités de libération nationale, composés des partis antifascistes) qui devaient désigner les nouveaux préfets. Ces « préfets de la libération », un an plus tard, avaient déjà disparu. La « carrière », présentée comme « apolitique », avait occupé à nouveau tout son territoire.

L'Église catholique elle aussi sortit indemne de la période de la RSI. On peut même dire qu'elle en sortit renforcée. Le Vatican ne reconnut à aucun moment la RSI, tout en prétendant que cette dernière respectait les accords du Latran conclus en 1929 avec le gouvernement fasciste. Pie XII fut appelé le *Defensor urbis*. Quant à la hiérarchie, elle sut réaliser un difficile équilibre entre les parties en lutte. Elle condamna à plusieurs reprises la violence en tant que telle et la lutte fratricide, mais en évitant de citer des noms. Cette ambiguïté, très éloignée par exemple des prises de position des évêques hollandais, permit à l'épiscopat d'exercer dans la société un rôle de suppléant partout où le gouvernement de la RSI ou bien le « gouvernement » clandestin des CLN laissaient un vide. L'assistance sous ses formes les plus variées retrouva là une terre d'élection, selon une tradition très ancienne et largement pratiquée, mais elle ne fut pas seule. Des prêtres servirent de médiateurs dans les échanges de prisonniers et furent appelés pour démêler bien des litiges entre les partisans et la population civile. Les prêtres ouvertement collaborateurs furent une très petite minorité. Les catholiques qui, poussés par des motivations mi-religieuses mi-politiques, participèrent à la résistance furent nombreux, mais dans des proportions sans commune mesure avec la participation des communistes (les Brigades Garibaldi) et des membres du Parti d'action (les formations Justice et Liberté).

Peut-on, pour finir, parler d'un héritage de la RSI ? À vrai dire, dans la mesure où la République italienne se définit elle-même comme « née de la Résistance », elle ne peut se reconnaître en rien dans la politique de Mussolini. Du reste, les partis de l' « arc constitutionnel » sont toujours en Italie les partis du CLN. Le parti le plus nettement marqué comme résistant, le Parti d'action (qui présente certaines analogies avec les « mouvements » en France), disparut rapidement, mais ses hommes et ses idées se sont éparpillés et ont mûri au sein du Parti socialiste, du Parti communiste et du Parti républicain.

Malgré tout, la RSI a laissé, dans l'histoire de l'Italie démocratique, des traces qu'on peut résumer de la manière suivante. Le bref épisode de la RSI, avec la guerre civile qui en a découlé, a creusé en Italie un fossé définitif entre le fascisme et l'antifascisme, et pas simplement sur le plan strictement politique. Si « fasciste » est toujours en Italie l'insulte la plus grave dans la société civile et politique, c'est dû surtout à la RSI.

Durant sa phase République de Salò, le fascisme a été soumis à un processus définitif de nazification. L'idéologie ésotérique de la SS en a été le canal essentiel, et la cruauté envers les Juifs le signe. À la base du phénomène il y a à la fois le poids de l'occupant et le désir de vouloir se recréer une identité forte et radicale. À cet égard, les néo-fascistes de l'après-guerre — du moins les plus agressifs — apparaissent davantage comme les descendants de la RSI que du régime au pouvoir de 1922 à 1943. Le parti néo-fasciste, auquel il est interdit par la Constitution de prendre le nom de fasciste, a choisi comme sigle MSI (Mouvement social italien), qui n'est autre qu'une variante transparente de RSI. Le fait que cela n'ait pas empêché la réconciliation entre fascistes monarchistes et fascistes républicains (d'où le nouveau sigle MSI/DN : Droite nationale) est là pour rappeler une continuité fondamentale. Une continuité marquée par la dualité — d'un côté un visage destructeur, de l'autre côté un visage respectable — qui est le propre de toute l'histoire du fascisme, y compris celle, avec sa spécificité propre, de la République sociale italienne.

Claudio PAVONE

CONCLUSION

Au terme de l'ouvrage, il convient de faire le point, pour aujourd'hui et pour demain, sur les objectifs et les enjeux du travail réalisé, afin d'en marquer tant la signification et les acquis que les prolongements nécessaires.

D'abord la conjoncture — scientifique et historique — dans laquelle ces travaux ont été conduits. Car, dans le traumatisme imprimé aux mentalités françaises par la période 1939-1945, Vichy occupe toujours la première place. Année après année, l'actualité ne cesse de nous le rappeler, que ce soit sur le mode de la culpabilisation ou de la justification. Si le passé cogne si fort aux portes de notre présent, n'est-ce point parce que l'histoire et la mémoire continuent d'interpeller la conscience française, toutes deux amplifiées et souvent déformées par le discours politique et par une médiatisation massive et insatiable ?

À la fois « révélateur » et « référent », le régime de Vichy reste néanmoins enveloppé de confusion et d'équivoque. Traité par les uns comme un accident ou une parenthèse, il apparaît à d'autres inexorablement inscrit dans la continuité française. D'où des controverses qui, depuis un demi-siècle, agitent sans discontinuer l'opinion autant que le monde savant non seulement en France, mais aussi à l'étranger.

Comme le remarquait avec pertinence Pierre Nora en clôture du colloque organisé par l'IHTP, « on ne peut s'empêcher de se demander si on parlera un jour de Vichy comme nous parlons des Armagnacs et des Bourguignons, ou bien s'il s'agit d'une constellation archétypale, d'un de ces clivages constitutifs de l'identité nationale qui jalonnent l'édification de l'histoire de France, depuis le mythe fondateur et double des Francs et des Gaulois jusqu'à la division droite-gauche qui partage l'espace politique de la France contemporaine, en passant par cet autre clivage matriciel : l'Ancien

Régime et la Révolution ». Et Pierre Nora avait tendance à répondre : oui, il s'agit bien d'un clivage constitutif, constamment rechargé, d'autant qu'au cours des années récentes le poids de Vichy n'a fait que s'alourdir dans ses significations historiques et transhistoriques, à la fois dans la conscience des Français et dans la trame de l'histoire.

Autrement dit, étant donné les enjeux historiques, civiques, politiques du sujet, on se trouve affronté à une interrogation majeure sur le devenir français, sur l'image que les Français se font d'eux-mêmes, et, de manière plus générale, sur l'évolution de la France au XXe siècle — entendons par là la France en tant que société, en tant qu'État et en tant que nation.

C'est pourquoi le moment nous a semblé venu, vingt ans après le premier colloque organisé sous la direction de René Rémond, de tenter, par une approche globale, une interprétation du régime de Vichy dans sa spécificité propre et dans sa relation avec la France et les Français. N'était-il point temps d'arracher Vichy aux simplismes, aux approximations, aux représentations névrotiques telles qu'elles ont été cultivées, ressassées et véhiculées ici ou là ? Nous avons pensé qu'à la lumière des acquis d'une historiographie en pleine vitalité il était possible, avec rigueur et patience, à l'écart de toute facilité et de toute complaisance, d'élaborer une interprétation fondée et cohérente du destin français au cours de ces quatre années.

Dans un tel contexte le travail s'est voulu largement historiographique. Non seulement en retraçant les cheminements du travail des historiens et de la production historique depuis la fin de la guerre, mais aussi en présentant un bilan des acquis obtenus, puisqu'on a enregistré, en particulier dans les années récentes, une série d'avancées ouvrant la voie à de nouvelles lectures. Tâche non moins importante : il fallait dans le même mouvement jalonner les nouveaux champs en cours de prospection et de défrichement en mettant à profit l'énorme masse archivistique disponible.

Ainsi a-t-il été fait justice de la légende tenace selon laquelle les historiens français, empêtrés dans la mauvaise conscience nationale engendrée par les « années sombres », n'oseraient pas faire face à leur passé et se détourneraient de l'étude du régime de Vichy au profit de sujets plus gratifiants en laissant la tâche aux historiens étrangers. Certes, dans cette historiographie, il faut rendre hommage au travail pionnier et remarquable accompli par nos collègues des États-Unis, d'Allemagne et de Grande-Bretagne. Mais la vitalité des travaux français éclate, au moins depuis un quart de siècle. Est-ce le temps du travail de deuil ? L'arrivée de chercheurs appartenant à de nouvelles générations ? En tout cas, sans céder à la moindre autosatisfaction, on enregistre des avancées évidentes, tant dans les recherches au niveau national que dans celles conduites sur le plan régional ou local à partir des archives départementales.

Du même coup, on a privilégié deux problèmes, en combinant les deux approches — nationale et locale, macro-histoire et micro-histoire —, afin de pouvoir vérifier sur le terrain certaines interprétations d'ensemble au moyen d'études pointues, réalisées par les correspondants départementaux de l'IHTP. Ces deux problèmes, ce sont les relations entre l'État et la société civile, et l'attitude des Français par rapport à l'entreprise de mainmise du régime vichyssois et de la Révolution nationale. En d'autres termes, on s'est proposé d'analyser, à travers quatre années cruciales du destin national, d'une part l'impact des tendances « lourdes » de la société française, d'autre part les réactions des Français à la tentative de contrôle étatique poursuivie par le régime avec plus ou moins d'efficacité. Et par là de mesurer le degré d'autonomie du social par rapport au politique. Ce qu'on peut résumer dans la dialectique interrogative : *France de Vichy* ou *France sous Vichy* ? Ainsi, au lieu de s'enfermer dans les stéréotypes d'une vision binaire (bien/mal, collaboration/ résistance, adhésion/opposition, archaïsme/modernité, etc.), on a voulu dégager une approche plus approfondie, plus évolutive, plus ambivalente des rapports entre Vichy et les Français d'un côté, entre la politique gouvernementale et la société civile de l'autre.

La première logique, celle de « la France de Vichy » — approche par en haut —, a été longtemps dominante, sinon hégémonique. Elle visait à comprendre comment le régime a dirigé et géré le pays, le processus de décision, l'encadrement et le contrôle social, la propagande et la répression, dont on s'attachait à déterminer à la fois les mécanismes et la portée, les dysfonctionnements et les limites. En d'autres termes, comment l'État s'est efforcé de modeler la société et de se faire l' « instituteur » (au double sens du terme) de la France nouvelle.

Toutefois, c'est peut-être dans le champ historique constitué par « la France sous Vichy » que se sont produites les avancées les plus neuves et les plus significatives. Étude des pratiques sociales, de la culture, du quotidien, de l'opinion, voilà ce qui apparaît aujourd'hui premier pour comprendre comment la société française a évolué de l'avant-guerre à l'après-guerre, comment elle a réagi par rapport au moule que le régime a entendu lui imposer, comment se sont soldées les tentatives de contrôle et de domestication par un État autoritaire et répressif.

D'autre part, jusqu'ici, la France vichyssoise a été considérée avant tout en elle-même et isolément, comme un épisode *sui generis*. En effet, dans son ensemble, l'historiographie française depuis un demi-siècle a soutenu, avec une belle régularité, que le régime de Vichy constituait un cas à part en Europe et qu'en conséquence il ne pouvait être valablement comparé à aucun autre, tant les différences l'emportaient sur les similitudes. C'est cette vision historique que l'on a voulu mettre à l'épreuve, en vue soit de l'infirmer soit de la confirmer, en introduisant une approche comparative fondée sur des *case studies*. A partir de ces monographies nationales, l'ambition (dont nous ne nous dissimulons pas l'ampleur) a consisté à ouvrir un chantier : celui de l'histoire comparée des pays européens entre 1939-1940 et 1944-1945. À ce stade on ne pouvait que poser les premières pierres de l'édifice, et il faudra des années de travaux, appuyés sur une large collaboration internationale, pour pouvoir progresser sur cette voie ardue, mais prometteuse.

En procédant, à un niveau modeste, à cette esquisse d'étude comparative entre le régime de Vichy et d'autres régimes européens, notre enquête s'appuyait d'une part sur une hypothèse, d'autre part sur deux données.

L'hypothèse, c'était que, dans une Europe encore malade des séquelles de la Première Guerre mondiale et des crises des années 1930, puis à partir de 1939 bouleversée et fragmentée par le second conflit mondial, il était possible ou bien — hypothèse haute — d'élaborer un système global d'interprétation à l'échelle du continent, ou bien — hypothèse basse — de définir une typologie des régimes et des sociétés au sein de l'Europe allemande. Bref, en analysant le triangle État-nation-société civile dans un contexte de dépendance, pouvait-on dégager des paradigmes communs, et lesquels ? À moins que la puissance des particularismes nationaux n'ait été telle que ceux-ci l'emportent sur toute tentative de généralisation au point de la rendre vaine : une perspective que l'on ne pouvait évidemment écarter (et qui aurait été de nature à conforter l'interprétation traditionnelle sur le caractère unique du régime de Vichy).

De fait, des différentes études présentées ici ressort l'existence d'une grande diversité dans les situations et les conjonctures nationales, d'autant que les pays considérés se rangeaient en trois groupes distincts. D'abord, les pays occupés, soit que le gouvernement légal ait émigré et exerçât en exil son autorité (Norvège, Pays-Bas, Belgique), soit que le chef de l'État soit resté sur place tantôt seul (Belgique) tantôt avec son gouvernement (Danemark). En second lieu, les pays satellites alliés de l'Allemagne et dotés d'un régime fasciste ou fascisant (République sociale italienne, Croatie, Slovaquie). Enfin, le cas de l'Espagne et du Portugal, deux États neutres, dont le rôle a plutôt été celui de référence et de source d'inspiration — voire d'exemple — par l'idéologie et les réalisations.

Bref, loin de vouloir gommer les différences, l'histoire comparative a eu pour première fonction de les bien mettre en évidence. C'est seulement dans un second temps, pensons-nous, qu'on pourra procéder à des typologies et élaborer des modèles sur la nature des divers régimes, leur pouvoir et leur emprise sur la société, sur les comportements de celle-ci dans ses diverses composantes (élites, classes moyennes, classes populaires ; villes et campagnes, etc.), sur le poids des facteurs idéologiques et nationaux, ainsi que sur les problèmes de collaboration et sur la gamme multiple des attitudes — depuis la franche adhésion ou la passivité jusqu'au refus et à la résistance.

Reste à formuler en quelques mots ce que nous considérons comme les lignes maîtresses de l'ouvrage en regard d'une quarantaine d'années d'historiographie. Car ce livre devrait marquer une étape dans le champ historique des années 1940. D'abord, parce qu'il a pu engranger nombre d'acquis des recherches, tout en suscitant, notamment grâce au colloque dont il est l'aboutissement, des travaux neufs et stimulants. Soulignons surtout que, outre la dimension comparative, ont pu être combinées plusieurs approches, qui apparaîtront désormais comme nécessairement complémentaires : d'un côté une analyse approfondie des allées du pouvoir, de l'autre la fréquentation démultipliée d'un Vichy vu d'en bas, appréhendé à partir de la France profonde tout en observant le Français moyen dans sa confrontation avec un régime autoritaire sous le regard ou la férule de l'occupant. Cette double approche a gagné récemment en profondeur grâce à une relecture fondée sur l'analyse des représentations, de cet imaginaire social où interfèrent mythes, fantasmes et malentendus. Sans oublier le fait que l'analyse historique de ces années sombres peut être tributaire d'enjeux de mémoire suffisamment mouvants pour être non seulement pris en compte, mais intégrés et disséqués.

On est ainsi conduit à bon nombre de réévaluations dont nous ne donnerons ici qu'un exemple : l'estimation de l'influence du maurrassisme sur les sommets de l'État est à la baisse, tandis que celle de toutes les autres droites, y compris la collaborationniste, est en hausse. D'autant que les historiens ont été amenés à déplacer leurs centres d'intérêts : qu'on songe à l'analyse fine de l'évolution de l'opinion, domaine encore quasiment en friches il y a une douzaine d'années, ou encore aux études de l'exclusion et de la répression, un thème devenu central. Exclusion et répression qui avaient frappé entre autres ceux qui allaient être, dans l'après-Libération, exclus de la mémoire jacobine. L'ouvrage illustre bien, nous semble-t-il, l'évolution de la mémoire savante.

Pareil recentrage s'explique également parce qu'un grand nombre des questions sur lesquelles on s'empoignait jadis ou naguère sont désormais considérées comme secondaires ou résolues. Non seulement les faits sont maintenant bien établis, mais les fourchettes d'interprétation se sont considérablement réduites. Ainsi en est-il de la collaboration d'État, qui a occupé une position centrale dans les débats des années 1950 et 1960. Le lecteur aura remarqué que les avatars de la collaboration n'occupent qu'une place relativement réduite dans ce livre. Ce n'est pas là le résultat d'un choix délibéré qui viserait à mettre entre parenthèses les retombées, le plus souvent dramatiques, des relations franco-allemandes ou à gommer les corrélations ayant existé entre les options prises en matière de stratégie extérieure et les mesures de politique intérieure. Bien au contraire, car la collaboration apparaît bel et bien, que ce soit en filigrane ou en creux, dans tous les travaux. Mais un bref rappel de ce qui est désormais acquis suffit amplement. Et, aux yeux des historiens avertis, connaisseurs reconnus de la période, chercher aujourd'hui à monnayer les thèses éculées de la réalité du double jeu vichyssois ou de l'efficacité du bouclier maréchaliste ne devrait même plus constituer un coup éditorial ou médiatique.

Le lecteur attentif aura également prêté attention au fait que l'opposition binaire entre un Vichy-Pétain et un Vichy-Laval, qui fut très à la mode aux temps de la guerre froide, a fait long feu. Car l'unité profonde de Vichy, comme le soulignent la plupart des auteurs, l'emporte sur la diversité des tactiques essayées et des politiques mises en place. Il ne faudrait pas pour autant s'arrêter à l'idée, comme on le voit encore écrit ici et là, que la France sous Vichy a fonctionné en noir et blanc. Il faut insister, bien au contraire, sur l'ambivalence des réactions. C'est là la meilleure clé pour comprendre la relative complexité des attitudes d'une large partie de la population, même si la juxtaposition de sentiments qu'elle contribue à révéler, et qui peuvent paraître — quarante ans plus tard — antinomiques, ne laissera pas de surprendre plus d'un. Cette ambivalence est un peu à l'image de l'école d'Uriage, de son fonctionnement, de son évolution. Ce lieu de mémoire emblématique de l'État français a pu être présenté récemment par un intellectuel à la mode comme le symbole du fascisme aux couleurs de la France, alors que certains de ceux qui l'ont fréquenté en font l'un des viviers précoces de la Résistance. En fait, Uriage a évolué et le maréchalisme initial de son équipe dirigeante a cédé assez rapidement la place à un non-conformisme contestataire. Apparaissent tout aussi ambivalents les forts appétits culturels des Français occupés. De même encore, les va-et-vient complexes d'une opinion assez souvent incertaine et dont l'évolution en tout cas n'est pas linéaire. Formulons l'hypothèse que le caractère ambivalent de ces pratiques et de ces conduites est probablement l'un des facteurs les plus aptes à rendre compte de la difficulté éprouvée par les Français à opérer un travail de deuil dans l'après-Vichy.

Cela dit, prendre en compte la complexité du phénomène vichyssois, faire toute sa place à la dimension diachronique, souligner — et l'argumentation est souvent neuve et stimulante — que des continuités peuvent être établies entre les années 1930 finissantes et l'après-Libération, ne saurait gommer la singularité du régime. Car, dans les domaines qui nous apparaissent désormais comme les plus significatifs, il existe bien entre Vichy, les années qui précèdent et *a fortiori* celles qui suivent, une différence de nature et non pas seulement de degré.

Cette singularité, toutefois, ne justifie pas que l'on considère ces années noires comme une parenthèse aberrante dans le paysage politique et social français, quatre ans qu'il faudrait — selon la formule consacrée — rayer de notre histoire. Ce débat, d'ailleurs, n'est pas propre à la France. Il concerne la plupart des pays occupés, tandis qu'il a retenu l'attention passionnée des historiens allemands confrontés à la question : le IIIe Reich est-il ou non une verrue monstrueuse dans l'histoire de l'Allemagne ? Vichy, lui, apparaît pour le moins révélateur de tendances lourdes du jeu politique français : celles qui, au nom de l'ordre, génèrent les plus redoutables des guerres franco-françaises. Le résultat, c'est que le projet de révolution culturelle qu'était la Révolution nationale a débouché avant tout sur une traque de l' « ennemi intérieur » et a fait accepter de servir les intérêts de l'occupant — ultimes dérives d'un nationalisme dévoyé. À cet égard, et cet ouvrage le souligne comme il convient, la responsabilité morale du régime est entière.

Avant de prendre congé, on insistera sur trois points. Premièrement, la force du choc de 1940, que la dimension comparative permet de mieux mesurer. Car le choc se fait sentir non seulement en France, mais dans toute l'Europe, celle des vaincus et celle des satellites, sur lesquels plane la *pax germanica.* Dans le séisme qui a bouleversé le paysage européen et sous l'effet de la secousse, nombre de constructions apparemment solides se sont effondrées, tandis que disparaissaient bien des repères habituels. Car ce n'est pas seulement un choc national, c'est aussi une onde de choc frappant la société, dans la mesure où la défaite militaire, soudaine, brutale, apparemment irréversible, vient frapper des pays plus ou moins déstabilisés par la crise générale de l'Europe dans les années 1930. Il y a là un phénomène de destructuration et de vacuité qui explique le désarroi et les appels au sauveur, les peurs et les examens de conscience, les retournements inattendus et les reclassements tous azimuts.

Deuxièmement, c'est à juste titre qu'une attention particulière a été apportée à la périodisation, aux phases successives, aux inflexions et aux tournants qui jalonnent la période 1940-1944. Non sans recourir, le cas échéant, à travers une chronologie fine, à des niveaux de périodisation distincts. On sait en effet qu'à chaque périodisation correspond en fait une interprétation — que celle-ci soit explicite ou implicite. Aussi est-il apparu capital, sur cette chronologie courte — et même très courte —, de dégager le poids de l'événement et de mesurer l'évolution rapide des facteurs extérieurs et intérieurs. Mais, par rapport à la question clé de la rupture et de la continuité, il y a lieu de dégager des temporalités différentes selon les domaines. Il est bien clair — par exemple à propos du couple archaïsme-modernité — que le temps de l'économique et du social n'est pas un temps à quatre ans. C'est un temps où compte la durée, et dans ce cas les années 1930 et les années

1950 sont à prendre en compte. Au contraire, le temps du politique est un temps court, très court, objet de véritables cavalcades chronologiques. Quant au temps du mental, il est plus complexe, car, à côté des structures et des enracinements, on constate à quel point l'opinion change sous le coup de la fluctuation de l'événement et en fonction de la carte de guerre.

Dernière observation, qui n'est qu'en apparence paradoxale. En fin de compte, le régime de Vichy, à notre sens, a rendu un service imprévu aux Français. Sans le vouloir, bien sûr, et à son corps défendant, du fait de sa dérive, de sa fin ignominieuse et en raison de l'effet de repoussoir qu'il a suscité dans la mémoire nationale. Car si l'idéal démocratique était bien présent — et même développé — tout au long de la IIIe République, il s'est trouvé parallèlement décrié, contesté, menacé, en particulier dans les années 1930. Or, par contre-coup, Vichy se trouve l'avoir réhabilité et légitimé dans la conscience des Français. Comme par un effet de boomerang, l'épisode vichyssois a restauré les principes de ce qui, depuis la Libération, constitue le consensus démocratique et qui s'identifie avec le consensus républicain. Même si, comme nous le savons, les menaces peuvent toujours renaître d'un discours nationaliste et autoritaire et d'une philosophie de l'exclusion. Bref, en tentant de fournir une boussole d'intelligibilité pour ces années sombres, nous avons tenu à souligner que la recherche historique intègre une dimension éthique et le travail scientifique une dimension civique.

Jean-Pierre Azéma
François Bédarida

INDEX DES NOMS DE PERSONNES *

* Établi par Denis Ranson.

TABLE DES MATIÈRES

Quatrième partie

LES FONDEMENTS D'UN ÉTAT AUTORITAIRE

Cinquième partie

L'ÉTAT FRANÇAIS ET SES INSTRUMENTS

Sixième partie

L'ENRACINEMENT SOCIAL DU RÉGIME

Septième partie

L'OPINION

Huitième partie

LES FRANÇAIS DANS LA FRANCE DE VICHY : SOCIÉTÉ ET VIE QUOTIDIENNE

Neuvième partie

SINGULARITÉ DE VICHY DANS L'EUROPE HITLÉRIENNE ?

Cet ouvrage a été composé
par l'Imprimerie BUSSIÈRE
et imprimé sur presse CAMERON
par Bussière Camedan Imprimeries
à Saint-Amand-Montrond (Cher)
en mars 1996

35-36-8455-03/4

ISBN : 2-213-02683-1

N° d'édition : 4190. N° d'impression : 4/242
Dépôt légal : mars 1996

Imprimé en France